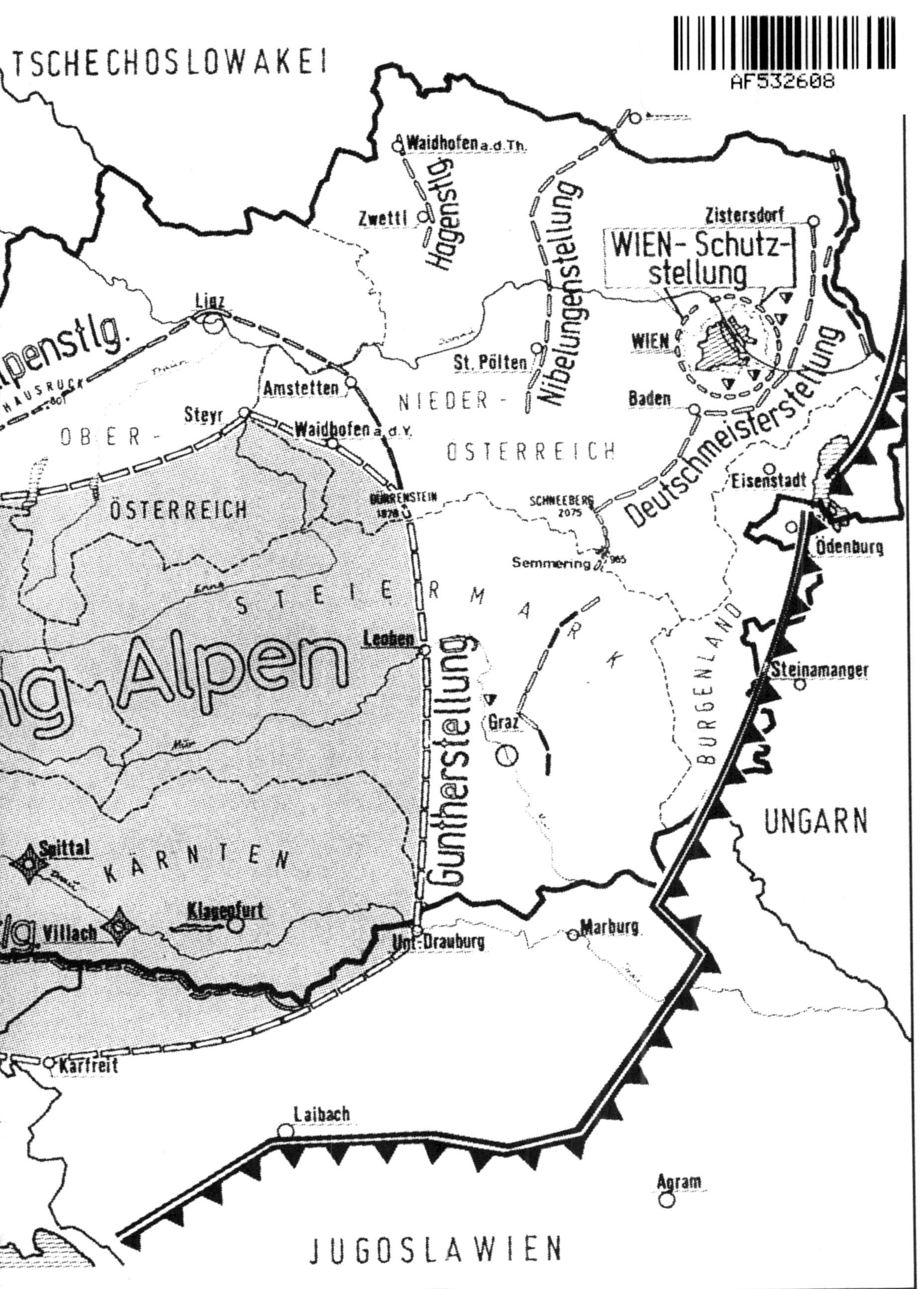
TSCHECHOSLOWAKEI
Waidhofen a.d.Th.
Hagenstlg.
Zwettl
Nibelungenstellung
Zistersdorf
WIEN-Schutz-stellung
WIEN
Linz
St. Pölten
Amstetten
NIEDER-
Baden
Deutschmeisterstellung
Steyr
Waidhofen a.d.Y.
OBER-
ÖSTERREICH
ÖSTERREICH
Eisenstadt
SCHNEEBERG 2075
Ödenburg
Semmering
STEIERMARK
Leoben
BURGENLAND
Alpen
Steinamanger
Guntherstellung
Graz
UNGARN
Spittal
KÄRNTEN
Klagenfurt
Villach
Marburg
Unt.-Drauburg
Karfreit
Laibach
Agram
JUGOSLAWIEN

Roland Kaltenegger

Die „Alpenfestung“

Roland Kaltenegger

Die „Alpenfestung“

Der Endkampf um das letzte Bollwerk des Zweiten Weltkrieges

FLECHSIG

Umwelthinweis:
Dieses Buch und der Umschlag wurden auf chlorfrei gebleichtem Papier gedruckt.
Die Einschrumpffolie – zum Schutz vor Verschmutzung – ist aus umweltverträglichem und recyclingfähigem PE-Material.

Für das vorliegende Werk wurde Bildmaterial aus unzähligen Nachlässen zusammengetragen. Dabei war es oft schwierig festzustellen, wer der Inhaber des Urheberrechts ist. Sollte bei der einen oder anderen Reproduktion unwissentlich das Coypright verletzt worden sein, so bitten Autor und Verlag, dieses Versäumnis zu entschuldigen.
Eine Haftung des Autors oder des Verlages und seiner Beauftragten für Personen-, Sach- und Vermögensschäden ist ausgeschlossen.

2. Auflage 2018

Flechsig Verlag
Internet: www.verlagshaus.com
Einbandgestaltung: Silberwald Agentur für visuelle Kommunikation, Rimpar
Gesamtherstellung: Himmer GmbH Druckerei und Verlag, Augsburg
www.himmer.de
ISBN 978-3-8035-0051-9

Inhalt

Prolog: Von der „Festung Europa" zur „Alpenfestung"

Es hat bei den Nazis ja eine Fülle von „Festungen" gegeben, seit das Blatt sich gewendet hat. Das fing an mit der „Festung Europa" – abgeschirmt durch den Atlantikwall. Regelmäßig brachte die „Deutsche Wochenschau" Aufnahmen von den Stellungen dort. Die Festungswerke mit den gewaltigen Geschützen, deren Rohre drohend gegen einen Angreifer von See gerichtet waren. Der Strand vermint [...] Und ähnliches mehr. Die „Festung Holland", dann die „Festung Deutschland", nachdem die Invasion geglückt und die Reichsgrenze überschritten worden war.

Christian Hallig[1]

Das Kriegsjahr 1942 war für die Deutschen sowohl ein Jahr der Hoffnungen als auch eines der Enttäuschungen gewesen. Dieses Jahr hatte, nachdem man den härtesten Winter seit hundertfünfzig Jahren trotz aller Widrigkeiten durchgestanden und den sowjetischen Angriffen getrotzt hatte, zur allgemeinen Überraschung der Alliierten mit einer neuerlichen deutschen Offensive begonnen. Von dem Leitgedanken beflügelt, die Volkswirtschaft der UdSSR sowohl durch die Eroberung der kaukasischen Ölquellen als auch durch die Einschränkung der amerikanischen Waffen- und Hilfslieferungen über den Iran an entscheidenden Stellen empfindlich zu treffen, gelangten die Truppen der Wehrmacht und Waffen-SS bis in den Kaukasus und zur unteren Wolga. Am 21. August 1942 hissten deutsche Gebirgsjäger auf dem sturmumbrausten und schneebedeckten Gipfel des 5.633 Meter hohen Elbrus sogar die Reichskriegsflagge.

Aber weder im Kaukasus noch an der Wolga, die zu überschreiten die fortgeschrittene Jahreszeit und ein immer verbissener kämpfender Gegner keine Zeit mehr ließen, konnte der vielzitierte Rubikon überschritten werden. Im Gegenteil: Die Deutschen, die bis zum Herbst 1942 auf sämtlichen Kriegsschauplätzen offensiv waren, mussten nunmehr eine Niederlage nach der anderen hinnehmen – und zwar bei El Alamein am 2. November, den Beginn der alliierten Landungen in Nordafrika am 7. November, die Einkreisung der 6. Armee in Stalingrad im November sowie schließlich den Rückzug aus dem Kaukasus Ende 1942.

Die 1942/43 eingetretene Wende zugunsten der Alliierten wurde jetzt an allen Fronten deutlich. Die Rote Armee konnte ständig weiter nach Westen vordringen, nachdem es ihr gelungen war, die 6. Armee einzukesseln und damit die Kapitulation von Stalingrad am 31. Januar 1943 zu erzwingen. Die Gesamtverluste des deutschen Ostheeres lagen bei vierzig Prozent von rund 3,2 Millionen Mann. Von den alten, voll ausgebildeten Mannschaften waren je nach der Härte des Kampfeinsatzes bei den verschiedenen Einheiten nur noch fünfzehn bis fünfundzwanzig Prozent übriggeblieben. Der Nachersatz konnte wegen des Vielfrontenkrieges nicht mehr eingehalten werden, sodass die Fehlbestände bei den Kampfeinheiten immer größer geworden waren.

An weitere offensive Kampfhandlungen war daher in naher Zukunft nicht mehr zu denken. Von Hitler befohlen, ging man nun zur starren Verteidigung über, „deren propagandistische Auswirkung im Schlagwort von der ‚Festung Europa' gipfelte".[2] Abgesichert wurde diese im Osten durch Feldstellungen des „Ostwalls" gegen die asiatischen Völker, „in dessen Schutz sich das Ostheer regenerieren und der eine nachhaltige erfolgreiche Verteidigung versprechen könne"[3] sowie im Westen durch die waffenstarrenden Betonbunker und schweren Geschütze des „Atlantikwalls" gegen die anglo-amerikanische Militärmacht. Denn „der Großraum Europa sollte durch fanatischen Widerstand so lange als Menschen- und Rohstoffbasis gesichert werden, bis es wieder gelänge, die Initiative im Krieg zurückzugewinnen."[4] Doch Hitler wollte einfach nicht nur Kenntnis nehmen, „dass derartige ausgedehnte Befestigungsbauten von der Großen Mauer [...] über die römischen Limesbauten bis zur Maginotlinie immer nur gegen einen ohnehin unterlegenen Gegner Schutz geboten oder einer unruhigen Grenzbevölkerung ihre Plünderungszüge erschwert, dass sie aber einer überlegenen Streitmacht noch niemals in der Geschichte den Durchbruch und Vormarsch verwehrt hatten."[5] Darüber hinaus setzt die Behauptung einer Festung voraus, „dass alle Verteidiger sich einig bleiben. Das war bei denen der ‚Festung Europa' nicht der Fall. Während die Alliierten einen Staat nach dem andern dazu brachten, sich ihnen anzuschließen oder sie wenigstens mit Material zu unterstützen, verlor Deutschland in den Jahren 1943/44 einen Verbündeten nach dem anderen, sodass es zuletzt so gut wie allein stand."[6]

Die Kriegsjahre 1942/43 waren für die deutsche Seite Jahre der Ernüchterung. „Rein strategisch gesehen sah man sich an der Ostfront in schwere Abwehrkämpfe verwickelt, wobei erst die siegreiche Gegenoffensive v. Mansteins eine begrenzte Atempause verschaffte."[7] Hinsichtlich der militärischen Zielvorstellungen und der operativen Planungen wurden schwere Fehler begangen – wie zum Beispiel der gleichzeitige exzentrische Angriff der Heeresgruppen B und A nach Stalingrad bzw. in den Kaukasus oder der Verlust des ungeschickt verteidigten russischen Raumes als operative Rückzugsgröße allerersten Ranges. „Nach der Niederlage von Stalingrad kam Mussolini mehrmals auf das Anliegen zurück, an der Ostfront eine ‚Mauer' zu bauen, einen Ostwall, an dem sich die Rote Armee erschöpfen sollte."[8]

Aber auch in rassenideologischer Hinsicht gab es schwerwiegende, ja kriegsentscheidende Fehlentscheidungen, die sich später, als man sie eingesehen hatte, nicht mehr korrigieren ließen. In diesem Zusammenhang sei nur an die Gründung des „Russischen Komitees von Smolensk" unter der Führung des sowjetischen Generals Andrej Andrejewitsch Wlassow erinnert, dem wir noch an anderer Stelle in der „Alpenfestung" begegnen werden.

Gleichwohl hatte Deutschland Ende 1943 noch eine sehr beachtliche Größe, denn „die Gesamtfläche der besetzten Gebiete übersteigt bei Weitem das Territorium Großdeutschlands".[9] Wenn es diesem „Großdeutschen Reich" und seinen wenigen Verbündeten 1943 auch noch einigermaßen gelungen war, die Fronten auf den europäischen Kriegsschauplätzen zusammenzuhalten, so drohte ihm 1944 immer mehr die Gefahr, von zu vielen Feinden besiegt zu werden. Zwischen dem März und April 1944 trat die Rote Armee im Osten zu einer neuen Offensive, die unter anderem auch den Einsturz der deutsch-rumänischen Südostfront zur Folge hatte, an. Schließlich stießen die sowjetischen Truppen durch die Karpaten in das Kerngebiet Rumäniens vor. Bulgarien und Rumänien fielen als Bündnispartner ab. Griechenland musste eilends von den deutschen Verbänden geräumt werden, um bei einem weiteren Vordringen der sowjetischen Streitkräfte, die jetzt durch rumänische und bulgarische Truppen verstärkt wurden, der Gefahr einer Abtrennung zu entgehen. Die arg dezimierten, zersplitterten und sehr vermischten deutschen Verbände der Wehrmacht, Waffen-SS und Etappe wurden dadurch in den kommenden Monaten immer wieder vor schwere und schwerste Aufgaben gestellt.

Das Kräfteverhältnis zwischen den Deutschen und Alliierten veränderte sich im Kriegsjahr 1944 immer mehr zugunsten der deutschen Kriegsgegner. So standen im Frühsommer an der Ostfront vierzig deutschen Divisionen (ohne Reserven, bei stark verringerten Gefechtsstärken) hundertsechsundzwanzig sowjetische Schützendivisionen, sechs Kavalleriedivisionen, sechzehn motorisierte und fünfundvierzig Panzerbrigaden gegenüber. Neben diesen regulären Fronttruppen der Roten Armee erlangten die Partisanenverbände ein immer größeres operatives Gewicht. Sie zählten allein in Weißrussland im Juni 1944 rund 240.000 Mann. Ihre Hauptaufgabe bestand – wie bei den Partisanen auf dem Balkan – darin, die rückwärtigen Verbindungen der Wehrmacht und Waffen-SS zu zerstören und damit die Versorgung der Fronttruppe lahmzulegen. Darüber hinaus wurden die Partisaneneinheiten mit der Fortdauer des Krieges mehr und mehr zu reinen Kampfaufgaben herangezogen. All diese regulären und paramilitärischen Verbände waren bestens ausgestattet, denn die Rüstungsindustrie der Alliierten – insbesondere die amerikanische – lief auf Hochtouren.

Das Kriegsjahr 1944 bescherte den Deutschen aber auch im Süden und Westen Europas empfindliche Rückschläge. In Italien musste die deutsche Front ständig zurückgenommen werden. Allerdings konnte vorerst noch der Zugang zur Lombardei freigehalten werden. In den frühen Morgenstunden des 6. Juni 1944 landeten die Alliierten in der Normandie; am 15. August in Südfrankreich. Dank ihrer ungeheuren Überlegenheit an Truppen und Kriegsmaterial eroberten sie nach und nach ganz Frankreich und Belgien. Damit war einerseits jene zweite Front auf dem europäischen Kriegsschauplatz entstanden, auf die die Sowjets schon so lange gewartet hatten, und andererseits war es nun auch den Angloamerikanern gelungen, in die „Festung Europa" einzudringen.[10]

Im Lied der Nibelungen heißt es über den Untergang des rätselhaften Burgunderreiches, dass das Dach der Königshalle brennend einstürzte. Jahrhunderte später brannte nicht nur das Gebälk dieses mythischen, sondern auch das des „Tausendjährigen Reiches". Denn nun war die von Hitler propagierte „Festung Europa", die bis Ende 1944 auf eine „Festung Mitteleuropa" zusammengeschrumpft war, unter den massierten alliierten Bomberflotten und durch die vernichtenden Schläge der anglo-amerikanischen Kriegsmaschinerie zusammengebrochen.

Ende September 1944 standen die Westmächte an der Reichsgrenze vor dem „Westwall". Dort gelang es den deutschen Verbänden zwar noch einmal, den Vormarsch vorübergehend aufzuhalten. So blieb Holland trotz einer großangelegten Luftlandung am 17. September vorerst weiterhin in deutscher Hand. Doch wie zuvor der „Atlantikwall", der die „Festung Europa" im Westen gegen die Angloamerikaner sichern sollte, so konnte auch der „Westwall" nicht gehalten werden. Daher musste am 21. Oktober die alte Reichs- und Kaiserstadt Aachen, die erste vom Gegner in einer Bodenoperation angegriffene deutsche Großstadt mit Symbolcharakter, nach einer sechswöchigen Belagerung durch die Alliierten aufgegeben werden.

Angesichts des alliierten Vormarsches wurde nun die Front an der Ruhr und am Oberrhein eilig ausgebaut und verstärkt. „Das Einfrieren der Fronten im Westen benutzte H[itler] im Dezember zu einem letzten Gegenschlag. Der Plan", so Golo Mann, „war gut; die Überraschung kam ihm zu Hilfe. Die amerikanische Front geriet ins Wanken."[11]

Es war am 16. Dezember 1944, als die Deutschen unter Generalfeldmarschall von Rundstedt zwischen Monschau und Echternach, zwischen dem Hohen Venn und dem Nordteil von Luxemburg die Ardennen-Offensive, „von der sich Hitler eine Wendung des Kriegsglücks im Westen versprach",[12] eröffneten. Sie war im Westen der letzte verzweifelte Versuch eines deutschen Angriffs gegen eine vielfältige feindliche Übermacht, um mit drei Armeen und einundzwanzig Divisionen im Angriffsraum sowie sieben Divisionen als Reserve des Oberkommandos der Wehrmacht die operative Initiative mit einem Stoß durch die Ardennen auf Antwerpen, den wichtigsten alliierten Nachschubhafen, zurückzugewinnen. Wider Erwarten konnte durch diesen Überraschungscoup ein nicht für möglich gehaltener Geländegewinn gegenüber der 1. US Armee erzielt werden. Der Schock über diesen deutschen Erfolg war den Amerikanern dermaßen tief in die Knochen gefahren, dass sogar der bullige Draufgänger und gewiefte Taktiker George S. Patton, Oberbefehlshaber der 3. US-Armee, noch am 4. Januar 1945 voller Selbstzweifel in seinem belgischen Hauptquartier in sein Tagebuch schrieb: „Wir können diesen Krieg immer noch verlieren." Der Pessimismus des US-Generals war jedoch unbegründet, wenngleich Eisenhower nach dem Erfolg der Alliierten in der Ardennenschlacht seine geplante

Offensive zum Rhein um rund sechs Wochen verschieben musste. Die deutschen Verluste waren zwar nicht so hoch gewesen, dafür aber nicht mehr zu ersetzen, sodass auch die letzten operativen Reserven verlorengingen. „Nur noch abgekämpfte und überforderte Truppen konnten den Endkampf im Reich an überdehnten Fronten führen."[13] So standen zu Beginn des Kriegsjahres 1945 im „Westwall" und in der Saarpfalz nur mehr rund achtzig, teils stark angeschlagene deutsche Divisionen in der Abwehr, während bei Aachen eine besorgniserregende Lücke klaffte. Damit war der letzte Versuch der Führung des untergehenden „Großdeutschen Reiches" gescheitert, wenigstens im Westen noch eine Wende mit der „Rundstedt-Offensive", die „zur Erbitterung des Feldmarschalls [...] von der alliierten Presse"[14] nach ihm benannt wurde, herbeizuführen. Schlimmer noch: Nun ließ auch der Sturm der Westmächte auf die „Festung Deutschland" nicht mehr lange auf sich warten, nachdem das von der Deutschen Wehrmacht besetzte Gebiet Europas vom Sommer 1944 bis zum Jahreswechsel 1944/45 von der „Festung Mitteleuropa" auf die „Festung Deutschland" zusammengeschmolzen war.

„In einem vernünftigen Kriege hätte die Niederlage Rundstedts in den Ardennen die Feindseligkelten zu einem sofortigen Ende gebracht; aber infolge der bedingungslosen Kapitulation war der Krieg alles andere als vernünftig", schrieb der britische Generalmajor Füller. „So kam es, dass Hitler, wie Samson, das ganze Gebäude Zentraleuropas auf sich selbst, auf sein Volk und dessen Feinde herabstürzen lassen konnte."[15]

Da die „Blitzkriege" und „Blitzsiege" schon lange der Vergangenheit angehörten und somit aus dem Vokabular der raffinierten NS-Propaganda gestrichen worden waren, entstand in den Jahren der Verteidigung und der strategischen Rückzüge eine neue Wortschöpfung – und zwar die der „Festung" oder „Festungsplätze". Am 30. Januar 1945 erließ das Oberkommando der Wehrmacht auf Hitlers Anweisung den sogenannten „Festungsbefehl", in dem der Begriff der „Festung", des „Verteidigungsbereiches" und des „Ortsstützpunktes" ganz klar erläutert wurde. In dem von Generalfeldmarschall Keitel unterschriebenen Dokument heißt es unter anderem: „Bestimmung von Ortschaften usw. zu Festungen [galt sinngemäß auch für die Verteidigungsbereiche, d. V.] und Ernennung von Festungskommandanten hat sich der Führer vorbehalten."[16]

Je weiter die Alliierten nun auf die „Festung Deutschland" zumarschierten und diese mit ihrer erdrückenden materiellen und personellen Überlegenheit einschnürten, desto mehr Gebiete und Städte wurden daher 1944/45 zu Festungen erklärt. Sie trugen Namen wie „Festung Holland" und „Festung Harz", „Festung Budapest", „Festung Thorn", „Festung Posen" und „Festung Preßburg", „Festung Breslau", „Festung Küstrin" und „Festung Berlin" sowie zu guter Letzt die vielbeschworene „Alpenfestung" bzw. „Kernfestung Alpen", „Festung Alpenland" oder „Festung Alpen", die die Phantasie der Deutschen und Alliierten lange Zeit gleichermaßen beflügelte.

Eine Anzahl von namhaften Historikern und Autoren verweist die „Alpenfestung" als Phantom oder Wahntraum der NS-Führung in das Reich der Legende. Der bekannte Publizist und Zeitgeschichtsforscher William L. Shirer bezeichnete sie zum Beispiel in seinem Buch „Aufstieg und Fall des Dritten Reiches" als „ein Phantom". Kategorisch stellt dieser fest: „Sie existierte, außer in Goebbels Propaganda, nur noch in den Köpfen der vorsichtigen Leute in Eisenhowers Hauptquartier, die auf diese Propaganda hereingefallen waren."[17] Der renommierte britische Historiker Alan Bullock berichtet zwar in seiner bahnbrechenden

Hitler-Biografie über die „Alpenfestung", begrenzte diese jedoch auf das Berchtesgadener Land, indem er schreibt: „Es waren Vorbereitungen im Gange für eine Verlegung der Regierung von Berlin ins ‚Nationale Bollwerk', in die „Alpenfestung" bei Berchtesgaden. Man erwartete, dass der Führer in der Heimat der Nazibewegung seine letzte Stellung beziehen würde. Verschiedene Ministerien und Kommandostellen waren bereits dorthin übersiedelt, und wenn Hitler noch durch einen schmalen Korridor zwischen den russischen und amerikanischen Armeen hindurch wollte, wurde es für ihn Zeit, nachzufolgen."[18]

Generaloberst Franz Halder, der langjährige Generalstabschef des deutschen Heeres, stellte in seinem Buch „Hitler als Feldherr" sogar die rhetorische Frage: „Was war diese Festung?" Und seine simple Antwort lautete: „Nichts als ein hitlersches Hirngespinst."[19]

Generalfeldmarschall Albert Kesselring, der als Oberbefehlshaber West bzw. Südwest es eigentlich hätte besser wissen müssen, spielte in seinen Memoiren die Bedeutung der „Alpenfestung" herunter. Seine „Erinnerungen" sind „leider in verschiedenen Punkten ungenau" und in seinem Buch „Soldat bis zum letzten Tag" „wimmelt es von Fehlern".[20]

„Im Norden und gegen Nordosten waren keinerlei festungsgemäße Geländeverstärkungen vorhanden", schrieb er. „Bodenständige Truppen, Festungstruppen zur Verteidigung dieser Front gab es nicht. [...] Die Ereignisse der letzten Kriegsmonate hatten viele Stäbe und rückwärtige Formationen von Nord, Süd, Südost und Ost in das Alpenreduit gebracht. Dies führte zu einer Überbelegung des Raumes [...] Rein militärisch betrachtet, hätte die „Alpenfestung" nur dann Wert gehabt, wenn sie nicht nur um ihrer selbst willen verteidigt wurde [...] Dies war nicht möglich, alles andere war phantastische Spielerei."[21]

Aber eine mit weitreichenden Folgen. Denn diese „Alpenfestung" existierte in der Tat als ein Zufluchtsort der nationalsozialistischen Führung in der Schlussphase des Zweiten Weitkrieges. Sie beschäftigte daher Anfang 1945 mehr und mehr die Alliierten. In seinem Buch „Gedanken zum Zweiten Weltkrieg" äußerte Kesselring sich über die „Alpenfestung" als „Reduit" nun wie folgt:

„Der Tiroler Gauleiter Hofer hat viel daraus zu machen verstanden. Das O[berkommando der Wehrmacht] und die alliierte Führung glaubten daran. Man wundert sich über diese Beurteilung. Dem Alpenmassiv konnte man an sich eine hohe Verteidigungsfähigkeit nicht absprechen, einer ‚Alpenfestung' natürlich noch weniger. Gewisse Voraussetzungen wie Verproviantierung, Munitionierung, Vorhandensein von Hochgebirgstruppen usw. mussten erfüllt sein. Sie waren es nicht. Die Masse der in den Alpenraum eingedrungenen Truppen hätte die Verteidigung nicht unterstützt, sie hätte sie sogar gestört und verlustreich gemacht. Operative Bedeutung hätte sie nur dann besessen, wenn die ‚Alpenfestung' nicht nur letzte Zuflucht, sondern wohlvorbereitete Ausgangsbasis für weitreichende Luft- und Erdoperationen gewesen wäre. Dazu war sie nicht vorbereitet. Sie konnte auch nicht in so kurzer Zeit improvisiert werden. Der Auffassung der Alliierten, dass die Bezwingung des Alpen-Reduits bei entschlossenem deutschen Widerstand eine schwere Aufgabe darstellen könnte, kann man nicht beipflichten. Alliierte Bombenangriffe hätten daraus ein Massengrab für die Deutschen gemacht. Der Besitz von Berlin, ‚dem Steinhaufen' wäre zweifellos wichtiger gewesen."[22]

Hinsichtlich der „Alpenfestung" sind die Äußerungen, die höchste deutsche Offiziere nach Kriegsende gemacht haben, nicht befriedigender. So berichtete Ronald Lewin in seinem Buch „Entschied ULTRA den Krieg? Alliierte Funkaufklärung im 2. Weltkrieg", dass der General der Gebirgstruppe Georg Ritter von Hengl und der SS-Obergruppenführer und General der Waffen-SS Gottlob Berger ihre „Kenntnis von einer solchen Bastion des nationalsozialistischen Widerstandes“ bestritten, denn „sie leugneten ausdrücklich und fast verächtlich, dass eine ‚Alpenfestung‘ bestanden habe oder auch nur in Betracht gezogen worden sei“.[23]

Neu entdeckte Kriegstagebücher, die Freigabe bedeutender Archivalien und unbekannte Daten und Fakten zeigen aber, dass viele derartige Aussagen bekannter Generale und Zeithistoriker in Teilen nicht der vollen Wahrheit entsprechen. Begeben wir uns also auf die mühsame, aber lohnende Spurensuche zu den historischen Ursprüngen der „Alpenfestung“.

Es war der Reichsführer-SS, der Ende Mai 1944 auf die Idee gekommen war, in den Alpen nach geeigneten Standorten für Festungsanlagen Ausschau zu halten. Zunächst führten einige Geologen der SS in den Bergen Erkundungen durch, die angesichts des alliierten Eindringens in die „Festung Deutschland“ im April 1945 forciert wurden.

Der SS-Gruppenführer und Generalleutnant der Polizei Jürgen Stroop, der im Frühjahr 1943 den Aufstand im Warschauer Ghetto mit brachialer Gewalt niedergeschlagen hatte, fuhr, wie er nach Kriegsende aussagte, zu „Beratungen mit den höchsten SS-Führern“ nach Augsburg, München und Dachau, um die letzten Vorbereitungen für den Kampf im Gebirge zu treffen. „Im Verlauf der Gespräche“, erklärte er später seinem Zellengenossen Kazimierz Moczarski im Warschauer Mokotow-Gefängnis freimütig, „stellten wir den endgültigen Plan auf für die Organisierung einer Verteidigungsfestung der SS in den Alpen.“[24]

Aber nicht nur Himmlers SS, sondern auch die Organisation Todt und die Wehrmacht wurden auf der Suche nach geeigneten Stellungen in den Alpen frühzeitig tätig. So wurden schon nach dem Abschluss der Waffenstillstandsverhandlungen Italiens mit den Westmächten am 3. September 1943 Ingenieure des Heeres zur Sicherung der südlichen Alpenfront auf Erkundungsfahrten geschickt, um sich nach geeigneten Befestigungsanlagen und Stellungssystemen umzusehen. Im September 1944 nahm das Vorhaben bereits erste Konturen an, als das Oberkommando der Wehrmacht einer Arbeitsgruppe von Technikern den Auftrag erteilte, „ein Gutachten über Verteidigungspositionen in den österreichischen Alpen zu erstellen. Aber der strenge Winter des letzten Kriegsjahres behinderte das Projekt erheblich, sodass im Januar 1945 an einen Abschluss der Untersuchungen noch nicht zu denken war.“[25]

Erste Informationen über Pläne der deutschen politischen und militärischen Führung, die Alpen zu einer uneinnehmbaren Festung auszubauen, waren weder den von den Deutschen umzingelten Eidgenossen noch den westalliierten Hauptquartieren verborgen geblieben. Im Herbst 1944 berichteten amerikanische Zeitungen über die „Alpenfestung“ und „aus einem Wust von ungesicherten Nachrichten entstanden Berichte, die zumindest plausibel klangen. Die Vermutung, die Deutschen seien dabei, in den Bergen Bastionen zu schaffen, an denen sich Hunderttausende alliierte Soldaten verbluten könnten, wurde“, so Böddeker, „durch Berichte von Schweizer Zeitungen im Laufe des Frühjahrs 1945 noch geschürt.“[26]

Ausgegangen war diese ganze Hysterie, wie man sie wohl bezeichnen muss, von Schweizer Zeitungen, die seit dem Juli 1944 über ein deutsches militärisches „Reduit“ im Alpenraum berichteten und damit die Phantasie der westalliierten Militärs, aber auch die der Journalisten gewaltig inspirierten. „Die Befürchtungen amerikanischer Zeitungen vor überdurchschnittlich verlustreichen Kämpfen und einem Hinausschieben des schon absehbaren Kriegsendes um viele Monate ebenso wie die ähnlich unrealistischen Analysen seines Geheimdienstes bewogen den westalliierten Oberkommandierenden, General Eisenhower, schließlich sogar, sein strategisches Ziel der Eroberung der Reichshauptstadt Berlin abzubrechen und rasch nach Süden vorzustoßen, um möglichst wenigen deutschen Truppenverbänden ein geordnetes Zurückweichen auf die ‚Alpenfestung' zu gestatten."[27]

Die Schweizer Zeitungsberichte über die „Alpenfestung" orientierten sich dabei an ihrem gut versorgten, ausgebauten und wehrhaften Bollwerk in der Zentralschweiz. Von diesem „Reduit" hatte auch der Gauleiter von Tirol-Vorarlberg Kenntnis erhalten, Franz Hofer war davon so fasziniert, dass er von Hitler noch Ende Juli 1944 eine Weisung zum Ausbau von Verteidigungsstellungen in Oberitalien erwirkte. Denn „angesichts der unaufhaltsam auf die Reichsgrenzen vorstoßenden alliierten Truppen und angeregt durch die immer konkreter werdenden Pressemeldungen aus der Schweiz und den USA, die die Möglichkeit riesiger unterirdischer Produktionsstätten und Versorgungslager und als Folge einer ‚Alpenfestung' ein um sechs bis acht Monate hinausgeschobenes Kriegsende mit enormen personellen Verlusten für die Angriffstruppen erörterten, sah Hofer in der Existenz eines deutschen Alpenreduits ein wertvolles Faustpfand für diplomatische Verhandlungen."[28]

Anfang September 1944 kam dem deutschen Sicherheitsdienst (SD) in seiner Außenstelle Bregenz erstmals der Bericht eines US-Agenten aus der Schweiz in die Hände, der bezüglich eines „National Reduit" als letzte Festung eines deutschen Verzweiflungskampfes über gewaltige Befestigungsanlagen in den Alpen berichtete. Um einer alliierten Zerstörung aus der Luft zu entgehen, hieß es darin, hätten die Deutschen um die wichtigsten Verteidigungsanlagen herum große Kriegsgefangenenlager angelegt, in denen alliierte Offiziere und Mannschaften inhaftiert seien. Der SS-Sturmbannführer Hans Gontard erhielt diesen Bericht als erster in Bregenz. Obwohl er ihn höchst belustigend fand, unterrichtete er den Gauleiter Hofer über diese Unterlagen, der den Inhalt zunächst ebenfalls für einen üblen Scherz hielt. Aus dem Dokument über das „Alpen–Reduit" erfahren wir von Hofer und Gontard folgendes:[29]

„Alpen-Reduit"

Amerikanische diplomatische Vertretung in der Schweiz Vater der „Festung-Alpen"!

Nachrichtenweg:
Für Nachrichten aus der Schweiz war eine der Anlaufstellen (auch Kurierstellen genannt) die SD-Außenstelle in Bregenz. Sie war eine reine Relaisstelle und hatte derartige Nachrichten lediglich direkt an das Reichs-Sicherheitshauptamt (RSHA) mit Sitz in der Hauptstadt Berlin weiterzuleiten.

Einblicks-Möglichkeiten:
Die SD-Außenstelle in Bregenz unterstand dem SD-Abschnittsführer in Innsbruck. In den Jahren 1944/45 war dies SS-Sturmbannführer Gontard. Ohne dass er mit den Nachrichten aus der Schweiz dienstlich irgendwie befasst war – da diese ja über Bregenz direkt nach Berlin gingen –, ergab sich doch aus der sonstigen Unterstellung, dass Sturmbannführer Gontard sich Einblick verschaffen konnte.

Anlass der Weitergabe an mich:
Der SD-Abschnittsführer in Innsbruck unterstand direkt dem RSHA-Berlin. Sämtliche Amtsvorgänger des Sturmbannführers Gontard wurden wegen meiner dauernden, begründeten Beschwerden über die Art der SD-Berichterstattung vom RSHA-Berlin – wenn auch stets nach großen Schwierigkeiten – schließlich abberufen. Mein Verhältnis zum SD drückt am besten mein seit 1938 bestehender Befehl aus, der meinen Mitarbeitern in Partei und Staat (Politische Leiter, Reichsbeamten, Beamten der Reichsgau-Selbstverwaltung und Vertragsangestellten) auch die ehrenamtliche Zugehörigkeit oder Tätigkeit für den SD verboten hat (einmalig im ganzen Reich!).

Der 1944 nach neuerlichen Schwierigkeiten eingesetzte SD-Abschnittsführer Gontard war nun offensichtlich von oben angewiesen, aber auch persönlich ehrlichst bemüht, ein besseres Verhältnis des SD in Tirol-Vorarlberg zu Partei und Staat, vor allem zu mir herzustellen. (Ziel war wohl die Aufhebung des oben erwähnten Verbotes zu erreichen, das schon Heydrich seinerzeit vergeblich versuchte.)

Daraus erklärt sich, das SS-Sturmbannführer Gontard mir ab zweiter Hälfte 1944 mehrmals Einblick in Abschriften von Berichten gab, deren Originale über Bregenz nach Berlin gingen.

Zeitpunkt und Nachrichtenquelle der ersten Meldung:
Im September 1944 brachte Sturmbannführer Gontard erstmals in Abschrift einen Bericht über ein „Alpen-Reduit". Er stammte aus dem Personenkreis der amerikanisch-diplomatischen Vertretung in der Schweiz. Es wurde ein Name „Parker" oder „Barker" oder „Bracker" genannt. Siehe Beilage 2 – Erklärung des Sturmbannführers Gontard.

Dieser Bericht und weitere Informationen zeigten, dass die Frage „Alpen-Reduit" in Kreisen der amerik[anisch]-dipl[omatischen] Vertretung und auch in Schweizer Kreisen stark erörtert und zum Gegenstand eines Berichtes an das State Department gemacht wurde.

Gedankengang des USA-Berichterstatters:
Nach diesem Bericht wurde der Zusammenbruch der deutschen Fronten für Mitte 1945 erwartet, aber mit Unbehagen die Möglichkeit der Bildung eines „Alpen-Reduits" besprochen. Gelinge es den Deutschen ihre Verteidigungsanlagen im Süden der Alpen auch nach Norden auszubauen, so bestehe die Gefahr, dass damit ein „Alpen-Reduit" geschaffen werde, dessen Niederkämpfung sechs bis acht Monate länger brauchen würde, als die der übrigen Gebiete.

Ein Kampf um ein solches „Alpen-Reduit" würde aber ein Mehrfaches an Toten und Verwundeten verursachen, die der bisherige Kampf in Europa die Amerikaner gekostet hat. Kein Oberbefehlshaber der amerikanischen Truppen in Europa würde daher, angesichts der zu erwartenden unverhältnismäßig großen Verluste, den Kampf um das „Alpen-Reduit" verantworten, sondern diesen kleinen Raum „aussparen".

Der USA-Berichter betont weiter:
Bei genügender und rechtzeitiger Versorgung mit Lebensmitteln, bei Untertagverlagerung und entsprechendem Ausbau der Rüstungs- und Kriegsproduktion, bei langfristiger Bevorratung mit Rohmaterial und wenn es gelingt mit der großteils katholischen Bevölkerung weiterhin

klarzukommen, insbesondere aber, wenn ein Volllaufen dieses Raumes mit Flüchtlingen, Dienststellen und Stäben verhindert wird, könnte ein derartig versorgtes und betreutes „Alpen-Reduit" sich bis zu zwei Jahren halten.

Da die Deutschen zweifellos alles an wertvollen Gefangenen, insbesondere an englischen und amerikanischen Kriegsgefangenen, mit in dieses Reduit nehmen werden und schon raumbedingt dann über das ganze Gebiet verteilen müssen, wird auch jede Maßnahme aus der Luft zum zweischneidigen Schwert; ganz abgesehen von der Unempfindlichkeit der unterirdischen Felsenstellungen und Produktionsstätten.

Dieser ausgesparte Raum würde Millionen von Nationalsozialisten die Möglichkeit des langfristigen Abwartens bieten und dadurch die Besatzungsarmeen im übrigen Deutschland in schwierigste Lagen bringen.

Die Augen aller deutschen Aktivisten werden sich begreiflich voll Hoffnung auf ein weiterkämpfendes „Alpen-Reduit" richten. In ganz Deutschland werden dadurch Sabotage und Widerstand laufend von selbst genährt. Immer wieder werden Aktivisten sich in dieses „Alpen-Reduit" durchschlagen.

Zwischen dem „Alpen-Reduit" und dem übrigen Deutschland wird eine Wechselwirkung gegenseitiger Stärkung eintreten.

Durch die sich ergebenden vielfachen Schwierigkeiten und insbesondere die lange Dauer dieses Zustandes ist zu befürchten, dass Spannungen West-Ost schließlich sichtbar werden, dem „Alpen-Reduit" zugutekommen und Möglichkeiten von Verhandlungen für Deutschland erschließen.

„Alpen-Reduit" – „National-Redout":
„Alpen-Reduit" ist der, in der deutschen Übersetzung der USA-Meldung – die via Bregenz nach Berlin ging – verwendete Ausdruck. Er ist wahrscheinlich durch eine nicht vollständige Übersetzung des in USA gebräuchlichen Ausdrucks „National-Redout" entstanden.

„Nationale Gebirgsfestung"

Erklärung des SS-Sturmbannführers Gontard über „Alpen-Reduit" bzw. „Nationale Gebirgsfestung".
In meiner Eigenschaft als Abschnittsführer des Sicherheitsdienstes des Reichsführers-SS in Tirol-Vorarlberg in den Jahren 1944 bis 1945 bekam ich laufend von der mir für den Inlandsnachrichtendienst unterstellten SD-Hauptaußenstelle Bregenz die Durchschläge von Berichten aus dem Sektor Auslandsnachrichten. Für diesen Sektor unterstand SD-Bregenz direkt dem Reichssicherheitshauptamt (RSHA) Amt VI (Auslands-Nachrichtendienst).

Wie mir erinnerlich, konnte ich schon in den Monaten Juli bis August 1944 in Schweizer Zeitungen von einer sogenannten „Reduitsbildung" in den Alpen lesen. Zu dieser Zeit hatten sich die zuständigen Staats- und Militärstellen überhaupt noch nicht mit dem Gedanken einer „Nationalen Gebirgsfestung" befasst. Aus den Schweizer Zeitungen konnte man entnehmen, dass sie die Öffentlichkeit der Schweiz, sowie vor allem die der Feindmächte, sehr stark mit diesem Gedanken vertraut gemacht hatte. Man konnte sogar an Hand der Zeitungsmeldungen von einer gewissen „Reduit-Psychose" sprechen. Später gingen dann auch Meldungen von

SD-Vertrauensmännern ein, die das „Reduit-Problem" mit maßgebenden Persönlichkelten in der Schweiz besprochen hatten. Die interessanteste unter ihnen war ein Gespräch eines Vertrauensmannes mit Vertretern der englischen und amerikanischen Botschaft, unter ihnen ein Herr Braker (andere Namen sind mir zurzeit nicht mehr geläufig).

Braker äußerte in diesem Gespräch seine großen Bedenken in Bezug auf einen Sieg der Feindmächte, wenn es Deutschland gelingen sollte, eine solche „Nationale Gebirgsfestung" aufzurichten. Der Krieg würde um beträchtliche Zeit verlängert, man müsste diesen Raum beim Vorgehen von Ost und West zunächst aussparen; wenn er genommen werden müsse, würde er große Opfer an Material und Menschen fordern. Außerdem sei es möglich, dass in dieser Zeit die damals bestehenden Differenzen innerhalb der Alliierten sich weiter verschärfen würden und somit für einen Sieg gewisse Zweifel vorhanden seien. Diese Meldung, die an das Amt VI des RSHA gegangen war, bekam ich im Durchschlag etwa September-Oktober 1944 und übergab sie dem Gauleiter Hofer zur Kenntnis. Später gingen noch laufend derartige Meldungen ein.

Kornwestheim, den 2. Mai 1946 gez.: Gontard

Seit dem Herbst 1944 wurden nun auch von deutscher Seite Überlegungen angestellt, bei einem Eindringen feindlicher Verbände in die „Festung Deutschland" die noch verbliebenen Streitkräfte in zwei Verteidigungsräumen zusammenzufassen – und zwar einerseits in der „Festung Berlin" und andererseits in der „Alpenfestung". Dort wollte man dann den Einsatz neuer Waffen sowie den Zerfall der alliierten Kriegskoalition durch den Ausbruch von Differenzen zwischen der Sowjetunion und den Westmächten abwarten.

Noch im Herbst hatte ein Pionier-Erkundungsstab des Oberkommandos der Wehrmacht unter der Leitung des Generalmajors August Marcinkiewicz im Alpenraum eine Untersuchung abgeschlossen. Er kam dabei zu dem Ergebnis, dass der Nordteil der Alpen völlig schutzlos sei, während in den Dolomiten, den Karnischen und Julischen Alpen sowie am Isonzo alte Stellungssysteme aus dem Ersten Weltkrieg besetzt werden könnten.

Auch diese Berichte waren dem Gauleiter Hofer nicht verborgen geblieben. Daraufhin arbeitete er nun eine Studie zum Ausbau der „Alpenfestung" aus. Hierfür beantragte er am 3. November 1944 beim Führerhauptquartier entsprechende Vollmachten, das benötigte Material sowie den Befehl zum sofortigen Ausbau der Nordalpen. Sehen wir uns auch dieses aufschlussreiche Dokument des Tiroler Gauleiters genau an:[30]

„Alpenfestung"
(Führer-Vorlage)

Weiterleitung des Berichtes „Alpen-Reduit" an das Führerhauptquartier und eigene Stellungnahme:

Zeitpunkt meiner Vorlage:
Den aus Kreisen der amerikanischen-diplomatischen Vertretung in der Schweiz stammenden Bericht – der mir im September 1944 abschriftlich zugegangen war – habe ich in den ersten

Tagen des Monats November 1944 an Reichsleiter Martin Bormann mit der Bitte übersandt, diesen Bericht mit meinen Begleitausführungen dem Führer sofort zur Entscheidung vorzulegen.

Warum erfolgte die Vorlage nicht schon im September 1944:
1. Musste ich annehmen, dass der aus der Schweiz, via Bregenz nach Berlin direkt gegangene Original-Bericht sofort in das Führer-Hauptquartier (FHQu) weitergeleitet worden ist.

2. Hatte ich Sorge, dass bei einer zusätzlichen Weiterleitung des Berichtes durch mich, das Reichssicherheitshauptamt (RSHA) davon Kenntnis bekommen könnte und dem SS-Sturmbannführer Gontard aus seiner Einblicknahme und Weitergabe des Berichtes in Abschrift an mich unnötige Schwierigkeiten entstehen würden.

Warum erfolgte dann Vorlage Anfang November 1944:
Weitere neue Meldungen, die immer wieder aus der Schweiz einlangten (siehe dazu „Beilage Nr. 2"), zeigten, wie ernst man dort die Frage eines „Alpen-Reduit" nahm. Bei der sich immer mehr zuspitzenden militärischen Lage fühlte ich mich verpflichtet, auf die für das Reich bestehenden Möglichkeiten hinzuweisen, die sich bei richtiger Ausnutzung der auf der anderen Seite offensichtlich bestehenden Sorge wegen eines „Alpen-Reduit" ergeben.

Schwierig war, dass meine Führer-Vorlage unglücklicherweise mit einem gegen mich gerichteten Bericht der Faschisten zeitlich zusammenfiel. („Beilage Nr. 4")

Nachfolgende sinngemäße Wiedergabe meiner „Führer-Vorlage" gegliedert in Begründung und Bitten (Vorschlägen) – mit der ich die mehrseitige Berichtsabschrift aus der Schweiz über ein „Alpen-Reduit" (siehe Inhaltsangabe „Beilage Nr. 1" Seite 2) vorgelegt habe.

Meine Führer-Vorlage:

Begründung:
„Die Luftlage hat sich in den letzten Monaten des Jahres 1944 derart verschlechtert, dass durch das Fehlen einer eigenen Luftwaffe die feindlichen Flieger praktisch jede Arbeit lahmlegen.

Außer laufenden Angriffen auf eigenes Gebiet, insbesondere auf die Wohnviertel von Innsbruck, Bozen usw., werden wir fast täglich von starken, in den süddeutschen Raum einfliegenden Feindverbänden mehrmals überflogen. Stundenlange Alarme stören die Arbeit schwerstens. Meine dem Führerhauptquartier zugehenden Tagesmeldungen zeigen, dass an zahlreichen Stellen Bahn- und Straßenverbindung zur Südfront, nördlich und südlich des Brenners, täglich unterbrochen wird. Während schon in den Morgenstunden durch kleinere Einheiten im Süden meines Bereichs die ersten Bombenwürfe erfolgen, beunruhigen noch in der Nacht vereinzelte Tiefflieger mit Bordwaffen und kleinen Bomben die Straße Bozen-Roveretto.

Der sich immer mehr verstärkende Druck auf die Brennerverbindung – der wesentlichsten Nachschubverbindung der Südfront – zeigt, dass der Gegner zu einem neuen Schlag ausholt.

Ich habe es bisher immer vermieden – sowohl grundsätzlich als auch durch meine arbeitsmäßige Überlastung bedingt – mich um Dinge zu kümmern, die nicht unmittelbar in mein

Arbeits- und Aufgabengebiet gehören. Nur zweimal habe ich diese Zurückhaltung in den letzten Jahren durchbrochen, als die offizielle Linie des Reiches meine Arbeit und Aufgaben nördlich des Brenners und meine Hoffnungen als Tiroler südlich des Brenners bedrohte und Gefahr bestand, dass das Reich schweren Schaden nehme. So wenig man mancherorts damals meine Haltung verstand, fühlte ich mich verpflichtet, in fast hundert Fernschreiben laufend die Gefahren aufzuzeigen. In beiden Fällen (Duce und Badogiio) haben sich meine Warnungen – im Gegensatz zu den Berichten der zuständigen Stellen wie Auswärtiges Amt, Botschaft in Rom, Militärattaché und Oberbefehlshaber der deutschen Truppen in Italien – leider als nur zu berechtigt erwiesen. Wenn mir diese Warnungen auch das Prädikat „Misstrauischer Tiroler" (Anmerkung: seitens des Führers) einbrachten und leider nicht sofort aufgegriffen wurden, so war durch sie doch im kritischen Augenblick der Boden soweit vorbereitet, dass die größten Schäden noch vermieden werden konnten. Ich bitte daher es richtig zu verstehen, wenn ich aus tiefstem Verantwortungsbewusstsein und der Sorge um Heimat und Vaterland mich nun zum dritten Mal um Dinge kümmere, die über mein Aufgabengebiet hinausgehen und mich eigentlich nichts angehen.

Die Möglichkeit einer rein militärischen Entscheidung scheint bei einer Weiterentwicklung dieses ungleichen Ringens und dem praktischen Fehlen zweier Wehrmacht-Teile (WL und WM) auf unserer Seite wohl nicht mehr gegeben. Eine Verhandlungsbereitschaft wird aber bei der fortgeschrittenen militärischen Lage seitens Amerikas und Großbritanniens ebenfalls kaum mehr gegeben sein, um so weniger als auch die Gefahr eines Weltbolschewismus von diesen Staaten noch nicht richtig erkannt wird, sondern – leider durch unsere Inlandpropaganda verursacht nur als ein „Propagandatrick" von uns angesehen wird, um unsere Gegner zu trennen.

In dieser schwierigen Situation halte ich die richtige und rasche Auswertung des aus amerikanischer Quelle stammenden Berichtes für äußerst wichtig.

Fortsetzung meiner Führer-Vorlage:

Bitten – Vorschläge

„Meine dringende Bitte ist, sofort zu befehlen, dass eine ‚Alpenfestung' – im Sinne des aus der Schweiz eingelangten Berichtes über ein ‚Alpen-Reduit' – mit dem Einsatz aller Mittel raschest errichtet und entsprechend versorgt wird!

Sieht der Bericht die militärische Entwicklung für das Jahr 1945 richtig, so wird die Schaffung einer ‚Alpenfestung' nicht nur zu einer militärischen Notwendigkeit, sondern stellt wohl eine einzigartige Möglichkeit dar, um bei geschickter und rascher Auswertung überhaupt noch in ein diplomatisches Gespräch zu kommen. Sieht der Bericht die militärische Entwicklung aber falsch, so wird die Schaffung einer ‚Alpenfestung' und ihrer unterirdischen Fabrikationsstätten, Material- und Lebensmittellager, vor allem aber das Gefühl ‚Noch immer ein Eisen im Feuer zu haben' sich zweifellos für die Weiterführung des Kampfes nur günstig auswirken. Umfassende Befehle und Vollmachten sind aber nötig um bei den Schwierigkeiten eines sechsten Kriegsjahres und in der kurzen noch zur Verfügung stehenden Zeit, die Errichtung einer ‚Alpenfestung' in einer derartigen Form vorwärtszutreiben, dass sie auch tatsächlich für den Gegner sichtbar zu dem von ihm befürchteten Bollwerk in den Alpen wird, von dem es in der USA-Meldung heißt:

‚dessen Niederkämpfung sechs bis acht Monate länger brauchen würde, als die der übrigen Gebiete und
ein Mehrfaches an Toten und Verwundeten verursachen würde, die der bisherige Kampf in Europa die Amerikaner gekostet hat, sodass
kein Oberbefehlshaber der amerikanischen Truppen in Europa, angesichts der zu erwartenden unverhältnismäßig großen Verluste den Kampf um das „Alpen-Reduit" verantworten, sondern diesen kleinen Raum „aussparen" würde, sodass dann dieser Raum die Möglichkeit eines Abwartens bis zu zwei Jahren bietet.'

Nur dann kann der erhoffte Erfolg eintreten! Halbe Maßnahmen aber würden den Verlust des ganzen Aufwandes an Material, Arbeitskraft und Geld bedeuten, denn der Gegner würde dann sich nicht nur zu keinem Gespräch bereitfinden, sondern es würde auch im Ernstfall eine derartige Anlage wertlos sein!

Ich bitte daher um:

1. Befehl über den sofortigen Bau einer „Alpenstellung" im Norden, mit Anschlussstücken zur „Alpenstellung" im Süden.
2. Erklärung des Alpenraumes als „Sperrgebiet":
   a) um weiteren Zuzug von Dienststellen und Flüchtlingen zu verhindern,
   b) um bereits dorthin evakuierte Dienststellen und Flüchtlinge an Nachbargebiete abgeben zu können. (Für diese die Aufnahmepflicht erklären.)
3. Bevorratung des Alpenraumes mit Lebensmitteln und lebenswichtigen Gütern auf lange Zeit (großzügigst und zweckentsprechend).
4. Sicherung des nötigen Rüstungs-Potentials durch Anlieferung von Maschinenparks und weitschauende, reichliche Bevorratung mit Rohmaterialen und Halbfabrikaten.
5. Errichtung großmöglichster Waffen- und Munitionslager sowie Lagerung anderer für die Aufgabenstellung wichtiger Fertigfabrikate.
6. Verlegung von dreißigtausend amerikanischen und britischen Kriegsgefangenen in den Alpenraum (möglichst nur Offiziere).
7. Einheitliche Befehlsgewalt und Vertretungsbefugnis des Führers auf allen Gebieten:
   a) zum Aufbau und der Ausstattung der „Alpenfestung",
   b) für den Fall der Abtrennung vom übrigen Raum.
8. Abberufung des Reichsaußenministers von Ribbentrop, um dadurch die Vorbedingung für ein rasch zu beginnendes diplomatisches Gespräch zu schaffen.
9. Rücknahme der Süd-Armee auf die „Alpenstellung" im Süden:
   a) um Gefährdung der deutschen Truppen in Italien durch Feindlandung im Rücken der Front sowie ein langsames Aufreiben der Truppe in der Po-Ebene zu vermeiden,
   b) um Truppeneinsparungen, zum Zwecke der Bildung von Kampfreserven zu erzielen,
   c) um Nachschubverkürzung und damit Freimachen von Kräften zu erreichen,
   d) um Verfeinerung der „Alpenstellung" im Süden, die schon weitgehend fertig gebaut ist, zweckmäßigerweise durch die Kampftruppe selbst vornehmen zu lassen,
   e) um Baukapazität durch Freiwerden des großen Maschinenparks und eines Großteils der fünfundsiebzigtausend Arbeiter für die „Alpenstellung" im Norden zu gewinnen,
   f) um Sicherung der „Alpenstellung" im Süden vor Partisanen, die versuchen nach Norden in die Berge auszuweichen und in mein Gebiet eindringen,

g) um Partisanenfrage von unserer Truppe auf Angloamerikaner zu überbürden und
h) um Verhandlungsbasis durch Räumung des altitalienischen Gebietes und Beschränkung auf das seit Jahrhunderten tirolische Gebiet, das bis 1918 noch bei Österreich war, zu entlasten.

Ich bitte diese Vorlage wegen höchster Dringlichkeit sofort dem Führer mit der Bitte um Entscheidung vorzulegen. Sollten irgendwelche Bedenken bestehen, so bitte ich zum persönlichen Vortrag beim Führer raschest befohlen zu werden."

(N. B.: Obige Führer-Vorlage wurde nicht nur sinngemäß wiedergegeben, sondern es wurde bestmöglichst von mir versucht, sie auch dem Wortlaut nach zu rekonstruieren, soweit dies nach vorhandenen Notizen und aus der Erinnerung erstellten Skizzen möglich war.)

Doch Martin Bormann, „der geborene Überlebende, [der] aus seiner Abneigung, unterzugehen [...] keinen Hehl machte",[31] ließ Hofers Memorandum vom November 1944 in seinem Tresor verschwinden, statt es dem Führer vorzulegen. Der Leiter der Parteikanzlei der NSDAP, der zugleich Hitlers Sekretär gewesen war, befürchtete nämlich, als Defätist verstoßen zu werden, wenn er Hitler das brisante Papier vorlegte. So verging nochmals unnütz überaus wertvolle Zeit im Kampf um die Nordfront der „Alpenfestung".

Am 12. November 1944 erschien in der „New York Times" ein Artikel des Londoner Korrespondenten Harry Vosser unter dem Titel: „Hitlers Hide away" („Hitlers Unterschlupf"). Er schloss mit den Worten: „[...] ist der gesamte Bezirk in eine Breite von fünfzehn Meilen und einer Länge von einundzwanzig Meilen vermint und kann gesprengt werden durch den Fingerdruck auf nur einen einzigen Knopf. Man sagt, dass dieser schicksalhafte Knopf sich am Schreibtisch in Himmlers unterirdischem Arbeitszimmer befindet, das in einem Stollen unterhalb des Führer-Bunkers liegt." Dieser Horrormeldung folgten noch zahlreiche derartige Berichte und Presseartikel, die sich weltweit mit dem Mythos der „Alpenfestung" beschäftigten. Dr. Joseph Goebbels konnte das nur recht sein. Noch im November/Dezember 1944 beschloss Hitlers Paladin, derartige Meldungen für sich zu nutzen. Nun wurde im Propagandaministerium ein „Sonderreferat ‚Alpenfestung'" ins Leben gerufen, „das nur die eine Aufgabe hatte, die Alpen vor aller Öffentlichkeit als waffenstrotzende, von Elitesoldaten besetzte, bestens versorgte und somit nahezu uneinnehmbare Superfestung aufzubauen." Mit von der Partie war auch der SD, der fortan den US-Spionen detaillierte Pläne von Bauten und Superwaffen geschickt zuspielte.

Anfang 1945 erschienen in der westlichen Presse wiederum Berichte über Pläne eines „nationalen Reduit" („A"). Die Alliierten wurden in ihrer Befürchtung, die NS-Führung wolle sich in den Alpen verschanzen, bestärkt, als in relativ großem Umfang nicht nur „Regierungsstellen mit ihrem Personal und ihren Archiven aus Berlin in den Süden verlegt wurden",[32] sondern auch Teile des Oberkommandos der Wehrmacht – und zwar sowohl in das Berchtesgadener Land als auch in das Alpenvorland sowie in die österreichischen Alpentäler. Damit, so Minott, „erhielt der Mythos von der ‚Alpenfestung' neuen Auftrieb. Wahres und Unwahres vermischte sich miteinander und verlieh zahlreichen Einschätzungen eine gewisse Glaubwürdigkeit."[33]

In der Züricher „Weltwoche" erschien am 2. Februar 1945 ein Artikel, in dem Einzelheiten über Hitlers „Alpenfestung" geschildert wurden: „In den letzten Monaten", heißt es dort, „ist in der ganzen Gegend emsig gearbeitet worden. In den Höhlen des Königssees – die längste davon ist mehr als drei Kilometer tief –, in den alten Salzbergwerken der Gegend, in ausgehöhlten Bergen und Talwegen sind nach und nach gewaltige Kriegsmaterialdepots, Munitionskammern und Reparaturwerkstätten angelegt worden. Industriewerke zur Herstellung von Kriegsmaterial wurden dort gebaut. Flugzeugfabriken für Me-Jäger und Düsenflugzeuge wurden erstellt, große Brennstoffdepots angelegt. Synthetische Benzinwerke wurden in die Berghänge und Bergwerkschächte hineingebaut. [...] Getreide- und Kartoffelvorräte sind angesammelt worden, sowohl für die Ernährung wie für die Alkoholgewinnung."[34]

Tatsächlich wurden in der „Alpenfestung" – insbesondere in Oberitalien in Anlehnung an die Graben- und Festungssysteme des Ersten Weltkrieges – von der Organisation Todt Stellungen angelegt oder ausgebaut sowie Vorräte gehortet und einige Rüstungsanlagen – wie zum Beispiel in Oberammergau – installiert. Im Februar wurden mit zweitausendfünfhundert Fremdarbeitern und wenig Material die Bauarbeiten begonnen. Denn „wenn die Schweizer es fertiggebracht hatten, eine eigene ‚Alpenfestung' aufzubauen, schien es nur logisch, dass die verzweifelten Nazis alles daran setzen würden, ihrem Beispiel zu folgen."[35]

Währenddessen wurden Meldungen lanciert, dass in Bad Aussee, dem sogenannten Hauptquartier der „deutschen Guerillas", eine Massenaktion anlaufe, in der die SS- und HJ-Elite vereint sei, um den Kampf in der „Alpenfestung" fortzusetzen. In dieses Konzept passte für alle ausländischen Agenten natürlich auch, dass Ernst Kaltenbrunner nun Sicherheitschef für Süddeutschland wurde. Der Chef des Reichssicherheitshauptamtes war fest entschlossen, die Furcht der Westalliierten, in der „uneinnehmbaren Festung Alpen" noch einen opferreichen Kampf austragen zu müssen, für politische Zugeständnisse auszunutzen.

In seinem Werk „Der Geheimdienst in Europa 1937-1945"[36] stellte Wilhelm Ritter von Schramm, ein Experte auf diesem Gebiet, fest: „Es ist das Phantom der sogenannten ‚Alpenfestung'; von dem die US-Geheimdienste in den letzten Kriegsmonaten fasziniert sind und nicht nur das: Von Ende März 1945 an bestimmt diese ‚Mär' die amerikanische Strategie wie die Entschlüsse des Obersten Befehlshabers der westalliierten Streitkräfte in Europa. Statt, wie ursprünglich geplant, direkt nach Berlin zu marschieren, von dem die Vorausabteilungen am 12. und 13. April nur noch zwei Tagesmärsche entfernt sind, lässt er die Reichshauptstadt buchstäblich ‚links' liegen, um in der vermeintlichen ‚Alpenfestung' den letzten NS-Widerstand mit Übermacht zu brechen. Diese in ihren Folgen so tragischen Ereignisse wurden bisher noch nicht im richtigen Zusammenhang ihrer Entwicklungsgeschichte gesehen."[37]

Diese Entwicklungsgeschichte begann bekanntlich in der Schweiz, wo der US-Geheimdienst seine Fäden spann und Nachrichten über die Errichtung der „Alpenfestung" zusammentrug. „Es kamen Artikel in westlichen Zeitungen hinzu, auch bewusste Falschmeldungen der Sowjets, gesteuert von Stalin. Ihm lag daran, dass die US-Army nicht als erste Streitmacht Berlin erreichen würde, noch vor den Russen. Und er erreichte dieses Ziel."[38] Denn Eisenhower hatte eine große Karte in seinem Hauptquartier hängen. Auf ihr stand zu lesen: „Das nationale Bollwerk nach Agentenberichten". Dort wurden laufend neue rote Zeichen angebracht – und zwar „über Munitions-Treibstoff-Giftgasdepots, Lager mit Lebensmitteln, Rundfunksender und Kraftwerke, Truppenunterkünfte, Befestigungen – sogar unterirdische Fabriken".[39]

Was den Wahrheitsgehalt der verschiedenen Agentenmeldungen anbetrifft, so schrieb Ritter von Schramm: „Der amerikanische Geheimdienst ist das Opfer von Spekulationen geworden. Jedenfalls hat er der Befürchtung dessen, was die NS-Größen im letzten Augenblick noch tun könnten, mehr Raum gegeben als der genauen Nachprüfung der Meldungen und Möglichkeiten an Ort und Stelle. Hier wären noch einmal Spione herkömmlicher Art am Platz gewesen, militärisch geschulte V-Männer, die sich nicht bluffen ließen, um bis ins Detail zu erkunden, wie es in der ‚Alpenfestung' tatsächlich aussah, wie sie armiert und bevorratet war, und in welchem Zustand sich die dort eintreffenden deutschen Truppenteile befanden [...]"[40]

Wie ein Ertrinkender ergriff Hitler in seinem Führerhauptquartier jeden nur erdenklichen Strohhalm, um den schon längst verlorenen Krieg doch noch in letzter Minute zu seinen Gunsten zu entscheiden. Daher befahl er am 9. April 1945 endlich den Tiroler Gauleiter zum Vortrag nach Berlin. Zwei Tage später verließ Franz Hofer in Begleitung von Heinrich Mandlez, der im Gau Tirol-Vorarlberg für die Agrarpolitik zuständig war, sein Gut, den „Lachhof" bei Innsbruck, und flog von München mit einer Maschine vom Typ „Ju 52" in die Reichshauptstadt, wo ihn der Führer in seinem Bunker unter der Reichskanzlei erwartete.

Dort versuchte Hofer sogleich, Hitler für seinen Plan zu gewinnen, mit ihm in die „Alpenfestung" zu kommen. Er bot ihm als Quartier seinen Hof an, den er mit einem Bunker ausgestattet hatte. Doch Hitler lehnte das Angebot ab. Stattdessen erteilte er am 12. April 1945 den offiziellen Befehl zur Erkundung und zum Ausbau der „Kernfestung Alpen", die sich über Südbayern, Salzburg, Tirol, Vorarlberg, Südtirol und Kärnten erstrecken sollte. Damit begann die letzte Bastion der Nationalsozialisten nun auch für jedermann sichtbar Gestalt anzunehmen, zumal unter anderem sowohl der Innsbrucker als auch der Kitzbüheler Kreisleiter in Hofers Auftrag Stellungserkundungen durchführen ließen. Warum das offiziell so spät geschah, liegt auf der Hand, denn eine allzu frühe Nachricht über den Auf- und Ausbau eines weiträumigen Wehr- und Verteidigungsraumes mit Festungscharakter mitten in den deutschen, österreichischen und norditalienischen Alpen hätte den Glauben der Deutschen an den nach wie vor propagierten Endsieg tief erschüttert und den mit allen Mitteln zu verhindernden Defaitismus gefördert. „Jetzt konnte man offen darüber reden. [...] Das zur ‚Alpenfestung' deklarierte Gebiet sollte so befestigt und mit Munition und Verpflegung ausgestattet werden, dass es die Verbände des Oberbefehlshabers Südost (Heeresgruppe E), Oberbefehlshaber Südwest (Heeresgruppe C) und Oberbefehlshaber West (wohl nur die Heeresgruppe G) aufnehmen konnte."[41] Am 13. April kehrte Hofer nach einer Fahrt voller Hindernisse von Berlin nach Tirol zurück. Wenn Hitler sich jetzt auch offiziell für den Ausbau der „Kernfestung Alpen" entschieden hatte, so wollte er „von einer Räumung Italiens nichts wissen. Es müsse jeder Soldat auf dem Platz sterben, auf dem er stehe. Er verspreche sich aber eine Wendung, wenn die zehn frischen Divisionen aus dem Harz, im Westen eingesetzt, die vorgeprellten Stoßkeile der Alliierten einen nach dem andern ‚abhacken' würden. War Hitler", fragte sich der General der Gebirgstruppe Feurstein, „überhaupt noch in der Verfassung, die Lage des Landes beurteilen zu können?"[42]

Von Generaloberst Jodl hatte Hofer erfahren, dass sich der Oberste Befehlshaber mit der „Festung Tirol" sehr beschäftige und demnächst die 5. Gebirgsdivision, die die „Westalpenstellung" hielt, entsenden wollte. Das Oberkommando der Wehrmacht nannte den Tiroler Gauleiter geringschätzig nur mehr die „Sabotagebehörde".[43]

„Das ganze Gerede um die ‚Alpenfestung' war eine lächerliche Illusion", konstatierte Feurstein. „Die Berge allein können keinen Feind aufhalten, und um wirksame Verteidigungsanlagen zu schaffen, war es zu spät. Vergleiche mit dem ersten Weltbrand oder gar mit den Befreiungskriegen lassen sich nicht ziehen. Der Abfall unseres Dreibundpartners Italien ließ im Jahre 1915 den Geist Andreas Hofers wach werden und bestärkte die Tiroler, auszuharren."[44]

Aber wie sah es im Jahr 1945 aus? „Einen Hofer gab es auch", so der österreichische Gebirgsjägergeneral, allerdings einen „von Hitlers Gnaden." „Das letzte Aufgebot aber, der hoffnungslosen, verbluteten Bevölkerung erpresst, sah sich der Knechtschaft der Partei oder jener der Alliierten ausgeliefert. Der alte Freiheitsheld blieb in seiner Gruft."[45]

Trotz der pessimistischen Lagebeurteilung des Generals Feurstein herrschte in der „Alpenfestung" eine rege Betriebsamkeit. Schon am 14. April 1945 erhielt der Oberbefehlshaber Südwest aus dem Führerhauptquartier die ersten offiziellen Informationen über Maßnahmen, die zum Ausbau der „Alpenfestung" eingeleitet wurden. Tags darauf wurden hierzu bereits Vorbefehle erlassen. Während einer Lagebesprechung am 18. April formulierte Hitler in seinem Führerbunker einen Plan zur Konzentration der noch verfügbaren Truppen in den drei noch nicht von den Alliierten eingenommenen Zitadellen – und zwar im Dreiländereck Schleswig-Holstein – Dänemark – Norwegen, in der „Festung Berlin" sowie in der „Alpenfestung" mit dem Schwerpunkt Oberbayern, Tirol und Salzburger Land. Dorthin sollte sich auch die nationalsozialistische Führungselite zurückziehen, um dann abzuwarten, ob sich die Differenzen zwischen der Roten Armee und den Westalliierten nach ihrem Aufeinandertreffen in den „Hohlräumen" verschärfen würden, um sich dann in der Gunst der Stunde an die Seite der Angloamerikaner zu schlagen und mit ihnen, so die Wunschvorstellungen der politischen und militärischen Führung des Dritten Reiches, gegen die Sowjets zu marschieren.

„Viele deutsche Verbände, von urteilsfähigen Offizieren geführt, haben an diese ‚Alpenfestung' geglaubt", berichtet Generaloberst Franz Halder, „haben sich durch schwierigste Lagen hindurchgekämpft, um ihre Truppen in diese Festung retten zu können."[46] Es war am 24. April 1945 als Hitler den „Führerbefehl betr. ‚Alpenfestung'" unterzeichnete. In diesem einzigartigen Dokument, in dem er sich zum ersten Male in schriftlicher Form zu diesem von Mythen umrankten letzten Geheimnis des Dritten Reiches äußerte, bezeichnete er die „Alpenfestung" als „letztes Bollwerk fanatischen Widerstandes". Sie, die „Alpenfestung", sollte „durch das Gelände und im Süden auch durch Ausbau starker Kernfestungen" dem massierten Ansturm des Feindes bis zum letzten Mann standhalten.[47] Denn, so die allgemeine Ansicht von Freund und Feind, „wenn es den Deutschen gelingen sollte, zusätzlich zu den im Süden bereits vorhandenen Stellungen auch den nördlichen" Abschnitt der Alpen zu befestigen, „würden sich dadurch vielleicht die Kämpfe noch ein weiteres halbes Jahr hinziehen."[48]

Doch damit nicht genug der Spekulationen. Sowohl deutsche als auch alliierte Berichte und Planspiele gingen davon aus, „dass die Nazis die wichtigsten alliierten Gefangenen als Geiseln in die Festung überführen würden; ein hartnäckiger Widerstand in den Alpen würde vielleicht in den besetzten Zonen Deutschlands wie ein Flammenzeichen wirken und die Guerillatätigkeit entfesseln. Ferner könnten während der sich hinziehenden Kampfhandlungen Spannungen im Lager der Alliierten sowie zwischen West und Ost auftreten. Eine solche unglückliche Wendung würde möglicherweise ernste Unannehmlichkeiten zur Folge haben, die den unentwegten Nazianhängern zugute kämen." So wäre es nach dem Historiker Minott alles andere als undenkbar, „dass die ‚Alpenfestung' fast zwei Jahre lang standhielte".[49] Mehr noch: „Den Deutschen könnte es mit der Fortsetzung des Widerstandes gelingen, einen

Keil zwischen die Alliierten zu treiben und vielleicht einen Separatfrieden zum Vorteil der die ‚Alpenfestung' haltenden Kräfte zu erzielen."[50]

Als passionierter Bergsteiger hat der Autor auf zahlreichen Exkursionen durch den süddeutschen Alpenraum, in Frankreich, Italien, Österreich, Slowenien und der Schweiz nahezu alle Kriegsschauplätze in den Operationszonen „Alpenvorland" und „Adratisches Küstenland", in den Ost-, West- und Zentralalpen, den Salzburger-, Bayerischen und Allgäuer Alpen, den oberitalienischen und Julischen Alpen sowie sämtliche Kriegsschauplätze und diverse Verteidigungsanlagen, Feldstellungen, geheimnisumwitterte Täler und Seen in der „Alpenfestung" aufgesucht. Daher ist ihm vieles, ja fast alles, nicht nur aus dem bisher erschienenen Schrifttum und den Archivalien, sondern im besonderen Maße auch aus der unmittelbaren Konfrontation mit der Vergangenheit während der monatelangen Forschungsreisen in den Alpen überaus vertraut.

Denn die auf einer derartigen historischen Reise, die in verschiedene Abschnitte und Reiserouten unterteilt werden kann, gesammelten Erfahrungen tragen nämlich nach Christopher Duffy wesentlich dazu bei, „den Historiker vor etlichen Dummheiten zu bewahren, die er begehen würde, wenn er daheim bliebe und das abschriebe, was andere zu diesem Thema zu Papier gebracht haben. Ein weiterer positiver Aspekt besteht darin, dass er auf diese Weise leichter taktische Probleme nachvollziehen, Gebiete von strategischer Bedeutung wiederzuerkennen und die Strukturen einer vergangenen Epoche neu aufleben zu lassen vermag."[51]

In diesem Sinne entstand dieses erste umfassende und wissenschaftlich untermauerte Buch über den Mythos und die Wirklichkeit, über das letzte Geheimnis und Bollwerk des Zweiten Weltkrieges, das unter dem Titel „Operacja Twierdza Alpjska" auch in einer polnischen Übersetzung vorliegt, nun als eine völlig überarbeitete und stark erweiterte Ausgabe.

Roland Kaltenegger
Kufstein/Tirol
im Frühjahr 2015

I.
Von der Operationszone „Alpenvorland" zur „Voralpenstellung"

Das deutsche Oberkommando hätte besser daran getan, Norditalien aufzugeben und sich auf die starke Verteidigungslinie des Eischtales oder Trentinos zurückzuziehen, die es mit viel geringeren eigenen Kräften hätte halten können.

Winston S. Churchill[1]

Das Alpen-Massiv (nicht die fiktive „Alpenfestung") bildete in dieser Endphase den Rückhalt für die Heeresgruppen Südwest, Südost, G und für Teile von Süd. [...] Die Zurücknahme der Hauptkräfte von der Heeresgruppe E (Südost) durch einen engen Schlauch kostete Zeit; diese Bewegung konnte durch unglückliche Ereignisse an ihrem rechten Flügel und durch das Aufreißen einer Lücke durch rückläufige Bewegung der Heeresgruppe C (Italien) unmöglich werden. Dem rechten Flügel mussten deswegen die erforderlichen Verstärkungen zugeführt und die Maßnahmen der Heeresgruppen C und E aufeinander abgestimmt werden. Noch entscheidender war für die Heeresgruppe E (Balkan) das Verhalten der Heeresgruppe Süd (Österreich); ein zu frühzeitiges Zurücknehmen, vor allem des rechten Flügels dieser Heeresgruppe, blockierte die Heeresgruppe E, die damit Tito ausgeliefert wurde.

Albert Kesselring[2]

1. Das Unternehmen „Feurstein“

Der General der Gebirgstruppe Valentin Feurstein war der rangälteste Tiroler Soldat des Zweiten Weltkrieges. Während des Ersten Weltkrieges zeichnete er sich als Tiroler Kaiserjäger besonders an der österreichisch-italienischen Dolomitenfront im entbehrungsreichen Hochgebirgskrieg aus. Aufgrund der dabei gewonnenen Erfahrungen im Gebirgskrieg und entsprechenden Verwendungen im Bundesheer der ersten österreichischen Republik wurde ihm nach dem Anschluss Österreichs an das Reich noch im Jahre 1938 im Rahmen der Deutschen Wehrmacht die Aufstellung der 2. Gebirgsdivision in Innsbruck übertragen. Mit ihr überwand er nach dem Polenfeldzug die schier unvorstellbaren Geländeschwierigkeiten während des Norwegenfeldzuges und stellte so die Landverbindung von Oslo über Trontheim zu der in Narvik eingeschlossenen Kampfgruppe des Generals Eduard Dietl her.[3]

Während dieser als „Held von Narvik“ in die Kriegsgeschichte eingegangen ist und schließlich sogar Oberbefehlshaber der legendären Lapplandarmee wurde, entschwand der Name Feurstein wieder aus dem Gedächtnis der Öffentlichkeit. Nach der Vernichtung der 6. Armee in Stalingrad, dem Rückzug der deutschen Gebirgstruppe aus dem Hochkaukasus und der Niederlage der Achsenmächte auf dem nordafrikanischen Kriegsschauplatz erkannte Feurstein sehr schnell, dass sich „der Krieg in Kürze dem italienischen Mutterland und damit auch Österreich nähern würde. [...] Es hieß“, schrieb er in seinen Erinnerungen, „dass sich bereits zahlreiche Divisionen von uns in Italien befinden sollten, und ich hegte die Überzeugung, dort unten, besonders meiner Sprach- und Ortskenntnisse wegen, nützlich sein zu können. Darum entschloss ich mich Mitte Mai, beim Chef des Personalamtes, General Schmundt, schriftlich um eine Verwendung auf dem südlichen Kriegsschauplatz zu bitten. Es war das erste Mal, dass ich in meiner fast vierzigjährigen Dienstzeit versuchte, in mein Schicksal einzugreifen.“[4] In dem Schreiben heißt es:

„Als ehemaliger Kaiserjägeroffizier in Südtiroler Garnisonen und als Generalstabsoffizier während des Ersten Weltkrieges im Pustertal und Trentino besitze ich eine gründliche Ortskenntnis dieser Räume. Bei meiner späteren Tätigkeit in gemeinsamen Grenzkommissionen habe ich die Mentalität der Italiener kennengelernt. Ich glaube, ohne Überheblichkeit sagen zu können, dass ich unsern Grenzraum in Tirol im Detail kenne. Sollte dieser in irgendeiner Form wieder von militärischer Bedeutung werden, so glaube ich, dort brauchbare Dienste leisten zu können. Ich dränge in keiner Weise von hier weg. Ich habe Südnorwegen über zwei Jahre mit Liebe und, ich glaube auch, mit Erfolg betreut. Aber wenn meine nähere Heimat bedroht sein sollte, so hoffe ich, bedingt durch Kenntnis von Land, Leuten und Sprache, dort noch mehr für unsern Existenzkampf wirken zu können [...]“[5]

Eine Abschrift seines Schreibens an den Chef des Heerespersonalamtes legte Feurstein seinem Vorgesetzten, dem Generaloberst Nikolaus von Falkenhorst vor. Wider Erwarten mahlten dieses Mal die Mühlen des Oberkommandos des Heeres relativ schnell, denn schon am 11. Juni 1943 erhielt er von General Schmundt die Zusage: „Heute abend hatte ich Gelegenheit, dem Führer Ihren Brief vom 22. Mai vorzulesen. Der Führer hat Ihre Angelegenheit sofort außerordentlich aufgegriffen und möchte Sie sogleich für alle Fälle in der Heimat zur Verfügung haben. Der Führer hat auch die Absicht, sich mit Ihnen zu unterhalten.

Wundern Sie sich also nicht, wenn Sie plötzlich an die O[berkommando des Heeres]-Reserve versetzt werden. [...]"[6]

Nun ging in der Tat alles sehr schnell. Schon tags darauf forderte der Oberbefehlshaber der Armee Norwegen Feurstein dazu auf, die Koffer zu packen und sich für eine Sonderverwendung in Innsbruck bereitzuhalten. Und das hatte einen handfesten Grund. Denn nach Aussage des Militärhistorikers Minott begann die deutsche Führung bereits im Sommer 1943 „ganz allgemein die Möglichkeiten zu erkunden, alpine Befestigungen für eine Abwehrstellung auszunützen, die in Bregenz an der Grenze von Liechtenstein beginnen, sich dann längs der jugoslawischen Grenze bis Klagenfurt erstrecken und schließlich im Bogen nach Norden an der ungarischen Grenze entlang führen sollte. Der südliche Abschnitt der geplanten Befestigungslinie könnte die in den Jahren 1915 bis 1918 während des Ersten Weltkriegs in den Dolomiten und den Karnischen Alpen von den Österreichern errichteten Gebirgsstellungen mit ausnutzen. Es war schließlich auch geplant, nach und nach die ständigen Befestigungsanlagen der Italiener zu verstärken und in das neue deutsche System mit einzubeziehen. Die Stellungen des Südabschnitts befanden sich nämlich in verhältnismäßig gutem Zustand und mochten sich als zweckmäßig erweisen."[7]

Wie bei vielen Unternehmungen und Kommandosachen des Dritten Reiches, so verbarg sich auch unter dem „Gebirgserkundungsstab Italien" eine ganz gezielte und weit vorausschauende Maßnahme der militärischen Führung. Es handelte sich hierbei nämlich einerseits um ein Erkundungsunternehmen zur Reaktivierung von Festungssystemen und zum Ausbau alter Gebirgsstellungen aus dem Ersten Weltkrieg und andererseits um die Festlegung und den Verlauf von Alpenstellungen zur Sicherung der Südflanke der „Festung Deutschland". Noch heute gibt es in Norditalien nicht weniger als fünfundsechzig meist sehr gut erhaltene österreichische Festungen der k. u. k. Doppelmonarchie. So thront zum Beispiel oberhalb von Rovereto das Castel Beseno – eine imposante Festungsanlage, die in strategischer Hügelposition das Etschtal südlich von Trient beherrscht und zugleich Bollwerk und Wachposten über die Verkehrsverbindung in Richtung Brenner war. Dieses sowie andere Festungswerke sperrten die Hauptstoßlinien in den jeweiligen Tälern. Dadurch wurden die Angreifer gezwungen, ihre Kräfte beim Kampf um die hochalpinen Stellungen zu verzetteln.[8]

Die Forts, Panzerwerke und Befestigungen im Trentino und westlich des Gardasees – so war zum Beispiel das geographische Dreieck Trient – Riva – Rovereto durch mehrere Festungsgürtel gegen jeden italienischen Durchbruch gesichert worden – sowie über dem Tal der Brenta und auf den Hochflächen der Sieben Gemeinden künden noch heute vom Weitblick und Verteidigungswillen der politischen und militärischen Führung der Donaumonarchie und der Erbauer der Südtiroler Festungsfront vor dem Hintergrund des konfliktbeladenen Verhältnisses zwischen Österreich und Italien während der zweiten Hälfte des 19. Jahrhunderts.

Aus diesem Grunde errichtete Österreich-Ungarn an den naturräumlichen strategischen Einbruchslinien im Tiroler und Kärntner Alpenraum ein engmaschiges Netz von seinerzeit modernen Festungswerken und Festungsgürteln, die – durch ein dichtes Netz von Feldwachen und Beobachtungsstationen sowie von gründlich ausgebildeten Werksbesatzungen ergänzt – vielfach den Granaten und Sturmangriffen der Italiener im Ersten Weltkrieg standhielten und daher ohne allzu große Umbau- und Verstärkungsmaßnahmen in den südlichen Verteidigungsgürtel der „Alpenfestung" einbezogen werden konnten. Wie alle geheimen Kom-

General der Gebirgstruppe Valentin Feurstein und Oberst Adolf Seitz inspizierten 1943 die Südtiroler Franzensfeste.

Der „Gebirgserkundungsstab Italien" nach Abschluss der Erkundungsfahrten 1944. In der Bildmitte sitzend der Ritterkreuzträger Hans Rohr, ganz links im Bild ein weiterer Ritterkreuzträger.

Generalfeldmarschall Albert Kesselring leitete zunächst als Oberbefehlshaber West die Rückzugsbewegungen der deutschen Verbände in die „Alpenfestung".

Generalfeldmarschall Erwin Rommel plädierte auch für eine Reaktivierung der ehemaligen k.u.k. Festungsanlagen in der Operationszone „Apenvorland".

Das Kastell Rovereto, zu Beginn der österreichisch-ungarischen Offensive gegen Norditalien im Frühjahr 1916 ein Schauplatz heftiger Gebirgskämpfe, wurde ebenfalls vom „Gebirgserkundungsstab Italien" in die Abwehrmaßnahmen einbezogen.

Die wehrhaften Mauern und Verteidigungsanlagen des Kastells Rovereto.

Selbst die schwersten italienischen Granaten konnten die Mauern nicht zum Einsturz bringen.

Das Kastell Besano über dem Etschtal wurde als wehrhafte Anlage reaktiviert.

Auf einem Höhenzug steht dieser alte Bergbauernhof am steilen Berghang, der als Beobachtungsposten das tief unterhalb liegende Durchzugstal Giudicarie kontrollierte.

Das Fort Belvedere-Gschwent Lavarone wurde ebenfalls in den deutschen Abwehrriegel der Operationszone „Alpenvorland" einbezogen.

Das beherrschende Monument des Il Sarario Militare del Pasubio bot einen einmaligen Beobachtungsstandpunkt.

Wie in Ersten Weltkrieg, so ließen sich auch 1944/1945 die Höhenstellungen an der Südtiroler Front leicht durch Stacheldrahtverhaue sichern.

Generalfeldmarschall Kesselring, General der Gebirgstruppe Hans Schlemmer sowie der Oberbefehlshaber der Armeegruppe „Ligurien", Marschall Rudolfo Graziani, bei einer Besprechung in der „Westalpenstellung".

Generaloberst Heinrich von Vietinghoff-Scheel war der Nachfolger Kesselrings als Oberbefehlshaber der deutschen Streitkräfte in Italien.

General der Panzertruppe Friedolin von Senger und Etterlin.

Neue Zürcher Zeitung

und schweizerisches Handelsblatt

Täglich 3 Ausgaben

Redaktion: Falkenstraße 11, Zürich 1

Politischer Umschwung in Italien

Ende der Diktatur Mussolinis — Marschall Badoglio übernimmt die Regierung — „Der Krieg geht weiter"

Rom, 25. Juli. ag König Viktor Emanuel hat die Demission Mussolinis angenommen und gleichzeitig Marschall Badoglio mit der Leitung der Regierung betraut.

Proklamation des Königs

Rom, 25. Juli. ag Radio Rom verbreitete am Sonntagabend folgende Proklamation des Königs von Italien:

„Italiener! In dieser feierlichen Stunde für das italienische Mutterland übernehme ich den Oberbefehl über alle bewaffneten Streitkräfte. Jeder muß den ihm von seiner Pflicht und seinem Verantwortungsbewußtsein angewiesenen Platz wie auch seinen Posten auf dem Schlachtfeld übernehmen. Kein Abweichen von dieser Pflicht kann geduldet werden, keine Beschuldigung ist zulässig. Alle Italiener wissen um die schweren Wunden, die der Boden des ita-[…] liche Ordnung zu stören, wird ohne Gnade getroffen werden.

Es lebe Italien, es lebe der König!"

Gezeichnet: Pietro Badoglio.

* * *

Der politische Umschwung, der sich in den späten Abendstunden des Sonntags in Rom vollzog, hat der Diktatur Mussolinis nach fast einundzwanzigjähriger Dauer das Ende bereitet. Am 25. Juli 1943 ist die Epoche der italienischen Geschichte zum Abschluß gekommen, die am 28. Oktober 1922 mit der Ernennung Mussolinis zum Ministerpräsidenten begann. Seit dem Tage, an dem ihn der Marsch der Faschisten nach Rom zur Macht emporgetragen hatte, war Mussolini als Regierungschef der tatsächliche Lenker der italienischen Politik. Auf dieser seiner persönlichen Stellung beruhte das faschistische Regime. Vor fünfeinhalb Monaten hatte er sie von neuem betont und befestigt, indem er, um den Willen zur Fortsetzung des Krieges an der Seite Deutschlands […]

In außenpolitischer Hinsicht stellt Marschall Badoglio in seiner Proklamation fest, daß der Krieg weitergehe. In der Erklärung, daß Italien sein Wort halten werde, liegt ein Bekenntnis zur Einhaltung des Bündnisses mit Deutschland. Darin liegt ein Unterschied gegenüber der politischen Umwälzung in Frankreich im Juni 1940, deren erste Folge das Waffenstillstandsgesuch Marschall Pétains war. Italien gibt trotz der schweren Krise, die der rasche Zusammenbruch des Widerstandes auf Sizilien und die Bombardierung Roms heraufbeschworen haben, den Kampf nicht auf. An den Wechsel des Regimes und die Uebernahme des Oberbefehls durch den König knüpft man in Rom offenbar die Hoffnung, daß der Widerstandswille und die Kampfentschlossenheit der italienischen Armeen und des Volkes einen Aufschwung erhalten und daß es gelingen werde, dem bisher unaufhaltsam vordringenden Feind an der Schwelle der Halbinsel begegnen und ihm das Uebergreifen nach dem Festland verwehren zu können. Man wird abwarten müssen, ob sich diese Hoffnung erfüllt […]

Marschall Badoglio

Die „Neue Zürcher Zeitung" berichtete im September 1943 seitenlang über den politischen Umschwung in Italien unter Marschall Badoglio.

General der Waffen-SS Karl Wolff, der „Höchste SS- und Polizeiführer in Italien", wurde nach dem 20. Juli 1944 Bevollmächtigter General der Deutschen Wehrmacht und „kontrollierte" die Regierung des Duce in Salò.

General der Panzertruppe Joachim Lemelsen.

Papst Pius XII., der das Konkordat mit Hitler in die Wege geleitet hatte, wollte auch weiterhin seinen Einfluss ausüben.

Die Neutralität war für die Schweiz ein Überlebensprinzip. Das Schweizerkreuz als Fliegersichtzeichen markierte Schweizer Boden.

Die wehrhafte Schweizer Befestigung des Gotthard beherrschte die bedeutungsvollste Verbindung zwischen Deutschland und Italien.

Schweizer Soldaten transportieren ein zerlegbares Gebirgsgeschütz in die Hochgebirgsstellung des „Reduit National".

mandounternehmungen, so agierte auch die zu bildende Kampfgruppe. „Feurstein" in ganz unauffälliger Form, sodass nur die allerwenigsten darin eingeweiht wurden. Das hatte einen sehr realen Hintergrund. Denn angesichts der noch immer offiziell zur Schau getragenen Siegeszuversicht der NS-Führung und der Generalität des Dritten Reiches konnte man weder die langfristigen Vorhaben und Planungen noch die langjährigen Erkundungen und Ausbauarbeiten im Vorfeld der „Alpenfestung" publik machen. Das hätte nämlich verheerende Folgen nach sich gezogen. Zum einen hätte sich unter den Ostkämpfern eine defätistische Einstellung und damit eine vorzeitige Kampfmüdigkeit breit gemacht; zum anderen hätten frühzeitige, ungetarnte Erkundungs- und Ausbauarbeiten in der „Alpenstellung" den Alliierten signalisiert, dass die Oberste Führung den Krieg bereits Mitte 1943 als verloren ansah. „Früher als irgendein Mensch in der Welt", so Generaloberst Alfred Jodl, „ahnte und wusste Hitler, dass der Krieg verloren war. Aber kann man ein Reich und ein Volk früher verloren geben, als sie verloren sind? Ein Mann wie Hitler konnte das nicht."[9]

Daher verlief sowohl die Zusammenstellung der Kampfgruppe „Feurstein" als auch die des späteren „Gebirgserkundungsstabes Italien" weitgehend im Verborgenen ab. Denn, so Hitlers Argument: „Wenn die Truppe von einer rückwärtigen Stellung hört, will sie dorthin zurück, ihr Kampfeswille wird untergraben. Sie darf gar keine andere Möglichkeit sehen, als vorne zu stehen und zu halten."[10] Ein Konzept wie die umfangreichen Vorerkundungen in der Operationszone „Alpenvorland" oder kurze Zeit später in der „Alpenfestung" durften natürlich schon aus Gründen der absoluten Geheimhaltung keinen schriftlichen Niederschlag finden.

Dennoch notierte der Hauptmann Hans Rohr in seinem aufschlussreichen Kriegstagebuch am 26. Juli 1943: „Vom Oberkommando des Heeres trifft der Befehl ein, dass aus dem Stammpersonal der Gebirgsjägerschule [Mittenwald] sofort ein Brigadestab zu bilden ist, der, dem Kommando der Gruppe General Feurstein unterstellt, nach Grieß am Brenner zu verlegen hat."[11] Als Grund nannte der Ritterkreuzträger und ehemalige Narvikkämpfer eine „vorbeugende Maßnahme gegen den Badoglio-Putsch in Italien".[12]

Es war in den späten Abendstunden des 25. Juli 1943, als das Oberkommando der Wehrmacht Generalfeldmarschall Erwin Rommel aus Saloniki zurückberief und den Oberbefehlshaber West anwies, „die Vorausabteilungen der Panzergrenadierdivision ‚Feldherrnhalle' und der 715. Infanteriedivision entsprechend den bisherigen Vorbereitungen zur Besetzung der Alpenübergänge an der französisch-italienischen Grenze bereitzuhalten. Ja, das Oberkommando der Wehrmacht ordnete am 27. Juli sogar an, diese beiden Kampfgruppen durch die Kräfte der mit 8,8-cm-Kanonen ausgestatteten Panzerjägerabteilung 525 zu verstärken. Während mithin an der französisch-italienischen Grenze auch nach dem Sturz Mussolinis mit den Vorausabteilungen der Panzergrenadierdivision ‚Feldherrnhalle' und der 715. Infanteriedivision die Kampfgruppen bereitstanden, die seit langem zur Besetzung der Alpenpässe vorgesehen waren, musste das Oberkommando der Wehrmacht bei der Bereitstellung der Kräfte zur Sicherung der Übergänge an der deutsch-italienischen Grenze improvisieren."[13]

Generaloberst Kurt Student hatte zwar mit Kräften des XI. Fliegerkorps und der Hochgebirgsschule Mittenwald Vorbereitungen getroffen, um den Brenner handstreichartig in die Hand zu bekommen, doch da übertrug Hitler ihm am 26. Juli eine Sonderaufgabe in Italien. Für den Fallschirmjägergeneral sprang nun der General der Gebirgstruppe Valentin Feurstein kurzfristig ein, um den Auftrag zu übernehmen, den Brenner notfalls auch mit Gewalt zu öffnen. Darüber hinaus hatte er auch für den Schutz der Transportzüge mit ihren wertvollen Waffen- und Geräteladungen zu sorgen, die über die Brennerstrecke nach Italien geleitet wurden. Für diesen schwierigen Auftrag standen dem Gebirgsjägergeneral neben der verstärkten Lehrtruppe der Hochgebirgsschule Mittenwald nur drei Gruppen mit Kampfpanzern vom Typ „Tiger" und die vom Oberbefehlshaber der Luftwaffe zugeteilte Flakartillerie, nicht jedoch die Kräfte des XI. Fliegerkorps zur Verfügung.[14]

Nach Schröders Studie über „Italiens Kriegsaustritt 1943" waren die Absichten der deutschen Führung zur Sicherung der südlichen Alpenübergänge in „ihrer Zielsetzung nach die gleichen geblieben wie in den Plänen, die der Wehrmachtführungsstab schon vor dem Sturz Mussolinis hatte ausarbeiten lassen, auch wenn jetzt, unter dem Druck der Verhältnisse, die Kräfte, die ursprünglich zur Besetzung des Brennerpasses vorgesehen waren, durch andere Truppen ersetzt werden mussten. So häufig das Wollen und Handeln der deutschen Führung im Jahre 1943 auch ein Bild halber Maßnahmen vermittelt oder aber den Eindruck nicht nur jäher Schwankungen, sondern sogar der Illusion über die drohenden Gefahren der Lage erweckt; diesmal erzwang der nicht grundlose Argwohn gegenüber den undurchschaubaren italienischen Absichten die unbedingte Entschlossenheit, unverzüglich Entscheidungen und Maßnahmen zu treffen, die den tatsächlichen Gegebenheiten entsprachen. In offenbar klarer Erkenntnis der verlustreichen Folgen, die eine Sperrung der nach Norditalien führenden Pässe durch italienisehe Truppen zwangsläufig für die deutschen Streitkräfte im Befehlsbereich des Oberbefehlshabers Süd mit sich bringen musste, mied das Oberkommando der Wehrmacht von vornherein jedes Spiel der Selbsttäuschung oder des Zufalls und passte die erforderlichen Maßnahmen zur Besetzung der Alpenübergänge bewusst den Realitäten an, und zwar mit dem Ziel, die kritischen Punkte in der taktischen Ausgangsstellung der geplanten Aufmarschbewegung der Heeresgruppe B rechtzeitig unter deutsche Kontrolle zu bringen."[15]

Am 28. Juli 1943 hatte Hitler einen „Vorbefehl" für die vorerst noch als „OKW/Auffrischungsstab" getarnte Heeresgruppe B, die im Großraum München zusammengestellt wurde, erlassen. In diesem „Vorbefehl" wurde Generalfeldmarschall Rommel beauftragt, den Aufmarsch der sogenannten „Alarich"-Verbände nach Oberitalien durchzuführen. Für diesen Auftrag „erhielt er einige Eingreifverbände in den Raum um Innsbruck zugeführt".[16] Der „Wüstenfuchs", der im Ersten Weltkrieg im Rahmen des Deutschen Alpenkorps als württembergischer Gebirgssoldat Außergewöhnliches auf dem oberitalienischen Kriegsschauplatz im Gebirgskrieg geleistet hatte und dafür mit dem begehrten preußischen Orden Pour le Mérite ausgezeichnet wurde, durfte sich jedoch aus Gründen der Geheimhaltung ebensowenig südlich der Reichsgrenze von 1938 aufhalten wie die höheren Offiziere seines Stabes, der aus Gründen der Tarnung als „I.A. OKW/Auffrischungsstab München" bezeichnet wurde.

Aufgrund seiner vielfältigen Gebirgskriegserfahrungen in den oberitalienischen Alpen trat Rommel bereits 1943 dafür ein, dass der entscheidende Widerstand der Deutschen nach der Landung der Angloamerikaner auf der italienischen Halbinsel erst im Alpenraum einsetzen sollte, da er „immer noch überzeugt von der Unfähigkeit der Italiener" war.[17] Kesselring, so Ronald Lewin, „argumentierte viel logischer, dass es in den italienischen Bergen die Möglichkeit gäbe, starke Verteidigungsstellungen, aufzubauen, auch wenn keine italienischen Truppen dafür verwendet würden".[18] Am 26. Juli erhielt der Oberbefehlshaber West vom Chef des Wehrmachtführungsstabes den Befehl, ab 27. Juli die 305. Infanteriedivision als

„Alarich"-Verband aus dem Befehlsbereich des Armeeoberkommandos 15 nach Oberitalien oder zumindest in die Nähe der französisch-italienischen Grenze zu verlegen.[19]

Am 27. Juli 1943 erhielt Feurstein in München den Befehl, die Besetzung des Brenners zu leiten. Nach einer Besprechung mit Rommel verschob sich der Termin vom 28. Juli wegen der Kürze der Vorbereitungszeit nochmals kurzfristig. Der Auftrag blieb jedoch bestehen, und zwar: „Kampfgruppe Feurstein unterstützt und verstärkt die italienischen Sicherungskräfte am Brenner, die den Auftrag haben, die Brennerbefestigungen unter allen Umständen in der Hand zu halten. Die Durchführung dieses Auftrages hat in engster Zusammenarbeit mit der italienischen Kommandobehörde gemäß mündlicher Weisung zu erfolgen."[20]

Zur Motorisierung seiner Kampfgruppe wandte sich der Gebirgsjägergeneral an die Gauleitung von Tirol-Vorarlberg. Dort erhielt er die benötigten zwanzig Omnibusse der Post innerhalb kürzester Zeit. Zwischenzeitlich waren die Grenzübergänge nach Italien unauffällig verstärkt und die der Heeresgruppe B zugewiesenen drei Gruppen mit Tigerpanzern nach München in Marsch gesetzt worden, wo sie dann in Richtung Brenner rollten. Was sich dann im Verlauf des Unternehmens „Feurstein" ereignete, das erfahren wir aus erster Hand von dem Zeitzeugen Hans Rohr:

„29. Juli 1943: Im Laufe der Besprechung fordert [General der Gebirgstruppe Feurstein] die Abstellung eines Verbindungsoffiziers. Ich meine gleich, dass dies etwas für mich sein könnte und gebe meinem Kommandeur insgeheim ein Zeichen, der mich dann auch gleich vorschlägt. [...]

30. Juli 1943: Um 14.00 Uhr hat sich General d[er] Geb[irgstruppe] im Standortkasino Mittenwald bei Generalfeldmarschall Erich Rommel wegen des Einsatzes in Südtirol zu melden. Rommel leitet nach dem Putsch in Italien die Operation Italien. Vor der Abfahrt nach Mittenwald wird noch der Befehl für die Bereitstellung der zur Verfügung stehenden Truppen, eine Ersatz-Gebirgsjägerkompanie, drei Panzer und drei Fliegerabwehrgeschütze 8,8- cm, auf der Passhöhe des Brenners, gegeben. [...] Vom Feldmarschall wurde befohlen, um 18.00 Uhr die ital[ienische] Grenze am Brenner zu überschreiten, bis Brixen zu gelangen und die Schlüsselstellungen der Brennerstrecke (Bahn und Straße), Gossensaß, Sterzing und Franzensfeste zu sichern. Von den Italienern ist bekannt, dass im Raume Südtirol neben verschiedenen Heimatverbänden eine Alpinidivision stationiert ist. [...] Um 16.15 Uhr fahren wir wieder zurück nach Innsbruck und nach kurzem Aufenthalt gleich weiter zum Brenner. Hier wird der Marschbefehl für 18.00 Uhr erteilt, das heißt, zu dieser Zeit ist der Brenner zu überschreiten. Bis dahin darf sich an der Grenze kein Soldat zeigen. Je ein Zug Jäger, ein Panzer und ein Flakgeschütz haben ohne Verzug Gossensaß, Sterzing und Franzensfeste zu gewinnen. In diesen Orten ist unter dem Vorwand, dass der Panzer ausgefallen ist, eine Sicherung aufzubauen. Mit einer Aufklärung ist weiter bis Klausen vorzugehen und dort die Straße offenzuhalten. [...] Um 18.00 Uhr wird der Marsch, angeführt von einem Panzer, angetreten. Die Italiener machen sofort den Grenzbaum hoch und ohne Widerstand beginnt der Einmarsch. [...] Noch in der Nacht wird gemeldet, dass die befohlenen Räume überall ohne Komplikationen erreicht wurden.

31. Juli 1943: Schon um 06.00 Uhr Aufbruch nach Bozen. Wir fahren mit einem BMW und machen kurz auf dem Brenner halt. Auf der Weiterfahrt nach Bozen werden wir überall

von deutschen Südtirolern begeistern begrüßt. Immer wieder müssen wir anhalten. Vor dem Hotel Greif in Bozen erwartet uns eine starke Abordnung prominenter Südtiroler, die von unserem Kommen durch die Gauleitung Tirol informiert wurden. In der Halle des Hotels sind Südtiroler Frauen in ihren schmucken Trachten angetreten und bringen dem General ein Ständchen. Man betrachtet den General als Befreier vom italienischen Joch. Dem General werden gleich mehrere Blumensträuße überreicht, der sie zum Halten gleich mir weitergibt. Nach einem kräftigen Imbiss [...] fahren wir zum Kommandieren General von Südtirol, General Gloria. [...] Nach dieser Aussprache fahren wir wieder nach Innsbruck zurück."[21]

An jenem 31. Juli 1943 fand auch eine aufschlussreiche Unterredung zwischen Generalfeldmarschall Kesselring und dem italienischen General Ambrosio statt. Dieser „zog die gegebene Zustimmung zum Einmarsch der 305. und der 44. Division wegen Transportschwierigkeiten zurück, er habe Befehl gegeben, ‚stehenzubleiben und zu warten, bis Züge verfügbar sind'. Auf die Frage Ambrosius, warum alle Riegelstellungen südlich des Brenners von deutschen Truppen besetzt worden seien, musste Kesselring ausweichend antworten. Ambrosio genehmigte daraufhin doch das Überschreiten der Grenze durch die beiden Divisionen, verlangte aber, dass die deutschen Einheiten, die entlang der Eisenbahn lagen, zurückgezogen würden."[22]

Tags darauf erfolgte dann eine weitere Besprechung zwischen dem Oberbefehlshaber Süd und dem Comando Supremo. Diese bildete dann die Grundlage für jenen Befehl, der um 19.35 Uhr herausgegeben wurde: „Aufgrund der Besprechung zwischen O[berbefehlshaber] Süd und Comando Supremo am 1. August 1943 vormittags wird angeordnet: 1.) 44. und 305. I[nfanteriedivision] setzen Marschbewegung über ital[ienische] Grenze hinaus zunächst fort. Hierzu schließt 44. I[nfanteriedivision] unter Freimachen der Straße für SS-P[anzerdivision] ‚Leibstandarte Adolf Hitler' im Raum Brenner – Bozen auf. 305. I[nfanteriedivision] setzt den Marsch an der Küste solange fort, bis die vom Comando Supremo zugesagten Transportmöglichkeiten geschaffen sind [...]"[23]

Doch so reibungslos, wie die Deutschen sich ihren Raid über den Brenner vorgestellt hatten, verlief die Operation nicht. Feursteins Verbindungsoffizier hat die Spannung jener entscheidenden Stunden des 1. August 1943, es war ein Sonntag, in seinem Kriegstagebuch folgendermaßen festgehalten:

„Ganz zeitig am Morgen muss ich zum General. Er teilt mir mit, dass er aus Bozen vom General Gloria angerufen worden sei, der ihn bat, nicht gleich nach Bozen zu verlegen, sondern erst den Besuch seines Stellvertreters, der heute gegen 09.00 Uhr nach Innsbruck kommen werde, abzuwarten. General Feurstein sagt zu mir dann wörtlich: ‚Wenn der Italiener kommt, bin ich nicht da. Mach mit ihm, was Du willst [...]' Kurz vor 09.00 Uhr kommen die Italiener, ein General, ein Oberst im Generalstab und ein Oberleutnant als Dolmetscher. Ich entschuldige den General Feurstein und sage, dass er noch in der Nacht zum Arlberg fahren musste. [...] Da es inzwischen Mittag geworden ist, lade ich die Herrn zu einem Mittagessen ein, und da es ein wunderschöner Sonntag ist, auch zu einer Fahrt auf das Hafelekar (2.334 Meter), in die Nordkette. [...] Auf dem Hafelekar mache ich eine Art Geländeorientierung. Die ganzen Ötztaler-, Stubaier- und Zillertaler Alpen liegen zum Angreifen nahe vor uns. Obwohl die Gäste vom herrlichen Panorama begeistert sind, drängen sie zur Rückfahrt. [...]

Was war seit Sonntagmorgen geschehen? [...] Auf allen in Tirol verfügbaren Autobussen wurden sämtliche verfügbaren Truppen nach Italien gebracht und an allen wichtigen Stellen entlang der Brennerstrecke, bis in den Raum von Verona, mit ihnen Stützpunkte errichtet. Meine Aufgabe", so Feursteins Verbindungsoffizier abschließend, „hatte also darin bestanden, ohne dass ich es wusste, die Italiener so lange hinzuhalten, bis die Operation abgeschlossen und alle Stützpunkte besetzt waren."[24]

In Südtirol überwachten und sicherten die deutschen Einheiten insbesondere im Raum Brenner – Brixen – Klausen sämtliche Kunstbauten der Straße und der Eisenbahn sowie alle Wasserkraftanlagen, denn die Italiener hatten fortwährend ihre Grenze zum Großdeutschen Reich verstärkt. „Bunker waren gebaut, Sprengkammern an Pfeilern von Eisenbahnbrücken und Straßenüberführungen installiert worden. Wenn diese Pässe von den Italienern oder von jemand anderem blockiert würden, wäre das Schicksal jeder deutschen Streitmacht auf italienischem Boden besiegelt." Hitler gab den Befehl, „Flakgeschütze zum Schutz der Pässe in Stellung zu bringen".[25] Und das erwies sich als äußerst sinnvoll, denn die Bahnlinie von Innsbruck nach Verona war eine lebenswichtige Nachschublinie der Deutschen Wehrmacht in Norditalien. Um sie entwickelte sich ab November 1944 die sogenannte „Brennerschlacht" der alliierten Luftoffensive. Sie endete erst am 25. April 1945 mit den letzten Einsätzen der 15. US-Luftflotte.

Voller Zorn und Empörung registrierten die Italiener: „Unter Mitwirkung von jenseits der Grenze kommenden Südtirolern in Zivil, sind sofortige Erkundungen vorgetrieben worden: offenkundig unter verschiedenen Vorwänden (Suche nach Zusatzverpflegung, Stroh, Ausflüge einzelner Soldaten usw.) im Eisacktal, in den dem Kessel von Sterzing zustrebenden Tälern und längs des Jaufenpasses."[26]

Nach einem Bericht des Oberbefehlshabers der 8. italienischen Armee, General Gariboldi, ließen die Erkundungen „keinen Zweifel über die Art der von der deutschen Militärbehörde vorbereiteten Marschbewegungen, übermäßig für jede Sicherungsmaßnahme einer Bewegung, zweifelsohne willkürlich und offensichtlich von der Besorgnis möglicher Widerstände [...] diktiert".[27] Am 6. August 1943 fuhr Feurstein mit Rohr, der sich bei derartigen Unternehmungen stets als „persönlicher Adjutant" des Gebirgsjägergenerals ausgab, nach Bozen. Auf der Fahrt dorthin inspizierten sie einige Stützpunkte sowie Verteidigungsanlagen der ehemaligen k. u. k. Armee. Am 10. August notierte er in seinem Kriegstagebuch:

„Der Auftrag der Gebirgsjägerschule ist in Italien erfüllt. Die Besetzung Südtirols ist ohne Kampfhandlungen beendet worden. Lediglich in Klausen kam es zu einem kurzen Stop und in Bozen selbst mussten vor einer Kaserne erst einige Panzer auffahren, ehe die weiße Fahne gehisst wurde. Es wurden keine Gefangenen gemacht. Das Personal der Schule soll morgen wieder nach Mittenwald einrücken."[28]

Doch damit war das angespannte deutsch-italienische Verhältnis keineswegs bereinigt. Im Gegenteil: „Die Art der geplanten Verteilung der deutschen und italienischen Verbände", heißt es am 15. August 1943 im „Kriegstagebuch des Oberkommandos der Wehrmacht", „erweckte den Verdacht, dass das Comando Supremo ein doppeltes Spiel vorbereitete. In diesem Plan lag die Möglichkeit, im Falle der Kapitulation mit oder ohne Hilfe der bisherigen Feinde in Mittelitalien einen Riegel quer über das Festland zu legen, der den sechs im

Süden aufgestellten deutschen Divisionen den Rückzug unmöglich gemacht hätte. Im Norden waren in der Nähe aller Alpenübergänge italienische Divisionen so aufgestellt, dass sie diese blockieren konnten, und zwar sowohl nach Frankreich wie nach Deutschland und Kroatien hin. Hier war also eine zweite große Falle vorbereitet, in der die fünf deutschen Divisionen in Norditalien festgesessen hätten. Die drei deutschen Divisionen auf den Westinseln wären sowieso verloren gewesen."[29]

Bis zum 16. August lag die Heeresgruppe B noch als „OKW/Auffrischungsstab München" getarnt im Großraum München. Einen Tag später übernahm sie unter Generalfeldmarschall Rommel den Oberbefehl über die deutschen Truppen in Oberitalien nördlich der Linie Pisa – Arezzo – Ancona. Doch „brachte der Einsatz der Heeresgruppe B in Oberitalien der deutschen Seite im ganzen mehr Nachteile als Vorteile oder Gewinnaussichten. Denn in dem Maße, in dem sich in Oberitalien die Gefährdung der deutschen Interessen verminderte, verschärfte sich die Spannung zwischen dem Oberkommando der Wehrmacht und dem Comando Supremo, da die deutschen und die italienischen Absichten sich in Rommels Befehlsbereich nirgends deckten, sondern an allen entscheidenden Punkten in entgegengesetzter Richtung auseinandergingen."[30]

Feurstein löste am 26. August 1943 den General der Infanterie, Joachim Witthöft, als Kommandierender General der Sicherungstruppen und Befehlshaber im Gebiet der Heeresgruppe B ab. Ihm unterstanden nun die in die drei Sicherungsgruppen Brenner – Brixen, Reschen – Scheideck und Sillian eingesetzte Brigade Doehla sowie die 44. Division, die die Alpen von Brixen bis einschließlich Rovereto sicherten, heißt es sinngemäß in einer Niederschrift über eine Besprechung zwischen den Generalen Feurstein und Witthöft, die am 23. August im Nordtiroler Patsch stattfand.[31]

Am 8. September 1943 notierte Hans Rohr in seinem Kriegstagebuch, „dass Badoglio vor den Alliierten bedingungslos kapituliert".[32] Damit war nicht nur die Achse Berlin – Rom, die schon lange gefährliche Risse gezeigt hatte, endgültig zerbrochen, sondern auch der weiche Unterleib der „Festung Europa" mit einem Male entblößt worden. Wie war es dazu gekommen?

2. Die Operationszone „Alpenvorland"

In Nordafrika war die Front der Achsenmächte unter den massiven Schlägen der Alliierten zusammengebrochen. Doch damit nicht genug: Am 10. Juli 1943 landeten die Westmächte unter den Generalen Dwight Eisenhower, dem Oberbefehlshaber der gesamten Operation, Sir (später Lord) Harold Alexander, seinem Stellvertreter und Oberbefehlshaber der Landstreitkräfte, sowie unter den beiden Rivalen um die Eroberung von Messina, Bernard L. Montgomery, Oberbefehlshaber der 8. britischen Armee, und George S. Patton, O[berbefehlshaber] der 7. US-Armee, mit neun Divisionen gar auf Sizilien. Nach dieser alliierten Invasion kam es in der italienischen Bevölkerung zu einem rapiden Sympathieverlust für das faschistische Regime des Benito Mussolini. So war es kein Wunder, dass am 24./25. Juli 1943 in Italien der Umsturz, der schon seit geraumer Zeit über Rom in der Luft lag, erfolgte. Der Duce wurde durch den König Viktor Emanuel III. und den Gran Consiglio del Fascismo zur Demission gezwungen, verhaftet und zunächst auf der Insel Maddalena und schließlich auf dem Gran Sasso interniert. Hitler, dem „das Schicksal seines ‚Freundes Mussolini' sehr nahe ging", erinnerte sich der Chefpilot des Führers, „leitete sofort alle Maßnahmen zur Befreiung des italienischen Diktators ein".[33]

Marschall Pietro Badoglio, der nun auch das Oberkommando über das italienische Heer übernommen hatte, bildete eine neue Regierung. Diese erklärte zwar offiziell, dass sie den Kampf an der Seite Hitlers fortsetzen werde, denn, so das Argument, „die Regierungsänderung trüge nur innenpolitischen Charakter und bedeute keine Änderung der Achsenpolitik".[34] In Wahrheit war sie jedoch fest entschlossen, mit den Alliierten einen Waffenstillstand abzuschließen und Italien aus dem weiteren Kriegsverlauf herauszuhalten. Daher versuchte die neue italienische Regierung, „Hitler durch äußerlich korrekte Haltung zu täuschen, knüpfte aber sofort Geheimverhandlungen mit den Verbündeten an."[35]

Unterdessen verstärkte der argwöhnische Führer seine Truppen auf der Apenninhalbinsel. Darüber hinaus „wurde in mehreren Weisungen festgelegt, dass das von deutschen Truppen geschützte und besetzte italienische Territorium im Falle der Auslösung des Stichwortes ‚Achse' Operationsgebiet werde, und zwar im Sinne der geltenden militärischen Bestimmungen. In diesem Operationsgebiet sollte die vollziehende Gewalt durch deutsche Befehlshaber ausgeübt werden."[36]

Am 3. September wurde der Waffenstillstand zwischen Italien und den Alliierten in einem Olivenhain in der Nähe von Cassibile auf Sizilien abgeschlossen. Aber erst am 8. September erfuhr die Weltöffentlichkeit davon. Es war General Eisenhower, der um 17.00 Uhr über Radio Algier die bedingungslose Kapitulation Italiens verkündete. Das war „eine Meldung, die Roatta wenig später, während einer Besprechung, die er gerade mit Toussaint und Westphal führte, ‚als eine ganz gemeine Verleumdung, die die Ehre Italiens angreife', bezeichnete".[37]

Zwischenzeitlich waren die Briten mit ihrer 8. Armee am 3. September an der Südspitze Kalabriens und am 9. September im Rahmen der Operation „Baytown" im Golf von Tarent gelandet. Am 8./9. September erfolgte die Hauptlandung der 5. US-Armee unter dem Befehl von General Clark während der Operation „Avalanche" in der Bucht von Salerno. Der italienische König Viktor Emanuel III., als auch der Kronprinz, wechselten nun ins Lager der deutschen Kriegsgegner. Die Regierung Badoglio erklärte daraufhin dem „Großdeutschen Reich“ am 13. Oktober 1943 den Krieg, was dazu führte, dass im Herbst die in Nord- und Mittelitalien stehenden Verbände der königlichen italienischen Armee auf Weisung Hitlers nach der fernmündlichen Durchgabe des Stichwortes „Achse“ rasch entwaffnet werden mussten.

In Norditalien lag die 8. italienische Armee des Generals Italo Gariboldi in Padua. Ihr unterstanden das XXXV. Armeekorps des Generals Alessandro Gloria in Bozen, das sich von der Alpengrenze bis zum Po erstreckte und die Provinzen Bozen, Trient, Verona und Mantua umfasste, das XXIV. Armeekorps unter General Licurgo Zannini in Udine, das das Gebiet vom Tagliamento im Westen bis Piedicolle und Caccia im Osten, von Tarvisio im Norden bis in die Nähe der adriatischen Küste im Süden abdeckte, sowie das XXIII. Armeekorps des Generals Alberto Ferrero in Trient, dessen Befehlsbereich entlang der Adria von Grado über Triest bis Pirana und von dort quer durch Istrien bis Fiume reichte. Diese italienische Armee „glich im Grunde genommen eher einem Territorialkommando als einem operativen Großverband“. Daher blieb „ein entschlossenes Aufbäumen gegen den deutschen Angriff aus“.[38] Schon am 10. September hatte sie aufgehört, zu existieren. Rommel sprach von einem „beschämenden Ende“ der 8. italienischen Armee auf dem norditalienischen Kriegsschauplatz.[39] Kesselring traf wenig später „seine Maßnahmen zum Schutz der großen Kunstschätze vor Bomben und Artilleriefeuer“. Er erklärte unter anderem Rom und Florenz zu „Offenen Städten“.[40]

Am 12. September 1943 erfolgte die handstreichartige Befreiung Mussolinis durch das Unternehmen „Student“[41] nach dessen mehrwöchiger Haft im Sporthotel „Campo Imperatore“ auf dem Bergmassiv des Gran Sasso d'Italia in den Abruzzen. Aber weder die Bildung einer bedeutungslosen norditalienischen Faschistischen Sozialrepublik (RSI), die „Repubblica Sociale Italiana“, „die dem Faschismus wieder Glanz und Gloria verleihen sollte“,[42] noch die Erschießung von abgefallenen Faschistenführern durch Mussolini, der fortan für Hitler nur mehr die Rolle eines Quislings (Kollaborateur) auszuführen hatte – unter ihnen sein eigener Schwiegersohn, der frühere Außenminister Graf Ciano –, konnten darüber hinwegtäuschen, dass es für die ohnehin permanent überforderte Deutsche Wehrmacht nun galt, eine neue Front auf der Apenninenhalbinsel aufzubauen, zumal das Gebirgsland für einen Abwehrkampf geradezu ideal war. Im Rahmen dieser Gegenmaßnahmen wurde Oberitalien in die Operationszonen „Adriatisches Küstenland“ (Litorale Adriatico) mit mehr als 1.700.000 Einwohnern und „Alpenvorland“ (Zona Prealpi) mit rund 850.000 Einwohnern aufgeteilt. Hierüber liegen uns die folgenden Anordnungen vor:[43]

Der Reichsminister und Chef
der Reichskanzlei
Rk. 1002 D g

Berlin W 8, den 11. September 1943
Voßstraße 6
Geheim

An
die Obersten Reichsbehörden

Anbei lasse ich Ihnen in Abschrift die Anordnung des Führers über die Bestellung eines Bevollmächtigten des Großdeutschen Reiches in Italien und die Gliederung des besetzten italienischen Gebietes vom 10. September 1943 mit der Bitte um Kenntnisnahme zugehen. Die Anordnung wird nicht veröffentlicht werden. Nachgeordneten Dienststellen und Außenstehenden bitte ich Inhalt und Wortlaute der Anordnung nur dann und nur soweit bekanntzugeben, wenn und als dies unerlässlich ist. Dabei kommt es darauf an, dass nicht etwa der Anschein entsteht, als ob durch die Anordnung die Souveränität der Italienischen Faschistischen Nationalregierung berührt würde.

Die „Obersten Kommissare", die nach V der Anordnung in den Operationszonen den militärischen Befehlshabern als zivile Berater beizugeben sind, werden vom Führer bestellt. Zunächst sind bestellt für die Operationszonen „Adriatisches Küstenland", bestehend aus den Provinzen Friaul, Görz, Triest, Istrien, Fiume, Quarnero und Laibach, der Reichsstatthalter und Gauleiter Dr. Rainer und für die Operationszone „Alpenvorland", bestehend aus den Provinzen Bozen, Trient und Belluno, der Reichsstatthalter und Gauleiter Hofer.

Die Bestellung der weiteren Obersten Kommissare wird nach der Festlegung der übrigen Operationszonen erfolgen.

gez. Dr. Lammers

Anordnung des Führers
über die Bestellung eines Bevollmächtigten des Großdeutschen Reiches in Italien und die Gliederung des besetzten italienischen Gebietes.
Vom 10. September 1943.

Um in den gemeinsamen Kampf des Deutschen Reiches und des Faschistischen Italien den Erfolg zur gewährleisten, bestimme ich Folgendes:

I.

Zum Bevollmächtigten des Großdeutschen Reiches bei der Italienischen Faschistischen Nationalregierung bestelle ich den Gesandten Rahn. Er erhält seine Weisungen durch den Reichsminister des Auswärtigen.

II.

Das von den deutschen Truppen besetzte italienische Gebiet gliedert sich in
1. Operationszonen,
2. das übrige besetzte Gebiet (im Folgenden „besetztes Gebiet" genannt).
Die Aufgaben und Befugnisse der Befehlshaber der Wehrmacht im gesamten besetzten italienischen Gebiet richten sich nach den hiefür allgemein geltenden Grundsätzen.

III.

Als Sonderberater für polizeiliche Angelegenheiten bei der Italienischen Faschistischen Nationalregierung bestelle ich den SS-Obergruppenführer und General der Waffen-SS Wolff.
Die Bestellung von Sonderberatern für weitere Fachgebiete behalte ich mir vor.

IV.

Die Grenzen der Operationszonen werden nach militärischen Gesichtspunkten bestimmt.

Das Gebiet des Apennin, die Gebiete südlich davon sowie die italienischen Küsten- und Alpengebiete sind hiernach Operationszonen.

V.

In den Operationszonen werden den militärischen Befehlshabern zivile Berater beigegeben. Sie führen, soweit nicht im Einzelfall etwas anderes bestimmt wird, die Bezeichnung „Oberster Kommissar". Die Obersten Kommissare sind befugt, Leiter von Zivilbehörden einzusetzen und abzuberufen und ihnen deutsche Verwaltungsberater beizugeben.

VI.

Für das besetzte Gebiet wird ein Militärbefehlshaber bestellt.
Den Präfekten im besetzten Gebiet werden deutsche Verwaltungsberater beigegeben.
Die Verwaltungsberater erhalten in politischen Angelegenheiten ihre Weisungen von dem Bevollmächtigten des Großdeutschen Reiches.

VII.

Der Befehlshaber der deutschen Truppen in Italien wird den Bevollmächtigten des Großdeutschen Reiches über wichtige Angelegenheiten im Operationsgebiet, die von außenpolitischer Bedeutung sind, laufend unterrichten. Die Obersten Kommissare, der Militärbefehlshaber und die Sonderberater werden sich in solchen Angelegenheiten mit dem Bevollmächtigten des Großdeutschen Reiches im Benehmen halten.

Führerhauptquartier, den 10. September 1943

Der Führer
gez. Adolf Hitler

(Großes Reichssiegel)

Der Chef des Oberkommandos der Wehrmacht
gez. Keitel

Der Reichsminister und Chef der Reichskanzlei
gez. Dr. Lammers

Mitte September 1943 wurde vom Oberkommando des Heeres befohlen, dass die Gebirgsjägerschule in Mittenwald einen Erkundungsstab unter der Bezeichnung „Gebirgserkundungsstab Italien" in der Operationszone „Alpenvorland" der Gruppe Witthöft zu bilden habe. An seine Spitze trat der Kommandeur der Schule, der erfahrene Oberst Adolf Seitz, der bereits 1940 als Kommandeur des II. Bataillon/Gebirgsjägerregiment 99 der 1. Gebirgsdivision für den Übergang über den Oise-Aisne-Kanal mit dem Ritterkreuz des Eisernen Kreuzes ausgezeichnet wurde. Der ganze Stab war nicht stärker als dreißig Mann und mit den entsprechenden geländegängigen Fahrzeugen ausgestattet. Er wurde dem Oberbefehlshaber in Italien unterstellt und hatte die Aufgabe, in Anlehnung an die bereits vorhandenen Befestigungssysteme des Ersten Weltkrieges eine „Voralpenstellung" von der schweizerischen Grenze über das

Der verhaftete „Duce" Benito Mussolini wurde durch eine kühne Operation deutscher Fallschirmjäger am 12. September 1943 aus dem Berghotel „Campo Imperatore" in den Abruzzen befreit.

Ein Fieseler Storch landete auf dem winzigen Hochplateau und schaffte es, mit Mussolini und Skorzeny an Bord zu starten und über München nach Wien zu fliegen, wo Mussolini seine Familie traf.

Hitler begrüßt seinen befreiten Freund Benito Mussolini, den „Duce" (Führer), am 14. September 1943 in seinem ostpreußischen Hauptquartier.

Kurz danach begannen Geheimgespräche, in deren Verlauf es Hitler gelang, Mussolini dazu zu bewegen, sich an die Spitze eines neuen italienischen Reststaates zu stellen, da Süditalien bereits von den Alliierten besetzt war.

Mussolini inspiziert faschistentreue italienische Truppen.

Mussolini im Gespräch, in der Mitte ein deutscher Verbindungsoffizier.

Mussolini bei einer Ansprache vor Offizieren der 4. Alpinidivision „Monte Rosa“ 1944 in Münsingen.

General Mario Carloni spricht zu seinen Männern der 4. Alpinidivision „Monte Rosa" in Münsingen.

Übergabe der Truppenfahnen an die italienische Division „Monte Rosa" auf dem Truppenübungsplatz Münsingen 1944.

Marschall Graziani (rechts im Bild) wohnt einer Parade seiner Truppen bei. Neben ihm steht der General der Waffen-SS Wolff.

Maggiore Serafino Glerey, der Kommandeur des Alpinibataillons „Tirano“.

Skispähtrupp des Alpinibataillons „Morbegno“ im März 1945 in den Westalpen.

Generalleutnant Paul Schricker, der Kommandeur der 8. Gebirgsdivision.

General Max Schrank war Kommandeur der 5. Gebirgsdivision von Februar 1944 bis Februar 1945.

Deutsche 7,5-cm-Panzerabwehrkanonen für die Gruppe „Esplorante“ erreichen per Bahntransport ihren Bestimmungsort.

General Ernst-Günther Baade war in der Operationszone „Alpenvorland“ Kommandeur des Wehrmachtsersatzstabes Italien.

Generalmajor Hans Steets, der letzte Kommandeur der 5. Gebirgsdivison vom Februar 1945 bis Mai 1945.

Ein deutscher Gebirgsjäger betrachtet eine Steinplatte mit Richtungsweisern auf dem Stilfser Joch in 2.757 Metern Höhe.

Deutsche Gebirgsjäger und Schweizer Soldaten gemeinsam auf dem Stilfser Joch.

Am Fuße der französischen Westalpen, der Operationszone „Nordwestalpen“, wird eine 5-cm-Pak in Feuerstellung gebracht.

Ein Hochgebirgsstützpunkt in der „Westalpenstellung".

Ein BMW R75 Beiwagenkrad besetzt mit einem Offizier und sechs Gebirgsjägern auf ihrem Weg nach Tirano.

Ein Pionierzug der Gebirgsjäger in den Westalpen.

Eine Bunkerbesatzung im Winter 1944/1945 vor dem Frejusbunkereingang.

Eine Skipatrouille in den tief verschneiten Westalpen im Winter 1944/1945.

In langer Reihe gleiten die Gebirgsjäger auf ihren Holzskiern dahin.

Italienische Gebirgstruppen lösen deutsche Gebirgsjäger in der „Westalpenstellung" 1944/1945 ab.

General Max Schrank zeichnet italienische Alpinisoldaten mit dem Eisernen Kreuz II. Klasse aus.

Gedenktafel auf dem Kreuz des Soldatenfriedhofs von Porta Littoria (La Thuile).

Nordufer des Gardasees und dann durch die Trientiner Alpen bis zum Isonzo, den Julischen Alpen und der Halbinsel Istrien zu erkunden und mit Hilfe der Organisation Todt auszubauen.

„Inzwischen liegt auch der schriftliche Auftrag von der Armee vor", vertraute Rohr seinem Kriegstagebuch am 15. September 1943 an. „Angelehnt an die ehemalige Grenze zwischen der Monarchie und Italien, haben wir die Stellungen für Infanterie und Artillerie zu erkunden. In großen Zügen wird von uns der Stellungsverlauf auf der Karte 1:100.000 fixiert. Als westlicher Anschlusspunkt wird Tirano festgelegt und von hier soll es weitergehen über die Höhen von Mt. Fra, Mt. Caplone, südlich des Lago di Ledro, Limone, Malcesine, Mt. Lessini (Altissimo) über die Sette Comuni (Sieben Gemeinden), Schio, Asiago zum Brentatal und einschließlich Mt. Grappa. Später soll die Arbeit weiter nach Osten verlegt werden. Für die Detailerkundung werden Stützpunkte mit je einem Offizier und mehreren Unteroffizieren und Mannschaften errichtet. Die Erkundung geht von Kompanieabschnitten herab über Gefechtsstreifen der Züge bis zu Granatwerfer- und schweren Maschinengewehrstellungen sowie Feuerstellungen und Feuerräumen der Artillerie. Die Erkundungsergebnisse mit Skizzen und kurzer Geländebeurteilung müssen täglich zum Stab nach Riva gebracht werden, wo es meine Aufgabe als Ia ist, die Erkundungsergebnisse zu überprüfen und einzutragen."[44]

Einen Tag später besuchten Oberst Seitz und Hauptmann Rohr den Generalfeldmarschall Rommel, „der wegen eines Infektes in einem Lazarett in Riva liegt. Dienstlich wird unser Auftrag durchgesprochen. Für die Klärung der Detailfragen werden wir an seinen Generalstabschef verwiesen."[45] Was sich in den nächsten Wochen beim „Gebirgserkundungsstab Italien" ereignete, welche Stellungen man auskundschaftete und welche Eindrücke man dabei gewann und wie man die Erkundungsergebnisse dann bewertete, das hat Rohr in seinem aufschlussreichen Kriegstagebuch detailgetreu festgehalten:

„17. September 1943: Der erste Besuch gilt dem Stützpunkt Rovereto im Etschtal. Das Personal ist in einem alten Schloss untergebracht und soll später nach Brentonico verlegen.

[...] Der Stützpunkt Rovereto hat Auftrag, vorerst Stellungen zwischen dem Gardasee (Malcesine), die Seestraßen selbst werden von uns in Riva direkt bearbeitet, und dem Etschtal einschließlich Bahn und Straße zu erkunden.

18. September 1943: Früh am Morgen fahre ich zum Stützpunkt Ledrosee nach Roncone. Die Erkundungsgruppe ist in einem großen Kloster untergebracht und die Soldaten werden dort als Gäste behandelt. [...]

20. bis 23. September 1943: Die ganze Zeit über gibt es starke Regenfälle und Nebelschwaden über den Bergen. Eine Erkundung ist damit praktisch unmöglich. Der Stab allerdings kann nun in Ruhe arbeiten. Täglich müssen Meldungen an die Armee gemacht werden. Es müssen Kartenskizzen mit den Erkundungsergebnissen, Geländebeschreibungen und Geländebeurteilungen vorgelegt werden. Immer ist auch der Kräftebedarf für die verschiedenen Stellungen zu berechnen. [...]

24. September 1943: Das Wetter zeigt sich wieder von der schönsten Seite. Die Außenarbeit kann wieder voll einsetzen. Heute besichtigen wir mit Oberst Seitz die alte österreichische Festung am Mt. Brione, ein kleiner Berg zwischen Riva und Torbole, die mit Artillerie und schweren Waffen das gesamte Nordbecken des Gardasees, weit über die ehemalige Grenze

hinaus, beherrschen kann. Die Anlagen, soweit es sich um ehemalige Feldstellungen handelt, sind verfallen. Aber die betonierten Unterstände, Kasematten und Artilleriestellungen sind noch voll tauglich und können in die Verteidigung eingebaut werden. [...]

25. September 1943: Mit Oberst Seitz mache ich eine Erkundungsfahrt über Trient, vorbei an einem Fort der Monarchie am Fugazza Pass südlich von Rovereto, weiter nach Schio – Asiago –Primolano – Mt. Grappa und zurück durch das Val Sugana (Lago di Caldonazzo) nach Trient Alles historischer Boden aus dem Ersten Weltkrieg. [...]

27. September 1943: Eine Abwehrstellung am Westufer des Gardasees (Gardesana Occidentale) habe ich persönlich zu erkunden. Dafür bietet sich die Enge nördlich der Ortschaft Limone an, weil da auch eine wirkungsvolle Sperre errichtet werden kann. An Ort und Stelle wird eine Faustskizze angefertigt. [...]

29. September 1943: Mit Oberst Seitz fahren wir die Straße Torbole – Trient – Vezzano nach Arco ab. Im Raume von Arco soll eine rückwärtige Stellung erkundet werden, die den Weg Riva – Trient sperrt.

30. September 1943: Ich fahre allein über den Ledrosee in das Addatal, nach Breno, Edolo und Tirano. Unterwegs lasse ich mich vom Stützpunktführer auf dem Caplonemassiv einweisen. Unser Kettenkrad leistet dabei hervorragende Dienste.

1. Oktober 1943: Mit dem Kommandeur fahre ich die gesamte Westuferstraße des Gardasees über Gardone, Brescia, Desenzano und zurück über Salò ab. Vor Gargnano machen wir einen Abstecher in die kleine Ortschaft Magasa. Über eine steile, in die Felsen geschlagene schmale Straße geht es von Gargnano nach Westen. Nach Überwindung des Steilstückes kommen wir auf ein weites Hochplateau, auf dem einige armselige Ortschaften liegen. Gegen Abend gibt es wieder Kartenarbeit.[...]

2. Oktober 1943: Heute wollen wir uns die Verteidigungsmöglichkeiten der Ostuferstraße des Gardasees ansehen. Wir fahren mit einem Erkundungstrupp nach Malcesine, einem malerisch gelegenen Ort am See. Es werden Sperrmöglichkeiten, der Einsatz von schweren Waffen aufgrund einer eingehenden Geländebeurteilung und die Sperrfeuerräume für die Artillerie festgelegt. [...]

6. Oktober 1943: Heute müssen wir uns wieder einmal um den Stützpunkt Rovereto kümmern. Die Erkundungsergebnisse im Etschtal sind nicht sehr befriedigend und es geht auch nichts weiter. [...]

8. Oktober 1943: Mit dem Kommandeur auf Erkundungsfahrt. Die Städte Brescia, Verona, Vicenza, Schio und Rovereto werden angefahren. [...] Diese Fahrt war für die Erkundung sehr interessant, haben wir doch einige der wichtigsten Annäherungslinien aus dem Süden kennengelernt und dabei Kunstbauten erkundet, die einmal von Bedeutung werden können.

9. Oktober 1943: Heute wird die Gesamtlänge der Festung Mt. Brione aufgenommen und erkundet, was davon in die Abwehrfront eingebaut werden kann. Vor allem wird der Bedarf an Artillerie und schweren Waffen festgelegt und der Wirkungsbereich aufgezeichnet. [...]

12. Oktober 1943: Nun ist es fix. Ein stark reduzierter Stab von zwölf Mann verlegt in den nächsten Tagen nach Florenz und soll dort für die Erkundung einer durchlaufenden Stellung entlang des Apennin dem Feldmarschall Kesselring unterstellt werden. [...]

13. Oktober 1943: Die bisherigen Erkundungsergebnisse werden abgeschlossen und dem Rücklasskommando übergeben, das die begonnenen Arbeiten fortführen soll. Der Apennin

ist jetzt vordringlicher und wir sollen zu einem späteren Zeitpunkt wieder in den Voralpen zum Einsatz kommen."[46]

Im Oktober 1943 wurde das deutsche Einflussgebiet über die Alpengrenze hinaus erweitert, indem man die Provinzen Bozen, Trient, Belluno, Udine, Görz, Triest, Pola, Fiume und Laibach unter deutsche Verwaltung stellte und Deutsch als Amts- und Unterrichtssprache einführte.[47] Gauleiter des Alpenraumes übernahmen als „Hohe Kommissare" die Verwaltung der besetzten Gebiete von Istrien bis Südtirol, dessen Besetzung bekanntlich ohne Kampfhandlungen vollzogen wurde. Ja, „es war sogar die Rede davon, Venedig dem Großdeutschen Reich einzuverleiben."[48] Die Provinzen Friaul, Görz, Triest, Istrien, Fiume und Laibach umfassten fortan die Operationszone „Adriatisches Küstenland"; die Provinzen Bozen, Trient und Belluno bildeten die Operationszone „Alpenvorland", „um die Volksdeutschen in Tirol sicherzustellen und das Minoritätengebiet in Norditalien dem Einfluss der italienischen Regierung zu entziehen".[49]

Beide Operationszonen gehörten bis zur Verlegung des Armeeoberkommandos der Heeresgruppe B nach Frankreich zum Befehlsbereich des Generalfeldmarschalls Erwin Rommel. Die Operationszone „Alpenvorland" unterstand militärisch dem Kommando des Generals der Infanterie Joachim Witthöft. Er war zunächst Kommandierender General der Sicherungstruppen im Gebiet der Heeresgruppe B, dann in der Operationszone „Alpenvorland" und schließlich Kommandierender General des nach ihm benannten Generalkommandos „Witthöft".

Berlin, den 13. Oktober 1943.	e.o. Pol. IV 2116 g Rs
Hergestellt in 7 Exemplaren	Mit Vorrang!
Dies ist Exemplar Nr. 6	Sofort durchgehen!

Fernschreiben

über Büro RAM
Nr. ....

an Sonderzug

Citissime!
Für Botschaftsrat Hilger.

Oberstleutnant Pollek übergab mir gestern nachstehenden Befehl OKW's vom 10. Oktober betreffend territoriale Befehlsgliederung in Italien. Folgt Wortlaut:

„Der Führer hat in Ergänzung seines Erlasses vom 10. September 1943 befohlen:

1. Folgende Gebiete Italiens sind Operationsgebiet:
   a.) Das Gebiet südlich der Nordgrenzen der Provinzen Littoria, Frosinone, Aquila und Pescara. In diesem Gebiet erhält der Oberbefehlshaber Süd die Befugnis zur Ausübung vollziehender Gewalt.
   b) Das Alpengebiet von der kroatischen bis zur französischen Grenze, das in mehrere ‚Operationszonen' eingeteilt wird, von denen bereits die Operationszonen ‚Adriatisches

Küstenland‘ und ‚Alpenvorland‘ festgelegt sind. Abgrenzung und Einteilung des restlichen Operationsgebiets in ein oder zwei weitere Operationszonen folgt.

In diesen Gebieten erhält der Oberbefehlshaber der Heeresgruppe B die Befugnis zur Ausübung vollziehender Gewalt mit der Berechtigung, sie auf die militärischen Befehlshaber der einzelnen Operationszonen zu übertragen.

c) Darüber hinaus bleibt im Fall feindlicher Landungen an den Küsten des Adriatischen und Ligurischen Meeres die Bildung eines weiteren Operationsgebietes entsprechend der taktischen Lage vorbehalten. In diesem Gebiet ruhen dann die Befugnisse der Italienischen Regierung und des Militärbefehlshabers Italien; sie gehen auf den örtlichen Truppenbefehlshaber (Armeeoberkommando oder Generalkommando) über.

2. Für jede ‚Operationszone‘ gemäß Ziffer 1 b wird ein besonderer ‚Befehlshaber‘ im Sicherungsgebiet bestellt. Diesen Befehlshabern, die dem Oberbefehlshaber der Heeresgruppe B unterstehen, werden sämtliche in ihrem Bereich eingesetzten Verbände des Heeres unterstellt. Sie sind verantwortlich für die Aufrechterhaltung von Ruhe und Ordnung und leiten die Verwaltung und Wirtschaft in ihrem Befehlsbereich. Ihnen werden Oberste Kommissare als zivile Berater beigegeben. Hinsichtlich der Operationszonen ‚Adriatisches Küstenland‘ und ‚Alpenvorland‘ bleiben die zwischen der Heeresgruppe B und den Obersten Kommissaren getroffenen Vereinbarungen über die Durchführung der Verwaltung bestehen.
3. Der bisherige ‚Militärbefehlshaber in Oberitalien‘ wird mit unverzüglicher Wirkung dem Chef des Oberkommandos der Wehrmacht nach Maßgabe der Verfügung OKW/WFSt/Qu(Verw.) Nr. 519/43 vom 23. Juni 1943 unterstellt und erhält die Bezeichnung

‚Militärbefehlshaber in Italien‘

Sein Befehlsbereich umfasst das gesamte italienische Gebiet, soweit es nicht Operationsgebiet gemäß Ziff. 1 ist. Damit deckt sich sein Befehlsbereich mit dem Hoheitsgebiet der italienischen faschistischen Regierung.

4. Der Militärbefehlshaber Italien ist oberster territorialer Befehlshaber der Wehrmacht in seinem Befehlsbereich. Der Oberbefehlshaber der Heeresgruppe B und der Oberbefehlshaber Süd sind ihm gegenüber in solchen Fragen weisungsberechtigt, die unmittelbar mit den ihnen gestellten Kampf- und Sicherungsaufgaben zusammenhängen.
5. Der Militärbefehlshaber in Italien fasst alle deutschen militärischen und zivilen Dienststellen in seinem Befehlsbereich zusammen und vertritt ihre Forderungen gegenüber der italienischen faschistischen Regierung. Er hilft der italienischen Regierung bei der Wiedererlangung ihrer Autorität und setzt ihre Anordnungen durch. Bei der Geltendmachung seiner Forderungen gegenüber den örtlichen italienischen Behörden bedient er sich der Militär- und Platzkommandanturen, die, neben ihrer rein militärischen Aufgabe als Verbindungsstäbe, zu den Präfekten zu verwenden sind.
6. Neben dem Militärbefehlshaber Italien steht der Bevollmächtigte des Großdeutschen Reiches und der Sonderberater für polizeiliche Angelegenheiten bei der Italienischen Faschistischen Regierung, die ihre Weisungen vom Reichsminister des Auswärtigen bzw. vom Reichsführer-SS und Chef der Deutschen Polizei unmittelbar erhalten. Der Militärbefehls-

haber Italien hat mit diesen engstens zusammenzuarbeiten. Soweit es sich nicht um rein militärische Angelegenheiten (z. B. Küstenverteidigung, Sicherungsaufgaben usw.) handelt, hat er bei allen wesentlichen Anordnungen an unterstellte Dienststellen und bei der Vertretung seiner Forderungen gegenüber der Italienischen Faschistischen Regierung vorher das Einvernehmen mit dem Bevollmächtigten des Großdeutschen Reiches herzustellen.

7. Zum Militärbefehlshaber Italien wird General der Infanterie Toussaint, zum Befehlshaber im Sicherungsdienst ‚Adriatisches Küstenland' General der Gebirgstruppen Kuebler und zum Befehlshaber im Sicherungsgebiet ‚Alpenvorland' General der Infanterie Witthoeft ernannt. Für die Aufstellung dieser Stäbe und die Zuführung eines Kommandanten des rückwärtigen Armeegebietes für Armeeoberkommando 10 sowie von Bezirksverbindungsstäben für den Bereich des Militärbefehlshabers Italien ergeht besonderer Befehl.

Der Chef des Oberkommandos der Wehrmacht
(gez.) Keitel."

Nachdem der „Gebirgserkundungsstab Italien" ein durchlaufendes Stellungssystem quer durch den Apennin von La Spezia bis Pesaro erkundet und in die entsprechenden Karten eingearbeitet hatte, wurde das Ergebnis dem Generalobersten von Mackensen vorgetragen, weil dieses Gebiet zu seinem Armeebereich gehörte. Mitte Dezember wurde dann eine Sehnenstellung von Abbazia quer durch Istrien nach Capodistria erkundet.

„Nun ist es zur Gewissheit geworden", notierte Rohr am 11. Januar 1944 in sein Kriegstagebuch, „am 13. Januar haben wir nach Bassano in das Brentatal zu verlegen. Von da ist die Erkundung einer Alpenstellung von Primolano über Feltre nach Osten fortzuführen."[50] Und abschließend heißt es dann: „Den ganzen Tag bin ich mit Abschlussarbeiten [...] und Zeichnungen beschäftigt."[51]

In Anlehnung an das Stellungssystem aus dem Ersten Weltkrieg sollten die Stellungen östlich vom Isonzo jetzt als Verlängerung der „Reichsschutzstellung" mit Hilfe der Organisation Todt ausgebaut werden und zwar genauso wie jene Befestigungsanlagen zwischen Laibach und Istrien (mit Schwerpunkt bei Pola, Fiume und Triest), die sogenannte „Karststellung". Für den Ausbau der „Voralpenstellung" hatte Hitler am 27. Juli 1944 die Weisung Nr. 50 erlassen:[52]

1. Ich befehle den Ausbau eines rückwärtigen Stellungssystems in Norditalien.
2. Es sind auszubauen:
   a) die bereits im großen erkundete Voralpenstellung,
   b) die anschließende Karststellung (Tschitschen–Bogen),
   c) eine Riegelstellung von Ala zum Golf von Venedig,
   d) eine Riegelstellung von Belluno zum Golf von Venedig.
3. Den Ausbau leiten verantwortlich:
   a) der oberste Kommissar der Operationszone Alpenvorland in der Voralpenstellung von der Schweizer Grenze bis Piave-Tal südlich Longarone (einschließlich),
   b) der oberste Kommissar der Operationszone adriatisches Küstenland in der Voralpenstellung vom Piave-Tal südlich Longarone (ausschließlich) bis Triest (ausschließlich) und

in der Karststellung (Tschitschen-Bogen) bis zum Golf von Fiume. Die Arbeitskräfte und Mittel sind durch ein Volksaufgebot ähnlich wie in Ostpreußen aufzubringen.
   c) Der Oberbefehlshaber Südwest in den beiden Riegelstellungen zwischen der Voralpenstellung und dem Golf von Venedig mit Hilfe der Organisation Todt.
4. Die rein militärischen Aufgaben für alle Stellungen obliegen dem Oberbefehlshaber Südwest. – Er bestimmt mit Hilfe der dafür zu bildenden taktischen und pioniertechnischen Stäbe:
   a) die operative und taktische Linienführung der Stellungen,
   b) die Dringlichkeit im Ausbau der einzelnen Abschnitte,
   c) die Art des Baues auf Grund der taktischen Lage, den taktischen und technischen Kampferfahrungen, und den verfügbaren Mitteln.
5. Über die beabsichtigte Organisation des Stellungsbaues und die aufzubringenden Arbeitskräfte ist mir sobald als möglich, über den Fortschritt der Arbeiten nach Beginn zum 1., 10. und 20. jeden Monats zu melden.
6. Die näheren Ausführungsbefehle erlässt das Oberkommando der Wehrmacht.

gez. Adolf Hitler

Ergänzend zum Befehl über den Ausbau eines rückwärtigen Stellungssystems in Norditalien hieß es dann:[53]

Bezug: Führerbefehl OKW WFSt OP Nr 772598/44 gK Chefs v. 26.7.1944. – Der Führer hat zu Ziffer 2 und 3 des genannten Befehls über den Ausbau eines rückwärtigen Stellungssystems folgende Änderungen und Ergänzungen befohlen:

1. Neben den beiden in Ziffer 2 des Befehls vom 26. Juli aufgeführten Riegelstellungen sind unter Ausnutzung der Flussläufe möglichst viele weitere Riegelstellungen zu bauen, um dadurch dem Feinde das Vordringen in das Becken von Udine zu erschweren, die dortige Luftbasis zu schützen und den Zeitgewinn für den Ausbau der Voralpenstellung zu schaffen.
2. Den Ausbau sämtlicher genannter Stellungen, auch der Riegelstellungen auf italienischem Boden, leiten die obersten Kommissare der beiden Operationszonen.
   Der Oberbefehlshaber Südwest behält den Ausbau der tief zu gliedernden Apenninstellung und der Küstenbefestigung.
3. Die Grenzziehung beim Ausbau der Riegelstellungen zwischen den beiden Operationszonen regeln die beiden obersten Kommissare im unmittelbaren Einvernehmen.
   Soweit die Stellungen außerhalb der Operationszonen, also auf italienischem Gebiet, liegen, haben die obersten Kommissare dort für die Zwecke des Stellungsbaues dieselben Befugnisse wie in ihren Operationszonen. Hierzu sind sie in jeder Hinsicht durch den Bevollmächtigten General der deutschen Wehrmacht in Italien und die diesem unterstellten Dienststellen zu unterstützen.
   Auswärtiges Amt wird gebeten, dem Duce die militärische Notwendigkeit dieses Stellungsbaues und der dazu erforderlichen Maßnahmen, die rein militärischer, nicht politischer Natur sind, auseinanderzusetzen.

4. An Baukräften der Organisation Todt und Festungsbaustäben stehen den obersten Kommissaren zur Verfügung:
   a) alle schon in ihrem bisherigen Bereich eingesetzten Kräfte,
   b) die Baukräfte der Luftwaffe, die zum Ausbau der Flugplätze nordostwärts der Linie Verona – Pomündung eingesetzt sind. Ausnahmen (z. B. kurzfristige Fertigstellung schon begonnener Arbeiten, die für den jetzigen Einsatz der Luftflotte 2 wichtig sind) beantragt Oberkommando der Luftwaffe.
   c) Die später in der Apenninstellung frei werdenden Kräfte.
   Die schon bisher an den Küstenbefestigungen eingesetzten Kräfte der Organisation Todt verbleiben dem Oberbefehlshaber Südwest.
5. Befehl über Unterstützung durch die in der Operationszone Alpenvorland liegenden Stäbe und Dienststellen aller Wehrmachtteile für die Sicherung der Bauarbeiten folgt.

gez i A: Jodl –
OKW WFsT Op Nr 772641/44 kG Chefs

Am 8. August 1944 schlug der Gauleiter Franz Hofer dem Generalfeldmarschall Albert Kesselring vor, sowohl den „Etsch-Riegel" als auch die „Voralpenstellung" kurzfristig fertigzustellen, „um dann mit dem Bau der eigentlichen Alpenstellung zu beginnen. Kesselring lehnte dies ab. Hofer wandte sich daraufhin an das Führerhauptquartier und beantragte die Rückverlegung der Voralpenstellung auf die Linie Stilfser Joch, Limone, was von Hitler genehmigt wurde."[54]

Im September 1944 stattete der Oberbefehlshaber Südwest der Kampfgruppe Triest wiederum einen Besuch ab. Als Kesselring im historischen Schloss Miramare eintraf, erwarteten ihn dort bereits der Befehlshaber der Operationszone „Adriatisches Küstenland", General der Gebirgstruppe Ludwig Kübler, und der Kommandeur der 188. Gebirgsdivision, Generalleutnant Hans von Hößlin, sowie der Gauleiter Dr. Friedrich Rainer und mehrere Kommandeure des Heeres und der Marine, insbesondere der Artillerie und Organisation-Todt-Einheiten. Bei dieser Besprechung machte der Generalfeldmarschall einige aufsehenerregende Ausführungen über die „Alpenfestung"; insbesondere darüber, aus welchen Räumen die Truppen hierfür herangeführt werden sollen, über deren beabsichtigte Verteilung und dergleichen streng geheime Informationen.[55]

„Ich möchte dies erwähnen", schrieb nach dem Kriege der ehemalige Kampfkommandant von Triest, „weil damals im September 1944 erstmals uns von der ‚Alpenfestung' Mitteilung gemacht wurde."[56] Im gleichen Sinne äußerte sich Dr. Carl Schulze in einem Schreiben an den Generalfeldmarschall Ferdinand Schörner, in dem er unter anderem ausführte, „wie 1944 Kesselring in Schloss Miramare uns von der vorgesehenen ‚Alpenfestung' ins Bild setzte, damals allerdings noch ohne Namensnennung über den vorgesehenen Kommandanten".[57]

Nun ließen auch die „Ausführungsbestimmungen zum Führer-Befehl über Ausbau eines rückwärtigen Stellungssystems in Norditalien" nicht mehr lange auf sich warten. Darin hieß es:[58]

Ausführungsbestimmungen zum Führer-Befehl über Ausbau eines rückwärtigen Stellungssystems in Norditalien.

1. Allgemein:
   Das Stellungssystem zum Schutze des Heimatkriegsgebietes wird im Sinne des totalen Krieges durch ein Volksaufgebot ausgebaut. Das ist nur möglich durch verantwortliche Einschaltung der politischen Führung. Die großen Erfolge eines derartigen Masseneinsatzes an Menschen sind im Osten bereits klar erkennbar.
   Alle Dienststellen müssen sich hierzu von bisher üblichen Ansichten über Zuständigkeiten, Form der Zusammenarbeit und sonstigen Hemmungen frei machen, alle Vorteile der Improvisation nachahmen, entbehrliche organisatorische und verwaltungsmäßige Maßnahmen aber unterlassen. – Die militärische Führung ist der Bauherr. Ihre Aufgaben, die rein militärischer Art sind, sind in Ziffer 4 des Führerbefehls klar umrissen.
   In der Durchführung des Ausbaues, vor allem im Einsatz von Menschen und Material, ist den obersten Kommissaren in jeder Hinsicht freie Hand zu lassen. Ihnen sind daher alle Baukräfte, die in diesem Ausbau arbeiten, zu unterstellen, auch im Zuge des Ausbaues der Apennin- und Küstenstellung frei werdende und für den Einsatz in der Voralpenstellung verfügbare Spezial-Baukräfte des Heeres, z. B. Gesteinsbohrkompanien und im Minenlegen ausgebildete Bautruppen.
2. Operative Richtlinien für Erkundung und Ausbau.
   Besondere Bedeutung kommt im Zuge des gesamten Ausbaues zunächst der vordersten Linie zu, nämlich einer kurzen und nach dem Gelände günstigen Verbindung zwischen Schweizer Grenze und der Adria. Diese Stellung ist daher in 1. Dringlichkeit zu erkunden und auszubauen. Dann folgen die weiteren Stellungen dieses Stellungssystems, deren rückwärtigste die Voralpenstellung selbst ist, soweit sie nicht in ihrem westlichen Teil mit der vordersten Linie zusammenfällt. Bei dem Ausbau selbst Schwerpunkt an den voraussichtlichen Hauptdurchstoßlinien des Feindes, also beiderseits der Täler und großen Durchgangsstraßen und an den Flussabschnitten der Etsch und Piave. Hier wird der Feind auf jeden Fall versuchen, in nord-ostwärtiger Richtung in das Becken von Udine vorzustoßen.
3. Aufbau der militärischen Organisation für den Ausbau. Zum ständigen Vertreter des Oberbefehlshabers Südwest für alle militärischen Fragen und Aufgaben des Ausbaues gemäß Ziffer 4 des Führerbefehls wird General der Infanterie von Zangen zur Verfügung gestellt. Ihm ist als Kommandostab der bisherige Gebirgsstab Italien zu unterstellen.
   Unter General von Zangen sind durch den Oberbefehlshaber Südwest aus eigenem Bereich die erforderlichen Erkundungsstäbe – zugleich Abschnittstäbe – aufzustellen. Diese Stäbe müssen sich aus erfahrenen Offizieren aller Waffen und Angehörigen von Festungspionierstäben zusammensetzen und derart ausgestattet sein, dass die notwendige Festlegung und Auspflockung der Stellung und die Einweisung der zivilen Baukräfte in kürzester Zeit durchgeführt werden kann. Etwa notwendige Verstärkungen des Stabes von Zangen, der möglichst beweglich zu halten ist, sind durch Oberbefehlshaber Südwest bei Oberkommando der Wehrmacht/Wehrmachtsführungsstab zu beantragen.
   Wünschen der obersten Kommissare, die sich im Verlauf des Ausbaues auf Zuteilung von Spezialbautruppen des Heeres ergeben, ist je nach Freiwerden der Kräfte im Apennin

zu entsprechen. Diese Bautruppen des Heeres sind für den reinen Arbeitseinsatz an die Anordnungen der obersten Kommissare gebunden.

4. Richtlinien des Generals der Pioniere und der Festungen für den Ausbau des Ostraumes und taktisch-technische Hinweise über Stellungsausbau des Pioniersonderstabes 9 werden in der Anlage als Grundlage für den Ausbau der Riegelstellungen beigefügt. (Anlage nur zu Lfd. Nr. 2–5 und 10, an 5 und 10 folgt auf dem Kurierwege).
5. Einsatz der Organisation Todt im Rahmen des Ausbaues: Die Organisation Todt wird aufgrund unmittelbarer Vereinbarung zwischen den obersten Kommissaren und der Organisation Todt derart eingesetzt, dass die Organisation Todt den notwendigen Bauapparat zur Verfügung stellt und die fachliche Aufsicht bei der Ausführung von Bauarbeiten übernimmt. Verantwortlich für den Ausbau bleibt die betreffende Dienststelle der obersten Kommissare. Zu ihr tritt die örtliche Organisation Todt-Dienststelle als technische Abteilung.
6. Erfassung der zivilen Arbeitskräfte: Die Erfassung der zivilen Bevölkerung zum Arbeitseinsatz ist die Aufgabe der obersten Kommissare, die sich außerhalb der Operationszonen hierzu auch der militärischen Dienststellen bedienen können. Diese treffen notwendigenfalls den Ausgleich, falls Arbeitskräfte mehrfach erfasst werden.
7. Materialbeschaffung:
   Die gesamte Beschaffung und der Antransport der für den Ausbau erforderlichen normalen Baustoffe (Eisen, Zement, Holz usw.) einschließlich des benötigten Schanz- und Werkzeuges obliegt den obersten Kommissaren mit Hilfe der Organisation Todt.
   Minen, Hindernisdraht, sowie Stellungsbaustoffe aller Art für den Ausbau des gesamten Stellungssystems werden durch Oberkommando der Wehrmacht/Wehrmachtsführungsstab über Oberbefehlshaber Südwest im Rahmen der Gesamtzuweisungen für Italien zugewiesen. Anforderungen an Minen, Hindernisdraht, Stellungsbaustoffen sind durch die obersten Kommissare an den Oberbefehlshaber Südwest zu richten.
8. Betreuung und Versorgung der gesamten zivilen Arbeitskräfte einschließlich der eingesetzten Organisation Todt fällt den obersten Kommissaren zu. In Sonderfällen, z. B. für abgesetzte Arbeitsgruppen, kann durch die obersten Kommissare Versorgung durch die Wehrmacht bei Oberbefehlshaber Südwest beantragt werden.
9. Die Sicherung der Arbeitsstellen gegen Banden und etwa erforderliche Bewachung der Arbeitskräfte übernehmen die obersten Kommissare mit den ihnen hierfür zur Verfügung stehenden Kräften. Um für diese Aufgabe weitere Kräfte freizumachen, sind durch Oberbefehlshaber Südwest alle in den Operationszonen Alpenvorland und adriatisches Küstenland liegenden Stäbe und Dienststellen aller Wehrmachtteile, soweit sie nicht durch taktischen Einsatz gebunden sind, bis zu 40 Prozent ihrer Iststärke für örtliche Sicherungs- und Bewachungsaufgaben zur Verfügung zu stellen.
   Die aktive Bandenbekämpfung bleibt Aufgabe des höchsten SS- und Polizeiführers Italien in Verbindung mit den örtlichen militärischen Dienststellen.
10. Oberbefehlshaber Südwest meldet baldigst beabsichtigte militärische Organisation unter General von Zangen (einschl. Gefechtsstände der Stäbe) und beabsichtigte Durchführung des Ausbaues gem. Ziff. 2).

gez. Keitel

In seinen „Gedanken zum Zweiten Weltkrieg“ äußerte Kesselring sich hinsichtlich des Ausbaus der Stellungssysteme in Norditalien mit den Worten: „Hitler hat niemals an den Befestigungsvorhaben des Oberbefehlshabers Süd, des späteren Oberbefehlshabers Südwest, in Italien Anstoß genommen, sie sogar durch reichhaltige Zuführung von Bautruppen, Baumaschinen und Material unterstützt. Auch die Gauleiter von Tirol [...] und Steiermark [...] bauten unter taktischer Anleitung des Oberbefehlshaber Südwest, mit großem Erfolg starke, tief gegliederte Befestigungsanlagen in der Po-Ebene, in Istrien und dessen Hinterland bis nach Laibach und am Südrand der Alpen.“[59]

Wenn es sich in den oberitalienischen Alpen und an ihren Ausläufern auch nur um Verteidigungslinien und Verlängerungen der sogenannten „Reichsschutzstellung“ handelte, so wurden diese Stellungssysteme dennoch in die umfassendere „Alpenfestung“ miteinbezogen. In seinen Memoiren schrieb Kesselring: „Der Alpensüdrand mit einer verlängerten Flanke gegen die Schweiz war zu der Zeit, als ich Oberbefehlshaber Südwest war, ausgebaut worden und zum Teil noch im Ausbau. Dort standen Sicherheitsbesatzungen aus dem Bereich des Gauleiters Hofer (Standschützen), die durch Führer und Unterführer meiner früheren Heeresgruppe C ausgebildet waren.“[60]

Das oberitalienische Alpenland war zur Operationszone und nicht zum Kampfgebiet erklärt worden und unterstand daher dem Gauleiter von Tirol-Vorarlberg. Franz Hofer war als Oberstem Kommissar sowohl die politische Führung als auch die Sicherung und Befriedung seiner Zone übertragen worden. Darüber hinaus hatte er den darin liegenden und operierenden Verbänden der Wehrmacht und Waffen-SS den Rücken freizuhalten. Hierzu waren ihm verschiedene Formationen der Polizei unterstellt. Diese waren unter dem Höheren SS- und Polizeiführer, dem SS-Obergruppenführer und General der Waffen-SS Erwin Rösener, zusammengefasst und an der Bekämpfung der italienischen Partisanen beteiligt. Diese Polizeieinheiten reichten aber bei Weitem nicht aus, um die Operationszone „Alpenvorland“ von den Banden zu „säubern“, sodass zu ihrer Unterstützung auch Verbände der Wehrmacht und Waffen-SS herangezogen werden mussten.

Die rein militärische Verteidigung der Operationszone „Alpenvorland“ und deren Vorbereitung auf eine eventuelle Landung feindlicher Truppen im Golf von Genua oder im Golf von Venedig oblag jedoch dem Befehlshaber der Wehrmacht. Dieser besaß aber in der kampflosen Zeit keine Befehlsgewalt über die in der Operationszone liegenden Verbände. Erst im Ernstfall, also bei einer Landung der Alliierten, hatte er eine unbeschränkte Befugnis über sämtliche Heeres-, Luftwaffen-, Marine- und Organisation Todt-Einheiten. Darüber hinaus war er noch für den weiteren Ausbau der Küstenverteidigung sowie von Auffangstellungen im Apennin und den oberitalienischen Alpen verantwortlich. Er bestimmte, wo und welche Verteidigungsanlagen aus dem Ersten Weltkrieg reaktiviert oder neu erstellt werden sollten. Beim Ausbau war er auf die Organisation Todt (OT) angewiesen.

„In Sirmione hatte sich hauptsächlich die OT breitgemacht“, notierte der aufgebrachte Gebirgsjägeroffizier Dr. Carl Schulze in seinem persönlichen Kriegstagebuch. „Es herrschte dort wahrstes Etappenleben, wie man sich dieses nicht schlimmer vorstellen konnte.“[61] Nicht weniger entrüstet zeigte sich der spätere Bundeswehroberst Ernst: „In den Etablissements vor den Stadtmauern, in den komfortablen Villen der langgestreckten Halbinsel hat sich die Organisation Todt eingenistet. Die Baustäbe, die angeblich die „Alpenfestung“ bauen, wissen, wo es sich gut wohnen lässt. Wir fahren weiter [...] nach Salò. Kurz ehe wir den Ort erreichen, lesen wir auf einer Tafel, dass von Gardone ab die ‚Weststraße‘ entlang dem See gesperrt ist. Später erzählen uns die einen [...], dass dorthin besonders wichtige Rüstungsbetriebe verlagert worden sind.“[62]

Den OT-Einsatzstab „Alpen“ leitete zunächst Dr. Fuchs. „Im September 1944 fasste Dorsch die ‚Einsatzgruppe Alpen‘ und die ‚Einsatzgruppe Italien‘ zusammen“, schreibt Seidler. „Die neue Formation begann in den Alpen mit der Erstellung von Hochgebirgsstellungen und im adriatischen Küstenland mit dem Bau von Riegelstellungen, zu deren Durchführung neunzigtausend Arbeiter benötigt wurden. Für die Poübergänge und zur Aufrechterhaltung des Verkehrs auf der Brennerstrecke waren sechzigtausend Mann eingesetzt. An den neuralgischen Punkten arbeiteten bis zu hundertdreißig deutsche Firmen.“[63]

Wie die Angehörigen der Wehrmacht und Waffen-SS, so gerieten ab 1944 auch die Arbeiter der OT in der Operationszone „Alpenvorland“ immer mehr in die Wirren des Partisanenkrieges, sodass der Fortschritt der Baumaßnahmen und Befestigungsanlagen darunter in einem erheblichen Maße litt. Denn „für die sechzigtausend italienischen Partisanen boten die Tunnels, Viadukte, Brücken und Passwege [...] der Brennereisenbahn von Brixen nach Innsbruck [...] lohnende Angriffsziele.“[64] Nachdem die Eidgenossen Anfang 1945 den Transitverkehr durch die Schweiz untersagt hatten, war die Brennerstrecke die einzige Eisenbahnverbindung durch die „Alpenfestung“ zur Heeresgruppe C. „Es war ein Erfolg, wenn nach tagelangen Instandsetzungsarbeiten einige Züge passieren konnten, bevor die Strecke wieder zerbombt wurde. Die Luftüberlegenheit der Alliierten wirkte sich in einem Gelände, dessen Verkehrslinien zahlreiche Kunstbauten aufwiesen, besonders negativ aus, weil deren Tarnung nicht möglich war.“[65]

Erschwert wurden der deutsche Stellungsbau und die Kampfführung in der Operationszone „Alpenvorland“ jedoch nicht nur durch die gegnerischen Attacken und die rege Bandentätigkeit, sondern insbesondere durch einen Wirrwarr von gegensätzlichen Befehlssträngen und Anordnungen. Im territorialen Bereich unterstanden dem Höchsten SS- und Polizeiführer der Höhere SS- und Polizeiführer im Wehrkreis XVIII. Beide erhielten jedoch auch Weisungen direkt vom Befehlshaber der Sicherungspolizei und des SD in Italien. Dieser, Wilhelm Harster, hatte seinen Sitz in Verona.

Zu den Operationszonen „Adriatisches Küstenland“ und „Alpenvorland“ trat zum Jahreswechsel 1943/44 noch die Operationszone „Nordwestalpen“ an der schweizerischen und französischen Nordgrenze, „die eine durchschnittliche Tiefe von fünfzig Kilometer erhielt. Im Gegensatz zu den anderen Zonen wurde hier kein Oberster Kommissar eingesetzt. Vielmehr wurde sie in der gleichen Weise verwaltet wie das Gebiet, für das der Bev[ollmächtigte] General in Italien zuständig war. Der Oberbefehlshaber Südwest wurde lediglich berechtigt, militärische Maßnahmen zu verlangen, die der Bev[ollmächtigte] General dann durchzuführen hatte. Befehlshaber in der Operationszone wurde der Oberbefehlshaber der 14. Armee.“ Am 7. Januar 1944 wurde angeordnet, „dass es aus politischen Gründen nicht erwünscht sei, die Bildung dieser Operationszone bekanntzugeben“, lautete die entsprechende Eintragung im „Kriegstagebuch des Oberkommandos der Wehrmacht“.[66]

Exkurs 1: Das Schweizer „Réduit National“

In der „Festung Europa“ steckte ein tiefer Stachel, der den Deutschen ein Dorn im Auge war – und zwar die neutrale Schweiz am südwestlichen Zipfel des Großdeutschen Reiches. Während ringsherum die deutschen Truppen nach ihren blitzartigen Feldzügen zwischen 1939 und 1941 ein Land nach dem anderen erobert hatten, blieb die alpine Zitadelle unangetastet, denn, so der deutsche Generalstabsoffizier Bernhard von Loßberg, „dem Schweizer Raum kam im Vergleich zu Holland und Belgien im Gesamtgeschehen nur geringe operative Bedeutung zu, der Gebirgscharakter des Landes machte es zudem ungeeignet für Aufmarsch und Ansatz von Angriffskräften gegen den französischen Südflügel. [...] Wichtiger wurde die Schweiz für uns erst, als Italien in den Krieg eingetreten war. Die Verbindungen zwischen den Achsenmächten wären wesentlich besser geworden, wenn uns die direkten Bahnen durch die Schweiz nicht nur für wirtschaftliche, sondern auch für militärische Transporte zur Verfügung gestanden hätten.“[67]

Dennoch: „Als Transitstrecke entlastete die Eidgenossenschaft weiter die luftgefährdeten deutsch-italienischen Verkehrswege über den Brenner. Täglich rollten tausendachthundert Güterwaggons in beiden Richtungen durch die Alpenrepublik. [...] Wichtiger aber war der wirtschaftliche Beitrag, mit dem die Schweiz die deutschen Kriegsanstrengungen unterstützte. Die Lieferungen der Schweizer Rüstungsindustrie waren für das Reich unentbehrlich. Allein im Jahre 1942 gingen 41,7% der Schweizer Ausfuhren nach Deutschland.“[68]

Die Schweizer waren aufgeschreckt, als sie sich plötzlich von allen Seiten von den Achsenmächten umzingelt sahen, zumal Hitler noch während der Endphase des Frankreichfeldzuges die vollständige Umklammerung durch die Achse forcierte. In diesem Zusammenhang sei nur an die Operation der „Gruppe List“ erinnert, die aus dem Tal der Rhône vorstoßen sollte, denn „man kann es diesem Staat nicht verzeihen“, heißt es in einem SD-Bericht vom 27. Juni 1940, „dass er zum Sammelbecken aller unruhigen Elemente geworden ist, dass von hier aus jahrelang die grösste Hetze gegen Deutschland betrieben wurde. Immer wieder wird die Forderung erhoben, ‚die Schweiz müsse noch geschluckt werden‘, ‚die Schweiz dürfe bei einer Neuordnung Europas nicht übergangen werden‘.“[69] Infolgedessen wurden unmittelbar nach der französischen Kapitulation von der deutschen Heeresleitung Pläne für eine Operation gegen die Schweiz, das Unternehmen „Tannenbaum“ ausgearbeitet.[70]

In Schweizer Regierungskreisen beriet man daher nächtelang darüber, wie man einen möglichen konzentrischen Angriff der Achsenmächte am besten abwehren und weiterhin seine Neutralität bewahren könne. Nach leidenschaftlichen Auseinandersetzungen setzte sich schließlich der Standpunkt des Generals der Schweizer Armee durch.[71] Der fünfundsechzigjährige Henri Guisan befürwortete den Ausbau eines massiven Befestigungssystems in den felsigen und eiserstarrten Trutzburgen der Zentralschweiz. Nachdem das gigantische Projekt 1940 in Angriff genommen worden war, vergingen rund zwei Jahre bis zu seiner Vollendung. Dieses wehrhafte Bollwerk umfasste die drei Hauptstützpunkte: Sargans im Osten, den St. Gotthard im Süden und St. Moritz im Westen. „Sollte das Land überfallen werden, so könne man sich im Landesinnern behaupten und die Stützpunkte würden dem Feind untragbare Verluste zufügen.“[72] Darüber hinaus existierte ein Plan des Generals Guisan, „im Falle einer deutschen Invasion der Schweiz alle den Deutschen nützlichen Fabriken in die Luft zu jagen.“[73]

Schon vor dem Zweiten Weltkrieg hatte der Schweizer Generalstabschef mit französischen Generalen einen streng geheimen Beistandspakt vereinbart.[74] Diese Maßnahme sowie der Ausbau des Schweizer Befestigungssystems waren nicht unbegründet, nachdem verschiedene deutsche Operationsstudien für einen Einmarsch in die Schweiz publik wurden. Pläne, „welche die Gewinnung der Nord-Süd-Verbindung zum Gegenstand hatten, wurden nicht weiter verfolgt, weil damit zu rechnen war, dass die Alpenübergänge Gotthard und Lötschberg – Simplon sofort nach Auslösung des Angriffes nachhaltig zerstört würden“.[75]

Jahrelang war es die neutrale Schweiz, die bei der Entstehung und Weiterverbreitung des Mythos von der „Alpenfestung“ eine ganz wichtige Rolle gespielt hat – und zwar so sehr, dass diese Wortschöpfung schließlich die Gehirne der alliierten Politiker und Militärs regelrecht zersetzte. Bei den Angloamerikanern steigerte sich ihre tiefe Besorgnis um dieses Bollwerk derart, dass sie von den Eidgenossen den Kriegseintritt gegen das Großdeutsche Reich verlangten, um die wehrhafte „Alpenfestung“ mit Hilfe der vorzüglich ausgebildeten Schweizer Hochgebirgstruppen erobern zu können. Die Deutschen rechneten „bei der Schweizer Landesverteidigung [...] mit etwa fünfzigtausend unter den Waffen stehenden Milizsoldaten, außerdem einigen Reservejahrgängen“.[76]

Es war gerade dieses Wissen um die Leistungsfähigkeit und alpine Schlagkraft der schweizerischen Armee, die Hitler und seine Generale letztlich davon abhielten, einen Angriff auf dieses wehrhafte Befestigungssystem im Herzen der „Festung Europa“ zu unternehmen. Denn „Guisan erfasste das Dritte Reich frühzeitig als potentiellen Gegner und traf deshalb als General stärkere Vorkehrungen gegen Norden als gegen Westen“[77], obwohl sich führende Politiker des Dritten Reiches für das „Bestehenbleiben der Schweiz“ eingesetzt hatten, da sich das Land als „Gold- und Geldwaschanlage“[78] bestens bewährt hatte. Hinter vorgehaltener Hand sagten daher einige einflussreiche Eidgenossen: „Hitler wird doch nicht so dumm sein und seinen eigenen Goldtresor überfallen.“[79]

Wenn der Führer und Oberste Befehlshaber der Wehrmacht der Schweiz schon nicht ohne allzu großes Risiko habhaft werden konnte, so sollten die Eidgenossen doch wenigstens den deutschen Einschließungsring so hautnah wie nur irgend möglich zu spüren bekommen, um sie in gewisser Hinsicht gefügig zu machen. Daher wurden während des Krieges nicht weniger als zweiundzwanzig Divisionen im Vorland der Schweiz sowie deutsche Gebirgstruppen und Hochgebirgsjäger im grenznahen Raum in Südfrankreich stationiert. So war neben der 1. Gebirgsdivision des Generals Ludwig Kübler auch die 6. Gebirgsdivision des Generals Ferdinand Schörner für einen Einsatz gegen die Schweiz vorgesehen. Letztere wurde in den Raum Pontarlier verlegt und mit Teilen in Maison Du Bois in der Nähe der Schweizer Grenze untergebracht.

Bei der Umgliederung des Ersatzheeres im Herbst 1942 wurde unter anderem auch die 157. Reservedivision des Münchner Wehrkreises VII nach Südfrankreich verlegt und nach einer entsprechenden Umgliederung, Ausrüstung und Ausbildung, die vorerst sehr zu wünschen übrig ließen, zunächst in 157. Gebirgsdivision und später in 8. Gebirgsdivision umbenannt. Dem Generalkommando LXIV. Reservekorps unterstellt, lag sie anfangs als Besatzungs- und Ausbildungsdivision in den französischen Departements Isère, Haute Alpes, Savoie und Haute Savoie. Damit hatte es die Gebirgsjäger in eine der eindrucksvollsten Bergregionen der Alpen verschlagen, nämlich in Sichtweite des fast fünftausend Meter hohen Mont-Blanc-Massivs. Im September 1943 wurde dieser Gebirgsgroßverband im Raum Grenoble – Savoyen zur Entwaffnung der italienischen Verbände herangezogen. Sein Einsatzraum erstreckte sich teilweise sogar bis in das italienische Aosta- und Susatal.

Neben der 157. Reserve(Gebirgs)division wurden zur Durchführung des Falles „Achse" im Bereich der 19. Armee unter dem Oberbefehl des Generals der Infanterie Georg von Sodenstern auch noch die 356. Infanteriedivision, die 715. Infanteriedivision, die Panzergrenadierdivision „Feldherrnhalle" sowie Teile der 2. Fliegerdivision, Einheiten der Marine in Toulon, das Polizeiregiment „Todt" und die Eisenbahnpanzerzüge 22 und 25 herangezogen. Im Großen und Ganzen verlief diese Entwaffnungsaktion reibungslos. „Am frühen Morgen des 9. September glaubte Sodenstern bereits, dass von den italienischen Truppen ernsthafter Widerstand nicht mehr zu erwarten sein würde", denn die „Demoralisierung" der 4. Armee habe „zur völligen Untergrabung jeder Widerstandskraft geführt".[80] So hatte die 715. Infanteriedivision am 10. September insgesamt vierhundertsiebenundachtzig italienische Offiziere und zehntausendvierhundert Mann gefangengenommen. Bei der Panzergrenadierdivision „Feldherrnhalle" waren bis dato zwanzig Offiziere und siebenhundertvierzig Mann, bei der 356. Infanteriedivision im Küstenbereich rund dreiundzwanzigtausend italienische Kriegsgefangene. Von der 157. Reserve(Gebirgs)division wurden am 10. September zweihundertachtundvierzig gefangene Offiziere und 5.772 Mann gemeldet. „Die Gesamtzahl der beim Armeeoberkommando 19 entwaffneten und zunächst in die Kriegsgefangenschaft abgeführten italienischen Soldaten stieg bis Ende September sogar noch auf 58.722 an. Unter diesen befanden sich 2.733 Offiziere."[81]

Von Tag zu Tag näherten sich nun die apokalyptischen Reiter der Kriegswirren, die die Invasion der Alliierten auf dem europäischen Kontinent angestachelt hatten, mehr und mehr den französischen Westalpen. Richtig kam diese Front allerdings erst nach der Landung der Westmächte in Südfrankreich am 15. August 1944 in Bewegung. Rund vierhundertfünfzigtausend alliierte Soldaten, fünftausend Flugzeuge und zweitausend Transportschiffe, unterstützt von fünf Schlachtschiffen, waren an dieser Operation beteiligt.

Sie führte nicht nur zur Errichtung einer zweiten Front im Westen, sie bewies auch recht eindrucksvoll, zu welchen massiven Schlägen die Westmächte, insbesondere die Vereinigten Staaten von Amerika, trotz der schweren Kämpfe in Westfrankreich, Italien und im Pazifik noch fähig waren. Nur zwei Wochen später war die französisch-italienische Grenze erreicht; Toulon, Marseille und andere Städte erobert und das Tal der Rhône bis Dijon besetzt.

In den Strudel dieser kriegerischen Ereignisse wurde auch die 157. Reserve(Gebirgs)division hineingerissen, die sich plötzlich überall den Partisanen-, Sabotage- und Kommandotrupps der französischen Résistance[82] erwehren musste. Durch die alliierte Landung an der Südküste Frankreichs und den Vorstoß der amerikanischen und französischen Streitkräfte nach Norden, war die Gebirgstruppe gezwungen, sich Ende August/Anfang September auf die Pässe der Westalpen zwischen dem Mont Blanc und dem Monte Viso zurückzuziehen.

Mit der alliierten Landung an der Mittelmeerküste wurden auch Norditalien und das italienisch-französische Alpengebiet zum Kriegsschauplatz. In weiser Voraussicht hatte das Oberkommando der Wehrmacht bereits Mitte 1944 Pläne für die Verteidigung dieser Gebiete Norditaliens und der Hochgebirgsfront ausgearbeitet. Dabei wurden unter anderem jene vier italienischen Divisionen berücksichtigt, die Mussolini nach seiner Befreiung in Deutschland zur Wiederaufhahme des Kampfes an der Seite des deutschen Achsenpartners gegen die Angloamerikaner aufstellen ließ – und zwar die 1. Bersaglieridivision „L'Italia" mit vierzehntausend Mann auf dem Truppenübungsplatz Heuberg, die 2. Infanteriedivision „Littorio" mit achtzehntausendfünfhundert Mann im Sennelager bei Paderborn, die 3. Marineinfanteriedivision „San Marco" mit vierzehntausend Mann in Grafenwöhr und die 4. Alpinidivision „Monte Rosa" mit neunzehntausend Mann in Münsingen.

Exkurs 2: Die Mussolinidivisionen

Nach dem Frontwechsel schied die italienische Armee als militärischer Machtfaktor aus, denn „die meisten Italiener ließen sich als Gefangene oder Bautruppen abführen".[83] König Viktor Emanuel III. und Marschall Badoglio hatten mit ihrem Ausscheiden aus dem Bündnis Berlin-Rom dem Land den ersehnten Frieden nicht gebracht. Im Gegenteil: Italien war nun Kriegsschauplatz mit allen nur erdenklichen Konsequenzen geworden. „Über 1.388.800 Italiener waren in fremdem Gewahrsam (630.000 in deutscher, 411.970 in britischer, 122.651 in amerikanischer und 50.000 in sowjetischer Gefangenschaft), 106.000 wurden vermisst, mehr als 65.000 von den Franzosen zur Zwangsarbeit nach Nordafrika gebracht. Alliierten Bombenangriffen fielen 67.678 Menschen zum Opfer."[84] Die Apenninenhalbinsel war von nun an in zwei feindliche Gebiete geteilt; das eine kontrollierten die Alliierten, das andere die Deutschen.

Am 23. September 1943 kehrte Mussolini, für den Hitler „persönliche Freundschaft empfand und mit dem faschistischen Regime durch Sympathie verbunden war",[85] nach Oberitalien zurück. Im Oktober musste Italien bekanntlich Triest, Istrien, Südtirol, Trient und Laibach an Deutschland abtreten. Aus den verbliebenen Gebieten nördlich des Po gründete Mussolini im November 1943 die „Repubblica Sociale Italiana" (RSI). Es war ein Staat, der nur sechshundert Tage existieren sollte und Hitler auf Gedeih und Verderb ausgeliefert war, denn sogenannte „Ratgeber" der Deutschen regierten mit. „Die wichtigsten Entscheidungen in Mussolinis Republik wurden nicht in seinem Amtssitz in Gargano gefällt, sondern liefen über die SS und das Oberkommando Südwest und G[eneralfeldmarschall] Kesselring bis hin ins Führerhauptquartier nach Rastenburg."[86]

Mussolini forderte, dass das republikanische Italien den Kampf an der Seite der Deutschen Wehrmacht wieder aufnehme, denn nichts interessierte den Duce „seit seinem Entschluss, den Staat von Salò zu gründen, mehr als die Aufstellung einer neuen nationalen faschistisch-republikanischen Streitmacht".[87] Der Kriegsminister der RSI, Marschall Rudolfo Graziani, der zur Übernahme seines Amtes regelrecht gedrängt werden musste, erkämpfte die Zustimmung des Duce, außerhalb der verhassten Miliz Streitkräfte aufzustellen. Am 13. Oktober 1943 verhandelte er hierüber im Führerhauptquartier.

Die Armee der RSI sollte an der Seite des bisherigen Achsenpartners den Abwehrkampf gegen die von Süditalien angreifenden Alliierten, auf deren Seite wiederum italienische Truppen des Marschalls Badoglio standen, führen. Im Verlauf der weiteren Kampfhandlungen hätte es also im schlimmsten Falle dazu kommen können, dass Soldaten der RSI gegen Landsleute aus dem Herrschaftsbereich des Königs aufeinander schössen. Das hätte einen Bürgerkrieg größeren Ausmaßes in Italien zur Folge gehabt. Dass dies nicht der Fall war, ist den deutschen Oberbefehlshabern zu verdanken, die sehr genau darauf achteten, dass nicht Italiener gegen Italiener in den Kampf zogen.[88]

Die Aufstellung der Armee der RSI war stets im Hinblick auf einen regulären Einsatz gegen die Alliierten geplant. Von einem Einsatz gegen Partisanen war nirgendwo die Rede. Am 16. Oktober 1943 unterzeichnete General Canevari im Führerhauptquartier ein Abkommen, das die Schaffung von vier Divisionen in einer Stärke von insgesamt zweiundfünfzigtausend Mann vorsah. „Das Abkommen bestimmte die Aufstellung von vier italienischen Divisionen zu fördern und dies auf nicht italienischem Boden und unter deutscher Führung nach deutschem Muster", lautet die entsprechende Eintragung im „Kriegstagebuch des Oberkommandos der Wehrmacht".[89] Dies entsprach zwar nicht den Wünschen Mussolinis, der seine Soldaten nicht im Reich ausgebildet sehen wollte, doch machtlos, wie er im Grunde genommen war, musste er sich den Anordnungen des Oberkommandos der Wehrmacht fügen.

Darüber hinaus kämpften bereits seit dem Herbst 1943 etwa sechstausend italienische Offiziere und Soldaten unter deutschem Kommando. Es handelte sich hier um Einheiten, die nach der Kapitulation Italiens freiwillig an der Seite des bisherigen Achsenpartners geblieben waren. Zunächst wurde „eine gemischte deutsch-italienische Kommission gebildet, die aus den internierten italienischen Einheiten ca. tausendzweihundert Offiziere und ca. viertausend Mann aussuchte, die als Kader für die Neuaufstellung Verwendung fanden".[90] Insgesamt konnten den Mussolinidivisionen aus den deutschen Internierungslagern rund zwölftausend Soldaten, „das sind zwei Prozent aller Militärinternierten, zugeführt werden; die übrigen weigerten sich".[91]

Die vier neuen italienischen Divisionen erhielten die klangvollen Namen „L'Italia", „Littorio", „San Marco" und „Monte Rosa". Als Aufstellungsorte war für jeweils eine Division das Sennelager bei Paderborn sowie die Truppenübungsplätze Grafenwöhr, Heuberg und Münsingen vorgesehen.

Im Januar 1944 wurde auf dem Truppenübungsplatz Heuberg der Aufstellungsstab zur besonderen Verwendung zusammengezogen. „Um Reibereien zu vermeiden, mussten zuerst die italienischen SS-Milizionäre nach Italien verlegt werden."[92] Diese – rund fünfzehntausend Mann – waren im September 1943 freiwillig in die Waffen-SS eingetreten, um ebenfalls an deutscher Seite gegen die Alliierten und Partisanen zu kämpfen. Der Aufsteilungsstab zur besonderen Verwendung „bestand aus deutschen Offizieren und Unteroffizieren, die den Auftrag erhielten, die italienischen Offiziere und Unteroffiziere der ehemaligen italienischen Wehrmacht in einer ‚Schnellbleiche' mit den deutschen Führungs- und Einsatzgrundsätzen vertraut zu machen, damit sie dann in Münsingen und Stetten als Ausbilder für die neuen Divisionen ihrer Landsleute eingesetzt werden konnten."[93]

Der Aufstellungsstab zur besonderen Verwendung/Gebirge war bereits am 15. November 1943 für die Alpinidivision „Monte Rosa" gebildet worden. „Dazu brauchte man zunächst die Ausbilder, italienische Offiziere und Unteroffiziere [...] Diese sollten nun in Deutschland als tragendes Gerippe der noch aufzustellenden vier Divisionen der neuen Armee dienen. Einstweilen hatte ein deutsches Ausbildungskommando aus ausgesuchten Offizieren und Unteroffizieren den teilweise wenig begeisterten ufficiali und sottufficiali beizubringen, wie man nach deutscher HDV (Heeresdienstvorschrift) Soldaten ausbildet."[94] Die Gebirgsausbildung für den Kader der 4. Alpinidivision wurde von November 1943 bis zum März 1944 vom Aufstellungsstab zur besonderen Verwendung/Gebirge in Münsingen durchgeführt. Das Begleitkommando wurde vom Generalkommando VII in München gestellt und stand unter der Befehlsgewalt des Gebirgsjägergenerals Egbert Picker. Da somit die personellen Voraussetzungen für die Ausbildung der Mannschaften geschaffen waren, konnte diese im März 1944 mit deutschen Instruktionen beginnen.

Die Alpinidivision „Monte Rosa" war folgendermaßen gegliedert: Das 1. Alpiniregiment umfasste die Regimentskommandokompanie, eine leichte Kolonne, eine Verbindungskompanie, die 101. Panzerjägerkompanie und einen Kanonenzug sowie die drei Alpinibataillone „Aosta", „Bassano" und „Intra" mit jeweils fünf Kompanien. Das 2. Alpiniregiment umfasste die Regimentskommandokompanie, eine Verbindungskompanie, eine leichte Kolonne, einen Kanonenzug und die 102. Panzerjägerkompanie sowie die drei Alpinibataillone „Brescia", „Morbegno" und „Tirano" mit je fünf Kompanien. Das Gebirgsartillerieregiment umfasste die Regimentskommandobatterie, die drei Artilleriegruppen „Aosta", „Bergamo" und „Vicenza" sowie die bespannte Artillerie „Mantova". Das Ergänzungsbataillon „Ivrea" hatte seine Ausbildung schon in Münsingen abgeschlossen. Ab 15. Januar 1945 trat auch das Bataillon „Cadore", das in Italien ausgebildet worden war, zur Division. Eine Spähergruppe setzte sich aus Bersaglieri zusammen. Die Divisionsabteilungen bestanden aus einem Pionierbataillon, einem Verbindungsbataillon, einem Transportbataillon, den Sanitätern und der Intendantur.[95]

Nach vorangegangener Besichtigung durch einen deutschen General und als feldbrauchbar eingestuft, genehmigte Adolf Hitler am 4. Juli 1944 die Zuführung der 4. Alpinidivision „Monte Rosa" in die Operationszone „Alpenvorland" sowie in die Hochgebirgsfront. Am 16. Juli 1944 hatte Benito Mussolini mit dem Divisionskommandeur General Mario Carloni eine Parade seines Gebirgsgroßverbandes abgenommen. Dabei hielt er eine Rede, die, so der Mailänder Rechtsanwalt Falco Falconi, „die Abteilungen begeisterte".[96] Nach der Übergabe der Regimentsfahnen setzten sich die Alpini in den oberitalienischen Kampfraum in Marsch.

Jeder italienischen Kompanie wurden für den Einsatz ein deutscher Offizier, ein Unteroffizier und ein Dolmetscher zugeteilt. „Die Zusammenarbeit ließ aber zu wünschen übrig, da die italienischen Soldaten und Führer vom Kriege genug hatten. General Carloni [...] war eine Ausnahme. Aber seine Versuche, den Geist der Truppe zu heben, zeigten keinen großen Erfolg. Hin und wieder war er bei uns zu Gast. Jung, lebhaft und aktiv, wirkte er sympathisch. Seinem Wunsch aber, seine Division geschlossen zu verwenden, konnten wir nicht zustimmen." Denn, so General Feurstein, „gebrannte Kinder fürchten das Feuer".[97]

Dass die „Monte Rosa" von den vier aufgestellten Mussolinidivisionen dennoch den besten Ruf besaß, gründet sich sicher darauf, dass von den anderen Großverbänden eine sehr hohe Zahl an Deserteuren gemeldet wurde. „Von manchem Bataillon, das in Grafenwöhr eine Kampfstärke von siebenhundertfünfzig Mann darstellte, erreichten nur hundert Mann ihren Zielort!"[98] Die Soldaten sprangen nämlich vielerorts aus den Transportzügen, um sich dann in ihre Heimat durchzuschlagen.

Zu den Einsatzräumen der 4. Alpinidivision zählten die italienischen Regionen Piemont und Ligurien sowie die Front der Garfagnana. Die Mussolinidivisionen wurden nominell in der Armee „Ligurien" zusammengefasst. Diese wurde am 31. Juli 1944 als gemischte deutsch-italienische Kommandobehörde aus dem Stab der Armeeabteilung von Zangen (Generalkommando LXXXVII. Armeekorps) in Norditalien gebildet. Aufgrund der Unterstellung der 14. Armee von November 1944 bis Februar 1945 wurde sie auch als Armeegruppe „Ligurien" bezeichnet. Ihr Oberbefehlshaber war der weißhaarige Marschall von Italien, Rudolfo Graziani, aus dem Abessinienkrieg. Er war ja zugleich auch Kriegsminister. Die Armee bestand aus einem deutschen und einem italienischen Armeekorps. Kommandierender General des deutschen LXXV. Armeekorps war der am 9. November 1944 zum General der Gebirgstruppe beförderte Hans Schlemmer. Er verfügte zunächst über die 157. Gebirgsdivision des Generalleutnants Paul Schricker und dann über die 5. Gebirgsdivision unter Generalleutnant Max Schrank mit den beiden ihr unterstellten Hochgebirgssonderverbänden, und zwar dem Hochgebirgsjägerbataillon 3 und dem Gebirgsjägerbataillon Mittenwald, sowie über die 34. Infanteriedivision unter Generalleutnant Theobald Lieb, dem „Löwen von Tscherkassy". Kommandierender General des italienischen Korps „Lombardia" war General Agosti. Seine beiden Divisionen „Monte Rosa" und „Littono" waren für Angriffshandlungen und extreme Gefechtsbedingungen jedoch nicht voll geeignet. Die 1. Bersaglieridivision „L'Italia" des Generals Menardi war nach Aussage von General Feurstein „nur teilweise bewaffnet und äußerst unbeweglich. Da sie nicht einmal über Fahrküchen verfügte, mussten sich die Soldaten bei der Bevölkerung Töpfe ausleihen. Dabei standen sie bei ihren Landsleuten in dem Ruf, Kriegsverlängerer zu sein und fanden nur zögernd Hilfsbereitschaft."[99]

Unterstellt war die Armee „Ligurien" dem Oberbefehlshaber Südwest, Generaloberst Heinrich von Vietinghoff, genannt Scheel. Generalleutnant Hans Röttiger war Chef des Generalstabes. Diese Armee hatte vor allem die Aufgabe, „eine alliierte Landung an der Küste Nordwestitaliens oder einen alliierten Angriff aus Frankreich über die Alpenpässe abzuwehren. Sie wurde deshalb im Alpengebiet auf der Linie Ventimiglia – St.-Bernhardpass und im Küstengebiet von Genua und La Spezia gruppiert. In erster Linie sollte die Armeegruppe nicht die Partisanen bekämpfen, sondern eine Invasion abwehren – diesen Gedanken verfocht Graziani hartnäckig in seinem Prozess nach dem Krieg. In Wirklichkeit war diese Unterscheidung bedeutungslos, da natürlich eine alliierte Invasion nur dann zurückgeschlagen werden konnte, wenn die inneren Verbindungslinien gegen Partisanentätigkeit gesichert waren. Da die speziellen Vorkehrungen, die Mussolini nun schon zweimal zu diesem Zweck getroffen hatte, völlig fehlgeschlagen waren, konnte es nicht ausbleiben, dass Einheiten von Grazianis Armee im ganzen Gebiet gegen die Rebellen eingesetzt wurden."[100]

Bis Anfang August 1944 traf sowohl die 3. Marineinfanteriedivision „San Marco" als auch die 4. Alpinidivision „Monte Rosa" an der ligurischen Küste ein. Dort wurden sie zu deren Schutz gegen die erwartete alliierte Landung eingesetzt. Am 3. August übernahm Marschall Graziani den Befehl über die bisherige Armeeabteilung von Zangen, die nun die Bezeichnung Armee/Armeegruppe „Ligurien" erhielt. Für das bereits genannte neu aufgestellte deutsch-italienische Generalkommando wurde am 25. August 1944 die Bezeichnung „Lombardia" genehmigt. Als in der zweiten Augusthälfte bei der 3. Marineinfanteriedivision „San Marco" viele Deserteure zu verzeichnen waren, griff der italienische Marschall hart durch, sodass sich die Moral der Truppe wieder besserte. Die Alpinidivision erwies sich diesbezüglich von vornherein als wesentlich stabiler.

„In einer am 26. Dezember 1944 erstellten Beurteilung der Lage", heißt es im „Kriegstagebuch des Oberkommandos der Wehrmacht", „stellte der Oberbefehlshaber Südwest fest, dass sich die italienischen Divisionen inzwischen gefestigt hätten, dass sie jedoch nicht höher bewertet werden könnten als die ehemaligen; den Anforderungen eines Großkampfes seien sie sicherlich nicht gewachsen."[101]

Am 25. Januar 1945 besuchte Mussolini, dessen Deckname bei diesem Truppenbesuch „Wieland" lautete, seine Verbände zum letzten Male im Fronteinsatz. Dabei kam es zu einer Begegnung mit dem General Carloni und Teilen seiner 4. Alpinidivision in Pontremoli. „Der Duce drängte im Januar auf den Einsatz der ital[ienischen] Div[ision]en", vermerkt das „Kriegstagebuch des Oberkommandos der Wehrmacht". „Da die 4. ital[ienische] Geb[irgsdivision] und Teile der 2. ital[ienischen] Inf[anteriedivision] bereits an ruhigen Abschnitten der Hauptfront eingesetzt waren und für Kampffronten nicht in Betracht kamen, wurde keine Veränderung vorgenommen. Die Amtsgruppe Ausland wurde am 25. Januar angewiesen, den Duce in diesem Sinne zu informieren. Am 5. Februar wurde die inzwischen vorgezogene 1. ital[ienische] Div[ision] im Secchiotal angegriffen, wobei sie versagte. Am 19. Februar wurde befohlen, die ital[ienischen] Div[ision]en nicht unter sich zu mischen, wohl aber mit deutschen Verbänden zu durchsetzen, da die letzten Wochen ihren geringen Kampfwert bestätigt hätten."[102]

Unter dem 22. Februar 1945 vermerkt das „Kriegstagebuch des Oberkommandos der Wehrmacht" den Einsatz der Alpinidivision „Monte Rosa" an der Westküste. In den folgenden zwei Monaten steigerten sich die Angriffe der Alliierten derart heftig, dass die deutschen und italienischen Verbände nach Norden zur Hochgebirgsfront der „Alpenstellung" gedrängt wurden. Am 23. April wurden schwerste, für beide Teile verlustreiche Kämpfe gemeldet und am 1. Mai 1945, dass sich die Divisionen weiter nordwärts zurückzogen und sich „fortgesetzter Angriffe überlegener feindlicher Kräfte erwehrten". Mehr noch: Sie „zerschlagen kommunistisch-terroristische Gruppen, die ihnen den Rückzug abzuschneiden versuchten."[103]

Am 24. April stellte Marschall Graziani im Einvernehmen mit Generalleutnant Pemsel, seinem deutschen Verbindungsoffizier, die Verteidigungsunfähigkeit der deutsch-italienischen Verbände fest. Damit war das Kriegsende in Sicht. Am 27. April 1945 geriet der italienische Marschall in Gefangenschaft. Der deutsche General übergab die Verbände am 29. April der US-Armee.

3. Von der Operationszone „Nordwestalpen“ zur „Westalpenstellung“

Die mächtige Felsenburg der Westalpen, genauer gesagt die französisch-italienische Alpengrenze, hat als Front erst in dem Moment eine Bedeutung erlangt, nachdem die Amerikaner am 15. August 1944 von Neapel aus an der Riviera gelandet waren und die deutschen Besatzungstruppen über die Grenze zurückgedrängt hatten, wo sie die „Westalpenstellung“ bezogen. Sie verlief entlang der französisch-italienischen Grenze von der Schweiz bis hinunter zur italienischen Riviera. Davon hatte die 5. Gebirgsdivision einen etwa zweihundertfünfzig Kilometer langen Frontabschnitt vom Großen und Kleinen St. Bernhard über die Pässe Mont Cenis und Montgenèvre bis zum Monte Viso zu verteidigen. Im Anschluss daran lag die 34. Infanteriedivision bis zum Golf von Genua. Die Verteidigung der „Westalpenstellung“ war deshalb so wichtig, weil ein gegnerischer Vorstoß in das Turiner Becken die deutsche Front in Norditalien, die man an den Nordausläufern des Apennin nur mühsam wieder aufgebaut hatte, von rückwärts zum Einsturz gebracht hätte.

Vier große, während der Sommermonate von motorisierten Fahrzeugen aller Art gut befahrbare Pässe führen von Südfrankreich über die Westalpen in das Turiner Becken und dann weiter in die italienische Po-Ebene. Es sind dies von Norden nach Süden der Kleine St. Bernhard (2.188 Meter), der Col du Mont Cenis (2.083 Meter), der Col de Montgenèvre (1.834 Meter) und der Col de Maddalena (1.997 Meter). Das Gebiet, das südlich des Tendapasses (1.908 Meter) liegt, befand sich im Herbst 1944 noch in deutscher Hand. Wenn es nur darum gegangen wäre, diese vier strategisch bedeutenden Hochgebirgspässe zu sperren, um den Alliierten den Vormarsch von Südfrankreich in das westliche Oberitalien zu stoppen, so wäre diese Aufgabe noch relativ leicht zu lösen gewesen. Doch es gab noch zahlreiche, von beiden Seiten auch für Karren befahrbare oder für Tragtiere begehbare Saumpfade, die den Übergang von Frankreich nach Italien ermöglichten.

Um das zu verhindern, sperrten die Deutschen die französisch-italienischen Alpenpässe und bauten eine über vierhundert Kilometer lange Abwehrfront zwischen dem Mont Blanc und dem Mittelmeer im Operationsbereich der Armee „Ligurien“ auf. Über die Alpenfront und die Sicherung der wildromantischen ligurischen Küste enthält das „Kriegstagebuch des Oberkommandos der Wehrmacht“ einen Bericht. Aus ihm erfahren wir einiges über die Planungen und Einsätze der hierzu herangezogenen Armeekorps, Divisionen und Gebirgstruppen.

„Bereits am 2. Juni hatte der Führer im Hinblick auf die Möglichkeit der Landungen in Ligurien und in Südfrankreich gefordert, dass der Zustand und die Verteidigungsfähigkeit der französ[ischen] Befestigungen an der ital[ienischen] Grenze nachgeprüft werden sollten“, heißt es dort einleitend.

„Verwaltungsmäßig war nicht viel zu ändern, da auf dem Papier bereits die ‚Operationszone Nordwestalpen‘ bestand, in der Maßnahmen ergriffen werden konnten, ohne die ital[ienische] Regierung zu befragen. Nunmehr wurde der Teil an der französ[ischen] Grenze zur Operationszone erklärt, was praktisch keinen Einschnitt bedeutete. Der Antrag des Oberbefehlshabers Südwest, diese Zone bis Turin zu erweitern, wurde abgelehnt, da dies nur eine Belastung der Armee Ligurien bedeutet haben würde. [...]

Da die 148. Res[ervedivision], die den Raum von Cannes verteidigt hatte, vom Feinde wenig bedrängt wurde, konnte sie ihr Material bergen und sich planmäßig absetzen. Bis Anfang September war sie in den Südabschnitt der Alpenstellung und den dazugehörigen Küstenstreifen eingezogen. Nicht so einfach gestaltete sich die Bewegung der 157. Res[ervedivision], die ja in den Kämpfen Verluste hatte und der der Weg erst geöffnet werden musste. Doch gelang es, auch sie in den für sie vorgesehenen Abschnitt zurückzuführen.

Dem nachdrängenden Feind gelang es zwar, an einzelnen Stellen in die Zone der Grenzbefestigungen einzubrechen, doch konnte er hier aufgefangen und stellenweise auch wieder zurückgedrängt werden. Anfang September waren bis auf Bourg alle französ[ischen] und ital[ienischen] Grenzbefestigungen in eigener Hand. Da dann im Laufe des Septembers die Temperatur schnell sank und Schnee fiel, waren größere Operationen nicht mehr zu erwarten. Es zeigte sich denn auch, dass der Feind sich auf Geplänkel und einzelne Vorstöße beschränkte. Deshalb konnte von der Mitte des Monats an die neue Front als aufgebaut und nicht unmittelbar bedroht angesehen werden. Ihr Nachteil war, dass sie Kräfte band und vom Frühjahr an ein noch größerer Einsatz ins Auge gefasst werden musste."[104]

Der gemischten deutsch-italienischen Armee „Ligurien" unterstand von August bis Dezember 1944 auch die disloziert [räumlich verteilt] untergebrachte 157. Gebirgsdivision, die in Südfrankreich noch der 19. Armee angehörte. Jetzt wurde sie für den Gebirgskrieg dem LXXV. Armeekorps des Generals Schlemmer zugeführt. Folgerichtig lautete daher der nächste Marschbefehl für ihren Kommandeur Schricker: Hinauf zu den Hochgebirgspässen der Westalpen und in die Eisregionen des Mont-Blanc-Gebietes, um dem Gegner dort in luftiger Höhe Paroli bieten zu können. Der Gefechtsstand der 157. Gebirgsdivision befand sich in Rivarol, rund fünfundzwanzig Kilometer nördlich von Turin. Sie lehnte sich mit ihrem rechten Flügel unmittelbar an die italienisch-schweizerische Grenze an. Linker Nachbar war die 5. Gebirgsdivision. Ihr Auftrag lautete:

„1. Ein Vordringen des Feindes über die Pässe und Übergänge in ihrem Abschnitt, insbesondere über den Kleinen St. Bernhard und den Mt. Cenis unter allen Umständen zu verhindern.
2. Die Schweizer Grenze zu sperren. Dabei waren Neutralitätsverletzungen auf jeden Fall zu vermeiden.
3. Neben diesen taktischen Aufträgen bestand der organisatorische Auftrag, die Division aus einer Reservedivision, die sich aus den einzelnen Ausbildungseinheiten zusammensetzte, in eine voll kampfkräftige Gebirgsdivision umzuwandeln."[105]

Aufgrund seiner vielfältigen Erfahrungen, die er auf dem Balkan, am Eismeer und im Hochkaukasus gesammelt hatte, bereitete Schricker seine Regimenter, Abteilungen und Bataillone den Umständen entsprechend für den bevorstehenden Gebirgskrieg in den Westalpen vom Mont-Blanc-Massiv bis südlich des Mont Cenis vor. Zielstrebig nutzte man die wenigen zur Verfügung stehenden Tage, um aus der Division nicht nur einen gebirgs-, sondern auch einen hochgebirgstauglichen Großverband zu formen, denn der „Besitz des Alpenkammes – im allgemeinen der Grenzstellung" war, so Generalfeldmarschall Kesselring in seinen Erinnerungen, „entscheidend für die Folgeoperationen im Nordwestteil Oberitaliens".[106]

Mit dem Einrücken des I. Bataillon/Reservegebirgsjägerregiments 98 in die Hochgebirgsstellungen waren alle bedeutenden Übergänge im Raum von Bardonecchia, die dem Feind ein überraschendes Überschreiten des Grenzkammes ermöglichen konnten, durch deutsche Truppen gesperrt worden. Am 15. September 1944 konnte die 157. Gebirgsdivision an das LXXV. Armeekorps melden, dass sämtliche wichtigen Pässe und Übergänge im Divisionsabschnitt besetzt seien. Alle Versuche des Gegners, die er noch nach dem 15. September unternahm, um die Hochgebirgspässe zu erobern, wurden von der deutschen Gebirgstruppe abgewiesen. Mehr noch: Die „Blumenteufel" konnten ihrerseits schon sehr bald zu kleinen Angriffsunternehmungen, die allesamt erfolgreich verliefen, übergehen. Spätere Versuche des Feindes, über den Col du Mont südlich des Kleinen St. Bernhard in das Valgrisanche Tal einzudringen und dadurch von Süden her die deutschen Stellungen am Kleinen St. Bernhard zu Fall zu bringen, wurden durch eine Aufkiärungsabteilung des Regiments „Brandenburg" nach schweren Kämpfen vereitelt.[107]

„An der Alpenfront waren Ende Oktober (von der Küste aus) eine ital[ienische] Div[ision] mit Teilen der 148. Res[ervedivision], die 34. Inf[anteriedivision], ein Hochgebirgs[bataillon], die 5. Geb[irgsdivision] und die 157. Res[ervedivision] [Richtig: 157. Gebirgsdivision], also vier Div[ision]en eingesetzt, was angesichts der Schneeverhältnisse als ausreichend angesehen werden konnte", heißt es im „Kriegstagebuch des Oberkommandos der Wehrmacht". „Als gänzlich unzulänglich musste jedoch die Besetzung der ligurischen Küste bezeichnet werden. Aber dieses Risiko wurde bewusst gelaufen, um Schwerpunkte an den unmittelbar bedrohten Stellen bilden zukönnen [...] Anfang November wurde hinter der 4. ital[ienische] Div[ision] [Richtig: 4. Alpinidivision „Monte Rosa"] noch die Hochgebirgsschule Mittenwald eingesetzt. Außerdem wurde auf dem rechten Flügel als Ersatz für die 42. Jägerdiv[ision] die 148. Res[ervedivision] herangezogen [...]"[108]

Das im Kriegstagebuch des Oberkommandos der Wehrmacht erwähnte Hochgebirgsjägerbataillon war das vierte dieser Art. Es wurde am 20. November 1943 aus dem zweiten halben I. Bataillon/Gebirgsjägerregiment 98 aufgestellt, im Wehrkreis XVIII umgebildet und zunächst als Heerestruppe bei der 10. Armee – unter anderem bei Monte Cassino – und der 114. Jägerdivision eingesetzt. Ende Juli 1944 wurde „Hoch 4" im Eisenbahntransport an die ligurische Küste verlegt und wenig später in den Meeralpen eingesetzt – und zwar „vorerst zum Grenzschutz und damit auch zur Bekämpfung der in diesem Raum operierenden Maquis-Einheiten".[109]

Dort wurde im Oktober 1944 der Gebirgsjägerstab zur besonderen Verwendung „Meeralpen" beim Hochgebirgsjägerbataillon 4 aufgestellt und als Heerestruppe in Ligurien eingesetzt. Daneben wurde seit Dezember 1944 mit anderer Feldpostnummer ein Regimentsstab „Meeralpen" aufgestellt, aus dem durch das herangeführte Gebirgsjägerlehrbataillon „Mittenwald" und „Hoch 4" schließlich das Gebirgsjägerregiment „Meeralpen" gebildet wurde. Nach dieser Umgliederungsphase bezog das Hochgebirgsjägerbataillon 4 in den Seealpen Gebirgsstellungen, wo es in Höhen zwischen zwei- und dreitausend Metern nach langer Zeit wieder entsprechend seiner alpinen Ausbildung und taktischen Erfahrung eingesetzt wurde.[110]

„Der Winter hat oben in den Bergen mit solcher Macht eingesetzt, dass dadurch Bewegungen größeren Umfangs fast unmöglich sind", lautet die Kriegstagebucheintragung am 8. Oktober 1944. „Überall tiefer Schnee, Schneeverwehungen [...] Lawinen gehen zu Tal. Am Madone de Fenestre in 2.264 Metern Höhe werden Angehörige der 3. K[ompanie] in den Schneemassen vermisst. Da das Räumen der Straßen und der Nachschub durch die Tragtiere nicht mehr möglich ist, müssen die Gebirgssoldaten selbst in langen schwierigen Märschen dafür sorgen, dass genügend Proviant, Munition und sonst notwendiges Material wie zum Beispiel Brennmaterial zu den Stellungen gebracht werden. Zum Glück sind diese Stellungen aber alle soweit ausgebaut, dass die großen Schneemassen dortselbst wenig Behinderungen bringen."[111]

Der Einbruch des Winters vereitelte nun größere Kampfhandlungen an den schwindelerregenden, meist über zweitausend Meter hoch gelegenen Stellungen. Der Kampf mit den Naturgewalten setzte Anfang November ein und wurde Dank des selbstlosen Einsatzes aller Kampfverbände einschließlich der Nachschubeinheiten erfolgreich durchgestanden. Im „Kriegstagebuch des Oberkommandos der Wehrmacht" finden wir über die „Westalpenstellung" und die Sicherung der ligurischen Küste noch eine weitere interessante Eintragung:

„Die Verteidigung der Westalpen", heißt es dort, „machte keine Schwierigkeiten, da der Schnee nur örtliche Unternehmungen zuließ. Er erschwerte allerdings die eigene Versorgung; es konnte nicht verhindert werden, dass gelegentliche Schwierigkeiten in der rechtzeitigen Zuführung der Verpflegung auftraten. Außerdem verursachten niedergehende Lawinen Verluste. Am 9. November sprach sich der W[ehrmachtführungs]Stab für die Absicht des O[berbefehlshaber] Südwest aus, nach Abzug der 44. Reichs[grenadierdivision] in den Osten die 157. Res[ervedivision] [Richtig: 157. Gebirgsdivision] als Reserve aus der Alpenfront herauszuziehen und sie an dieser ruhigen Front durch die 2. ital[ienischen] Inf[anteriedivision] [Richtig: 2. Infanteriedivision „Littorio"] abzulösen. Dies wurde am 10. November mit der Einschränkung genehmigt, dass deren Durchsetzung mit deutschen Verbänden gewährleistet sein müsse und in Anlehnung an die Schweizer Grenze ein deutsches Bataillon eingesetzt blieb, um Überlaufen zu verhindern (dass dies nach vorn geschah, konnte nicht unterbunden werden). Nachdem achtzehn Mann der Div[ision] zum Feinde übergelaufen waren, unternahm dieser am 21. Dezember einen Vorstoß an der vorerst ruhigen Front, der abgewiesen wurde. Am 30. Dezember wurde ein ital[ienischer] Stützpunkt mit einem Off[izier] und achtzehn Mann ausgehoben; von deutschen Kräften wurde er zurückgenommen."[112]

Die Umwandlung der ehemaligen 157. Reservedivision in eine voll kampffähige Gebirgsdivision machte in den Monaten September bis Oktober trotz des Fronteinsatzes im Hochgebirge erkennbare Fortschritte. Daher wurde der Großverband nach einer teilweisen Ablösung durch die 5. Gebirgsdivision ab Anfang Dezember 1944 kurzzeitig herausgezogen. Diese war sowohl für einen Großkampf als auch für den Gebirgskrieg voll geeignet. Sie befand sich mit siebzehntausend Mann auf voller Kriegsstärke. Da sie weiterhin die ganze Kriegsausrüstung besaß, war sie wohl einer der letzten voll kampffähigen Divisionsverbände der Deutschen Wehrmacht. „Es mag kommen was will", so der General der Gebirgstruppe Julius Ringel, „dort, wo Ihr steht und kämpft, gibt es nur einen Reim auf das Wort ‚Krieg', und der heißt ‚Sieg!'". Mit diesen markigen Worten motivierte der langjährige Kommandeur der „Gams"-Division nochmals seine alten Kameraden vor dem langen und beschwerlichen Hochgebirgswinter.[113] Für die Divisionsführung gab es jedoch ein schwerwiegendes Problem – und zwar

„eine überfordernde Frontbreite mit zu wenig Truppen in hochalpinem Gelände mit seinen Witterungs- und Versorgungsschwierigkeiten. Siebzehntausend Mann, sechstausend Pferde und Muli mussten versorgt, eintausend Fahrzeuge gewartet werden."[114]

Als die 5. Gebirgsdivision mit ihren ersten Truppenteilen Anfang September 1944 im Raum südwestlich von Turin eintraf, sicherte am Kleinen St. Bernhard, am Pass Mont Cenis sowie an den in das Becken von Bardonecchia führenden kleinen Pässen noch die 157. Gebirgsdivision. Es galt also für die „Fünfte", die die Lücke zwischen der 157. Gebirgs- und 34. Infanteriedivision decken sollte, zunächst mit den vorhandenen Kräften Sicherungen am Pass Montgenèvre, am Maddalenapass und an den in das obere Potal führenden Übergängen aufzubauen. Hierzu wurden vier Kampfgruppen gebildet.

„Zwischen Kleinem St. Bernhard und dem Susatal liegt die grandiose Bergwelt mit Gipfeln über dreitausend Meter des Gran Paradiso auf einer Frontbreite von etwa fünfundsiebzig Kilometern. Dieser Teil musste infolge Mangel an Kräften, Nachschubschwierigkeiten, Ungangbarkeit von der Division ausgespart werden. Die wenigen routinemäßigen Aufklärungstrupps konnten naturgemäß das große Gebiet nicht unter Kontrolle halten." So schilderte der letzte Kommandeur der 5. Gebirgsdivision die Lage in der „Westalpenstellung" und fuhr dann fort: Es „entstand in diesem Gebiet bald ein Schlupfwinkel der italienischen Partisanen. Größere Übergänge, die die Franzosen zu einem Vorstoß in das Turiner Becken nutzen konnten, waren nicht vorhanden. Doch war es der Umschlagplatz im kleinen Grenzverkehr von West nach Ost. Agenten gingen hinüber und herüber. Sie brachten Meldungen und Lageberichte. Die Alliierten setzen ihre Fallschirmspringer, warfen Munition, Waffen und Gerät ab. Der Gran Paradiso wurde ein ‚Paradies' für die italienischen Partisanen, die wohlorganisiert waren."[115]

Schneller als erwartet wurden die theoretischen Kenntnisse eines Tages in die Praxis umgesetzt, als die Truppe auch für Einsätze gegen die italienischen Partisanen herangezogen wurde. Denn im oberitalienischen Hinterland gärte es schon lange, nachdem der italienische General Raffaele Cadorna, ein Sohn des Marschalls Graf Luigi Cadorna, nach dem Vorbild des italienischen Freiheitskämpfers Garibaldi Partisaneneinheiten aufgestellt hatte, um mit den sogenannten Garibaldibrigaden den großen nationalen Volksaufstand vorzubereiten. Auf Drängen der Angloamerikaner übernahm er den militärischen Oberbefehl über alle Partisanenverbände in Oberitalien. Am 6. Januar 1945 sandte Cadorna ein Schreiben an das Befreiungskomitee (CLNAI), in dem er Kritik an der Tendenz der Partisanen zu „Gewalttätigkeiten untereinander und gegenüber der Bevölkerung" übte. Den Führern bestimmter Einheiten warf er nicht nur „Händelsucht, Größenwahn sowie militärische Unfähigkeit" vor, sondern manche seien auch „Gauner und Straßenräuber".[116]

In den Sog dieser Bandentätigkeit wurden auch die Verteidiger der „Westalpenstellung" hineingerissen. Doch damit nicht genug: In Italien wurden allein in den Wintermonaten 1944/45 Tausende von deutschen Soldaten und rund dreihunderttausend Italiener – meist Männer, Frauen und Kinder – ein Opfer von heimtückischen Anschlägen, von grausamen Terrorkommandos und der blutigen Lynchjustiz sogenannter „Revolutionstribunale" der kommunistischen Partisanen. Aufgrund des immer aggressiver und subversiver werdenden Auftretens der italienischen Freischärler sah sich Generalfeldmarschall Kesselring, der die Anzahl der Partisanen auf der Apenninhalbinsel 1944 auf rund einhunderttausend schätzte, gezwungen, drakonische Befehle zu erlassen, für die er sich später vor einem alliierten Sondergericht zu verantworten hatte.[117]

Nach zahlreichen, zeitlich gestaffelten Ablösungen sah die Belegung der Einsatzräume der 5. Gebirgsdivision, die im Wesentlichen bis zum Frühjahr 1945 gleich geblieben ist, folgendermaßen aus:

1. Kampfgruppe Aosta: Italienisches Alpiniregiment 3 ohne I. Bataillon mit II. Bataillon/ Gebirgsjägerregiment 100, Divisionssturmkompanie und Teile Panzerjäger 85 unter besonderem Kampfgruppenkommandeur in Sala-Dora zur Verteidigung des Kleinen St. Bernhard und der Übergänge beiderseits des Mont Blanc (Turiner Hütte und Col de la Seigne). Außerdem Überwachung des Großen St. Bernhard, über den sich aus der Schweiz ein lebhafter Agentenverkehr entwickelt hatte.
2. Gebirgsjägerregiment 100 bezog Ende Oktober 1944 eine weiträumige Abwehrstellung beiderseits des Mont Cenis mit dem Regimentsstab in Bardonecchia, dem I. Bataillon am Frejustunnel, dem III. Bataillon am Mont Cenis und mit dem II. Bataillon – weit nach Norden abgesetzt – im Aostatal. Mit dem I. Bataillon des Alpiniregiment 3 und unterstellten Teilen Panzerjäger 85 wurde es zur Verteidigung entlang der Grenze von der Rocciamelone (3.538 Meter) über den Mont Cenis, die Begrenzungsberge des Kessels von Bardonecchia bis einschließlich Pas de l'Ours eingesetzt.
3. Gebirgsjägerregiment 85 mit unterstelltem italienischen I. Bataillon/Fallschirmregiment 3 („Folgere") und Teilen Panzerjäger 85 anschließend zur Verteidigung der durch den Mont Chaberton (3.136 Meter) und Punta Rascia (3.336 Meter) gebildeten Enge zwei Kilometer ostwärts der Passhöhe Montgenèvre und Col de Bousson (2.150 Meter), dann entlang der Begrenzungsberge nördlich und ostwärts von Abries bis einschließlich Col de la Croix (2.273 Meter).
4. Gebirgsfeldersatzbataillon 95 anschließend zur Verteidigung der Übergänge nördlich des Monte Viso (3.841 Meter) in das obere Tal des Po. Zwischen der Kampfgruppe Aosta und dem Gebirgsjägerregiment 100 befand sich eine Lücke in einer Länge von fünfundsiebzig Kilometern, die von den Partisanen beherrscht wurde.
5. Gebirgsartillerieregiment 95 unterstützte den Abwehrkampf der Gebirgsjägerregimenter 85 und 100 sowie des Gebirgsfeldersatzbataillons 95 mit allen Abteilungen und einer unterstellten Küstenartillerieabteilung. Zusätzlich wurden zahlreiche ortsfeste italienische Batterien von denjenigen des Gebirgsartillerieregiments 95 und den schweren Kompanien der Gebirgsjägerregimenter bedient. Im Bereich der Kampfgruppe Aosta war nur italienische Artillerie zum Einsatz gekommen.

Die Gebirgspioniere bereiteten die großen Straßen hinter der Front zur Sprengung vor. Die Gebirgsaufklärungsabteilung 85 und Teile der Panzerjäger 85 (Sturmgeschützkompanie) hielt die Division in Reserve. Der Divisionsgefechtsstand befand sich fünf Kilometer östlich von Susa in Bussoleno.

Während des Einsatzes der deutschen Gebirgstruppe in der „Westalpenstellung" kam es zwar nicht zu einem Kampf um den höchsten Gipfel Europas, den Mont Blanc, wohl aber zu Gefechten in den Regionen des ewigen Eises, um dem Gegner besonders strategisch günstig gelegene Hütten und Stützpunkte zu entreißen. Der höchste Winterkampf in Europa wurde im Oktober 1944 zwischen französischen Alpenjägern und deutschen Gebirgsjägern um die über dreitausenddreihundert Meter hoch gelegene Turiner Hütte ausgetragen. Nach dem Gefecht wurde die Hütte von den deutschen Eroberern als Stützpunkt und Unterkunft unbenutzbar gemacht. Ofen, Fenster und Türen wurden herausgerissen und in die gähnende Tiefe geworfen, sodass fortan nur mehr General Winter mit seinen Schneestürmen einen ungehinderten Zutritt hatte.

Währenddessen verlegte die 4. Alpinidivision „Monte Rosa" im September 1944 ihre Alpinibataillone „Tirano" und „Bassano" sowie die Gebirgsartilleriegruppe „Vicenza" in die „Westalpenstellung". Das Alpinibataillon „Tirano" lag von Rocca Clary über Clavière, die Rascià-Spitze und den Monte Gimont bis zum Chenaillet in Stellungen, die zwar sehr befestigt, aber dafür starkem gegnerischen Geschütz- und Mörserfeuer ausgesetzt waren. Die Alpini ersetzten Gebirgsjäger der 5. Gebirgsdivision. Taktisch wurden sie dem Gebirgsjägerregiment 85 unterstellt. Das Alpinibataillon „Bassano" besetzte Höhen zwischen zweitausendfünfhundert und zweitausendachthundert Metern – und zwar Agnello, St. Veran, Longet, Autaret und Maurin. Diese waren von französischen Maquis und Partisanen besetzt, wurden aber dann erobert und als Verteidigungsstellungen ausgebaut.[118]

Mitte Oktober kam es zu einem harten Kampfeinsatz. Französische Alpenjäger eroberten nach einem überraschenden Angriff das Fort Chenallier. Doch am 21. Oktober konnte es durch einen beherzten Gegenangriff der Alpini wieder eingenommen werden. Am 23. Dezember stürmte eine Patrouille von fünfundzwanzig Alpini und fünfundzwanzig Gebirgsjägern in die feindlichen Linien und sprengten die Befestigungen des Mont Janus in die Luft. Die Gebirgsartilleriegruppe „Vicenza" verlegte ihre Batterien zunächst auf die Höhe Maddalena, ins Tal des Rio du Pis und ins Purictal. Als die Pässe im Winter unbegehbar wurden, wurden die Batterien zurückverlegt. Während der langen Wintermonate erstarrte die Front auf beiden Seiten im Schnee, in Eis und Frost.[119]

Für den 16./17. Februar 1945 setzte die 5. Gebirgsdivision ein Unternehmen an, das die Bezeichnung „Himmelfahrt" trug. Im Frühjahr sollten von der zerstörten Turiner Hütte aus die feindlichen Stellungen im Handstreich weggenommen und dabei Gefangene eingebracht werden, „da", so der Kommandierende General Schlemmer, „von der Heeresgruppe ein Befehl vorlag, dass unter allen Umständen gewaltsame Unternehmen zum Zwecke, Gefangene zu machen, durchzuführen seien, um über die weiteren Absichten des Gegners Aufschluss zu erhalten."[120] Führer dieses unverantwortlichen Himmelfahrtskommandos wurde der Tapferkeitsoffizier Siegle, der Anfang 1945 zum Chef der Divisionssturmkompanie ernannt worden war. Trotz größtem Schneid und hervorragender alpiner Ausbildung scheiterte das aussichtslose Unternehmen. Hauptmann Siegle kam dabei unter mysteriösen Umständen ums Leben.

Zu weiteren Kampfhandlungen kam es in den Hochgebirgsregionen der Westalpen unter anderem noch um die Bergeshöhen Guglia Rossa (2.550 Meter) und Turra (2.808 Meter). Die schwersten Gefechte entwickelten sich im März 1945 um die den Mont Cenis beherrschenden Höhen sowie um den Pass selbst. Das Mont-Cenis-Plateau verteidigte das II. Bataillon des Gebirgsjägerregiments 100 unter seinem Kommandeur, dem Hauptmann Singer. Die 11. Kompanie hielt am rechten Flügel den Col du Chapeau; die 13. Kompanie schloss über die Pointe Ronce – La Tomba – 2.673 Meter – den Col de Mont Cenis, über die La Turra –

2.823 Meter – bis zum Punta Clairy, mit 3.170 Metern der höchste Gipfel, an. „Es sind nur kleine ausgesuchte, bergerprobte Gruppen von Gebirgsjägern, die mit einem Maschinengewehr, Handgranaten und Maschinenpistolen oben in der eisigen Dreitausender-Höhe Wacht halten."[121] Die 12. Kompanie verteidigte den Abschnitt Col de Sollières – Mont Froid – Col de Bellecombe. Im Umkreis des Hospizes lag der Bataillonsstab mit Teilen der 14. und 15. Kompanie, die vor allem für den Transport und die Versorgung eingesetzt wurden. Die I. Abteilung/Gebirgsartillerieregiment 95 deckte mit zwei Batterien Gebirgsgeschützen die Stellungen der Gebirgsjäger ab. Sechs italienische Langrohrfestungsgeschütze unterstützten aus ihren Kavernen heraus die Deutschen.

„Um die Monatswende März/April 1945 gehen beim Kommandeur der 5. Geb[irgsdivision] in Bussoleno beunruhigende Meldungen aus dem Mont-Cenis-Abschnitt ein", schildert Generalmajor Hans Steets, von Februar 1945 bis Kriegsende Kommandeur der „Gams"-Division, die Ausgangslage in der „Westalpenstellung". „Es werden häufige Bewegungen und Verschiebungen im Raum Landslebourg – Bramans gemeldet. Die Franzosen schieben Verstärkungen hinauf in das Dorf Le Planais, das dicht unterhalb des Mont Cenis liegt. Französische Aufklärungstrupps fühlen immer wieder gegen den großen Mont-Cenis-Pass, die La Turra, den Mont Froid, Col de Bellecombe und Kleinen Mont Cenis vor. [...] Die deutsche Artillerie zerhackt die Stellung auf dem Mont Froid. Die französischen Chasseurs haben keine Munition mehr. Am 12. April hissen sie die weiße Fahne. Siebenundsechzig französische Alpenjäger steigen hinab in das italienische Tal von Turin und werden im Kriegsgefangenenlager Rivaita, zwanzig Kilometer vor Turin, interniert. Die Kompanie Rohleder hatte zwölf Tote und zwanzig Verwundete. Kompaniechef und drei Zugführer sind ausgefallen."[122]

Marschall Graziani, der Oberbefehlshaber der Armee „Ligurien", dankte dem Kommandeur der 5. Gebirgsdivision mit den Worten: „Ich habe mit großem Interesse während dieser Tage die Phasen des harten Kampfes, der sich im Abschnitt des Mont Cenis abgewickelt hat, verfolgt. Indem ich Ihnen meine lebhafteste Freude über den glänzenden, durch die Führung der Kommandeure und die Tapferkeit der Truppen errungenen Erfolg ausdrücke, bitte ich Sie, mein aufrichtiges Lob und die Wünsche für immer neue Siege entgegenzunehmen."

Nachdem Ende März die Hochgebirgsfront im wesentlichen „ruhig verlief, unternahm der Gegner einzelne Vorstöße im Gebiet des Großen St. Bernhard", lautet eine Eintragung im „Kriegstagebuch des Oberkommandos der Wehrmacht".[123] Mitte April fassten die Franzosen in den Westalpen ihre drei Gebirgsdivisionen zu einer „Armée des Alpes" zusammen, um ihre Schlagkraft zu erhöhen. Dies bedeutete in der Tat für die schwache Armee „Ligurien" eine ernsthafte Gefahr. Eine weit größere entstand jedoch in dem Augenblick, als die alliierte Gegenoffensive beiderseits von Bologna begann.

Noch am selben Tag, dem 25. April 1945, erhielten die deutschen Divisionen daher in der „Westalpenstellung" den Befehl der Heeresgruppe, sich vom Gegner zu lösen. Der Kommandierende General des LXXV. Armeekorps ordnete nun den Abmarsch in zwei Marschkolonnen an: Die 5. Gebirgsdivision hatte sich entlang der Bernadinostraße über die Aosta zurückzuziehen. Die 34. Infanteriedivision (Generalleutnant Lieb) sollte mit der unterstellten 2. Infanteriedivision „Littorio" den Raum westlich von Turin erreichen. Die 5. Gebirgsdivision setzte sich unter Zurücklassung von Nachhuten in drei Marschsäulen ab – und zwar: die Kampfgruppe Aosta unter Oberst Stautner, die Kampfgruppe Mont Cenis unter Oberst Ernst und die Südgruppe unter Major Fett. Die übrigen Truppenteile wie Artillerie, Panzerabwehr, Aufklärung, Flak, Sturmgeschütze, Pioniere, Nachschub und Versorgungstruppen sowie die Einheiten der 4. Alpinidivision „Monte Rosa" waren den Regimentstruppen zugeteilt. Die Italiener zeigten in dieser Kriegsphase jedoch bereits Auflösungserscheinungen.

Wie eine Lawine setzten sich die Gebirgsjäger und Alpini von den Bergen talwärts in Bewegung. Es waren 16.775 „Blumenteufel", kriegsstark, gut ausgerüstet und voll munitioniert. Zu ihnen gesellten sich noch 3.517 Mann der zugeteilten fremden Einheiten. Ein wahres Waffenarsenal musste aus der „Westalpenstellung" ins Tal geschafft werden: einhundertfünf Geschütze vom Kaliber 7,5- bis 15-cm, vierzehn Sturmgeschütze, zwanzig Pakgeschütze vom Kaliber 5- bis 8,8-cm, sechshundertfünfzehn leichte und schwere Maschinengewehre, zwölf Panzer, neun Panzerspähwagen sowie 1.255 Kraftfahrzeuge aller Typen vom Solo-Krad bis zum Feldbrausewagen. Gemeinsam mit den Gebirgsjägern trotteten nicht weniger als 5.511 Muli und Pferde talwärts. Sie zogen eintausenddreißig bespannte Fahrzeuge hinter sich her. Die Partisanen erschraken, als sie die drei kampfstarken Marschkolonnen sahen und hielten sich daher mit Feindseligkeiten zunächst wohlweislich zurück.

Droben, an der italienisch-französischen Alpengrenze, hielten noch ausgewählte, kampfkräftige Stoßtrupps als Nachhuten die „Westalpenstellung". Sie sollten den Franzosen das sofortige Nachstoßen in die Turiner Ebene verwehren. Am 26. April erreichte die Gefechtsgruppe 85 planmäßig den Raum Ulzio – Perosa Argentina und die Gefechtsgruppe 100 mit dem italienischen Fallschirmjägerregiment „Folgere" den Raum Susa – Bussoleno. Die Fernsprechverbindungen zur dritten Gruppe im Aostatal war unterbrochen. Es bestand nur mehr eine Funkverbindung mit Oberst Stautner. Generalmajor Steets sandte daher seinen 2. Generalstabsoffizier durch das von den Partisanen kontrollierte Gebiet über Ivrea nach Aosta. Hauptmann von Rosenberger hatte den großen Absetzbefehl bei sich. Er sollte Stautner im Sinne des Divisionskommandeurs unterstützen sowie insbesondere über die Haltung der Partisanen und des italienischen Majors Salla, Kommandeur des Fallschirmjägerregiments „Folgere", berichten. Dieser hielt mit der Masse seines Regiments Aosta. Daher konnte er im Falle eines Frontwechsels zusammen mit den organisierten Partisanenverbänden das ganze Aostatal für den Rückzug der deutschen Gebirgstruppen sperren.

Zunächst verlief der Rückzug der Deutschen ohne Fremdeinwirkung. Doch dann hatten Einheiten der Partisanen und italienische Fallschirmjäger die Straße vor Aosta und Ivrea gesperrt. General Schlemmer befahl daraufhin am Spätnachmittag des 27. April das Einigeln des LXXV. Armeekorps. Alle noch einsatzfähigen Panzerjägergeschütze wurden an der Straße Chivasso – Vercelli in Stellung gebracht. Da wurden plötzlich die ersten Voraustrupps der 1. US-Panzerdivision gemeldet. Das deutsche Armeekorps war nun auch in seinem Rücken bedroht. Auf ihrem Vormarsch in die „Alpenfestung" befanden sich ferner die 34. US-Division, die 1. brasilianische Division und die 92. US-Division. Die letztere hatte am 24. April den italienischen Kriegshafen La Spezia kampflos besetzt und war dann von Genua aus mit Kampfgruppen auf Turin abgedreht. „An Ruhe", so Steets, „war an diesem Tag nicht zu denken. Verwirrende Meldungen trafen ein. Der Sender Mailand rief zum großen nationalen Volksaufstand auf."[124]

Nun überschlugen sich die Ereignisse an der südlichen Flanke der „Alpenfestung". Das Armeeoberkommando der Armee „Ligurien" wurde am Comer See in Mandello, nördlich von Lecco, wo das Hauptquartier lag, mit Marschall Graziani gefangengenommen. Damit war der Kampf in Ligurien und in der „Westalpenstellung“ praktisch beendet. Amerikanische Panzerspitzen näherten sich der Stadt Como. Von der 34. Infanteriedivision traf das Grenadierregiment 107 in Cuneo ein. Die 2. Infanteriedivision „Littorio“ löste sich auf. Der italienische General war verzweifelt und suchte Schutz bei der Deutschen Wehrmacht. Von Westen kamen die Franzosen, von Süden die Briten und von Osten die amerikanischen Panzerverbände. Aber damit nicht genug der Hiobsbotschaften, denn der Weg in die „Alpenfestung“ war am Comer See abgeschnitten.

Nach diesem militärischen Waterloo konnte die einzige richtige Entscheidung nur mehr lauten: verhandeln. Am 28. April 1945 traf daher der militärische Oberbefehlshaber der italienischen Partisanenverbände, General Cadorno, der nach dem Zweiten Weltkrieg 1. Generalstabsoffizier des neuen italienischen Heeres wurde, mit dem Erzbischof von Turin in Rivoli ein. Unterhändler hatten die Besprechung mit Generalmajor Steets vermittelt. Beide Parteien legten dabei einen Waffenstillstand fest, bei dem sie sich gegenseitig versprachen, Turin von jeder Kriegshandlung zu verschonen. Nachdem die 5. Gebirgsdivision die bisher gefangengenommenen Partisanenführer freigelassen hatte, versprach Cadorna eine Waffenruhe bis zum Inkrafttreten der Kapitulation.

General Schlemmer lehnte diesen Waffenstillstand zunächst ab; beugte sich jedoch, als er erfuhr, dass die amerikanische Luftwaffe einen Großangriff auf sein LXXV Armeekorps plane. So marschierten nicht weniger als rund vierzigtausend Mann mit kläglichen Resten der sich selbst aufgelösten italienischen Divisionen zwischen dem Comer See und Turin bis zum 2. Mai 1945 in die Gefangenschaft.

An diesem Tage wurde an der „Riviera dei Fiori“ (= „Blumenriviera“) bei der Provinzhauptstadt Imperia zwischen der 92. US-Division und den aus Monaco heranrückenden motorisierten französischen Vorausabteilungen eine Verbindung aufgenommen. Zwischen der 1. brasilianischen Division und der 27. französischen Gebirgsdivision konnte bei Susa ein Anschluss hergestellt werden. Damit war auch in der italienischen Region Ligurien die deutsche Front zusammengebrochen.

Monza, Italien, 2. Mai 1945

Kapitulationsbedingungen
zwischen dem General der Gebirgstruppe, Kommandierender General des LXXXV. Armeekorps Schlemmer
und Major General IV Korps, US-Army, Hillis D. Cittenberger
zufolge der Kampfumstände mit den mir gegenüberstehenden Verbündeten Truppen in Nordwestitalien ist die Fortsetzung des Widerstandes nutzlos gemacht, und mein ganzer Stab, Offiziere und Mannschaften ergeben sich mir, unter folgenden Bestimmungen der unbedingten Übergabe:

1.a: Ich und mein Stab kapitulieren, mit vollem Bewusstsein, dass die Übergabe eine unabhängige Handlung ist und in keiner Weise mit den endgültigen Bedingungen der totalen Übergabe von Deutschland verbunden ist.

1.b: Die Bedingungen dieser Kapitulation, sind späteren Verhandlungen einer totalen Übergabe, die von den Vereinigten Nationen dem deutschen Oberkommando und/ oder Regierung auferlegt werden, ausgesetzt.

2.a: Ich zeichne diese Urkunde ohne innerliche Vorbehalte und stimme mit folgenden Festsetzungen überein:

b: Alle unterstellten Truppen ergeben sich restlos.

c: Alle mir unterstellten Truppen werden ihre Waffen strecken und allen Forderungen des Befehlshabers der Vereinigten Nationen, die zu ihrer Verfügung erlassen werden, Folge leisten.

d: Alle mir unterstellten Flugzeuge und ihre Mannschaften verbleiben an Ort und Stelle bis weitere Unterweisungen erhalten werden.

e: Ich nehme es auf mich, dass das Zerstören, entfernen und Verbergen von Kriegsmaterial und anderem Eigentum nicht zugelassen wird.

f: Alle Gefangenen (oder Internierten) der Vereinigten Nationen in den Händen meiner Truppen, oder unter meiner Gewalt, werden sofort ausgeliefert.

g: Unverzügliche Auskunft über die Lage von Hindernissen und Sperren, die das freie Bewegen auf Land, See und in der Luft gefährden, muss sofort erstattet werden.

h: Alle weiteren Befehle und Verordnungen des Befehlshabers der Vereinigten Nationen werden ausgeführt werden.

i: Ich zeichne diese Gründe mit dem Bewusstsein, dass im Falle einer allgemeinen Übergabe, die Deutschland und der deutschen Wehrmacht von den Vereinigten Nationen der Staaten von Amerika, Großbritannien, und der Union der Sowjet Sozialistischen Republiken auferlegt werden, obige Urkunde außer Kraft tritt und durch andere ersetzt wird.

4. Von der „Postellung“ in die „Alpenfestung“

Geradezu verharmlost wurde die wahre Lage, in der sich die deutschen Verbände auf dem oberitalienischen Kriegsschauplatz befanden, noch im Wehrmachtsbericht vom 19. April 1945: „Die Abwehrschlacht in Mittelitalien nahm unter gleichbleibendem starken Materialaufwand des Feindes und beiderseits hohen Verlusten ihren Fortgang“, heißt es dort. „Hierbei gelangen den Amerikanern an der ligurischen Küste und südwestlich Bologna wiederum nur örtliche Einbrüche.“[125]

Stattdessen gelang es den Amerikanern an jenem 19. April bis auf sieben Kilometer an Bologna heranzukommen. Schon sahen sie von den nördlichen Ausläufern des Apennin auf das Häusermeer der Metropole der Emilia, aus der sich die beiden schiefen Türme in die Höhe recken. Die Amerikaner sahen in den steinernen Torri Pendenti zwei zum Siegeszeichen gespreizte Finger. Kein Wunder, dass sie nun alles auf die so oft zitierte eine Karte setzten, um rasch in die fruchtbare Po-Ebene vorzustoßen, um dort die deutsche „Postellung“, die das südliche Vorfeld der „Alpenfestung“ abschirmen sollte, aus den Angeln zu heben.

Ein Flugblatt der Serie des deutschen Propagandaunternehmens „Südstern“ zeigte anfangs eine erhebliche Wirkung bei mehreren britischen und amerikanischen Bataillonen, die vorübergehend sogar ihren Einsatz verweigert hatten. Darauf stand zu lesen: „The Po is waiting for you.“ Auf der Vorderseite war eine rassige Italienerin vor den touristischen Zentren der Emilia-Romagna abgebildet; auf der Rückseite dann die Darstellung des kriegerischen Infernos, aus dem der Tod triumphierend emporstieg. Bei derartigen Motiven „wird die lang entbehrte oder unterdrückte Befriedigung der Sexualität der ständig drohenden Lebensgefahr auf dem Gefechtsfeld gegenübergestellt. Durch die Bewusstmachung und Intensivierung dieses Widerspruchs soll der Soldat in einen inneren Konfliktzustand versetzt und seine Kampfbereitschaft gelähmt werden.“[126]

Schon bald drangen die Alliierten wieder in Richtung „Alpenfestung“ vor und trieben ihre Panzerverbände wie eiserne Keile zwischen die Divisionen der Deutschen, die sich immer mehr mit dem Mut der Verzweifelten zur Wehr setzen mussten, um nicht vorzeitig aufgerieben zu werden. Eine wilde Jagd setzte nun ein. Mit von der Partie war auch die SS-Standarte „Kurt Egger“. Sie hatte 1944 im Rahmen der Heeresgruppe C beim Oberbefehlshaber Südwest den Auftrag erhalten, in Italien das Kampfpropagandaunternehmen „Südstern“ zu starten. Im Mai 1945 geriet ihr Kommandeur, der Standartenführer Günther d'Alquen, mit einem Reststab im Bereich der „Alpenfestung“ in britische Gefangenschaft.[127]

Aber noch war es nicht so weit. Zunächst wurden die Regimenter, Abteilungen und Bataillone der 8. Gebirgsdivision von den amerikanischen Soldaten regelrecht die Hänge des Apennin hinuntergetrieben und dort zum Teil zersprengt. Einheiten rissen in diesem Rückzugschaos auseinander; Versprengte sammelten sich wieder und bildeten neue Kampfgruppen, um sich des übermächtigen feindlichen Drucks einigermaßen erwehren zu können. Von nun an überstürzten sich die Ereignisse. Der letzte Kampf hatte in der Operationszone „Alpenvorland“ begonnen.

„Die Initiative lag einseitig beim Gegner“, kommentierte General der Infanterie Heinz Greiner das Inferno am Po. „Nach Belieben konnte er von Stellungsabschnitten Truppen weg-

*Vorder- und Rückseite eines deutschen Propagandaflugblattes
für die alliierten Truppen.*

ziehen und an gewünschten Stellen zu einer Großoffensive zusammenballen. Auf deutscher Seite mussten die Kräfte, die übrigens durch Abgabe von besonders starken Divisionen erheblich geschwächt waren, so lange in breiter Front verzettelt stehen, bis der Schwerpunkt des feindlichen Angriffes sich genügend abgezeichnet hatte. Selbst bei rücksichtsloser Entblößung bestimmter Stellungsabschnitte – was immer gefährlich blieb – mussten die herangeholten Verstärkungen stets zu spät kommen. [...] Die deutsche Rüstungsindustrie vermochte nicht einmal mehr das Notwendigste zu produzieren, den Nachschub nicht rasch genug heranzubringen. Die feindliche Luftwaffe erschwerte den Transport über die Gebirgsstraßen, über den Brennerpass, Gebirgsengen und Bahnhöfe, ganz besonders auch auf den übersichtlichen meist schnurgeraden Straßen in der oberitalienischen Tiefebene. Der Po, der Reno und andere Flüsse waren ihrer Brücken zumeist beraubt. Der Mangel an Treibstoff machte völlig unzureichende Aushilfen notwendig. So mussten oft Kraftfahrzeuge, aber auch einzelne Sturmgeschütze und sogar Panzer mit Zugochsen bewegt werden. Der Gegner spottete mit Flugblättern hierüber! Aus der Sicht von heute wäre eine rechtzeitige Absetzbewegung hinter den Po, der mit seinen achthundert Metern Strombreite ein starkes Hindernis darstellte, unerlässlich notwendig gewesen. Menschen hätten in erheblichem Umfang geschont, Material gespart werden können."[128]

Stattdessen trieben die alliierten Verbände die ermüdeten deutschen Divisionen wie Tiere auf einer Treibjagd vor sich her. Und diese gestaltete sich dann am Beispiel der 278. Infanteriedivision des Generalleutnants Harry Hoppe wie folgt: Nachdem man vom 9. März bis 11. April 1945 die Gebirgsstellung am Santerno und Senio gehalten hatte, erfolgte vom 13. bis 16. April die letzte Schlacht von Sesto Imolese am Sillaro, bevor die Kämpfe am T. Quaderna und in der „Dschingis-Khanstellung" vom 17. bis 21. April fortgesetzt wurden. Zwischen dem 22. und 25. April ereigneten sich „die katastrophalen Flussübergänge über den Reno, Panaro und Po."[129] Nun strebte man in Eilmärschen der rettenden „Alpenfestung" entgegen. Der Etsch-Übergang bei Legnano und der Durchbruch durch die amerikanischen Linien bei Vicenza vollzogen sich zwischen dem 26. und 29. April. Dann ging am 29. und 30. April der Übergang über die Brenta und der Abmarsch in das Tal der Piave nach Feltre vonstatten. Nach dem Durchbruchsversuch von Belluno am 1. Mai kapitulierte die „alles in allem nicht mehr als tausendzweihundert Mann" starke 278. Infanteriedivision tags darauf im Tal von Agordo.[130] Zwischen dem 3. und 17. Mai 1945 wurde sie im Raum Landris – Sedico gesammelt. „Die Kommandeure ordneten ihre Verbände, und die Reste der 162. (Turk.) Division des Gen[eralleutnants] v[on] Heygendorf wurden eingegliedert. Dann begann der bittere Abtransport in die Gefangenschaft. Die Masse der Division kam in ein englisches Lager bei Rimini", heißt es abschließend in der Truppengeschichte.[131]

20. April 1945: An Hitlers letztem Geburtstag hatte die 10. Mountaindivision der US-Armee die deutschen Stellungen im nördlichen Apennin überrollt und war dann bis zur geschichtsträchtigen Via Emilia, die von Rimini an der Adria über Bologna, Modena, Reggio nell'Emilia und Parma bis nach Piacenza und von hier nach Mailand verläuft, vorgedrungen. Damit hatten die Amerikaner nicht nur den südlichen Rand der Po-Ebene erreicht, sondern sie waren gleichzeitig auch weit in den Rücken des XIV. Panzerkorps vorgestoßen. Zu allem Unglück klaffte nun in der deutschen Verteidigungslinie eine Lücke von sage und schreibe vierzehn Kilometern. Um den Anschluss nicht zu verlieren, brachen die eingeschlossenen

Einheiten der 8. Gebirgsdivision in der Nacht vom 20. auf den 21. April aus dem Kessel aus und wichen über die Via Emilia in Richtung S. Giovanni in Persiceto, wo man sich wiederum sammelte, zurück. Bologna wurde am 21. April von den Deutschen kampflos geräumt, denn ein verlustreicher Häuser- und Straßenkampf sollte unter allen Umständen vermieden werden.

Um zu retten, was noch zu retten war, empfahl Kesselring „eine klare Befehlsgliederung im Südraum, die eine einheitliche frontnahe Führung der Heeresgruppen C und E und eine den beiderseitigen Interessen Rechnung tragende Grenzziehung zwischen ihnen zuließ. Gegen die Übergabe des gesamten Ost-Adria-Raumes an die Heeresgruppe E war von mir aus", schrieb der Generalfeldmarschall, „nichts einzuwenden, wenn eine gemeinsame Spitze im Südraum geschaffen wurde, die dann in erster Linie für die Naht der beiden Heeresgruppen zu sorgen hatte. Ohne diese musste es bei der bisherigen Grenzsicherung trotz der Nachteile bleiben. Diesen Überlegungen entsprachen die Führungsgrundsätze der Heeresgruppe C. Die 10. und 14. Armee hatten sich gegebenenfalls hinhaltend bis hinter den Po und im weiteren Verlauf bis zu den Alpenstellungen zurückzukämpfen, wobei je nach Feindlage und Gelände zwischen Verteidigung und reinen Nachhutkämpfen variiert werden konnte."[132]

Angesichts der bitteren Realität, dass sowohl die 10. als auch die benachbarte 14. Armee stark angeschlagen waren und kaum mehr über schwere Waffen verfügten, hatte General der Panzertruppen von Senger und Etterlin den dezimierten Divisionen seines XIV. Panzerkorps den Rückzug zum Po befohlen. Während es der 10. Armee des Generals der Panzertruppen Herr noch einigermaßen gelungen war, die Verbände ordnungsgemäß zurückzuführen, war die 14. Armee des Generals der Panzertruppen Lemelsen im wahrsten Sinne des Wortes nur mehr ein verlorener Haufen. Von den wuchtigen Angriffsschlägen der Alliierten auseinandergesprengt, hatten die Divisionen den Zusammenhalt verloren und führten fortan einen Kleinkrieg auf eigene Faust.

Anstatt jedoch rechtzeitig die „Postellung" zu beziehen, hatte die deutsche Führung viel zu lange abgewartet, sodass jetzt auch der Ostflügel der Heeresgruppe Südwest dem Zusammenbruch sehr nahe war. Als Generaloberst von Vietinghoff am 14. April 1945, also unmittelbar vor dem Beginn der amerikanischen Offensive, um die Erlaubnis gebeten hatte, „sich über den Po zurückzuziehen, bevor es zu spät war", wurde sein Ersuchen „selbstverständlich abgelehnt".[133] Dennoch befahl er das Absetzen hinter den Strom in der Nacht vom 22. auf den 23. April, um das Schlimmste zu verhindern. Entsprechend einem Korpsbefehl vom 22. April sollte die 8. Gebirgsdivision sich daraufhin noch im Laufe des Nachmittags auf die Verteidigungslinie des Po zurückziehen.

Nun strebten die Einheiten, die sich durch die feindlichen Linien bis zum Panaro durchgeschlagen hatten, der „Postellung" entgegen. Aber sie kamen nicht ganz so weit, denn zwischen den beiden Städten Finale und Ostiglia wurde unter anderem die Masse der 8. Gebirgsdivision gefangengenommen. Die noch verbliebenen Reste wollten jetzt so schnell wie nur irgend möglich in kleinen und kleinsten Gruppen den Po überqueren. „Der Rückmarsch erfolgte in einem heillosen Durcheinander. Sämtliche Fahrzeuge blieben liegen. Nur noch im Fußmarsch konnte man sich durch die überholenden amerikanischen und britischen Panzerkolonnen durchzumogeln versuchen. Am Po stauten sich die Gruppen erneut. Denn es gab keine Brücke mehr. Von den vor Beginn der Offensive existierenden sechsunddreißig Fähren im Bereich der 14. Armee waren am 23. April nur noch vier überhaupt fahrbereit."[134]

An jenem schicksalhaften 23. April lag der Gefreite und Reserveoffiziersbewerber Butterfaß am Südufer des Po bei Ostiglia. Als er gerade mit seinem Funkgerät versuchte, eine Gegenstelle zu erreichen, wurde er von einem hohen Offizier in seinem Deckungsloch angesprochen: „Zerstören Sie Ihr Funkgerät und versuchen Sie, über den Po zu kommen. Nehmen Sie das Bewusstsein mit in die Heimat, Sie waren der letzte Funker der 8. Gebirgsdivision."[135]

Jetzt, erinnerte sich Professor Butterfaß, „wurde es ernst. Beim Versuch, den Po zu überqueren, kamen viele ums Leben. Aber nur wenige sprangen einfach so in den Fluss. Manche versuchten, sich an der zerstörten Brücke, von der noch ein einziger Träger den Fluss überspannte, hinüberzuhangeln und stürzten bei den sich wiederholenden Bombenangriffen serienweise ins Wasser. Andere versuchten, sich aus den zahllosen Überresten an Ausrüstung Flöße zu zimmern, oder sie versuchten, meist mangels Erfahrung vergeblich, aus Autoreifen Schläuche herauszuwuchten. Wir haben etwas anderes gemacht: An der Nordseite des Flusses gab es genug brauchbares Gerät zum Übersetzen. Zwei oder drei Schwimmer holten ein großes Schlauchboot ans Südufer. Nach einigen Fahrten dürften so ziemlich alle von unserer Batterie, die bis hierher gekommen waren, das Nordufer erreicht haben, und zwar mit leichten Waffen und mit Rucksäcken, freilich ohne Tiere. (Diese wurden am Südufer unter Lebensgefahr von Italienern, die die Chance ihres Lebens witterten, eingefangen.) Beschuss und Jabo-Einsatz hielten sich in Grenzen, obwohl es Tag war. Auf dem weiteren Rückmarsch trafen wir einige Male auf Einzelgänger, die barfuß, nur mit einem Mantel oder einer Decke behangen, sonst splitternackt, gen Norden wanderten."[136]

Doch von dieser menschlichen Not und den Peinigern stand in den letzten Meldungen des Oberkommandos der Deutschen Wehrmacht über die Kämpfe auf dem oberitalienischen Kriegsschauplatz nichts zu lesen. Stattdessen meldete der Wehrmachtsbericht am 27. April 1945: „In Italien gelang es, aus dem west-etruskischen Apennin, vom Feinde unbemerkt, auf neue Linien nach Norden abzusetzen. Der Gegner fasste seine Kräfte in der Po-Ebene zum Stoß nach Norden zusammen und bildete größere Brückenköpfe auf dem Nordufer des Flusses."[137] Und am 28. April 1945 heißt es dann kurz und bündig: „Die Armeen in Italien setzen sich hinter den Po und Tessin ab!"[138]

Eine Ironie war diese Meldung, wenn man berücksichtigt, dass die stark überdehnte und von den Reserven sowie von Kriegsmaterial aller Art völlig entblößte deutsche Front in Wirklichkeit unter den energischen Schlägen der alliierten Kriegsmaschinerie zusammengebrochen war. „Der Po war infolge heftiger Regenfälle zum reißenden Strom angeschwollen, die Übersetzaktion erschwerend, eine Verteidigung des Nordufers erleichternd. Dass die 10. Armee dort nochmals eine Verteidigungsfront aufbauen konnte, mutet wie ein Wunder an. Freilich waren um diese Zeit die Würfel am Westflügel der Heeresgruppe, aber auch im Westen und Osten Deutschlands schon gefallen. Der Rückzug an die Südhänge der Alpen musste befohlen werden."[139]

Überall tauchten die Alliierten auf und trieben die Deutschen unnachgiebig vor sich her. Die „Postellung" war zerrissen und klaffte wie ein offenes Scheunentor weit auseinander. Und die Amerikaner strömten wie eine Springflut hindurch. Ohne jegliches Hab und Gut, nur das nackte Leben rettend, war es nur sehr wenigen Soldaten gelungen, den mächtigsten italienischen Fluss östlich von Ostiglia, dort, wo die wichtige Nord-Süd-Straße Nr. 12 auf einer langgezogenen Brücke über den Strom führt, zu überqueren.

„Die Katastrophe des Poüberganges – von allen Einsichtigen bis herauf zur Heeresgruppe seit Wochen vorausgesehen – hat weiterhin erhebliche Verluste gekostet", stellte der Kommandeur der 8. Gebirgsdivision verbittert fest. „Hier waren es in erster Linie die Trosse und rückwärtigen Dienste, die bei dem Unvermögen über den Fluss zu kommen, Verluste erlitten. Es kann jedoch mit Sicherheit angenommen werden, dass der allergrößte Teil unverwundet in Gefangenschaft geriet. Alles, was trotz nahezu unüberwindlicher Schwierigkeiten das nördliche Poufer erreicht hatte, stellt insofern eine gewisse Auslese dar, als es sich zum größten Teil um Leute handelte, die um keinen Preis unverwundet in die Hand des Feindes fallen wollten und entschlossen waren, den Kampf weiterzuführen. Am deutlichsten dürfte der in den Restteilen der Division herrschende Kampfgeist daraus hervorgehen, dass ganze Einheiten, insbesondere das Geb[irgsjägerregiment] 296, nach Abschluss der Waffenruhe unter allen Umständen geschlossen zu den in Bayern noch kämpfenden deutschen Verbänden marschieren wollte. Die Stärke der Division bei Abschluss der Kämpfe betrug etwa fünftausend Mann."[140]

Das war alles, was jetzt noch von der „Achten" übriggeblieben war: ein Torso eines Gebirgsgroßverbandes, der im Grunde genommen nur mehr auf den Lagekarten vermerkt war. Aber gerade diese Divisionsreste waren es dann schließlich doch, die durch ihr weiteres Ausharren – auch auf verlorenem Posten – dafür sorgten, dass auch die 8. Gebirgsdivision letzten Endes nicht so sang- und klanglos abgeschrieben werden konnte. Denn, so Kesselring, „auf eine Gebirgsdivision war Verlass".[141]

Obwohl müde und zerschunden, ohne Gerät und schwere Waffen, zogen die Gebirgssoldaten befehlsgemäß nordwärts – Richtung Verona und „Alpenfestung". Doch „auf den Straßen zum Brenner forderten die Jagdbomberangriffe der Alliierten ihren Blutzoll".[142] Den Rückzugsbefehl hatte das Oberkommando der Wehrmacht am 24. April 1945 herausgegeben. Er befahl die schon lange überfällige Absetzbewegung in die „Alpenfestung". Doch „die Chancen, eine neue Front aufzubauen, waren endgültig vertan. Am 25. brach ein allgemeiner Aufstand italienischer Partisanen los. Sie griffen die Deutschen von hinten an und sperrten die Alpenpässe."[143]

Um den deutschen Verbänden ebenfalls den Rückzug in die „Alpenfestung" zu verwehren, schwenkte die 91. US-Infanteriedivision, die neuseeländische 2. Infanteriedivision sowie die südafrikanische 6. Panzerdivision in einer halbkreisförmigen Operation über den Po und die Etsch in Richtung Triest und Treviso ein, während die 85. und 88. US-Infanteriedivision gegen Verona und das Etschtal in Richtung „Alpenfestung" vorrückten. Die 1. US-Panzerdivision stieß an Modena vorbei gegen Brescia und Mailand vor.

Nun hatten es die stark gelichteten Divisionen, Regimenter und Bataillone der Deutschen ganz eilig, der „Alpenfestung" zuzustreben. Schon zeichnete sich an ihrer südlichen Flanke ein Gebirgskrieg in jenen Stellungen und Kavernen, auf jenen Bergen und Höhen, die einst, während des Ersten Weltkrieges, im Brennpunkt heftiger Kämpfe standen, ab. So lagen Reste der 8. Gebirgsdivision zum Beispiel südlich von Rovereto auf dem 2.235 Meter hohen Monte Pasubio, den Schicksalsberg der Tiroler Kaiserjäger, und lieferten sich dort mit amerikanischen Infanteristen ein Feuergefecht. Doch welch ein Gegensatz zu den einstigen Kampfhandlungen auf dem geschichtsträchtigen Boden der Südtiroler Front. War es seinerzeit den Kaiserjägern und Kaiserschützen sowie dem Deutschen Alpenkorps gelungen, die Front gegenüber einer vielfachen Übermacht erfolgreich zu behaupten, so gab es jetzt, während der Schlussphase

Dezember 1944
Fahrt an die Westalpen zur Division

Bildseite aus dem Fotoalbum des Majors der Reserve Karl Heinz Quarz vom deutschen Aufstellungsstab der Alpinidivision „Monte Rosa". In Mailand fotografierte er Ende 1944 die wohl letzte Kundgebung Mussolinis.

Benito Mussolini im Gespräch mit Gabriele d'Annunzio an Bord seines Torpedobootes auf dem Gardasse 1932. Der Dichter warnte den „Duce" vor einem Bündnis mit Adolf Hitler. 1919/1920 besetzte er mit seinen „Schwarzhemden" die Hafenstadt Fiume.

Die Villa Feltrinelli in Gargnano am Gardasee war die letzte Wohnung des „Duce".

Das Grand Hotel Gardone war einst der Treffpunkt vieler Berühmtheiten wie Winston Churchill, Gabriele d'Annunzio und dem König von Sachsen. Zwischen 1943 bis 1945 beherbergte es u.a. Operationssäle und eine Röntgenabteilung. Unter den Patienten befand sich auch Benito Mussolini und sein Sohn Romano.

Der Vittoriale degli Italiani in Gardona Riviera war Sitz von Gabriele d'Annunzio, dem Impresario des italienischen Faschismus.

Die kühne Trassenführung der Strada del Ponale hoch über dem Lago di Garda, wurde ebenfalls in die Verteidigungsmaßnahmen des deutschen „Gebirgserkundungsstabes Italien" einbezogen.

Die ehemalige Villa Simonini in Salò war von 1943 bis 1945 der Sitz des Außenministers der „Repubblica Soziale Italiana" (RSI), daher der Name „Republik von Salò".

Salò am Westufer des Gardasees war der Amts- und Regierungssitz der italienischen „Republik von Salò", die von Mussolini geführt wurde.

Das benachbarte Gardone Riviera beherrschte ebenfalls eine Anzahl von Gebäuden der italienischen und deutschen Militärverwaltung.

US Bomber vom Typ B-17 überfliegen Bozen in Richtung Brenner.

Amerikanische Infanteristen der 88. US-Infanteriedivision auf dem Vormarsch nach Bologna.

Viele deutsche Kriegsgefangene wurden auf amerikanischen Militärlastwagen vom Typ „GMC“ ins Sammellager gebracht.

Das große amerikanische Kriegsgefangenenlager in Rimini 1944/1945. Im Hintergrund erkennt man den Felsrücken von San Marino.

Die Vermittlungsversuche des Mailänder Kardinals Ildofonso Schuster zwischen dem „Duce" und den CLNAI (Comitato di Liberazione Nazionale – Oberitalien) scheiterten.

Deutsche Soldaten werden am Brenner von Soldaten der 7. US-Armee nach der Kapitulation nach Waffen durchsucht.

Ein deutscher Kübelwagen vor der Tunneleinfahrt an der „Gardesana Orientale“ bei Torbole.

Deutsche Gebirgsjäger im April 1945 in Riva am Nordufer des Gardasees.

Der unmittelbare Zusammenbruch der „Republik von Salò“ steht bevor. Mussolini in Begleitung seiner deutschen Schutzmacht im April 1945.

Mussolini mit SS-Eskorte im April 1945 in Mailand. Er wird immer noch von einem Teil der Bevölkerung umjubelt.

Am 28. April 1945 wurde Benito Mussolini und seine Geliebte Claretta Petacci von kommunistischen Partisanen ermordet und am Tag darauf mit anderen Hingerichteten an einer Tankstelle in Mailand zur Schau aufgehängt. Ob Adolf Hitler diese Bilder noch vor seinem eigenen Selbstmord 30. April 1945 sah, ist unbekannt.

Auf dem deutschen Soldatenfriedhof Costermano wurden die Gefallenen der Operationszone „Alpenvorland" am Ostufer des Gardasees bestattet.

In der Totenburg auf dem Südtiroler Pordoijoch wurden insgesamt 9.422 Tote bestattet. Darunter 842 gefallene deutsche Soldaten, die bei den Kampfhandlungen des Zweiten Weltkrieges im Alpenvorland gefallen sind.

des Zweiten Weltkrieges, niemanden mehr, der ausreichende Waffen und den letzten Willen besaß, um die sogenannte „Blaue Stellung" in Südtirol, die weitgehend den Schützengräben des ersten weltweiten Völkerringens entsprach, zu verteidigen.

Während der letzten Kriegstage lagen die arg gelichteten Reihen der 8. Gebirgsdivision gruppenweise beiderseits des Gardasees und harrten der Dinge, die da noch auf sie zukommen sollten. Doch an ein Wunder, etwa an ein Zerwürfnis zwischen den westlichen Alliierten und den Sowjetrussen in letzter Stunde oder an den Einsatz von Wunderwaffen glaubten – bis auf die ewigen Unverbesserlichen – nur mehr die allerwenigsten. Die Lage war auf dem oberitalienischen Kriegsschauplatz auch viel zu ernst und trist geworden, um solche Hoffnungen aufkeimen zu lassen.

Die restlichen Gebirgseinheiten formierten sich zum allerletzten Gefecht am Südrand der „Alpenfestung", das zwischen dem 27. April und 1. Mai 1945 am Gardasee stattfand. Man hätte diesen letzten Akt mit gutem Gewissen totschweigen können, wenn er nicht doch noch eine faustdicke Überraschung geboten hätte. Denn die deutschen Gebirgsjäger hatten es hier mit keinem geringeren Gegner zu tun, als mit den Gebirgssoldaten der 10. Mountaindivision, die als Spezialtruppe die südlichen Felsenburgen und Gebirgskämme der „Alpenfestung" zu knacken hatte. Es ist nicht so sehr das Kampfgeschehen, das nach Lage der Dinge aufgrund der vielfachen materiellen und personellen Überlegenheit von den Gebirgssoldaten der US-Armee bestimmt wurde, welches unsere Neugierde weckt, sondern vielmehr dieser amerikanische Gebirgsgroßverband, der uns im Vorfeld der „Alpenfestung" aufhorchen lässt.[144]

Die 10. Mountaindivision, die zunächst in Norwegen eingesetzt werden sollte, war seit dem Sommer 1943 in dem eigens dafür errichteten, rund zweitauendfünfhundert Meter hoch gelegenem Camp Haie in den Rocky Mountains aufgestellt und dann für den Gebirgskampf ausgebildet und hervorragend ausgerüstet worden. Sie hatte eine Stärke von ca. dreiundzwanzigtausend Mann. Die Angehörigen – allesamt begeisterte berg- und skierfahrene Offiziere, Unteroffiziere und Mannschaften – hatten sich freiwillig zu dieser Gebirgsdivision gemeldet. Ihre Feuertaufe erhielt sie Anfang Januar 1945 im Raum des 1.140 Meter hohen Monte Belvedere, südwärts von Vergato. Nach schweren Kämpfen im Apennin, unter anderem auch gegen deutsche Gebirgsjäger, überschritt diese US-amerikanische Gebirgstruppe unter dem Kommando von General Lucien Truscott Ende April den Po südlich von Mantua und hatte dann den Raum nördlich des Gardasees erreicht. Hier traf sie nun auf die Reste der 8. Gebirgsdivision. Ein ungleicher Kampf, der aufgrund der erdrückenden Überlegenheit der Alliierten letztlich eindeutig zugunsten der 10. Mountaindivision ausging.[145]

In den frühen Morgenstunden des 25. April 1945 wurde Generalleutnant Schricker, nachdem er eben die Befehle für den weiteren Rückmarsch nach S. Martino ausgegeben hatte, nach Isola della Scala befohlen. Dort wünschte ihn der Oberbefehlshaber der 14. Armee persönlich zu sprechen. Inzwischen waren feindliche Panzer bis an den Südrand von Isola della Scala vorgedrungen. Da der Divisionskommandeur über keine eigene Fahrgelegenheit mehr verfügte, musste er sich dem nach Norden ausweichenden Generalleutnant Steinmetz anschließen. In Verona unternahm er am Nachmittag einen erneuten Versuch, den Oberbefehlshaber der 14. Armee zu erreichen. Da dieses misslang, fuhr er mit einem zwischenzeitlich beschlagnahmten Kraftwagen zum Hauptquartier der Armee am Südostufer des Gardasees. Dort meldete er sich beim General der Panzertruppen Lemelsen, der soeben im Begriff war, nach Rovereto zu fahren. Dieser befahl Schricker, mit den Restteilen seiner Division die „Blaue Stellung" zwischen dem Etschtal und dem Monte Pasubio/Monte Lessini zu verteidigen. Einzelheiten sollten beim Kommandanten von Verona eingeholt werden.[146]

Dort waren inzwischen sämtliche Brücken über die Etsch gesprengt worden. Die Kommandantur hatte Verona mit unbekanntem Ziel verlassen. In der Stadt, wo der SS-Gruppenführer und General der Polizei Dr. Wilhelm Harster saß und hinter Wolffs Rücken mit italienischen Industriellen konspirierte, waren Kampfhandlungen zwischen Partisanen und Deutschen – anscheinend aber auch mit Amerikanern – entbrannt. Da die Straße im Etschtal durch Sprengungen bei der Veroneser Klause nicht befahrbar war, wurde Rovereto nun über die ostwärtige Gardaseestraße erreicht, wo immer noch der kulturelle und architektonische Einfluss der Republik von Venedig das Stadtbild bestimmt. Dort erfuhr der Kommandeur der 8. Gebirgsdivision, dass sich der Kommandierende General des XIV. Panzerkorps im Ronchital südostwärts von Ala befinde. Bei seiner Meldung am Vormittag des 26. April gab der Kommandierende General Schricker den Befehl, Oberst Stendebach in der „Blauen Stellung" zwischen der Etsch und dem Monte Pasubio/Monte Lessini abzulösen. Obwohl der Gebirgsjägergeneral darauf hinwies, dass er bei den bestehenden Geländeschwierigkeiten aller Voraussicht nach den Oberst nicht mehr antreffen würde, blieb es bei dem Befehl. So kam, was kommen musste.

Am 27. April erfolgte ein vergeblicher Versuch, über die hohen Pässe, unter ihnen der Monte Obante, in einem völlig von Partisanen kontrolliertem Gebiet, das von den deutschen Truppen schon geräumt worden war, den Oberst ausfindig zu machen. Tags darauf kehrte Schricker unverrichteter Dinge nach Rovereto zurück, wo inzwischen Teile seiner Gebirgsdivision eingetroffen waren. Noch am selben Tage übernahm er die Befehlsgewalt im Abschnitt Gardasee – Etschtal – Navebe – Ala. Unterstellt wurde ihm die Kampfgruppe Schindelholzer. Die 8. Gebirgsdivision erhielt den Auftrag, ein Vordringen des Gegners nach Norden in den zwischen dem Gardasee und dem Etschtal gelegenen Gefechtsstreifen Monte Baldo – Monte Altissimo zu verhindern. Den rechten Abschnitt hatte die Kampfgruppe Seitz, die mit ihren Kräften am Nordende des Gardasees bei Torbole und Riva lag, inne. Links anschließend und das Etschtal sperrend, war unter dem Befehl des Kommandeurs der 94. Infanteriedivision eine Kampfgruppe in Regimentsstärke, die aus den Schulen der Fallschirmjägertruppe gebildet worden war.

Von den Höhenstellungen der Gebirgsjäger und Gebirgsartilleristen am Monte Altissimo beobachtete man am 29. April, dass der Feind mit Hilfe von Schwimmpanzern Landungen bei Riva und Torbole vornahm. Dies war nämlich die einzige Möglichkeit für ihn, um das Nordufer des Gardasees zu besetzen, da sowohl die östliche als auch die westliche Uferstraße, die kühn trassierte „Gardesana Orientale" bzw. „Occidentale", mit ihren zahlreichen Tunnels, Galerien und Kavernen, die Mussolini 1929 als einzigartige Tunnelstraße um den See bauen ließ, an mehreren Stellen gesprengt war.

Versuche der 10. Mountaindivision, durch besonders bergerfahrene Spezialtrupps die Steilhänge des Monte Altissimo und Monte Varagna zu erklimmen, um dadurch in den Rücken der bei Bocca di Navene mit Front nach Süden im Kampfe stehenden deutschen Kräfte zu gelangen, wurden von den „Blumenteufeln" jedoch rechtzeitig erkannt und abgewiesen. Doch dann setzten die Gebirgssoldaten der US-Armee zum endgültigen Sprung auf die „Alpenfestung" an, nachdem sie ihre Tragtiere und Gebirgsausrüstung im Zuge der Vorbereitungen verladen hatten.[147]

Die bei Torbole gelandeten Feindkräfte attackierten die Verteidigungslinie der 8. Gebirgsdivision nordostwärts von Torbole auf das heftigste. Das Fehlen jeglicher Reserven ließen es dem Führer des rechten Nachbarabschnittes, Oberst Seitz, zweifelhaft erscheinen, ob er sich noch bis zum 30. April in den gegenwärtigen Stellungen halten könne. Diese Befürchtungen waren nicht unbegründet. Daher wurde noch in den ersten Morgenstunden des 30. April der Kampfgruppe Seitz mitgeteilt, dass sie ihre Linie nach Arco mit seinen Villen aus der Habsburgerzeit und dem wehrhaften Arboreto zurückzuverlegen habe. Damit war die rechte Flanke der „Achten“ wiederum in einer Tiefe von über sechs Kilometern auf das ernsteste bedroht. Die Absicht des XIV. Panzerkorps, aufgrund eines Armeebefehls die Verteidigung am Abend des 30. April hinter die Straße Torbole – Mori zurückzunehmen, war durch die Vorgänge beim rechten Nachbarn überholt. Auf Vorschlag Schrickers wurde stattdessen die weit nach Süden vorspringende Front am Spätnachmittag in die Höhe von Brentonico zurückgenommen. Die dadurch frei werdenden Kräfte wurden zum Schutze der offenen rechten Flanke nördlich des Lago di Loppio eingesetzt. Während all diese Abwehrmaßnahmen an der südlichen Flanke der „Alpenfestung“ zügig durchgeführt wurden, herrschte glücklicherweise nur eine geringe Gefechtstätigkeit.[148]

Nachdem die sogenannte „Alpenvorlandstellung“ zwar ausgebaut, aber nicht mehr rechtzeitig besetzt worden war, stießen die Alliierten rasch in die oberitalienischen Alpen vor. Am 1. Mai 1945 fühlte der Feind mit schwächeren Kräften auf dem Berggelände nördlich des Monte Altissimo mehrmals vor. Diese Vorstöße wurden jedoch von den Gebirgsjägern und Gebirgsartilleristen mühelos abgewiesen. Tags darauf, es war um 01.00 Uhr nachts, erfolgte ein Anruf des Chefs des Generalstabes des XIV. Panzerkorps. Er teilte Generalleutnant Schricker mit, dass am 2. Mai, ab 14.00 Uhr, die Waffenruhe auf dem italienischen Kriegsschauplatz eintrete.[149]

Was war geschehen? Wie war es zur vorzeitigen Kapitulation auf dem italienischen Kriegsschauplatz gekommen?

5. Die vorzeitige Kapitulation in Oberitalien

Hitler war – wie an den anderen Fronten – auch in Italien gegen einen vorzeitigen Rückzug der Wehrmacht und Waffen-SS in die Operationszone „Alpenvorland“ und von dort in die „Alpenfestung“. Würde es eines Tages dennoch notwendig werden, so sollten wenigstens die Industrieanlagen, Verkehrswege, Nachrichtenzentren und Versorgungsbetriebe Norditaliens nachhaltig zerstört werden. Generalfeldmarschall Kesselring hielt diese Weisung für einen puren Wahnsinn. Er war mit Wirkung vom 10. März 1945 zum Oberbefehlshaber West ernannt worden, dessen Befehlsbereich sich im April über den gesamten Südraum ausweitete. Seine Verbundenheit mit den Ereignissen auf dem italienischen Kriegsschauplatz gibt am besten der Abschiedsbrief Mussolinis wieder:

„[...] Lieber Feldmarschall, wir haben fast drei Jahre zusammengearbeitet, in Afrika und auf dem Boden Italiens, den Sie an der Spitze Ihrer wundervollen Truppen Schritt für Schritt bis an den Apenninen verteidigt haben. Ihr Name wird für immer mit diesem Abschnitt der Geschichte Italiens verbunden sein, und Ihre Leistung als Heerführer und Feldherr wird überall als Vorbild der Kriegskunst anerkannt werden. Ich danke Ihnen für alles, was Sie in Italien geleistet haben, und ich bitte Sie, die herzlichsten Wünsche entgegenzunehmen beim Eintritt in den höchsten Aufgabenbereich, der Ihnen anvertraut worden ist. Ihr Mussolini.“[150]

Wie Kesselring, so war auch der italienische Marschall Graziani gegen Hitlers Strategie der „verbrannten Erde“. Nicht anders dachten der deutsche Botschafter Rahn und der Höchste SS- und Polizeiführer Italien, der SS-Obergruppenführer und General der Waffen-SS Karl Wolff, der auch Gesandter beim Duce mit uneingeschränkten Vollmachten war. Dieser mächtige Mann in Italien war zugleich Bevollmächtigter General der Deutschen Wehrmacht, Befehlshaber des rückwärtigen Frontgebietes und Leiter der Militärverwaltung. Der „sunny boy“ der SS[151] hatte zwar das Vertrauen Hitlers, aber der Reichsführer-SS, Heinrich Himmler, beargwöhnte ihn voller Misstrauen. Und das war nicht ganz unbegründet, denn mit engsten Vertrauten war Wolff schon vor dem 20. Juli 1944 bereit, „nach Möglichkeiten zu suchen, den Krieg in Verhandlungen mit dem Westen zu beenden“.[152]

Wolff verfügte über eine Art „Privatarmee“ von militärischen und paramilitärischen Einheiten; darunter die 29. Waffengrenadierdivision der SS (italienische Nr. 1). „Aus Italienern, Südtirolern und anderen Volksdeutschen stellte er eine Truppe zusammen, die zwar kaum über Bataillonsstärke hinaus gedieh“,[153] die aber als 24. Waffengebirgsdivision der SS „Karstjäger“ immerhin einen Namen und ein Emblem bekam. Aus dem gleichen Reservoir bezog er die Freiwilligen der 29. Waffengrenadierdivision der SS, die als taktisches Zeichen das altrömische Liktorenbündel mit dem Beil erhielt und damit ihren italienisch-faschistischen Ursprung zum Ausdruck brachte. Dieser Verband wird auch im „Kriegstagebuch des Oberkommandos der Wehrmacht“ erwähnt. Dort heißt es unter anderem: „Er bewährte sich nicht und verschwand daher wieder.“ Das war auch kein Wunder, „da doch die Italiener der berechtigten Ansicht waren, dass sie nur für die Deutschen kämpften und dass sie dabei sogar auf Brüder und Vettern schössen. Denn auch auf Seiten der Alliierten fochten inzwischen italienische Divisionen.“[154]

Einer von Wolffs Beauftragten, der SS-Standartenführer Dollmann, streckte bereits Ende 1944 über den Mailänder Kardinal Schuster seine Fühler zu den Alliierten aus. Er sollte erkunden, ob diese bereit waren, ohne Einschaltung der Sowjets einen Waffenstillstand in Italien abzuschließen, wenn dafür alle geplanten Zerstörungsmaßnahmen, die Hitler angeordnet hatte, unterblieben. Dollmann holte sich jedoch zunächst bei den Westmächten eine Abfuhr.

Anfang 1945 fanden Botschafter Rahn und Wolff, die in Kesselrings Auftrag handelten, einen guten Mittelsmann – und zwar den italienischen Großindustriellen und päpstlichen Kammerherrn Baron Parilli. Das war nicht unbegründet, denn Pius XII. kann als der „deutscheste" unter den Päpsten des 20. Jahrhunderts angesehen werden. Von 1917 bis 1929 war er ununterbrochen Päpstlicher Nuntius in Deutschland. Zunächst trat er sein Amt in der bayerischen Landeshauptstadt an; von 1920 bis 1929 wurde er Nuntius für das Deutsche Reich. Der im Jahre 1876 in Rom geborene Eugenio Pacelli beherrschte die deutsche Sprache fließend und machte aus seiner engen Verbundenheit zu den Deutschen auch in den schweren Jahren des Zweiten Weltkrieges nie ein Hehl. Das brachte ihm zuweilen viel Kritik und gelegentlich sogar Verleumdungen ein. Am 20. Juli 1933 unterzeichnete er als Kardinalstaatssekretär das vom Führer und Reichskanzler Adolf Hitler gebilligte Reichskonkordat, das weltweit hochgeschätzt wurde und der Katholischen Kirche eine Rechtsgarantie im „Dritten Reich" gab; jedoch später vielen Missdeutungen unterlag.

Während der deutschen Besetzung Roms vom 4. September 1943 bis zum 4. Juni 1944 flüchteten über viertausend Juden in kirchliche Gebäude. Nach der Befreiung der italienischen Hauptstadt verfasste der amerikanische Hauptagent Vincent Scamporino einen erhellenden Agentenbericht über die Aktivitäten des Pontifex an seinen Vorgesetzten Earl Brennan in Washington. Darin hieß es: „Nachdem er vergeblich versucht hat, den Krieg zu verhindern, hat der Papst die klassische Politik der Kirche verfolgt: über dem Konflikt zu stehen, ohne sich von ihm zu entfremden. Er hat mit Worten und Diplomatie eingegriffen, um das Ende zu beschleunigen oder es einzugrenzen. Und er hat sich der moralischen und materiellen Assistenz der Opfer, der Flüchtlinge, der Juden und aller anderen Verfolgten gewidmet. Er hat ihnen die Türen der Klöster und des Vatikans geöffnet."[155] Am 9. September 1943 wurde der SS-Obergruppenführer Karl Wolff als Höchster Polizeiführer in Italien in Hitlers ostpreußisches Hauptquartier „Wolfsschanze" geflogen. Dort eröffnete ihm der Führer: „Sie sollen mit ihren Leuten [...] den Vatikan und die Vatikanstadt besetzen, die Archive und Kunstschätze sichern, die von einzigartigem Wert sind, Sie sollen dann den Papst und die Kurie unter Ihren Schutz stellen und fortschaffen, damit sie nicht in alliierte Hände fallen können. Je nach Entwicklung der militärischen und politischen Lage wird dann entschieden, ob sie nach Deutschland oder an einen neutralen Ort wie Liechtenstein gebracht werden."[156]

Nachdem der General der Waffen-SS die Vorbereitungen für die Durchführung seines Geheimprojektes gegen den Vatikan beendet hatte, sagte er dem Führer: „Die einzige anerkannte Autorität, die in Italien noch existiert, ist die Katholische Kirche, die ganz unangreifbar (‚saldamente strutturata') bleibt [...] Geben Sie das Vatikan-Projekt auf."[157]

So geschah es dann auch. Statt den Papst gefangen zu nehmen, wurde der Höhere Polizeiführer in Italien nun von diesem empfangen. In seinem aufschlussreichen Buch stellte Prinz Konstantin von Bayern die Frage: „Hat Pius XII. der von Wolff vertretenen These, eine spätere Auseinandersetzung zwischen Osten und Westen sei unvermeidbar, zugestimmt? Wir wissen nur, dass der Papst die Forderung der Alliierten nach ‚bedingungsloser Kapitulation' als ein Hindernis auf dem Weg zum Frieden bezeichnet hat, und wir dürfen annehmen, der Papst habe Wolff zugesichert, die katholische Kirche werde nach Abschluss eines Waffenstillstandes ihren Einfluss geltend machen, damit dem deutschen Volk ein Notwendiges an Substanz erhalten bleibe, um sich drohender Gefahren erwehren zu können."[158]

Dann enthüllte der bayerische Prinz: „Nach Wolffs Rückkehr, so wurde vereinbart, sollen in einer zweiten Audienz konkrete Schritte besprochen werden, die zu einem Waffenstillstand, wenigstens an der Italienfront, führen könnten. [...] Dank Wolff, sagt der Papst. Dank dem Papst, sagt Wolff."[159]

Nun stellte der päpstliche Kammerherr Baron Parilli eine Verbindung zum amerikanischen Strategischen Geheimdienst OSS (Office of Strategie Services) in der Schweiz her. Was diese Fühlungsnahme veranlasste, das war die Furcht vor einem Verzweiflungskampf in Oberitalien, der das Land Hunderttausende von Soldaten und Zivilisten kosten konnte.

Und Wolff handelte schnell. Am 8. März 1945 fuhr er, nachdem der Kontakt hergestellt war, persönlich nach Zürich. Dort traf er mit Allen Welsh Dulles, dem Leiter des OSS in der Schweiz und Bruder des späteren US-Außenministers John Foster Dulles zusammen. Der Amerikaner „galt in der Schweiz als Abgesandter des Präsidenten Roosevelt".[160] Doch damit nicht genug: „Weniger bekannt, jedoch um so aufschlussreicher ist die Tatsache, dass Allen Dulles auch zu den Agenten des sowjetischen Geheimdienstes engste Kontakte pflegte und sogar die Aktionen der Komintern in der Schweiz und Südfrankreich mitfinanzierte."[161] Dulles leitete das beste Spionagebüro der Welt. Hitler war über Wolffs Mission unterrichtet worden. Dabei kam für ihn eine Kapitulation der Heeresgruppe C jedoch nicht in Frage. Der Führer glaubte vielmehr, durch derartige Verhandlungen das Misstrauen zwischen den Westmächten und der Sowjetunion säen und so einen Zerfall der großen antideutschen Allianz beschleunigen zu können, an den er und seine nächste Umgebung sich als letzten Strohhalm wie Ertrinkende klammerten.

In der Tat weckte Wolffs Mission das höchste Misstrauen des Kreml, obwohl die Westalliierten bereits am 12. März 1945 die Sowjets von dem Züricher Treffen unterrichtet hatten. Moskau verlangte jetzt mit allem Nachdruck, dass sowjetische Beauftragte zu einem in Aussicht genommenen zweiten Gespräch hinzuzuziehen seien. Dieses zweite Treffen fand dann auch am 19. März zwischen dem General der Waffen-SS und Vertretern des Hauptquartiers der 15. alliierten Heeresgruppe, die nun als Nachfolger Eisenhowers der britische Feldmarschall Alexander führte, in Bern statt. „Auf die Frage nach der ‚Alpenfestung' erklärte Wolff, es müsse alles Menschenmögliche getan werden, um eine solche Verteidigung bis zum letzten Mann zu verhindern."[162]

Nachdem die sowjetische Forderung auf eine Beteiligung bei dieser Gesprächsrunde nicht erfüllt worden war, reagierten Stalin und Molotow bitterböse. „Der Sowjetführer warf den Amerikanern vor, auf Betreiben Englands eine Vereinbarung mit General Wolff abgeschlossen zu haben und fragte, warum dies vor ihm geheimgehalten worden sei."[163] Stalin fürchtete offenbar, durch einen vorzeitigen Waffenstillstand in Oberitalien könnten den Westalliierten die Wege über Innsbruck und München in die Tschechoslowakei sowie über Laibach nach Wien geöffnet werden – beides Zonen, die nach Kriegsende sowjetische Einflussgebiete werden sollten. In Stalins Botschaften an den US-Präsidenten war daher fast unverblümt vom „Verrat" die Rede. Churchill und Roosevelt kabelten in ihrer Wortwahl nicht weniger scharf zurück. So gelang es ihnen nicht, den misstrauischen Sowjetführern klarzumachen, dass es sich in Zürich und Bern nur um vorbereitende Gespräche zwischen den Angloamerikanern und den Deutschen gehandelt habe.

Wolff berichtete den Westalliierten, die „Alpenfestung" sei ein Wahnsinn! Sie würde die Leiden des deutschen Volkes nur noch verlängern. Es müsse daher alles Menschenmögliche getan werden, um eine Verteidigung bis zum letzten Mann zu verhindern. Der SS-Obergruppenführer sicherte zu, zwei Bevollmächtigte, je einen für die Wehrmacht und SS, in das Hauptquartier der Alliierten nach Caserta zu entsenden, um die Kapitulationsurkunde zu unterzeichnen. Außerdem sicherte er zu, die Prominentenhäftlinge des Reichsführers-SS – unter ihnen der Generaloberst Franz Halder und der ehemalige österreichische Bundeskanzler Kurt Schuschnigg – im Raum Toblach zu schützen und einen Befehl Hitlers zur Zerstörung der Industrieanlagen in Oberitalien nicht auszuführen. Dulles und die alliierten Generale waren von den Ausführungen beeindruckt. Am 29. März 1945 traf der SS-Obergruppenführer wieder in Fasano am Gardasee ein. Doch tags darauf warnte der argwöhnische Reichsführer-SS seinen Untergebenen, der ein direkter Verbindungsmann zwischen ihm und Hitler war, mit schneidender Stimme, „er habe gehört, dass Wolff seine Familie nach Südtirol kommen lasse. Das wäre ein schwerer Fehler. ‚Ich habe mir die Freiheit genommen, ihn zu korrigieren. Ihre Frau und Ihre Kinder bleiben am Wolfgangsee. Dort stehen sie unter meinem persönlichen Schutz.' Die Familie", so Wolffs Biograph von Lang, „war zu Geiseln geworden."[164]

Der General der Waffen-SS hatte gleich für zwei Familien zu sorgen. Seine geschiedene Frau Frieda hatte es sich mit ihren vier Kindern im noblen Rottach-Egern in der ländlichen Ruhe des Tegernsees bequem gemacht, während seine Frau Ingeborg mit den drei Kindern in ein feudales Quartier im österreichischen Salzkammergut eingezogen war – und zwar im Schloss am Wolfgangsee, in der Nähe des vielbesungenen Gasthauses „Zum Weißen Rößl".

Nicht eindeutig klar war bei den Italienern, „wer alles im voraussichtlich letzten Reduit, der ‚Alpenfestung', unterkommen sollte. Nur die oberste Prominenz? Oder auch Streitkräfte? War anfänglich die Rede von Zehntausenden, so drückte der faschistische Parteiadel die Zahl auf wenige hundert Auserwählte. Deren Zuflucht sollte schwer zugänglich, leicht zu überwachen und zu verteidigen sein, aber doch wiederum unweit zivilisierter Landstriche liegen. Soweit es so etwas am südlichen Alpenrand innerhalb der italienischen Grenzen gab, saßen dort schon überall die Partisanen."[165]

Endzeitstimmung, obwohl Adolf Hitler noch Anfang 1945 zum Höchsten SS- und Polizeiführer in Italien gesagt hatte: „Es ist jetzt nicht nötig, die Verteidigung aufzugeben. Man muss einfach durchhalten. Im Osten kann man noch zwei Monate gegen die Russen Widerstand leisten, und auch die italienische Front muss gehalten werden. In dieser Zeit muss es zu einem Bruch der Allianz zwischen den Russen und den Angelsachsen kommen. Wer von den beiden zuerst an mich gelangt, mit dem werde ich mich gegen die anderen verbünden."[166]

Nach Aussage des Generalfeldmarschalls Kesselring war der Führer noch immer von der „Idee irgendeiner Rettungsmöglichkeit geradezu besessen".[167] Die Wirklichkeit sah jedoch ganz anders aus. Denn auf dem italienischen Kriegsschauplatz war die militärische Lage für die Deutschen aussichtslos geworden. Briten und Amerikaner standen am 2. April 1945 vor Bologna und bereiteten ihre Frühjahrsoffensive vor. Es war am Abend des 9. April, als die alliierte Großoffensive, die Operation „Grapeshot" – Alexanders letzter Sturm gegen die „Apenninstellung" – begann. Am 15. April richtete Wolff an Dulles die dringende Botschaft:

„Ich bitte Sie alles zu tun, die Alliierten an einer verstärkten Offensive zu hindern, Sie würde unnötige Opfer kosten. Ich übernehme die Verantwortung und verbürge mich für eine Kapitulation im Laufe der nächsten Woche.“

Jetzt hatte auch Generaloberst von Vietinghoff, der im März 1945 an die Stelle des an die Westfront befohlenen „italophilen“ Generalfeldmarschalls Kesselring getreten war, seine letzten Bedenken überwunden und war zur selbstständigen Kapitulation entschlossen. Am 24. April sandte er daher Karl Wolff mit allen Vollmachten nochmals in die Schweiz. Dort kam es zwischen dem Höchsten SS- und Polizeiführer in Italien und den Alliierten zu einer Einigung auf der Formel der „bedingungslosen Kapitulation“.

Die Frage John Kimches: „Wer überlistete wen?“ ist keineswegs, so überraschend sie auch klingen mag, rhetorisch gemeint. Denn der Leser wird beim Studium dieses Kapitels kaum daran vorbeikommen, dem Amerikaner Dulles vor allen seinen Gegenspielern – ausgenommen vielleicht der britische – mit dem Preis der List auszuzeichnen. Denn wenn irgendein einzelner der hier handelnden Personen Anspruch darauf erheben kann, die deutsche Erwartung auf ein Zerspringen der angelsächsisch-sowjetischen Kriegskoalition vor einer totalen Niederlage Deutschlands vereitelt und den Plan einer deutschen Wartestellung im bayerisch-österreichischen Alpenreduit zunichte gemacht zu haben, dann dürfte es Dulles gewesen sein.[168]

Am 27. April kam es in Innsbruck zu einem Treffen zwischen von Vietinghoff und Kesselring. Dem neuernannten Oberbefehlshaber Süd unterstanden jetzt alle gegen die Sowjets oder Westalliierten kämpfenden Heeresgruppen in dem bereits vom Norden des Reichsgebietes abgetrennten Südraum einschließlich der „Alpenfestung“. Der Generalfeldmarschall, der darüber im Unklaren gelassen wurde, dass praktisch nur noch die Unterschrift zur „bedingungslosen Kapitulation“ der Heeresgruppe C in Italien zu vollziehen sei, verbot nochmals jedes eigenmächtige Handeln. Doch das Finale hatte auf dem oberitalienischen Kriegsschauplatz ohnehin schon begonnen. Schlaglichtartig ziehen die ereignisreichen letzten Kriegstage an uns vorbei ...

29. April 1945: Die letzten Übergabeverhandlungen wurden zwischen den Deutschen und den Alliierten geführt. Die Bevollmächtigten des Generalobersten von Vietinghoff sowie Vertreter des Höchsten SS- und Polizeiführers in Italien unterzeichneten um 14.00 Uhr im Palazzo Reale des süditalienischen Städtchens Caserta einen von der Obersten Führung nicht genehmigten Waffenstillstand. „Eines allerdings scheint mir klar“, schrieb Allan Dulles in seinem Buch „Unternehmen Sunrise“. „Nachdem Wolff erkannt hatte, dass er und das deutsche Volk von Hitler betrogen und irregeführt worden waren, und dass Hitler mit der Fortsetzung des Krieges Deutschland zu sinnlosem Untergang zwingen wollte, kam er zur Überzeugung, dass es seine Pflicht sei, alles zu tun, um dem Krieg ein Ende zu setzen.“[169]

30. April 1945: Selbstmord des Führers und Obersten Befehlshabers der Deutschen Wehrmacht in seinem Bunker unter der Reichskanzlei. Mussolini wurde am Mailänder Piazzale Loreto mit seiner Mätresse Claretta Petacci kopfüber wie ein abgeschlachtetes Schwein aufgehängt und dann in einer makabren Zurschaustellung dem aufgebrachten Volk präsentiert und dem Hohn der Menge preisgegeben, nachdem er am 28. April bei einem Versuch, sich in die Schweiz abzusetzen, durch italienische Partisanen in der Nähe von Como erschossen und übel zugerichtet worden war. „Erst die Alliierten sorgten dafür, dass sie gegen Abend entfernt wurden. Mussolinis Leichnam wurde in aller Stille auf dem Mailänder Musocco-Friedhof beigesetzt.“[170] Die 5. amerikanische Armee eroberte am 30. April Verona. Die deut-

schen Bevollmächtigten trafen mit der unterzeichneten Kapitulationsurkunde für den italienischen Kriegsschauplatz in Bozen ein. Der Gauleiter von Tirol-Vorarlberg Hofer meldete dies Kesselring. Dieser setzte daraufhin den Generaloberst von Vietinghoff[171] und dessen Generalstabschef Röttiger[172] ab, denn, so der Generalfeldmarschall, „um den 20. April 1945 trat die Frage der Berechtigung des Weiterkämpfens erneut und noch dringlicher an mich heran. Die Abwehrkämpfe hatten im Osten und Westen nicht zum gewünschten Erfolg geführt; Berlin stand in Gefahr. Ich entschied mich abermals für ‚Durchhalten'."[173] Auch jetzt noch! Als neuen Oberbefehlshaber für Italien ernannte Kesselring den General der Infanterie Friedrich Schulz. Chef des Generalstabes wurde Generalleutnant Wentzell. Generaloberst von Vietinghoff resignierte, da er nun ein Kriegsgerichtsverfahren befürchtete. Da schritt der General der Panzertruppen Hans Röttiger zur Tat. Er setzte die neuen Kommandierenden Generale fest, übernahm selbstständig den Oberbefehl über die Heeresgruppe C (Südwest) in Italien und gab an die Armeeführer den Befehl heraus, das Feuer einzustellen. Die Generale Lemelsen und Herr verweigerten jedoch den Befehl. Jetzt war auch Röttiger mit den Nerven am Ende. Doch in dieser verzweifelten Lage wurde er von Karl Wolff unterstützt. Er verhandelte sogleich mit den festgesetzten Generalen. Diese wurden freigelassen und billigten die Kapitulation unter der Voraussetzung, dass Kesselring zustimmt. Währenddessen nahmen die Alliierten die Operationszone „Alpenvorland" in ihren Besitz. Die Reste der deutschen Armeen, die sich in die „Alpenfestung" zurückzogen, waren am Ende ihrer physischen und psychischen Kräfte.

1. Mai 1945: An diesem Tage wurde der Truppe bekannt, dass Adolf Hitler, wie es offiziell hieß, „im Kampf um Berlin gefallen" sei. 22.30 Uhr – ein denkwürdiger Augenblick im Befehlsstollen der Heeresgruppe C (Südwest) in Bozen. Anwesend waren die Generale Schulz, Röttiger, Wentzell, Herr und Lemelsen sowie Ritter von Pohl, der Kommandierende General der nicht mehr existierenden deutschen Luftwaffe in Italien, Vizeadmiral von Löwisch, der Befehlshaber des Marinekommandos Süd, ferner Oberst im Generalstab Josef Moll[174], Oberstleutnant im Generalstab von Schweinitz und die SS-Generale Wolff und Dollmann. Es ging um die Entscheidung, denn der alliierte Feldmarschall Alexander hatte über Funk „Little Wally" in Wolffs Hauptquartier in Bozen einen endgültigen Bescheid gefordert. Jetzt rang sich der Oberbefehlshaber der 10. Armee, General der Panzertruppen Herr, zu dem Befehl durch, das Feuer einzustellen. Diesem Beispiel folgten nun auch die anderen Generale.

Ein ganz anderes Bild über die militärische Lage auf dem oberitalienischen Kriegsschauplatz vermittelt uns dagegen der Wehrmachtsbericht vom 1. Mai 1945. Darin heißt es: „In Oberitalien kämpfen sich unsere Divisionen weiter nach Norden zurück, erwehren sich fortgesetzter Angriffe überlegener feindlicher Kräfte und zerschlugen kommunistisch-terroristische Gruppen, die ihnen den Rückzug abzuschneiden versuchten."[175]

Informieren wir uns abschließend im „Kriegstagebuch des Oberkommandos der Wehrmacht" über die militärische Lage an der südlichen Flanke der „Alpenfestung". Dort steht am 2. Mai 1945: „In Oberitalien drängt der Feind beiderseits des Gardasees weiter nach Norden. In den Gebirgsausläufern nördlich Verona wurde er verlustreich abgewiesen. Die Besatzungen von Mailand und Novara verteidigten sich gegen konzentrische Angriffe des Gegners."[176]

An jenem 2. Mai 1945 tickerte in der Nacht der Fernschreiber. Was er ausspuckte, das waren lauter Verhaftungsbefehle – und zwar gegen von Vietinghoff und Röttiger, gegen Moll und von Schweinitz, gegen Ritter von Pohl und General Deßloch sowie Überweisung des SS-Obergruppenführers Wolff an die Gerichtsbarkeit des SS-Schergen Kaltenbrunner. Die Lage spitzte sich aber noch weiter dramatisch zu. Denn Botschafter Rahn beschwor Kesselring: „Jede Stunde", so sein Appell, „bedeutet den Verlust weiterer Menschenleben, die Zerstörung weiterer deutscher Städte! Alle sind einig, dass es für Deutschland sinnlos und hoffnungslos ist, den Krieg weiterzuführen!"

Diese beschwörenden Worte verfehlten ihre Wirkung nicht. Der Generalfeldmarschall gab nun nach, hob die Verhaftungsbefehle auf und setzte Generaloberst von Vietinghoff und den General der Panzertruppen Röttiger wieder in ihr Kommando ein. So trat am 2. Mai 1945, um 12.00 Uhr mittags (14.00 Uhr italienischer Zeit), doch noch der unterzeichnete Waffenstillstandsvertrag für den italienischen Kriegsschauplatz in Kraft. In buchstäblich letzter Minute war dadurch ein weiteres, sinnloses Blutvergießen verhindert worden. Die Geschütze, die eben noch ihre tödlichen Granaten gegen den Feind geschleudert hatten, verstummten – und zwar ganze sechs Tage vor dem Inkrafttreten der Gesamtkapitulation der Deutschen Wehrmacht am 9. Mai 1945, um 00.01 Uhr.

Diese vorzeitige Kapitulation an der Südflanke der „Alpenfestung" ersparte zwar „Hunderttausenden Soldaten beider Seiten etwa fünf oder sechs Tage sinnlosen Tötens und Sterbens",[177] sie war aber zweifellos sogleich der Gnadenstoß für die „Alpenfestung", weil damit die deutsche Front auf einer Breite von über tausend Kilometern aufgerissen und somit einerseits die westliche Flanke der Heeresgruppe E (Oberbefehlshaber Südost) entblößt und andererseits das südliche Tor zur letzten Bastion des Dritten Reiches ganz weit aufgestoßen wurde. Von nun an waren nämlich alle Bemühungen, die „Kernfestung Alpen" gegen den massierten Vormarsch der Alliierten am nördlichen und östlichen Alpenrand nachhaltig zu verteidigen, zum Scheitern verurteilt, nachdem die Angloamerikaner jetzt ungehindert durch Südtirol bis zum Brennerpass vorstoßen und damit in die zusammengebrochene Südfront der „Alpenfestung" eindringen konnten. Denn „eine ‚Alpenfestung', aus der das ganze Südstück bis zum Inntal herausgebrochen war, hatte keinerlei Aussicht, den unvermeidlichen Zusammenbruch aufzuhalten",[178] weil ihr damit das Rückgrat gebrochen wurde.

Nun war Hitlers Befürchtung eingetreten, die er am 25. April 1945 bei einer Lagebesprechung im Bunker der Reichskanzlei geäußert hatte: „Einen süddeutsch-ostmärkischen Gebirgsblock", so der Führer, „könnte ich nur halten, wenn auch Italien als Kriegsschauplatz behauptet werden könnte." Doch damit nicht genug: Mit dem vorzeitigen Kriegsende in Oberitalien wurde auch die spätere Kapitulation der übrigen dem Generalfeldmarschall Kesselring in der „Alpenfestung" unterstellten Verbände „zu einer bloßen Formalität", denn, so der Diplomat Hermann Neubacher, „es gab nichts mehr zu verhandeln".[179]

Am 3. Mai 1945 wurde vom Sender Bozen der nebenstehende Tagesbefehl des Oberbefehlshabers Südwest (Oberbefehlshaber Heeresgruppe C) an die Truppe bekanntgegeben.

Doch mit der Einstellung der Feindseligkeiten auf dem oberitalienischen Kriegsschauplatz war die Odyssee für die deutschen Gebirgssoldaten an der südlichen Flanke der „Alpenfestung" immer noch nicht beendet. Am 2. Mai 1945 kamen Einheiten nach Trient. Zwei Tage später standen sie in St. Florian, sechs Kilometer nördlich von Salurn, mit umgehängten Gewehren an der Straße, als die Amerikaner um 16.00 Uhr einrückten. Niemand entwaffnete die Deutschen, denn die Amerikaner nährten das Gerücht von einem bevorstehenden gemein-

H. Qu., den 3. Mai 1945.

Tagesbefehl!

Der Kampf auf dem italienischen Kriegsschauplatz hat nach einem letzten heldenmütigen Einsatz der altbewährten Italien-Divisionen sein Ende gefunden.

Der Truppe, die unerschüttert der Materialüberlegenheit des Gegners bis zum letzten standgehalten hat, gebührt mein besonderer Dank. Die Ritterlichkeit, die sie gegen Freund und Feind bewiesen hat, hat ihr die Anerkennung auch der Gegner gesichert. Voll Stolz können wir auf die Taten der Heeresgruppe auf historischem italienischen Boden zurückblicken.

Die deutsche Führung in Italien war sich stets ihrer hohen Verantwortung gegenüber dem deutschen und italienischen Volk bewußt. Ihr politisches und militärisches Handeln an der Front und im rückwärtigen Gebiet diente stets dem Kampf um die Heimat der beiden verbündeten Völker und der Erhaltung der hohen Werte ihrer alten Kultur. Planlose Zerstörungen und sinnloses Blutvergießen müssen vermieden werden, um die letzten Kräfte für den zukünftigen Aufbau zu retten.

Da die hohen, nicht mehr zu ersetzenden Verluste und der fehlende Nachschub an den wichtigsten Mitteln der Kriegführung eine Fortsetzung des Kampfes aussichtslos erscheinen lassen, habe ich mich mit Genehmigung des Oberbefehlshabers Süd, Herrn Generalfeldmarschall Kesselring, und im Einvernehmen mit dem Bevollmächtigten des Reiches, Botschafter Dr. Rahn, dem Höchsten ϟϟ- und Polizeiführer in Italien, ϟϟ-Obergruppenführer Wolff, sowie dem Kommandierenden General der deutschen Luftwaffe in Italien, General Ritter von Pohl und dem Befehlshaber des Marine-Oberkommando Süd, Admiral von Löwisch, entschlossen, den Kampf einzustellen.

Alle dem Reich noch verbliebenen Mittel müssen jetzt dem Kampf gegen die zerstörenden Kräfte des Bolschewismus dienen. Diesem Kampf unserer Kameraden und dem Wiederaufbau einer neuen Ordnung und Gerechtigkeit gelten alle unsere Gedanken.

Auch nach Einstellung der Feindseligkeiten gilt es wie bisher in soldatischer Haltung und in treuer Kameradschaft fest zusammenzustehen und den stolzen Ruf unserer Divisionen auch im Unglück zu bewahren. Die anrückenden Truppen des Gegners erkennen unsere Haltung an, die der Vermeidung sinnloser Zerstörungen dient, und werden uns und unseren Verbündeten eine ehrenvolle Behandlung zuteil werden lassen.

Nur Stärke und Festigkeit im Unglück kann Deutschland vor dem Sturz ins Chaos bewahren.

Es lebe unser deutsches Volk
und unser geliebtes Vaterland!

v. VIETINGHOFF,
Generaloberst.

Tagesbefehl des Oberbefehlshabers Südwest, Generaloberst Heinrich von Vietinghoff, vom 3. Mai 1945 an seine Truppe.

samen Kampf gegen die Russen. Um 17.00 Uhr mussten dann doch die Waffen abgegeben werden. Aber schon am nächsten Tag erhielten die Landser ein Viertel ihrer Waffen wieder ausgehändigt. Am 7. Mai wurden sie dann abermals entwaffnet. Zwei Tage später wurden „fronterfahrene, mindestens 1,80 Meter große Soldaten", wie es hieß, ausgewählt, mit „MP"-Armbinden versehen und am nächsten Tag mit neuen Gewehren und scharfer Munition zum Schutz vor den italienischen Partisanen ausgestattet. Am 15. Mai fand noch ein Übungsscharfschießen mit Gewehrgranaten statt. Erst dann folgte ein langsamer, rund zehn Tage dauernder Übergang zum gewöhnlichen Kriegsgefangenen. „Ich könnte mir denken", resümierte in der Nachkriegszeit der Professor Butterfaß, „dass das ganze Hin und Her Teil einer alliierten List war, um die kapitulierten Truppen, vor denen die Alliierten sogar Monate später noch offensichtlich Angst hatten, gewissermaßen zu ‚bewältigen'. Schon die Rede vom gemeinsamen Kampf gegen Russland könnte Teil der List gewesen sein. Nicht so recht dazu passt aber die Wiederbewaffnung schon Entwaffneter. Oder gab es doch eine Zeit des Schwankens?"[180] Und zwar hinsichtlich eines Zerwürfnisses zwischen den Westmächten und der Sowjetunion, die mit ihren Armeen plötzlich im Herzen Europas standen.

Amerikanische Truppen im Mai 1945 am Brenner.

6. Flankenschutz Operationszone „Adriatisches Küstenland“

Nicht nur die Deutschen haderten mit ihrem Schicksal. Auch Stalin grollte im Kreml. Denn ihm passte die Kapitulation der deutschen Heeresgruppe in Italien überhaupt nicht in seine strategischen Überlegungen. Er behauptete, damit würde es den Deutschen entweder ermöglicht, Divisionen aus dem Süden nach dem Osten zu verlagern oder es würden gar die antikommunistischen Gegner in den westlichen Demokratien die deutschen Divisionen als Reserve für einen Kreuzzug gegen den Bolschewismus bereithalten. Was ihn jedoch am meisten störte, erwähnte er bei seinen Vorbehalten an die Adresse der Westmächte allerdings nicht. Mit dem Partisanenführer Tito, der bereits große Teile Jugoslawiens beherrschte, hatte der sowjetische Diktator verabredet, dass die Rote Armee zu ihm und dann gemeinsam weiter westwärts durchstoßen werde. Nicht nur der ganze Balkan und die Adria, sondern auch ganz Italien und Südfrankreich würden dann proletarisch-solidarisch zusammenstehen, sobald die Rote Armee als Besatzungsmacht in die Po-Ebene eingerückt ist. Gaben die Deutschen jedoch den Westmächten den Weg nach Venedig und Triest kampflos frei, dann war dieser Plan nur mehr Makulatur.[181]

So war es in der Tat. Denn die überraschende Kapitulation der Heeresgruppe C ohne Rücksicht auf die Lage beim Oberbefehlshaber Südost in Istrien und damit der vorzeitige Zusammenbruch der deutschen Front auf dem italienischen Kriegsschauplatz eröffnete den Angloamerikanern mit der 8. britischen Armee nun doch noch den begehrten Weg durch das Friaul und Kanaltal über Udine und Tarvis nach Kärnten und in die Steiermark, um die „Alpenfestung“ gewissermaßen durch die Hintertür aufzurollen. „Dies war“ nach dem britischen Militärhistoriker Liddell Hart „eine erstaunlich optimistische Einschätzung der Möglichkeit, die verschiedenen gebirgigen Hindernisse auf dem Weg zwischen Venetien und Wien schnell zu überwinden – um so erstaunlicher angesichts der wiederholten Rückschläge, welche die Italiener dort im Ersten Weltkrieg schon im ersten Stadium erlitten hatten.“[182]

Nachdem die Heeresgruppe C in Norditalien frühzeitig kapituliert hatte, waren auch für die benachbarte Heeresgruppe E die Würfel in der Operationszone „Adriatisches Küstenland“ gefallen. Dort vollzog sich in den Schlusstagen des Zweiten Weltkrieges in der Hafenstadt Triest, auf der Halbinsel Istrien und im Großraum Fiume die Tragödie des LXXXXVII. Armeekorps des Generals der Gebirgstruppe Ludwig Kübler. Denn sowohl das Generalkommando als auch die ihm unterstellten Divisionen hatten noch am Vorabend der bedingungslosen Kapitulation von einer starren Führung äußerst offensive Kampfaufträge erhalten – und zwar gegen eine vielfache feindliche Übermacht aus regulären Truppen und Partisanenverbänden.

Im Brennpunkt der dramatisch verlaufenden Kampfhandlungen stand neben anderen Verbänden insbesondere die nur unzulänglich bewaffnete und wenig bewegliche 188. (Reserve) Gebirgsdivision mit einer zeitweiligen Verpflegungsstärke von rund vierzigtausend Mann unter Generalleutnant Hans von Hößlin sowie – mit mehr oder weniger großen Abstrichen – die 257. Infanteriedivision unter General der Artillerie Anton Freiherr von Mauchenheim, genannt von Bechtoldsheim, die 237. Infanteriedivision unter Generalleutnant Hans von Graevenitz, die 392. deutsch-kroatische Infanteriedivision unter Generalleutnant Johann Mickl, die 278. Infanteriedivision unter Generalleutnant Harry Hoppe, die 162. (Turk.) Infanteriedivision unter Generalmajor Prof. Dr. Oskar Ritter von Niedermayer, ferner Einheiten der Gebirgstruppe der Waffen-SS wie die 24. Waffengebirgsdivision der SS „Karstjäger“ sowie das italienische Reggimento Alpini „Tagliamento“.

In der Praxis hatten die Befehlsverhältnisse in der Operationszone „Adriatisches Küstenland“ für Kübler zu einer eigenartigen Lage geführt. „Von der alten vorgesetzten Stelle (= Heeresgruppe Südwest) war ihm aufgetragen worden, am Isonzo beiderseits von Görz eine Abwehrstellung mit Front nach Westen zu erkunden und zu besetzen. Das Oberkommando der Marine aber verlangte von ihm den Schutz seiner Kriegshäfen, vor allem den Schutz Polas an der Südspitze von Istrien. Der OBSO (Oberbefehlshaber Südost) hatte außerdem um Aufnahme der geschlagenen 392. Legionsdivision und um die Sperrung der Landpforte von Fiume gegen nachdrängende Gegner in Richtung Laibacher Senke und Triest ersucht.“[183]

Schließlich oblag Kübler sowohl der Küstenschutz an der langen Nordküste der Adria, am Golf von Triest, in Istrien und Fiume als auch die Sicherung im Landesinnern. Seine Verbände lagen hauptsächlich in Görz, Triest, Postumia und Fiume, „Im Bereich des LXXXXVII. Armeekorps waren nicht nur die Küsten befestigt und artilleristisch stark bewaffnet, es ging auch eine Abwehrlinie entlang des Tschitschenbodens zwischen Triest und Fiume. Am Isonzo war eine Stellung, Front nach Osten, im Bau. Die ‚Reichsschutzstellung‘, aus einer Kette feldmäßig ausgebauter Stützpunkte bestehend, war fertig, die Fortsetzung durch Krain ziemlich fortgeschritten. An der Enge westlich Agram gab es eine ausgedehnte Sperrstellung“[184] im südöstlichen Vorfeld der „Alpenfestung“.

Am 10. Februar 1945 informierte Kübler sich über die Fortschritte im Stellungsbau. Er besichtigte dabei unter anderem die festungsmäßigen Bunker bei Villa Decani, in Ospicio und auf der Landzunge. Der Kommandierende General war dabei des Lobes voll. Dann äußerte er sich auch über den Ausbau der „Tschitschenbodenstellung“, die im Anschluss an den linken Flügel der 188. Gebirgsdivision auf der Karsthöhe oberhalb von S. Sergio erfolgen und im weiteren Verlauf dem Höhenzug bei Madonna delle Neve – Monte Tajano (1.028 Meter) – Porta Piccola/Grande – M. Basusizza (1.082 Meter) – M. Trestenico (836 Meter) folgen sollte. Dieser Frontverlauf war nach dem deutschen Rückzug hinter die „Postellung“ als neu zu bauende Zwischenfront vor der eigentlichen Front der „Alpenfestung“ gedacht gewesen.

Um zu verdeutlichen, dass Kübler in der Operationszone „Adriatisches Küstenland“ als Truppenführer das Sagen hatte, war sein Stab zwischen dem 10. und 28. September 1944 in Generalkommando LXXXVII. Armeekorps umgegliedert worden. Von Oktober 1944 bis März 1945 wurde er zunächst der Heeresgruppe C (Oberbefehlshaber Südwest) des Generalfeldmarschalls Kesselring und im April und Mai 1945 schließlich der Heeresgruppe E (Oberbefehlshaber Südost) des Generalobersten Löhr unterstellt. War es nicht stets dieser gewesen, der sich wiederholt sehr pessimistisch über die schwierige, um nicht zu sagen aussichtslose Lage seiner Heeresgruppe E geäußert hatte, weil er zu Recht befürchtete, dass diese aus sowohl westlicher als auch östlicher Richtung von den Alliierten gleichermaßen zusammengeschoben und bei dieser Zangenbewegung vom Reichsgebiet abgeschnitten werden könnte?

„Mit genialer Planung und eiserner Faust“[185] hatte Alexander Löhr zunächst seine in Griechenland stehende Heeresgruppe E in einem Zuge nach Kroatien geführt und das XXXIV. Armeekorps und LXIX. Armeekorps zur besonderen Verwendung nach Ostkärnten und Villach abgedreht, „um alle einströmenden Truppenteile aufzufangen, zu reorganisieren und dann mit ihnen eine Abwehrfront entlang der Karawanken und der Karnischen Alpen aufzubauen."[186] Denn Löhr, der in Rumänien geborene Sohn eines Donauschiffers, der 1936 zum Oberbefehlshaber der österreichischen Luftschutzstreitkräfte ernannt worden war und der sich trotz „enttäuschender Erkenntnisse" nicht als ein „Sohn und Heerführer Österreichs, sondern des geeinten Deutschen Reiches" fühlte[187], wollte mit seinen Soldaten um jeden Preis die südöstliche Flanke der „Alpenfestung" hinter der „naturgewachsenen" Karawankengrenze absichern, um die bedrohten Grenzgebiete Kärntens und der Steiermark zu schützen und somit eine Bolschewisierung Österreichs sowie ein Großslowenien von Triest bis in die entsprechenden Gebiete der ehemaligen k. u. k. Monarchie bis zum Herzogstuhl[188] verhindern. Daher war er wochenlang bestrebt gewesen, seine rund vierhunderttausend Mann starke Heeresgruppe E gegen die österreichische Grenze zurückzuführen.

Der Reichsgau Kärnten hatte im April 1945 als Unterbringungs- und Versorgungsraum sowohl für die Heeresgruppe Süd als auch für die Heeresgruppen E (Oberbefehlshaber Südost) und C (Oberbefehlshaber Südwest) wegen des Heranrückens der alliierten Streitkräfte zunehmend an Bedeutung gewonnen. Daher befahl der Kärtner Gauleiter am 1. Mai 1945 die „Verteidigung der Südgrenze Kärntens um jeden Preis, vor allem Sperrung der vier wichtigen Gebirgsübergänge Plöckenpass, Naßfeldpass, Sattel von Saifnitz-Tarvis, Wurzenpass. Wenige Tage später erinnerte Rainer an den Kärtner Abwehrkampf nach dem Ersten Weltkrieg." Dabei „erwähnte er die Aufgabe der Kärntner Freiwilligen Schützen, die 1915 die Grenze gegen Italien halten mussten".[189]

Am 6. Mai trafen sich der Oberbefehlshaber Süd und der Oberbefehlshaber der Heeresgruppe E in Graz zu einer Besprechung. Anschließend befahl Generaloberst Löhr entscheidende Maßnahmen für die südöstliche Flanke der „.Alpenfestung":

„ 1. Zur einheitlichen und straffen Befehlsführung im Gau Kärnten wird Philipp in Westkärnten und Jochen in Ostkärnten eingesetzt.
2. Abschnittsgrenze zwischen Philipp und Jochen: Tamsweg (69) – Ostende Ossiachersee – Mittagskogel.
3. Abschnittsgrenze zwischen Jochen und 2. Panzerarmee: Kamm der Saualpe – Griffen (69) – Völkermarkt (69) – Lauf der Drau bis Gurkmündung südwestlich Aich (10 Ostsüdost Klagenfurt Haselberg) – 750,8 S (Rabenberg) – 15 SSW.
4. Territorialgrenze zu Korps Rösener: Kärntner Südgrenze 19405."[190]

Gemäß der „Befehlsführung in Kärnten" wurden den beiden Generalkommandos „einsatzmäßig alle Wehrmachtsteile in Kärnten unterstellt, die vollziehende Gewalt blieb beim Gauleiter und Reichsverteidigungskommissar, dem auch die Aufrechterhaltung von Ruhe und Ordnung übertragen war. Der Auftrag an die beiden Generalkommandos lautete, Westkärnten bzw. Ostkärnten mit Schwerpunkt an den südlichen Gebirgshängen durch Sperre und Verteidigung der Übergangsstellen zu sichern und dabei aus dem Raum Tarvis bei überlegenem Feinddruck hinhaltend kämpfend gegen Villach auszuweichen."[191]

Doch die vorzeitige Kapitulation der Heeresgruppe C auf dem norditalienischen Kriegsschauplatz hatte für die Heeresgruppe E verhängnisvolle Folgen. Statt eines gesicherten Rückzuges in die „Alpenfestung" folgten nach der Gefangennahme durch Titos Partisanenverbände die zutiefst demütigenden und menschenunwürdigen, Hunderte von Kilometer langen „Sühne-“, „Hunger-“ bzw. „Todesmärsche“ für rund hundertfünfzigtausend deutsche Soldaten in eine jahrelange grausame jugoslawische Kriegsgefangenschaft. Der Oberbefehlshaber – den Tod vor Augen – begab sich am 15. Mai 1945 freiwillig in Titos Folterlager, obwohl die Briten ihn davon abhalten wollten. Später wurde er im sogenannten Löhr-Prozess zum Tode verurteilt und am 16. Februar 1947 in Belgrad hingerichtet.

Währenddessen wurden nach der Eroberung der „Alpenfestung“ sowohl Kärnten als auch Osttirol „von Menschenmassen geradezu überschwemmt. In Kärnten tauchten vor allem deutsche Wehrmachtseinheiten sowie verbündete Truppen (Kosaken, Slowenen, Ungarn und Kroaten) auf. Nach Osttirol gelangten hauptsächlich Kosaken und deutsche Soldaten. Dazu kamen die alliierten Kriegsgefangenen, Zwangsarbeiter und Zwangsarbeiterinnen und Bombenflüchtlinge, die sich zu Kriegsende noch hier befanden.“[192] Eine traurige Berühmtheit, ja zum „Schauplatz der Weltgeschichte“ wurde das kleine Osttirol nach Kriegsende „mit der britischen Auslieferung der Kosaken an die Sowjets, die auf List und brutalem Vorgehen basierte“[193] und für Abertausende als blutige „Tragödie an der Drau“ endete.[194]

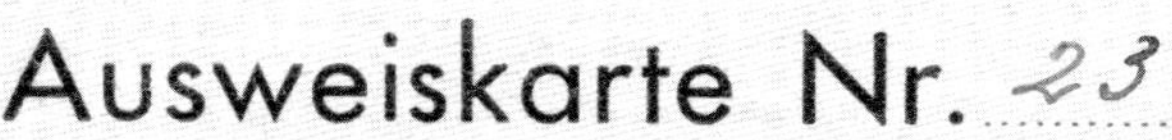

Ausweiskarte Nr. 23

~~Herr~~/Frau/~~Fräul.~~ Hacker kann bei Fliegeralarm während unserer Arbeitszeiten mit 1 Personen den zum Schutz **nicht** ausgebauten Teil unserer Kellerräume aufsuchen.

16. XI. 44

Ausweiskarte ausgestellt am 16. November 1944 für den Fall eines Fliegeralarms.

General der Gebirgstruppe Ludwig Kübler, kommandierte das LXXXXVI. Armeekorps und war Befehlshaber der Operationszone „Adriatisches Küstenvorland".

Generalleutnant Hans von Hößlin war der Kommandeur der 188. Gebirgsdivision, die zeitweise eine Stärke von rund 40.000 Mann in der Operationszone „Adriatisches Küstenvorland" umfasste.

Generelleutnant Hans von Hößlin mit seinem Stab während einer Geländeerkundung oberhalb von Pola.

Hinweisschild auf ein gefährliches Partisanengebiet für durchfahrende Fahrzeuge auf der Halbinsel Istrien.

Aus Beton gefertigte Küstenbefestigungen bei Fiume.

Ein deutscher Erkundungstrupp an der Flitscher Klause, wo im Ersten Weltkrieg die Mittelmächte während der 12. Isonzoschlacht den entscheidenden Durchbruch erzielten.

Erkundungsfahrt bei bestem Wetter in den Julischen Alpen.

Eine Kolonne überschreitet die Isonzobrücke bei Tolmein.

Ein Trupp Soldaten kurz vor der Überquerung einer Eisenbahnbrücke bei Idria.

Deutsche Soldaten beim Durchkämmen eines Partisanengebietes zwischen Tolmein und Idria.

Treffen einer deutschen Einheit mit mussolinitreuen italienischen Streckenposten in der Operationszone „Adriatisches Küstenland“.

Marsch einer Gruppe deutscher Soldaten zum Partisaneneinsatz im Karstgebiet.

General der Gebirgstruppe Julius Ringel war Befehlshaber im Wehrkreis XVIIII in Salzburg bzw. Graz sowie Befehlshaber der Alpenfront Nordost.

Generaloberst Dr. Lothar Rendulic war Oberbefehlshaber der Heeresgruppe Ostmark.

Erster Einsatz der Landesschützen in der „Reichsschutzstellung“.

General der Panzertruppe Hermann Balck war bei Kriegsende Oberbefehlshaber der 6. Armee sowie der Armeegruppe Balck, die sich aus dem Armeeoberkommando 6 und der 2. ungarischen Armee zusammensetzte.

Admiral Nikolaus von Horthy war bis Oktober 1944 Reichsverweser von Ungarn.

Der Reichsjugendführer Baldur von Schirach bei der militärischen Ausbildung von jugendlichen Schanzern und Angehörigen des Volkssturmes in der „Reichsschutzstellung".

Entlang wichtiger Verkehrsverbindungen am Ostrand der „Alpenfestung" wurden sogenannte „Fallkörpersperren" betoniert, die den Gegner aufhalten sollten.

Generalleutnant August Wittmann, der Kommandeur der 1. Volksgebirgsdivision.

Essensausgabe für einen Bautrupp der Hitlerjugend in der „Reichsschutzstellung". Die Arbeitszeit pro Tag betrug im Regelfall dreizehn Stunden.

Oberst Heribert Raithel, der Führer der Kampfgruppe „Semmering", später 9. Gebirgsdivision.

Soldatenfriedhof und Heldengedenkstätte auf dem 1.743 Meter hohen Hochwechsel. Auf diesen Höhen starben im April und Mai 1945 siebenundvierzig Soldaten der Wehrmacht.

Gefechtsstand auf dem Sonnwendstein in den Ostalpen.

Adolf Hitler wollte Linz an der Donau, die Stadt seiner Jugend, zum kulturellen Zentrum Europas ausbauen.

Hermann Göring bei der Einweihung der nach ihm benannten „Reichswerke Hermann Göring" in Linz am 13. Mai 1938, deren „Hauptleiter" er war.

Während die Reichshauptstadt Berlin bereits in Schutt und Trümmer versank, betrachtete Hitler in seiner schon beschädigten Reichskanzlei noch im Februar 1945 das Modell seiner „Führerstadt" Linz. Der Zweite von rechts auf dem Foto ist Ernst Kaltenbrunner.

Sherman-Panzer der US-Armee rollen an Gefangenenkolonnen vorbei zum Einsatz gegen die „Voralpenstellung".

Amerikanischer Panzerspähwagen auf dem Hauptplatz von Linz.

Erst am 8. Mai 1945 trafen amerikanische und sowjetische Offiziere auf der Ennsbrücke zusammen. Dort verlief auch die Demarkationslinie zwischen den Alliierten. In der Nachkriegszeit kamen an dieser noch viele Menschen ums Leben.

7. Vom „Ostwall“ zur „Reichsschutzstellung“

Seit dem Sommer 1944 geisterten immer wieder Gerüchte von einer sogenannten „Reichsschutzstellung“, die auch als „Südostwall“ oder kurz „Ostwall“ bezeichnet wurde, durch die Täler und die davorgelagerten Niederungen der Ostalpen. In der Tat war an diesen Parolen etwas sehr Wahres dran. Denn wie im Süd- und Südostabschnitt der Alpen, wo laut Weisung Hitlers mit Baumaßnahmen für eine „Voralpenstellung“ bereits 1943/44 in Anlehnung an die Befestigungssysteme und Stellungen aus den Jahren vor und während des Ersten Weltkrieges begonnen worden war, so war auch die „Reichsschutzstellung“ an der östlichen Flanke der „Alpenfestung“ eine Realität.

Als die Kriegsgefahr aus dem Osten in Richtung Reichsgebiet näher rückte, erhielt der Chef des Generalstabes des Heeres, Generaloberst Heinz Guderian, schon bald nach dem 20. Juli 1944 die Genehmigung, „Ostbefestigungen“ errichten zu lassen. Sie sollten von der Kurischen Nehrung im Norden bis zur Adria im Süden angelegt werden. Hierbei hatten sich die Dienststellen der Deutschen Wehrmacht auf die rein militärischen Aufgaben zu beschränken, da den Gauleitern hierfür als „Reichsverteidigungskommissare“ laut Führerbefehl vom 1. September 1944 die Durchführung der Befestigungssysteme an der Reichsgrenze und in ihren Gauen übertragen wurde.[195] Nun erging am 12. September 1944 der detaillierte Geheimbefehl über den Ausbau im Südosten:[196]

1. Ich befehle den Ausbau einer Grenzstellung in den Gauen Kärnten und Steiermark auf deutschem Reichsgebiet etwa in der Linie:
   Tolmein (hier Anschluss an die blaue Linie) – nördlich Laibach – Verlauf der Save bis nordwestlich Gurkfeld – von dort nach Nordosten bis westlich Varazdin.
2. Der Ausbau ist mit den Mitteln eines Volksaufgebots durchzuführen und wird verantwortlich übertragen:
   a) dem Obersten Kommissar der Operationszone Adriatisches Küstenland und Gauleiter des Gaues Kärnten, Gauleiter Dr. Rainer
   b) dem Gauleiter des Gaues Steiermark, Gauleiter Uiberreither in ihren Gauen.
3. Die rein militärischen Aufgaben für den Ausbau obliegen dem Chef Heeresrüstung und Befehlshaber des Ersatzheeres nach Weisung Oberkommando der Wehrmacht/Wehrmachtführungsstab – Unter ihm ist zur Durchführung der militärischen Aufgaben verantwortlich einzusetzen: Stellvertretendes Generalkommando XVIII, das mit den Gauen Kärnten und Steiermark zusammenarbeitet.
4. Militärische Aufgaben:
   a) Sicherung noch erforderlicher Erkundung, des Ausbaues sowie ausgebauter Stellungen gegen Banden durch aus eigenem Befehlsbereich zu stellende Sicherungskräfte.
   b) Bestimmungen der taktischen Linienführung der Stellung aufgrund der laufenden Erkundung. – Hierzu hat Stellvertretendes Generalkommando XVIII mit Oberbefehlshaber Südwest in unmittelbarer Verbindung den Anschlusspunkt der Stellungen festzulegen.
   c) Festlegen der Dringlichkeit im Ausbau der einzelnen Abschnitte.

d) Bestimmung der Art des Ausbaues auf Grund der taktischen und technischen Kampferfahrungen und der verfügbaren Mittel. – Die für Durchführung der Aufgaben von b) bis d) erforderlichen Erkundungs- und Pionier-Sonderstäbe sind durch das Stellvertretende Generalkommando XVIII aus eigenem Bereich aufzustellen. – Darüber hinaus erforderliche Anforderungen sind in beschränktem Umfang über Chef Heeresrüstung und Befehlshaber des Ersatzheeres an Oberkommando der Wehrmacht/Wehrmachtführungsstab zu richten.

5. Der Ausbau selbst ist so durchzuführen, dass, wo starke Angriffe mit Panzern möglich sind, ein durchgehendes Panzerhindernis und ein durchlaufendes tiefgegliedertes Stellungssystem entsteht, sowie die Vorbereitungen für eine Zerstörungszone feindwärts der Stellung getroffen werden.
6. Alle für den Ausbau der Stellungen eingesetzten militärischen Dienststellen und Truppen bleiben den vorgesetzten militärischen Dienststellen unterstellt. – Für den reinen Arbeitseinsatz werden sie an die Anordnungen der Gauleiter gebunden.
7. Die Erfassung der zivilen Arbeitskräfte und ihr Einsatz ist Aufgabe der Gauleiter. Sie übernehmen auch die Betreuung und Versorgung dieser Kräfte einschließlich der eingesetzten Organisation Todt (OT).
8. Einsatz der OT im Rahmen des Ausbaues:
Soweit OT-Kräfte für den Ausbau zur Verfügung stehen, sind sie auf Grund unmittelbarer Vereinbarungen zwischen den Gauleitern und der OT derart einzusetzen, dass die OT den notwendigen Bauapparat zur Verfügung stellt und die fachliche Aufsicht bei der Ausführung der Bauarbeiten übernimmt. – Verantwortlich für den Ausbau bleiben die Gauleiter. Zu ihnen tritt jeweils die örtliche OT-Dienststelle als technische Abteilung.
9. Nachschub an Stellungsbaumaterial aller Art: Gemäß Befehl Oberkommando der Wehrmacht General der Pioniere und Festungen.
10. Die Gauleiter melden mir sobald als möglich über den Leiter der Parteikanzlei über die beabsichtigte Organisation des Ausbaues und die aufzubringenden Arbeitskräfte, Chef Heeresrüstung und Befehlshaber des Ersatzheeres zum 1. und 15. jeden Monats über Ausbaustand und Baufortschritt.

Gez Adolf Hitler –
OKW/WFSt/Op (H) Nr 00 11093/44 gKdos

Über den „Stellungsbau im rückwärtigen Gebiet", womit die „Reichsschutzstellung" gemeint war, enthält das „Kriegstagebuch des Oberkommandos der Wehrmacht" 1944 folgende Eintragung: „Am 16. September meldete der Gauleiter von Steiermark, Uiberreither, dass der Großeinsatz am 17. September beginnen könne, dass jedoch die Erkundungs- und Baustäbe noch nicht eingetroffen seien und der Bau zu zwei Drittel in Bandengebieten durchgeführt werden müsse, weshalb neue Sicherungskräfte erforderlich seien. Im Zulauf waren bereits drei Landesbaupionierbataillone aus dem Ostpreußeneinsatz, ferner sechzig Arbeitsabteilungen zu je sechzig Mann, die bewaffnet waren."[197]

Vorgesehen waren in einem ersten Planungsentwurf im Osten und Südosten der Ostmark sowie im italienisch-jugoslawischen Grenzraum nicht weniger als drei Verteidigungslinien.

Zum Beauftragten für die Errichtung einer Widerstandslinie zwischen dem Semmering und der Mur, der Drau und der Save wurde Generalmajor Alois Windisch ernannt. Da diese Verteidigungslinien die östliche und südöstliche Flanke der „Alpenfestung" abschirmen sollten, wollen wir sie etwas genauer betrachten:

Die 1. Linie verlief von den Weißen Karpaten westlich von Trenčin über Holič, Wien, Baden bei Wien und Gutenstein zum Schneeberg und von dort durch das Wechselgebiet, den Raum ostwärts von Oberwart entlang nach Strem, Radkersburg, Varaždin und Agram (Zagreb) nach Adelsberg.

Die 2. Linie verlief von St. Pölten über Lilienfeld und Mariazell nach Bruck an der Mur – mit einer Verbindung entlang der Fischbacher Alpen zum Wechselgebiet – und von dort über die Koralpe nach Unterdrauburg.

Die 3. Linie verlief von Hieflau über Leoben und die Koralpe nach Unterdrauburg, von wo aus sie sich dann gemeinsam mit der 2. Linie zum Triglavmassiv und dann weiter zur „Isonzostellung" erstreckte.[198]

Auch über diese südlichste Linie des „Ostwalls", die das südöstliche Vorfeld der „Alpenfestung" abschirmte und ihre Ergänzung in weiteren Stellungen um die Steiermark herum und entlang des Burgenlandes fand, erfahren wir näheres aus dem „Kriegstagebuch des Oberkommandos der Wehrmacht":

„Die Errichtung von Sperren auf den Karnischen Alpen war eingeleitet. Die Karawanken konnten nur am Südfuß verteidigt werden. Daraus ergaben sich drei Linien:

1. Tolmein – Isonzo – nördlich Görz – Farnowones – Birnbaumer Wald – Adelsberger Pforte – Save.
2. eine Zwischenstellung mit oder ohne Laibach,
3. die Karawanken-Vorstellung.

Im Einvernehmen mit den militärischen Stellen beantragte der Gauleiter, die Provinz Laibach aus der Operationszone zu lösen und sie dem Generalkommando Salzburg anzugliedern [...]"[199]

Zunächst verliefen die Planungen hinsichtlich des „Ostwalls" und der „Reichsschutzstellung" unter größter Geheimhaltung. „Die betroffenen Reichsverteidigungskommissare, nämlich Baldur von Schirach (Wien), Dr. Hugo Jury (Niederdonau) und Dr. Siegfried Uiberreither (Steiermark), gingen aber unter sehr unterschiedlichen Voraussetzungen an den Stellungsbau heran."[200] Nachdem die Rote Armee im letzten Kriegsjahr in Ungarn immer weiter in Richtung auf die Ostgrenze des Reiches – mit Stoßrichtung auf Wien, den Donauraum und die Steiermark – vordrang, wurden die Anstrengungen bezüglich der zu treffenden Verteidigungsmaßnahmen deutscherseits verstärkt. Allerdings wiederum nicht in dem Maße wie im Westen beim Ausbau des „Atlantik-" oder „Westwalls"; kurzum, der Ausbau der Verteidigungslinien im Osten wurde nicht so sorgfältig betrieben, wie es notwendig gewesen wäre, um dem Druck, den die Sowjets mit weit überlegenen Kräften ausübten, auf Dauer wirklich gewachsen zu sein. Dennoch war im Herbst 1944 mit dem Bau der „Reichsschutzstellung" entlang der österreichisch-ungarischen Grenze und am 9. Oktober 1944 mit dem Stellungsbau

Nationalsozialistische Deutsche Arbeiterpartei

Partei-Kanzlei

Der Leiter der Partei-Kanzlei **Führerhauptquartier, den** 27.9.1944

A n o r d n u n g 278/44.

Betrifft: Instandhaltung und Sicherung der Stellungen.

Auf Befehl des Führers beauftrage ich die für den Stellungsbau verantwortlichen Gauleiter:

1.) Mit der Instandhaltung und Bewachung der von ihnen errichteten und von unseren Truppen noch nicht besetzten Stellungen einschließlich des eingelagerten und eingebauten Materials,

2.) mit der Aufstellung von Sicherungsbesatzungen, die bei Annäherung des Feindes die Stellungen bis zum Aufbau einer planmäßigen Abwehr durch die Truppe verteidigen.

Die erforderlichen Maßnahmen sind im Benehmen mit den zuständigen stellvertretenden Generalkommandos durchzuführen; die Sicherungsbesatzungen sind im Rahmen des Deutschen Volkssturms aufzustellen

gez. M. B o r m a n n .

Verteiler: Gauleiter,
nachrichtlich: Reichsleiter,
Verbändeführer.

F.d.R.:
[Unterschrift]

Schlagwortkartei: Stellungsbauten - Instandhaltung - Sicherung.

Ordnungszahl: Mob.

Anordnung von Reichsminister Bormann an die verantwortlichen Gauleiter zur „Instandhaltung und Sicherung der Stellungen" vom 27. September 1944.

entlang der Ostgrenze der Steiermark begonnen worden. So entstand der „Festungsabschnitt Steiermark", der dem Generalmajor Kurt von Jesser unterstellt wurde. Er bildete sogleich zwei Unterabschnitte – und zwar:

Der Unterabschnitt Süd reichte zunächst von Rann über Friedau bis Radkersburg, wurde dann aber sehr schnell bis Straden erweitert. Nach Oberst Treeck übernahm Oberst Köppel mit der Zuführung des Gebirgsjägerersatzregiments 137 das Kommando. Der Unterabschnitt Nord wurde von Radkersburg bzw. Straden bis zum Geschriebenstein festgelegt. Kommandant war zunächst der Chef des Wehrbezirkskommandos, Oberst Kahlen, der später von Oberst Behrendt abgelöst wurde. Der „Festungsabschnitt Steiermark" schloss beim Geschriebenstein an den „Festungsabschnitt Niederdonau" an. Zur Erkundung und Festlegung dieser Stellung wurde im Wehrkreis XVIII der Stab des ehemaligen Kaiserjägers Generalmajor Wilhelm Weiß in Graz geschaffen, der dem Höheren Pionierkommandeur zur besonderen Verwendung XVIII, Generalleutnant Richard Zimmer, unterstand.

Im November 1944 erhielt unter anderem der Gebirgsjäger Otto Samans einen Marschbefehl nach Graz, um an der „Sicherung der Steiermark", so das Kommandounternehmen, mitzuwirken. Zunächst wurde er mit einigen Kameraden an die Südgrenze, also nach Slowenien, geschickt. Dort fanden sie Quartier in Radeče (Ratschach) bei Zidani Most, wo sich die von Marburg kommende Eisenbahnstrecke nach Laibach und Agram teilt. Außer einer Erkundungsfahrt mit dem Schlitten kamen sie zu keiner nennenswerten Tätigkeit im Gelände, da das Gebiet als partisanengefährdet galt. Erst einige Tage zuvor war in Celje (Cilly) der Kreisleiter auf offener Straße erschossen worden. Nach einer Woche brachte Samans dennoch Pläne mit dem Zug über Gurkfeld (Krško) nach Agram. Dann kehrte er allein in die steirische Landeshauptstadt zurück, wo er zur Verstärkung eines „Erkundungsstabes" nach Oberwart an die Ostgrenze befohlen wurde. „Ich bekam den Auftrag", gab er später zu Protokoll, „in dem zugeteilten Abschnitt an der ungarischen Grenze Stellungen für schwere Maschinengewehre und 8-cm-Granatwerfer im Gelände zu erkunden, auszupflocken und in Karten einzutragen. Mit einem Unteroffizier bin ich etwa zwei bis drei Wochen Mitte Dezember 1944 bei Schachendorf und den Nachbarorten durch den Schnee gestapft. Zivile Arbeitskräfte, die die Stellungen ausbauen sollten, schien es zunächst zu geben [...] In einer Kundgebung tönte der Gauleiter lauthals, dass ‚kein Meter deutschen Bodens' aufgegeben werde. In Oberwart hatten wir einige Zeit damit zu tun, unsere Pläne in Karten verschiedener Maßstäbe einzutragen."[201]

Daraufhin begann man unverzüglich mit dem Auspflocken der Stellungen entlang der Reichsgrenze von Geschriebenstein bei Rechnitz das Pinkatal abwärts bei Jennersdorf und dann quer über das Raabtal bis Radkersburg. Mit Hilfe der Erkundungsstäbe hatten Generalmajor Weiß und der Festungspionierkommandeur II, Oberst Messerschmidt, ein derart brauchbares Stellungssystem auspflocken lassen, dass zwischen dem 9. Oktober und 1. November 1944 mit dem Ausbau der „Reichsschutzstellung" begonnen werden konnte. Im Abschnitt Oberwart – Fürstenfeld begann der Stellungsbau beispielsweise am 9. Oktober und dauerte bis zum 31. März 1945. „Zunächst entstanden zwei Stellungslinien, die entlang der damaligen steirisch-ungarischen Grenze verliefen. Im Abschnitt Rechnitz wurde die A-Linie auf ungarisches Gebiet vorgeschoben. Die B-Linie verlief innerhalb der Reichsgrenze. Auch in den Kampfabschnitten Güssing, Lafnitztal und Raabtal konnten noch auf ungarischem Gebiet Vorstellungen gebaut werden. Zuvorderst entstanden Panzergräben mit den dazugehörigen

Kletterwänden quer über das Lafnitztal bei Heiligenkreuz, über das Raabtal bei Jennersdorf, ferner bei Minihof-Liebau usw. Dann folgten die sehr zahlreichen übrigen Anlagen der Schutzstellung in Form von Erdbefestigungen, verstärkt durch Faschinen und Bäume. Auch granatwerfersichere Unterstände wurden zahlreich erbaut und Stellungen für schwere Waffen. Die reichlich vorhandenen Unterstände waren durchwegs aus Holz. Allein für den Abschnitt von Oberwart bis Fürstenfeld gab es fünfhundertsechzehn. Größere Betonierungsarbeiten wurden nur in Rechnitz, Feldbach und Radkersburg durchgeführt. Es entstanden also wohl Gefechtsstände, Unterkunftsbunker, Kampfstände und Panzergräben, aber keine Laufgräben, was sich manchmal als ausgesprochener Mangel erwies. Drahthindernisse fehlten zum Teil, außerdem waren sie nur schwach."[202]

Ähnlich wie im Wehrkreis XVII wurde auch in der Steiermark eine eigene Dienststelle unter Generalmajor Kurt von Jesser mit der Vorbereitung zur Kampfführung betraut. Nachdem bis zum Dezember 1944 ein Teil der „Reichsschutzstellung" entlang der steirischen Ostgrenze vollendet worden war, befahl der Stellvertretende Kommandierende General und Befehlshaber im Wehrkreis XVIII, General der Gebirgstruppe Julius Ringel, die Bildung von zwei taktischen Stäben. „Die Abschnittskommandanten hatten die Besetzung der Grenzschutzstellungen vorzubereiten, stellten damit das Gerippe für die spätere Besetzung der Verteidigungsstellungen dar und bildeten eine Auffanglinie des Feldheeres. Sie hatten im unmittelbaren Grenzgebiet die Alarmbereitschaft aller dort liegenden Teile der Ersatz- und Feldwehrmacht sicherzustellen und wiesen diese Einheiten in die Stellungen ein. Sie hatten alle Vorbereitungen für die Ortsbefestigung in den Ortsunterkünften und für die Errichtung von Straßensperren zu treffen. Alle in diesem Gebiet liegenden Einheiten der Ersatzwehrmacht einschließlich Wehrmachtsstandortältesten und der Wehrdienststellen sowie der Feldwehrmacht einschließlich Versorgungseinheiten wurden territorial den Abschnittskommandanten unterstellt."[203]

Neben der Organisation Todt und den zum Kriegsdienst verpflichteten Arbeitskräften wurden auch Tausende von KZ-Häftlingen zum Bau der „Reichsschutzstellung" herangezogen. „Wir werden bei Bauern ins Quartier eingewiesen und melden uns am nächsten Tag zur Schanzarbeit", erinnert sich Hans Meixner. „Spaten werden verteilt, eine Baufirma hatte schon vermessen und ausgepflockt. Wir stechen den Rasen ab und schaufeln einen Panzergraben, sechs Meter breit und drei Meter tief soll er werden und über hundert Kilometer lang. Die ersten fünfundzwanzig Zentimeter gehen gut, aber wir sind die schwere Arbeit nicht gewöhnt. Blasen auf den Händen sind die Folge, Verpflegung wird einmal am Tag ausgegeben, die Anschaffer hört man schon von Weitem brüllen [...] Waschgelegenheit haben wir nicht, Arbeitskleidung auch nicht, wir schauen bald wie die Zigeuner aus, der Graben wird immer tiefer und das Schaufeln immer schwerer."[204]

Insgesamt sollen zwischen fünfzig- und hunderttausend Menschen sechs Monate lang beim Bau der „Reichsschutzstellung" eingesetzt gewesen sein. „Tausende gingen unter den unmenschlichen Schikanen und Quälereien der nationalsozialistischen Behörden und Organe zugrunde. Meter für Meter dieser in den burgenländischen oder ungarischen Boden mit Schweiß und Blut getriebenen Stellungen wurde nach Fertigstellung von den Planungs- und Baustäben kartographisch erfasst – und ebenso von den Alliierten sorgfältig registriert."[205]

Als der Winter 1944/45 in die „Reichsschutzstellung" mit seinem frostigen Regiment einzog, schien die Arbeit vielerorts umsonst gewesen zu sein. Denn aufgrund der Witterungseinflüsse – aber auch wegen der schlechten Arbeitsleistungen der wenig motivierten Bautrupps – stürzten „viele Gräben und Deckungslöcher wieder ein und mussten neu ausgeschaufelt werden. Aufgrund eines Führerbefehls vom 22. Februar 1945 waren daher diese Stellungen dort, wo die Boden- und Grundwasserverhältnisse einen raschen Verfall erwarten ließen, nur mehr dann zu bauen, wenn sie kurz darauf von Truppen besetzt wurden. Eine Verschalung mit Holz oder Faschinen war in jedem Fall anzustreben. Nach Abschluss der Bauarbeiten blieben die Erkundungstrupps in der Stellung und achteten darauf, dass nicht neuerlich größere Teile einstürzten. Sie hatten weiters die Aufgabe, die Besatzung für den ‚Südostwall', die erst herantransportiert werden musste, an Ort und Stelle einzuweisen."[206]

Nun rückten auch die eben erst aus der Taufe gehobenen steirischen Alarm- und Volkssturmverbände – Hitlers letztes Aufgebot, für das die Bekleidung und Ausrüstungsgegenstände teilweise erst noch gesammelt werden musste – in die „Reichsschutzstellung" ein, um sie zu verstärken. „Die Volkssturmbataillone des Reichsgaues Steiermark sollten nach einem eigenen Kriegsstärkenachweis gegliedert und ausgerüstet werden, doch schon das erste Aufgebot konnte nicht ausreichend bewaffnet werden. Meistens hatte jeder Mann ein Gewehr, außerdem kamen auf jedes Bataillon einige Maschinenpistolen, auf die Kompanie zwei Maschinengewehre 42 und auf das Bataillon zwei mittlere Granatwerfer. Panzerfäuste waren ausreichend vorhanden. Tross gab es keinen und meist auch keine Feldküche, sodass die Verpflegung zu einem großen Problem wurde. Die Volkssturmbataillone des zweiten Aufgebots waren noch viel schwächer bewaffnet und hatten pro Bataillon meist nur hundertfünfzig Gewehre unterschiedlicher Herkunft. Das dritte und vierte Aufgebot kam für einen bewaffneten Kampf nicht mehr in Frage. Die Ausbildung des Volkssturms war allgemein denkbar mangelhaft."[207]

So waren diese Kräfte summa summarum viel zu schwach, um am „Südostwall" eine wirkungsvolle Verteidigungslinie aufbauen zu können. Und die Moral der Arbeitskräfte war auch nicht gerade die allerbeste, denn „die Ostarbeiter unterstanden meist schamlosen SA-Männern, die ziemlich grausam mit ihnen umgingen".[208]

Dort, wo die Ostalpen auslaufen und in den Beckenlandschaften der Steiermark und des Burgenlandes verebben, war nach der verlustreichen Frühjahrsschlacht am Plattensee die Erde noch immer grundlos aufgeweicht. Doch auf den Bergen und Höhen, in den stark gegliederten Fischbacher Alpen und im weitgehend waldfreien Wechselgebiet, ja sogar im reich bewaldeten Joglland und in der Buckligen Welt lag noch immer der Schnee. Dennoch war nicht zu übersehen, dass der Frühling nahte.

Jetzt galt es, die Zeit zum Ausbau der Stellungen zu nutzen, zumal die Sowjets nach ihrem Triumph in der ungarischen Tiefebene eine Pause einlegen mussten, um ihre Verbände der 3. Ukrainischen Front, die die vier Armeen der deutschen Heeresgruppe Süd in aufreibenden Kämpfen zurückgedrängt hatten, neu zu ordnen. Das galt aber auch für die drei Armeekorps der zeitweilig auseinandergerissenen 6. Armee, die General der Panzertruppen Hermann Balck, im Ersten Weltkrieg Angehöriger des Deutschen Alpenkorps und daher besonders erfahren im Gebirgskampf, befehligte; insbesondere jedoch für das IV. SS-Panzerkorps und das III. Panzerkorps, die trotz einer drohenden Vernichtung durch die Sowjets noch rechtzeitig entweichen konnten und nun die „Reichsschutzstellung" zwischen der Raab und dem Raum um Rechnitz erreicht hatten. Im Gebiet zwischen den Südausläufern der Buckligen Welt und dem unteren Lafnitztal lag die Befehlsführung beim General der Panzertruppen Hermann Breith, der das

III. Panzerkorps kommandierte. Ihm unterstanden neben der Heeresartillerieabteilung 171 an Großverbänden die Kampfgruppe Artilleriekommando 3 des Artilleriekommandeurs III. Panzerkorps, Oberst Semmer, die „Divisionsgruppe Krause" des Generalleutnants Walther Krause, der „Sperrverband Motschmann", der aus dem SS-Polizeiregiment 13 gebildet worden war, und die 1. Volksgebirgsdivision[209] des Generalleutnants August Wittmann sowie in gewisser Hinsicht aber auch Einheiten der „Kampfgruppe Semmering" des Obersten Heribert Raithel und Einheiten der Waffen-SS. „Die Moral der Truppe war nicht besonders [...]. Die erste Volksgebirgsdivision hatte am 5. April noch acht einsatzbereite Jagdpanzer 38 und vierzehn 7,5-cm-Pak."[210]

Diesen mehr oder weniger desolaten deutschen Verbänden – insgesamt rund zwanzigtausend Mann, denen es, so Othmar Tuider in seiner Studie über „Die Kämpfe im Vorgelände der Fischbacher Alpen 1945", „allenthalben an Waffen, Munition und Treibstoff mangelte",[211] – stand Anfang April 1945 die Masse der sowjetischen 26. Armee des Generals N. A. Gagen mit dem XXX. und dem CXXXV. Schützenkorps sowie mit dem V. Gardekavalleriekorps gegenüber; sowjetische Truppen also, die „zwar auch nicht mehr ihre volle Kampfstärke aufwiesen", die aber den Deutschen „sowohl an Zahl wie auch an Material bei Weitem überlegen waren".[212]

Dennoch konnten die Wehrmacht und Waffen-SS vorerst eine Angriffswelle nach der anderen abweisen. Aber um welchen Preis! Die deutschen Verluste, die insbesondere durch die sowjetische Artillerie verursacht wurden, waren beträchtlich. Nur unter Aufbietung aller Kräfte konnte die deutsche Stellung am 28. März gehalten werden. An eine Fortsetzung des befohlenen Angriffs in Richtung Raab war jedoch bei dieser deprimierenden Unterlegenheit nicht zu denken. Noch am Abend überschlugen sich die Ereignisse, als mehrere Feindeinbrüche am Ostrand von Gyertyanos und am Nordrand von Beicz die eigene Front unter beiderseits großen Verlusten zerschlagen hatten. Nur mühsam gelang es den Deutschen, die sich anbahnende Flucht nach Süden in einem halbwegs geordneten und hinhaltenden Widerstand aufzufangen. Aber das große Tohuwabohu war bereits da. Vorwärts stürmende Rotarmisten vermischten sich mit zahlreichen kampfmüden und flüchtenden deutschen Truppenteilen. Alle Verwundeten, die nicht mehr marschfähig waren, fielen dabei in die erbarmungslosen Hände der Sowjets. Ein Vorgang, der nicht gerade dazu angetan war, die Moral der Truppe zu festigen.[213]

Während der mitternächtlichen Stunden vom 28. auf den 29. März 1945 flossen die letzten Truppenteile ostwärts der Raab im Schutze der Dunkelheit über die noch intakte Brücke nach Westen in einen Sperrriegel ab. Aber bevor es noch zur Bildung einer durchgehenden Verteidigungsfront gekommen war, erreichten die ersten sowjetischen Soldaten am 29. März bei Rechnitz die Reichsgrenze im seinerseits steirischen Festungsabschnitt des Burgenlandes. Am Abend dieses Tages genehmigte Hitler die Zurücknahme der Front der Heeresgruppe Süd auf die „Reichsschutzstellung", „doch war diese Linie in Niederösterreich bereits durchbrochen. In den Abendstunden des 29. März räumte das Volkssturmbataillon Oberwart nach einer kurzen Schießerei die A-Linie und zog sich auf Rechnitz zurück. Bis zum Morgen des 30. März war Rechnitz kampflos verloren gegangen."[214]

Nun eilte der Befehlshaber im Wehrkreis XVIII vom Sitz seines Wehrkreiskommandos in Salzburg nach Graz. Dort errichtete General Ringel eine Befehlsstelle zur Verteidigung der Steiermark, die von ihm straff geführt werden sollte. Was nun folgte, waren zunächst Appelle und Hilferufe an die 1. Volksgebirgsdivision, ihr Bestes zu geben, um Sarvar zu nehmen, denn der dortige Raabübergang war bereits in der Hand der Sowjets. Doch nicht nur das: Ostwärts des Flusses waren starke eigene Teile abgeschnitten. Es handelte sich hierbei im Wesentlichen um Divisionen der Waffen-SS, die ihrer Vernichtung entgegensahen, wenn es nicht gelang, das vielbeschworene Sarvar zurückzugewinnen. Aber wie angesichts der geringen eigenen Kräfte? Kein Wunder, dass man das in Aussicht genommene Unternehmen, dem mangels Masse lediglich vier Tigerpanzer unterstellt werden konnten, von Seiten der Truppenführung mehr als skeptisch beurteilte.[215]

Dennoch wurde zum Angriff angetreten. Dabei wurden die Gebirgssoldaten zu größter Vorsicht gezwungen, weil das beträchtlich erhöhte Ostufer vom Feind besetzt war. Begünstigt wurden sie jedoch durch ein Grabensystem westlich der Raab, das das Vorgehen erleichterte. Rasch wurde Gyulashaza genommen. Schon schob sich die Spitze des III. Bataillons/Gebirgsjägerregiment 99 trotz des sich versteifenden Feindwiderstandes an den Südrand von Ikervar vor. Laut Gefangenenaussagen befand sich eine sowjetische Division in Sarvar. Mit bloßem Auge waren die aus der Stadt nach Westen vorstoßenden sowjetischen Panzerkolonnen zu erkennen. Ikervar erwies sich als stark feindbesetzt. Schwere sowjetische Pak und Panzer vereitelten ein weiteres Vorgehen der eigenen gepanzerten Kräfte. Ein Tigerpanzer wurde abgeschossen. So blieb der Angriff der Deutschen am Südrand von Ikervar stecken. Die Lage wurde für die Deutschen umso prekärer, als in ihrem Rücken aus den Flussauen westlich der Raab auch noch gegnerische Kräfte auftauchten. Diese griffen über den Fluss hinweg Raba Kovacsi von Osten her an. Dann gelang es der Roten Armee sogar, den Fluss zur Gänze zu überschreiten. Angesichts der ausweglosen Lage setzten sich die Gebirgsjäger bei Beginn der Dämmerung in voller Ordnung, dabei hinhaltend kämpfend, nach Westen in Richtung „Kernfestung Alpen" ab.[216]

An ein Atemholen war jedoch nicht zu denken, denn eine Feindaufklärung ergab, dass die Sowjets bereits in Szombathely waren und versuchten, durch einen Stoß nach Süden den Rückzug der eigenen Kräfte aus dem Raab- in den Pinkaabschnitt abzuschneiden. Der Versuch, den noch intakten Hängesteg über die Raab zu sprengen, missglückte aber, weil der Sprengstoff feucht geworden war. Die große Straßenbrücke war in der Hand der Sowjets. Überall sah man sowjetische Kolonnen, darunter zahlreiche Panzer, die nach Westen vordrangen. Damit hatte die als „uneinnehmbar" apostrophierte „Raabstellung" ein schnelles, ja ein viel zu schnelles Ende gefunden.[217]

Später schrieb General Balck in seinen Erinnerungen: „Als vierundzwanzig Stunden um waren, konnten wir sagen, dass eine der allerschwersten Krisen, eine schwerere habe ich nie erlebt, bereinigt war. Die Katastrophe hätte ein Ausmaß annehmen können, wie es selbst für den Zweiten Weltkrieg völlig ungewöhnlich war."[218]

Karfreitag, den 30. März 1945: Noch während der Nacht wurde die Front verkürzt. Die Soldaten waren am Rande des psychischen und physischen Zusammenbruchs. Die total erschöpften Sicherungen schliefen vor lauter Übermüdung aufgrund des permanenten Schlafdefizits regelrecht vor dem Feinde ein. Es grenzte schon an ein Wunder, dass die Sowjets nicht einfach durchmarschierten. Noch nicht – aber das ließ nicht mehr lange auf sich warten, denn in der Morgendämmerung begannen sie ihre Angriffe mit Panzern. Die letzten Tigerpanzer mussten von den Deutschen wegen des Mangels an Treibstoff gesprengt werden, wenn sie nicht in die Hand des Feindes fallen sollten. Im Großen und Ganzen hielt die Front noch stand. Besonders schwere Angriffe hatte das IV. SS-Panzerkorps des SS-Obergruppenführers und Generals der Waffen-SS Herbert Gille mit der 1. Panzerdivision und der 5. SS-Panzerdivision „Wiking“ aufzufangen. Doch die Lage wurde immer bedrohlicher. Die Panzersoldaten waren den Erdkampf nicht gewohnt. Die „Angehörigen der schon früher als labil aufgefallenen SS-Division ‚Wiking‘ (Volksdeutsche aus Ostländern) sind“, so der Kommandeur des Gebirgsjägerregiments 99, „teilweise demoralisiert.“[219]

Die Hauptsorge bereiteten jedoch die Ungarn, die als Reserve eingesetzt wurden. Im Laufe des Nachmittags liefen zwei ungarische Bataillone zu den Sowjets über. Und zu alledem beschoss die Rote Armee mit schweren Granatwerfern und Artillerie die Stellungen der Gebirgsjäger, die ihre Hauptkampflinie dennoch bis zur Dunkelheit trotz verschiedener örtlicher Einbrüche halten konnten. Noch sicherte das Gebirgsjägerregiment 99 des Majors der Reserve Heinz Groth die große Raabbrücke, um das Absetzen des Gebirgsjägerregiments 98 aus seinen Stellungen zu decken. Gleichzeitig flossen die Reste des IV. SS-Panzerkorps aus dem Raum Vasar zum linken Raabufer ab. Nachdem der letzte deutsche Soldat die Raabbrücke überquert hatte, wurde sie vor den anrückenden Sowjets gesprengt.[220]

Ostersonnabend, den 31. März 1945:

In den ersten Morgenstunden erfolgte bei den Deutschen vielfach ein motorisierter Stellungswechsel, um anschließend eine neue Widerstandslinie flüchtig aufzubauen. Nun liefen auch die bis dato verbliebenen Ungarn zu den Sowjets, die stark nachrückten, über. Daraufhin setzten sich die Gebirgsjäger in die „Reichsschutzstellung“ im Pinkatal ab. Aber die Sowjets stießen weiter nach, sodass es wiederholt zu starken Feindeinbrüchen kam. Ortschaften, die eben erst besetzt worden waren, wurden wieder genauso schnell von den Deutschen aufgegeben, um sich nach Westen, in die rettende „Kernfestung Alpen“ abzusetzen. Allerorts war die Lage verworren. Sie stimmte jedenfalls in keinster Weise mit der Wirklichkeit, die offenbar von der deutschen Propaganda viel zu optimistisch dargestellt wurde, überein. Kampferfahrene Truppen fehlten ebenso wie klare Aufträge.[221]

Einige Teile waren in Rechnitz, das bereits hinter der mit der burgenländischen Grenze identischen „Reichsschutzstellung“ lag, eingeschlossen. Auch in Schachendorf und südlich davon war der Gegner schon eingebrochen. Er sollte nach Osten zurückgedrängt und die „Reichsschutzstellung“ wieder in deutsche Hand gebracht werden. Das Angriffsziel und die Durchführung des Angriffs wurden den Gebirgsjägern freigestellt. Doch es kam erst gar nicht dazu, denn jetzt erging ein Gegenbefehl, der besagte, dass die „Reichsschutzstellung“ im Burgenland im Raum von St. Katharein zu besetzen sei. So wurden die bereits in Großpetersdorf eingetroffenen Gebirgsjägerbataillone unverzüglich zurückgeschickt. Die Stellungen und Gräben, die bezogen wurden, erwiesen sich als teilweise gut ausgebaut. Aber sie standen mancherorts unter Wasser. Sehr bald griffen die Sowjets die Stellungen an – zunächst nur infanteristisch, dann aber auch mit Artillerie. Tagsüber konnten diese Angriffe von den Deutschen mühelos abgewiesen werden, denn die das Pinkatal überhöhenden Stellungen waren gut ausgewählt worden. Das war ein Glücksfall für die dort eingesetzte Truppe. Bei Beginn der Nacht verstärkten sich die Angriffe auf der gesamten Front. Während sie rechts und in der Mitte abgewiesen werden konnten, brach der Gegner zunächst links durch. Doch dann gelang es den Soldaten nochmals in einer verzweifelten Kraftanstrengung, den vollen Durchbruch des Gegners zu bereinigen. Sogar der neuralgische linke Flügel bei Deutsch-Schützen hielt dem Druck der Roten Armee stand.[222]

Ostersonntag, den 1. April 1945:

„Rückverlegung!" lautete an diesem Tage die allgemeine Parole. Die Ortschaften Deutsch-Schützen und Eisenberg mussten dem massiert nachdrängendem Gegner überlassen werden. Artilleristisch brachten die Sowjets ihre große Überlegenheit nun voll und ganz zur Geltung. Dank der guten Deckungsmöglichkeiten waren die deutschen Verluste jedoch relativ gering. Bedeutend schwieriger gestaltete sich die Lage dagegen am Nordflügel der 6. Armee, die Balck wie folgt gegliedert hatte: IV. SS-Panzerkorps (SS-Obergruppenführer und General der Waffen-SS Gille) sowie III. Panzerkorps (General der Panzertruppen Breith) mit Gebirgsjägeralarmeinheiten, dem Gebirgsersatz- und Ausbildungsbataillon Graz, dem SS-Ersatz- und Ausbildungsbataillon Graz und der 1. Volksgebirgsdivision.

Im Befehlsbereich der 6. Armee waren während der letzten Märztage des Jahres 1945 infolge des Einbruchs der Roten Armee im Abschnitt Güns – Deutschkreuz starke sowjetische Kräfte bis an die Hänge des Semmerings und Wechselgebietes vorgestoßen, um einen Angriff auf den Großraum Wien gegen die Gebirgsflanke hin abzuschirmen. So war es bereits am Karsamstag und am Ostersonntag im Adlitzgraben und an den Nordhängen des Semmerings zu kurzen Feuergefechten gekommen.

Ostermontag, den 2. April 1945:

Ein Tag, der mit fleißigem Stellungsbau ausgefüllt war. Die Sowjets griffen nur vereinzelt an, sodass sie mühelos abgewiesen werden konnten. An diesem Schönwettertag erging folgender, von Stalin unterzeichneter Befehl des sowjetischen Oberkommandos an die Truppenkommandanten und Mitglieder der Kriegsräte der 2. und 3. Ukrainischen Front:

„In Verbindung mit dem Betreten österreichischen Territoriums durch die Truppen der 2. und 3. Ukrainischen Front befiehlt das Hauptquartier des Oberkommandos:

Die Truppenkommandanten der 2. und 3. Ukrainischen Front haben an die Bevölkerung Österreichs einen Aufruf folgenden Inhalts zu richten:

a) Sie haben zu erklären, dass die Rote Armee gegen die deutschen Okkupanten und nicht gegen die Bevölkerung Österreichs kämpft, und die Bevölkerung aufzurufen, auf ihren Plätzen zu bleiben, ihre friedliche Arbeit fortzusetzen und das Kommando der Roten Armee zu unterstützen und bei der Aufrechterhaltung der Ordnung und bei der Gewährleistung einer normalen Arbeit der industriellen, Handels-, kommunalen und anderen Unternehmen mitzuwirken.
b) Der Bevölkerung ist zu erklären, dass die Rote Armee nicht mit dem Ziel der Eroberung österreichischen Territoriums das Gebiet Österreichs betreten habe, sondern ausschließlich mit dem Ziel der Vernichtung der feindlichen deutsch-faschistischen Truppen und zur Befreiung Österreichs von deutscher Abhängigkeit.
c) Es ist zu erklären, dass die Rote Armee auf dem Standpunkt der Moskauer Deklaration der Alliierten über die Unabhängigkeit Österreichs steht und zur Wiederherstellung der Ordnung, die in Österreich bis 1938 existierte, d. h. bis zum Eindringen der Deutschen nach Österreich, beitragen wird. [...]"

Dieser Befehl des sowjetischen Oberkommandos war natürlich leicht zu durchschauen. Hier sollte nämlich ein Keil zwischen die Deutschen und Österreicher getrieben werden. Neben der waffentechnischen Kriegsführung spielte auch die psychologische während der letzten Wochen des Zweiten Weltkrieges eine immer größere Rolle.

Am 3. April 1945 kam vom Korück Petersdorf eine neue Hiobsbotschaft: Der frontal auf Schachendorf durchgeführte Angriff war wie zu erwarten – unter starken Verlusten zusammengebrochen. Die Sowjets hatten die gesuchte weiche Stelle in der deutschen Hauptkampflinie sehr schnell ausfindig gemacht und daraus Kapital geschlagen. Daraufhin befahl das Generalkommando des III. Panzerkorps um 19.00 Uhr für die Durchführung eines Sonderauftrages im Norden des Korpsabschnitts die Aufstellung der „Kampfgruppe Groth", die sich vorwiegend aus dem II. Bataillon/Gebirgsjägerregiment 99, dem Gebirgspionierbataillon 54 und der Gebirgsaufklärungsabteilung 54 zusammensetzte.[223]

Der 4. April brachte den befürchteten Wettersturz mit Kaltluft und Regen. Eine Erkundung ergab, dass Bernstein bereits stark vom Feind besetzt und der Gegner im Vorgehen auf Mariasdorf war. Da traf in eben dieser Ortschaft ein neuer Befehl vom III. Panzerkorps ein: „Kampfgruppe Groth (ohne AA 54) abrücken nach Großpetersdorf, dort starke Feindeinbrüche. Sofort Regimentsgefechtsstand Großpetersdorf, wo Panik herrscht. Korück verfügt über keine kampfkräftige Truppe."[224]

In einem zügig vorgetragenen Angriff wurde noch während der Nacht zunächst Kleinpetersdorf durch das Gebirgspionierbataillon 54 eingenommen.

Am 5. April verstärkten die Sowjets ihre Angriffe gegen das III. Panzerkorps. Obwohl sie sich zunächst schwerpunktmäßig gegen die „Divisionsgruppe Krause" richteten, so stand dieser Tag dennoch auch im Zeichen der Fortsetzung des Angriffs auf Kotezicken, wo die Rote Armee die Verbindung zur „Reichsschutzstellung" blockierte. Ein sowjetisches Regiment wurde zurückgedrängt, der Kommandeur fiel. Drei unterstellte Sturmgeschütze leisteten dabei gute Arbeit. Die Verbindung zur „Reichsschutzstellung" war wiederhergestellt; ihr linker Flügel allerdings stark zurückgebogen. Jedoch – und das war die Hauptsache – es bestand wieder eine geschlossene Front. Sie verlief nun in ziemlich gerader Linie von Kulm über Winten nach Kleinpetersdorf. Dennoch traten Auflösungserscheinungen vielerorts immer offensichtlicher zutage.[225]

So erließ der Oberbefehlshaber der 6. Armee am 4. April 1945 folgenden Befehl, der für die gesamte Führungssituation äußerst aufschlussreich ist.

„Nach schweren Kämpfen, in denen die Divisionen meiner Armee sich zumeist tapfer geschlagen und dem Feind hohe Verluste zugefügt haben, befindet sich die Truppe zur Zeit im Zustand einer ausgesprochenen Krise. Die mannigfaltigen Gründe sind mir bekannt: Führungsfehler, Versagen der Ungarn, Mangel an Munition und Betriebsstoff, hohe physische Belastung aller Soldaten und vieles andere mehr.

Ich habe in dieser Hinsicht bis zu den höchsten Stellen ein ganz offenes Wort gesprochen, sodass diese Dinge auch klar erkannt sein dürften.

Wenn wir jedoch heute feststellen, dass wir Misserfolge hatten, dass unsere Männer vielerorts nicht mehr halten, dass sie sich hinten herumdrücken und Bilder schlechtester Disziplin abgeben, so liegt die Schuld in allererster Linie bei der Truppe und ihren Führern selbst.

Wir werden der Drückebergerei mit allerschärfsten Mitteln zu Leibe gehen. Wir müssen aber auch aus unseren Fehlern lernen. Einige der wichtigsten werden hier offen besprochen:

1. Wir verfügen nicht über die nötige Härte, um gegen Zersetzungserscheinungen wirklich durchgreifend anzugehen. Generale und viele andere Truppenführer führen das Wort vom Erschießen zwar oft genug im Munde, sie sind aber zu weich, um es in die Tat umzusetzen. Ich habe von keiner standrechtlichen Erschießung bei irgendeiner Division oder bei irgendeinem Korps gehört. Wir müssen wissen, dass das ausgelöschte Leben eines Schweinehundes zwanzig anderen das Leben erhält, denn sie kehren von ihrer feigen Flucht wieder um und tun wieder ihre Pflicht.
   Wir wollen keine Bluthertschaft, aber wenn in Ausnahmezeiten drakonische Mittel am Platze sind, dann soll jeder Führer sie sofort anwenden. Mit den ersten durch mich befohlenen zwanzig Erschießungen hörte das Versprengtenunwesen schlagartig auf.
2. Wir können nicht mehr klar befehlen. Es wird herumgeredet. Kriegsrat gemacht, Einwände werden stundenlang erörtert. Was dabei herauskommt, ist unklares Zeug, das in den Worten gipfelt: ‚Also los, dann hauen Sie ab in Richtung A.' Erfolg: Zeit verloren, Unklarheit, halbe Maßnahmen, Zuspätkommen, Misserfolg.
3. Wir haben einen großen Teil der Disziplin verlernt. [...]"

Balcks Befehl veranschaulicht recht deutlich, was es bedeutet, wenn bei einer Truppe die Disziplin nachlässt. Wir werden im Folgenden sehen, ob diese drakonischen Maßnahmen und Strafen, die der Oberbefehlshaber der 6. Armee von den verantwortlichen Truppenführern anmahnte, dazu geführt haben, um die allenthalben zu beobachtende Kampfmüdigkeit und die Auflösungserscheinungen – insbesondere beim Volkssturm, der für die bevorstehenden Gefechte an der östlichen Flanke der „Kernfestung Alpen" in keinster Weise ausgebildet und ausgerüstet war – zu beenden.

Im Morgengrauen des 6. April 1945 wurde klar, dass die Sowjets mit ihrer 26. Armee den Durchbruch im Zentrum und auf dem linken Flügel des III. Panzerkorps, wo die 1. Volksgebirgsdivision von einer feindlichen Zangenbewegung bedroht wurde, erzwingen wollte. Mit ihren Menschenmassen, die sie immer und immer wieder zum Angriff ansetzten, stürmten sie vorwärts. Kleinpetersdorf musste aufgegeben werden. Dennoch konnte die Lage, wenn auch nur vorübergehend, bereinigt werden. Kurz darauf fand der Gegner jedoch eine Lücke zwischen der Gebirgsaufklärungsabteilung 54 und dem I. Bataillon/Gebirgsjägerregiment 99, durch die er nach Kohfidisch durchbrach. Bis tief in die Nacht hinein wogten die Kämpfe um diese Ortschaft hin und her. Mehrmals gelang den Sowjets dabei der Einbruch in das Schloss. Doch letztlich wurden sie im Nahkampf von den Deutschen geworfen.[226]

Obwohl die Lage beim Morgengrauen des 7. April 1945 einigermaßen stabil war, kam es zu Auflösungserscheinungen, die mit aller Energie und Härte bekämpft wurden. Unter Einsatz aller verfügbaren Reserven wurde am Vormittag ein umfassender Gegenangriff, der die Sowjets durch den Teilwald nach Woppendorf zurückschlug, durchgeführt. Dabei wurden die beiden günstig gelegenen Weinbergdörfer am Casterberg in die Front, die nun in allen Teilen wieder gefestigt erschien, einbezogen. Die Feindverluste waren beträchtlich: Rund zweihundert Tote wurden gezählt; zahlreiche Paks, schwere Granatwerfer und schwere Maschinengewehre fielen bei diesen Kämpfen den Deutschen in die Hände. Doch bereits am Nachmittag begann der Kampf am linken Flügel von neuem, als die Sowjets bei Kotezicken durchbrachen. Nun musste die Ortschaft endgültig geräumt werden. Die Stellung wurde auf die günstigeren Höhen westlich und südwestlich zurückgenommen. Nachts herrschte – abgesehen von einer regen artilleristischen Tätigkeit der Sowjets, die Schloss Kohfidisch in Brand schossen – endlich Ruhe.[227]

Das Oberkommando der Wehrmacht gab an jenem 7. April bekannt: „Im deutsch-ungarischen Grenzgebiet stießen unsere Verbände zwischen Mur und oberer Raab in den Rücken einer feindlichen Kampfgruppe. Im Brennpunkt der Kämpfe südlich und westlich wurden starke Kräfte des Gegners nach anfänglichem Geländegewinn aufgefangen."

Am 8. April 1945 gab es nichts Aufregendes zu berichten. Die Dörfer Mischendorf und Großbachselten wurden vom Feind gesäubert und in die Front einbezogen. Der deutsche Widerstand versteifte sich allmählich wieder etwas mehr.

Im Kriegstagebuch haben wir den 9. April 1945 aufgeschlagen. Den ganzen Tag hindurch wurden die Deutschen an der östlichen Flanke der „Kernfestung Alpen" von weit überlegenen Feindkräften angegriffen und artilleristisch arg bedrängt. Das völlige Fehlen eigener Artillerie – insbesondere der Munition – machte sich immer besorgniserregender bemerkbar. Ohnmächtig mussten die Gebirgsartilleristen zusehen, wie Kohfidisch weitgehend durch sowjetischen Artilleriebeschuss zerstört wurde. Noch herrschte am rechten Flügel eine Art idyllischer Ruhe. Offensichtlich verhielten sich die Sowjets an jenen Frontabschnitten, an denen sie Verluste erlitten hatten, bewusst zurückhaltend.

Wie in der Nacht, so war es auch am 10. April an der gesamten Front ruhig – abgesehen von den laufenden Feuerüberfällen durch schwere sowjetische Artillerie, Pak und Salvengeschütze. Da wurden am 11. April heftige Kampfhandlungen aus dem Südwesten, aus dem Raum um Fürstenfeld, gemeldet. Die Sowjets suchten nun offenbar im Nachbarabschnitt eine Lücke, durch die sie hindurchstoßen konnten. An jenem Tage erließ Generalleutnant Wittmann folgenden Divisionsbefehl, der für die Stellung ostwärts der Lafnitz galt:

„1. Volksgebirgsdivision räumt Nacht 11./12. April Reichsschutzstellung und setzt sich auf die Lafnitz-Vorstellung ab. Anschlusspunkt rechts zu IV. SS-Panzerkorps: 500 Meter nordwest KCS (s Kukmirn) Anschlusspunkt 1 zu Divisionsgruppe Krause: Höhe 370 (einschl.) nördlich Ollersdorf. Verlauf der Hauptkampflinie im Großen: Kukmirn ausschl. – Eisenhüttl einschl. – Rohr einschl. – Bocksdorf ausschl. – im Ausbau befindliche Strembachstellung. [...]

Mit Herstellung der Abwehrbereitschaft wird II. Bataillon/Gebirgsjägerregiment 98 Gebirgsjägerregiment 99 taktisch unterstellt. Volkssturm ist zur Verfügung der Division im Raum Bierbaum zu Fuß in Marsch zu setzen zum Ausbau der Lafnitzstellung. [...]

Kampfgruppe Groth mit allen Unterstellungen setzt sich mit Einbruch der Dunkelheit beginnend derart auf die neue Stellung ab, dass Teile Aufklärungsabteilung 54 frühzeitig schnell beweglich voraus den Raum der Straßen gabeln so Eisenhüttl erreichen, nach Osten sichern und Einrücken des II. Bataillon/Gebirgsjägerregiment 98 in dessen Abschnitt ermöglichen können. [...]

III. Abteilung/Gebirgsartillerieregiment 79 ist auf den Höhen ostwärts Deutsch–Kaltenbrunn und ostwärts Rohrbrunn in Stellung zu bringen und bleibt mit Gebirgsjägerregiment 99 auf Zusammenarbeit angewiesen. [...] Es ist damit zu rechnen, dass nach Einrücken in die Stellung 1. Volksgebirgsdivision den Befehl über Kampfgruppe Eisgruber (Gebirgsjägerregiment 98) wieder übernimmt [...]"[228]

Diese Absetzbewegungen vollzogen sich im Großen und Ganzen reibungslos. Im Zuge dieser Maßnahmen wurde zwar die 1. Volksgebirgsdivision, von der einige Bataillone bei der „Divisionsgruppe Krause" gefochten hatten, wieder vereinigt und in ihrer Gesamtheit in der Nacht vom 11. zum 12. April aus ihrem weit nach Osten vorspringenden Verteidigungsabschnitt im Strem- und Punkatal auf die „Lafnitz-Vorstellung" zurückgenommen. Zunächst hatte sie den bis dahin von Generalleutnant Krause befehligten Abschnitt zu übernehmen.[229]

Unter Heranziehung einiger versprengter Gruppen und Pa[nzerabwehrkanone]-Geschütze gelang es der 1. Volksgebirgsdivision am 13. April 1945 – es war der Tag, an dem Wien nach heftigen Kämpfen verlorenging – in der Gegend des Hochkogels eine dürftige Widerstandslinie, die wie durch ein Wunder hielt, aufzubauen. Durchgebrochene sowjetische Panzer wurden von den Gebirgsjägern mit Panzerfäusten und schwerer Pak regelrecht in die Flucht geschlagen oder teilweise abgeschossen. Bis zum Einbruch der Dunkelheit wogte dieser Kampf hin und her. Aber noch vor Mitternacht gelang es, eine zusammenhängende Widerstandslinie aufzubauen. Das war auch bitter notwendig, um den massierten Ansturm der Roten Armee auf die östliche Flanke der „Kernfestung Alpen" einigermaßen aufhalten zu können.[230]

Aber nicht nur von Seiten der verantwortlichen Kommandeure wurde die Truppe immer wieder belehrt, sondern auch von der Obersten Führung. So erging am 15. April 1945 der nachstehende Führerbefehl:[231]

Soldaten der deutschen Ostfront!
Zum letzten Mal ist der jüdisch-bolschewistische Todfeind mit seinen Massen zum Angriff angetreten. Er versucht Deutschland zu zertrümmern und unser Volk auszurotten. Ihr Soldaten aus dem Osten wisst zu einem hohen Teil bereits selbst, welches Schicksal vor allem den deutschen Frauen, Mädchen und Kindern droht. Während die alten Männer und Kinder ermordet werden, werden Frauen und Mädchen zu Kasernenhuren erniedrigt. Der Rest marschiert nach Sibirien.

Wir haben diesen Stoß vorhergesehen, und es ist seit dem Januar dieses Jahres alles geschehen, um eine starke Front aufzubauen. Eine gewaltige Artillerie empfängt den Feind. Die Ausfälle unserer Infanterie sind durch zahllose neue Einheiten ergänzt. Alarmeinheiten, Neuaufstellungen und Volkssturm verstärken unsere Front. Der Bolschewist wird dieses Mal das alte Schicksal Asiens erleben, d. h. er muss und wird vor der Hauptstadt des Deutschen Reiches bluten. Wer in diesem Augenblick seine Pflicht nicht erfüllt, handelt als Verräter an unserem Volk. Das Regiment oder die Division, die ihre Stellung verlassen, benehmen sich so schimpflich, dass sie sich vor den Frauen und Kindern, die in unseren Städten dem Bombenterror standhalten, werden schämen müssen. Achtet vor allem auf die verräterischen wenigen Offiziere und Soldaten, die, um ihr erbärmliches Leben zu sichern, in russischem Solde, vielleicht sogar in deutscher Uniform gegen uns kämpfen werden. Wer euch Befehle zum Rückzug gibt, ohne dass ihr ihn genau kennt, ist sofort festzunehmen und nötigenfalls augenblicklich umzulegen, ganz gleich welchen Rang er besitzt. Wenn in diesen kommenden

Tagen und Wochen jeder Soldat an der Ostfront seine Pflicht erfüllt, wird der letzte Ansturm Asiens zerbrechen, genau so wie am Ende auch der Einbruch unserer Gegner im Westen trotz allem scheitern wird.

Berlin bleibt deutsch, Wien wird wieder deutsch und Europa wird niemals russisch.

Bildet eine verschworene Gemeinschaft zur Verteidigung nicht des leeren Begriffes eines Vaterlandes, sondern zur Verteidigung eurer Heimat, eurer Frauen, eurer Kinder und damit unserer Zukunft. In diesen Stunden blickt das ganze deutsche Volk auf euch, meine Ostkämpfer, und hofft nur darauf, dass durch eure Standhaftigkeit, euren Fanatismus, durch eure Waffen und unter eurer Führung der bolschewistische Ansturm in einem Blutbad erstickt. Im Augenblick, in dem das Schicksal den größten Kriegsverbrecher [Gemeint war der amerikanische Präsident Roosevelt, der am 12. April 1945 verstorben war] aller Zeiten dieser Erde weggenommen hat, wird sich die Wende dieses Krieges entscheiden.

gez. Adolf Hitler.

Da stand es also – auch für die, die es immer noch nicht so richtig glauben wollten – schwarz auf weiß: Wien, das jahrhundertealte Bollwerk gegen die euro-asiatischen Völkerscharen, war gefallen!

Schon am 13. April 1945 hatte Moskau den Fall von Wien mit vierundzwanzig Salutschüssen aus dreihundertvierundzwanzig Geschützen gefeiert. Dann erließ die Stavka einen neuen Befehl an die 2. und 3. Urkainische Front, der für den weiteren Verlauf der Kämpfe in der Ostmark und „Alpenfestung" von größter Bedeutung war. Denn „darin befahl Stalin dem Marschall Tolbuchin, die 6. Gardepanzerarmee, die einen beträchtlichen Anteil an den Kämpfen in Wien gehabt hatte, an die 2. Ukrainische Front abzugeben. Darüber hinaus sollte die 9. Gardearmee in Reserve gehalten und in weiterer Folge ebenfalls für eine Verschiebung nördlich der Donau bereitgestellt werden. Die solcherart um zwei Armeen verdünnte Front der 3. Ukrainischen Front musste im Wesentlichen nur noch gehalten werden, denn die Stavka befahl ausdrücklich, dass nur dort, wo der Feind zurückginge, nachgestoßen werden sollte. Die einzigen Ziele, deren Erreichung ausdrücklich angeordnet wurde, waren Fischbach, vor allem aber der St. Pöltener Raum."[232]

Mit der 2. und 3. Ukrainischen Front war es den Sowjets gelungen, ihre generalstabsmäßig ausgearbeitete „Wiener Angriffsoperation" erfolgreich abzuschließen. Damit hatten sie nach dem Fall der „Wien-Schutzstellung" die nördlichste Flanke der „Alpenfestung" ganz weit aufgerissen. Hitler hatte die Lage um die „zweite Reichshauptstadt" völlig falsch eingeschätzt, als er „dem Oberbefehlshaber der Heeresgruppe Süd noch vor dem 10. April befohlen hatte, durch einen Angriff vom Semmering her, der durch Nebenangriffe von St. Pölten und südwestlich von Wien begleitet werden sollte, Wien wieder zu nehmen."[233]

8. Die Kämpfe um die Fischbacher Alpen und den Semmering

Nun war auch die Ostflanke der „Kernfestung Alpen" mit den Fischbacher Alpen sowie dem Wechsel- und Semmeringgebiet zum Kriegsschauplatz geworden. Nachdem dem sowjetischen V. Gardekavalleriekorps, das von Panzern unterstützt wurde, südlich des Wechsels ein tiefer Einbruch gelungen war, versuchten die Sowjets über die Pässe Alpl und Schanz die Mürztalstraße und den Raum Bruck an der Mur – Karpfenberg zu gewinnen, um so die „Semmeringstellung" von Südwesten her aus den Angeln zu heben. Verständlich, dass sie in den folgenden Tagen alles daran setzten, um den Semmering und jene mehr als zweihunderttausend Flüchtlinge, die sich in den Bergtälern der Steiermark vor der Roten Armee in Sicherheit gebracht hatten, zu nehmen. Daher zielten die deutschen Gegenmaßnahmen darauf ab, in einem von den Höhen aus zangenartig durchgeführten Angriff die kritische Lage zu bereinigen.[234]

Was noch an eigenen Kräften vorhanden war, wurde daher zur Festigung und Sicherung dieses wichtigen Frontabschnittes am Ostrand der „Kernfestung Alpen" in einer Breite von zuerst sechsunddreißig, später vierundfünzig Kilometern aufgeboten. Diese überaus schwierige und verantwortungsvolle Aufgabe oblag dem rührigen General der Gebirgstruppe Julius Ringel. Als Befehlshaber des Wehrkreises XVIII (Salzburg) gehörte zu seinem Befehlsbereich ja auch die Steiermark. Von seinem Gefechtsstand in Graz ergingen nun die ersten Befehle zum Aufbau einer neuen Verteidigungsstellung im Wechsel- und Semmeringgebiet in Sichtweite der ältesten europäischen Gebirgsbahn.

„Überall", so der Panzergeneral Hermann Balck in seinen Memoiren über Ringel, „tauchte seine imponierende Gestalt mit dem gewaltigen Vollbart auf. Tatkräftig griff er ein, wo etwas los war, war auch er. Mal in vorderster Linie, mal organisierend, das Vorbild eines zweckentsprechend handelnden und führenden Generals."[235]

Unverzüglich sandte Ringel unter anderem auch eine schwere Panzerjägerkompanie und eine Infanteriebegleitkompanie auf den Semmering mit seinen kühnen Brücken, Viadukten und Tunnels. Bereits am Gründonnerstag, dem 29. März 1945, war die Panzerjägerersatz- und Ausbildungsabteilung 48 in Cilli/Untersteiermark alarmiert und tags darauf, am Karfreitagmorgen, mit einem Großteil des Personals und Materials als Alarmabteilung unter der Führung ihres Kommandeurs Oberstleutnant Ludwig Lang und dessen Adjutanten, Oberleutnant Heinz Karpf, in den Raum Semmering – Feldbach/Steiermark in Marsch gesetzt worden.[236] Der für diesen Raum vorgesehene Teil der Alarmbereitschaft bestand aus dem Stabnachrichtenzug und aus einer Panzerjägerkompanie (motorisierter Zug), die aus der „Personaleinheit Leutnant von Polivka" – Panzerjägerkompanie 48 (motorisierter Zug) – gebildet wurde. Diese Kompanie, die ursprünglich nach einer auf dem Truppenübungsplatz Heuberg vorgesehenen Ausrüstung mit neuen Waffen (schwerer Pak) und einer entsprechenden Kfz-Ausstattung für einen Einsatz an der Westfront vorgesehen war, wurde nun mit sieben Geschützen (7,5-cm-Pak 40) und verschiedenen Zugmitteln in der Garnison Cilli „in aller Eile", wie es hieß, ausgerüstet bzw. ausgestattet.

Die in den frühen Nachmittagsstunden des Karfreitags auf dem Semmering eingetroffene Panzerjägerabteilung – nun mit den bereits anderen dort eingetroffenen Einheiten „Kampfgruppe Lang“ bzw. „Kampfgruppe Semmering“ genannt – hatte den Auftrag, die Linie Preiner Gscheid – Semmering – Sonnwendstein – Großer Pfaff zu halten. Für die Panzerjägerkompanie hieß das, „ein Vordringen feindlicher Panzer in die Steiermark zu verhindern“.[237]

Mit von der Partie war am Semmering aber auch Oberst Heribert Raithel mit der ihm unterstellten Gebirgsartillerieschule in Obertraun am Dachstein. Am 11. April 1945 übernahm er von Oberstleutnant Ludwig Lang die „Kampfgruppe Semmering“, die später in „Kampfgruppe Raithel“ umbenannt wurde. Der jugendlich wirkende Gebirgsartillerist „galt als hart, und war es auch. Vor allem aber zunächst gegen sich selbst. Nie hätte er von einem anderen verlangt etwas zu tun, was er nicht auch zu tun bereit war.“[238] Im neuen Einsatzgebiet angekommen, begann er sofort mit der Erkundung und Besetzung von geeigneten Beobachtungsstellen – und zwar unter anderem auf dem exponierten Sonnwendstein, auf dem Eselstein, auf dem Erzkogel, auf dem Pinkenkogel, am Osthang des Ochner und am Fröschnitzsattel. In den ersten Apriltagen des letzten Kriegsjahres notierte er voller Bitterkeit:

„Nach erfolgter Einsatz-Vollzugsmeldung (über die drei Batterien 10,5-cm-Gebirgshaubitzen 40) an General Ringel, Graz, hörte ich mir eine Einsatz- und Lagebesprechung des Befehlshabers ‚Semmering‘ an, eines Generalmajors der Luftwaffe, der von seinem Gefechtsstand in Bruck/Mur!!, zweiundfünfzig Kilometer entfernt, sich alle paar Tage sehen ließ. Verheerendes Bild. General, alter Flieger aus dem Ersten Weltkrieg, faselt von seiner Kosakenabwehrzeit aus dem Ersten Weltkrieg. Keiner erhält klare Befehle. Junge Offiziere reden mit den Händen, um sich durchzusetzen.“[239]

Am 3. April 1945 wurden währenddessen die Soldaten der Gebirgsschallmessstaffel zunächst mit ungarischen Omnibussen durch das Salzkammergut, am Großen Grimming vorbei, nach Liezen gefahren. Von hier ging es dann an den Eisenerzer Alpen entlang über den Schoberpass, wo ungarische Truppen, die in die Schweiz marschieren wollten, von einer SS-Streife aufgehalten wurden, und von dort nach Leoben und Bruck an der Mur. In Karpfenberg wurde angehalten, um Volkssturmmänner aufzunehmen. Es handelte sich hierbei in der Masse um Arbeiter der Stahlwerke Böhler, in denen Geschütze hergestellt wurden, sodass die gesamte Einsatzabteilung nicht nur personell aufgefüllt, sondern auch noch materiell mit diesen fabrikneuen Gebirgsgeschützen ausgerüstet werden konnte. Tags darauf rollte der Truppentransport durch das Mürztal in den Kampfraum Semmering, den die sowjetische Flut seit Tagen zu verschlingen drohte. Etwa um die Mittagszeit erreichten die Fahrzeuge der ehemaligen Gebirgsschallmessstaffel Steinhaus, wo man bereits einen regen Etappenbetrieb registrierte. Um die Truppe für den bevorstehenden schweren Kampf auch psychisch vorzubereiten, wurden folgende Flugzettel verteilt:

„Kameraden! Die Bolschewisten haben alles auf eine Karte gesetzt. Durch einen Massenansturm ohnegleichen wollen sie jetzt die Entscheidung des Krieges und die Niederwerfung des Reiches erzwingen.

Du weißt, was ein Gelingen dieser Absicht bedeuten würde. Tierischer Hass, Plünderung, Brand, Hunger, Genickschuss und Ausrottung folgen hinter den bolschewistischen Horden.

Du kennst diesen unmenschlichen Feind. Willst Du ihm die Heimat ausliefern? Willst Du ihm Weib und Kind, Schwester und Braut preisgeben? Jeder, der ein Mann ist, hat nun im Grenzland die Waffe ergriffen. Jeder Deutsche, der überhaupt eine Waffe führen kann, ob

Greis oder Hitlerjunge, ob Kriegsversehrter oder Arbeitsinvalide, Rüstungsarbeiter oder Bauer, ist angetreten, um die Heimat vor dem Zugriff des bolschewistischen Mordgesindels zu retten und die deutschen Frauen und Mädchen vor der Schändung und Abschlachtung durch die bolschewistischen Bluthunde zu bewahren. Sie alle sind entschlossen, dafür ihr Leben in die Schanze zu schlagen."

Mit diesem leidenschaftlichen Appell vor den Augen, standen die Männer der „Kampfgruppe Semmering/Raithel", die jenen Frontabschnitt zu übernehmen hatte, den weder die 6. Panzerarmee noch die 6. Armee sichern konnte und aus diesem Grunde unmittelbar der 6. Armee unterstellt wurde, eine Zeitlang in Steinhaus am Semmering. Nicht etwa deshalb, weil sie für diesen entscheidenden Kampf zu zaghaft gewesen wären, sondern weil die Straßen hoffnungslos verstopft waren. Wohin man auch kam, überall sah man Stäbe und Truppen, Fahrzeuge und Trosse, feldgraue Soldaten und im parteibraun bekleidete Männer des Volkssturms. Unter diesen Bedingungen grenzte es schon an ein Wunder, dass man schließlich dennoch die Passhöhe erreichte. Von weiter unten, aus der Beckenlandschaft, drang der Kanonendonner der sowjetischen Artillerie bereits bedrohlich nahe zu den Neuankömmlingen herauf.

Am Pass stieß man auf die bereits zuvor am Semmering eingetroffenen Gebirgssoldaten des SS-Gebirgsjägerausbildungs- und Ersatzbataillons 13, die von Leoben sowie vom Übungsplatz der Seetaler Alpe aus in das Semmeringgebiet aufgebrochen waren. Dort hatten sie sich dann mit jenen Sowjets, die ahnungslos mit Musik von Schottwien aus auf den Pass zumarschiert waren,[240] ein erfolgreiches Artillerieduell geliefert und die Angreifer zum Stehen gebracht.

Zu den ersten Kampfeinheiten, die den Kader der „Kampfgruppe Semmering" bildeten, zählte neben der Gebirgsartillerieschule Obertraun/Dachstein, der Panzerjägerkompanie (motorisierter Zug) 48 und dem SS-Gebirgsjägerausbildungs- und Ersatzbataillon 13 auch die Gebirgsjägerunterführerschule Admont. Zwischen dem 1. und 4. April erreichte dann auch das Alarmbataillon des Hauptmanns Dickermann den Semmering. In diesem Zusammenhang sei darauf hingewiesen, dass die ersten Verbände des Obersten Raithel, des Hauptmanns Schlierf und des SS-Hauptsturmführers Grunwald bereits als geschlossene Kampfgruppe auftraten.

Die nach und nach eintreffenden Einheiten wurden bei der „Kampfgruppe Semmering" so eingesetzt, „dass das Landesschützenbataillon 851 nach Reichenau kam. Südlich davon sicherten zwei Bataillonskampfgruppen des Kampfgeschwaders 27 ‚Boelcke' (Luftwaffe) den Payerbachgraben. Adlitzgraben und angrenzende Höhen waren dem SS-Gebirgsjägerersatzbataillon 13 übertragen. Daran schloss dann eine Kampfgruppe der Gebirgsjägerunterführerschule in Mittenwald an."[241] Schon kurz nach seiner Ankunft am Semmering wurde der Nachrichtenzug eingesetzt, um die Fernsprechleitungen zu verlegen.

Die „Divisionsgruppe Krause" hatte in der Nacht zum 6. April 1945 den Befehl erhalten, die Verteidigung des Abschnittes Oberdorf – Hartberg zu übernehmen. Verstärkt wurde sie dabei unter anderem durch Teile der 1. Volksgebirgsdivision und durch Volkssturmbataillone; nicht zuletzt auch deshalb, um mit diesen zugeführten Kräften einen sowjetischen Angriff erfolgreicher abwehren zu können. Da jedoch bereits zuvor Einheiten der Roten Armee örtliche Durchbrüche erzielt hatten, setzten sich vereinzelte deutsche Truppenteile ab. Der total überforderte Volkssturm floh in das Wechselgebiet. Aus dem Semmeringgebiet, in dem Regenwetter herrschte, meldete der Bericht des Oberkommandos der Wehrmacht am 6. April keine größeren Kampfhandlungen. Am 7. April 1945 glaubte das Oberkommando des Heeres feststellen zu können, es seien „zwischen dem Raum Drau und Steinamanger [...] feindliche Umgruppierungen im Gange, die zu einer überschlagenden Kräfteverlagerung nach Norden führen. Unter Einsatz der Bulgaren [d. i. 1. bulgarische Armee] zwischen Drau und Mur hat der Feind die 57. Armee vermutlich bis in den Raum südlich Feldbach, die 27. Armee weiter über die Raab nach Norden ausgedreht und die Kräfte der 26. Armee im Raume westlich und nordwestlich Steinamanger zusammengefasst." Denn die Sowjets zogen in der Tat „zahlreiche Truppen nach Friedberg, Pinggau und Stögersbach nach, angeblich zwanzig- bis dreißigtausend Mann."[242]

Der 7. April, ein kalter, bewölkter Tag, an dem es stark schneite und stürmte, stand teilweise wieder im Zeichen von Auflösungserscheinungen. Beim Herannahen der Sowjets warfen die Männer vom Volkssturm vielerorts ihre Waffen weg und zogen sich dann weiter zurück. Nicht anders verhielten sich unzählige kampfmüde Soldaten, die ebenso eilig den Marsch in Richtung „Kernfestung Alpen" antraten. So war es kein Wunder, dass die Rote Armee, ohne auf nennenswerten Widerstand zu stoßen, über Sankt Lorenzen am Wechsel, über Brück an der Lafnitz sowie über Mönichwald gegen Waldbach vordringen konnte. Am Semmering gelang es dagegen, wiederholte Angriffe der Sowjets gegen die Passhöhe abzuweisen.

Währenddessen kamen immer noch Fahrzeuge der Wehrmacht oder Omnibusse am Semmering an, die bunt zusammengewürfelte Einheiten aber auch geschlossene Verbände nach Spital oder Steinhaus fuhren, wo sie in die Quartiere eingewiesen, im Felde kurz ausgebildet und dann schnellstens der „Kampfgruppe Semmering" zugeführt wurden. In den Tagesmeldungen der Heeresgruppe Süd wurde am 8. April 1945, an dem es etwas wärmer und sonniger geworden war, erstmals auch über die Lage der „Korpsgruppe Semmering",[243] wie Raithels Kampfgruppe hier bezeichnet wird, berichtet:

„Feind ging durch das Otter[bach]tal in [Regiments]stärke in Richtung Rettenegg vor. Durch eigenen Angriff am Fröschnitz-Sattel und bei Trattenbach wurde die Straße unterbrochen und eine Feind[batterie] vernichtet. Feindvorstoß am Otter wurde abgewiesen."[244] Und, so der Bericht des Oberkommandos der Wehrmacht, „Schottwien wurde von eigenen Kräften wieder besetzt".

Obwohl der Kommandierende General des III. Panzerkorps, Breith, zunächst noch über keine nennenswerten Kräfte, mit denen es ihm möglich gewesen wäre, den Ansturm der Sowjets zu stoppen, verfügte, begann sich der deutsche Widerstand am 8. April dennoch allmählich zu versteifen. Belebend auf die Moral der Truppe wirkte sich sicherlich die Maßnahme aus, dass die 1. Panzerdivision bei Fürstenfeld herausgezogen, dann in den Raum Weiz verlegt und dort für einen Gegenangriff des III. Panzerkorps bereitgestellt wurde. Damit war die mitteldeutsche Stammdivision der deutschen Panzertruppe wie beim Rückzug der 6. Armee vom Plattensee in die „Reichsschutzstellung" wieder zum gern gesehenen Nachbarn der 1. Volksgebirgsdivision geworden. Sie sollte dieses auch bis zum 8. Mai 1945 bleiben.

Ehe dieser Einsatz jedoch zum Tragen kam, „warf der im Raum Wenigzell stehende Sperrverband Motschmann (SS-Polizeiregiment 13) im Zusammenwirken mit der Gruppe Arko 3 noch während der Nacht vom 8. auf den 9. April die Sowjettruppen über Waldbach bis Mönichwald zurück, ohne aber die Orte selber zu besetzen".[245] Bei der „Kampfgruppe Semmering" lebte die Gefechtstätigkeit merklich auf. Am 9. April griffen die Sowjets ihren linken

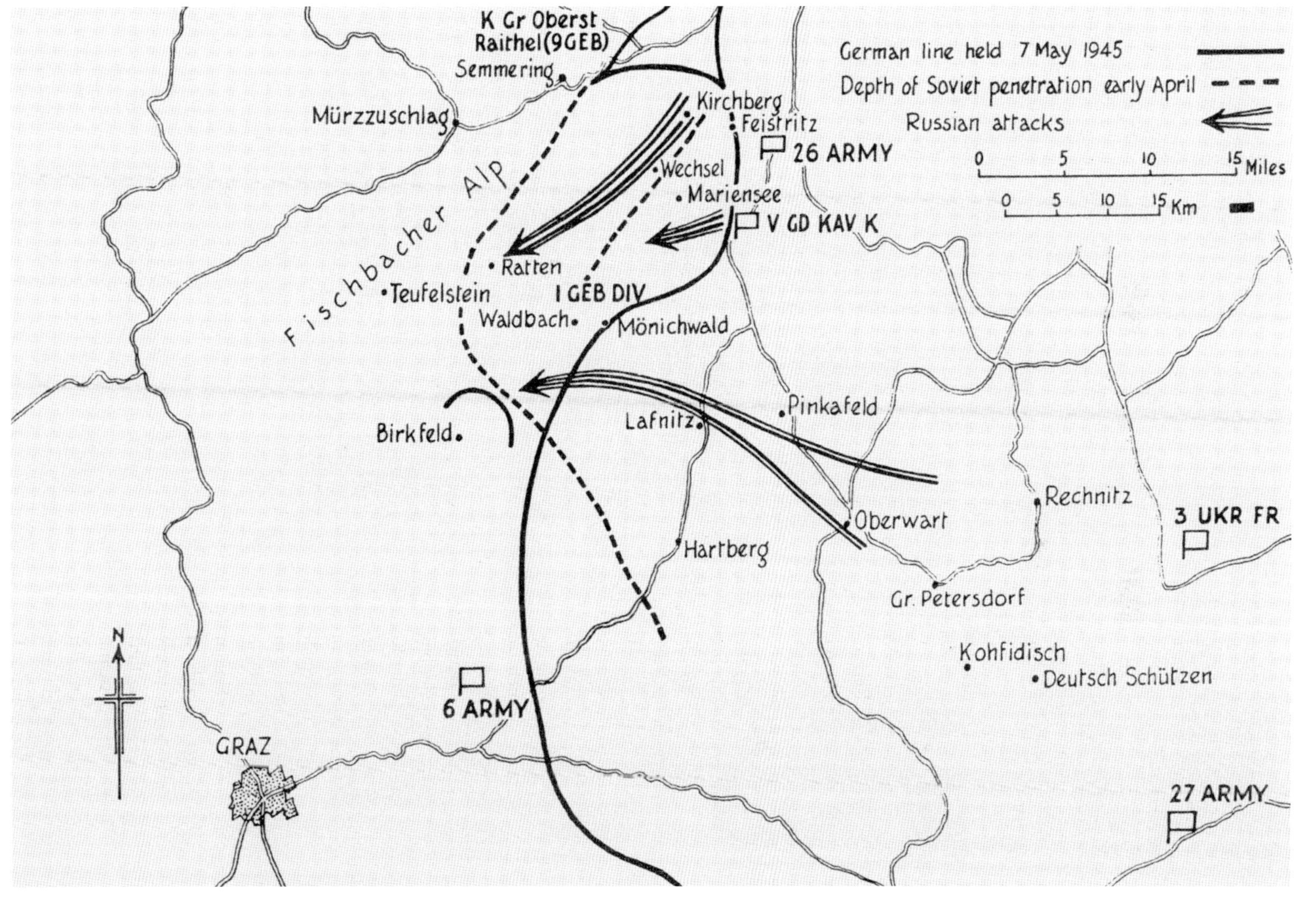

Die Stoßrichtung der Roten Armee im Frühjahr 1945 in Richtung „Kernfestung Alpen".

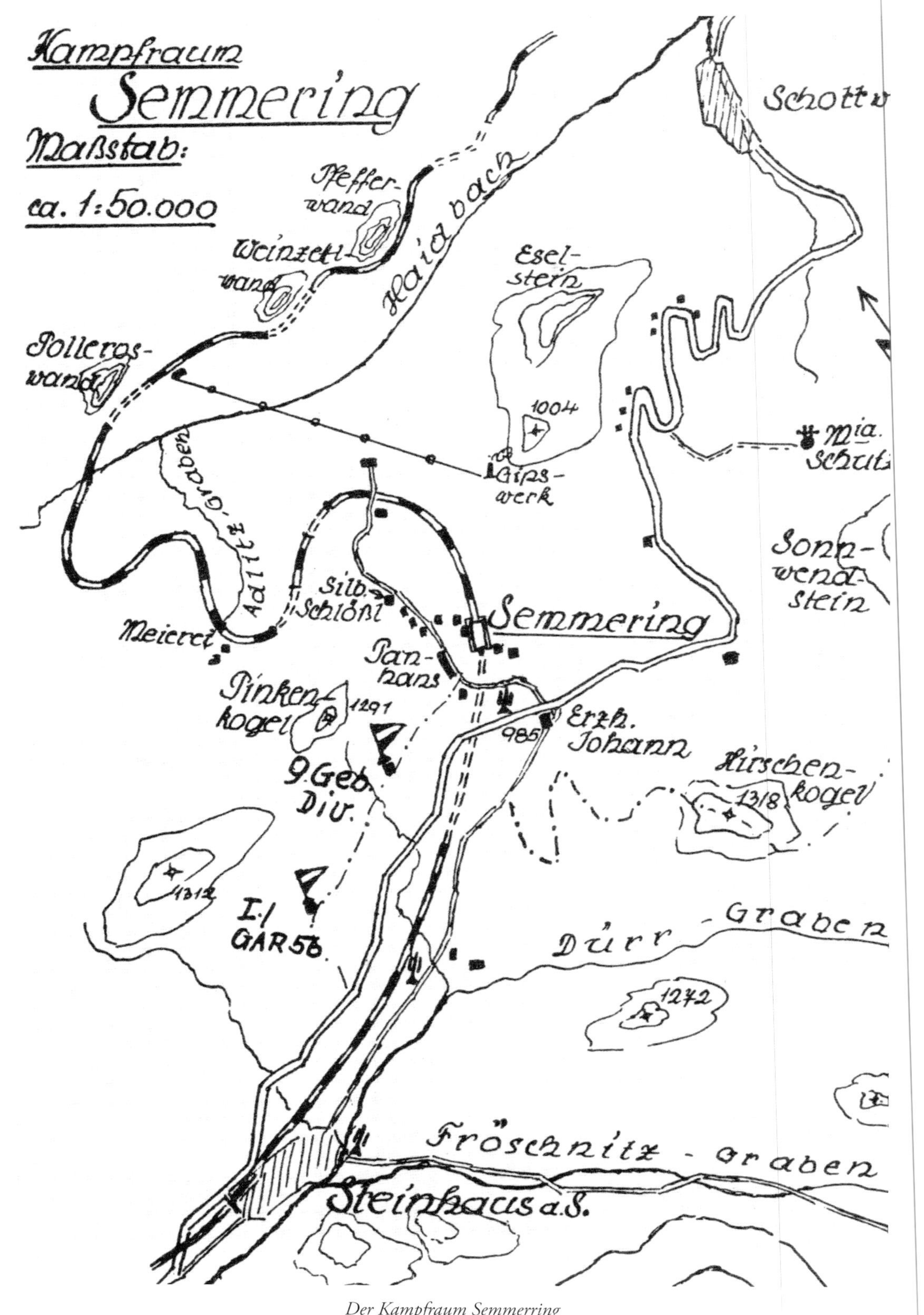

Der Kampfraum Semmerring
im Frühjahr 1945.

Flügel, der im Schwarzatal stand, an. „Die Lage in Reichenau ist unklar", entnehmen wir der Tagesmeldung der Heeresgruppe Süd. „Gegenangriff von S ist angesetzt."

Allgemein konnte man jedoch den Eindruck gewinnen, dass die Sowjets nicht alles auf eine Karte setzten, um die Entscheidung an der östlichen Flanke der „Kernfestung Alpen" mit brachialer Gewalt zu erzwingen, sondern dass sie sich mit ihren Angriffsspitzen relativ behutsam vorwärts tasteten. Dennoch hing die sowjetische Überlegenheit wie ein Damoklesschwert über dem Kampfraum. Schon dämmerte der 10. April 1945 am Semmering herauf.

„Morgens qualmt es vorne mächtig", erinnerte sich Karl Pölzl an das Kampfgeschehen. „Zwei Jäger kurven über dem Abschnitt, von den Sowjets wütend beschossen [...]"[246]

Ein deutscher Angriff warf den Gegner aus seinem Einbruchsraum südlich des „Semmering-Massivs", so die Tagesmeldung der Heeresgruppe Süd, nach Nordosten zurück. Schwächere Feindgruppen wurden eingeschlossen; anderen gelang es dagegen, in Stärke eines Bataillons durch die Seitentäler nach Südwesten vorzudringen. „Gegen Trattenbach läuft ein eigener Angriff", heißt es dann weiter. Südlich von Reichenau eroberte der Russe nach einem Angriff, der in Bataillonsstärke durchgeführt wurde, eine Höhe. Sogleich wurden deutscherseits Gegenmaßnahmen eingeleitet.[247]

An jenem 10. April 1945 stellte sich auch die „Kampfgruppe Panzergrenadierregiment 113 der 1. Panzerdivision bereit, um gemäß dem ursprünglichen Auftrag die sowjetischen Verbände, die in das obere Lafnitztal vorgedrungen waren, zurückzuwerfen."[248] Unterdessen wurde die rund neunzig Mann starke Fliegerkompanie der E 218/VII um 3.00 Uhr in der Nacht von einem Kradmelder regelrecht wachgerüttelt.

„Sofortiger Aufbruch mit Eilmarsch zum Sonnwendstein", erinnert sich Karl Dittrich, der ehemalige Oberleutnant der Luftwaffe, an seinen Einsatz bei der „Kampfgruppe Semmering" und fährt dann fort: „Also wieder zurück zum Fröschnitzsattel. Abmeldung beim Bataillonskommandeur und schon werden wir wieder gedrängt, so rasch wie möglich zum Sonnwendstein zu kommen. Die Züge gehen in Stellung. Der 1. Zug mit Oberfeldwebel Wendt auf dem Gipfel des Sonnwendsteins, unterhalb der Kapelle, mit Sicht in die Steilhänge nach Maria Schutz, der 3. Zug mit Oberfeldwebel Litfin in den Felsenstellungen des Steilhanges zum Göstritzgraben, der 2. Zug mit Oberfeldwebel Sondermann unterhalb des Erzkoglgipfels. Die Unterkunft wird im Hartberger Gasthaus eingerichtet."[249]

Die Nacht zum 11. April 1945 war auch in anderer Hinsicht durch eine nicht zu übersehende Aktivität im Kampfraum des Semmerings gekennzeichnet. Fahrzeugkolonnen fuhren mit verdunkelten Scheinwerfern über den Pass. Tragtierkolonnen bewegten sich wie die Gemsen über die gewundenen Bergpfade. Gebirgssoldaten zogen gruppenweise in neue Ausgangsstellungen und Funktrupps stießen zur Erledigung ihrer kommenden Aufgaben zu den Angriffskompanien. Wie ein Lauffeuer verbreitete sich der Name eines Berges, hinter dem sich ein Angriffsunternehmen verbarg, durch die Reihen der „Kampfgruppe Semmering": Der Eselstein, der mit seinen steilen Felsflanken wie eine Festung den Semmering gegen Osten hin abschirmt. Er sollte schon sehr rasch zum Inbegriff schwerer Kämpfe werden.

Die gesamte Front war am Semmering, Hochwechsel und im Joglland in Bewegung geraten. Bereits am 11. April lag die Straße bei Pöllau und beim altehrwürdigen Augustiner-Chorherrenstift Vorau unter starkem Feindbeschuss. Am 19. April 1940 wurde das Stift durch das NS-Regime aufgehoben, fortan hieß es „Burg Vorau" und wurde nunmehr Parteischule

(Nationalpolitische Lehranstalt, kurz: Napola). Infolge der Kampfhandlungen brannte das Stift zur Hälfte nieder, während aus der Bibliothek fünftausend Bände entwendet wurden.[250] „Im Markt Vorau weiße Fahnen. Bevölkerung zum größten Teil geflohen. Bei Stift Vorau nur wenige Fahrzeuge der Versorgungsstaffel Div[isionsgruppe] Krause", notierte Oberleutnant Rolf Stoves von der 1. Panzerdivision.[251]

St. Jakob im Walde ging verloren und bei Mönichwald war Not am Mann, weil sowjetische Angriffe abgewehrt werden mussten, „und schließlich", resümierte Othmar Tuider, „kam am 13. April der schon seit längerem erwartete Angriff des sowjetischen V. Gardekavalleriekorps unter General Gorškov ins Rollen, der die deutschen Verbände in den folgenden Stunden und Tagen mit großer Wucht traf und für das weitere Schicksal der 6. Armee das Schlimmste befürchten ließ."[252]

So erzielte der Feind nördlich von Fürstenfeld mit etwa zwei Divisionen einen breiten und tiefen Einbruch und stieß sogar zwischen Bruck an der Mur und dem Wechselgebiet tief nach Westen zur „Kernfestung Alpen" durch. Unverzüglich wurde nun von den Deutschen am Wechsel ein Stoß in die Flanke der nach Westen durchgebrochenen sowjetischen Verbände vorbereitet, und das, obwohl, wie die Tagesmeldung der Heeresgruppe Süd vermerkt, „die eigene Kampfführung [...] durch Munitionsmangel sehr erschwert" wurde.[253] In den Strudel dieser dramatischen Ereignisse wurde nun auch die „Kampfgruppe Semmering" hineingerissen.

Am Morgen des 14. April 1945 war die Front im Gebiet Semmering – Hochwechsel zunächst etwas ruhiger. Es war ein düsterer, melancholischer Tag und die Stimmung war bei den Soldaten finster, um nicht zu sagen auf dem Nullpunkt. Mit zunehmender Skepsis wurden die militärischen Ereignisse an der immer näher zusammenrückenden West- und Ostfront verfolgt. Da glomm plötzlich noch einmal ein Funke der Hoffnung auf, als der überraschende Tod des amerikanischen Präsidenten Franklin D. Roosevelt – er starb am Nachmittag des 12. April 1945 – bekanntgegeben wurde. War das das Signal für das immer wieder von der Goebbels-Propaganda heraufbeschworene Zerwürfnis zwischen den Westmächten und der UdSSR, das man in der „Alpenfestung" so sehr herbeigesehnt hatte?

Gab nicht auch die Lautsprecherpropaganda der Sowjets zu diesen Spekulationen Anlass, wenn sie an zahlreichen Frontabschnitten folgendes verlautbaren ließ? „Der größte Verrat der Weltgeschichte bahnt sich an. Wenn ihr nicht mit den kapitalistischen Mächten gegen uns weiterkämpfen wollt, dann kommt zu uns herüber."[254]

Doch bereits der Bericht des Oberkommandos der Wehrmacht vom 14. April 1945 ließ alle diesbezüglichen Hoffnungen und Illusionen wie eine Seifenblase zerplatzen, denn dort hieß es: „Im Süden der Ostfront warf der Feind beiderseits der oberen Raab südostwärts Mürzzuschlag und ostwärts St. Pölten neue Kräfte in die Schlacht. Heftige Gebirgskämpfe gegen starke sowjetische Kampfgruppen sind im Gange. Die Restbesatzung von Wien kämpft auf dem Westufer der Donau standhaft gegen die bolschewistische Übermacht."

Aber auch im Wechselabschnitt begann sich der sowjetische Angriff wieder zu entfalten. Kompanie- bis bataillonsstarker Feind, der auf die Schanz vorstieß, wurde von der „Kommandogruppe Oberst Raithel", wie es nun in der Tagesmeldung der Heeresgruppe Süd vom 14. April hieß, „im Gegenangriff auf Fischbach zurückgeworfen."

Von der 117. Jägerdivision wurden zwei Bataillone der „Kampfgruppe Semmering" unterstellt und nach Rettenegg vorgezogen. Immer „wieder das alte Lied der Zerreißung der

Verbände und Unterstellung unter irgendeine Kampfgruppe, statt geschlossener Einsatz der Division", beschwerte sich Oberst Kreppel in seinem Kriegstagebuch.[255] Sein Verband, den er am 12. März 1945 übernommen hatte, setzte sich überwiegend aus Volksdeutschen zusammen und war zunächst alles andere als eine Elitedivision. Dafür machte sie umso mehr bei Sühneaktionen in Griechenland von sich reden.

Seine volle Wucht sollte der sowjetische Angriff jedoch erst am 15. April erreichen. Der über Waldbach und Wenigzell gegen das Feistritztal vorstoßende Gegner eroberte auch noch Strallegg. Rasch weitete er sich aus und führte zu einer ganzen Reihe von örtlichen Umfassungsangriffen. So versuchte unter anderem bereits in der Nacht vom 14. auf den 15. April eine rund zweitausend Soldaten starke Kampfgruppe der Roten Armee von Fischbach aus in das Mürztal durchzustoßen, um dann im weiteren Verlauf der Offensive die deutsche Verteidigungsstellung am Semmering von hinten aus den Angeln zu heben.[256] Das war eine Lage, die für die 6. Armee als auch für die Semmering- und Wechselverteidiger gleichermaßen bedrohlich war.

Mit ihrer überlegenen Artillerie versuchten die Sowjets die Deutschen zu zermürben. Jedoch vergebens, denn der gegnerische Einbruch scheiterte einerseits an der Verteidigungsstellung „Auf der Schanz", die von Soldaten der Deutschen Wehrmacht, von Männern des Volkssturms und von der Hitlerjugend verteidigt und gehalten wurde, sowie andererseits am beherzten Einsatz von Oberst Raithel und der „Kampfgruppe Semmering", die dem Feind die Stirn boten.[257]

Aber dennoch war die Lage insgesamt gesehen immer noch nicht bereinigt. Erst recht nicht, nachdem es am linken Flügel der 6. Armee, und zwar beim III. Panzerkorps, zu einer schweren Krise, die die gesamte Armee zu erfassen drohte, gekommen war. Sie ließe sich, so der General Balck in einer Ausarbeitung über das Kampfgeschehen in seinem Befehlsbereich, nur angriffsweise überwinden. Dieser realistischen Lagebeurteilung des Oberbefehlshabers der 6. Armee konnte und wollte sich das Oberkommando des Heeres auf keinen Fall verschließen. So wurde der Armee von der Heeresgruppe E die gesamte 117. Jägerdivision als Verstärkung zugeführt, um gemeinsam mit der 1. Panzerdivision, der 1. Volksgebirgsdivision und Teilen der „Kampfgruppe Semmering" die bereits erwähnte schwere Krise beim III. Panzerkorps zu bereinigen.[258]

Zügig gruppierte der Oberbefehlshaber nun seine 6. Armee für den deutschen Gegenangriff um. So wurde am Morgen des 15. April die 1. Panzerarmee, die bei Fürstenfeld lag, aus der dortigen Front herausgelöst und in den Raum Ilz verlegt, um der 6. Armee als Reserve zur Verfügung zu stehen. Nachdem am 14. April die ersten Einheiten der 117. Jägerdivision in Mürzzuschlag aus den Transportzügen entladen worden waren, wurde rasch die Verbindung zwischen dem Führer dieses Verbandes, dem erfahrenen Gebirgsartilleristen Kreppel, und dem Führer der „Kampfgruppe Semmering" auf der Passhöhe hergestellt. Und das hatte seinen guten Grund, denn Kreppel hatte Raithel für den bevorstehenden Angriff zunächst sein Jägerregiment 737 und wenig später auch noch das III. Bataillon/Jägerregiment 749 und die 7. Abteilung/Artillerieregiment 670 zu unterstellen. Nachdem General Balck seine Verbände bis zum 15. April umgruppiert und dann konzentrisch zum Gegenangriff angesetzt hatte, und zwar Teile der „Kampfgruppe Semmering" von Norden über den Fröschnitz-Sattel, die 117. Jägerdivision von Krieglach her über das Alpl und Sankt Kathrein am Hauenstein gegen Osten mit Stoßrichtung auf Waldbach sowie schließlich die 1. Panzerdivision mit dem II. Bataillon/Gebirgsjägerregiment 98 der 1. Volksgebirgsdivision von Birkfeld und Pöllau her gegen Norden und Nordosten. Als diese Truppenbewegungen alle geschehen waren, befahl General Balck dem III. Panzerkorps, den deutschen Gegenangriff am 16. April zu eröffnen. „Zum letztenmal lief damit bei der 6. Armee eine Zangenoperation an – in einer Landschaft, die ein solches Unternehmen wegen ihres gebirgigen und bewaldeten Charakters keineswegs begünstigte."[159]

Die Sowjets hatten währenddessen den Schwerpunkt ihres Angriffs gegen das IV. SS-Panzerkorps gerichtet. Das brachte eine Erleichterung vor der eigenen Front. Aus diesem Grunde wurde die Kampfruhe auch für organisatorische Maßnahmen, die das Gefüge der Truppe und die Disziplin zum Gegenstand hatten, ausgenutzt. Denn immer wieder wurden die Kommandeure in den Stellungen mit Vorwürfen der Truppe überhäuft, weil dieser „sinnlose Krieg" fortgesetzt wird. Hier halfen nur ständige Ermahnungen und eine „ruhige Belehrung über die Notwendigkeit des Ausharrens." Denn, so Groth, „ich kann da, wo unsere Männer unter unsäglichen Strapazen ihr Letztes hergeben, keine Entschuldigung für irgendeine Schlamperei gelten lassen. Ich stehe nicht an, in Zukunft einen jungen Offizier, der als Kompanieführer in diesen Dingen versagt, abzulösen und durch einen tüchtigen Feldwebel oder Oberjäger zu ersetzen!"[260]

Nachdem die Sowjets am 16. April 1945, es war ein kalter Tag, der Freund wie Feind zu schaffen machte, gegen die Front am Semmering zahlreiche erfolgreiche Vorstöße unternommen hatten,[261] verlagerte sich der Schwerpunkt der Kämpfe nach rechts, wo es kritisch wurde. Den kampfunwilligen Ungarn wurde, sofern sie noch in den deutschen Stellungen verblieben waren, das Absetzen in die „Kernfestung Alpen" also die Flucht – anheimgestellt, da die von diesen unverlässlichen und demoralisierten Truppen ausgehende Gefahr von Tag zu Tag wuchs. Von diesen Einheiten befreit, gewannen die Verbände des Generals Balck wieder mehr operative Bewegungsfreiheit.

Dennoch konnte die allgemeine Lage des III. Panzerkorps nach wie vor als nicht bereinigt angesehen werden – und das, obwohl die deutschen Gegenangriffe operativ geschickt angesetzt worden waren. „Doch fehlte ihnen, sichtlich mangels an Einsatzreserven und Material, der nötige Nachdruck, um das angestrebte Ziel gegen die Übermacht der sowjetischen Verbände auch taktisch erzwingen zu können. So aber musste jeder verlorengegangene Punkt des Einbruchsraumes erst wieder mühsam zurückgewonnen werden."[262] Im Wehrmachtsbericht vom 18. April 1945 liest sich das dann wie folgt: „Im ostmärkischen Grenzgebiet wurden beiderseits Fürstenfeld, südöstlich Mürzzuschlag und bei St. Pölten wiederholte Angriffe der Bolschewisten abgewiesen, verlorengegangene Abschnitte zum Teil durch Gegenangriffe wieder zurückgewonnen."[263]

Der 19. April sowie die kommenden Tage schienen den Deutschen im Kampfraum Semmering – Hochwechsel eine Atempause zu gönnen, denn die Sowjets verhielten sich auffallend ruhig; ja sie zogen sogar an jenem 19. April, gegen 9.00 Uhr früh, ihre Verbände aus Fischbach, wo ihnen der tiefste Einbruch in die deutsche Hauptkampflinie gelungen war, wieder zurück. Die Sprache des Oberkommandos der Wehrmacht war in diesen Tagen offen und bar aller Illusionen, die man bis dato noch gehegt hatte. Mit einer Selbstverständlichkeit ohnegleichen wurden jetzt Ortsnamen im Herzen der „Festung Deutschland" genannt.

Kein Wunder, dass sich mit einem Male allenthalben wieder die betrüblichen Auflösungserscheinungen breitmachten: „Man setzt sich ab!“[264]

In den steirischen Bergen versteckten sich immer mehr Soldaten, die vom Kriege, um es in der rauen Sprache des Landsers zu formulieren, die Schnauze voll hatten. Die SS-Führung und der SD versuchten daher wiederholt, mit aller Härte durchzugreifen – und vergriffen sich dabei vielfach in der Wahl ihrer Mittel. So war für viele alte Frontkämpfer das jämmerliche Bild eines Gebirgsjägers, der mit dem Eisernen Kreuz I. Klasse, dem Sturmabzeichen und dem Verwundetenabzeichen in Gold ausgezeichnet worden war und der nun mit einem um den Hals gehängten Pappschild – auf dem in dicken Lettern das Schmähwort Deserteur stand – wie ein Häuflein Elend am Straßenrand saß, alles andere als ein kluger Einfall, um nochmals die Moral der seit Jahr und Tag überstrapazierten Truppe am Vorabend des totalen Unterganges des Dritten Reiches zu heben.[265] Zu allem Überfluss bildeten derartige ehrverletzende Maßnahmen keinen Einzelfall. „Auf der anderen Seite mehrten sich bei den deutschen Truppen Fälle von Gehorsamsverweigerungen und Fahnenflucht. Die Waffen-SS führte Polizeiaktionen gegen sogenannte ‚Partisanen‘ durch, wobei es zur Niederbrennung von Gehöften der Beschuldigten und sogar zu Erschießungen und Hinrichtungen kam.“[266] Je mehr nun die Moral der geschundenen Truppe zu wünschen übrig ließ, je mehr appellierten die verantwortlichen Kommandeure an den Durchhaltewillen jedes einzelnen Frontsoldaten.

An Hitlers Geburtstag gaben sich die Sowjets im Wechselgebiet weniger angriffslustig. So konnten die Deutschen, wie tags darauf auch, einen weiteren kleinen Raumgewinn erzielen. Ein „eigener Angriff im Raum Birkfeld – Waldbach machte gegen zähen Feindwiderstand Fortschritte“, so die Tagesmeldung der Heeresgruppe Süd. Der Bericht des Oberkommandos der Wehrmacht vom 20. April 1945 hatte folgenden Wortlaut: „Im Süden der Ostfront gewannen Gegenangriffe südlich des Semmering gegen zähen Widerstand weiteres Gelände zurück.“

Hierbei handelte es sich um die Rückeroberung von Fischbach und Rettenegg, während am Semmering stärkere Feindangriffe, die gegen den Sonnwendstein geführt wurden, scheiterten. Als besonderes Vorkommnis wäre zu vermelden, dass im Laufe des Tages alle Soldaten, die der sogenannten Volksliste III angehörten – darunter verstand man jene in Oberschlesien wohnenden Polen, die für Deutschland optiert, jedoch ihr polnisches Volkstum beibehalten hatten – zu den Sowjets überliefen. Das war im Grunde genommen jedoch nicht allzu tragisch, denn mit diesem Schritt in das feindliche Lager war für die Deutschen ein weiterer Unsicherheitsfaktor beseitigt worden. Ein „Hauptgrund für die mangelnde Begeisterung der Angehörigen der Volksliste III war übrigens“, so Major der Reserve Groth, „die chronische Unfähigkeit der deutschen Zivilverwaltung, diese Menschen anständig zu behandeln“.[267]

In dieser alles andere als rosigen Lage an der Ostflanke der „Kernfestung Alpen“ wurde am 25. April 1945 auf Antrag der 6. Armee noch die Bildung der 9. Gebirgsdivision aus der „Kampfgruppe Semmering“ mit einer Grabenstärke von über zehntausend Mann genehmigt. Führer dieses Verbandes, der sich überwiegend aus den Männern der Gebirgsjägerunterführerschule, der Gebirgsartillerieschule, des SS-Gebirgsjägerausbildungs- und Ersatzbataillons 13, das fliegende Personal des Kampfgeschwaders 27 „Boelke“, der Alarmeinheiten und sogar von Angehörigen der Kriegsmarine zusammensetzte, wurde Raithel.

Der 1. Mai 1945 signalisierte alles andere als den so viel gepriesenen Wonnemonat. Stattdessen, so vertraute Generalleutnant August Wittmann seinem Kriegstagebuch an: „Regen –

Schnee – Kälte – Nebel. Es ist Winter geworden. Die Lebens- und Kampfbedingungen sind hart geworden."[268]

Schneekristalle peinigten die ausgemergelten Gesichter der Frontsoldaten. Es war wieder kalt geworden; für diese Jahreszeit viel zu kalt. Die Landser standen in ihren Stellungen und froren in den neuen Tag hinein. Da begann die Tragödie des Vortages von neuem. Ununterbrochen rollten die sowjetischen Angriffe gegen die deutsche Hauptkampflinie. Der artilleristische Aufwand der Roten Armee übertraf alles bisher Erlebte. Daraus zog man den Schluss, dass der Gegner nun unter allen Umständen die Ostflanke der „Kernfestung Alpen" sprengen wollte.

Die deutsche Artillerie schwieg, denn sie hatte keine Munition; die Landser ohne geregelte Verpflegung. Bereits seit Wochen lebte die Truppe im Wesentlichen aus dem Lande, „Schmalhans" hieß schon seit langem der Koch bei den Feldküchen. Dennoch konnten alle gegnerischen Angriffe abgewiesen werden. Aber wie lange noch?

Da traf völlig unerwartet eine wahrhaft historische Meldung ein, nämlich die Erklärung des Großadmirals Dönitz, in der es hieß: „Heute, am 1. Mai, um zwei Uhr dreißig nachmittags, ist der Führer als Held im Kampf um Berlin gefallen."

Wie sollte es nun weitergehen?

Die Truppe hatte vom Kriege schon lange genug. Der Hurrapatriotismus der vergangenen Jahre war gestorben. Nur mehr der Selbsterhaltungstrieb, die Pflichterfüllung gegenüber den Kameraden und die Ausschreitungen der vorwärtsdrängenden Rotarmisten gegen die unschuldige und verschreckte Zivilbevölkerung in der Steiermark, in Nieder- und Oberdonau ließen jetzt noch Gehorsam, Disziplin und Einsatzbereitschaft von den Landsern erwarten.

„Man hörte", schilderte Heinz Schlott die Situation, „wir gehen gemeinsam mit den Amerikanern gegen die Russen. Die Wunderwaffe sollte kommen [...]"[269]

Keine „Wunderwaffe", sondern vielmehr eine allerletzte verzweifelte Improvisation waren die sogenannten „Molotow-Cocktails", mit denen man versuchte, die sowjetischen Panzer zu bekämpfen. Doch kaum hatte man sich diese Stahlkolosse vom Leibe gehalten, schon erschienen am Himmel sowjetische „Nähmaschinen", von den Landsern auch „UvD", „Nervensäge" oder „Kohlenschipper" genannt. Der antiquierte Bomber Polikarpow PO 2, ein Doppeldecker, den die Sowjets „Kukurusnik" nannten, warf dann im Geleitflug bei abgestelltem Motor seine 25- und 50-Kilogramm-Bomben auf die mutmaßlichen Stellungen der Deutschen.

Resignation und Agonie wohin man auch sah. „Jeder hatte das Recht, jeden zu erschießen. Ob mit oder ohne Verhör, wer ohne Waffen zurückhastend angetroffen wurde, konnte, wenn er in fanatische Hände kam, Minuten später ein toter Mann sein."[270]

Ein rabenschwarzer Tag war der 2. Mai 1945. „Im Morgengrauen läuft die Masse der 3. Kompanie/Gebirgsjägerregiment 99 zum Feind über", notierte der Regimentsführer Groth in seinen Aufzeichnungen. „Die Leute sind restlos erledigt, kein Wunder bei den ununterbrochenen unmenschlichen Anforderungen. Mit Müh und Not wird die Lücke geschlossen, die derweilen vom Kompaniechef und den wenigen überlebenden Unteroffizieren gehalten worden war."[271] Da Groths schonungsloser Bericht nicht in das verklärungssüchtige Geschichtsbild des ehemaligen Münchner Kameradenkreises der Gebirgstruppe passte, gab es um diese wahrheitsgemäßen Aufzeichnungen eine jahrelange, ehrabschneidende Auseinandersetzung, die schließlich in gegenseitigen Denunziationen und einer wahren Rufmordkampagne ausuferte. So enthüllte zum Beispiel der Oberstleutnant Karl Eisgruber als Kommandeur des Gebirgsjägerregiments 98, „beim (Gebirgsjäger)Regiment 99 seien in den letzten Kriegstagen Erschießungen vorgekommen".[272]

Aber nicht nur bei der 1. Volksgebirgsdivision machten sich Auflösungserscheinungen bemerkbar. Desolat war auch die Lage beim Festungsmaschinengewehrbataillon 119, denn „die durchwegs älteren Jahrgänge zugehörenden Leute stehen ratlos in der Stellung herum und warten auf ihre Gefangennahme",[273] wo die Überläufer allerdings auch kein besseres Los als in der eigenen Hauptkampflinie erwartete. Überdies war die Rote Armee auch längst nicht mehr jene bei Kriegsbeginn. Immer mehr Asiaten füllten ihre Regimenter auf und verbreiteten in den eroberten Landstrichen bei der Bevölkerung panische Angst und Schrecken.

Am 3. Mai 1945 schrieb Groth: „Das gestrige Fiasko bei 3. Kompanie/G[ebirgsjäger-regiment] 99 hat das R[egiment] sechzig Vermisste und Gefallene gekostet, darunter eine Anzahl Träger des E[isernen] K[reuzes] I. Der N[ationalsozialistische Führungsoffizier] der Div[ision], M[ajor] Binner, besucht das R[egiment] in der Stellung. Sein zur Schau getragener Optimismus wird mit Heiterkeit aufgenommen."[274]

Doch der Pessimismus gewann allenthalben die Oberhand. Nur mit Müh und Not konnten die Lücken bei den Deutschen geschlossen werden. In der nicht mehr hinwegzuleugnenden Resignation erhofften sie sich ein rasches Vorrücken der aus dem Westen herannahenden amerikanischen Streitkräfte, nachdem es der US-Armee gelungen war, bei Linz die „Voralpenstellung" zu überrennen und bei Salzburg gar in die „Kernfestung Alpen" einzudringen. Jeder verantwortungsbewusste Führer war sich nun darüber im Klaren, die Stellungen bis zuletzt zu halten, um somit ein weiteres Eindringen der Sowjets in die Steiermark zu verhindern.

Trotz des nahen Endes des Zweiten Weltkrieges in Europa wurden mit deutscher Gründlichkeit und Hartnäckigkeit bis zuletzt Umbenennungen vollzogen, die Optimismus und Zuversicht ausstrahlen und somit die allerletzten Reserven mobilisieren sollten. So wurde noch im Mai 1945 die in die Ostmark zurückgeworfene Heeresgruppe Süd mit der 6. und 8. Armee sowie der 6. Panzerarmee in Heeresgruppe Ostmark umbenannt.[275] Die sowjetische Kriegsliteratur bemerkt hierzu: „Dies änderte nichts an der katastrophalen Lage aller deutschfaschistischen Truppen."[276] Dem ist nichts hinzuzufügen.

Oberbefehlshaber dieser Heeresgruppe wurde am 6. April 1945 Generaloberst Dr. Lothar Rendulic, „ein professoraler Österreicher, einst österreichischer Militärattache in Paris, wegen nationalsozialistischer Betätigung aus dem Bundesheer ausgeschlossen, kein Frontsoldat, sondern eher Theoretiker ohne tiefere Verbindung zur Wirklichkeit, aber ein Mann mit großen persönlichen Ansprüchen", schreibt Jürgen Thorwald. So hatte er in Kurland seine Antrittsrede mit den Worten eröffnet: „Meine Herren ... wenn Sie nicht mehr ein noch aus wissen, und wenn es ganz schlecht steht, dann schlagen Sie sich an Ihre Brust und sagen Sie sich: Ich bin Nationalsozialist, und das versetzt Berge!"[277]

Berge sollte Rendulic, „dieser so seltsame Mann, der gläubiger Nationalsozialist zu sein vorgab und dabei doch noch selbst in den Schauern des Unterganges in seinem Hauptquartier den Lebensstil eines geistreichen Grandseigneurs des alten Österreich aufrechtzuerhalten suchte",[278] auch an der östlichen Flanke der „Alpenfestung" versetzen, als er den Auftrag erhielt, das Donautal und Wien zu verteidigen. Als seine Heeresgruppe an der Front von den Sowjets und im Rücken von den Amerikanern bedroht wurde, erhielt er von Hitler die Weisung: „Es ist entscheidend für das Schicksal des Reiches, dass die Ostfront gehalten wird. Den Amerikanern ist jedoch – um die Ehre zu wahren – nur hinhaltender Widerstand zu leisten."[279]

Einige Feindeinbrüche, die jedoch im Gegenstoß bereinigt werden konnten, gibt es am 3. Mai 1945 vom Semmering und Wechsel zu vermelden, wobei ein eigener Angriff im Raum Rettenegg sogar an Boden gewann. Für den Fall des Falles wurden Fluchtwege festgelegt. Tags darauf meldete das Oberkommando vom Semmering nur eine geringe Kampftätigkeit. Ostwärts von Rettenegg wurde das Lafnitztal durch einen erfolgreich geführten Angriff erreicht. Dabei konnten mehrere beherrschende Höhen eingenommen werden.

Abgesehen von einer regen feindlichen Artillerietätigkeit und einer argen Belästigung durch Granatwerferbeschüsse, kam es am 5. Mai im Semmeringgebiet infolge der äußerst ungünstigen Witterungsverhältnisse nur zu einer geringen Kampfbereitschaft mit vereinzelten infanteristischen sowjetischen Vorstößen. Doch bereits am Abend stand die Front auf Grund der Pflichterfüllung des einfachen Frontsoldaten wieder unverändert, obwohl unter anderem „sämtliche Zug- und Gruppenführer der 13. Kompanie/G[ebirgsjägerregiment] 98 fahnenflüchtig werden".[280]

Am 6. Mai 1945 berichtete die „Grazer Tagespost": „An unserer Abwehrfront verlief der Tag ohne besondere Kampfhandlungen [...] Nördlich Mönichwald wurden feindliche Vorstöße bis zur Kompaniestärke abgewiesen. Im Gebiet des Semmering beiderseitige Artillerietätigkeit."

An jenem Tage erfuhr man auch, dass die amerikanischen Truppen, die von Süddeutschland aus in die „Kernfestung Alpen" vorgedrungen waren, Gmunden am Traunsee und Hallein erreichten. Um der erbarmungslosen sowjetischen Kriegsgefangenschaft zu entkommen, fieberten die Deutschen im Kampfgebiet Semmering – Hochwechsel nun dem Eintreffen der Westalliierten in ihrem Rücken regelrecht entgegen. Solange waren sie fest entschlossen, die Stellungen gegen die Sowjets zu halten. So wurden südlich des Fröschnitz-Sattels mehrere Feindangriffe, die bis zu Bataillonsstärke durchgeführt wurden, abgeschlagen.

Gleichwohl mehrten sich die Fälle von Fahnenflucht. So wurde am 6. Mai bekannt, „dass bereits vor einigen Tagen der Chef der Versorgungskolonne [des] G[ebirgsjägerregiments] 99 Ob[erleutnant] Bröger mit sämtlichen Mannschaften seiner Einheit unter Mitnahme aller Tiere und Fahrzeuge das Weite gesucht hat".[281] Die Auflösungserscheinungen der Wehrmacht waren trotz aller Disziplin und einer eisernen Führung vielerorts unverkennbar.

In den Wirren der Kapitulation versuchten auch einige Generale und höhere Offiziere ihre Haut zu retten. So „ musste es für manche Soldaten erschütternd wirken, seinen geachteten Kommandeur im Strudel einer unkontrolliert erscheinenden Westwärtsflut zu erkennen, statt ihn hinter sich in alter Frontstellung gegen Osten zu wissen".[282] Während die Landser, die gnadenlosen Kriegsrichter vor Augen, bis zuletzt auf verlorenem Posten ausharrten, um den Rückzug der Heeresgruppe Ostmark zu decken, verspürte sowohl der Kommandeur der 1. Volksgebirgsdivision als auch der Führer der 9. Gebirgsdivision „keine allzu große Lust an einem möglichen Heldentod nach Ladenschluss".[283]

An der Front verlief der 6. Mai 1945 im Großen und Ganzen ruhig. Die Sowjets tasteten die deutsche Hauptkampflinie offenbar nach neuen Einbruchstellen ab. Am Abend erließ der Oberbefehlshaber der Heeresgruppe Ostmark den letzten Befehl an seine Armeen und Divisionen – und zwar: „Einstellung der Feindseligkeiten gegen die Amerikaner und

Absetzen der gegen die Russen stehenden Divisionen am Abend des 7. Mai, mit Einbruch der Dunkelheit, nach Westen."

Das bedeutete im Klartext: Ab sofort nur noch ein Einfrontenkrieg, nachdem man den im Rücken der Heeresgruppe Ostmark heranahenden Amerikanern ohnehin nur mehr einen geringen Widerstand entgegengesetzt hatte, damit diese, so Rendulic, „möglichst weit nach Osten vorstoßen konnten".[284]

Und diese Front richtete sich nach wie vor gegen die aus dem Osten heranrollenden Verbände der Roten Armee. Die Sowjets setzten nun nochmals alles auf eine Karte. Mit starker Artillerieunterstützung griffen sie vor allem im Raum Gloggnitz – Schottwien die Stellungen der Gebirgssoldaten im Hochwechsel- und Semmeringgebiet an, um ihnen den Rückzug über den Pass zu versperren. Jedoch vergebens, denn die Deutschen wiesen die gegnerischen Angriffe an der gesamten Front verlustreich zurück. Offenbar hatten es die Sowjets darauf abgesehen, die Front noch kurz vor dem Inkrafttreten des Waffenstillstandes zu zerschlagen, um ein geordnetes Absetzen der deutschen Truppen zu vereiteln und sie stattdessen gefangenzunehmen.

Erst spät am Abend trat allmählich Ruhe ein. Die Sowjets hatten erkannt, dass die deutsche Front trotz örtlicher Auflösungserscheinungen noch zusammenhielt. Bei Einbruch der Dunkelheit begann nun das Herauslösen der Verbände unter dem Schutz von Nachhuten. Gegen 23.00 Uhr war die Hauptkampflinie ohne nennenswerte Störungen durch den Gegner von den deutschen Truppen geräumt worden. Offenbar hatte der Gegner die Absetzbewegungen nicht recht mitbekommen. Unter dem Damoklesschwert, in die sowjetische Kriegsgefangenschaft zu geraten, verlief diese letzte militärische Bewegung der Heeresgruppe Ostmark in aller Eile.

Das IV. SS-Panzerkorps sollte nach Kärnten ausweichen, das III. Panzerkorps in Richtung Liezen. Die 1. Volksgebirgsdivision und die 117. Jägerdivision mussten ihre Höhenstellungen noch halten, um die Marschstraßen der motorisierten Einheiten abzuschirmen. Denn die Führung war fest entschlossen, keinen einzigen Soldaten in Feindeshand fallenzulassen. Die schweren Infanteriewaffen wurden – sofern noch genügend Munition vorhanden war – auf den ausgemergelten Tragtieren mitgeführt. Von Seiten der verantwortlichen Offiziere war beabsichtigt, die Truppe in Gewaltmärschen nach Westen zurückzuführen und zwar einerseits über Reichenau/Rax, Preiner Gscheid, Mariazell und das Ennstal, andererseits über Mürzzuschlag, das Mürztal, Bruck an der Mur, Leoben und den Schoberpass nach Liezen bis zu den amerikanischen Streitkräften, von denen man bis zuletzt vielerorts noch immer ein Zusammengehen mit den Deutschen gegen die Sowjets erwartete. Den Spekulationen und Wunschvorstellungen waren also keine Grenzen gesetzt ...

Doch alsbald machte sich bei den Deutschen Ernüchterung breit, denn die Rückzugsstraßen waren von den flüchtenden Kolonnen demoralisierter Truppenteile – es handelte sich hierbei insbesondere um Verbände der Polizei und Waffen-SS – so hoffnungslos verstopft, dass an ein geordnetes Durchkommen mit dem Tross in gar keinem Fall zu denken war. Schlimmer noch:

Das Chaos führte sehr schnell zum Verlust der meisten Fahrzeuge und eines großen Teiles der Tragtiere. Damit gingen auch die Pak und schweren Infanteriewaffen verloren. In Reihe versuchten nun die Einheiten entlang der durch stillliegende Fahrzeuge blockierten Straße das befohlene Ziel dennoch zu erreichen.[285] Und dieses Ziel wurde der Truppe in einem besonderen Befehl bekanntgegeben:

„Die Deutsche Wehrmacht ist aufgelöst", heißt es darin einleitend. „Wer bis 9. Mai, vormittags 09.00 Uhr, die Demarkationslinie zwischen den amerikanischen und russischen Truppen nicht überschritten hat, gerät in russische Gefangenschaft. Demarkationslinie ist der Lauf des Flusses Enns. Es ist mit allen Mitteln, insbesondere unter Benützung der im Mürztal verkehrenden Eisenbahnlinie zu versuchen, möglichst viele Truppen noch vor 09.00 Uhr des 9. Mai über die Enns zu schaffen."[286]

Nun folgte ein allerletzter Eilmarsch zum niederösterreichischen Semmering, wo noch am Vormittag des 8. Mai 1945 ein Zug mit Personen- und Güterwagen unter Dampf stehen sollte. Hals über Kopf erfolgte der „Abschied" von den Tragtieren und Pferden, die im Bahnhofsgelände zurückbleiben mussten. „Wehmütig sahen wir zu", erinnerte sich ein Mulitreiber, „wie sich die Bevölkerung um die Beute schlug, und wir hatten ein schlechtes Gewissen, unsere vierbeinigen Kameraden so schmählich im Stich lassen zu müssen."[287]

Sehr schnell wurden die Kolonnen auseinandergerissen. Die einzelnen Fahrzeuge schlugen sich nun auf eigene Faust durch, während anderen Trupps in buchstäblich letzter Minute unter Aufbietung sämtlicher körperlichen Reserven doch noch die Flucht durch das eiskalte Wasser der Mürz oder Mur sowie durch die teilweise noch immer tief verschneiten Berge der Ennstaler und Eisenerzer Alpen gelang. Vorbei ging es am rosafarbenen steirischen Erzberg, der berühmten „Eisenwurzen". In Gewaltmärschen, die über Leoben und den Schoberpass führten, erreichten die Soldaten schließlich im Ennstal die Amerikaner, die nach der Eroberung von Linz in der Linie Linz – Enns-Abschnitt stehengeblieben waren. Damit waren die deutschen Absetzbewegungen in die „Kernfestung Alpen", die sich in ihren entscheidenden Phasen weitgehend unbemerkt von den Sowjets vollzogen, großteils geglückt.

Aber auch das gab es zu vermelden – und zwar von der südöstlichen Flanke der „Alpenfestung": Es ereignete sich am 8. Mai 1945 bei der SS-Panzerabteilung 16. „Um 12.00 Uhr fuhren beim Ortsplatz in Perbersdorf alle restlichen einundzwanzig Panzer auf", schrieb der SS-Obersturmführer Rex. „Die Befehlspanzer schalteten das Rundfunkprogramm mit Marschmusik auf volle Lautstärke, und die Besatzungen bereiteten die Selbstzerstörung der Panzer vor. Um Punkt 12.00 Uhr flogen alle einundzwanzig Panzer in die Luft, nachdem sich die meisten Räderteile bereits Richtung Westen in Marsch gesetzt hatten. Die Besatzungen verteilten sich auf Lkw und marschierten mit dem Auftrag, die ‚Alpenfestung' [...] zu erreichen Richtung Südwest. Das galt für die gesamte Abteilung. Dafür wurden sogar Gebirgsschuhe ausgegeben. Beim Marsch traten Auflösungserscheinungen auf, da ein geschlossener Marsch nicht möglich war. Ich blieb bei einigen Männern zurück. Die Marschstrecke führte über Spielfeld – Marburg – Unterdrauburg – Lavamünd nach Völkermarkt."[288]

Als der Waffenstillstand in Kraft trat, hatten dank der umsichtigen Maßnahmen des Generalobersten Dr. Rendulic nicht weniger als sechshunderttausend Soldaten der Heeresgruppe Ostmark die US-amerikanischen Linien passiert. Rund dreihunderttausend Soldaten der 6. Armee verdankten die rettende amerikanische Gefangenschaft dem General der Panzertruppen Balck, der seine Verbände in den Maitagen 1945 noch dem sicheren Zugriff der Sowjets entziehen konnte. Insgesamt sollen rund achthunderttausend deutsche Soldaten der Roten Armee entkommen sein. Verständlich, dass die sowjetischen Marschälle erzürnt waren und eine Auslieferung des Oberbefehlshabers forderten. Dieses Ansinnen wurde ihnen jedoch von den Amerikanern verweigert. Das Lager der Alliierten zeigte bereits gefährliche Sprünge der Zwietracht.

Gebirgs-Jäger-Regiment 99
-Kommandeur-

Gef.St., 8.5.45

Meine Kameraden des Regimentes 99 !

Heute morgen ist der Waffenstillstand an allen Fronten unterzeichnet worden. Soweit sich der Russe an diesen Waffenstillstand nicht hält, wehren wir uns natürlich dagegen.
Im übrigen gibt es aber für mich nur ein Ziel:
Möglichst viele Angehörige meines Rgt.unbeschädigt nach Hause zu führen, damit sie möglichst bald ihrer Friedensarbeit nachgehen können.
Dieses Ziel läßt sich nur durchführen, wenn das Rgt. weiterhin eiserne Disziplin hält. Wer davonlaufen will, mag davonlaufen. Nur soll er es vorher sagen, damit ich ihm Verpflegung mitgeben kann. Glaubt mir aber, es ist besser, wenn ihr im Rahmen eurer Btle. solange geschlossen bleibt, bis ich Euch auf Grund von mir persönlich ausgearbeiteten und verantwortlichen Planes in eure Heimat entlassen kann.
Schon heute entlasse ich alle Ost-und Südsteiermärker. Wer von ihnen bei uns bleiben will, darf natürlich bleiben. Er marschiert dann mit uns nach Bayern, dort werden wir schon Arbeit für ihn finden.
In Leoben werden die Kärntner und Mittelsteirer entlassen, an einem der nächsten Tage dann die Soldaten aus Oberdonau und Niederdonau.
Die Bayern, Salzburger, Tiroler und Vorarlberger marschieren mit mir, solange, bis ich sie auch gruppenweise in ihre Heimat entlasse.
Die Soldaten aus Mittel-und Niederdeutschland marschieren solange mit uns, bis sich die günstigsten Abzweigungsmöglichkeiten nach Norden ergeben haben. Das wird voraussichtlich bei Salzburg sein.
Wer Spezialwünsche hat, kann sie jederzeit seinem Kp.Chef sagen, sie werden erfüllt, soweit sie vernünftig sind.
Das wichtigste in unserer Marschbewegung ist also eiserne Disziplin. Jedermann behält seine Handwaffe solange, bis ihre Abgabe von mir befohlen wird. Gekämpft wird nur gegen die Russen und auch nur dann, wenn er unseren Rückmarsch stört.
Ich erwarte von Euch allen ausgezeichnete Haltung. Ihr dürft das stolze Gefühl haben, im Felde unbesiegt gewesen zu sein. Mit diesem stolzen Gefühl dürft und müßt ihr marschieren, auch wenn ihr keine Waffen mehr habt. Ich erwarte von Euch eine gute und gesunde Stimmung. Mit Kopfhängerei wird unsere Lage nicht besser. Wir haben den Blick in die Zukunft gerichtet. Und diese Zukunft heisst für uns alle: Zurück in die Heimat, zurück zur Familie, Aufbau eines neuen Lebens, Arbeit und wieder Arbeit.
Ich erwarte von Euch also, dass ihr der deutschen Zivilbevölkerung beim Rückmarsch ein tadelloses Bild der Ordnung gebt. Die militär. Gesetze bleiben aufrecht erhalten. Ich warne ganz besonders vor Plünderung. Sie wird genau so bestraft wie bisher. Hütet Euch vor den zersetzenden Einfluß kommunistisch gesinnter Zivilbevölkerung. Wir werden sie unterwegs wahrscheinlich hin und wieder treffen.
Unser General marschiert an der Spitze der Div. Ich garantiere Euch dafür, dass Euch kein Vorgesetzter verlassen wird.
Und nun mit frischem Mut auf den weiten Weg!

B e r g H e i l !
Euer Regimentsführer
G r o t h

Wo wir standen, stand die Treue -
Wenn wir sterben, stirbt die Treue!

Der letzte Tagesbefehl des Kommandeurs des Gebirgsjägerregiments 99 vom Semmering.

9. Die „Voralpenstellung"

Nach der Eroberung von Wien und der Besetzung von weiten Landstrichen Niederösterreichs setzten die Sowjets fast ungehindert ihren Vormarsch donauaufwärts durch die Wachau und den Nibelungengau in Richtung Westen fort. Das hatte seinen guten Grund, denn nunmehr war „Oberösterreich der einzige Teil des Wehrkreises XVII, der noch nicht von den Endkämpfen berührt worden war, und er bot daher die letzte Ausweichmöglichkeit für die Heeresgruppe Süd".[289] Daher, so Rauchensteiner, befahl der Oberbefehlshaber Rendulic „dem Kommandierenden General im Wehrkreis XVII, General Schubert, mit den noch zur Verfügung stehenden Resten der Ersatztruppen des Wehrkreises in aller Eile den Ausbau einer Stellung zu beginnen, die generell entlang der oberösterreichisch-bayerischen Grenze von Volary (Wallern, nördl. des Böhmerwaldes) bis Braunau verlaufen sollte."[290] Sie erhielt die Bezeichnung „Voralpenstellung".

Die Verteidigung des Gaues Oberdonau, der nach Ansicht des Oberösterreichers Ernst Kaltenbrunner neben der Steiermark und Kärnten einer derjenigen Gaue war, „die bis zum Schluss politisch nicht ‚angekränkelt' waren",[291] war in zweierlei Hinsicht überaus wichtig: Zum einen war hier eine gewaltige Grundstoff- und Rüstungsindustrie von überlebenswichtiger Bedeutung für die deutsche Kriegswirtschaft angesiedelt, und zum anderen schützte er als operatives Vorfeld die nördliche Flanke der „Alpenfestung". Darüber hinaus waren die südlichen, im Salzkammergut und in der Pyhrn-Eisenwurzen-Region liegenden Hochgebirgsregionen des Gaues Oberdonau selbst ein Teil der „Kernfestung Alpen".

Aus all diesen Gründen unternahmen sowohl der Oberbefehlshaber der Heeresgruppe Süd bzw. Ostmark als auch der Kommandierende General im Wehrkreis XVII alles, um Oberösterreich die letzten Reserven zuzuführen. „Die Divisionen und Kampfgruppen sollten Streifen einsetzen und im rückwärtigen Heeresgruppenbereich alles, einschließlich der Wohnungen der Zivilbevölkerung, durchsuchen, um Fahnenflüchtige und Versprengte aufzustöbern. [...] Oberösterreich wurde [...] mit aller Macht auf den Endkampf vorbereitet. Hier sollte es Krieg geben, wenn auch schon im Großteil Europas die Waffen schwiegen."[292]

Trotz aller drakonischen Maßnahmen und dem Auskämmen der letzten Trosse blieb die Heeresgruppe ohne nennenswerte Verstärkungen. So nahm das Schicksal auch in Oberösterreich für die Deutsche Wehrmacht einen verhängnisvollen Verlauf, denn „es gab kein durchgehendes Grabensystem, sondern nur einige Panzerdeckungslöcher und behelfsmäßige Unterkünfte für die Besatzung. Den Raum von der Donau bis zum Böhmerwald deckten eine Panzerjägerabteilung, ein Infanteriebataillon und eine schwere Flakabteilung mit drei Batterien, die zur Kampfgruppe Oberst Engel gehörten."[293] Das war jedoch zu wenig, um sich der vielfachen feindlichen Übermacht erfolgreich zur Wehr setzen zu können. Denn nicht nur aus östlicher Richtung drängten die sowjetischen Marschälle die Rote Armee unaufhörlich donauaufwärts, sondern von Westen her trieben nun auch die amerikanischen Generale ihre GIs durch Süddeutschland in die „Alpenfestung".

Dabei kam es zwischen den amerikanischen Verbänden nicht nur zu einem wahren Wettlauf um den begehrten Siegeslorbeer, sondern auch zu ganz eigenartigen Kriegshandlungen, die General George S. Patton als „Third Army War Memorial" bezeichnete. Der „Blücher der US-

Armee“ beschoss dabei nämlich auch Ortschaften, die nicht verteidigt wurden, um, wie er in seinen Erinnerungen schrieb, „künftigen deutschen Generationen den Beweis zu hinterlassen, dass die Dritte Armee durch die Stadt gezogen ist.“[294] Und noch etwas ließ sich der Haudegen einfallen, um seinen Namen mit ehernem Griffel in die Analen der Kriegsgeschichte einzutragen: Ab 1944 befehligte er die 3. US-Armee und wurde 1945 zum Vier-Sterne-General befördert. Da ihm der „Triumph vorenthalten blieb, die eigentliche ‚Alpenfestung‘ zu stürmen, wollten die Angehörigen dieser Armee wenigstens jene sein, die die Vereinigung mit den Russen bewerkstelligten und damit den letzten Akt dieses Krieges in Europa vollziehen.“[295]

Da Hitler in Linz zur Schule gegangen war, hatte er der Stadt nach dem Anschluss die „Reichswerke ‚Hermann Göring‘ Linz“ geschenkt.[296] Später legten sechstausend alliierte Bomben den Rüstungsbetrieb, der unter dem Einsatz von unzähligen Zwangsarbeitern während des Zweiten Weltkrieges Kampfpanzer produzierte, in Schutt und Asche. Zuvor hatte Hitler noch davon geträumt, sich nach Kriegsende in der „Führerstadt“ an der Donau ein gigantisches Grabmal erbauen zu lassen. Als sich der SS-Obergruppenführer Ernst Kaltenbrunner am 23. März 1945 zur sogenannten „großen Mittagslage“ in das Berliner Führerhauptquartier im Bunker der Reichskanzlei begab, „fand er Hitler – vor einem großen Modell der Stadt Linz an der Donau. Dem Anschein nach frisch und voll Spannkraft schritt Hitler seinem Besucher bis zur Tür entgegen und begann mit ihm ein Gespräch über die geplante Neugestaltung von Linz. Hitler wollte es zu der neuen Metropole Mitteleuropas machen; er entwickelte Kaltenbrunner weitausholend seine Ideen und fragte ihn, den Linzer, was man dort wohl zu diesem oder jenem Detail der Entwürfe sagen würde. Das ging so eine halbe Stunde; Hitler redete sich in wahre Begeisterung hinein.“[297]

Doch stattdessen sollte es nun in der Nähe von Linz zum Aufeinandertreffen von Einheiten der Roten Armee und der US-Streitkräfte kommen. Während die amerikanischen Verbände Ende April 1945 fast widerstandslos durch Süddeutschland in Richtung „Alpenfestung“ vordrangen, wurden in der Landeshauptstadt von Oberösterreich noch „fieberhafte Vorbereitungen für die Verteidigung der Stadt getroffen. Der aufgebotene Volkssturm baute auf den Höhen um Linz Stellungen und errichtete an allen Einfallstraßen Panzersperren. Der Volkssturm sollte auch zusammen mit der um Linz postierten Flak (Fliegerabwehr) die Verteidigung der Stadt übernehmen. Nach der Erfassung standen dem Volkssturm wohl über zwanzigtausend Mann zur Verfügung. Aber es waren nur Männer, die wegen ihres Alters oder wegen ihrer Untauglichkeit nicht zur Wehrmacht eingezogen worden waren. Ein paar Hundert Gewehre und ein paar Dutzend Panzerfäuste waren alles, was an Waffen zur Verfügung stand. Mit diesen Männern ohne Waffen und ohne Ausbildung war, trotz noch immer vielfach vorhandenen guten Willens, eine Verteidigung der Stadt nicht einmal für Stunden möglich.“[298]

Dennoch rief der Gauleiter des Gaues Oberdonau am Abend des 3. Mai 1945 alle Mitglieder der Gauleitung, die Kreisleiter und die gesamte Kreisleitung von Linz mit ihren Ortsgruppenleitern in das Landhaus, „um die letzten Weisungen zu erteilen und sich vor seiner Abfahrt in die ‚Festung Alpen‘ von seinen Mitarbeitern zu verabschieden. Am selben Tag hatte in Berchtesgaden eine Besprechung bei Generalfeldmarschall Kesselring stattgefunden, der den dort anwesenden Gauleitern den Plan der ‚Festung Alpen‘ als letzten Widerstandsversuch erläutert hatte. (Gauleiter Eigruber hatte zu dieser Besprechung als seinen Vertreter den Gauobmann der Deutschen Arbeitsfront, Franz Stadlbauer, entsandt.) Zu diesem Plan gehörte: Äußerster Widerstand, bis es dem Gros gelungen ist, seine Stellungen in den Alpen zu beziehen und alles Kriegsmaterial, Lebensmittel und Vorräte aller Art in die ‚Festung' zu schaffen. Diesem Plan entsprach auch der Befehl, Linz so lang als irgend möglich zu verteidigen",[299] während der Gauleiter sein Heil in der Flucht suchte.

Angesichts der hoffnungslosen militärischen Lage fuhr der Kreisleiter Franz Danzer mit dem Primär Dr. Rosenauer am 4. Mai 1945 nach Rottenegg. Dort überbrachten sie den herannahenden Amerikanern – entgegen dem Wehrmachtsbefehl – die bedingungslose Kapitulation von Linz. Doch erst tags darauf marschierten die Amerikaner in die Stadt ein, wo sie schon die „Alpenfestung" vermuteten. Dort herrschten chaotische Zustände: Flüchtlinge und befreite KZ-Häftlinge irrten durch die zerbombte oberösterreichische Landeshauptstadt. Der Schutt türmte sich in den Straßen meterhoch auf und die Versorgung der Bevölkerung war zusammengebrochen. Vierzigtausend Fremde, die von den Amerikanern als „Displaced Persons" bezeichnet wurden, mussten verpflegt und in ihre Heimat zurückgeführt werden.[300]

Mit der Eroberung von Linz und der „Voralpenstellung" durch die alliierten Truppen war die nördliche Flanke der „Alpenfestung" in ihrer gesamten Länge von Wien bis Salzburg und von Freilassing bis zum Bodensee weit aufgerissen. Wie es dazu im süddeutschen Raum und im bayerisch-schwäbischen Voralpenland gekommen war, das erfahren wir alsbald. Doch zunächst zu zwei Entscheidungen von welthistorischer Tragweite. Die eine fällte Adolf Hitler, die andere der alliierte Oberbefehlshaber Eisenhower.

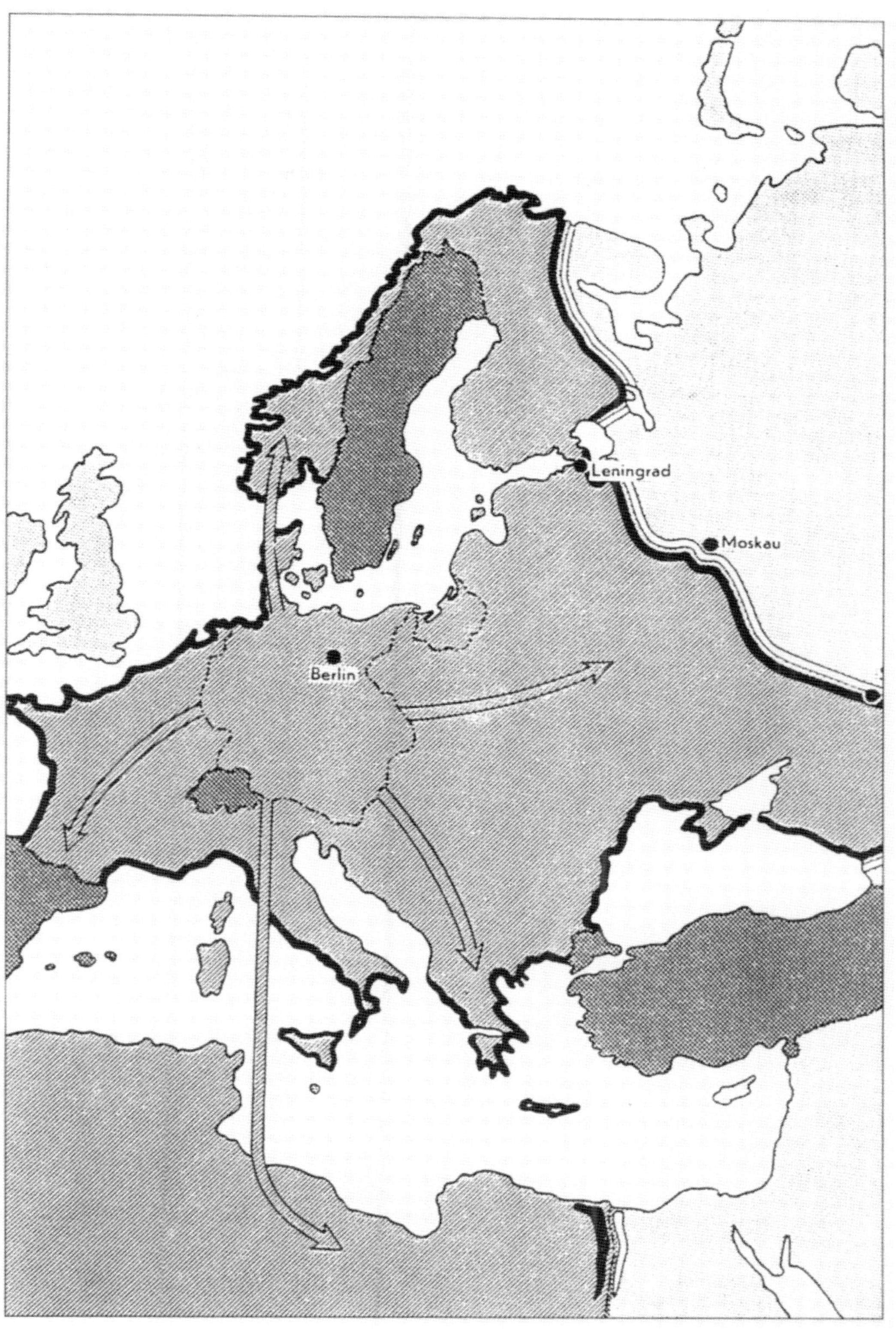

Ende 1942 besaßen die Fronten der Deutschen Wehrmacht ihre größte Ausdehnung.

Die Operationen der Alliierten zum Sturm auf die „Festung Europa“.

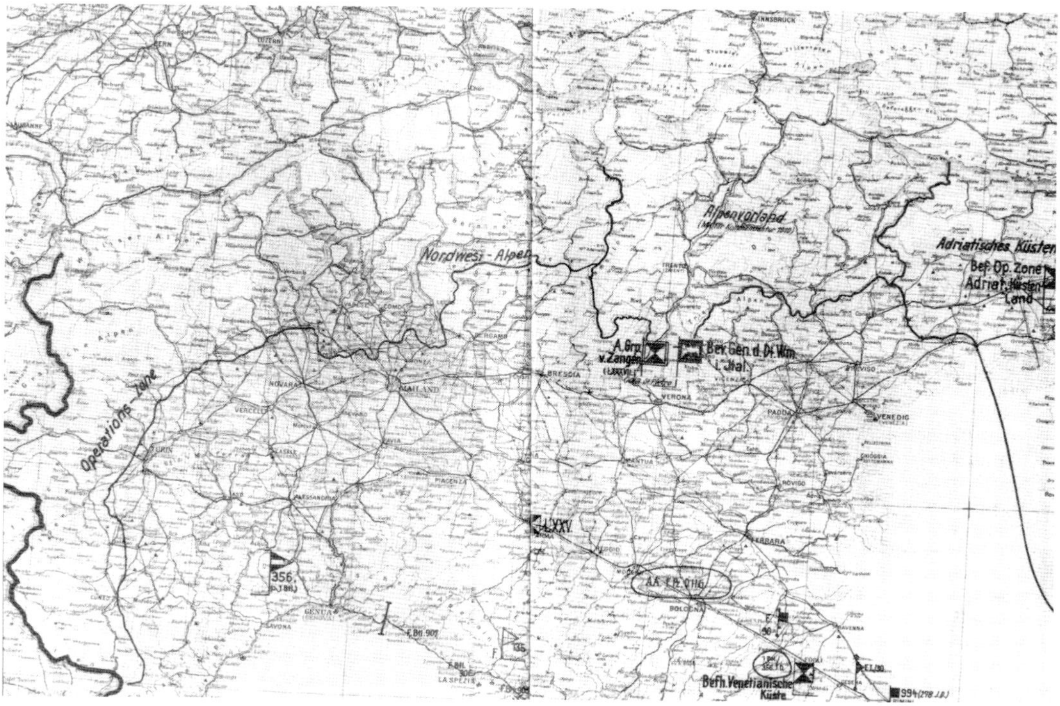

Die Operationszonen „Nordwest-Alpen“, „Alpenvorland“ und „Adriatisches Küstenland“ nach einer Lagekarte des Oberkommandos des Heeres, Oberbefehlshaber Südost vom 17. Mai 1944.

SONDERNUMMER ZUM 12. MÄRZ

Rot Weiss Rot

SONDERNUMMER ZUM 12. MÄRZ

VERTRIEB: Die R.A.F. und die U.S.A.A.F. — NACHRICHTENBLATT FÜR ÖSTERREICH — 10. März 1945

12 MÄRZ 1938 - 12 MÄRZ 1945

ENDE UND AUFERSTEHUNG

CHRONIK DER AGONIE

„BUCHSTÄBLICH über Nacht war ein jahrzehntelang gehegter Sehnsuchtstraum unserer Väter und Ahnen erfüllt worden. Welch ein "Tag der Deutschen." Die alte Ostmark, vor mehr als tausend Jahren von emsigen Siedlern aus Bayern errungen, dann lange Zeit hindurch Mittelpunkt mutiger Wacht im Osten für das erste Kaiserreich, 1866 jedoch aus der Gesamtheit durch den Sieg Preussens über Habsburg, ausgeschieden und seit dem Ende des Weltkrieges hoffnungslos vereinsamt, war dem Mutterland wiedergegeben..."

Mit diesen Worten fasst Friedrich Stieve in der nationalsozialistischen "Geschichte des deutschen Volkes" die Tragödie eines einst freien und selbständigen Landes zusammen, das als erstes in der langen Reihe Hitler zum Opfer fiel. Österreich, kurzum, war "heimgekehrt ins Reich". Wie sah die Chronik dieser "Heimkehr" nun wirklich aus?

Februar 1938: Hitler kocht vor Ungeduld. Noch ist das Hakenkreuz nicht über die deutschen Grenzen hinausgedrungen. Der Mord an Dollfuss, von Papens Wühlarbeit, die organisierte Propaganda der Nazi-Emissäre in Österreich haben noch keine Früchte

EDEN ÜBER ÖSTERREICH

IN der Unterhausdebatte über die Beschlüsse der Krim-Konferenz sprach der britische Aussenminister Eden am 1. März 1945 über Österreich. Eden führte aus:

"Am 1. November 1943 veröffentlichten wir gemeinsam mit der Sowjet-Union und den Vereinigten Staaten ein Communiqué, in dem festgestellt wurde, dass Österreich das erste Opfer der nationalsozialistischen Angriffs-

Alliierte Flugblatt-Zeitung für die Österreicher anlässlich des Einmarsches der Deutschen Wehrmacht am 12. März 1938 in Österreich.

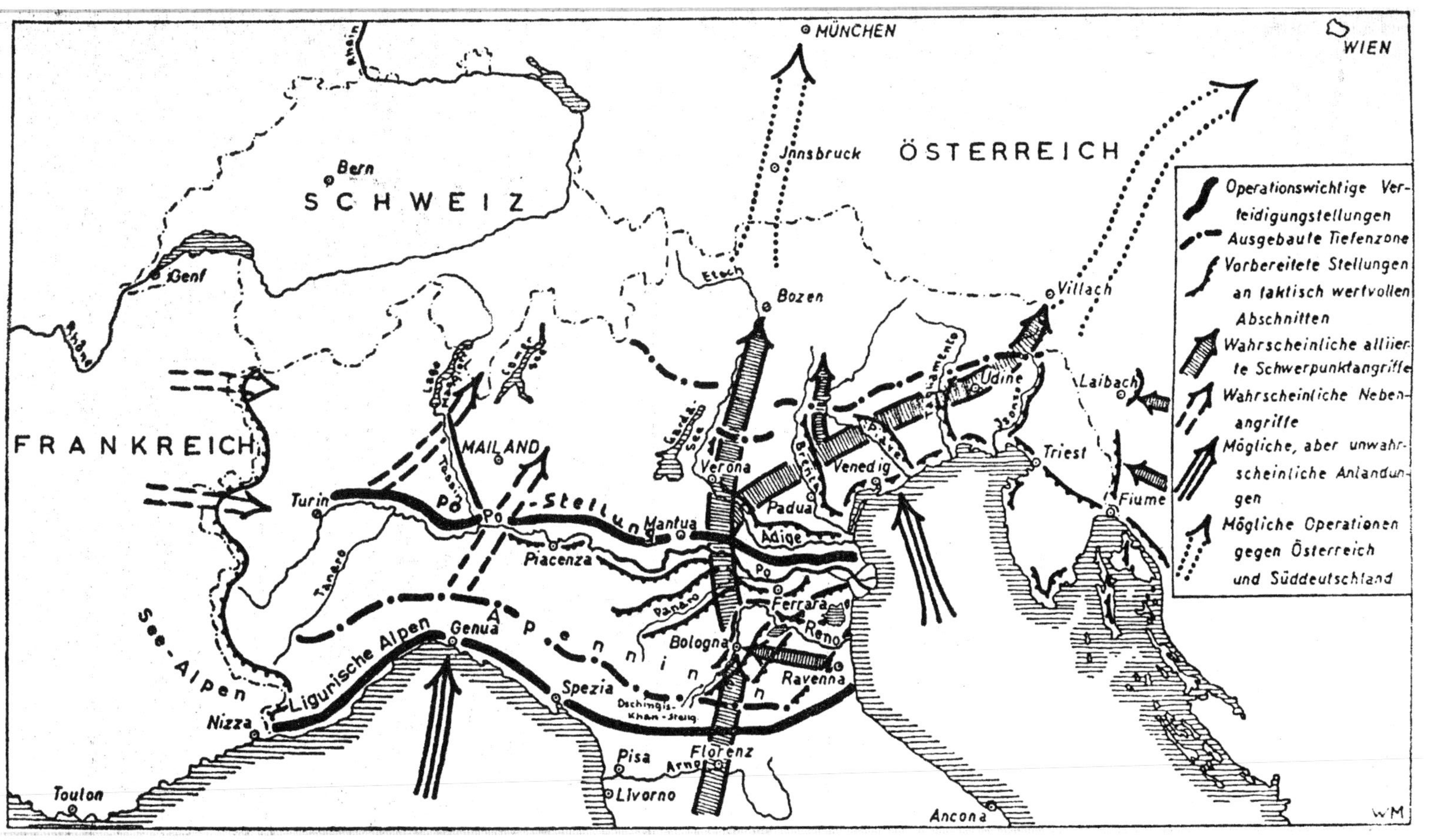

Der Stellungsbau in Oberitalien zur Abwehr alliierter Angriffe 1944/1945.

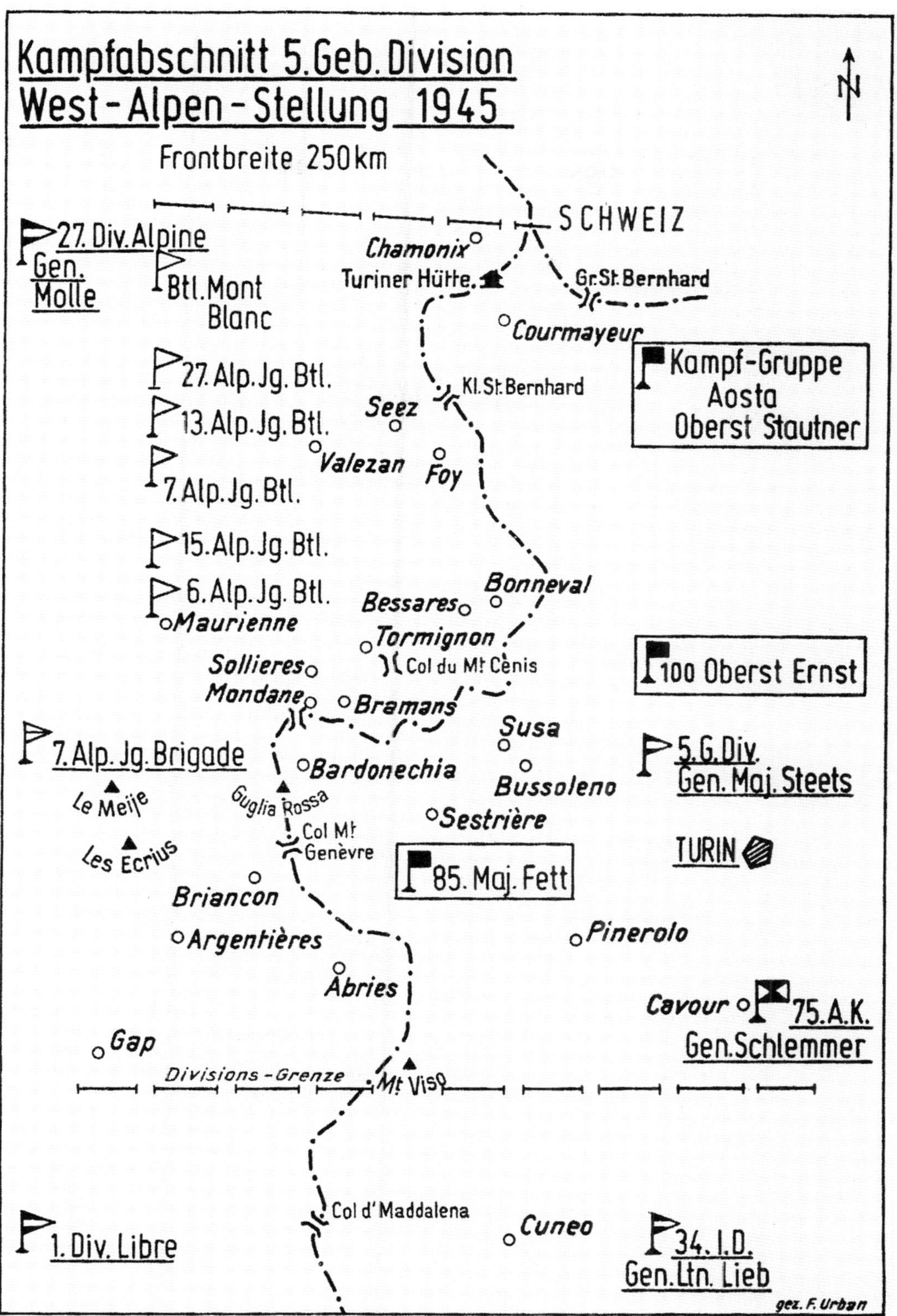

Der Kampfabschnitt der 5. Gebirgsdivision in der „Westalpenstellung“ 1945.

A b s c h r i f t der A b s c h r i f t

[illegible]nschreiben SD HOMX/FU 3846/66 vom 30.3.1945

H 6 ℓ C
75138/1

An Gen. d.Wehrm. Ordnungstruppen

Tagesbefehl

Soldaten des Ital. Kriegsschuaplattes !

Seit Monaten tobt der Krieg auf deutschem Boden. Immer neue Schlaege sind im Osten und Westen zu parieren. Die eigenen Kraefte sind zum Zerreissen gespannt.

Nachdem der Rhein in den letzten Tagen an mehreren Stellen durch Englaender und Amerikaner nach Osten ueberschritten ist, scheint nun ein Uebermass des Tragbaren erreicht zu sein.

Wir in Italien haben ueberall im Reich liebe Angehoerige, auch in den vom Feind besetzten und verwuesteten Gebieten. Jeder nimmt heissen Anteil an ihrem schweren Schicksal. Jeder von uns moechte dort in den Heimatgauen selber mithelfen und die eigenen Kraefte dort einsetzen, wo alles auf dem Spiel steht.

Uns alle aber haelt die gleiche harte Pflicht, die unsere Kameraden im Reich Uebermenschliches leisten laesst, hier auf dem fuer die Gesamtkriegsfuehrung wichtigen Posten, auf den uns der Fuehrer und Reich gestellt haben. Hier auf fremden Boden treffen wir denselben Feind mit unseren Waffen.

Wie die Lage auch kommen mag, durch festen Zusammenhalt und unerschuetterlichen Glauben, durch Gehorsam und haertesten Kampfeswillen werden wir uns durchsetzen. Kleinmut, Schwaeche und Zweifel koennen keinem helfen, diese Krise zu ueberwinden.

Deutsche Soldaten auf ital. Boden ! Lasst Euch nicht beirren. Bleibt unverzagt und seht der Zukunft selbstbewusst ins Auge. Vertraut auf die eigenen Kraefte und die Nerven Eurer Fuehrer. Die entscheidende Stunde soll uns alle eines Willens und Bereit finden, gegen jede Ueberlegenheit mit eiserner Entschlossenheit den Kampf mit allen Mitteln wieterzufuehren.

Heil dem Fuehrer !

gez. v. Vietinghoff

Der Tagesbefehl des Oberbefehlshabers in Italien General von Vietinghoff vom 30. März 1945.

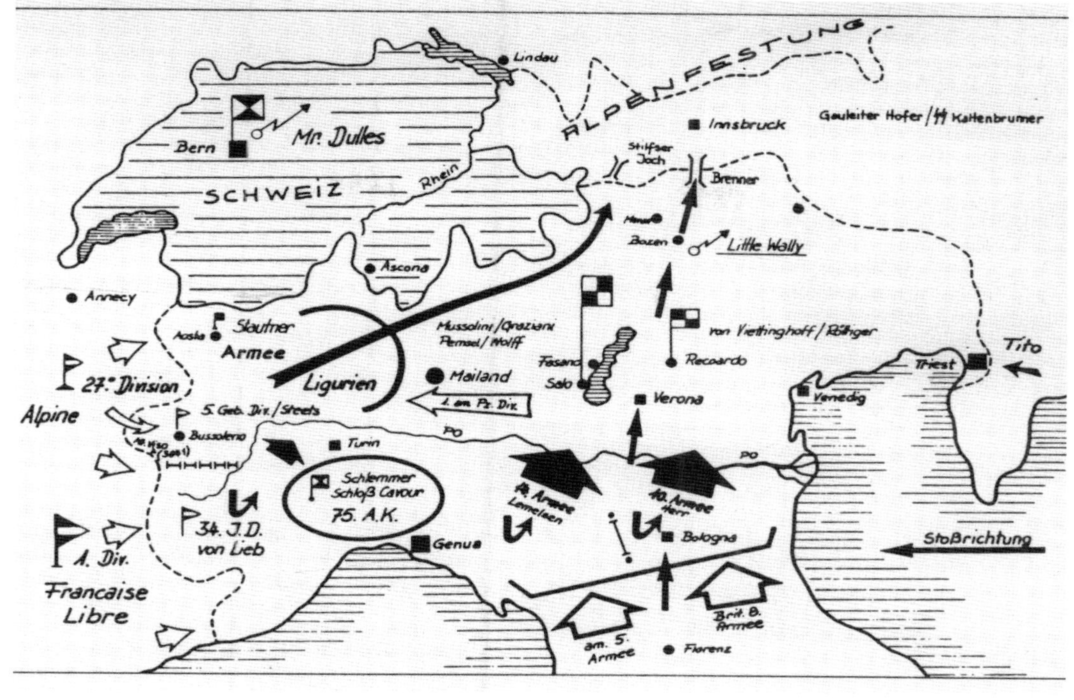

Die militärpolitische Lage im April 1945 in der Operationszone „Alpenvorland".

DER GAULEITER IN KÄRNTEN
OBERSTER KOMMISSAR IN DER OPERATIONSZONE
ADRIATISCHES KÜSTENLAND

TRIEST, AM 8.Jänner 1945

Herrn

Oberstleutnant Doktor Schultze
Kommandeur des Res.Geb.Jäg.Rgt.137

Über Militärkommandantur 1001
Durch Kurier

Sehr geehrter Herr Oberstleutnant!

Ich danke Ihnen für Ihre Glückwünsche und übermittle Ihnen und Ihren Männern meine besten Wünsche für das Neue Jahr. Vor allem wünsche ich Soldatenglück, Gesundheit und nach dem Sieg frohe Heimkehr!

Heil Hitler!

Schreiben des Gauleiters in Kärnten und Obersten Kommissars in der Operationszone „Adriatisches Küstenland", Dr. Friedrich Rainer.

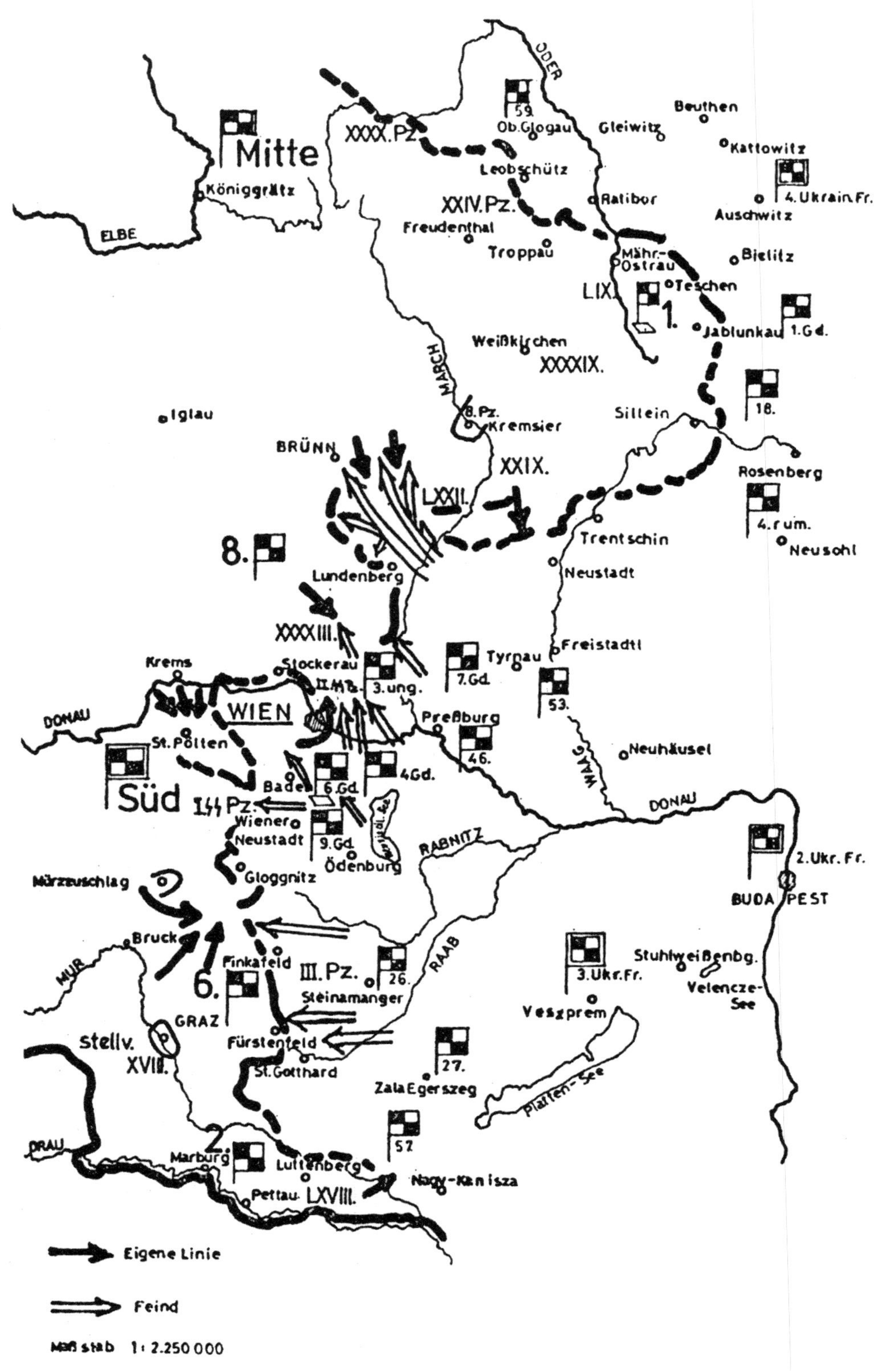

Die deutschen und alliierten Operationen am Ostrand der „Alpenfestung" und in der „Reichsschutzstellung".

Österreichische Zeitung

No. 1 FRONTZEITUNG FÜR DIE BEVÖLKERUNG ÖSTERREICHS 15. April 1945

Erklärung der Sowjetregierung über Österreich

Die Rote Armee schlägt die deutsch-faschistischen Truppen und ist bei ihrer Verfolgung in Österreich einmarschiert. Wien, die Hauptstadt Österreichs, ist belagert.

Im Gegensatz zu den Deutschen in Deutschland widersetzt sich die Bevölkerung Österreichs der von den Deutschen durchgeführten Evakuierung. Sie bleibt an ihren Plätzen und begrüsst die Rote Armee herzlich als Befreierin Österreichs vom Joch der Hitlerfaschisten.

Die Sowjetregierung hat nicht das Ziel, sich irgend einen Teil des österreichischen Territoriums anzueignen oder die gesellschaftliche Ordnung Österreichs zu ändern. Die Sowjetregierung steht auf dem Boden der Moskauer Deklaration der Verbündeten Mächte über die Unabhängigkeit Österreichs. Sie wird diese Deklaration in die Wirklichkeit umsetzen. Sie wird die Liquidierung des Regimes der deutsch-faschistischen Okkupanten und die Wiederherstellung demokratischer Zustände und Einrichtungen in Österreich unterstützen.

Das Oberkommando der Roten Armee gab den Sowjettruppen den Befehl, der Bevölkerung Österreichs in diesem Werk beizustehen.

An die Bevölkerung Österreichs

Die Rote Armee verfolgt die deutsch-faschistischen Truppen und ist in Österreich einmarschiert. Die Rote Armee hat den Boden Österreichs betreten, nicht um österreichisches Gebiet zu erobern. Ihr Ziel ist ausschliesslich die Zerschlagung der feindlichen deutsch-faschistischen Truppen und die Befreiung Österreichs von deutscher Abhängigkeit.

Die Rote Armee steht auf dem Boden der Moskauer Deklaration der Verbündeten Mächte vom Oktober 1943 über die Unabhängigkeit Österreichs. Die Rote Armee wird dazu beitragen, dass in Österreich die Zustände wiederhergestellt werden, die bis zum Jahre 1938 in Österreich bestanden haben.

Die Moskauer Deklaration der Regierungen der Sowjetunion, Grossbritanniens und der USA erklärte, dass sie ihrem Wunsch Ausdruck geben, „ein freies und unabhängiges Österreich wiederhergestellt zu sehen und dadurch dem österreichischen Volk selbst die Möglichkeit zu geben, diejenige politische und wirtschaftliche Sicherheit zu finden, die die einzige Grundlage eines dauerhaften Friedens ist." Zu gleicher Zeit heisst es in dieser Deklaration: „Österreich wird jedoch darauf aufmerksam gemacht, dass es für die Beteiligung am Kriege auf seiten Hitlerdeutschlands die Verantwortung trägt, der es nicht entgehen kann, und dass bei der endgültigen Regelung unvermeidlich sein eigener Beitrag zu seiner Befreiung berücksichtigt werden wird."

Entsprechend dem Wortlaut dieser Deklaration kämpft die Rote Armee gegen die deutschen Okkupanten, aber nicht gegen die Bevölkerung Österreichs.

Die Rote Armee kam nach Österreich nicht als Eroberungsarmee, sondern als Befreiungsarmee.

BÜRGER UND BÜRGERINNEN ÖSTERREICHS!

Unterstützt auf jede mögliche Weise die Truppen der Roten Armee, die auf österreichischem Boden operieren!

Bleibt an Euren Arbeits- und Wohnstätten! Setzt Eure friedliche Arbeit fort! Unterstützt die Rote Armee bei der Aufrechterhaltung der Ordnung und der Sicherung der normalen Arbeit der Industrie-, Handels- und Kommunalbetriebe, sowie sonstiger Unternehmungen!

Beobachtet gewissenhaft die vom Oberkommando der Roten Armee festgelegte militärische Ordnung! Vollführt alle Befehle und Anordnungen des Oberkommandos der Roten Armee, hervorgerufen durch die Notwendigkeit, Österreich möglichst bald von den deutsch-faschistischen Truppen vollständig und restlos zu säubern, ebenso von allen Behörden, Einrichtungen und Agenten des Hitlerregimes.

Unterstützt die Rote Armee bei der Dingfestmachung von Hitleragenten, Provokateuren, Spionen, Schädlingen und aller der Elemente, die die raschesie Säuberung Österreichs von den Deutschen verhindern und den Massnahmen der Roten Armee entgegenarbeiten.

Den Hitlerkreaturen und ihren Agenten ist kein Wort zu glauben!

Alle persönlichen Rechte und Eigentumsrechte österreichischer Staatsbürger, privater Gesellschaften und Vereine und das ihnen zugehörige Privateigentum bleiben unangetastet.

Die Regierungen Grossbritanniens, der Sowjetunion und der USA geben ihrem Wunsch Ausdruck, ein [illegible] und unabhängiges Österreich wiederhergestellt zu sehen.
(Aus der Moskauer Deklaration der drei Mächte über Österreich vom Oktober 1943)

Bis zur Errichtung österreichischer Behörden auf demokratischem Wege durch das österreichische Volk selbst üben die Funktionen der zivilen Gewalt die von den Ortskommandanten der Roten Armee ernannten provisorischen Bürgermeister aus. Die provisorischen Bürgermeister werden der lokalen Bevölkerung entnommen.

Alle Industrie-, Handels-, Kommunal- und sonstigen Unternehmungen haben ihre normale Arbeit fortzusetzen.

Die nationalsozialistische Partei (NSDAP) wird aufgelöst. Die einfachen Mitglieder der nationalsozialistischen Partei werden nicht verfolgt, wenn sie sich den Sowjettruppen gegenüber loyal verhalten.

Die friedliche Bevölkerung Österreichs **hat nichts zu fürchten!**

Arbeiter und Gewerbetreibende! Geht an Eure Werkbänke in den Fabriken und in Eure Werkstätten!

Bauern und Bäuerinnen! Setzt fort Eure Frühjahrsaussaat und Eure landwirtschaftlichen Arbeiten!

Händler und Unternehmer! Angehörige der freien Berufe! Geht ruhig wieder Eurer normalen Arbeit nach!

Angestellte der Handels-, Industrie- und Kommunalbetriebe! Sichert die normale Weiterarbeit Eurer Betriebe!

Geistliche und Gläubige! Ihr könnt ungestört Eure religiösen Riten und Gebräuche ausüben!

ÖSTERREICHER!

Hitlerdeutschland hat den Krieg verloren und nichts kann es vor der völligen Zerschlagung retten. Die Stunde der Befreiung Österreichs vom deutschen Joch ist da.

Unterstützt, wo und wie ihr nur könnt, die Rote Armee bei der Zerschlagung und Vernichtung der Hitlertruppen. Tragt durch eigene Leistung bei zur Befreiung Österreichs. Ihr werdet dadurch die volle Befreiung Österreichs beschleunigen, die Wiederherstellung seiner Freiheit und Unabhängigkeit.

Der Befehlshaber der Truppen
der 3. Ukrainischen Front,
Marschall der Sowjetunion

F. TOLBUCHIN.

Österreichische Frontzeitung für die Bevölkerung Österreichs vom 15. April 1945.

Die Frontlage im Mai 1945 mit den drei von der Deutschen Wehrmacht noch gehaltenen Hohlräumen in Norddeutschland, Böhmen und Mähren sowie der „Alpenfestung".

II.
Entscheidungen von welthistorischer Tragweite

Die Deutschen an einem Rückzug in das Festungsgebiet zu hindern, war ein Hauptziel bei allen Operationen, die wir im Süden durchgeführt haben.

Dwight David Eisenhower[1]

Eisenhower betrachtete die „Alpenfestung" als einen eventuellen Zankapfel zwischen den Alliierten, und diese Befürchtung hat seine strategischen und taktischen Überlegungen in den letzten Tagen des Krieges in Europa bestimmt.[2]

1. Hitler: Berlin statt „Alpenfestung"

Der 14. Juli 1944 war für Adolf Hitler ein denkwürdiger Tag. Kurz vor seiner Abfahrt vom „Berghof" blickte er noch einmal gedankenverloren durch das große versenkbare Panoramafenster im Konferenzzimmer auf die Berchtesgadener Alpen. Einem Begleiter vertraute er an, dass er vielleicht nicht mehr hierher zurückkehren werde.[3] Seine dunkle Vorahnung sollte später zur Gewissheit werden.

Denn 1945 durchbrachen die Sowjets die östliche Reichsgrenze. Ihr Vormarsch führte sie – nur durch einen kurzen Aufenthalt an der Oder unterbrochen – bis nach Berlin. Die wichtigsten Stationen dorthin waren: Am 12. Januar Beginn des sowjetischen Angriffs aus dem Brückenkopf westlich der Weichsel und in dessen Verlauf der Zusammenbruch der deutschen Front in Polen und die Eroberung des Landes durch die Rote Armee. Am 17. Januar wurde Warschau, am 19. Krakau, die Residenz des Generalgouverneurs, von den Deutschen geräumt; Angriffe der Roten Armee gegen Ostpreußen. Am 19. Januar wurde Tilsit, am 25. Allenstein geräumt; Übergang über die Oder bei Steinau – zwischen Glogau und Breslau gelegen. Nun folgten die Räumung des oberschlesischen Industriegebietes, im Februar die Evakuierung Niederschlesiens, der elfwöchige Kampf um Breslau sowie der Angriff der Roten Armee gegen Pommern. Am 13. März erzwangen die Sowjets den Übergang über die untere Oder. Am 30. März kapitulierte Danzig, am 9. April Königsberg.

Endzeitstimmung in den Katakomben der Berliner Reichskanzlei. Die Tragödie näherte sich dem Höhepunkt. Denn, so der ungarische Militärhistoriker Ungváry, „von den militärischen Operationen des Zweiten Weltkriegs machen die Ortskämpfe nahezu dreißig Prozent aus. Zu einem bedeutenden Teil handelte es sich um Städtebelagerungen, die sich von allen Konfrontationen als die blutigsten erwiesen."[4]

Für das „Tausendjährige Reich" wie für seinen Führer und dessen nächster Umgebung zeichnete sich ein apokalyptisches Ende des Zweiten Weltkrieges ab. „Am 15. April hatte Adolf Hitler für den Fall einer Unterbrechung der Landverbindungen zwischen dem Nord- und Südraum des Reiches einen grundsätzlichen Befehl erlassen, der für den Raum, in dem er sich selbst nicht befinden würde, einen mit allen Vollmachten für die Landesverteidigung ausgestatteten militärischen Oberbefehlshaber bestimmte. Für den Süden war dies der Feldmarschall Kesselring, für den Norden Großadmiral Dönitz."[5]

Diese Vorsichtsmaßnahme war nicht ganz unbegründet, denn an der Oder war die sowjetische Offensive losgebrochen. Nach schwersten und für beide Seiten verlustreichen Kämpfen hatten die Armeen und Divisionen der 1. Belorussischen und der 1. Ukrainischen Front am 16. April 1945 die deutschen Verteidigungslinien am und beiderseits des Brückenkopfes von Küstrin geknackt, und zwar so perfekt, dass die Panzerverbände der Marschälle Schukow und Konjew schon nach fünf Tagen die nördlichen, die südlichen und die östlichen Vororte der deutschen Reichshauptstadt erreichten.

Daraufhin übertrug Hitler am 19. April dem Oberbefehlshaber der Heeresgruppe „Weichsel" die Kommandogewalt über Berlin. Generaloberst Gotthard Heinrici war von dieser Maßnahme völlig überrascht. Für ihn war nämlich vollkommen klar, dass die Stadt nicht verteidigt werden könne. Aus diesem Grunde versuchte er in den nächsten Tagen, das von ihm erkannte tragische Schicksal von der Spreemetropole fernzuhalten. Doch fand er keine Gelegenheit mehr, die Verhältnisse zu entwirren. Denn Hitler entzog ihm kurzerhand die Verantwortung und übernahm nun selbst das Kommando über den Verteidigungsbereich von Berlin.

„Der Grund, warum er selber immer noch in Berlin war und auch vielleicht bleiben würde, war der unerschütterliche Glaube an sich selbst. Er glaubte", so der Ritterkreuzträger Gerhard Boldt in seinem authentischen Tatsachenbericht, „dass sich durch seine Gegenwart der Geist derer, die für ihn kämpften, fortlaufend zu einem heroischen Kampf entzünden würde, an dem der gegnerische Ansturm zerbrechen werde."[6] Und dann war da noch „die große Hoffnung, dass mit jedem Schritt der Russen näher an Berlin heran die Westmächte einen Schritt näher zu einem Kompromiss gebracht würden." Der Reichsmarschall Göring sprach dann aus, woran sich die Machthaber des Dritten Reiches bis zum Schluss klammerten: „Wenn das so weitergeht, werden wir in ein paar Tagen ein Telegramm [vom Westen] kriegen."[7]

Ursprünglich hatte Hitler überlegt, ob er den Widerstand in der „Alpenfestung" oder im Norden fortsetzen sollte, denn „in Norwegen waren noch dreihunderttausend Mann deutscher Truppen vorhanden, mit denen er hoffen konnte, noch einige Zeit auszuhalten."[8] Doch dann beabsichtigete er, an seinem 56. Geburtstag, also am 20. April 1945, als „die Treuen und Selbstsüchtigen im Bunker erschienen, um ihm gehorsamst ihre Ergebenheit auszudrücken",[9] Berlin zu verlassen und sich auf seinen „Adlerhorst" Obersalzberg[10] zurückzuziehen, um von dort aus „mit den noch immer starken Divisionen der 6. SS-Panzerarmee die Verteidigung in der ‚Alpenfestung' fortzusetzen".[11] Aber schon war „er wieder schwankend geworden, vor allem Goebbels hatte ihn leidenschaftlich bedrängt, sich vor den Toren Berlins zur kriegsentscheidenden Schlacht zu stellen und gegebenenfalls auf den Trümmern der Stadt ein Ende zu suchen, wie es seiner Vergangenheit, den Schwüren von einst und seinem historischen Rang angemessen sei; in Berlin, so meinte er, könne man noch einen ‚moralischen Welterfolg' erzielen."[12]

Am 22. April 1945 versuchte nunmehr Generalfeldmarschall Keitel seinen Obersten Befehlshaber davon zu überzeugen, das gesamte Führerhauptquartier – wie ursprünglich beabsichtigt – von Berlin nach Berchtesgaden zu verlegen. „Die meisten ministeriellen Verwaltungsbüros waren bereits mit Lastzügen voller Staatspapiere und den verstörten Angestellten, die verzweifelt versuchten, aus Berlin zu entkommen, nach Süden unterwegs. Der Führer selbst hatte die meisten Mitglieder seines Haushaltes schon zehn Tage früher nach Berchtesgaden gesandt, um den ‚Berghof' für sein Kommen vorzubereiten."[13] Doch Hitler lehnte auch Keitels Ansinnen kategorisch ab und entgegnete, „er werde die Hauptstadt bis zum Letzten verteidigen".[14]

Damit war der 22. April unversehens zum Schicksalstag für den Endkampf um die immer mehr in Schutt und Asche versinkende Reichshauptstadt geworden. Hitler war jetzt fest entschlossen, nicht mehr auf den Obersalzberg zurückzukehren, sondern in Berlin zu bleiben. Daraufhin gab er Befehle heraus, nach denen sich deutsche Truppen von Norden und Süden in Marsch zu setzen hatten, um die Sowjets wieder aus dem Großraum Berlin zu vertreiben. Noch am selben Tage befahl er den Generalfeldmarschall Keitel und den Generaloberst Jodl zu den einzelnen Armeekorps, um die geplanten Gegenangriffe in Gang zu setzen.

Währenddessen schwang sich Goebbels dank seines Intellekts und seiner unerschöpflichen Improvisationskunst zum wahren Herren des Geschehens auf und überredete seinen Führer nunmehr unumstößlich, in der Stadt zu bleiben. Noch in derselben Nacht erließ er eine Reihe von Aufrufen. Der erste begann mit den Worten: „Die Stadt Berlin wird bis zum letzten verteidigt!"

Goebbels hatte, nachdem „ihm klar wurde, dass der Krieg militärisch nicht mehr zu gewinnen sei" und er vergeblich „immer wieder und immer dringender bei Hitler darauf gedrängt" hatte, „wenigstens nach einer Seite" Frieden zu schließen,[15] endgültig über den Diktator, der allerorten Verrat witterte, obsiegt. Hitler „geißelte Görings Unfähigkeit, Himmlers Friedensbereitschaft, Keitels Versagen".[16] Daher war auch der erneute Versuch des Generalfeldmarschalls Schörner gescheitert, seinen Führer persönlich aus der Reichshauptstadt zu holen, um „die Führung des Reiches und der Wehrmacht vom südlichen Kriegsschauplatz aus zu übernehmen".[17]

Daraufhin erhielt Schörner von Hitler, der ursprünglich in der Tat eine Zeitlang beabsichtigt hatte, in die „Alpenfestung" zu gehen und von seinem „Adlerhorst" Obersalzberg aus „den letzten Kampf bestehen wollte",[18] den folgenden Funkspruch:

„Ich bleibe in Berlin, um in ehrenvoller Weise an der Entscheidungsschlacht Deutschlands teilzunehmen und ein gutes Beispiel für alle übrigen zu geben. Ich glaube, Deutschland damit den besten Dienst zu erweisen.

Im Übrigen muss alles versucht werden, die Schlacht um Berlin zu gewinnen. Sie können dabei entscheidend helfen, indem Sie möglichst frühzeitig nach Norden vorstoßen.

In herzlichster Freundschaft
Ihr [gez.] Adolf Hitler"

Hitler hatte sich also definitiv entschlossen, in Berlin zu bleiben, obwohl er in einem „Führerbefehl" noch den Eindruck erweckt hatte, „dass der Schlussakt in der ‚Alpenfestung' stattfinden sollte".[19] Ob er den Flug in die „Alpenfestung" nur deshalb nicht mehr wagte, weil er „zu spät erkannte, dass Berlin eingeschlossen wurde, oder ob er an eine mystische Entscheidung in Berlin dachte, ist nicht sicher".[20] Jedenfalls bekräftigte er auch gegenüber dem Reichsjugendführer Arthur Axmann seinen Entschluss, die „Festung Berlin" nicht zu verlassen. Denn, so seine Begründung, „mit der Berennung der Viereinhalbmillionenstadt hat sich der Russe eine kolossale Last aufgeladen."

Stalin sah es jedoch ganz anders. Mit Berlin besaß er nämlich ein Faustpfand von unschätzbarem Wert, mit dem er seiner Meinung nach später gegenüber den Westalliierten nach Belieben wuchern konnte. Daher stieß seine Rote Armee zügig vor und stand in der Nacht zum 23. April 1945 mit ihren Stoßkeilen bereits im Süden und Norden der Reichshauptstadt. Nun befahl Schukow das Eindrehen seiner Panzerarmeen nach Südwesten, um im Raum von Potsdam die Vereinigung mit den Truppen der 1. Ukrainischen Front herzustellen. Die Verbände Konjews kämpften am Teltowkanal und begannen, in die südwestlichen Vororte der heißumkämpften Stadt einzusickern. Damit war Berlin schon sehr rasch im Süden von der übrigen Front abgetrennt worden. „Am 22. April war klar, dass Berlin fallen würde", sagte später Keitel aus.[21]

Hitlers Entscheidung für Berlin und gegen die „Alpenfestung" bedeutete im Klartext, dass die Kommandozentrale des Führers und Reichskanzlers auch weiterhin in der Reichshauptstadt blieb. Das musste zwangsläufig eine Schwächung der „Alpenfestung“ bedeuten, in der zwar schon zahlreiche Ministerien und Stäbe der Wehrmacht und Waffen-SS untergebracht waren, in der jedoch für den Endkampf die unmittelbare Befehlsgewalt ihres Obersten Befehlshabers fehlte.

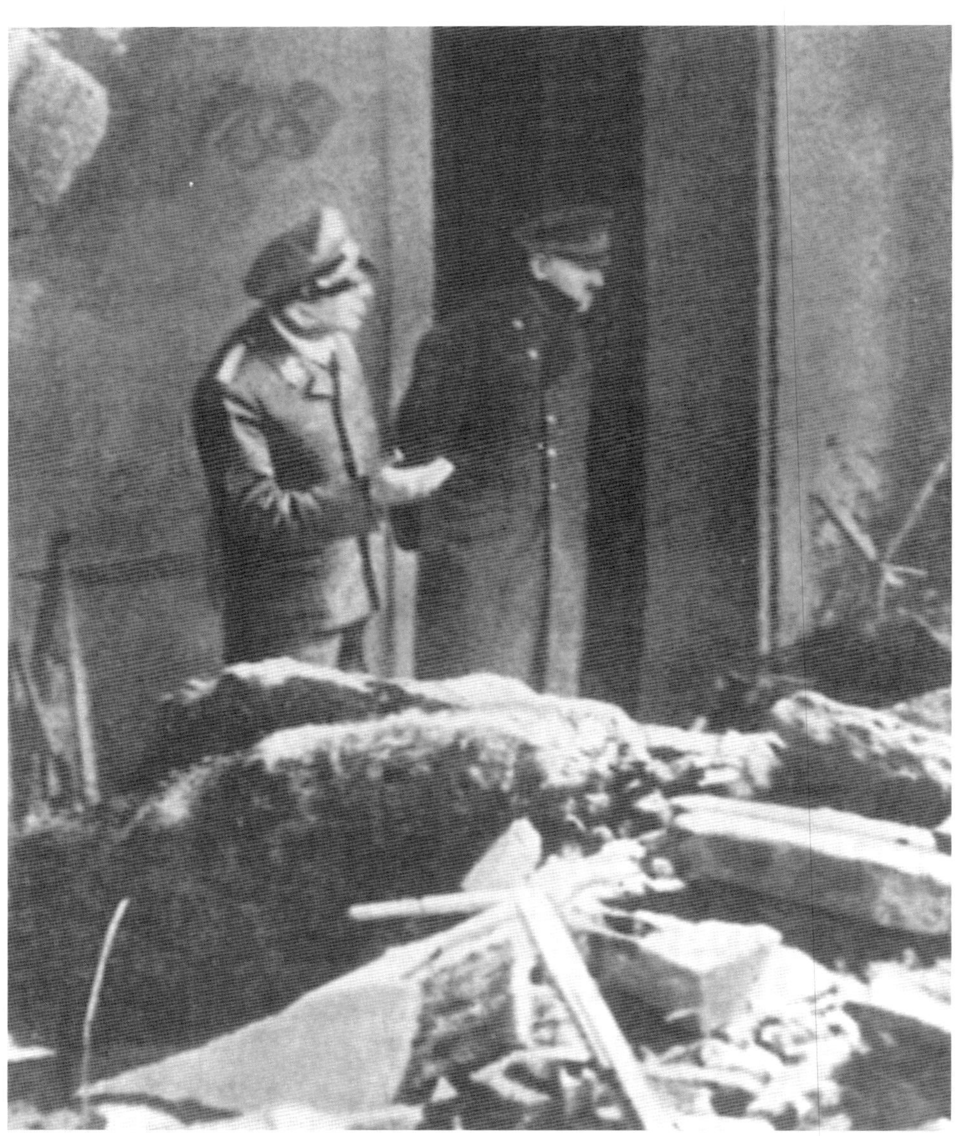

Die vermutlich letzte Aufnahme Hitlers Ende April 1945 in den Trümmern der Reichskanzlei.

2. Eisenhower: „Alpenfestung" statt Berlin

Während die Sowjets im Osten die Oderlinie erreicht hatten und die „Festung Berlin" bedrohten, marschierten die Amerikaner und Briten über den Rhein, der von den arg dezimierten deutschen Verbänden nicht mehr gehalten werden konnte. Damit waren sie in den inneren Kern der „Festung Deutschland" eingedrungen.

General Dwight David Eisenhower hatte ursprünglich beabsichtigt, mit der Masse seiner Truppen nördlich des Ruhrgebietes den Rhein zu überschreiten, um dann durch die norddeutsche Tiefebene zügig gegen Berlin vorzustoßen. Da versetzten aufsehenerregende Meldungen den alliierten Oberbefehlshaber in große Unruhe. Immer häufiger erschienen nämlich in Schweizer Zeitungen Berichte über das „Alpenreduit". Die Amerikaner befürchteten, dass sich in der „German ‚Redoubt' area in the Alps", wie sie die „Alpenfestung" nannten, eine stattliche Streitmacht von zweihundert- bis dreihunderttausend kampferprobten Soldaten der Wehrmacht und Waffen-SS sowie vorzüglich ausgebildete Gebirgstruppen verschanzen könnte, die bis zum letzten Mann einen fanatischen Widerstand leisten würde. Eisenhower ging bei seinen operativen Planungen davon aus, „dass die Deutschen in den Gebirgsgegenden Süddeutschlands, Tirols und Westösterreichs – der sogenannten ‚Alpenfestung' – hundert Divisionen und bis dreißig Panzerdivisionen hätten konzentrieren können!"[22]

Mit sorgenvoller Miene nahm der Oberbefehlshaber der Alliierten zur Kenntnis, dass die Nationalsozialisten anscheinend wild entschlossen waren, sich in die „Alpenfestung" zurückzuziehen, um von dort aus ihren Verzweiflungskampf mit jedem Mittel bis zum letzten Regiment fortzusetzen. Das sollte seiner Ansicht nach unter allen Umständen verhindert werden. Aus diesem Grunde änderte er gewissermaßen aus dem Stehgreif heraus seine strategischen Überlegungen und operativen Pläne. Schon Mitte September 1944 hatte Eisenhower seine Strategie hinsichtlich der „Festung Deutschland" überprüft. Dass das Ruhrgebiet als das Industriezentrum der Deutschen in den Besitz der Westalliierten zu kommen hatte, war längst eine beschlossene Sache. Nach der Besetzung des Kohlenpotts zielte die anglo-amerikanische Stoßrichtung zwangsläufig auf Berlin. Doch jetzt, im Herbst 1944, schlug der amerikanische General plötzlich vor:

„Statt eines konzentrischen westalliierten Vorstoßes gegen Berlin sollte die britische 21. Armeegruppe unter Field Marschal Sir Bernard L. Montgomery die am weitesten nördlich gelegenen Provinzen Deutschlands mit den Nord- und Ostseehäfen in Besitz nehmen, die amerikanische 12. Armeegruppe unter General Omar N. Bradley[23] dagegen sollte in der Mitte auf den Raum Leipzig und Dresden und die von General Jacob L. Devers geführte amerikanische 6. Armeegruppe auf Süddeutschland in Richtung Augsburg – München angesetzt werden."[24] Diese wurde mit französischen Verbänden, die nach Süddeutschland und in die Ostmark vorstießen, verstärkt. „Schließlich galt es, die ‚Alpenfestung' abzuriegeln, um zu verhindern, dass sich dort Kräfte konzentrierten, die den Krieg in die Länge ziehen würden."[25]

Somit stand fest: „Nicht Berlin, sondern die sogenannte ‚Alpenfestung' wollte Eisenhower möglichst rasch erobern."[26] Darüber hinaus wollte er Deutschland in zwei Teile spalten, um dann den Sowjets an der Elbe zwischen Magdeburg und Dresden die Hände zu reichen. „Obwohl scharf kritisiert von Churchill und der britischen Militärführung, weil er nicht vor den Russen in Berlin war, was ihm", so William L. Shirer, „ein leichtes gewesen wäre, waren Eisenhower und sein Stab SHAEF zu diesem Zeitpunkt von der Dringlichkeit überzeugt, südöstlich von der Verbindung mit den Russen in Front zu gehen, um die sogenannte ‚National Redoubt' abzufangen. Man glaubte, dass Hitler seine restlichen Truppen zu einem letzten Widerstand in den fast uneinnehmbaren Bergbastionen von Bayern und Westösterreich um sich sammeln würde."[27]

Am 11. März 1945 wurde Eisenhower durch den SHAEF-Geheimdienst (Supreme Headquarters of Allied Expeditionary Force = Hauptquartier der alliierten Streitkräfte in Nordwesteuropa) davor gewarnt, „dass die Nazis sich in einer uneinnehmbaren Festung in den Bergen verschanzen wollten, welche von Hitler selbst von seinem Sitz in Berchtesgaden befehligt werden solle. Geschützt durch die Natur und höchst wirksame, neu erfundene Geheimwaffen, würden die Kräfte, die Deutschland bis hierher geführt hätten, zu einem Wiedererwachen gesammelt und reorganisiert; in bombensicheren unterirdischen Fabriken würden Waffen hergestellt, Lebensmittel- und Materiallager in unterirdischen Hallen angelegt und Elitetruppen junger Männer im Guerillakrieg ausgebildet, sodass von hier aus eine vollständige Untergrundarmee ausgerüstet und zur Befreiung Deutschlands von den Besatzungstruppen eingesetzt werden könnte."[28]

Nach Shirer schien es so, „als ob die Spitze des Alliierten Geheimdienstes von englischen und amerikanischen Schauerromanschreibern beeinflusst worden seien".[29] In der Tat wurden all diese Mutmaßungen bei der SHAEF sehr ernstgenommen und bereiteten Eisenhowers Chef des Stabes manch schlaflose Nacht. Dann saß General Bedell Smith an seinem randvollen Schreibtisch und zerbrach sich den Kopf über die Möglichkeit einer deutschen „Verzögerungskampagne im Alpenbereich", die „das Leben vieler amerikanischer Soldaten fordern und den Krieg auf unbestimmte Zeit verlängern würde".[30]

28. März 1945: Um 16.00 Uhr chiffrierte der Oberbefehlshaber der alliierten Truppen in Europa an den sowjetischen Marschall Josef Stalin: „Meine bevorstehenden Operationen sind dazu bestimmt, die das Ruhrgebiet verteidigenden feindlichen Kräfte einzuschließen und zu vernichten und dieses Gebiet vom übrigen Deutschland abzuschneiden [...] Meine nächste Aufgabe wird darin bestehen, die restlichen Feindkräfte zu spalten, indem ich mit Ihren Truppen Verbindung aufnehme. Das beste Gebiet, um diese Verbindung herzustellen, wäre für meine Truppen die Linie Erfurt – Leipzig – Dresden. Außerdem glaube ich, dass dies auch das Gebiet ist, in das die wichtigsten deutschen Regierungsstellen verlagert werden. Ich schlage vor, dass ich meinen Hauptangriff entlang dieser Linie führen werde. Zusätzlich soll, sobald die Situation es zulässt, ein zweiter Vorstoß unternommen werden, um [...] den Aufbau eines deutschen Widerstandes in Süddeutschland zu verhindern."[31]

Mit der Masse seiner Streitkräfte wollte der alliierte Oberbefehlshaber dann das deutsche „Alpen-Reduit" erobern.[32] „Eisenhower dachte, wie er selbst schreibt, nur militärisch", resümierte Generalfeldmarschall Kesselring. „Was besagte für ihn schon der Besitz einer vollkommen zerbombten Stadt, die dazu noch die amerikanischen Truppen in eine zu nahe, unangenehme Berührung mit den Russen bringen konnte! Politische Betrachtungen spielten keine Rolle, und Roosevelt, der verantwortliche Politiker, betrachtete Stalin als seinen harmlosen Freund ‚Old Joe'. Er war davon überzeugt, dass Stalin keinerlei imperiale Absichten hatte."[33] Nachdem Eisenhower mit seiner südlichen Hauptstoßrichtung die Reichshauptstadt im wahrsten Sinne des Wortes links liegen lassen würde, antwortete Stalin hocherfreut: „Dieser Plan entspricht völlig den Plänen des Sowjetoberkommandos. Berlin hat seine frühere strategische Bedeutung verloren. Das Sowjetoberkommando plant daher, in Richtung Berlin nur zweitrangige Kräfte einzusetzen", log der Diktator.[34] Denn in Wirklichkeit hatten seine Eliteverbände im Aufmarschraum an der Oder ihre Ausgangsstellungen für den entscheidenden Angriff auf Berlin schon bezogen.

Während Stalin wild entschlossen war, Berlin zu erobern, entzog Eisenhower die 9. amerikanische Armee dem Oberbefehl seines lästigen Gegenspielers Montgomery, dessen Einwände und Gegenvorschläge er schon deshalb gerne überging, weil er die britische „Primadonna" nicht ausstehen konnte.[35] „Im Siege flackerte der alte Streit wieder auf unter den Alliierten. Montgomery und Churchill, einander geistesverwandt, wollten den westalliierten Vormarsch auf Berlin lenken. Sie wussten, was es bedeutete, wenn die Russen vor ihnen die deutsche Hauptstadt besetzten. Aber Eisenhower entschied anders. Das weltpolitische Gewicht dieser Entscheidung verstand er sowenig wie sein Staatsoberhaupt."[36]

In einem Funkspruch teilte Eisenhower dem britischen Feldmarschall seine schwerwiegende (Fehl-)Entscheidung mit: „Sie werden bemerkt haben, dass ich Berlin [in dem neuen Feldzugsplan] überhaupt nicht erwähnt habe. Dieser Ort ist für mich nur noch ein geographischer Begriff, und ich habe für derlei noch nie Interesse gehabt. Mein Ziel ist, die Streitkräfte des Feindes zu vernichten und seine Widerstandskraft zu brechen."[37] Am 31. März 1945 erhielt Montgomery den Befehl, „von seinem geplanten Vorstoß auf Berlin abzusehen".[38]

Der Brite war wie gelähmt, als er von Eisenhowers neuen Plänen in Kenntnis gesetzt wurde. Denn nur wenige Monate zuvor hatte der alliierte Oberbefehlshaber sich hinsichtlich seiner operativen Absichten in Deutschland noch ganz anders geäußert: „Selbstverständlich ist und bleibt Berlin das Hauptziel. Meiner Meinung nach müssen wir zweifellos alle unsere Kräfte auf einen schnellen Vorstoß auf Berlin konzentrieren [...] Kurz gesagt, es ist mein sehnlichster Wunsch, Berlin auf dem kürzesten und schnellsten Wege zu erreichen."[39]

Was nun folgte, das war „eine Woche des gehässigsten Brief- und Telegrammwechsels, der während des ganzen Krieges zwischen Stalin, Roosevelt und Churchill geführt worden ist", konstatierte John Kimche, der in seinem Buch keinen Zweifel daran lässt, dass es eine Konzeption und auch Befehle für den Ausbau, die Bevorratung und Besetzung der „Alpenfestung" gegeben hat. Und er fährt dann fort: „Es begann ganz den Eindruck zu erwecken, als sollten die kühnsten Träume Hitlers und Himmlers doch noch in Erfüllung gehen und als hielten die Deutschen den Keil in den Händen, mit dem sie die alliierte Koalition auseinandertreiben könnten."[40]

Winston S. Churchill protestierte am 31. März 1945 bei Eisenhower gegen dessen Sinneswandel, nun doch nicht, wie zuerst vorgesehen, mit seinen Truppen über die Elbe zu gehen und so weit wie möglich nach Osten vorzustoßen. „Das hat, da die russischen Südarmeen in Wien einmarschieren und Österreich beinahe bestimmt überrennen werden, wichtige politische Rückwirkungen", klagte er. „Wenn wir ihnen jetzt Berlin freiwillig überlassen, obschon es in unserer Reichweite liegt, dann mag dieses Doppelereignis ihre jetzt schon offensichtliche Überzeugung stärken, alles allein geleistet zu haben. [...] Ich bin persönlich der Ansicht", schrieb der britische Premierminister, „dass Berlin seine militärische und schon gar nicht seine politische Bedeutung verloren hat. Berlins Fall würde auf den deutschen Widerstand im gesamten Reichsgebiet die stärkste psychologische Rückwirkung haben. Solange Berlin aushält, werden es zahlreiche Deutsche als ihre Pflicht empfinden, kämpfend unterzugehen. Der Gedanke einer Einnahme Dresdens und einer dort stattfindenden Vereinigung mit den Russen bietet meines Erachtens keinen größeren Gewinn. [...] Doch solange Berlin unter deutscher Flagge bleibt, stellt es meiner Meinung nach unfehlbar den ausschlaggebenden Punkt des Reiches dar."[41]

Mochten Churchills militärpolitische Bedenken auch noch so groß sein, Eisenhower hielt jetzt an seinen strategischen Zielen im Herzen Europas unbeirrbar fest. „Hinter seiner Verbindlichkeit, seinem Charme und der zur Schau getragenen Liebenswürdigkeit verbirgt sich ein komplizierter Charakter", schreibt Minott. Denn „er konnte seinem Stab gegenüber und bei der Ausübung seiner Befehlshaberpflichten hart, vielleicht sogar rücksichtslos sein."[42]

Daher veröffentlichte das SHAEF am 14. April 1945 einen Plan für die weitere Vorgangsweise, in dem es unter anderem auch um die Besetzung von Schlüsselpositionen in Österreich ging. „Das Kerngebiet größerer Feindansammlungen befände sich im Raum Salzburg – Linz. Ein Hauptvormarsch nach Süden müsste daher in diese Richtung geführt werden, um den deutschen Truppen den Rückzug in die ‚Alpenfestung' zu verwehren."[43]

Voraussetzung für diese Operation war ein alliierter Vorstoß südlich von Berlin nach Osten, um zugleich den süddeutschen Raum zu erobern. Infolgedessen setzte Eisenhower Pattons 3. Armee und Patchs 7. Armee auf die östliche beziehungsweise auf die westliche Hälfte der „Alpenfestung" an, da er „noch immer das Potential der „Alpenfestung" im Hinblick auf die unmittelbare Verteidigung und als Basis anhaltender Partisanenkämpfe überschätzte",[44] denn, so General Smith am 21. April 1945 auf einer vertraulichen Pressekonferenz im SHAEF: „Wir vermuten, dass dort bedeutend mehr sein wird als das, worauf wir gefasst sind."[45]

So wurde der Sturm auf die „Alpenfestung" eingeleitet. Damit galt es auch, wie sich Kenneth W. D. Strong, Eisenhowers Chief of Intelligence, ausdrückte, „einem befürchteten späteren Mythos entgegenzuwirken, der Nationalsozialismus und die deutsche Nation hätten wegen ‚ungeknackter Alpenfestung' niemals kapituliert".[46] Die Strategie Eisenhowers und anderer amerikanischer Generale wurde durch geheimdienstliche Informationen untermauert. „Ihnen zufolge waren die Deutschen dabei, zwei Vorhaben zu verwirklichen, die den Endsieg der Alliierten noch für Monate verzögern konnten"[47] – und zwar einerseits der Ausbau der „Alpenfestung" zu einem waffenstarrenden, uneinnehmbaren Bollwerk sowie andererseits die Gründung der Untergrundorganisation „Werwolf", die die alliierten Truppen in einen äußerst verlustreichen Guerillakrieg hineinziehen wollte.

Sie, die „Werwölfe", „sollten eigentlich in Soldatenuniform hinter der alliierten Front operieren."[48] Doch wie bei den neu aufgestellten Volksgrenadier- und Volksartilleriedivisionen, die „mit ihrer besonderen Bezeichnung die enge Verbindung zwischen Bevölkerung und Partei dokumentieren sollten",[49] als auch beim Volkssturm und ähnlichen Formationen eines letzten Aufgebotes, so hatten sich insbesondere die amerikanischen Generale eine Zeitlang durch die raffinierte NS-Propaganda und geheimdienstliche Fehlinformationen über die wahre Stärke und Kampfkraft der „Werwolf"-Organisation täuschen lassen. Daher suchten sie noch lange nach Kriegsende in den dunklen Wäldern und einsamen Alpentälern vergeblich nach versprengten „Werwolf"-Einheiten, die es in der von ihnen befürchteten Anzahl und Schlagkraft nie gegeben hat. Sie waren zwar nicht zuletzt „unter dem Eindruck der Erfolge feindlicher, unter ganz anderen Umständen und Voraussetzungen kämpfender Partisanenverbände" rasch aufgestellt worden, „aber solchen Aufgaben weder personell, noch ideell, noch materiell gewachsen" gewesen.[50]

Nicht viel anders verhielt es sich mit den weitgehend unbekannten Sonderorganisationen „Sigrune" und „Nibelungen", die im Osten Österreichs die Nachrichtenverbindungen der im sowjetischen Hinterland tätigen „Werwolf"-Einheiten sicherstellen sollten. Doch wie andernorts, so kam es auch dort „im Chaos der letzten Stunden zu einem überraschenden Ende dieser geplanten Geheimkommandos." Hier, so der burgenländische Zeitgeschichtsforscher Banny, „wurde zweifellos die österreichische Mentalität verkannt". Denn „Österreicher eignen sich nicht sonderlich zu Partisanen."[51]

Titelblatt einer Propagandaschrift der United States Forces zur moralischen Kampfführung der amerikanischen Truppen auf ihrem Vormarsch in die „Alpenfestung".

Die Karte zeigt die Einteilungen Deutschlands und Österreichs in alliierte Besatzungszonen.

III.
Von der „Alpenfestung" zur „Kernfestung Alpen"

Zuverlässige Berichte aus Deutschland enthalten Einzelheiten über den technischen Ausbau der Reduitstellung Berchtesgaden mit dem Obersalzberg als Nervenzentrale. Geschickte Ausnützung der zahlreichen kleinen Bergseen der Umgebung und der Stollen der ehemaligen Salinen [...]. Einbeziehung der schwer überwindbaren Gebirgskämme in das Festungssystem, Einbau von Maschinengewehrnestern und Flakpositionen und Rundfunksendern und soliden Bunkern an den Pässen sprechen dafür, dass der romantische Traum ernstgemeint ist und dass gute deutsche Gründlichkeit hier einmal mehr für ein phantastisches Ziel eingesetzt wurde.

Die Weltwoche am 2. Februar 1945

1. Der alliierte Sturm auf die „Alpenfestung“

So wie die Untergrundorganisation „Werwolf“ die Phantasie der Amerikaner entflammt hatte, so sehr hatte sich auch die „Alpenfestung“ im Kopf ihres Oberbefehlshabers festgesetzt. In seinen Erinnerungen schrieb Eisenhower: „Seit vielen Wochen war uns schon gemeldet worden, dass die Nazis vorhatten, sich im äußersten Falle mit der Elite von SS, Gestapo und anderen Organisationen, die Hitler blind ergeben waren, in die oberbayerischen Berge, nach Westösterreich und Norditalien zurückzuziehen. Dort hofften sie, die gewundenen Passstraßen sperren und den Alliierten unbegrenzt lange Widerstand leisten zu können.“[1]

Dieses Trauma bestimmte fortan Eisenhowers strategisches und operatives Denken. Wie sehr es sein Handeln beeinflusste, das veranschaulichen uns die darüber verfassten Abhandlungen, die sich stellenweise wie Kriminalromane lesen. So schrieb beispielsweise Rodney Minott in seinem Buch „Top Secret. Hitlers ‚Alpenfestung‘“[2]:

„Am 21. April hielt General Smith im SHAEF [Supreme Headquarters of Allied Expeditionary Force = Hauptquartier der alliierten Streitkräfte in Nordwesteuropa] eine vertrauliche Pressekonferenz ab. Offiziell erläuterte er noch einmal die Gründe, die den Oberbefehlshaber veranlasst hatten, nicht auf Berlin vorzustoßen; seine Kommentare zu den nach dem 21. April geplanten anglo-amerikanischen Operationen aber waren inoffiziell.

Er sagte, eigentlich wisse man im SHAEF nicht genau, was an der „Alpenfestung“ wahr sei, noch, was man dort vorfinden werde; er fügte jedoch hinzu: ‚Wir vermuten, dass es bedeutend mehr sein wird als das, worauf wir gefasst sind (sic!).‘ Vor allem (sagte Smith): umfangreichere unterirdische Anlagen, als man ursprünglich für möglich gehalten hatte. Wenn also Hitler oder einige aus seiner Gefolgschaft sich in der Festung befänden, könnten sie per Funk den Widerstand schüren. Infolgedessen habe Eisenhower, um den Krieg schnell zu beenden, Pattons 3. Armee und Patchs 7. Armee für den nächsten Tag auf die östliche respektive westliche Hälfte der „Alpenfestung“ angesetzt.

Wenn erst einmal dieses Bollwerk gefallen wäre, würden nach Eisenhowers und seiner Meinung wahrscheinlich, die Stützpunkte in Dänemark, Norwegen und Holland kapitulieren.

Smith wiederholte, dass unter militärischen Gesichtspunkten Berlin keine Bedeutung mehr habe, ‚nicht vergleichbar mit der Bedeutung der sogenannten „Alpenfestung“ und einer Ausgangsbasis für weitere Operationen in Norwegen‘.

Auf die Frage, wie schwierig es sein werde, die Festung zu bezwingen, erwiderte Smith, er glaube nicht, dass die Aufgabe sich als allzu schwer erweisen werde. Er schätzte die Dauer der Kämpfe auf etwa einen Monat: Nachher müsse man mit Guerillaaktionen von unbegrenzter Dauer rechnen.“

Auf Eisenhowers Befehl hin schwenkte nun sowohl die 6. Armeegruppe unter dem Oberbefehl von Generalleutnant Jacob L. Devers, die bisher in Süddeutschland ihren Vorstoß in Richtung Osten geführt hatte, als auch der rechte Flügel der 12. Armeegruppe nach Süden und Südosten ein und marschierte auf die „Alpenfestung“ zu. Ihr schloss sich die 3. US-Armee des Generals George S. Patton an, nachdem die alliierten Panzer bereits am 12. April 1945 vor Magdeburg gestanden haben und die „Festung Harz“ gefallen war. Für diese weiträumigen Operationen sollten die Korps des rechten Flügels, und zwar das französische I. und II. Armeekorps sowie das VI. Armeekorps der amerikanischen 7. Armee aus dem Raum Karlsruhe – Heilbronn antreten, dann die deutsche 19. Armee unter dem General der Panzertruppen Brandenberger im Schwarzwald und nördlich von Stuttgart ausschalten, um schließlich beiderseits von Ulm in die tiefe Flanke und den Rücken der Heeresgruppe G vorzustoßen. Der Schwerpunkt dieses Angriffs richtete sich gegen die „Alpenfestung“. Der mittlere Stoßkeil der Alliierten, das XXI. und XV. Armeekorps der amerikanischen 7. Armee, die noch in der Linie Königshofen – Fulda kämpften, wurde zunächst auf den Raum beiderseits von München angesetzt, um dann die Taleingänge der „Alpenfestung“ zwischen Füssen und Rosenheim zu knacken.

Der linke Flügel der Alliierten – die der 12. Armeegruppe unterstehende 3. Armee des Generals Patton – hatte, über den Thüringer Wald einschwenkend, nach Süden vorwärtszustürmen, um dann über den Raum Bamberg – Bayreuth die Donau beiderseits von Regensburg zu gewinnen und schließlich Salzburg und Linz anzugreifen. Für diese Operation wurden das amerikanische III., XX. und XII. Armeekorps herangezogen. „Diesen insgesamt acht Armeekorps unterstanden etwas mehr als dreißig Divisionen. Sie verfügten über schier unerschöpfliche Materialreserven, waren voll motorisiert und gingen unter dem Schutz einer totalen Luftherrschaft vor.“[3]

Diesem massierten Truppenaufgebot der Alliierten stand auf deutscher Seite die Heeresgruppe G unter dem General der Infanterie Friedrich Schulz gegenüber. Sie bestand aus der 1., der 7. und der 19. Armee sowie aus dem Armeeoberkommando 24 des Generals der Infanterie Schmidt. Nach dem Rückzug zum Rhein und der vorzeitigen Gefangenschaft der 6. SS-Gebirgsdivision „Nord“ im Taunus[4] befand sich unter den ständig zurückziehenden deutschen Verbänden nurmehr die 2. Gebirgsdivision als letzter Gebirgsverband nach zahlreichen örtlichen Abwehrkämpfen auf dem Rückzug in die „Alpenfestung“.

Als die Gebirgsjäger der Waffen-SS von amerikanischer Infanterie und Panzern umstellt wurden, „gab Hitler dieser fünfzehntausend Mann starken Division den Befehl, sich in kleine Trupps aufzusplittern und sich in die Organisation des Werwolf einzureihen. Aber auch aus dieser Unternehmung wurde nichts“,[5] denn Himmlers „Blumenteufel“ verspürten nicht mehr die geringste Lust, fünf Minuten vor zwölf für Führer, Volk und Vaterland den Heldentod auf dem Schlachtfeld zu sterben. Daher marschierten sie erleichtert in die amerikanische Kriegsgefangenschaft.

Anders waren dagegen die Weichen für die 2. Gebirgsdivision der Wehrmacht gestellt. Wie die 6. SS-Gebirgsdivision „Nord“, so war auch sie 1944/45 vom skandinavischen Kriegsschauplatz, auf dem sie während des gesamten Zweiten Weltkrieges eingesetzt gewesen war, nach Deutschland verlegt worden. Dort hatte sie zunächst unter Generalleutnant Hans Degen mit einem Gemisch vielfältiger Restbestände den Brückenkopf von Neubreisach und den Abschnitt längs des Illkanals zu verteidigen. Die personelle und materielle Überlegenheit der angreifenden Verbände – 3. US-Division sowie Teile der 1. und 5. französischen Division – insbesondere aber die absolute Luftherrschaft der Alliierten machten eine weitere Verteidigung des Brückenkopfes jedoch sinnlos, denn früher oder später musste das Elsass ohnehin geräumt werden. Am 21. März 1945 überquerte die Division daher den mächtigen Rhein bei Speyer. „Die letzte Strecke des Rückzugs in die ‚Alpenfestung‘ hatte begonnen“, beschrieb der Militärpfarrer der 2. Gebirgsdivision die Ausgangslage. „Aber noch sprach man von den Wunderwaffen, die die Entscheidung bringen würden und hoffte weiter."[6]

Wenn die Regimenter und Bataillone der Deutschen auch schon lange nicht mehr die volle Kriegsstärke aufwiesen und sich vielerorts eine defätistische Haltung einzelner Truppenteile bemächtigte und ihren Kampfwert dadurch noch mehr minderte, so funktionierte ihre Kommandostruktur nach wie vor erstaunlich gut. Sie bestand im süddeutschen Raum neben den örtlichen Parteidienststellen aus den Wehrkreisen VII und VIII. Nachdem diese zum Heimatkriegsgebiet erklärt worden waren, wurden die im Wehrkreis VII liegenden Unterkunftsräume der Ersatzdivisionen zu Schutzgebieten erklärt – und zwar das Schutzgebiet West mit der Division Nr. 407 in Augsburg, das Schutzgebiet Ost mit der Division Nr. 467 in Garmisch sowie das Schutzgebiet Mitte mit den Standortbereichen München und Fürstenfeldbruck.[7]

Am 25. März 1945 besetzten Einheiten der 4. Panzerdivision der 3. US-Armee nördlich von Aschaffenburg erstmals bayerisches Gebiet. Am 4. April nahmen Einheiten der 42. Infanteriedivision der 7. US-Armee des Generalleutnants Patch Würzburg ein, nachdem die historische Residenzstadt am 16. März völlig zerstört worden war. Am 10. April eroberte die 3. US-Armee Coburg. Die Heeresgruppe G hielt tags darauf „mit meist abgekämpften Divisionen in lückenhafter Abwehrfront etwa die Linie Coburg – Crailsheim – südlich Karlsruhe – Oberrhein bis zum Bodensee".[8] Nun brachte Generalfeldmarschall Kesselring als Oberbefehlshaber West durch die Verlegung seines Hauptquartiers in das oberpfälzische Hirschau klar zum Ausdruck, „dass er sich auf einen Endkampf im süddeutschen Raum vorbereitete. Er hatte sich gleichzeitig die 19. Armee direkt unterstellt, um dem Oberbefehlshaber der Heeresgruppe G die Möglichkeit zu geben, sein volles Augenmerk dem rechten Flügel, d. h. dem Zusammenhalt zwischen 7. und 1. Armee zu widmen."[9]

Am 13. April 1945 besetzten Einheiten der 3. und 45. Infanteriedivision der 7. US-Armee die altehrwürdige Bischofsstadt Bamberg. Doch damit nicht genug der Hiobsbotschaften für die Deutschen. Denn nun jagte eine schwere Krise die andere: „Der rechte Flügel der Heeresgruppe G – die 7. Armee – war auf die tschechische Grenze abgedrängt worden und hatte damit die Verbindung zur 1. Armee verloren. Die so auf ihrem Ostflügel von Umfassung bedrohte 1. Armee wurde gleichzeitig auf ihrem Westflügel aus dem Raum Karlsruhe vom französischen 1. Armeekorps angegriffen. Dieser nach Süden führende Stoß sollte die Flanke der links an die 1. Armee anschließenden 19. Armee aufrollen. Die Lage der Heeresgruppe G verschlechterte sich von nun an dramatisch."[10]

Diese Krise verschärfte sich noch mehr, nachdem die auf der Linie Bayreuth – Hof – Plauen stehende 3. US-Armee am 15. April von General Eisenhower den Befehl erhalten hatte, nach Süden, in Richtung Regensburg, Linz und die „Alpenfestung", abzudrehen. Damit zeichnete sich ein beispielloser Wettlauf zwischen den alliierten und deutschen Truppen in Hitlers letztes Bollwerk ab. Denn auch deutscherseits strömte – wenn sich die Möglichkeit dazu anbot und die Führer und Unterführer die entsprechende Parole ausgegeben hatten – alles in die rettende „Alpenfestung".

Im Hauptquartier der Heeresgruppe G, das seit dem 19. April in Schierling, rund fünfzehn Kilometer südlich von Regensburg, lag, klammerte man sich daran, dass es wenigstens mit der 1. Armee gelingen könnte, eine neue Front zwischen Regensburg und Donauwörth hinter der Donau aufzubauen. Doch, so fragten sich die verantwortlichen Kommandeure, war die Truppe, die im Rahmen der Heeresgruppe G kämpfte, dazu überhaupt noch in der personellen und materiellen Lage, um diese letzte Aufgabe zu erfüllen? Hierzu stellte der Oberbefehlshaber der Heeresgruppe ernüchternd fest: „Die zahlreichen Divisionen, die in der Lagekarte von Hitler eingezeichnet waren, waren wohl ihrer Nummer nach vorhanden", doch „die Truppenteile standen [...] seit vielen Monaten ohne einen Ruhetag im ständigen Einsatz und hatten nur geringen, wenig ausgebildeten oder für den Kampf ungeeigneten Ersatz erhalten."[11] Daher war die Einsatzstärke der sogenannten „Divisionen" vielfach nicht höher als die eines Bataillons.

„Versprengte konnten in die Einheiten meist nicht mehr richtig eingegliedert werden. Es war daher um die Kameradschaft, ohne die kein Kampferfolg zu erzielen ist, bei manchem Truppenteil schlecht bestellt. Wo allerdings beherzte und wendige Führer ihre Truppe in der Hand hatten, zeigte sich ungebrochener Kampfgeist trotz der täglichen Angriffe des materiell so überlegenen Gegners. Nur dadurch war es zu erklären, dass die dünne Abwehrfront noch hielt beziehungsweise immer wieder ‚geflickt' werden konnte", heißt es in einer der Realität entsprechenden Studie des Oberbefehlshabers der Heeresgruppe G. Und weiter:

„Bei der geschwächten Kampfkraft der Divisionen waren auch Geländevorteile im süddeutschen Raum nicht mehr voll auszunutzen. Lediglich die Donau versprach, falls hinreichend verteidigt, einen gewissen Hinderniswert, wenigstens die Möglichkeit eines Zeitgewinns für Neugliederung und Versorgung. Aber die Überlegenheit der amerikanischen Streitkräfte – auch an Brücken- und sonstigem Übersetzgerät – war so dominierend, dass sie Zeit und Ort der Überwindung dieses natürlichen Hindernisses beliebig wählen konnten. Erst die Nordausgänge der Alpen boten günstige Abwehrmöglichkeiten gegen den so überlegenen Gegner. Dass dieser alles daran setzen würde, durch Überflügelung den deutschen Verbänden den Weg dorthin zu verlegen, konnte vorausgesehen werden.

So musste es der Heeresgruppe G bei der Führung der Operationen darum gehen, in hinhaltendem Widerstand den Zusammenhang der Front annähernd zu wahren und die geringe Kampfkraft der Truppe weitmöglichst zu erhalten. Da die Heeresgruppe weder über personelle noch materielle Reserven verfügte – abgesehen von den wenigen Verbänden des Ersatzheeres mit stark eingeschränktem Einsatzwert, die der Wehrkreis VII zuführen konnte –, mussten die taktischen Maßnahmen entsprechend der örtlichen Lage im Allgemeinen den Armeen überlassen bleiben"[12], schreibt General Schulz abschließend in seiner Studie.

Nun setzte die Heeresgruppe G alles daran, um möglichst schnell und einigermaßen geordnet den Abschnitt Donau – Iller zu erreichen, an dem der Wehrkreis VII mit schwachen Kräften schon seit Anfang April 1945 eine Art Auffangstellung vorbereitet hatte. Die Schwerpunkte der „Donauverteidigung" sollten dabei in Regensburg, Ingolstadt, Donauwörth, Dillingen und Günzburg liegen. Den Kampfkommandanten dieser Städte standen dafür nicht bessere Kräfte zur Verfügung als den Kommandeuren der Kampftruppen.[13]

„Die Kampfkraft aller dieser Ersatz- und Volkssturmeinheiten war schwach. Manche der sogenannten Bataillone hatten wenig mehr als Kompaniestärke. Maschinengewehre waren nur vereinzelt vorhanden, die Munitionsmengen – auch bei der Artillerie – gering. Schwere, panzerbrechende Waffen standen mit Ausnahme einiger 8,8-cm-Flak-Geschütze nicht zur

Verfügung. Die Ausstattung mit Fernmeldemitteln bei den Divisionen und Regimentern war äußerst dürftig. Der Zustand von Bewaffnung und Ausrüstung dieser nun zur Abwehr eingesetzten Truppe lässt sich vorzüglich an dem einzigen überkommenen Versorgungsbefehl des Stellvertretenden Generalkommandos VII. Armeekorps ablesen. In diesem Befehl werden die beiden eingesetzten Divisionen aufgefordert, nunmehr eine Abteilung Ib – zuständig für die Versorgung – zu bilden", schreibt Joachim Brückner in seiner militärhistorischen Studie über das „Kriegsende in Bayern 1945" und fährt dann fort:

„Überblickt man noch einmal den Einsatz des Stellvertretenden Generalkommandos VII. Armeekorps mit seinen zwei Ersatzdivisionen an Donau und Iller bis zum 22. April 1945, so ist festzustellen:

- Die Division Nr. 467 war mit einer Regimentsgruppe – Grenadierersatz- und Ausbildungsregiment 517 – beiderseits von Regensburg eingesetzt; das Grenadierersatz- und Ausbildungsregiment 387, Traunstein, mit zwei Bataillonen lag noch in seinen Unterkünften. Das dritte Regiment – Gebirgsjägerersatz- und Ausbildungsregiment 537, Garmisch – befand sich mit seinem Stab im Standort, hatte Teile des Gebirgsjägerersatz- und Ausbildungsbataillons I/98 im Raum um Landshut stehen und das Gebirgsjägerersatz- und Ausbildungsbataillon 99, Sonthofen, am 21. April als Korpsreserve in den Raum Illertissen – Weißenhorn in Marsch gesetzt.
- Die Division Nr. 407 stand mit allen Ersatzbataillonen in den befohlenen Abschnitten – soweit die Einheiten sich nicht noch auf Verlegungsmärschen befanden. Reserven waren kaum vorhanden. Zur Sicherung des Raumes um Dillingen war ein Genesendenbataillon eingesetzt. In den bisherigen Standorten der Ersatztruppenteile blieben Hunderte von Rekruten mit nur kurzer Ausbildung – meist ohne Bewaffnung – zurück.
- Dem Stellvertretenden Generalkommando VII. Armeekorps standen als Reserven noch zur Verfügung: Teile der Division Nr. 467; Ersatztruppenteile der Artillerie, die nur noch infanteristisch einzusetzen waren; Resteinheiten der Garnison München wie z. B. Teile des Grenadierersatz- und Ausbildungsbataillons 19 und die infanteristisch nicht verwendbare Dolmetscherkompanie; die Panzerersatzabteilung 17, Freising; Pionierersatztruppenteile, die aber mit Sperraufträgen im ganzen Bereich des Wehrkreises eingesetzt waren."[14]

Der Abschnitt Donau – Iller war tatsächlich „die letzte naturgegebene, vom Gelände gebotene Verteidigungslinie vor den Alpen, in der mit einer gewissen Aussicht auf Erfolg ein Abwehrkampf geführt werden konnte".[15] Und zwar so lange hinhaltend, bis sich in der „Alpenfestung" genügend Truppen eingefunden hatten, um dieses wehrhafte Bollwerk aus Fels und Eis erfolgreich verteidigen zu können. Zu diesen Verbänden zählte auch die noch immer kampfstarke 2. Gebirgsdivision unter Generalleutnant Willibald Utz. Sie war am 20. April 1945 in den Raum von Hohentrüdingen verlegt worden. An Hitlers Geburtstag fiel Nürnberg nach kräfteverzehrenden Kämpfen. Bei der letzten großen Schlacht in Bayern, die zwischen dem 16. und 20. April um die „Stadt der Reichsparteitage" stattfand, nahm unter anderem auch die 17. SS-Panzergrenadierdivision „Götz von Berlichingen" teil. Sie entging der Gefangennahme, zog sich in die „Alpenfestung" zurück und kapitulierte erst am Achensee.[16] An jenem denkwürdigen 20. April 1945 wurde der Gauleiter der Bayerischen Ostmark bei

Waldkirchen von Truppen der SS erschossen. Fritz Wächtler hatte Bayreuth im Stich gelassen. Tags darauf drangen Einheiten des I. französischen Armeekorps in Stuttgart, Sigmaringen und Freiburg im Breisgau ein. Jetzt drohte der 19. Armee im Schwarzwald und in der Schwäbischen Alb der Zusammenbruch. Aufgrund des Vorstoßes des amerikanischen VI. Armeekorps aus dem Raum um Schwäbisch Hall nach Süden war die Verbindung zwischen der 1. und 19. Armee abgerissen. Doch damit nicht genug: Das links vom VI. Armeekorps angetretene amerikanische XXI. Armeekorps konnte am 20. April sogar den Durchbruch erzielen und hatte somit den Weg zur Donau nach Dillingen geöffnet. Dieser Stoß zerriss den linken Flügel der 1. Armee und spaltete das XIII. Armeekorps des Heeres vom XIII. SS-Armeekorps ab.[17]

Auf dem rechten Flügel der Heeresgruppe G kämpfte am 21. April das LXXXII. Armeekorps südöstlich von Nürnberg verzweifelt gegen die alliierten Truppen an, um nicht überflügelt zu werden, bevor es über den Brückenkopf Regensburg hinter die Donau abfließen konnte. „Das links daneben eingesetzte XIII. SS-Armeekorps stand an diesem Tag in verhältnismäßig geschlossener Abwehrfront in einer Linie, die etwa von Hilpoltstein (zwanzig Kilometer südlich von Nürnberg) bis in den Raum dicht südlich von Dinkelsbühl verlief. Über vier Brückenköpfe zwischen Ingolstadt und Donauwörth schien die planmäßige Zurücknahme der Truppe in eine neue Verteidigungslinie hinter der Donau möglich.“[18] In der Nacht vom 21. auf den 22. April wurde Neumarkt in der Oberpfalz nach einem erbitterten deutschen Widerstand durch amerikanische Luftangriffe und Artillerie fast vollständig zerstört und am 23. April von den Alliierten eingenommen. Am 22. April überquerten Einheiten der 12. Panzerdivision der 7. US-Armee auf einer unzerstörten Brücke bei Dillingen die Donau. Noch am selben Tage wurde Sulzbach von der 3. US-Armee erobert. Am 23. April rückte die 11. Panzerdivision der 3. US-Armee in Cham ein. Divisionseinheiten überquerten den niederbayerischen Fluss Regen. Tags darauf überquerten Einheiten der 86. und 99. Infanteriedivision der 3. US-Armee die Altmühl. Wiederum einen Tag später begannen Verbände der 3. US-Armee am 25. April mit der Beschießung von Regensburg. Tags darauf überquerten Einheiten der 65. und 71. Infanteriedivision der 3. US-Armee die Donau in Sichtweite des Regensburger Domes. Hier, im nördlichen Vorfeld der „Alpenfestung“, sollte nach den operativen Planungen Pattons die letzte Kesselschlacht des Zweiten Weltkrieges stattfinden.

Doch die deutschen Generale dachten nicht daran, dem cholerischen Amerikaner diesen Gefallen zu tun, sondern zogen sich, bevor Patton die Schlinge zuziehen konnte, geschickt auf ihr „Festungsreduit“ zurück. Daraufhin wurde die ehemalige Römergründung zum Leidwesen der Amerikaner kampflos übergeben. An jenem 26. April 1945 überschritten aber auch stromaufwärts alliierte Truppen den längsten europäischen Fluss. Es waren Einheiten der 42. Infanteriedivision der 7. US-Armee, die in Donauwörth einmarschierten. Gleichzeitig setzte auch die amerikanische 103. Infanteriedivision nördlich von Ulm über die Donau. Am 26./27. April wechselte die 86. Infanteriedivision der 3. US-Armee das Donauufer bei Ingolstadt. „Die Hinweise auf den Kampf im Osten, auf Flüchtlingsströme, auf die ‚Festung Alpen‘ verpflichteten uns auszuhalten trotz Hoffnungslosigkeit“, schrieb Cord von Hobe, ehemaliger Führer der 212. Division.[19]

Währenddessen setzten sich die Gebirgsjäger im Vertrauen auf einen entscheidenden operativen Gegenschlag aus der „Alpenfestung“ heraus in ihre alpenländische Heimat ab. Am 24. April überschritt die 2. Gebirgsdivision bei Neuburg die Donau. Noch am Abend des

26. April begann die Absetzbewegung im Rahmen des übergeordneten XIII. SS-Armeekorps in die „Alpenfestung". Nachdem sich am 27. April die letzten Gebirgsjägerkompanien von ihren Stellungen gelöst hatten, ging es in der Nacht vom 27. auf den 28. April über Schrobenhausen und Pfaffenhofen nach Paunzhausen und dann während des Tages weiter über Freising nach Hallbergmoos. Am Südufer der Isar sollte die „Zweite" dann in Sichtweite der weltbekannten Türme der Münchner Frauenkirche eine Stellung beziehen.

Am Vorabend der totalen Niederlage beharrte der Gauleiter von Oberbayern, Paul Giesler, noch auf die „Verteidigung der Särge" von den vierzehn nationalsozialistischen Gefallenen des Hitler-Ludendorff-Putsches vom 9. November 1923, die am Münchner Königsplatz in einem eigens errichteten Ehrentempel aufgebahrt waren und im Dritten Reich wie die Märtyrer verehrt wurden. Nach Aussage des Münchner Kampfkommandanten Hofmann sollten sie „durch eine Truppe von Partei- und Volkssturmmännern verteidigt werden".[20] Doch es blieb nicht nur bei dieser einen fixen Idee. Hinter vorgehaltener Hand wurde gemunkelt, dass die „Hauptstadt der Bewegung", die in verkehrsgünstiger Lage am Schnittpunkt internationaler Eisenbahnlinien und Autostraßen am nördlichen Alpenrand liegt, zur Festung erklärt und „bis zum äußersten verteidigt werden sollte. Auf Befehl Hitlers und Himmlers sollten Heeresverbände, Waffen-SS, Flakeinheiten und Volkssturmmänner im Raum München zusammengezogen werden, um die Stadt ‚bis zum letzten Mann' zu halten."[21]

In jenen chaotischen Tagen erhielt der Gauleiter von Oberbayern daher ein Telegramm von Martin Bormann, in dem geschrieben stand: „Lieber Kamerad Giesler! Große außenpolitische Erfolge stehen vor ihrem Abschluss. Verteidigen Sie Ihren Gau mit Rücksichtslosigkeit und Schärfe!"[22] Aber es gab im „Traditionsgau München-Oberbayern" nicht mehr allzuviel zu verteidigen, nachdem die Isarmetropole am 7. Januar 1945 endgültig in Schutt und Asche versunken war. Schon in den Tagen zuvor hatten die Münchner die eiskalten Nächte in den Schutzräumen verbracht. Doch an diesem Tage wurde aus dem Alarm eine tödliche Wirklichkeit, denn um 19.45 Uhr meldeten die Sirenen Fliegeralarm. In zwei Wellen flog ab 21.48 Uhr die britische Royal Air Force Angriffe auf die Stadt. Einhundertfünfzig Kampfflugzeuge und zweihundert viermotorige Bomber – beim zweiten Angriff kurz vor Mitternacht waren hundertfünfzig Bomber beteiligt – richteten ungeheure Zerstörungen in der schon weitgehend verwüsteten Isarmetropole an. Achtzig Minenbomben, eintausendvierzig Sprengbomben und rund vierhunderttausend Stabbrandbomben verwandelten München in ein Flammenmeer.

Nachdem es dem LXXXII. Armeekorps und dem XIII. SS-Armeekorps im letzten Augenblick noch gelungen war, einer Einkesselung zu entkommen, zog sich die 1. Armee in Richtung „Alpenfestung" zurück. Nun konnten die beiden deutschen Armeekorps am Südufer der Donau bis zum 27. April eine einigermaßen zusammenhängende Abwehrfront aufbauen. „Zum anderen wirkte sich die Zerstörung der Donaubrücken – und die dadurch bedingte Notwendigkeit, diese durch Kriegsbrücken zu ersetzen – in sehr erheblichem Ausmaß verzögernd auf die Fortsetzung des amerikanischen Vorstoßes nach Süden aus."[23] Das schien den alliierten Generalen allerdings gar kein allzu großes Kopfzerbrechen zu bereiten, denn „je länger die deutsche 1. Armee nördlich von München gefesselt wurde, um so günstiger wurden die Voraussetzungen dafür, ihren Verbänden den Weg in die Alpen zu verlegen".[24] Sobald sich die deutschen Truppen über die Donau abgesetzt hatten, existierte südlich des

Flusses eine annähernd geschlossene Abwehrfront, die nach Brückner am 27. April 1945 folgendermaßen gegliedert war:

- Korpsgruppe Greiner (Stellvertretendes Generalkommando VII. Armeekorps): Divisionsgruppe Hassenstein, Division Nr. 467.
- LXXXII. Armeekorps: 36. Volksgrenadierdivision, 416. Infanteriedivision.
- XIII. SS-Armeekorps: 38. SS-Panzergrenadierdivision „Nibelungen", 352. Volksgrenadierdivision, 2. Gebirgsdivision, 212. Volksgrenadierdivision, Kampfgruppe von Hobe.

Auf dem linken Flügel der 1. Armee kämpfte ohne Verbindung zum XIII. SS-Armeekorps mit Front nach Westen das XIII. Armeekorps des Heeres mit Resten der Division Nr. 407 und anderen Resttruppen in einer nur mehr schwach besetzten Stützpunktlinie, die von Augsburg bis Schongau reichte.[25]

Diesen dezimierten deutschen Verbänden der 1. Armee lagen auf der Linie, die von Schongau nach Augsburg verlief und dann donauabwärts von Deggendorf bis Passau reichte, die amerikanische 7. Armee mit dem XXL und XV Armeekorps sowie die amerikanische 3. Armee mit dem III. und XX. Armeekorps gegenüber.

Landsberg am Lech war am 27. April 1945 verloren gegangen. Augsburg wurde tags darauf den Amerikanern kampflos übergeben.[26] „Unsere Passivität in der Vorbereitung der Verteidigungsanlagen, Straßensperren rund um Augsburg war einigen Wichtigtuern nicht entgangen", berichtet der ehemalige Gauleiter von Schwaben. „Höhere SS- und Polizeiführer fuhren mit schönen Wagen, viel geistigen Getränken und mit unbeschränkten Himmlerschen Vollmachten im Gaugebiet herum und suchten nach Opfern."[27]

Die Lage war äußerst kritisch. Aus diesem Grunde „wurde dem XIII. Armeekorps (Heer) die 17. SS-Panzergrenadierdivision [„Götz von Berlichingen"] zugeführt und unterstellt, um die Enge zwischen Würm- und Ammersee und weiter südlich zwischen Würmsee und den Alpen zu sperren", schreibt Brückner. „München war jetzt von Westen und Norden bedroht, und Generalfeldmarschall Kesselring fürchtete daher, dass der von Westen angreifende Feind über München in den Rücken der 1. Armee stoßen würde. Er befahl folglich, im Verlauf von Isar, Amper und Glonn und vom Ammersee bis Schongau einen rückwärtigen Riegel vorzubereiten."[28]

Eine Verteidigung der zerstörten Isarmetropole wurde von Seiten der militärischen Führung dagegen nie erwogen. So schrieb Kesselring später: „Die vom Gauleiter geforderte Verteidigung Münchens [...] lehnte ich zweimal sehr entschieden ab."[29] Nach einer Anfrage der Heeresgruppe G befahl der Oberbefehlshaber West am 27. April, „dass München nicht als Ortsstützpunkt bestimmt werden solle, da dazu die Kräfte fehlten. Die Stadt sei nur als Stützpunkt im Rahmen der Gesamtverteidigung vorzusehen."[30]

Damit waren die Würfel gegen eine weitere sinnlose Zerstörung mit immensen Menschenopfern unter der leidtragenden Zivilbevölkerung gefallen. Denn „außer den wenig wirksamen Sperrmaßnahmen, die von der Gauleitung durchgeführt wurden, waren für München keine Verteidigungsvorbereitungen getroffen worden. Gauleiter Giesler hatte auf angelegte Sperren auch deshalb verzichten müssen, weil ihm das Wehrkreiskommando die Notwendigkeit des Offenhaltens der in die Stadt führenden Fernstraßen klargemacht hatte."[31]

Rund sechzig Kilometer nordwestlich und nördlich der bayerischen Landeshauptstadt hatten am 27. April 1945 die Divisionen und Regimenter des XIII. SS-Armeekorps eine neue Abwehrlinie bezogen, die an das LXXXII. Armeekorps anschloss. Noch am selben Tage formierten sich die amerikanischen Verbände mit dem XV. und III. Armeekorps, denen vier Infanterie- und zwei Panzerdivisionen unterstellt waren, zum entscheidenden Durchbruch auf und beiderseits von München.

Das neue Wappen der „Hauptstadt der Bewegung" nach einem Entwurf von Richard Klein im Jahr 1936.

2. Das Kriegsende in der „Hauptstadt der Bewegung"

Währenddessen wurde in der Nacht vom 27. auf den 28. April 1945 in der „Hauptstadt der Bewegung" das tiefgründige Codewort „Fasanenjagd" ausgegeben. Tiefgründig deshalb, weil die Hoheitsträger der NSDAP im Volksmund geringschätzig als „Goldfasane" bespöttelt wurden. Und auf diese sollte nun eine wahre Treibjagd angesetzt werden, um die braunen Bonzen endlich loszuwerden.

Nach eingehenden Vorbereitungen wurde in der Münchner Saarland-Kaserne vom Hauptmann Dr. Rupprecht Gerngroß der Befehl zum Aufstand der „Freiheitsaktion Bayern" herausgegeben. Nun sollte versucht werden, mit seiner Dolmetscherkompanie im Wehrkreis VII, Teilen der Freisinger Panzerersatzabteilung 17 in Stärke von neunzig Mann und drei Panzern, Teilen der Grenadierersatzbataillone 19 und 61 sowie von Arbeitern der Firma Steinheil und zahlreichen Bürgern die Befehlsstellen der NSDAP und der Wehrmacht, der Sender und andere wichtige Schlüsselpositionen in die Hand zu bekommen. In einer wahren Nacht- und Nebelaktion gelang zunächst die Besetzung des Reichssenders München, der kampflos in die Hände der Freiheitsaktionisten fiel. Dann verkündete ein Sprecher die zehn Punkte umfassende Proklamation der „Freiheitsaktion Bayern", in der es unter anderem hieß:

„ 1. Ausrottung der Blutherrschaft des nationalsozialistischen Regimes [...]
2. Die Beseitigung des Militarismus, der in seiner heutigen Form endloses Elend über die Deutschen gebracht hat. Dem bayerischen Volkscharakter ist der Militarismus wesensfremd [...]"[32]

Für die „Freiheitsaktion Bayern" versuchten die Angehörigen der Widerstandsgruppe auch den bayerischen General Franz Ritter von Epp als Aushängeschild zu gewinnen. Zunächst war der betagte „Mutter-Gottes-General", wie ihn seine alten Freikorpskameraden spöttisch apostrophierten, vom Umsturz beeindruckt, sodass Gauleiter Paul Giesler im Bunker des Münchner Staatsministeriums tobte: „Der Epp [...] ein Reichsstatthalter des Führers, verrät die Sache; wenn ich ihn hier hätte, würde ich ihn eigenhändig erschießen."[33]

Doch dann erklärte der hilflos zwischen Fahneneid und Gewissensdruck hin und her schwankende Epp plötzlich: „Es ist mir unmöglich, meinen Freunden in der Partei in den Rücken zu fallen."[34] Nachdem er München zunächst in unbekannter Richtung verlassen hatte und mit seiner Rückkehr nicht mehr zu rechnen war, bekannte der schwäbische Gauleiter Karl Wahl,[35] der beim Anmarsch der Amerikaner auf Augsburg seine Gauhauptstadt kampflos übergeben hatte, voller Verbitterung: „Das war das erste Mal, dass mich Epp enttäuschte."[36] Nach dem gescheiterten Putschversuch der „Freiheitsaktion Bayern" war es dann ausgerechnet Gauleiter Giesler, der den Reichsstatthalter von Bayern wegen seiner Sympathien mit den Aufständischen vor dem Henker rettete. „Mit dem Hinweis, General Ritter von Epp sei eine rein politische Persönlichkeit, die als solche ausschließlich dem Führer unterstehe, entzieht er ihn dem unter dem Vorsitz General Hübners stehenden Standgericht. Unter dem Schutz eines Polizeiobersten lässt er ihn nach Salzburg bringen, wo er wenig später von den Amerikanern gefangengenommen wird."[37] Als es den Putschisten nicht gelungen war, all ihre

Angriffsaktionen erfolgreich abzuschließen, zeichnete sich rasch ab, dass das Unternehmen „Gauleiter" gescheitert war. Triumphierend teilte Giesler seinen „lieben Volksgenossen" daraufhin mit: „Heute Nacht gegen zwei Uhr versuchte eine Abteilung von Drückebergern, die sich leider noch Soldaten nennen [...] mich als Gauleiter festzunehmen und auszuschalten [...] Ein Hauptmann Gernegroß – ausgerechnet Gernegroß! – hat Lügenmeldungen verbreitet, um euch zu verwirren [...] Der Aufstand ist niedergeschlagen, seine Urheber sind vernichtet!"[38]

Jetzt lautete die alttestamentarische rachsüchtige Parole: „Auge um Auge, Zahn um Zahn!" Die Flak sollte „rebellische" Stadtteile beschießen; „wer eine weiße Armbinde trägt, soll umgelegt werden."[39] Als General Hübner am Vormittag des 28. April 1945 in München eintraf, erklärte er: „Hier wird nicht eher Ruhe sein, bis nicht in der Ludwigstraße an jeder Laterne einer hängt."[40]

Nun feierte die Lynchjustiz wahre Orgien. Am Vormittag des 29. April 1945 waren die Familienangehörigen des Hauptmanns Gerngroß an der Reihe. „Umlegen!" lautete der Befehl. „Aber die Volkssturmmänner zögern, erheben Einwände. Der Gauleiter berät mit seinem Adjutanten. Dazwischen erfährt er am Telefon, dass der amerikanische Vormarsch auf München unaufhaltsam weitergeht. Da beendet Giesler schnell die Beratung: ‚Geben Sie Befehl, die Leute freizulassen.'"[41]

An jenem 29. April, es war ein strahlend schöner Frühlingssonntag, standen die Amerikaner nur mehr auf Artillerieschussweite vor der bayerischen Landeshauptstadt. „Um sechzehn Uhr brach der ‚Reichssender München' seine Sendungen ab", berichtet Kurt Preis. „Das Personal der wenigen noch fahrenden Straßenbahnen stieg aus und ging nach Hause. Die Wagen blieben einfach irgendwo auf der Strecke stehen. In den Gärten wurden Lebensmittel, Spirituosen und Wertsachen vergraben. Hitlerbilder und -büsten verschwanden. Die Stadt lag in Agonie."[42]

Die offizielle Übergabe von München fand gegen 17.00 Uhr am Marienplatz statt. Oberrechtsrat Dr. Michael Meister führte einen amerikanischen Major in das Rathaus. Die Bevölkerung begrüßte die einziehenden Truppen der US-Armee geradezu herzlich. Kinder bestiegen die Panzer und die älteren Leute fielen den „Befreiern" voller Dankbarkeit um den Hals, während deutsche Kriegsgefangene mit erhobenen Händen durch das Karlstor in Richtung Stachus marschierten. „Welch ein Kontrast zu jenen überspannten Massenkundgebungen, mit denen in den Jahren vorher die Münchner auf dem Königsplatz von den braunen Machthabern geblendet wurden. Mit bombastischen Bauplänen wollte Hitler aus München eine Stadt machen, die seinen Herrschaftsträumen entsprach!"[43]

3. Wehrraum „Alpenfestung“

Gebirge und Hochgebirge bilden seit alters her die größten natürlichen Barrieren unserer Erde. Sie begrenzen oder umschließen Ebenen und Becken. Diese Trutzburgen aus Fels und Eis sind in zahlreiche Täler und Schluchten, in Bergkämme und Pässe untergliedert. Durch sie hindurch oder über sie hinweg führen in der Regel die Verkehrsverbindungen. Straßen und Eisenbahnen machen sich dies zunutze. Abseits der großen Verkehrswege bieten sich oft nur mehr Forstwege oder Saumpfade für Überschreitungen an.

„In unserem Alpenanteil, den Ostalpen, liegt die durchschnittliche Kammhöhe zweitausendzweihundert Meter über dem Meere und nimmt nach Osten zu allmählich an Höhe ab“, heißt es in einer Schrift des Generalkommandos des XVIII. Gebirgsarmeekorps, die der NS-Gauverlag Tirol-Vorarlberg herausgegeben hat. „Im Allgemeinen herrscht die Längsfurchung gleichlaufend zur West-Ost-Achse vor. Ausnahmen bilden die langgedehnten Querkämme und Täler (Kauner-, Pitz- und Ötztal), welche die Ötztaler Alpen von ihrem vergletscherten Gipfelstock in nördlicher Richtung zum Inntal hinabschicken, die Stubaier Alpen, das Tuxer Schiefergebirge, die vom Sonnblick nach Nord und Süd ausstrahlende Goldberggruppe und die Ostabdachung der Alpen gegen die oberungarische Tiefebene zu, wo sich die Seetaler-, Sau-, Kor-, Stub- und Gleimalpe gleich Wehren quer zu den Längsfurchen stellen. [...]

Im Süden scheidet die Talfurche der Drau, im Norden Ill-, Inn-, Ziller-, oberes Salzach- und Ennstal die Zentral- oder Uralpen von den Kalkalpen. [...] Ostwärts der Kitzbüheler Ache aber werden die schmalen, scharfkantigen Kämme der Kalkalpen zu klobigen Klötzen, zu wilden, großartig geformten, über zweitausend Meter hohen Blöcken (Loferer und Leonganger Steinberge, Steinernes Meer, Hagen- und Tennengebirge, Dachstein, Totes Gebirge), die im Hochkönig- und Dachsteingebiet von ewigem Eis und Firnfeldern bedeckt sind. – Mit ihrer Nordkante und ihren Ausläufern, auch mit ihrer höchsten Erhebung, der Zugspitze [...], liegen die Nördlichen Kalkalpen bereits außerhalb der Grenzen unseres Wehrkreises auf bayrischem Boden. – Ähnlich wie die Ketten der Nördlichen sind die Südlichen Kalkalpen geartet, die Gailtaler Alpen, die Karnischen Alpen und die kahlen Mauerkämme der Karawanken.“[44]

In den Mittelregionen sind die Gebirge meist stark bewaldet und daher wirken sie für die Bewegungen von Truppen stark hemmend. Nicht weniger hinderlich wirken die Fels- und Eisregionen des Hochgebirges sich auf die militärischen Operationen aus. Die Gebirge – und die Alpen bilden da keine Ausnahme! – begünstigen aufgrund dieser geographischen Gegebenheiten viel mehr die Abwehr als den Angriff. Denn der Angreifer muss sich beim operativen Ansatz seiner Kräfte an die Täler und Pässe halten, während der orts- und geländekundige Verteidiger auch beiderseits derselben aus überhöhten Stellungen durch gezieltes Feuer die Anmarschwege sperren kann.

Der Verteidiger betrachtet das Gebirge als eine, ja als seine naturgegebene Stärke. Dennoch ist die Verteidigung eines Gebirgsraumes gegen einen überlegenen, modern ausgerüsteten und gut geführten Gegner schwierig und erfordert demzufolge entsprechende Mittel sowie eine Führung mit einer großen Erfahrung im Gebirgskrieg. Das Bedürfnis nach einer starken

Besetzung der verschiedenen Frontabschnitte und der Bedarf an entsprechenden Reserven in den zahlreichen Einzelräumen der Gebirgsfront binden relativ umfangreiche Truppen und führen ebenso leicht zu einer Verzettelung der Kräfte. Nur durch eine klare Schwerpunktbildung kann auf breiter Front der Widerstand gesichert und einer Zersplitterung der Verteidigungskräfte entgegengewirkt werden. Hierzu ist es notwendig, sich Klarheit über die beabsichtigte Hauptstoßrichtung des Feindes zu verschaffen, um wirkungsvolle Schwerpunkte rechtzeitig bilden zu können. Dabei ist die Verteidigung trotz aller Hindernisse aktiv zu führen, um den Feind in Gegenangriffen und Gegenstößen die Initiative und eventuelle Geländegewinne umgehend zu entreißen.

Im Großen und Ganzen war der Gebirgskrieg geographisch gesehen schon immer eine Angelegenheit der Täler und Ebenen. Von den ganz großen Schlachten und dem lauten Kriegsgeschrei der Ebenen waren die stillen Bergregionen allerdings jahrtausendelang weitgehend verschont geblieben. Dort, wo im Laufe der Jahrhunderte auch das Hochgebirge von Alexander dem Großen bis Napoleon I. in die Operationen ihrer jeweiligen Feldzüge mit einbezogen wurde, handelte es sich fast ausnahmslos um Durchquerungen und Überschreitungen, die äußerst anstrengend, zeitraubend und verlustreich waren.

Erst das 20. Jahrhundert mit seinen modernen Waffensystemen trug auch den Schlachtenlärm über Monate, ja Jahre hindurch in die abgelegenen Bergtäler und auf die einsamen Bergeshöhen. Der Erste Weltkrieg hat erstmals in der Kriegsgeschichte bewiesen, dass das Gebirge bei einem großen Aufwand an Material und beim Einsatz einer eigens dafür ausgebildeten Spezialtruppe sehr wohl zum Schauplatz größerer Gefechte werden kann. So erreichten die Gebirgsfronten in den Südtiroler Gebirgsstöcken, am Kärntner Alpenkamm und in den Julischen Alpen sowie am Isonzo eine beträchtliche Länge.[45]

Ein Vierteljahrhundert später wurden die Alpen während des Zweiten Weltkrieges wiederum zum Kriegsschauplatz. Nun wurden sie als eisgepanzerter Wehrraum zum letzten Bollwerk des Dritten Reiches ausgebaut, „denn die ‚Alpenfestung' war in ihrer ersten Anlage zweifellos zur Verteidigung des durch seine Natur starken Alpenraumes gedacht".[46]

Als gewaltiger Wehrraum unterschied sie sich zweifellos von den als „klassisch" zu bezeichnenden Festungen, Festungssystemen und Festungsstädten wie Ingolstadt und Ulm oder wie jene jenseits des Rheins von Verdun über Metz bis nach Belfort an der Burgundischen Pforte, wo sich die Festungsbaumeister in Friedenszeiten regelrecht austoben konnten, sodass diese architektonischen Juwele der militärischen Festungsbaukunst auch in ihren geschliffenen Zuständen bis auf den heutigen Tag Jahr für Jahr Tausende von Militärtouristen in ihren Bann ziehen. Bei der „Alpenfestung" handelte es sich dagegen um ein „Alpen-Reduit" nach schweizerischem Vorbild.

Schon ein Blick auf die Karte genügt, um zu erkennen, „dass die Gebirgszüge vom Karwendel bis zu den Hohen Tauern militärisch nur unter größten Schwierigkeiten und Opfern zu erobern und zu beherrschen wären. Schließlich hatten Titos Partisanen der Wehrmacht in den Bergen Jugoslawiens erhebliche Verluste bereitet. Doch diese deutschen Einheiten waren zumeist Infanteristen gewesen, aufgefüllt mit bergunerfahrenen Soldaten der Luftwaffe und mit Matrosen, die den Weg zurück von den Häfen Griechenlands aus gegangen waren. Anders die deutschen Gebirgsjäger, mit denen man beim Kampf um die Bergfestung zu rechnen hatte. Sie hatten einen fast legendären Ruf, den sie sich bei den Kämpfen um Narvik errungen hatten: Zweitausend gegen zwanzigtausend. Aber es war nicht so gekommen wie bei Leonidas. Die Gebirgsjäger hatten sich gehalten, ohne allzu große Verluste", konstatierte der Widerstandskämpfer Hallig.[47]

„Im Westen wurde der Rhein zur Grenze gegen die Schweiz, sein über zweihundertfünfzig Meter breiter Wasserlauf zum einzigen, naturgegebenen Hindernis", heißt es in der Schrift des Generalkommandos des XVIII. Gebirgsarmeekorps. „Diese sechzig Kilometer lange Westgrenze beginnt im Bodensee und läuft in nördlicher Richtung, erst im Strom, dann, das kleine Fürstentum Liechtenstein aussparend, dem Riegel des Alpenhauptkammes zu, den sie am 2.573 Meter hohen Rastkogel erreicht. Hier wendet sie sich nach Osten und folgt dem Hauptkamm, dem gewaltigen, aus Fels, Firn und Eis getürmten Wehrwall, dessen Außenhang steil gegen Süden abfällt, während sich der Nordhang im eigenen Lande sanft und weiträumig zur Ill-Inn-Furche abflacht. Die wenigen Einfalltore in dieser Mauer sind gut versperrbar.

Das erste Mauerstück, der Rätikon (Scesaplana, 2.967 Meter), reicht vom Rhein bis zum Schlappiner Joch (2.204 Meter), über das ein Fußsteig aus dem Prätigau ins Montafoner Tal führt. Daran schließen sich die Silvretta- und Samnaungruppe (Piz Buin, 3.312 Meter, und Vesulspitze, 3.092 Meter) und ziehen sich bis zum Inntal hin. Bei Martinsbruck, wo der Inn reichsdeutschen Boden betritt und die Schweizer-italienische Grenze die Reichsgrenze erreicht, tun sich knapp nebeneinander die ersten wichtigen Einfalltore auf, der Finstermünzpass und das Reschenscheideck. Die Wehrgeographie erfasst im Einfalltor nicht nur den Passübergang als solchen, sondern auch die darüber führenden Verkehrswege und die naturgegebenen Sammelräume zum Bereitstellen der Truppen und zieht auch allfällige Umgehungswege in Betracht. Über den 1.037 Meter hohen Finstermünzpass führt ein wichtiger Straßenzug den Inn entlang nach Innsbruck, über das Reschenscheideck (1.501 Meter), die Straße Verona – Trient – Bozen – Meran – Innsbruck. Sammelräume sind im Inntal und im Etschtal gegeben. Ostwärts des Reschenscheideck steigen die Ötztaler Alpen bis fast 4.000 Meter an. Der Saumpfad, der am Hochjoch (2.885 Meter) den Kamm überklettert, führt über Firn und Eis. Die Ötztaler Alpen reichen bis zum Timmelsjoch (2.497 Meter), über das ein Pfad aus dem Passeiertal ins Ötztal führt, der beim Sandhof, der einstigen Heimstätte des Freiheitskämpfers Andreas Hofer, von der Straße Meran – Sterzing abzweigt.

Das Timmelsjoch (2474 Meter) scheidet die Ötztaler Alpen von den Stubaier Alpen (Zuckerhütl, 3.511 Meter), die im Osten steil zum breiten Brennersattel abfallen, der den Gauteil Tirol in zwei Hälften teilt. Er öffnet die Hauptpforte, das wichtigste Einfalltor im Wehrwall. Über seine 1.371 Meter hoch gelegene Passhöhe führt der Schienenweg, der das Deutsche Reich mit Italien, Berlin auf dem kürzesten Weg mit Rom verbindet. Dieselbe kulturelle und wehrgeographische Bedeutung kommt der Brennerstraße zu. Ostwärts vom Brenner beginnen die Tauern, und zwar mit den Zillertaler Alpen (Hochfeiler, 3.510 Meter), die sich bis zur Birnlücke hinziehen. Ein Fußweg überquert sie am 2.251 Meter hohen Pfitscher Joch, der von Sterzing im Eisacktal nach Mayrhofen im Zillertal führt.

Die Birnlücke, ein 2.667 Meter hoher Sattel, dessen Jochpfad den Übergang aus dem Pustertal durch das Ahrntal ins Salzachtal vermittelt, scheidet die Zillertaler Alpen von den Hohen Tauern. – Unmittelbar über dieser Passhöhe reckt die Dreiherrenspitze ihre eisgepanzerte Faust 3.500 Meter hoch. Ein gewaltiger Markstein, schaute sie einst in ‚drei Herren'

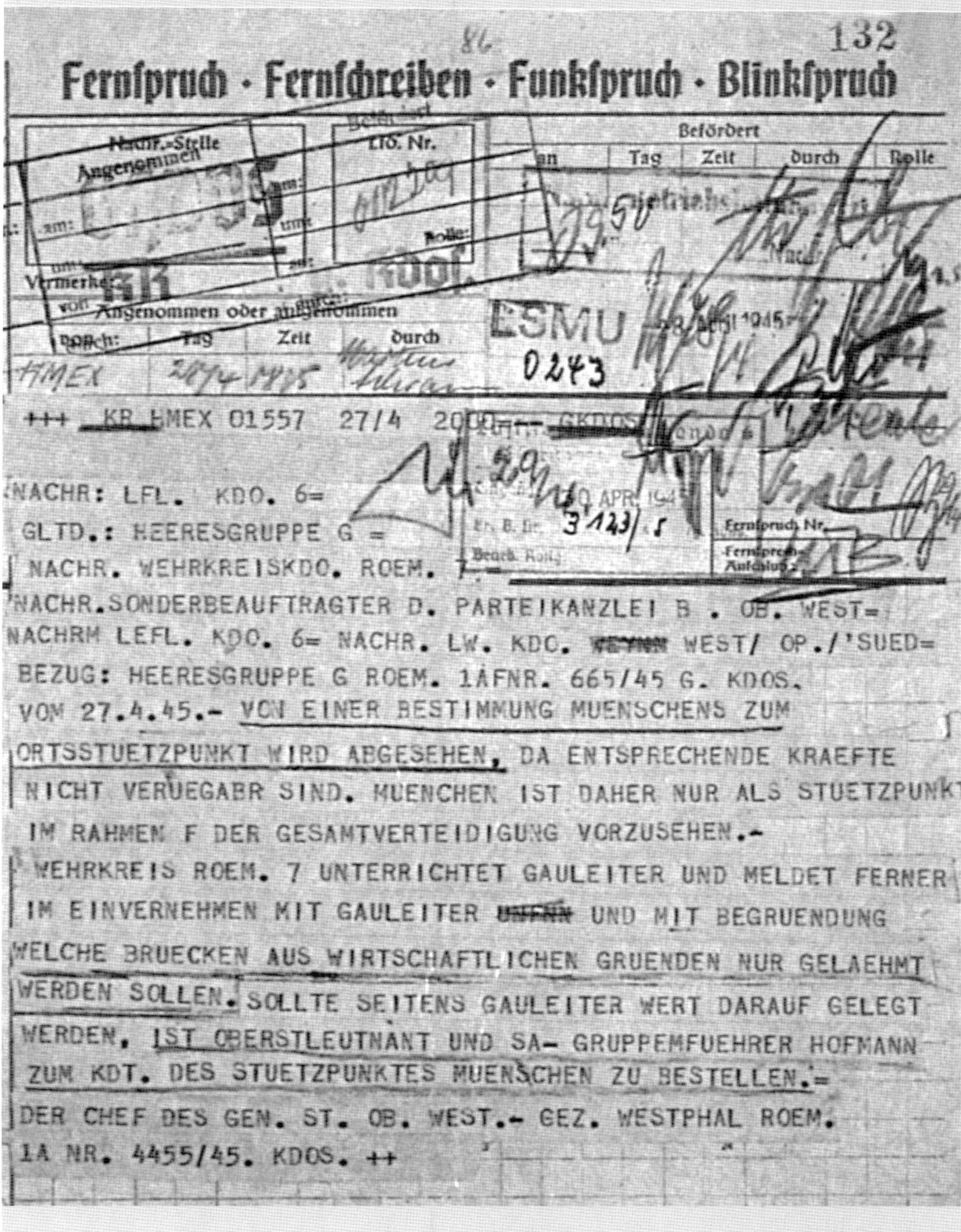

132

Fernspruch · Fernschreiben · Funkspruch · Blinkspruch

ESMU

0243

+++ KR HMEX 01557 27/4 2000 GKDOS

NACHR: LFL. KDO. 6=
GLTD.: HEERESGRUPPE G =
NACHR. WEHRKREISKDO. ROEM. 7
NACHR.SONDERBEAUFTRAGTER D. PARTEIKANZLEI B . OB. WEST=
NACHRM LEFL. KDO. 6= NACHR. LW. KDO. WEST/ OP./'SUED=
BEZUG: HEERESGRUPPE G ROEM. 1AFNR. 665/45 G. KDOS.
VOM 27.4.45.- VON EINER BESTIMMUNG MUENSCHENS ZUM
ORTSSTUETZPUNKT WIRD ABGESEHEN, DA ENTSPRECHENDE KRAEFTE
NICHT VERUEGABR SIND. MUENCHEN IST DAHER NUR ALS STUETZPUNKT
IM RAHMEN F DER GESAMTVERTEIDIGUNG VORZUSEHEN.-
WEHRKREIS ROEM. 7 UNTERRICHTET GAULEITER UND MELDET FERNER
IM EINVERNEHMEN MIT GAULEITER UND MIT BEGRUENDUNG
WELCHE BRUECKEN AUS WIRTSCHAFTLICHEN GRUENDEN NUR GELAEHMT
WERDEN SOLLEN. SOLLTE SEITENS GAULEITER WERT DARAUF GELEGT
WERDEN, IST OBERSTLEUTNANT UND SA- GRUPPEMFUEHRER HOFMANN
ZUM KDT. DES STUETZPUNKTES MUENSCHEN ZU BESTELLEN.=
DER CHEF DES GEN. ST. OB. WEST.- GEZ. WESTPHAL ROEM.
1A NR. 4455/45. KDOS. ++

Funkspruch vom April 1945 über die Bestimmung Münchens zum Ortsstützpunkt.

Die „Fliegenden Festungen" der Amerikaner zertrümmerten zunächst die „Festung Deutschland" und bombten später die „Alpenfestung" sturmreif.

Der Gauleiter von München und Oberbayern, Paul Giesler, war zugleich Reichsverteidigungskommissar für den Münchner Wehrkreis VII.

Das schwer beschädigte Siegestor in München.

Das Hauptquartier der Gestapo im Wittelsbacher Palais wurde von den Alliierten zerbombt, während der am Eingang aufgestellte bayerische Löwe unbeschädigt blieb.

Die schwer beschädigte Münchner Frauenkirche.

Am Münchner Stachus Anfang Mai 1945.

Die Deutsche Alpenstraße auf dem Sudelfeld zwischen Bayerisch Zell und dem oberbayerischen Inntal als strategisches Bindeglied zwischen den Allgäuer Alpen und den Berchtesgadener Alpen im Osten der „Alpenfestung".

In die Oberammergauer „Conrad-von-Hötzendorf-Kaserne" wurden ab Ende 1943 nach und nach zahlreiche Entwicklungsabteilungen der Augsburger Messerschmittwerke verlagert.

Rüstungsproduktionsstätten im weitverzweigten Stollensystem des Laber im Bereich der Oberammergauer Kasernenanlage.

Die Mittenwalder
„Gebirgsjägerkasene“.

Die „Jägerkaserne“ in
Garmisch-Partenkirchen.

Erfahrene Gebirgsjäger bildeten auch Hitlerjungen in paramilitärischen Formationen aus, wo sie sehr schnell auch für den „Werwolf"-Gedanken zu gewinnen waren.

Die „Karfreit-Kaserne" in Brannenburg-Degerndorf als strategischer Stützpunkt am Eingang des oberbayerischen Inntales.

Der sogenannte „Schöne Hof" der SS-Ordensburg oberhalb von Sonthofen im Allgäu.

In diesem NS-Bau am Sudelfeld, der heute als Jugendherbergshaus bewirtschaftet wird, war ein Kommandostab der SS untergebracht.

Der Reichsführer-SS Heinrich Himmler wich mit seinem Hauptquartier nach Bad Wiessee sowie nach Gmund am Tegernsee aus.

Die ausgedehnte Kasernenanlage der SS-Junkerschule in Bad Tölz sicherte das Isartal.

Die Tölzer SS-Kaserne.

Gehlens Schlupfwinkel in der Nähe von „Fritz am Sand“, an der Deutschen Alpenstraße.

Adolf Hitler (rechts im Bild) bei der Besichtigung der Bauarbeiten an der Deutschen Alpenstraße Mitte der Dreißiger Jahre.

Paradeaufstellung zur Heldengedenkfeier in der Degerndorfer Kasernenanlage.

Josef Ratzinger als sechzehnjähriger Luftwaffenhelfer an der Flak in der „Alpenfestung".

Benedictus PP XVI

Josef Ratzinger als Papst Benedikt XVI.

In der Umgebung von Traunstein lag das Hauptzeugamt der Waffen-SS.

Länder, der Herzoge von Tirol und von Kärnten und des Erzbischofs von Salzburg. Die drei Herren Länder sind zu Gauen geworden und im Westen hat das Königreich Italien den zur Birnlücke führenden Grenzzipfel bis an ihren Fuß herangeschoben.

Auf der Dreiherrenspitze wendet sich die Grenze nach Süden, über die Firnfelder des 3.440 Meter hohen Rieserferner-Riegels. Drei Jochpfade überqueren seine Hänge, am Nordhang im Klammljoch, am Südhang über den Staller Sattel und das Gsieser Törl.

Eine breite Lücke reißt die Drautalfurche auf, das Pustertal, das sich in einer Länge von fast hundert Kilometer von Brixen bis Lienz erstreckt und von der deutsch-italienischen Staatengrenze mitten entzweigeschnitten wird. Schienenstrang und Straße bilden hier das West-Ost-Verbindungsstück zwischen dem großen Nord-Süd-Verbindungsweg über den Brenner und dem benachbarten und weiteren Osten. Im Raume der Rienz mit ihren nördlichen Seitentälern, im Tale der Drau und der Gail bis zum Lienzer, Villacher und Klagenfurter Becken sind die Sammelräume gegeben.

Südlich der Drautalfurche wendet sich die Grenze in weitem Bogen wieder ostwärts und baucht sich in ihrem weiteren Verlauf gegen Süden aus. Am Kreuzbergstattel (1.632 Meter) beginnen die Karnischen Alpen (Rote Wand, 2.816 Meter) und mauern mit ihren steilen, klippigen Kalkgraten die Wehrgrenze wieder geschlossener auf. Von einigen kaum lohnenden Umgehungsmöglichkeiten über Joch und Kar abgesehen, öffnen sich in dieser Mauer zwei Pförtlein, der Plöckenpass (1.300 Meter) mit einer Kraftwagenstraße, die das Gailtal mit dem Tagliamentotal, Kötschach mit Tolmezzo verbindet, und das Naßfeld (1.513 Meter), über das ein Sträßchen aus dem Gailtal südwärts nach Pontebba im Fellatal führt.

Die vom Süden kommende Gailitz, welche die Karnischen Alpen von den ostwärts anschließenden Karawanken trennt, lässt mit dem Kanaltal eine tiefe (740 Meter), gut gangbare Öffnung klaffen, der durch den Schienenweg Klagenfurt – Villach – Görz – Triest, bzw. Agram – Belgrad – Konstantinopel – und einem aus dem Isonzotal kommenden Straßenzug erhöhte Bedeutung zukommt.

Die Karawanken (Hochstuhl, 2.239 Meter), wegen ihrer fast senkrecht auftragenden Karkkrone schwer übersteigbar, aber niedriger und zerrissener als ihre westlichen Nachbarn, bieten auch mehr Durchlässe.

Ehedem verlief die Reichsgrenze über den Karawankenkamm, nunmehr aber, seit der Einverleibung der deutschsprechenden Gebiete des ehemaligen Königreiches Jugoslawien, biegt sie westwärts des Wurzenpasses, beim 1.508 Meter hohen Berg Ofen nach Süden ab, überquert die Julischen Alpen, klettert über den 2.863 Meter hohen Sagenberg Triglav, umschließt den Wocheiner See und wendet sich ostwärts Idria wieder gegen Sonnenaufgang, lässt Laibach rechts liegen und erreicht beim 543 Meter hohen Vusica (fünfundzwanzig Kilometer westwärts Agram) ihren südlichsten Punkt. Der Nachbar ist nunmehr Kroatien. Nach Übersetzung der Save hält der Grenzverlauf bis Rohitsch-Sauerbrunn Süd-Nordrichtung ein, zieht dann über den Rücken des Matzelgebirges und den 622 Meter hohen Matzel in nordwestlicher Richtung zur Drau, folgt zwanzig Stromkilometer talwärts ihrem Lauf, um sich acht Kilometer oberhalb Marasdin abermals nach Norden zu wenden. Bei St. Martin erreicht die Reichsgrenze die Mur, folgt ihr dreißig Kilometer bergwärts und wendet sich eine Gehstunde unterhalb Radkersburg wieder nach Norden, wird zu des Reiches Ostgrenze zwischen Ungarn und erreicht über leichtwelliges Gelände und die flachen Flusstäler der Raab und der Pinka als lappenzeichnende Linie beim Gschriebenstein (883 Meter) den nördlichen benachbarten XVII. Wehrkreis."[48]

Wie wir bereits von den Kriegsschauplätzen in den französischen Westalpen, den oberitalienischen Alpen und den Ostalpen erfahren haben, wurde mit dem Ausbau des alpenländischen Wehrraumes unter Mithilfe der Organisation Todt bereits in einer sehr frühen Phase des Zweiten Weltkrieges begonnen – und zwar 1943/44! Den Grenzstellungen in den oberitalienischen Alpen, den Dolomiten, Karnischen Alpen und Karawanken schloss sich im Südosten die „Reichsschutzstellung" an, die dann nordwärts entlang der österreichisch-ungarischen Grenze zur „Deutschmeisterstellung" führte. Die „Wien-Schutzstellung" war der nordöstlichste Pfeiler dieses, der eigentlichen „Alpenfestung" vorgelagerten Stellungssystems. Donauaufwärts folgten dann die „Nibelungen-" und die „Hägenstellung". Ab Linz sprach man von der „Voralpenstellung", die bis Salzburg reichte. Ihr westlicher Eckpfeiler war die trutzige Festung Hohensalzburg. Weiter südlich riegelt die wehrhafte Festung Hohenwerfen, eine ehemalige erzbischöfliche Wehrburg aus dem 11. Jahrhundert, als mächtiges Bollwerk hoch über dem engen Salzachtal die langgezogene Schlucht zwischen dem Hagen- und Tennengebirge ab.

Von der Mozartstadt bis zum Bodensee war jedoch kein Stellungssystem im eigentlichen Sinne auszumachen. Vielmehr klaffte hier eine Lücke, die jeden Angreifer auf den ersten flüchtigen Blick geradezu ermunterte, in diese weiche Flanke einzubrechen, um die „Kernfestung Alpen" zu knacken. Bei näherem Hinsehen entpuppte sich diese Nordflanke der „Alpenfestung" jedoch keineswegs als allzu wehrlos. Denn, so die Lagebeurteilung in der bereits zitierten Schrift des Generalkommandos des XVIII. Gebirgsarmeekorps, „die wenigen Einfalltore in dieser Mauer sind gut versperrbar". Daher waren in den wichtigsten Tälern der nordwärts strömenden Alpenflüsse in der Aufbauphase der deutschen Gebirgstruppe zahlreiche Kasernenanlagen entstanden, die teilweise wie Trutzburgen an die Hänge der oberbayerischen und Allgäuer Alpen errichtet wurden, um als wehrhafte und waffenstarrende Garnisonen jedem Angreifer die Stirn zu bieten.

Geradezu zwingend erwies sich die Aufstellung von deutschen Gebirgsformationen, als sich die Beziehungen zwischen Deutschland und Italien 1934/35 aufgrund der seinerzeit noch offenen „Österreichfrage" auf den Nullpunkt abgekühlt hatten. Im Juni/Juli 1935 waren die deutsch-italienischen Gegensätze nach dem gescheiterten nationalsozialistischen Putsch in Wien, als der österreichische Bundeskanzler Dollfuß ermordet wurde, offen zutage getreten. Sie waren derart unüberbrückbar, dass sie auch durch das erste Treffen Hitlers mit Mussolini am 14./15. Juni 1934 in Venedig nicht beigelegt werden konnten. Nun waren gar Alpini, die Elitetruppe des faschistischen Italien, demonstrativ an der Brennergrenze aufmarschiert und bedrohten Tirol sowie die nur unzureichend mit deutschen Truppen abgeschirmte Alpengrenze des Deutschen Reiches von Süden her.

Was lag da näher, als die wenigen, aber bereits vorhandenen Gebirgseinheiten des Hunderttausendmannheeres Seecktscher Prägung zur 1. Gebirgsdivision aufzustocken? Doch damit nicht genug: Um die Stammdivision der deutschen Gebirgstruppe im Alpenraum unterzubringen, entstanden nicht weniger als sechzehn Kasernenanlagen in zehn bayerischen Gebirgsstandorten an den Nordausgängen der Alpen vom Allgäu bis in das Berchtesgadener Land. Als strategische Verbindungslinie und Verkehrsader trassierte man darüber hinaus vom Bodensee bis Berchtesgaden mitten durch die grandiose Gebirgsnatur mit ihren sanften Matten, den schroffen Zacken, wilden Schluchten und atemberaubenden Felsengipfeln, an über einhundert historischen Burgen und Kirchen vorbei die rund vierhundert Kilometer lange Deutsche Alpenstraße. Sie verläuft – in grober Streckenführung aufskizziert – mit Tausend Haarnadelkurven von Lindau im Bodensee über Oberstaufen, Immenstadt, Sonthofen und Hindelang nach Füssen und Oberammergau. Über den Ettaler Sattel erreicht sie Garmisch-Partenkirchen, führt dann weiter nach Mittenwald und am Walchensee entlang nach Lenggries und Bad Tölz. Vom Tegernsee geht es zunächst zum Schliersee, dann durch das Leitzachtal nach Bayrischzell und über das Sudelfeld in das oberbayerische Inntal. Von dort zieht sie sich entlang der Chiemgauer Alpen nach Reit im Winkl und Ruhpolding, bevor sie durch das Berchtesgadener Land der Ramsau und Berchtesgaden zustrebt. Die Bergstraße auf den Obersalzberg bis nach Hinterbrand ist ihr letztes Teilstück. Die Trassenführung zur Scharitzkehl sollte in einer Schleife die Deutsche Alpenstraße über dem Berchtesgadener Talkessel beenden. Dabei tangiert dieses Prestigeprojekt des NS-Regimes so bedeutende Gebirgsstützpunkte wie das Spitzingseegebiet. An ihr entstanden eine Anzahl von Stützpunkten der Wehrmacht und WaffenSS – wie zum Beispiel das heutige Jugendberghaus Sudelfeld –, die in die operativen Planungen der „Alpenfestung" voll integriert wurden.

Wenden wir uns nun den wehrhaften Gebirgsstandorten der Deutschen Wehrmacht und Waffen-SS an der Nordflanke der „Alpenfestung" zu, die noch während der letzten Kriegsmonate mit Truppenteilen des Ersatzheeres sowie mit Waffen, Gerät und Munition regelrecht vollgestopft waren. Beginnen wir mit unserer Exkursion wieder im Westen: Schon von Weitem sieht man die wuchtige Kette der Allgäuer Alpen, die in südlicher Richtung das Tal der Iller majestätisch abschließen. Im Talgrund des Flusses liegt Kempten, die ehemals Freie Reichsstadt und spätere Keimzelle der deutschen Gebirgstruppe mit ihren Kasernenanlagen, die hier einen Sperrriegel bilden. Dort war unter anderem das Grenadierersatz- und Ausbildungsregiment 307, das Grenadierersatz- und Ausbildungsbataillon 91 sowie die Infanterienachrichtenersatz- und Ausbildungskompanie 407 stationiert.

Sonthofen, die südlichste Stadt Deutschlands, liegt in verkehrsgünstiger und strategischer Lage auf der Talebene zwischen dem oberen Iller- und Ostrachtal im Oberallgäu. Sie wird von dem wuchtigen Bergfried der „NS-Ordensburg Sonthofen" überragt, die 1934/35 als wehrhafte Anlage oberhalb der Garnison mit ihren beiden weitläufigen Kasernenanlagen erbaut wurde. Hier lag das Gebirgsjägerersatz- und Ausbildungsbataillon 99.

Im Füssener Raum reicht das hügelige Moränenland mit seinen zahlreichen Seen bis an den Fuß der jäh aufragenden Felsen der Allgäuer und Bayerischen Alpen heran. An der Stelle, wo der noch nicht gezähmte Lech aus den Lechtaler Alpen in das Voralpenland tritt, liegt auf seinem linken Steilufer in verkehrsgünstiger Lage die alte Stadt Füssen, die bereits als Foetibus an der „Via Claudia Augusta" eine römische Militärstation war und in der Aufbauphase der Gebirgstruppe mit einer großen Kasernenanlage ausgestattet wurde. In ihr waren das Grenadierersatz- und Ausbildungsbataillon 468, die Infanterienachrichtenersatz- und Ausbildungskompanie 467 und die Gebirgsjägernachrichtenersatz- und Ausbildungskompanie 1 untergebracht.

Im oberen Ammertal, eingebettet von den Ammergauer Alpen, liegt Oberammergau. Im Oktober 1936 wurde der Passionsspielort erstmals in seiner Geschichte Garnison. In die neuerbaute Conrad-von-Hötzendorf-Kaserne am Fuße des wuchtigen Laber zogen zunächst die Soldaten der Gebirgsnachrichtenabteilung 54. 1944 wurden die Konstruktionsbüros der Flugzeugwerke Messerschmitt von Augsburg in die ausgedehnte Kasernenanlage verlegt, wo sie in der „Oberbayerischen Forschungsanstalt Oberammergau" integriert wurden. Dort traf schon sehr bald eine große Anzahl von Raketenspezialisten ein, um im weitverzweigten Stollensystem des Laber die Entwicklung an den V-Waffen fortzusetzen, die den Endsieg garantieren sollten.

„Oberammergau wurde mehr und mehr zu einer Sammelstation für ‚Absetzer'", schrieb der deutsche Flugzeugkonstrukteur Ludwig Bölkow in seinen Erinnerungen. „So kam eines Tages auch Wernher von Braun, der Schöpfer der ersten steuerbaren Rakete, der A 4, V 2 genannt, mit einer größeren Zahl von Mitarbeitern bei uns vorbei. [...] Er zog schließlich weiter nach Garmisch-Partenkirchen und nach Oberjoch, wo er sich wenig später zusammen mit seiner Mannschaft den einmarschierenden Amerikanern stellte. [...] Unvorstellbar, was sich da an Prominenten in Zivil und Uniform alles in Oberammergau traf. Abends sah man sich im Gasthaus ‚Post' oder im privaten Kreis bei Alois Lang, dem Christusdarsteller der letzten Passionsspiele."[49] Nicht weniger hoch wie in die V2 waren die Erwartungen der Deutschen an das neue Strahlflugzeug Me 262. „Vom ersten Düsenjäger der Welt, von dem bis zum Kriegsende 1.294 Maschinen gebaut werden, versprechen sie sich noch in letzter Stunde eine Wende im Luftkrieg zugunsten der deutschen Luftwaffe. Auch die Entscheidung, dass der Münchner Jagdverband 44, der ausschließlich aus Düsenmaschinen besteht, in den Alpen zum Einsatz kommt, ist bereits gefallen."[50] Am 28. April 1945 erhielt der Kommodore des Verbandes, General der Jagdflieger Adolf Galland, auf dem Flughafen München-Riem vom Luftflottenkommando 6 den entscheidenden Befehl:

„Jagdverband 44 verlegt unter Feinddruck zunächst nach Salzburg und geht von dort auf vorbereiteten Autobahnplatz, der in zwei Tagen einsatzklar ist. [...] Endziel für Jagdverband 44 ist Verlegung nach Innsbruck, sobald Platz aufnahmefähig."[51]

Nach der Einquartierung der Rüstungswerke in die Oberammergauer Kasernenanlage verlegten die bis dato dort stationierten Ersatz- und Ausbildungseinheiten nach Hall in Tirol, wo sie in der heimischen Speckbacher-Kaserne unterzogen. „In den letzten Kriegstagen wurde dort die Lage plötzlich bedrohlich", erinnert sich der Oberammergauer Gebirgssoldat Heinrich Haag von der Gebirgsnachrichtenabteilung 54. „Es begann mit einem feigen Überfall. Die Ersatzkompanie hatte oben im Hotel ‚Hungerburg' in Innsbruck eine Fernsprechvermittlung in Betrieb. Ebenso außerhalb im Waldgelände noch eine (eigene oder fremde?) Funkstelle. [...] Eines Morgens standen Zivilisten mit Gewehr und Armbinde vor den Toren. Eine Schande! Es wurde geschlossener Ausmarsch mit wenigen PKW, Haflingern und Mulis befohlen. So ging's dann – die Waffen auf die Partisanen gerichtet – und deren Flinten auf die Truppe – gespannt zum Tor hinaus. Es fiel kein Schuss! Es ging dann über Brixlegg ins Alpbachtal hinauf – Waffen und Gerät vernichtet – Auflösung und jeder versuchte auf eigene Faust heimzukommen. Die meisten landeten dann doch noch für Monate im Kriegsgefangenenlager, weil infolge Neuschneefalls in den Bergen die geplanten ‚Umwege' versperrt waren."[52]

Am nördlichen Rand der „Alpenfestung", den Bergen des Werdenfelser Landes unmittelbar vorgelagert, liegt Murnau mit der Kemmel- und Panzerjäger- (später Werdenfelser-)Kaserne wie ein Sperrriegel zwischen dem Staffel- und Riegsee in verkehrsgünstiger Lage an der „Olympiastraße", die von München über Weilheim nach Garmisch-Partenkirchen führt. Dort hatte sich unter anderem das Grenadierersatz- und Ausbildungsbataillon 61 sowie das Offizierslager VII A niedergelassen.

„Bis zu dem Ort Farchant waren die Berge links der Straße ziemlich nahe, doch alles bewaldet und nicht viel höher als tausend Meter. Rechts lagen sie weiter zurück, nicht anders in ihrer Struktur", mit diesen Worten beschreibt Christian Hallig seine Fahrt in die „Kernfestung Alpen".

„Doch nun – plötzlich eine Kurve – und in fünf Kilometer Entfernung ragten die gewaltigen, schneebedeckten Berge empor. Von der Zugspitze mit den Wachsensteinen über die Alpspitze, die Wettersteinwand mit der Dreitorspitze und dem Musterstein – und weitergehend. Ein Bild von atemberaubender Schönheit und zugleich ein Bild der absoluten Bedrohung. Eine Wand aus Fels und Schnee und Eis, undurchdringlich, mit Steilabstürzen und nicht auszumachenden Zugängen. Über die Ebene hinweg plötzlich ein schier uneinnehmbar erscheinendes Bollwerk. Bis zu dreitausend Meter hoch. Das war sie, die Festung Alpen. Gewaltiger, als man sie sich jemals vorgestellt hatte."[53]

Und mittendrin in diesem atemberaubenden Talkessel liegt Garmisch-Partenkirchen, Deutschlands weltbekannte Wintersportmetropole und Austragungsort der IV. Olympischen Winterspiele 1936. Zwei Kasernenanlagen bewachen den alten Marktflecken an der ehemaligen Römerstraße, die sich von Augsburg durch das enge Loisachtal nach Verona zieht. Hier lag der Stab der Division Nummer 467 sowie das Gebirgsjägerersatz- und Ausbildungsregiment 537, das I. Bataillon/Gebirgsjägerersatz- und Ausbildungsbataillon 98 und die Gebirgsartillerieersatz- und Ausbildungsabteilung 79.

Mittenwald – ebenfalls an der alten Römerstraße, dem mittelalterlichen Handelsweg Augsburg – Verona und der neuzeitlichen Karwendel-Panorama-Straße in einem nebelfreien Talkessel unterhalb des imposanten Karwendel-Gebirges gelegen – konnte mit seinen weiträumigen Kasernenanlagen als Gebirgsgroßstandort bezeichnet werden. Dort hatte sich unter anderem das Gebirgspioniererersatz- und Ausbildungsbataillon 54 einquartiert. Hinzu kam noch die militärische Anlage am Luttensee, die sich oberhalb des berühmten Geigenbauortes ausbreitet.

Das Lager Luttensee wurde in den Jahren 1934/35 zunächst durch den damaligen Stabschef der SA, Röhm, als Studentenheim begonnen und dann im Herbst 1935 durch die neue Wehrmacht erstmalig belegt. Am 15. Juli 1936 wurde die Kommandantur des Hochgebirgsübungsplatzes Luttensee aufgestellt und am 22. Januar 1937 in „Truppenübungsplatz Mittenwald" umbenannt. In den Kriegsjahren 1939 bis 1942 wurden wiederholt sogenannte Marschkompanien im Lager aufgestellt. Ende 1942 wurde eine Lehrgruppe der Heereshochgebirgsschule bzw. Hochgebirgskampfschule Fulpmes/Tirol nach Luttensee verlegt. Ferner wurden hier die Offiziersanwärter für den Reserveoffiziersbewerberlehrgang VII für Gebirgsjäger ausgebildet. Anfang 1945 quartierten sich vereinzelte Teile des Oberkommandos der Wehrmacht in diesem Lager ein, bevor dort am 1. Mai 1945 die Amerikaner einzogen.[54]

Zwischen der abweisenden Benediktenwand (1.801 Meter) und den Mangfallbergen bahnt sich die junge Isar ihren Weg in das Alpenvorland. Beiderseits dieses wildromantischen Gebirgsflusses liegt der Luft- und Wintersportort Lenggries. Er versperrt mit der Jägerkaserne den engen Talgrund und damit eines der nördlichen Einfalltore der „Alpenfestung". Unter den zur Jahreswende 1944/45 aus dem gesamten Reichsgebiet in die „Alpenfestung" verlegten Schulen, Lehrgängen, Stäben und Versorgungsdiensten befand sich auch die Kriegsakademie. Sie bezog mit rund zweihundert Lehrgangsteilnehmern am 1. April 1945 die dortige Kasernenanlage,[55] während das Personalamt des Heeres in das oberbayerische Traunstein verlegt wurde.

Dort, wo sich das Isartal zum Voralpenland hin weitet, also an den Ausläufern der Walchensee und Tegernseer Berge, liegt Bad Tölz. An seiner Stadtgrenze entstand die wuchtige Kasernenanlage der SS-Junkerschule wie eine wehrhafte Festung. Sie war unter anderem Ausbildungsstätte des militärischen Führernachwuchses sowie deutscher und freiwilliger europäischer Offiziersanwärter der Waffen-SS. Für Schlagzeilen sorgten immer wieder die handgreiflichen Auseinandersetzungen zwischen den Angehörigen der SS-Junkerschule und den Gebirgsjägern der Wehrmacht aus den Lazaretten der Kurbäder. Diese spielten sich hauptsächlich um das „Café Schuler" ab, das dabei mehrfach völlig demoliert wurde. Später wurde das militärische Potential der „Alpenfestung" durch „die Verlegung aller SS-Junkerschulen nach Bayern" verstärkt. In US-Berichten hieß es, „es lägen bereits achtzig ‚Jagdkommandos' von jeweils zweitausend bis viertausend Mann in den Alpen auf Lauer".[56] Was sich bei Kriegsende in der Tölzer SS-Junkerschule wirklich ereignete, darüber berichtet uns ihr ehemaliger Kommandeur:

„Die Junkerschule Tölz lag seit Tagen in Alarmbereitschaft, als Hitler am Nachmittag des 27. März 1945 die Aufstellung von drei Divisionen für den Westen befahl und in diesem Rahmen die ‚Zuführung von achttausend Rekruten des Jahrganges 1928 zu den etwa eintausend Junkern der Junkerschule Tölz'. Gleichzeitig befahl er als Bezeichnung für diese neue Division ‚Junkerschule', der Name wurde aber durch den Schulkommandeur Schulze-Kossens in ‚Nibelungen' geändert [...] (Vollständige Bezeichnung: 38. SS-Grenadierdivision „Nibelungen")

Im Raum Freiburg – Feldberg – Todtnau sollte die Junkerschule zur Grenadierdivision mit drei Regimentern, einem Artillerieregiment mit vier Abteilungen, einer Aufklärungsabteilung, Sturmgeschützabteilung und anderen Divisionseinheiten umgebildet werden. Doch infolge der kriegerischen Ereignisse erreichten viele dieser Einheiten nicht mehr die sich in ständiger Verlegung befindliche Division. Außer den achttausend (teilweise noch nicht eingekleideten) Rekruten stießen zur Division die älteren Jahrgänge der Adolf-Hitler-Schule Sonthofen, ein Zollschutzbataillon, ältere Jahrgänge des Reichsarbeitsdienstes, später noch Reste der französischen Division ‚Charlemagne' (Richtig: 33. Waffengrenadierdivision der SS „Charlemagne") und das deutsche Rahmenpersonal der Waffengrenadierdivision der SS (Weißruthenische Nr. 1; Richtig: 30. Waffengrenadierdivision der SS „Charlemagne". Die Lehrgruppenkommandeure der Junkerschule übernahmen die Aufstellung und Führung der Regimenter, die Inspektionschefs die Bataillone, die Junkerschaftsführer die Kompanien, während die nach Abschluss ihres Lehrgangs beförderten Standartenoberjunker Züge übernahmen oder in die Spezialeinheiten versetzt wurden.

Nach sehr harten und äußerst verlustreichen Kämpfen, besonders im Donauraum, und dauernden Rückzügen bis in die Berge im Raum von Traunstein kapitulierte die Division ‚Nibelungen' mit letzten Teilen in Reit im Winkl gegenüber der 101. US-Luftlandedivision. Nach dem Ausrücken der Junkerschule war der Gebäudekomplex Durchgangsstation zahlreicher Stäbe und Dienststellen der Waffen-SS auf dem Weg in die ‚Alpenfestung', Sammelplatz für Junker aus den aufgelösten Lehrgängen der Waffen- und Junkerschule der SS in Klagenfurt und für Schüler der Adolf-Hitler-Schule Sonthofen, soweit sie nicht zur Division ‚Nibelungen' getreten waren. Beim Näherrücken der US-Truppen wurde auf Befehl des Armeeoberkommandos 1 aus dem noch vorhandenen Personal der Schule, Junkern und Adolf-Hitler-Schülern eine Kampfgruppe unter Sturmbannführer Dietsche aufgestellt, die sich aus dem Kampfgruppenstab, etwa eine Kompanie Junker und zwei bis drei Kompanien Adolf-Hitler-Schülern sowie einem Panzerjagdkommando Mörth (Stärke ca. achtzig Mann, darunter fünfzig Adolf-Hitler-Schüler) zusammensetzte.

Nach Kämpfen im Raum Kochel, Bichl und Lenggries und Besetzung sowie Verteidigung von strategisch wichtigen Punkten und Zugängen zum Karwendelgebirge gerieten diese versprengten Gruppen in Gefangenschaft. Die Junkerschule Tölz wurde das Hauptquartier der 3. US-Army unter dem berühmten General George S. Patton, Jr."[57]

Am Eingang des oberbayerischen Inntales – es sollte durch das Gebirgsjägerersatzbataillon 100 und das SS-Bataillon Glasenbach gesperrt werden –, an der Stelle, wo die mächtigen Alpen in die Ebene abfallen und der Inn vorüberzieht, liegt Brannenburg-Degerndorf mit seiner kompakten Kasernenanlage, die in Erinnerung an den entscheidenden Sieg des Deutschen Alpenkorps während der zwölften Isonzoschlacht im Ersten Weltkrieg den Namen Karfreit erhielt. Sie glich während des gesamten Krieges einem waffenstarrendem Heerlager. In ihr war zunächst das Infanterieersatzregiment 157 mit den Infanterieersatzbataillonen 179, 199 und 217, die dann im Rahmen der 157. Reservegebirgsdivision in der Operationszone „Nordwestalpen" sowie in der „Westalpenstellung" eingesetzt wurden, untergebracht. Später wurden verschiedene Truppenteile zur Auffrischung nach Brannenburg-Degerndorf verlegt – und zwar unter anderem die III. Abteilung des Gebirgsartillerieregiments 95 mit einer Militärmusikkapelle sowie Angehörige der in München stationierten Panzerjägerersatzabteilung 7. 1944/45 wies die Degerndorfer Kasernenanlage zeitweise eine Verpflegungsstärke von rund zweieinhalbtausend Mann auf. Aus östlicher Richtung blickt der Heuberg, einst „Heuna", der talbeherrschende Riese genannt, in die Garnison, die in einem der bedeutendsten Alpentäler liegt. Im Westen erhebt sich der Gebirgsstock des Wendelsteins. Im Süden überragt das gewaltige, 2.344 Meter hohe Kaisergebirge wie eine naturgewachsene Barriere das Inntal.

Zu seinen Füßen liegt die Tiroler Grenzstadt Kufstein mit ihrer wehrhaften Festung. Zwischen ihr und den Felsabstürzen der Hochwacht breitet sich die Kufsteiner Kasernenanlage aus. Mehr noch: Die „Perle Tirols" war ein weiterer Schwerpunkt der „Alpenfestung". Denn „von dort aus sollten Truppen, auch Reichsarbeitsdienst, zur Verteidigung der Alpenpässe eingesetzt werden".[58] So entstand unter anderem in schweißtreibender Schanzarbeit eine Verteidigungsstellung am Fuße der Hochwacht, während auf der Marblinger Höhe eilig Schützengräben ausgehoben wurden. Eine weitere Verteidigungsstellung entstand ab der Schanz zwischen Kufstein und Ebbs, die bereits im Jahre 1611 entstanden war und sich vom Fuße des Zahmen Kaisers bis zum Innufer erstreckte. Denn das Unterinntal hatte mit seinen natürlichen Hindernissen Thierberg und Zellerberg sowie mit dem alles beherrschenden Festungsberg als Tor zur „Alpenfestung" nach wie vor eine überaus hohe strategische Bedeutung. Im Osten des deutschen Alpenraumes breitet sich das Berchtesgadener Land mit zwei bedeutenden Gebirgsstandorten aus. Da wäre zunächst Bad Reichenhall. Es liegt im Schutze der aus dem 13. Jahrhundert stammenden Burg Gruttenstein – eingerahmt vom Lattengebirge, dem Untersberg, Hochstaufen und Zwiesel. Die weitläufigen Kasernenanlagen liegen wie ein Sperrriegel zwischen der Saalach und den Ausläufern des 1.771 Meter hohen Hochstaufen. Dort war unter anderem die Panzeraufklärungsersatz- und Ausbildungsabteilung 7 stationiert.

Berchtesgaden, an und über den drei sich hier zur „Ache" vereinigenden Königsseer, Ramsauer und Bischofswiesener Ache gelegen, breitet sich weit in die einzelnen Täler aus. Oberhalb der Stadt liegt die Jägerkaserne mit ihrem wuchtigen Wehrturm in der Strub. Sie bot dem Gebirgsjägerersatz- und Ausbildungsbataillon 100 Unterkunft. Doch damit nicht genug. In der Strub-Kaserne war auch der „große Apparat" der Deutschen Wehrmacht untergebracht – und zwar: „Stellvertretender Chef Wehrmachtführungsstab [Warlimont], der Chef des Generalstabs des Heeres [Generaloberst Zeitzier] mit seinen verschiedenen Abteilungen, allen voran der Chef der Organisationsabteilung, der körperlich kleine, fast zierliche Generalmajor Stieff, der immer bis spät in die Nacht arbeitet".[59] In Stanggaß lag die sogenannten „Kleine Reichskanzlei". Auf der gegenüberliegenden Talseite erhebt sich der geschichtsträchtige Obersalzberg und das Roßfeld, Deutschlands höchste Bergstraße. Dort lag nach der einhelligen Meinung der amerikanischen Generale das eigentliche „Zentrum der Festung Alpen [...] Hitlers Berghof, der ganze befestigte Obersalzberg mit dem Adlerhorst, SS-Kasernen, unterirdische Bunker – Munition und Lebensmittel, riesige Lager mit Waren aller Art und Munition, Waffen. [...] Und dorthin", so waren sie sich sicher, „wird sich Hitler mit den Nazigrößen zurückgezogen haben, zum letzten Kampf. Mit starken SS-Verbänden, Wehrmacht, Volkssturm ..."[60]

Die Alliierten nannten den Obersalzberg „Adlernest" bzw. „Adlerhorst" und machten ihn für ihre Kampfflieger zum „target A" der „Alpenfestung", die sie hier vermuteten. Und diese Auffassung war in der Tat nicht ganz unbegründet, denn bereits „im Sommer 1943 fing das unterirdische Bunkerbauprogramm erst richtig an. Es wurden Bunker gebaut für Hitler und seine unmittelbare Umgebung, für die Adjutanten, für Fräulein Braun, für die Diener und für das Hauspersonal, ferner für Bormann, seine Familie und seine Adjutanten. Man plante auch ein Bunkersystem für Göring und seinen engsten Stab, aber Göring, der 1940 die Schlacht um England verloren hatte, war den anderen in der Erkenntnis der Zeichen der Zeit weit voraus und hatte sich 1941 Bunker mit drei Meter starken Stahlbetonwänden und -decken bauen lassen. Weitere Bunker wurden für die Bewohner des ‚Platterhofs', der SS-Kasernen, für die Treibhausarbeiter und schließlich auch für die Bauarbeiter gebaut, die die Bunker bauten, mit Entwässerungssystemen, Heizanlagen, Gas- und Luftdruckschutzkammern. Die Ausstattung sollte auf das Nötige beschränkt bleiben, doch bald forderten die Architekten Marmor, Holztäfelung, Klimaanlagen, Teppiche; die Sicherheitsbeamten und das SS-Begleitkommando verlangten Maschinengewehrstände sogar innerhalb der Bunkersysteme (wo sie noch heute zu sehen sind); die Hausmeister verlangten Besenkammern und Abstellräume; der Hundewärter brauchte einen Zwinger; die Köche brauchten Küchen und Speisekammern. Als schließlich die Hauptbunker beinahe fertig waren, kam die Flak-Leitstelle und verlangte einen eigenen Bunker; alle Kabel mussten neu angeschlossen, verlegt und zum Teil zuerst wieder ausgegraben werden. So entstanden im Lauf der kurzen Zeit bis Kriegsende neunundsiebzig unterirdische Bunker, eigentlich ausgebaute Stollen, von etwa 2.775 Metern Länge und 4.120 Quadratmetern Bodenfläche."[61] Nachdem die unterirdischen Bunkeranlagen auf dem

Obersalzberg in etwa fertiggestellt waren, wurde Hitler von hohen Militärs und NS-Größen dazu aufgefordert, sich mit der Obersten Führung von Partei, Staat und Wehrmacht in die „Festung Alpen" zurückzuziehen. Doch am 22. April 1945 verkündete er unumstößlich, dass er endgültig in Berlin bleiben werde. Zwei Tage zuvor war er sechsundfünfzig Jahre alt geworden. Aber zu feiern gab es nichts mehr, denn sowjetische Truppen hatten die „Festung Berlin" umzingelt. An diesem denkwürdigen 20. April hatte Hitler sich sehr wahrscheinlich noch an die vage Hoffnung geklammert, dass er „nach Niederwerfung des Angriffs auf Berlin in seinem ‚unbeugsamen Siegeswillen' von der ‚Festung Alpen' aus den Gegenschlag führen würde".[62] Denn wie sonst hätte er ausgerechnet an diesem Tage die ersten Kommandeure für die „Alpenfestung" bestimmt?

Diese kamen ausnahmslos aus dem Kreis der elitären deutschen Gebirgstruppe – und zwar: Der General der Gebirgstruppe Julius Ringel, der ehemalige Kommandeur der 5. Gebirgsdivision, dessen Name mit dem Kampf um Kreta eng verbunden ist, und der zuletzt Befehlshaber im Wehrkreis XVIII war. Er wurde zum Befehlshaber der Alpenfront Nordost ernannt. Der General der Gebirgstruppe Georg Ritter von Hengl, einst als SS-Obersturmbannführer Kommandeur des 1. Bataillons der SS-Standarte „Deutschland" Himmlers treuer Gefolgsmann, dann Kommandeur der 2. Gebirgsdivision und schließlich aufgrund seiner sehr ausgeprägten nationalsozialistischen Gesinnung Hitlers neuer Mann als knallharter Nationalsozialistischer Führungsoffizier (NSFO), wurde zum Befehlshaber der Alpenfront Nordwest bestimmt. Er war wegen seiner besonderen Wendigkeit bekannt und erklärte, um seine Haut zu retten, später den Amerikanern ganz dreist, dass es einen Plan für die „Alpenfestung" nie gegeben habe und ihm daher auch keine besondere Aufgabe übertragen worden war.

Doch die Wirklichkeit sah in der „Alpenfestung" ganz anders aus. Hengls Alpenfront sollte nämlich in der Linie Lofer – Kufstein – Mittenwald – Arlberg und Ringels Alpenfront von der Salzach bis zum Semmering verlaufen. Die im „Führerbefehl über Erkundung und Ausbau der Kernfestung Alpen" vom 28. April 1945 festgelegte Linie war von den Amerikanern allerdings teilweise schon überschritten worden. Die zurückgehende 1. und 19. Armee sollte in die Alpenfront Nordwest aufgenommen werden und die „Korpsgruppe von Hengl" dann den Abschnitt Lofer – Kufstein – Achenpass – Innsbruck Nord (ausschließlich) übernehmen. Hierzu erließ Generalfeldmarschall Kesselring einen Befehl, der das Ziel verfolgte, mit den Truppen, die noch zur Verfügung standen, den Bestand der „Alpenfestung" beizeiten sicherzustellen.

„Es kommt darauf an", forderte der Oberbefehlshaber West, „unter allen Umständen zu verhindern, dass der von Westen angreifende Feind über München in unseren Rücken stößt und sich in den Besitz der Gebirgsausgänge des Alpenvorlandes setzt." Diese sind nach Norden „so zu sperren und zu verteidigen, dass dem Feind auch gegen verhältnismäßig schwache Kräfte ein Durchstoß in die Gebirgstäler unmöglich wird."

Am 30. April 1945 wurde der Festungspionierkommandeur 14 mit den Gebirgspioniersonderstäben Reutte, Scharnitz und Kufstein dem General von Hengl in Wörgl unterstellt. Zuvor war am 2. April an den Höheren Pionierführer 14, den Generalmajor Marcinkiewcz, der Befehl ergangen, „an der Nordgrenze von Tirol und Vorarlberg sämtliche Straßen, Wege und Pässe gegen Panzer zu sperren".[63] Hengl teilte die nach ihm benannte Korpsgruppe so auf,

„dass der Divisionsgruppe Büchner mit einem Bataillon der Panzergrenadierdivision ‚Groß-Deutschland', zwei Polizeibataillonen, zwei Infanteriebataillonen, einer SS-Kompanie sowie drei Batterien Flak, einer 15-cm-Batterie sowie Pionieren die Sperre der Straße Rosenheim – Kufstein beiderseits des Inn sowie die Sperre der Straße von Schliersee nach Kufstein übertragen wurde. Die Divisionsgruppe Oberst Schirowski sollte mit sehr schwachen Kräften den Achen- und den Valepp-Pass sperren. Und schließlich wurde der Kampfgruppe Oberst Drück in Schwaz die Sperrung des Inntales bei Hall befohlen."[64]

Wer im Abschnitt Mittenwald – Arlberg führen sollte oder geführt hat, war lange Zeit umstritten – und zwar „vor allem infolge der zweideutigen Haltung des Tiroler Gauleiters Hofer",[65] nach dessen Vorstellungen es „wenigstens in Tirol zu keinen Kampfhandlungen kommen" sollte.[66] Dass die 19. Armee ihren Endkampf schließlich doch in Tirol führte, das steht auf einem anderen Blatt.

Eine Schlüsselfunktion fiel der bereits genannten Divisions- bzw. Kampfgruppe „Buchner" zu. Im Januar 1945 wurde Oberst Hans Buchner von einem Tag auf den anderen zum Oberkommando des Heeres versetzt. Dort erhielt er den Auftrag, dieses für die Verteidigung vorzubereiten. Als die Verlegung des Heereshauptquartiers in das Berchtesgadener Land vorbereitet wurde und für die angehenden Regimentskommandeure keine Verwendung mehr zu haben war, wurde der Oberst der Gebirgstruppe kurzerhand in die „Alpenfestung" versetzt, um im Raum Wörgl – Kufstein – Kitzbühel eine in Aufstellung befindliche Division zu übernehmen. „Es war einfach wunderbar", erzählte Buchner noch Jahrzehnte später. „Immerhin: Ich fand einen Offizier in Söll wieder, den ich 1938 in Villach als Bataillonskommandeur hatte und der nun mein Vorgänger in der Führung der aufzustellenden Division hätte werden sollen. Er trug eine weiße Armbinde mit einem Aufdruck wie ‚Heimatschutz'. Ich erklärte ihm zwar höflich aber unzweideutig, dass mein Auftrag ihn von seiner Aufgabe entbindet."[67] Von der Schattendivision fand Buchner nach eigenen Angaben jedoch nur einen Hauptmann mit zwei 8,8-cm-Flak-Geschützen sowie zwischen fünfzig und sechzig Soldaten vor.

Dafür befand sich in Buchners Befehlsbereich ein wahres Juwel: das herrlich gelegene Schloss Itter, Hitlers „Prominentengefängnis", das als eine Art Dachauer Nebenlager geführt wurde. Vor über einhundert Jahren war das romantische Schloss am Eingang des Brixentales mit seiner attraktiven Burgherrin und Pianistin Sophie Menter noch ein Anziehungspunkt für begabte Musiker wie Franz Liszt und Peter Tschaikowsky, der hier im Jahre 1892 seine Zigeunerweise zu Papier brachte. Während des Zweiten Weltkrieges waren auf Schloss Itter, das dem früheren Landeshauptmannstellvertreter Dr. Franz Grüner gehört hatte und enteignet worden war, unter anderem die früheren französischen Ministerpräsidenten Edouard Daladier und Paul Reynaud, der Präsident der französischen Republik Albert Lebrun, die französischen Generale Maurice Gustave Gamelin und Maxime Waygand sowie Verwandte des Generals de Gaulle inhaftiert.

Im Winter drehten die Gefangenen ihre einsamen Runden. Gesenkten Hauptes stapften sie dann durch den hohen Schnee und hingen ihren Gedanken nach. Der Sturz aus allen Ämtern und Funktionen war für viele zunächst ein gewaltiger Schock. Gamelin wollte nie so recht im Mittelpunkt des allgemeinen Interesses stehen, und Reynaud – von der Vichy-Regierung Petains verhaftet, 1942 an Deutschland ausgeliefert und in den Konzentrationslagern Buchenwald und Sachsenhausen inhaftiert – hatte sich und die Welt nie so recht ernst genommen.

Daher akzeptierten die meisten ihr Schicksal in der einsamen Anonymität des Schlosses. Ganz anders war Daladier. Er war ein kleiner Mann, der zu ungeahnten Höhen emporgestiegen war und mit dem Sturz in die Tiefe der Bedeutungslosigkeit nicht fertig wurde. 1938/39 war er Ministerpräsident und handelte das Münchner Abkommen mit Hitler, Mussolini und Chamberlain aus. 1940 wurde er von der Vichy-Regierung des dort residierenden Staatspräsidenten Marschall Philippe Petain verhaftet und von 1943 bis 1945 in Deutschland inhaftiert. Wenn die Wärter in der Nacht Schreie hörten, dann wussten sie, so wird berichtet, es war die Stimme von Daladier, der fast täglich an seinen Sohn schrieb: „Vergiss nicht, dass nicht ich es war, der den Krieg verloren hat." Als Männer des Wörgler Widerstandes bei Kriegsende die französischen Gefangenen befreiten, soll Daladier unter Tränen ausgerufen haben: „Das werde ich Österreich nie vergessen!"

Am Abend des 27. April 1945 traf Kesselring weitere Vorbereitungen zur Verteidigungsbereitschaft der „Alpenfestung". So erteilte er dem Korpsstab Greiner, der aus der Führungsstaffel des Wehrkreiskommandos VII in München hervorgegangen war, den Auftrag, unverzüglich die „Bevorratung der Festung Alpen" zu organisieren, denn es galt nach wie vor Napoleons weise Erkenntnis, dass der militärische Erfolg von der Kunst der gesicherten Truppenverpflegung abhängt – also keine „quantité négligeable" ist, wie sie vielfach von subalternen Generalstabsoffizieren angesehen wird. „Die Kunst des Siegens", so der Korse, „ist die Kunst des Verpflegens."

Zwischen den süddeutschen Wehrkreisen V (Stuttgart), VII (München), XVIII (Salzburg) und XVII (Wien), bestand ein sehr enges und ausgefeiltes Versorgungsverbundsystem. Aufgrund seiner zentralen Lage war der Münchner Wehrkreis VII daher auch für die Bevorratung der „Kernfestung Alpen" zuständig, für die nach eigenen Angaben der Oberstintendant Dr. jur. Wolfgang Bernklau verantwortlich zeichnete. Wie es dazu gekommen ist, das erfahren wir von ihm, der uns hierüber einige aufschlussreiche Aufzeichnungen hinterlassen hat:

„Bei den Dienstbesprechungen und dem täglichen Dienstverkehr innerhalb der Kommandobehörden war auch erstmals vom Auffang- und Rückzugsgebiet in den Alpen, dann zunehmend auch von einer ‚Alpenfestung' die Rede, die gehalten werden solle. Weil im alten Reichsgebiet nur der Wehrkreis VII (Bayern) im Süden Hochgebirge aufweist, musste hier für die elementaren Bedürfnisse, nämlich die Verpflegung der zu erwartenden Truppe, Vorsorge getroffen werden. Der hierfür zuständige Leiter der Nachschubabteilung beim Generalkommando VII. Armeekommando – IVa/0 III, Dr. Bernklau, füllte daher den in den zehn bayerischen Gebirgsstandorten verfügbaren Lagerraum mit den im Großraum München gefährdeten Verpflegungsbeständen der EVM Mü I und Mü II auf. Diese Bevorratung hätte bei sparsamer aber ausreichender Verpflegung einem großen Truppenverband erlaubt, dem andrängenden Gegner im Gebirge noch einige Zeit zu widerstehen, wenn die Versorgungseinrichtungen selbst nicht durch Feindeinwirkung ausgefallen wären.

Der Standort Murnau befand sich im Vorfeld der ‚Alpenfestung'. Dorthin war bereits die gesamte Abteilung IVa des Generalkommandos des VII. Armeekorps im September 1943 von München aus in die Kemmelkaserne evakuiert worden. In der letzten Woche (22. bis 29. April 1945) vor dem Einmarsch der Amerikaner war es ein Wagnis, Lebensmittel aus Beständen der Wehrmacht an die Zivilbevölkerung ausgeben zu lassen, weil dies als Defätismus und Zeichen der Kampfaufgabe, aber nicht als vorsorgliche Fürsorge für die ortsansässige Bevölkerung hätte ausgelegt werden können. Die Bedenken verloren aber an Gewicht bei der Überlegung, dass das in Murnau in der Panzerjägerkaserne untergebrachte polnische Offiziersgefangenenlager (OFLAG) nach seiner Öffnung durch die anrückenden Amerikaner eine Gefahr für die einheimische Bevölkerung bedeutete und ihre Versorgung durch die zuständige Gemeindeverwaltung nicht mehr möglich sein würde. So war es auch zu verantworten, dass die Murnauer Standortverwaltung vom Abteilungsleiter Nachschub des Generalkommandos VII. Armeekommando angewiesen wurde, an die Murnauer Haushalte jeweils einige Kommissbrote, Fett, Teigwaren und Zucker auszugeben. Vorsorglich wurde auch das OFLAG mit den viertausend polnischen Offizieren mit einem mehrwöchigen Lebensmittelvorrat ausgestattet, um für die erste Zeit der amerikanischen Besatzung eine geordnete Verpflegungsausgabe an die Lagerinsassen zu gewährleisten. Es kam dann auch in Murnau nur zu wenigen Übergriffen und Plünderungen durch die freigelassenen Polen."[68]

Am 28. April 1945 erließ Hitler den endgültigen „Erkundungs- und Ausbaubefehl für die Kernfestung Alpen", wie ihn das „Kriegstagebuch des Oberkommandos der Wehrmacht" am selben Tage nach 00.15 Uhr nachts vermerkt. In ihm wurden die genauen Grenzen des dreihundertfünfzig Kilometer langen und fünfundsiebzig Kilometer breiten Festungsgebietes festgelegt – und zwar im entgegengesetzten Uhrzeigersinn innerhalb der Linie Raum Füssen – Allgäuer Alpen – Valluga – Arlberg – Nauders – Stilfser Joch – Ortler – Adamello – nördlich des Gardasees – Dolomiten – Feltre – Caporetto – Karawanken – Unterdrauburg – „Guntherstellung" – Leoben – Dürrenstein – Waidhofen – Steyr – Brückenkopf Salzburg – Tegernsee – Murnau. Die „Voralpenstellung" sollte die Industrieanlagen von Steyr und Linz schützen.

Die amerikanischen Militärs hatten eine noch weitergehende Vorstellung von den Ausmaßen der „Alpenfestung", die sich ihrer Meinung nach am Nordrand auf der Linie Salzburg – Weilheim – Schongau – Kempten – Bodensee ausdehnte. Ja, sie glaubten sogar an eine rund hundert Kilometer nördlich davon verlaufende brückenkopfartige Verteidigung der Deutschen am Nordufer der Donau. Diese fiktive operative wie taktische Verteidigungslinie nannten sie „Outer Defenses of Redoubt".

In die „Kernfestung Alpen" hatten sich nun die Armeen, Divisionen und Regimenter der Oberbefehlshaber West, Südwest und Südost sowie die Heeresgruppe Süd bzw. Ostmark zurückzuziehen, um dieses letzte Bollwerk des Dritten Reiches erfolgreich zu verteidigen. Die dort zusammengezogenen Verbände bestanden bekanntlich aus zweihundert- bis dreihunderttausend kampferprobten Soldaten der Wehrmacht und Waffen-SS einschließlich Gebirgstruppen, die für den Verteidigungsfall ganz besonders geeignet waren. Es waren Soldaten, die „durch und durch mit nazistischer Gesinnung erfüllt" waren, und, so Minott, „von denen man erwarten dürfte, dass sie bis zum letzten Mann fanatisch kämpfen würden."[69] Von diesem Gedanken war auch Luis Trenker beseelt, erinnerte sich der Tiroler Gauleiter Hofer, bei dem der ehemalige „tiefbraune Bergfex [...] noch kurz vor Torschluss 1945 mit dem Filmmanuskript für einen Endsiegstreifen vorgesprochen hatte".[70]

Von den elf Gebirgsdivisionen des Heeres befanden sich nicht weniger als sechs in der „Alpenfestung" bzw. auf dem Sprung dorthin – und zwar die 1. Volksgebirgsdivision vom ungarischen Plattensee über die „Reichsschutzstellung" in die Ostalpen; die 2. Gebirgsdivision von den Vogesen in die Bayerischen Alpen; die 5. Gebirgsdivision hielt das südwestliche Vorfeld der „Alpenfestung“ in der „Westalpenstellung“; die 8. Gebirgsdivision strebte aus der Operationszone „Alpenvorland“ in die „Alpenfestung“; die 9. Gebirgsdivision wehrte vom Semmering bis zum Hochwechsel sowjetische Vorstöße in das Herz der „Kernfestung Alpen“ ab; die 188. Gebirgsdivision verteidigte bis zur letzten Minute in der Operationszone „Adriatisches Küstenland“ die südöstliche Flanke der „Alpenfestung“, um der weitgehend intakten Heeresgruppe E noch den Rückzug in die „Alpenfestung“ zu ermöglichen. Darüber hinaus operierten zahlreiche Verbände und Einheiten der Gebirgstruppe der Waffen-SS an der östlichen Flanke der „Alpenfestung“ – insbesondere die 7. SS-Freiwilligengebirgsdivision „Prinz Eugen“ und die SS-„Karstjäger“.

Doch damit nicht genug der „Blumenteufel“. Denn in der „Alpenfestung“ befanden sich neben versteckten Munitions-, Geräte- und Fahrzeugdepots – wie sie teilweise auf den Standortübungsplätzen oder unter den steinverkleideten Bogenbrücken der Deutschen Alpenstraße angelegt worden waren – unzählige, weitläufige Schulanlagen und Hochgebirgsstützpunkte, die mit Gebirgsjägern der Wehrmacht und Waffen-SS regelrecht vollgestopft waren. Es waren dies insbesondere die Heeresunteroffiziersschule für Gebirgsjäger in Wörgl/Tirol, die Gebirgsjäger- sowie die Hochgebirgsschule in Mittenwald, die Gebirgsartillerieschule in Obertraun am Dachstein, die Gebirgsunteroffiziersschule in Feldkirch/Vorarlberg, die Heereshochgebirgsschule und die Hochgebirgskampfschule der Wehrmacht in Fulpmes/Tirol sowie die Heeresgebirgssanitätsschule in St. Johann in Tirol. Bereits 1943 war eine Tochterschule der Gebirgssanitäter im Südtiroler Grödnertal in Plan, oberhalb von Wolkenstein, eingerichtet worden.

Im Tiroler Stubaital lag auch die SS-Hochgebirgsschule, nämlich in Neustift. Stützpunkte besaß sie in den Dolomiten – wie die SS-Hochgebirgskampfschule in Predazzo. Sie wurde gegen Ende des Krieges geschlossen im Raum von Salurn eingesetzt, wo sie in amerikanische Gefangenschaft geriet. Im Rahmen der Vergrößerung der Waffen-SS durch die Aufstellung von weiteren Divisionen wurde die SS-Hochgebirgsschule im April 1944 erheblich vergrößert und aufgrund ihres erweiterten Lehrauftrages in Gebirgsjägerschule der Waffen-SS umbenannt. Im April 1945 wurde sie im Raum Scharnitz – Seefeld eingesetzt, wo die Gebirgsjäger der Waffen-SS im Mai gegenüber amerikanischen Verbänden die Waffen streckten.[71] Alle schulischen Einrichtungen der Gebirgstruppe der Wehrmacht und Waffen-SS wurden in dieser oder jener Form entweder zum Ausbau oder zur Verteidigung der „Alpenfestung“ herangezogen. So berichtet Alfred Richter von der Heereshochgebirgsschule in Fulpmes, dass die Kampfeinheit am Mittag des 28. April 1945 von ihrem Kommandeur Major der Reserve Paul Bauer dahingehend unterrichtet wurde, „dass im Norden und Süden der Alpen eine Front aufgebaut werde, in welcher auch wir an einer Stelle zum Einsatz kämen“.[72]

4. Die Fluchtburg der Nazi-Führung

Diese gewaltige Truppenansammlung hatte sich sowohl bei den Alliierten als auch bei den Deutschen sehr schnell herumgesprochen und übte nun bei Freund und Feind eine immense Anziehungskraft aus. Nimmt es da Wunder, dass es zum einen im Alpenvorland, erst recht jedoch in der „Alpenfestung", schon bald von Ministerien, Verwaltungsapparaten, Führungsstäben des Oberkommandos der Wehrmacht, des Heeres und der Luftwaffe, von Regierungsmitgliedern, Beamten, Gauleitern und deren Familien sowie von allen möglichen Nazi-Bonzen und Kollaborateuren des NS-Regimes nur so wimmelte?

Während Hitler fest entschlossen war, die „Festung Berlin" nicht mehr lebend zu verlassen, wurden am 22. April 1945 die Führungsstäbe vom Oberkommando der Wehrmacht und Oberkommando des Heeres getrennt. Das Oberkommando der Wehrmacht verlegte nach Flensburg-Mörwik; die meisten Stäbe, Dienststellen und Versorgungseinrichtungen der Wehrmacht und Waffen-SS jedoch in die „Kernfestung Alpen", wo sich bereits die militärische Führung weitgehend niedergelassen hatte. „Eine besondere Konzentration von zivilen und militärischen Dienststellen gab es im Raum Reichenhall – Berchtesgaden – Salzburg. [...] Allein im Sicherungsraum Reichenhall, zu dem auch der Flugplatz Salzburg gehörte, unterstanden dem dort befehligenden Major Neugart [...] etwa dreieinhalbtausend Mann von Heer, Luftwaffe, Volkssturm und RAD [Reichsarbeitsdienst]. Zu den hier eingesetzten [...] Einheiten gehörte auch das Gebirgsjägerersatz- und Ausbildungsbataillon 100 in Bad Reichenhall."[73]

Das hatte auch einen handfesten Grund; in Bischofswiesen befand sich schon seit geraumer Zeit eine Art „Reichskanzlei". Denn „hier hatten Minister Lammers, Feldmarschall Keitel und Jodl ihre Arbeitssitze, wenn sich Hitler auf dem Berghof aufhielt".[74] So befanden sich Teile des Oberkommandos des Heeres als „Führungsstab Süd" im Hotel „Deutscher Kaiser" sowie in der Jägerkaserne in Bad Reichenhall; das Oberkommando der Luftwaffe im „Hotel Geiger" in Berchtesgaden; der Oberbefehlshaber West, Generalfeldmarschall Kesselring, seit dem 30. April 1945 im Lager Wesseler zwischen Bad Reichenhall und Berchtesgaden; das Heereszeugamt in Freilassing und das Heerespersonalamt in Saalfelden.

Am 20. April 1945 verließ ein Teil des Wehrmachtführungsstabes die eingeschlossene „Festung Berlin". Allzuviel Zeit blieb den Offizieren allerdings nicht mehr für ihren Durchbruch in die „Alpenfestung", denn die Rote Armee näherte sich mit Riesenschritten dem Zentrum der heißumkämpften Reichshauptstadt. Über die dramatische Fahrt der Autokolonnen nach Bayern steht im „Kriegstagebuch des Oberkommandos der Wehrmacht" zu lesen: „Abfahrt der ersten Gruppe ab Wannsee 21.00 Uhr in Richtung Jüterbog. Da die Russen bereits zum Lager Jüterbog durchgestoßen waren, abbiegen in Treuenbrietzen, dessen Ortsausgang nach Wittenberg durch Bombenteppich unpassierbar gemacht war, auf Nebenwegen über die Autobahn bei Beelitz. Fahrt über Wittenberg, Riesa, Meißen, Tharandt. Sammeln 21. April 1945, 16.00 Uhr, am Fuß des Erzgebirges, wobei sich herausstellte, dass die Masse der Fahrzeuge die Enge hatte passieren können. Weiterfahrt über Teplitz, Brüx, Pilsen, Eisenstein, Passau, Ried, Salzburg nach Berchtesgaden-Strub."

Die wehrhafte Gebirgsjägerkaserne bot dem neuen „Führungsstab Süd", auch „Führungsstab B" genannt, ein gutes Quartier. Dieser Stab war am 24. April von dem jugendlichen Chef des Stabes vom Oberkommando der Wehrmacht Süd, Generalleutnant (seit 1. Mai 1945 General der Gebirgstruppe) August Winter als Vertreter des Oberkommandos der Wehrmacht aus Offizieren des evakuierten Wehrmachtführungsstabes und aus Angehörigen des Generalstabes des Heeres gebildet worden. Ihm unterstanden fortan alle militärischen Kräfte im Südraum. Winter war, so der spätere Bundeswehrgeneral Buchner, „einer der Offiziere, dem ich in seiner mehr als bescheidenen Art und andererseits seiner überragenden Weitsicht besondere Verehrung und Wertschätzung entgegenbrachte".[75]

Am Führergeburtstag hatte sich auch Hermann Göring in der Berliner Reichskanzlei für immer von Hitler mit den Worten verabschiedet: „Mein Führer, Sie haben wohl nichts dagegen, wenn ich jetzt nach Berchtesgaden fahre." Daraufhin antwortete Hitler, der zunächst wie erstarrt war, dem ehemaligen Kampfgefährten aus der Frühzeit der NSDAP im unterkühlten Tonfall: „Meinetwegen, fahr los."[76]

Der Reichsmarschall hatte es nun sehr eilig, das Trümmerfeld Berlin zu verlassen und seine Haut zu retten. Daher bestieg er die erste Wagenkolonne des Wehrmachtführungsstabes, um auf dem schnellsten Wege in die „Alpenfestung" zu gelangen. Nachdem Hitler im April definitiv erklärt hatte, er wolle bis zum Ende im Führerbunker der Berliner Reichskanzlei ausharren, deutete Göring diese Entscheidung sogleich als eine Art Abdankung des Führers unter Hinweis auf das Gesetz vom 29. Juni 1941, in dem Hitler festgelegt hatte: „Wenn ich in meiner Handlungsfreiheit beschränkt sein oder durch irgendwelche Ereignisse ausfallen sollte, so ist der Reichsmarschall Hermann Göring mein Stellvertreter bzw. Nachfolger in allen Ämtern von Staat, Partei und Wehrmacht."[77]

Nun wollte Göring, der nach Aussage seines Generalstabschefs Koller „frisch und tatendurstig [war], als ob ein schwerer Druck von ihm gewichen wäre",[78] die Nachfolge als Hitlers Stellvertreter antreten, die volle Regierungsgewalt übernehmen sowie Verhandlungen mit den Westmächten einleiten, bei denen er in einer Aussprache mit Eisenhower von „Mann zu Mann" wegen der Einstellung der Feindseligkeiten sprechen und ihn zum gemeinsamen Kampf gegen den Bolschewismus bewegen wollte.[79] Zuvor hatte er einen Funkspruch in die bereits eingeschlossene Reichshauptstadt geschickt, in dem er dem Führer mitteilte, dass er, wenn er bis 22.00 Uhr keine Antwort erhalte, die Gesamtführung des Reiches übernehmen würde.

Doch stattdessen wurde der Reichsmarschall vom wutentbrannten Hitler all seiner Ämter enthoben und mit Schimpf und Schande aus der NSDAP ausgestoßen. Neuer Oberbefehlshaber der Luftwaffe wurde der zum Generalfeldmarschall beförderte Robert Ritter von Greim, der am 28. August 1944 als Oberbefehlshaber der Luftflotte 6 mit dem Eichenlaub und Schwertern zum Ritterkreuz des Eisernen Kreuzes ausgezeichnet wurde. Dem SS-Kommandanten Obersalzberg befahl Hitler, den Verräter sofort zu verhaften, ihn in Berchtesgaden zu internieren und dann zu „liquidieren". „Das Chaos war vollkommen", schreibt Görlitz. „Die höchsten Führer von Partei und Staat wirkten jetzt wie Mitglieder einer Gangsterbande unmittelbar vor ihrer Verhaftung, bei der jeder die eigene Haut in Sicherheit zu bringen suchte."[80]

Es kam jedoch nur zur Verhaftung dieses „treuesten aller Paladine", denn kurz darauf wurde Göring, einst nach Hitler der ranghöchste NS-Machthaber, am 8. Mai 1945 von Streitkräften der 7. US-Armee verhaftet und später durch das alliierte Kriegsverbrechertribunal zum Tode verurteilt. Zwei Stunden vor seiner Hinrichtung zerbiss er am 15. Oktober 1946 in seiner Nürnberger Gefängniszelle eine Giftkapsel, die er zu jeder Zeit bei sich getragen hatte. Neben der Wehrmacht verlegten auch die SS Ämter und höchste Kommandostellen in die „Alpenfestung". Das Hauptzeugamt der Waffen-SS zog nach St. Georgen bei Traunstein, wo das Grenadierersatz- und Ausbildungsregiment 387 mit dem Grenadierersatz- und Ausbildungsbataillon 179 im benachbarten Flecken Hufschlag stationiert war. Dessen Gefechtsstärke war allerdings nur gering, da es lediglich aus jungen, nur wenige Wochen ausgebildeten Männern bestand, die mit einigen Maschinengewehren und Panzerfäusten ausgerüstet waren. Unter den jungen Rekruten, die singend durch die Stadt marschierten, fiel ein „Bleichgesicht" besonders auf, das am 16. April 1927 als drittes Kind in Marktl am Inn geboren wurde und später mit seinen Eltern und Geschwistern über Tittmoning und Aschau/Inn nach Traunstein gezogen ist, wo der Vater am Stadtrand in Hufschlag, Gemeinde Surberg, ein altes Bauernhaus erworben hatte. Sein Name: Joseph Ratzinger, der schon als Schüler ein Kardinal werden wollte.

In Traunstein besuchte er zunächst das humanistische Gymnasium und wechselte dann am 17. April 1939 auf das Erzbischöfliche Studienseminar, wo man alle Seminaristen – und damit auch den späteren Papst Benedikt XVI. – zur Hitlerjugend anmeldete. Bei Kriegsausbruch wurde das kirchliche Seminar ein Lazarett während die Seminaristen mehrmals in Ausweichquartiere wechselten. 1943 wurde Ratzingers Jahrgang eingekleidet und als Luftwaffenhelfer zur Flugabwehr in eine Flak-Einheit in den Münchner Norden einberufen. In Ludwigsfeld sollte eine Zweigstelle der Bayerischen Motorenwerke geschützt werden; später erfolgte eine Verlegung nach Unterföhring. 1944 wurde Ratzinger zum Reichsarbeitsdienst in das Burgenland einberufen, wo er zu Schanzarbeiten in der „Reichsschutzstellung" herangezogen wurde.

Das unaufhaltsame Vorrücken der Roten Armee am Ostrand der „Alpenfestung" bedeutete für ihn im November die Rückkehr nach Hufschlag, wo er zum Militärdienst in die Traunsteiner Infanteriekaserne eingezogen wurde. Kurz vor Kriegsende, als er von Hitlers Tod hörte, desertierte er, oder er entschloss sich, wie es in seiner Autobiografie heißt, „nach Hause zu gehen". Doch er wusste, dass auf Fahnenflucht die Todesstrafe stand und in der Umgebung hingen bereits einige Deserteure an den Bäumen. Daher wählte er einen Schleichweg. „Als ich aus einer Bahnunterführung heraustrat, standen da zwei Soldaten auf Posten, und für einen Augenblick war die Lage äußerst kritisch für mich", berichtete Benedikt XVI. seinem Gesprächspartner Peter Seewald. „Es waren gottlob solche, die auch den Krieg satt hatten und nicht zu Mördern werden wollten." Im Elternhaus angekommen, erkannten die anrückenden Amerikaner ihn als Soldaten, nahmen ihn gefangen und überstellten ihn von Bad Aibling in das große amerikanische Kriegsgefangenenlager bei Ulm, wo er auf einem Acker mit fünfzigtausend anderen deutschen Soldaten auf die Entlassung wartete.

Joseph Ratzinger blieb auch nach seiner Entlassung am 19. Juni 1945 bei seinem einmal gefassten Entschluss, Priester zu werden. Als Kurienkardinal und engster Vertrauter von Johannes Paul II. wurde er am 19. April 2005 als erster Deutscher seit fünf Jahrhunderten zum Papst gewählt. Auf einigen Titelblättern der britischen Boulevardpresse lebten daraufhin die antideutschen Ressentiments wieder auf. Denn dort stand in plakativen Überschriften unter anderem zu lesen: „From Hitler Youth to ... PAPA RATZI" (= „The Sun") oder „GOD'S ROTTWEILER – POPE BENEDICT XVI." („Daily Mirror").

THE Sun 30p

HARRY 'N CHELSY SHACK UP

From Hitler Youth to...

PAPA RATZI

Titelblatt des britischen Boulevardblatts „The Sun" zur Wahl von Joseph Ratzinger als Papst Benedikt XVI.

Ein Teil des SS-Wirtschaftsverwaltungshauptamtes (WVHA) begab sich mit seinem Chef, dem SS-Obergruppenführer und General der Waffen-SS Oswald Pohl, nach Dachau. Das Hauptquartier des Reichsführers-SS wich nach Bad Wiessee aus. Himmlers Stab quartierte sich hinter hohen Fichten in einem D-Zug auf einem Abstellgleis des Bahnhofes von Gmund am Tegernsee ein. Der Chef der SS-Jagdverbände, der SS-Obersturmbannführer Otto Skorzeny, verharrte mit seinem Befehlszug in der Nähe von Salzburg. Der vermeintliche Mussolini-Befreier wurde kurz vor Kriegsende noch mit dem Aufbau eines „SS-Schutzkorps Alpenland", kurz „Alpenschutzkorps" genannt, beauftragt. Da er diese Aufgabe aber unmöglich erfüllen konnte, zog er sich zu Ernst Kaltenbrunner nach Bad Aussee zurück, wo sich inzwischen die wichtigsten Abteilungen des RSHA befanden sowie die gesamte Gestapo-Spitze mit Ausnahme von Himmler aufhielten. Der „braune 007" sollte mit seinen Männern am 28. April 1945 angeblich zwanzig Kisten mit achtundvierzig Kilogramm Feingold in zwanzig Barren zu je 2,4 Kilogramm in den Toplitzsee geworfen haben.

In die „Alpenfestung" zog es auch den Chef der Generalstabsabteilung „Fremde Heere Ost" (FHO). „Kurz bevor die Sowjets zur Einschließung Berlins rüsten, befinden sich Gehlen, sein Nachfolger Wessel und eine Gruppe von Generalstabsoffizieren auf dem Weg in die ‚Alpenfestung'."[81] Schon im Februar 1945 hatten seine Mitarbeiter in Bad Reichenhall ihr neues Hauptquartier errichtet. Generalmajor Reinhard Gehlen, „der das Kriegsende in einem Versteck auf der Elendsalm am Spitzingsee abwarten will, hütet in der ‚Alpenfestung' einen besonderen Schatz. In rund fünfzig Stahlkisten ließ er alle Akten und das Archiv seiner Abteilung nach Südbayern schaffen."[82] Mit diesem hochbrisanten Fundus legte er später den Grundstein für den Bundesnachrichtendienst (BND), dessen erster langjähriger Präsident er vom 1. April 1956 bis zum 30. April 1968 werden sollte.

„Mitte April hatten meine Vorbereitungen, wie die Versorgung verschiedener Schlupfwinkel im Gebirge, die Photokopie der wichtigen Akten und Vergrabungsaktionen begonnen; sie waren in den letzten Tagen vor Kriegsende abgeschlossen. Anfang April war die Abteilung in Reichenhall wieder voll arbeitsfähig versammelt", schrieb der „Grand Old Man" des Geheimdienstes in seinen Erinnerungen.[83] Und weiter heißt es dann: „Die Sicherstellung und Vorbereitung der drei Zufluchtsorte in den Alpen übernahm mit großem Geschick ein Reserveoffizier der Abteilung, Oberforstmeister Weck. Die Hütten mussten schwer zu finden und doch leicht zu versorgen sein. [...] Er fand in der Nähe von Fritz am Sand bei Reit im Winkl [Fritz am Sand ist nicht ein Ortsteil von Reit im Winkl, sondern von Ruhpolding], auf der Wildmoosalm im Wilden Kaiser sowie auf der Elendsalm am Spitzingsee die für uns geeigneten Schlupfwinkel."[84]

Am 28. April 1945 begann für Gehlen nach eigener Aussage „das große Abenteuer". Zunächst suchte er den östlichsten Sammelpunkt Fritz am Sand auf. Dann zog es ihn zur Elendsalm. Nach der Kapitulation erschienen dort drei Zivilisten. „Sie befragten die Zurückgebliebenen auch nach meinem Verbleib", schrieb Gehlen in seinen Erinnerungen. „Wir vermuteten, dass es deutschsprachige Vertreter des Secret Service waren, und ich habe später auch die Bestätigung dafür erhalten. Etwas rauer verlief der ‚Besuch' einer kleinen amerikanischen Infanterieeinheit, die zunächst das Haus umstellte, dann durchsuchte und die Insassen einem eingehenden Verhör unterwarf. Die Amerikaner nahmen die drei Stabshelferinnen und die beiden Offiziere mit ins Dorf, wo eine weitere eingehende Vernehmung stattfand. Sie endete mit der Frage, wohin die fünf entlassen werden wollten. Alle baten übereinstimmend darum, vorläufig auf der Elendsalm bleiben zu können. Als wir abends von den Bergen kamen, fanden wir das Tischtuch und auch unsere fünf Getreuen vor. Sie zeigten uns stolz ihre Entlassungsscheine aus der Kriegsgefangenschaft mit der ‚vorläufigen Unterkunft Elendsalm'. Dieser Glücksfall erleichterte die Behauptung unserer ‚Basis' gegenüber allen Versuchen anderer Interessenten, die Elendsalm für sich mit Beschlag zu belegen."[85]

Und zwar so lange, bis sich Gehlen und seine Mitarbeiter den Amerikanern, die sie wochenlang voller Ungeduld erwartet hatten, ergaben. Doch sie begaben sich nicht mit leeren Händen in das Lager der Alliierten. Zwecks Hafterleichterung konnte er ihnen seinen „Nachrichtenschatz" anbieten.

Nicht weniger brisant waren die Akten aus der Berliner Reichskanzlei und Parteizentrale der NSDAP, nachdem Martin Bormann, den Hitler in einer neuen Regierung als Parteiführer mit dem Rang und Titel eines Ministers vorgesehen hatte, dafür eine eigens zusammengestellte „Sonderkolonne Obersalzberg" gebildet hatte, die die Dokumente nach Bayern transportierte, „wo sie zunächst im Schloss Steinach bei Straubing deponiert werden. Die nach Niederbayern ausgelagerte Parteikanzlei trägt die Tarnbezeichnung ‚Übersee', auch ‚Übersee/Hohensee'. Im Hinblick auf die heranrückenden amerikanischen Truppen entschließt sich Bormann am 22. April, die Unterlagen der NSDAP in den Schutz der ‚Alpenfestung' zu verlagern", schreibt Richardi. „Um 9.21 Uhr erhält sein Vertreter auf dem Obersalzberg, Dr. Helmut von Hummel, an diesem Sonntag aus Berlin den geheimen Funkspruch des Reichsleiters mit dem kurzen Text: ‚Bin mit vorgeschlagener Überseesüdverlagerung einverstanden.' Mit ‚Südverlagerung' ist der Transport der Akten nach Südtirol gemeint. Alle Akten, die ihnen wichtig erscheinen, lassen die NS-Größen ins Gebirge schaffen, wo sie in Höhlen und Bergwerken deponiert werden. So gelangen in die Depots der ‚Alpenfestung' auch die Niederschriften mit Hitlers politischen Betrachtungen, die im Tresor einer Bank in Bad Gastein verwahrt werden, die Akten der deutschen Luftwaffe, die später in einer verschlossenen Kapelle bei Berchtesgaden entdeckt werden, und Hunderte von Kisten aus verschiedenen Gauarchiven, die ebenso wie das Privatarchiv des Reichsführers-SS, Heinrich Himmler, im Salzbergwerk von Hallein versteckt werden. Viele dieser Unterlagen, die nach dem Krieg den Alliierten in die Hände fallen, erweisen sich als brisante Dokumente, die einen erschreckenden Einblick in die Verbrechen der Nationalsozialisten geben und die den Anklägern vor dem Nürnberger Militärtribunal unstrittige Beweise für die Schuld der Kriegsverbrecher aus der Hand der Täter selbst liefern."[86]

Nachdem ihnen allmählich dämmerte, dass der Krieg nicht mehr zu gewinnen sei, setzten sich zahlreiche Nazi-Bonzen und Generale in die „Alpenfestung" ab (Bei den subalternen Dienstgraden wurden derartige „Absetzbewegungen" als „Fahnenflucht" gebrandmarkt und mit dem Tod bestraft!) oder warteten dort als „Befreier" auf die anrückenden Amerikaner, um ihren Kopf zu retten. Denn „die Herren und ihre Stäbe wollten doch alle nur eins, so schnell wie möglich weg – abtauchen. Ihnen stand ja alles zur Verfügung", konstatierte der Gebirgssoldat Johann Meixner voller Bitterkeit.[87]

Die „Alpenfestung" erwies sich aber auch als eine begehrte Fluchtburg für prominente Kollaborateure, der „braunen Elite" des Dritten Reiches sowie der „Alten Garde" der nationalsozialistischen Bewegung. Zur letzteren Gruppe zählten die Inhaber von Mitgliedsnummern der NSDAP unter 100.000. Dieses Privileg wurde aber auch jenen Nationalsozialisten zuteil, die mit dem „Blutorden" ausgezeichnet worden waren. Unter ihnen befanden sich zahlreiche Reichs- und Gauleiter. Sie „waren die tatsächlichen Regenten an Hitlers Statt", stellte der bekannte Panzergeneral Heinz Guderian fest. „In den Reichsgauen hießen sie auch Reichsstatthalter. Sie wurden aufgrund ihrer Wirksamkeit in der Partei ernannt, nicht nach ihren Fähigkeiten auf dem Gebiet der Verwaltung oder nach der Güte ihres Charakters. Daher findet man unter ihnen neben sehr achtenswerten Persönlichkeiten eine Anzahl unerfreulicher Elemente [...]"[88]

Da wäre zunächst einmal der ehemalige Gauleiter von Oberbayern und spätere Staatssekretär im Reichsfinanzministerium Fritz Reinhardt. Schon 1923 trat dieser stramme Nationalsozialist in die NSDAP ein und übersiedelte vom thüringischen Ilmenau nach Herrsching am Ammersee. 1928 übernahm er die Geschäfte des Gaues Oberbayern. Als Gauleiter spielte der Altparteigenosse eine wichtige Rolle bei der Machtergreifung und der Stabilisierung der Parteiherrschaft im „Traditionsgau München-Oberbayern", denn Hitler benötigte „Männer mit blindem Gehorsam".[89]

Aufgrund seiner antisemitischen Einstellung und seines rhetorischen Talents avancierte Reinhardt, der den „Parteienstaat" von Weimar massiv bekämpfte und zum „Adolf-Hitler-Staat" umfunktionieren wollte, 1930 zum Amtsleiter der Reichsabteilung der NSDAP als Reichspropagandaleiter II. „Übersteigerte Selbsteinschätzung bei mangelhaftem Scharfsinn, utopische Zielvorstellungen, politische Naivität, Gut- und Leichtgläubigkeit, blinder Führergehorsam bis zum wahnwitzigen Fanatismus" kennzeichneten nach Pausch die persönlichen Eigenschaften dieses Mannes.[90]

Reinhardts Antisemitismus offenbarte sich unter anderem in den diskriminierenden Steuervorschriften gegen sämtliche Juden. Nicht umsonst bezeichnete die SS den Holocaust zunächst als „Aktion Reinhardt". Daher „richtete sich auch die Hauptanklage gegen [ihn] in diesem Bereich auf seine fanatische Propaganda für die nationalsozialistische Ideologie, die von Haus aus antisemitisch war".[91]

Während er „noch in den letzten Kriegsmonaten zum heroischen Glauben und zum sinnlosen Einsatz für den unmöglich gewordenen Endsieg aufforderte, brachte er seine Person in Sicherheit nach Österreich, wo er seine Inhaftierung durch die US-Truppen abwartete", konstatierte Alfons Pausch. „Er entzog sich seinen lautstarken Forderungen zum heldenmütigen Fronteinsatz und ‚kämpfte' nur noch für sein eigenes Überleben."[92] Im Mai 1945 wurde der einstige Staatssekretär und SA-Obergruppenführer von den Alliierten verhaftet und zu einer längeren Haftstrafe verurteilt. 1949 entlassen und 1950 von einer Münchner Entnazifizierungsspruchkammer als „Hauptschuldiger" eingestuft, wurde der Träger des Goldenen Parteiabzeichens der NSDAP abermals abgeurteilt. Währenddessen lebte Reinhardts Frau mit ihren Kindern unter dem Pseudonym Rein in Mittenwald, wo sie unter anderem für den verfemten Generalfeldmarschall Ferdinand Schörner Schriftsätze anfertigte.

Entschuldigend schrieb des Gauleiters Sohn Dr. Klaus Reinhardt, der trotz seiner Verstrickung in der „Kießling-Affäre" in der Bundeswehr bis zum Vier-Sterne-General aufgestiegen ist und derzeit als Gastredner zu Motivation und Führung für das „London Speaker Bureau Germany" Vorträge hält: „Was immer die Männer damals gemacht haben, war aus heutiger Sicht falsch; damals", so der ehemalige Befehlshaber des Heeresführungskommandos und spätere Befehlshaber der Alliierten Landstreitkräfte Mitteleuropa (LANDCENT) sowie KFOR-Oberbefehlshaber (Kosovo Force) im Kosovo und Präsident der Clausewitz-Gesellschaft „hatten sie aber keine Chance der Eigenwahl."[93]

August Eigruber, der Gauleiter des oberösterreichischen Reichsgaues Oberdonau, wurde am 16. November 1942 zum Reichsverteidigungskommissar ernannt. Am 15. Juni 1943 erfolgte seine Ernennung zum Beauftragten für die Angelegenheiten des Reichskommissars für die Festigung des deutschen Volkstums in seinem Reichsgau; am 21. Juni 1943 seine Beförderung zum SS-Obergruppenführer. Er hatte einen guten Kontakt zu Hitler und war dessen erster Ansprechpartner beim geplanten Ausbau von Linz sowie bei der Wahl der „Hermann-Göring-Werke", wo er maßgeblich beteiligt war. Am 4. Mai 1945 befahl Eigruber alle in Linz befindlichen Fahrzeuge aus der Stadt nach Süden zu transportieren. Dann verließ er die oberösterreichische Landeshauptstadt und setzte sich nach Kirchdorf ab, wo er gegen 20.30 Uhr über Drahtfunk eine Rede hielt. In ihr betonte er, dass Linz nicht zur Festung erklärt sei. Unmittelbar nach der Kapitulation wurde Eigruber von amerikanischen Soldaten im Salzkammergut festgenommen und am 22. Oktober 1945 von Gmunden nach Nürnberg überführt. Im sogenannten Mauthausen-Prozess wurde er zum Tode verurteilt und im Juni 1946 in Landsberg am Lech durch den Strang hingerichtet.[94]

Der Diplomingenieur Odilo Globocnik war zunächst Gauleiter von Wien. Am 9. November 1942 wurde er zum Generalleutnant der Polizei unter gleichzeitiger Ernennung zum SS-Gruppenführer befördert, der sowohl „eine wichtige Position bei der Ermordung der Juden inne" als auch „eine führende Rolle bei der Germanisierung Osteuropas" wahrzunehmen hatte.[95] Am 13. September 1943 wurde er zum „Höheren SS- und Polizeiführer für das Adriatische Küstenland" ernannt. In Polen und in der Operationszone „Adriatisches Küstenland" war er „einer der schlimmsten Massenmörder des nationalsozialistischen Regimes."[96] Die letzten Tage seines Lebens, in denen er sich in die „Alpenfestung" abgesetzt hatte, sind nur sehr lückenhaft dokumentiert.

In den ersten Wochen nach der Kapitulation hielt Globocnik sich im Gebiet des abgeschiedenen Weißensees auf der Mößlacher Alm auf. Dort traf er am 20. Mai mit dem ehemaligen Gauleiter Dr. Rainer zusammen. Tags darauf erschien ein britisches Kommando, das von einem Oberscharführer der Waffen-SS, der den Schlupfwinkel der geflüchteten NS-Bonzen verraten hatte, angeführt wurde. Nachdem sämtliche Anwesenden verhaftet worden waren, wurden sie ins Tal der Drau nach Paternion gebracht. Dort soll sich der berühmt-berüchtigte Globocnik im Schlosshof mit einer Zyankali-Giftkapsel getötet haben.[97]

Dr. med. dent. Otto Hellmuth war von 1928 bis 1935 Gauleiter von Unterfranken und von 1935 bis 1945 Gauleiter von Mainfranken. Als die Alliierten in Süddeutschland immer mehr in Richtung „Alpenfestung" vordrangen, verlegte er die Gauführung am 2. April 1945 zunächst nach Untermerzbach bei Ebern, dann nach Haßfurt und schließlich nach Eggolsheim bei Forchheim. Kurz darauf flüchtete auch er in die „Alpenfestung", wo er nach dem 8. Mai 1945 in Tirol unerkannt in amerikanische Gefangenschaft geriet.[98]

Konrad Henlein war seit dem 1. Oktober 1933 Führer der Sudetendeutschen in der Tschechoslowakei und Gründungsmitglied der „Sudetendeutschen Heimatfront" als Sammelbewegung aller Deutschen, die im April 1935 in „Sudetendeutsche Partei" umbenannt wurde. Am 17. September 1938 bildete er das „Sudetendeutsche Freikorps"; am 1. Oktober desselben Jahres wurde er nach der etappenweisen Besetzung der Sudeten durch die Deutsche Wehrmacht zum Gauleiter und Reichskommissar für das Sudetenland ernannt. Als die sowjetischen Truppen unaufhaltsam vordrangen, der böhmische Kessel zu einem Pulverfass wurde und es zu den ersten Ausschreitungen der Tschechen gegen die wehrlose sudetendeutsche Bevölkerung kam, flüchtete Henlein in die „Alpenfestung" – und zwar zusammen mit seinem Freund Pfarrer Wehrenfennig in dessen Heimatort Gosau im Salzkammergut, wo er noch im Mai 1945 durch die Amerikaner gefangengenommen wurde. Nachdem sie ihm am 10. Mai im US-Kriegsgefangenenlager Rotzikau mitgeteilt hatten, dass er an die Tschechen ausgeliefert wird, schnitt er sich noch in der Nacht mit einer Rasierklinge die Pulsadern auf.[99]

Dr. med. Hugo Jury war von 1938 bis 1945 Gauleiter des Reichsgaues Niederdonau. Beim Vorrücken der alliierten Truppen verließ er seinen Gau und schloss sich den zurückweichenden deutschen Truppen in die „Alpenfestung" an. Dort soll er sich nach dem Bekanntwerden der deutschen Kapitulation am 8. Mai 1945 erschossen haben.[100]

Dr. Robert Ley war von 1925 bis 1928 Gauleiter von Rheinland-Süd und von 1928 bis 1931 Gauleiter des Rheinlandes. Am 10. November 1934 erfolgte seine offizielle Ernennung zum Reichsorganisationsleiter. Während der letzten Kriegstage erhielt er aufgrund seines Drängens vom Führer noch den Auftrag zur Bildung und Führung des „Freikorps Adolf Hitler". In ihm sollten die Aktivisten der Partei zu Panzerbekämpfungsverbänden zusammengefasst werden. Ausgerüstet mit Panzerfäusten und Sturmgewehren sollten die Freikorpskämpfer die massiert auftretenden Panzerverbände im Nahkampf vernichten. Nachdem er seine Parteigenossen zum letzten fanatischen Widerstand aufgerufen hatte, flüchtete Ley unter dem Pseudonym Ernst Distelmeier in die „Alpenfestung" – zunächst in das Salzkammergut und dann in die Umgebung von Berchtesgaden. Dort wurde er im Mai 1945 von amerikanischen Truppen verhaftet und in das Nürnberger Kriegsverbrechergefängnis eingeliefert. Nach Kenntnisnahme der Anklageschrift der Nürnberger Prozesse gelang es ihm am 25. Oktober 1945, seinem Leben mit Hilfe eines Handtuches ein gewaltsames Ende zu setzen.[101]

Zu „Hitlers politischen Generalen", die sich in die „Alpenfestung" absetzten, zählte auch Wilhelm Murr. Er war von 1928 bis 1945 Gauleiter von Württemberg. Als die Alliierten ihre Offensive in Süddeutschland fortsetzten, verlegte er seine Gauleitung am 19. April 1945 zunächst von Stuttgart nach Unspring und wenig später, am 24. April, vom schwäbischen Kisslegg nach Trauchburg bei Wangen in Oberschwaben. Als Württemberg fast nahezu in der Hand der Alliierten war, setzte er sich mit seiner Frau Lina und einer ausgewählten Begleitung nach Vorarlberg ab. Am 13. Mai wurden sie von französischen Truppen aufgegriffen und verhaftet. Als das Paar in der Sammelstelle Egg getrennt wurde, verlor Frau Murr die Nerven und vergiftete sich am 14. Mai 1945. Während „Herr Müller" seine Frau identifizieren sollte, wählte auch er den Freitod, indem er sich mit einer Zyankalikapsel vergiftete.[102]

Dr. jur. Tobias Portschy war von 1935 bis 1938 Gauleiter des Burgenlandes, im März 1941 rückte er als Freiwilliger zur Ausbildung bei den Gebirgsjägern im steirischen Admont ein. Auf eigenen Wunsch wurde er im Oktober an die Eismeerfront vor Murmansk versetzt. Am 31. Oktober 1942 wurde er auf Verlangen Leys in die Heimat befohlen, wo er die Tätigkeit als Stellvertretender Gauleiter, als Gauobmann der Deutschen Arbeitsfront (DAF) und als Mobiler Beauftragter der Gauleitung in der Steiermark im Range eines SS-Oberführers aufnahm. Am 8. Mai 1945 verließ Portschy den Sitz der Gauleitung in Graz und flüchtete mit seinen Angehörigen in die „Kernfestung Alpen". Dort hielt er sich bis zum 13. Juni 1945 im Kreis Murau in einer Jagdhütte auf dem Fuchskogel versteckt, bevor er sich freiwillig dem englischen Militärgouverneur in Murau stellte.[103]

Dr. Friedrich Rainer war zunächst von 1938 bis 1941 Gauleiter von Salzburg und anschließend von 1941 bis 1945 Gauleiter von Kärnten. „Der politische Prokurist der NSDAP Kärnten [...] verkörperte gewissermaßen das ‚Gehirn der Partei'", um das „ewige, deutsche, glückliche Kärnten zu schaffen".[104] Am 11. Dezember 1942 wurde er zum Reichsverteidigungskommissar in Kärnten und am 10. September 1943 zum Obersten Kommissar in der Operationszone „Adriatisches Küstenland" ernannt. Ende 1944, am Zenit seiner Karriere angelangt, wurde der Reichsgau Kärnten ein Bestandteil der „Alpenfestung". Nun gab Rainer die Parole aus: „Nur ein Weg (führt) ins Kärntnerland, der Weg über unsere Leichen."[105] Am 7. Mai 1945 hielt er seine letzte Rundfunkrede aus dem Befehlsbunker am Kreuzberg, in der er seinen Rücktritt mit den Worten bekanntgab: „Kärntner und Kärntnerinnen! Die Besetzung Kärntens durch feindliche Streitkräfte hat begonnen, die politische Tätigkeit der Partei findet damit ihr Ende. Ich verfüge die Einstellung der Tätigkeit in den Gebieten, die vom Feind erreicht sind. [...] Ich mache daher als Reichsstatthalter Platz, um jenen Kräften, die der Auffassung unserer Feinde besser entsprechen, Gelegenheit zur Bildung einer neuen politischen Plattform zu geben."[106]

Am 8. Mai 1945 flüchtete Rainer aus Pörtschach in die Gegend um Spittal an der Drau und dann in den Raum um den abgeschiedenen Weißensee. Auf der Flucht verraten, wurde er am 31. Mai von den Briten bei Weisensee festgenommen und im Oktober 1945 von Kärnten nach Nürnberg überführt. Am 13. März 1947 wurde er von den Briten an Jugoslawien ausgeliefert und nach dem Prozess in Laibach am 19. Juli 1947 zum Tode durch den Strang verurteilt.

Der „Jugendführer des Deutschen Reiches", Baldur Benedikt von Schirach, war von 1940 bis 1945 Gauleiter von Wien. Nach dem Fall der Donaumetropole setzte er sich über Klosterneuburg nach Tirol ab, um dort mögliche Auffangstellungen zu erkunden. Dann hielt sich Schirach unter dem Namen Richard Falk mit der Berufsbezeichnung Schriftsteller in Schwaz auf, wo in einem Rüstungsbetrieb noch Flugzeugteile des ersten Düsenflugzeuges der Welt vom Typ Me 262 hergestellt wurden. Als er am 4. Juni 1945 erfuhr, dass alle HJ-Führer vom Bannführer aufwärts unter „automatischen Arrest" fallen und die Hitler-Jugend als „verbrecherische Organisation" angeklagt werden soll, stellte er sich freiwillig den Amerikanern. Am 1. Oktober 1946 wurde er vom Internationalen Militärtribunal in Nürnberg zu einer zwanzigjährigen Gefängnisstrafe verurteilt und bis zum 30. September 1966 im Spandauer Kriegsverbrechergefängnis inhaftiert.[107]

Jakob Sprenger war zuerst von 1927 bis 1933 Gauleiter von Hessen-Nassau-Süd und anschließend nach der Zusammenlegung mit Hessen-Darmstadt Gauleiter des neuen Großgaues Hessen-Nassau bis 1945. Als die amerikanischen Truppen sich Frankfurt näherten, verließ er die Mainmetropole in seinem Dienstwagen in östlicher Richtung. Schließlich wechselte er die Fahrtrichtung und flüchtete in die „Alpenfestung". Im August 1945 verübte Sprenger gemeinsam mit seiner Frau in der Nähe von Kitzbühel Selbstmord, während seine mitgeflohene Tochter überlebte.[108]

Julius Streicher, Herausgeber des wöchentlichen Kampfblattes „Der Stürmer", war von 1925 bis 1940 Gauleiter von Franken. „Durch seine [...] dubiosen Geschäfte wird Streicher allmählich in der NSDAP untragbar“[109] und aus diesem Grunde 1940 von allen Parteiämtern beurlaubt. Trotz seines tiefen Falls durfte er weiterhin als Herausgeber des „Stürmer“ tätig sein.[110] Am 13. April 1945 meldete sich der Rassenfanatiker durch Vermittlung Goebbels im Führerhauptquartier zum „Endkampf“. Mit seiner Frau begab er sich daraufhin befehlsgemäß nach München, von dort nach Passau und schließlich nach Berchtesgaden zur Verteidigung der „Alpenfestung“. Aufgrund der chaotischen Verhältnisse fuhr er nach Kitzbühel weiter. Ab 4. Mai 1945 hielt er sich auf einem Berghof bei Waidring/Tirol auf. Streicher und seine Frau hoben im Wald ein Grab aus, um gemeinsam zu sterben. Doch es kam nicht dazu. Stattdessen wurde der Frankenführer am 22. Mai in Waidring, wo er sich in Sichtweite der senkrechten Felswände der Steinplatte als Kunstmaler versteckt hielt, trotz seines Bartes erkannt, verhaftet und über Salzburg nach Nürnberg überführt. Dort wurde er als Hauptverantwortlicher für die antisemitische Hetze in der Weimarer Republik und im Dritten Reich am 1. Oktober 1946 durch das Internationale Militärtribunal zum Tode durch den Strang verurteilt.[111]

Wenden wir uns nun jenen bekannten Kollaborateuren zu, die bei Kriegsende in die „Alpenfestung“ flüchteten, um dort ihr Leben vor der alliierten Siegerjustiz zu retten. Allerdings meist vergeblich, denn während sie für die einen Idealisten und vaterländische Patrioten waren, waren sie für andere nur gemeine Verräter. Daher wurde die Bezeichnung „Kollaboration“ zum Begriff für alle Formen der Zusammenarbeit mit den deutschen Besatzungstruppen. In allen Ländern, die während des Zweiten Weltkrieges von der Deutschen Wehrmacht und Waffen-SS besetzt waren, gab es demzufolge auch Kollaborateure.[112]

Der französische Schriftsteller Ferdinand de Brinon war von 1940 bis 1944 Vertreter der Vichy-Regierung beim deutschen Botschafter in Paris und von 1942 bis 1944 Minister ohne Geschäftsbereich. Als die Westalliierten den Oberrhein überquerten, flüchtete er aus Sigmaringen, wohin sich die Vichy-Regierung ins Exil begeben hatte, in die „Alpenfestung“. Nachdem er von den Schweizern an der Grenze aufgehalten und vom Tiroler Gauleiter Hofer aus dessen Operationsgebiet verwiesen worden war, stellte er sich am 8. Mai 1945 in Bayern den amerikanischen Truppen. In Lindau im Bodensee wurde er den Franzosen übergeben. „Ungeachtet der offensichtlichen Verfahrensfehler“ wurde der Kollaborateur am 6. März 1947 zum Tode verurteilt.[113]

Mile Budak war 1941 kroatischer Minister für Unterricht und Religion und 1943 Außenminister Kroatiens. Nach Titos siegreichem Vormarsch auf dem Balkan stand er auf dessen Todesliste. Aus Furcht vor der kommunistischen Partisanenjustiz flüchtete er am 7. Mai 1945 mit einem Treck voller Ministerialbeamten von Zagreb nach Klagenfurt. Dort fiel er in die Hände der Briten, die ihn am 18. Mai zusammen mit anderen kroatischen Flüchtlingen an Jugoslawien auslieferten. Im Morgengrauen des 7. Juni 1945 wurde das Todesurteil gegen ihn vollstreckt. Mit ihm starben noch der Ministerpräsident Mandic, der Justiz-, der Kriegs- und der Erziehungsminister.

Aleksandur Cankov war 1944 Chef der bulgarischen Exilregierung. Nachdem die Bulgaren auf sowjetischen Druck hin den Deutschen am 5. September 1944 den Krieg erklärt hatten, durfte er unter deutscher Aufsicht eine nationalbulgarische Exilregierung in Österreich bilden. „Er erklärte sich damit einverstanden, alle erreichbaren Bulgaren in einem Waffen-SS-Verband zu sammeln und gegen die Rote Armee einzusetzen. Das Vorhaben“, so Seidler, „ließ sich wegen des nahen Kriegsendes nicht mehr verwirklichen.“[114] Cankov verschanzte sich nun in der „Alpenfestung". Bei Kriegsende ergab er sich den Amerikanern und wurde daraufhin in Kitzbühel interniert. Wegen Kollaboration mit den Deutschen wurde er von einem Volksgericht in Sofia zum Tode verurteilt.

Der französische Schriftsteller Alphonse de Chateaubriant floh im August 1944 mit der Masse der französischen Kollaborateure nach Sigmaringen. Er lebte in einer „Phantasiewelt, in der Hitler als Heiland fungierte. Bis zuletzt hoffte er auf den Sieg des ‚Erlösers'."[115] Bei Kriegsende gelang es Chateaubriant, sich unter falschem Namen in der „Alpenfestung" zu verstecken. 1951 starb er in Kitzbühel, nachdem ihn der Haute Cour de Justice in Paris 1948 in Abwesenheit zum Tode verurteilt hatte.

Marcel Déat war von 1941 bis 1945 Vorsitzender des „Rassemblement National Populaire" (RNP) und von 1944 bis 1945 Arbeitsminister der französischen Vichy-Regierung. Als die Westalliierten an den Bodensee vorstießen, flüchtete er mit seinen Anhängern in die „Alpenfestung". Von Feldkirch floh er mit einer kleinen Schar über Landeck zur italienischen Grenze, in Naturns setzte er schließlich die Flucht mit seiner Frau alleine fort. Über Bozen gelangte das Paar nach Mailand, wo es falsche Papiere erhielt. Dann versteckte es sich zweiundzwanzig Monate lang in Genua, bevor Déat 1947 mit seiner Frau nach Turin übersiedelte. Unterdessen war er in Paris vom Haute Cour de Justice in Abwesenheit, zum Tode verurteilt worden.[116]

Der französische Journalist Jean Luchaire war von 1942 bis 1944 Präsident der „Corporation Nationale de la Presse Française" und von 1944 bis 1945 Propagandachef der „Commission gouvernementale française pour la défense des intérêts nationaux". Nach der Befreiung der französischen Hauptstadt durch die Westalliierten flüchtete er mit seiner Frau und seinen drei Töchtern von Paris nach Sigmaringen. Als die Angloamerikaner deutschen Boden betraten, flüchtete er rechtzeitig in die „Alpenfestung". In Meran wurde er jedoch erkannt, aufgegriffen und in Nizza den Franzosen ausgeliefert, die ihn am 21. Januar 1946 zum Tode verurteilten.

Paul Jules André Marion war von 1940 bis 1944 Minister für Information und Propaganda der französischen Regierung in Vichy. Als die Angloamerikaner den Rhein überquerten, floh auch er in die „Alpenfestung". Am 12. Juli 1945 ließ er sich in aussichtsloser Lage in Tirol von den Alliierten gefangennehmen. 1948 wurde er nach einem Prozess in Fresnes zu zehn Jahren Zuchthaus verurteilt.

Der französische Schriftsteller und Journalist Lucien Rebatet übersiedelte im August 1944 nach Deutschland. Als die Westalliierten Sigmaringen erreichten, floh er in die „Alpenfestung". Nach seiner Festnahme in Österreich wurde er an Frankreich ausgeliefert. Nach einem kurzen Prozess in Fresnes wurde er 1946 zunächst zum Tode und dann zu lebenslanger Zwangsarbeit verurteilt.

Horia Sima war von 1938 bis 1945 Kapitän der „Eisernen Garde" und von 1944 bis 1945 rumänischer Ministerpräsident. Am 10. Dezember 1944 erkannte das Großdeutsche Reich das Kabinett Sima als legale rumänische Regierung an. Ihr Sitz war zunächst in Wien, später im steirischen Altaussee, wohin der rumänische Faschistenführer auch sieben sehr schwere Kisten des rumänischen Kirchengoldes in Form von Kelchen und Monstranzen transportieren ließ, das die Amerikaner später sicherstellten und angeblich in das Salzburger Hauptquartier der US-Armee verfrachteten, wo es allerdings nicht eintraf und seitdem als verschollen gilt. „Aus siebentausend in Deutschland festgehaltenen rumänischen Kriegsgefangenen wurde eine ‚Nationalrumänische Armee' rekrutiert."[117] Als die Steiermark von britischen Truppen erobert wurde, tauchte Sima in Kärnten unter. 1946 wurde er in Bukarest zum zweiten Male in Abwesenheit zum Tode verurteilt. In den siebziger Jahren machte er als Führer einer „Rumänischen Legionären Bewegung" in Madrid auf sich aufmerksam.

Jozef Gaspar Tiso war von 1938 bis 1945 Vorsitzender der „Slowakischen Volkspartei" (SVP), von 1938 bis 1939 slowakischer Ministerpräsident und von 1939 bis 1945 Staatspräsident der Slowakei. „Die Niederwerfung des slowakischen Aufstands durch vier deutsche Divisionen im September 1944 feierte T. in Banska-Bystrica mit einem Tedeum!"[118] Am 5. April 1945 verließ Tiso die Hauptstadt und floh nach Westen. Im Benediktinerkloster Kremsmünster fand der Slowake einen Unterschlupf. Bei seiner Flucht in die „Alpenfestung" gelang es ihm, den slowakischen Staats-, Kron- und Kirchenschatz sowie Geldkisten mit einer Unmenge von slowakischen Kronen vor der Roten Armee in Sicherheit zu bringen; doch der Staats- und Kirchenschatz ist seitdem verschollen. Als Tiso versuchte, über Altötting zu Kardinal Faulhaber nach München zu kommen, wurde er von der amerikanischen Militärpolizei festgenommen. 1946 wurde Tiso in Preßburg angeklagt; 1947 zum Tode durch den Strang verurteilt.

Der flämische Dichter Cyriel Verschaeve war von 1940 bis 1945 Vorsitzender des „Vlaamsche Kultuurraad". Da er noch 1943 felsenfest vom Sieg der deutschen Waffen überzeugt war, „beschwor er im Februar 1944 seine Volksgenossen, im Kampf gegen das ‚rote Gespenst' nicht müde zu werden."[119] Nachdem die deutsche Niederlage endgültig feststand, setzte auch er sich in die „Alpenfestung" ab. Nach tagelangen Streifzügen in Tirol fand er schließlich eine Herberge bei einem Pfarrer in der alten Tiroler Stadt Solbad Hall. 1946 wurde er von einem belgischen Kriegsgericht in Brügge wegen Landesverrats und Volksverhetzung in Abwesenheit zum Tode verurteilt.

Einer der schillerndsten Kollaborateure war der Großmufti von Jerusalem, der mit vollem Namen Hadschi Mohammed Amin El-Husseini, genannt Hajj Amin El-Huseini, hieß. Er war ein Mann, „der schon jahrzehntelang maßgebenden Einfluss auf die arabische Politik des Mittleren Ostens ausübte".[120] Im November 1941 wurde er in Berchtesgaden von Hitler überaus freundlich empfangen. Daraufhin siedelte der Großmufti, der einige offizielle Residenzen in und um Berlin unterhielt, nach Dahlem um. Im Januar 1942 akzeptierte Hitler den Vorschlag des Großmufti, eine „Arabische Legion" für den Krieg in Nordafrika zur Befreiung der arabischen Länder zu gründen. Die Niederlage des Deutschen Afrikakorps durchkreuzte jedoch diese Pläne. Als Ersatz erlaubte Hitler seinem arabischen Verbündeten nun die Aufstellung von drei muselmanischen Gebirgsdivisionen der Waffen-SS auf dem Balkan, die im Partisanenkrieg gegen Titos Verbände eingesetzt werden sollten; aber auch in der südöstlichen Flanke der „Alpenfestung" operierten und teilweise die „Reichsschutzstellung" verteidigten.

Das Kriegsende erlebte der Großmufti von Jerusalem jedoch nicht bei seinen balkanischen Glaubensbrüdern, die er Himmlers Waffen-SS zugeführt hatte, sondern in der sicheren „Alpenfestung", wohin er sich mit seinem Stab zurückgezogen hatte – und zwar in das reizvolle Gasteinertal, wo er sich im mondänen Bad Gastein mit seinen heilkräftigen Thermalquellen niederließ. Dort war er nicht allein, denn, so der Österreicher Meixner, „im Gasteiner Tal gabs mehr hohe Offiziere wie heute im ganzen Bundesheer".[121] Allerdings währte dieser

Kuraufenthalt nicht allzu lange, denn der Kärntner Gauhauptmann Meinrad Netmeßnig erhielt am 2. Mai 1945 als stellvertretender Chef der Behörde des Reichsstatthalters vom Auswärtigen Amt, das sich in Bad Gastein einquartiert hatte, die fernmündliche Anweisung, den Palästinenser in die Schweiz zu bringen. Doch „politische Kreise legten ihm nahe, das Land wieder zu verlassen. Also begab sich der Großmufti zurück an den Bodensee und quartierte sich in Konstanz ein, wo er den Franzosen in die Hände fiel, die ihn nach Paris brachten und dort internierten."[122]

In einen anderen Prominentenwohnort der Ostmark hatten sich die politischen Emigranten von Serbien, Montenegro, Albanien und Griechenland zurückgezogen – und zwar im Tiroler Skimekka Kitzbühel. Dort hatten sie sich im „Grandhotel" versammelt, noch bevor die „Dienststelle Wien des Auswärtigen Amts" für die betreffenden Länder unmittelbar vor dem Einmarsch der Roten Armee dorthin verlegt hatte. „Als die Ankunft der US-Truppen in Kitzbühel nur mehr eine Frage von Tagen war", so der Dienststellenleiter Neubacher, „sagte ich den Emigranten, für die ich zuständig war, dass ich nach Ankunft der Amerikaner mit meiner Internierung rechnen müsse und dann nichts mehr für sie tun könne. Daraufhin ließen sich viele Serben nach Istrien abtransportieren, wo sie sich zu den bewaffneten serbischen Freischärlern begaben. Die Albaner gingen entweder nach Italien oder in die Schweiz. Einige hatten sich rechtzeitig von Wien aus tadellos gefälschte Schweizer Pässe verschafft. Die islamische Solidarität half ihnen von der Schweiz aus weiter. Die meisten Griechen, darunter Hektor Tsironikos, blieben in Kitzbühel. Auch Nedic blieb mit einigen seiner Minister, die später ausgeliefert und in Belgrad hingerichtet wurden."[123]

Ganz anders verlief die Lebenslinie des letzten Gauleiters von Oberbayern. Ende des Monats April 1945 wurde Paul Giesler in Hitlers politischem Testament anstelle des all seiner Ämter enthobenen und aus der NSDAP ausgeschlossenen Himmler zum Innenminister des Großdeutschen Reiches ernannt. Tags darauf begab er sich mit einem kleinen Teil seines Stabes, seiner Frau, seiner Schwiegermutter und seinem Bruder Hermann über Rosenheim nach Berchtesgaden. Am 1. Mai 1945 unternahm der Gauleiter mit seiner Frau einen Selbstmordversuch mit Hilfe von Schlafmitteln, der allerdings misslang. Noch am selben Tage wurden beide in das Kreiskrankenhaus von Berchtesgaden eingeliefert. „In der Nacht zum 2. Mai 1945 soll der damalige Kreisleiter Stredele mit Angehörigen der Gauleitung den Gauleiter mit Gewalt befreit haben."[124]

Noch am selben Tag erschoss Giesler in einem Waldstück zwischen dem Hintersee und Hirschbichl seine Frau, nachdem sich seine Schwiegermutter vergiftet hatte. Dann schoss er sich selbst in die Schläfe. Wahrscheinlich war dieser Schuss aber nicht tödlich, denn nach Zeugenaussagen soll der Gauleiter schwerverletzt zu einem Bäcker nach Ramsau gebracht worden sein. Dort soll ihn ein Leutnant der Waffen-SS in seinem Wagen mitgenommen und zum damaligen Lazarett in Stanggaß gebracht haben. Wahrscheinlich hat Hitlers letzter Innenminister noch weitere sechs Tage überlebt und verstarb erst am 8. Mai 1945. „Seinen Tod bescheinigte ein damals in Stanggaß praktizierender Arzt namens Dr. Gottschalk. Giesler wurde am 10. Mai 1945 auf dem Friedhof in Berchtesgaden beigesetzt. Wenig später haben Amerikaner sein Grab geöffnet, um Gieslers Identität festzustellen."[125]

Anfang April 1945 notierte Reichsminister Martin Bormann in seinem Tagebuch: „Wenn die Lage kritischer werden sollte, müsse man Frauen und Kinder nach Tirol evakuieren. Er wisse nicht genau, ob es soweit kommen werde, aber es sei ratsam, darauf vorbereitet zu sein."[126] Im Mai 1945 war es dann in der Tat soweit. Während sich am Hirschbühel in Weißbach bei Lofer noch einige NS-Männer als „Werwölfe" in den umliegenden Bergen verschanzten und mit Parolen wie: „Hass ist unser Gebet und Rache unser Feldgeschrei!" den herannahenden Feind aus dem Hinterhalt angriffen, stand ein „bis auf die Knochen abgemagerter Hitlerjunge" vor der Tür des Pinzgauer Querleitbauern Nikolaus Hohenwarter, der den fünfzehnjährigen, der sich als Martin Bergmann ausgab, aufnahm, ihn gesund pflegte und schließlich als seinen leiblichen Sohn betrachtete.

Noch wusste niemand, woher der Jugendliche stammte. Sein wirklicher Name: Martin Bormann, der Sohn des Mannes, der als Reichsleiter der NSDAP, als Reichsminister, als Leiter der Parteikanzlei, als Sekretär des Führers, als politischer Chef des Volkssturms und SS-Obergruppenführer neben Göring zweitmächtigster Mann des nationalsozialistischen Regimes war.

In dem Stiefsohn des Bauern, der kurz zuvor die Reichsschule der NSDAP in Feldafing am Starnberger See (NAPOLA) besucht hatte und dort noch die Parolen von der „Alpenfestung" und den neuen „Wunderwaffen" vernommen hatte, vollzog sich allmählich eine geistig-seelische Wandlung. „Von seinem Ziehvater übernimmt er Werte, die sein zukünftiges Leben entscheidend beeinflussen sollten: Demut, Bescheidenheit, Gottesfrömmigkeit."[127] Mittlerweile hatte ihn eine Frau erkannt und der Polizei gemeldet, die „ihn verhört, er konnte aber auch gar nichts über seinen Vater sagen", berichtete Hohenwarter.[128] Bormann wurde Mitglied der Ordensgemeinschaft der Herz-Jesu-Missionare, die Mitte des 19. Jahrhunderts in Frankreich gegründet wurde und um 1880 damit begann, deutsche Kolonisten zu missionieren, empfing nach seinem Studium 1958 die Priesterweihe und hielt seine Primiz in dem weltabgeschiedenen, achthundertfünfundachzig Meter hoch gelegenen Marienwallfahrtsort Kirchenthal, der mit seiner wuchtigen Barockkirche, dem „Pinzgauer Dom", inmitten der schroffen Loferer Steinberge liegt.

Im Mai 1961 ging er als Missionar in den afrikanischen Kongo. Dort wurde er nach drei Jahren von Rebellen entführt; konnte jedoch von Europäern wieder befreit werden. In der Heimat erlitt er einen Autounfall, der seinem Lebensweg nochmals eine entscheidende Wendung gegeben hat. Eine geistliche Schwester, in die er sich verliebte, pflegte ihn gesund. Der Priester, der nach den Recherchen des österreichischen Magazins „Profil" vom 3. Januar 2011 „Zöglinge brutal geschlagen und sich an einem schwer vergangen haben" soll, brach daraufhin den Zölibat, heiratete und wurde nun Religionslehrer im Ruhrgebiet. Doch hat Martin Bormann seine zweite Heimat, den Pinzgau, während all der Jahre und Jahrzehnte nie aus den Augen verloren.

Der Gauleiter von Oberbayern, Fritz Reinhardt, war als Rassenfanatiker bekannt und forderte die Bevölkerung zum heroischen Endkampf auf, bevor er selbst in die Alpenfestung flüchtete.

Der Gauleiter von Franken Julius Streicher war ein ausgesprochener Judenhasser und gründete bereits 1923 das Hetzblatt „Der Stürmer“ in dem ein hemmungsloser und vulgärer Judenhass gepredigt wurde.

Julius Streicher wurde nach seiner Flucht in die „Kernfestung Alpen“ trotz seines Bartes, den er sonst nie trug, erkannt und von dem US-Major Henry Blitt in Waidring/Tirol festgenommen, wo sich der berüchtigte Gauleiter als „Kunstmaler“ getarnt versteckt hielt.

Baldur von Schirach, lange Jahre Reichsjugendführer, dann Gauleiter und Reichsstatthalter von Wien.

Friedrich Rainer, Gauleiter und Oberster Kommissar in der Operationszone „Adriatisches Küstenland".

Odilo Globocnik war Gauleiter und „Höherer SS- und Polizeiführer" für das „Adriatische Küstenland".

Generalfeldmarschall Robert Ritter von Greim war der letzte Oberbefehlshaber der deutschen Luftwaffe im April und Mai 1945. Die deutsche Luftwaffe existierte zu diesem Zeitpunkt jedoch nur noch auf dem Papier.

Otto Skorzeny, der mit einigen waghalsigen Unternehmungen wie der Mussolinibefreiung berühmt wurde, galt als der „Braune 007".

Sigfried Uiberreither war Gauleiter der Steiermark.

Minister Dr. Hugo Jury.

Das verträumte Maria Kirchenthal inmitten der Loferer Steinberge war der Zufluchtsort von Martin Bormann Junior, dem Sohn des berüchtigten Reichsleiters Martin Bormann, seit Herbst 1941 Chef der Parteikanzlei und Sekretär Hitlers.

Der Sohn von Reichsleiter Martin Bormann als Priester. Die Aufnahme entstand im Jahr 1960.

Der Reichsmarschall Hermann Göring, zu Kriegsende von Hilter abgesetzt, glaubte bei seiner Vernehmung durch US-Spezialisten immer noch, dass er eine wichtige Nachkriegsrolle spielen würde. Er verübte 1946 Selbstmord.

Am 9. Mai 1945 erreichten die ersten Amerikaner das Ausseerland.

Der Gauleiter von Oberösterreich, August Eigruber.

Eine Zeitzeugin aus Altaussee vor dem Gartenzaun der dahinter versteckt liegenden Villa des Gauleiters von Oberösterreich, August Eigruber.

Die ehemalige Villa von Gauleiter Eigruber in Altaussee.

Bad Aussee war gegen Kriegende ein Sammelbecken von versprengten Soldaten, geflüchteten NS-Größen und Mitgliedern faschistischer Regierungen, die sich in der „Alpenfestung" in Sicherheit bringen wollten.

Der rumänische Faschistenführer Horin Sima.

Josef Tiso, der erste Ministerpräsident der Slowakischen Republik unter deutscher Schutzmacht 1939–1944.

Der slowakische Ministerpräsident Tiso gratuliert Adolf Hitler zum 50. Geburtstag am 20. April 1939.

Der SS-Obersturmbannführer Adolf Eichmann war Organisator der Judenvernichtung. Er wurde nach dem Krieg vom israelischen Geheimdienst in Argentinien entführt, in Israel vor Gericht gestellt und hingerichtet.

Adolf Eichmann als Zivilist 1943 bei einem Urlaub in den Alpen.

Die ehemalige Villa von Adolf Eichmann in Altaussee.

In der Villa „Kerry" trafen sich die Mitglieder der sogenannten „Gegenregierung" um Ernst Kaltenbrunner.

Der berüchtigte Chef des Reichssicherheitshauptamtes, Ernst Kaltenbrunner, Chef der Sicherheitspolizei und des SD als Nachfolger des ermordeten Reinhard Heydrich.

Der Reichsführer-SS Heinrich Himmler (links im Bild) mit Adolf Eichmann (Bildmitte) und Ernst Kaltenbrunner (rechts im Bild) bei der Inspektion eines Konzetrationslagers.

Die sechs Kinder des Ehepaars Goebbels während ihres Aufenthaltes in der Villa „Roth" am Grundlsee. Sie wurden von ihren Eltern im Berliner Führerbunker am 1. Mai 1945 vergiftet, um zu verhindern, dass Sie lebend in russische Hände fielen.

Die „Villa Roth" bzw. „Villa Grundlsee", in der der Propagandaminister Joseph Goebbels zeitweise mit seiner Familie residierte. Derzeitiger Hausherr ist der Autor und Schauspieler Franz Winter.

Der Gendarmeriemajor Valentin Tarra enthüllte in einem dem Autor zugespielten Brief verschiedene „Gaunereien“ im Altausseer Land.

Der SS-Sturmbannführer Bernhard Krüger leitete das nach ihm benannte Unternehmen „Bernhard“.

Die ebenfalls traumhafte „Villa Castiglione“ am Grundlsee beherbergte rund 30.000 Bücher der ausgelagerten Privatbibliothek von Adolf Hitler.

Die geheimnisumwitterte „Blaa-Alm", in deren Umgebung Adolf Eichmann auf seiner Flucht eine Unmenge von Goldkisten versteckt hatte.

Abtransport geretteter Kunstschätze mit einem RSO-Vollkettenfahrzeug.

Österreichische Bergleute und Amerikaner bei der Sicherstellung der Kunstwerke in den Salzminen von Altaussee.

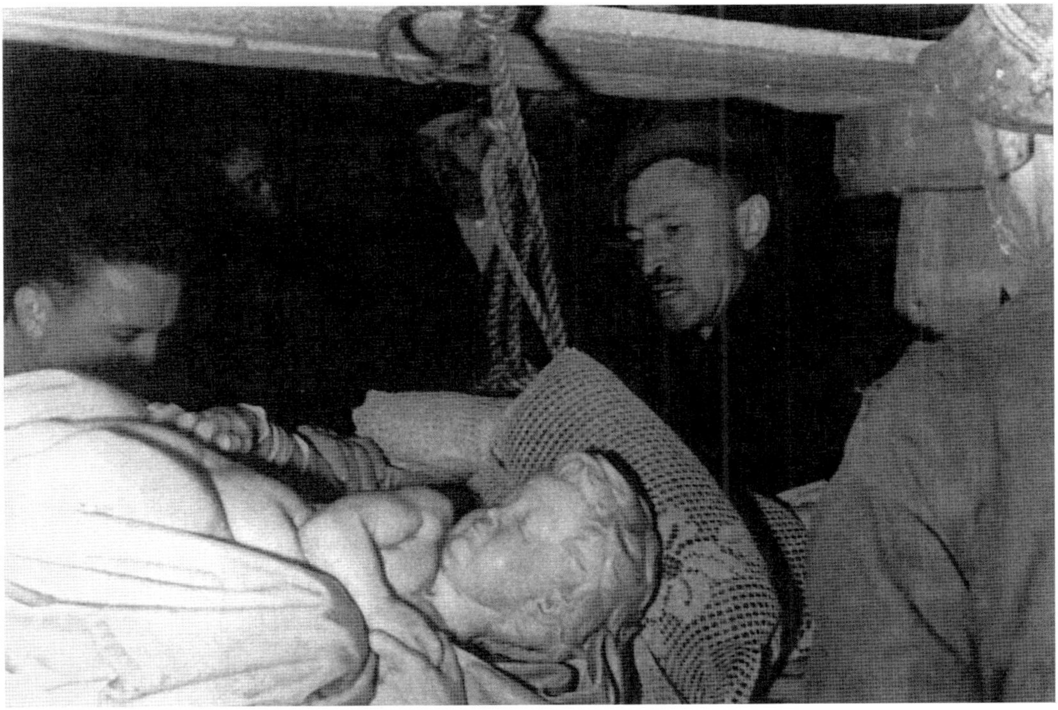

Vorsichtig werden die Kunstschätze aus dem Salzbergwerk geborgen.

Der geheimnisvolle, fjordähnliche Toplitzsee inmitten des Salzkammergutes.

Eine gefälschte britische Banknote wie sie bei Kriegsende im Toplitzsee kistenweise versenkt wurden und später bei einer Schatzsuche in einer geborgenen Kiste gefunden wurde.

5. Das Salzkammergut – ein NS-Refugium

Viele NS-Herrscher, hohe Militärs und Funktionsträger von Politik und Wirtschaft waren lange Zeit der Meinung, dass ihnen die Westalliierten zumindest im Bereich der „Alpenfestung" einen nationalsozialistischen Rumpfstaat zugestehen werden. Aus diesem Grunde zogen sie sich scharenweise ins Gebirge zurück, um dort die militärische und politische Entwicklung abzuwarten. Etliche von ihnen zog es in das Ausseerland, das im reizvollen und abgeschiedenen Salzkammergut zwischen dem Toten Gebirge und dem wuchtigen Dachsteinmassiv eingebettet liegt. Hier, im Talkessel, der nur auf einer einzigen Straße mit Steigungen bis zu zehn Prozent über den neunhundertzweiundachtzig Meter hohen Pötschenpass ziemlich schwer zu erreichen ist, fühlten sich die führenden Nationalsozialisten am sichersten.

Fünfzig Kilometer östlich von Salzburg und dreißig Kilometer südlich von Gmunden, einem „Tor zur ‚Alpenfestung'", liegt Bad Ischl inmitten der prachtvollen Berg- und Seenlandschaft des Salzkammergutes; seit hundertfünfzig Jahren Kurort und Treffpunkt der Prominenz aus Politik und Kunst. Jetzt hatten die NS-Granden das Herz des oberösterreichischen Salzkammergutes zu ihrer Residenz auserkoren.

In einer der schönsten Landschaften des steirischen Salzkammergutes liegt der Luftkurort Altaussee. Seit hundertfünfzig Jahren ebenfalls ein Refugium zahlreicher Musiker, Maler und Literaten, war die Region Anfang 1945 plötzlich „mit flüchtenden Nazis überschwemmt, die bei den Ortsbewohnern einquartiert waren", berichtet Charles de Jaeger. „Das deutsche Außenministerium war dorthin verlegt worden, ebenso wie die Marionettenregierungen von Serbien, Kroatien, Ungarn und Bulgarien mit ihren ganzen Beständen an Gold und Devisen."[129] Und noch immer wuchs die Zahl der Evakuierten, die in das Ausseer Land strömten, sodass die Einwohnerschaft, die dort im Jahre 1943 nur achtzehntausend Menschen betragen hatte, bis zum 6. Mai 1945 auf sage und schreibe achtzigtausend Personen angestiegen war.[130]

Unter ihnen befand sich auch die Gräfin Westarp, die Geliebte des Chefs des Reichssicherheitshauptamtes (RSHA) und SS-Obergruppenführers Dr. Ernst Kaltenbrunner. Am 30. Januar 1943 wurde er als Nachfolger des ermordeten Reinhard Heydrich zum Chef des Reichssicherheitshauptamtes in Berlin. Ende 1944 versuchte er mehrmals vergeblich eine Kontaktaufnahme zum US-Geheimdienst in Europa bezüglich eines Sonderwaffenstillstandes mit den Westmächten. Im Frühjahr 1945 verlegte er seine Dienststelle aus Berlin nach Bad Aussee.

Kaltenbrunner wusste, dass der Reichsführer-SS große Hoffnungen in ihn setzte. Denn Himmler, der in seiner Person noch die Funktion des Chefs der Deutschen Polizei, des Reichsministers des Innern und des Oberbefehlshabers des Ersatzheeres vereinigte, hatte den Österreicher am 18. April 1945 in Hohenlychen zu seinem Vertreter im Südraum ernannt. Damit hatte der SS-Obergruppenführer die Befehlsgewalt über Himmlers Machtbereich in Bayern, in den ostmärkischen Donau- und Alpengauen sowie im Protektorat Böhmen und Mähren erhalten. Daraufhin verließ Kaltenbrunner am 19. April für immer die „Festung Berlin" in Richtung „Alpenfestung".

Dort begab er sich sogleich in sein provisorisches Hauptquartier, um den Abwehrkampf in der „Kernfestung Alpen" zu organisieren. Tatkräftig unterstützt wurde er dabei vom

SS-Brigadeführer Georg Meindl. Als Chef der Rüstungsabteilung im Hauptquartier des Wehrkreises XVII in Wien und Generaldirektor der Steyr-Munitionswerke hatte dieser längst die Verlagerung von Teilen der Steyr-Werke in die weitläufigen Höhlen und Bergwerksstollen vorgenommen. Am 1. Mai versprach Meindl Kaltenbrunner daher, dass in den unterirdischen Rüstungsbetrieben sofort mit der Produktion von Waffen begonnen werden könne.[131]

Wenig später ergriff auch der gefürchtete Kaltenbrunner die Flucht in das einsame und verkarstete Tote Gebirge. Dort versteckte er sich in der 1.523 Meter hoch gelegenen Wildenseehütte, nachdem er sowohl seine Frau als auch seine Geliebte mit ihren Kindern zurückgelassen hatte. Am 12. Mai 1945 nahmen ihn US-Truppen, die ganz gezielt nach ihm Ausschau gehalten hatten, in der Jagdhütte gefangen. Im Nürnberger Kriegsverbrecherprozess wurde er am 1. Oktober 1946 zum Tode verurteilt und wenig später hingerichtet.

Aber noch eilten immer mehr Mitarbeiter aus den verschiedensten Abteilungen und Referaten des Reichssicherheitshauptamtes in den Raum von Bad Aussee, wo schon seit längerer Zeit Rückzugsquartiere für höchste Berliner SS-Befehlsstellen vorbereitet worden waren.

„Außerdem finden sich dort Stäbe der zurückflutenden deutschen Truppen, höchste Offiziere mit Kriegskassen, NS-Größen, die beachtliches Fluchtgepäck mit sich führen, und spezielle Kommandos der SS ein, die seit März 1945 wahre Schätze sowie geheime Unterlagen und Konstruktionspläne aus Forschungsstätten der Rüstungsindustrie ins Ausseerland bringen.“[132] Oberhalb von St. Leonhard sollte die Organisation Todt ein Stollensystem für das Oberkommando des Heeres in den Gutrathberg vortreiben.

Unter jenen führenden Nationalsozialisten, die die „Alpenfestung“ als einen sicheren Zufluchtsort betrachteten, zählten auch einige namhafte SS-Schergen – wie z.B. der Chef der Gestapo, Heinrich Müller, der sich unter dem Pseudonym eines „Leutnants Schmidt“ versteckte, oder der berühmtberüchtigte Leiter des Judenreferats IV B a im Reichssicherheitshauptamt, der SS-Obersturmbannführer Adolf Eichmann, der Millionen von Juden in den NS-Vernichtungslagern ermorden ließ. Beide Kriegsverbrecher hatten sich nach Altaussee abgesetzt, wo „Gestapo-Müller“ am 1. Mai 1945 und Eichmann einen Tag später eintraf. Seine Frau war bereits am 25. April unter ihrem Mädchennamen Veronika Liebl mit ihren drei Söhnen Klaus, Dieter und Horst im Gebirgsort untergetaucht.

Eichmann sollte nach eigenen Angaben im Auftrag Kaltenbrunners, mit dem er gut befreundet war, den Widerstand im Toten Gebirge organisieren. Seinen Stützpunkt wollte er auf der Blaa-Alm, die von Altaussee aus gut zu erreichen ist, errichten. „Doch dieser Behauptung“, so Richardi, „schenkt Simon Wiesenthal, der sich nach Kriegsende auf die Spur des geflohenen Eichmann setzt, wenig Glauben. Er ist davon überzeugt, dass der Vollstrecker der ‚Endlösung der Judenfrage‘, der im Ausseer Gebiet Mitglieder seines Stabes um sich versammelt hat, nur deshalb in die abgelegenen Berge gegangen ist, um da unter Almwiesen im Toten Gebirge mit seinen Komplizen einen Goldschatz zu verbergen. Zeugen wollen zweiundzwanzig Kisten gesehen haben, randvoll gefüllt mit requirierten Wertgegenständen aus jüdischem Besitz sowie mit Zahngold und Trauringen aus den Vernichtungslagern, die Eichmann bei seiner Ankunft in Altaussee mit sich führte.“[133]

Den Wert des „Eichmann-Goldes“, das bis zum heutigen Tage als verschollen gilt, schätzte die Wiener Staatsanwaltschaft im Jahre 1955 auf acht Millionen Dollar. Dass es diesen Schatz tatsächlich gegeben hat, bezeugt auch die Aussage des SS-Obersturmführers Anton Burger.

Der ehemalige Lagerkommandant von Theresienstadt, der bis zuletzt dem Stab von Adolf Eichmann im Ausseer Land angehörte, offenbarte nämlich: „Bei dem Zusammenbruch 1945 erhielt bei der Auflösung unseres Haufens jeder tausend Dollar in Devisen und eine Anzahl Goldmünzen."[134]

Aber nicht nur Eichmann hatte bei seinem Aufbruch in die „Alpenfestung" einen Goldschatz dabei, sondern ebenso Ernst Kaltenbrunner. Nach einer Liste der SS, die im März 1945 angefertigt worden war, ließ auch er „unermessliche Schätze" in das Ausseerland transportieren und zwar: fünf Kisten mit Edelsteinen und Schmuck, fünfzig Kilogramm Goldbarren aus den Beständen der Deutschen Reichsbank, Goldmünzen und goldene Gegenstände in fünfzig Kisten mit je einem Zentner Gewicht, zwei Millionen US-Dollar und ebenso viele Schweizer Franken sowie eine kostbare Briefmarkensammlung, die einen geschätzten Wert von mindestens fünf Millionen Goldmark gehabt haben soll. Außerdem wurden später noch, wie Simon Wiesenthal konstatierte, „einige Kisten mit bei der Degussa eingeschmolzenen Goldzähnen von KZ-Opfern nachgeliefert".[135]

Doch damit nicht genug der Beute- und Raubzüge der nationalsozialistischen Herrschaftselite. Denn „der militärische Sieg über einen Feind [...] ist eine Sache. Eine ganz andere ist es, ihm mit Raub oder Zerstörung seiner Kunstwerke zusätzliche Schmach zuzufügen."[136]

Was die Einsatzstäbe des Dritten Reiches – vieles davon aus dem „herrenlosen Besitz geflüchteter Juden" – sicherstellten, ist vielfach im Dunkeln geblieben. Gewiss ist jedoch, dass auch Kunstwerke, die sich, wie Hitler einmal betonte, „als Pfand für die Friedensverhandlungen" verwenden lassen, nach Altaussee transportiert und im dortigen Salzbergwerk versteckt wurden. Mehr Salz als dort fand man auf einem einzigen Fleck in ganz Österreich nicht. Im Zweiten Weltkrieg war die größte Salzlagerstätte auch der sicherste Aufbewahrungsort für Kunst- und Kulturgüter aus aller Welt – verpackt in mehr als eintausendfünfhundert großen Kisten. Bereits „1942 inspizierte man einige Schächte der stillgelegten Salzmine in Altaussee im Hinblick auf ihre Benützung als Lagerraum für Kunstwerke", berichtet Charles de Jaeger. „Die gleichbleibende Temperatur und der richtige Feuchtigkeitsgrad machten die Mine zu einem idealen Lagerraum. [...] Sobald die Lagerräume fertig eingerichtet waren, wurden die wertvollsten Gemälde aus den Wiener Museen dorthin gebracht, wo man sie vor den Bombenangriffen der Alliierten sicher wusste."[137]

Unter den Kunstschätzen befanden sich auch die einzigartigen Kostbarkeiten der Schatzkammer der Wiener Hofburg: Die Insignien und Kleinodien des Heiligen Römischen Reiches Deutscher Nation mit der Reichskrone, dem Reichskreuz, dem Reichsschwert, dem Reichsapfel, der Stephansbursa, dem „Säbel Karls des Großen", dem Krönungsmantel, dem Zeremonienschwert und dem Zepter; die Krone des Kaisers Rudolf II.; die Insignien des Erzherzogtums Österreich mit dem steirischen und österreichischen Erzherzoghut, dem Erzherzoghut des Kaisers Joseph II., dem Reichsapfel und Zepter; der Schatz des Ordens zum Goldenen Vlies mit dem Schwurkreuz, der Wappenkette (= Potence) für den Ordensherold, dem Messornat des Ordens, dem Burgundischen Hofbecher und dem Ainkhürnschwert sowie vieles andere mehr wie die Schätze der französischen Kaiserin Marie Luise.

Darüber hinaus wurden im Rahmen der Aktion „Dora" seit dem 10. Januar 1944 nicht weniger als 6.577 Gemälde, 955 Grafiken, 230 Zeichnungen und Aquarelle sowie 137 Plastiken aus ganz Europa in dem Salzbergwerk von Altaussee eingelagert, um sie vor den allierten Luftangriffen auf die deutschen Großstädte mit ihren einmaligen Museumsbeständen zu schützen. „Im Innern der Mine, in einer großen Höhle, befand sich die Kapelle [...] Da dort die klimatischen Bedingungen für eine Lagerung ideal waren, beschloss Professor Michel die wertvollsten Kunstwerke in die Kapelle zu verlegen. Unterstützt von zwei Helfern und seiner Assistentin – die auch die offiziellen Fotos der Kunstwerke machte – begann er in der Nacht beim Schein von zwei Grubenlampen mit dieser Arbeit. Als erstes trug man den Genter Altar über die glitschigen Stufen, die aus dem Salzstein gehauen waren."[138]

Das Altausseer Salzbergwerk beherbergte in einem Stollen auch Hitlers Privatbibliothek, die zuvor aus Berlin ausgelagert worden war. Zwischen Bad Goisern und dem nördlichen Ufer des Hallstätter Sees liegt die Ortschaft St. Agatha. Dort wurden im Gasthaus „Fetter" eine Zeit lang Gemälde aus Hitlers Privatbesitz, die ursprünglich für die Berliner Reichskanzlei, den Führerbau in München sowie für den „Berghof" bestimmt waren, nach der Bombardierung des Obersalzberges aufbewahrt.

Wie sehr sich die braune Führungselite auf ein Überleben in der „Alpenfestung" eingestellt hatte und welche Vorbereitungen sie dafür traf, das verrät uns das „Unternehmen Bernhard", das seine Tarnbezeichnung vom Chef des Unternehmens, dem SS-Sturmbannführer Bernhard Krüger, erhalten hatte. Dahinter verbarg sich ein Geldfälscherkommando des Reichssicherheitshauptamts (Amt VI) im Konzentrationslager von Sachsenhausen, das britische Pfundnoten und amerikanische Dollar herstellte und nun auf Weisung Kaltenbrunners in die „Alpenfestung" verlegt wurde. Einhunderteinundvierzig Häftlinge, die am 12. April 1945 mit den Gefangenennummern 138.394 bis 138.535 in das Konzentrationslager Mauthausen aufgenommen wurden, sollten in den Kellerräumen der Bierbrauerei von Redl-Zipf (Tarnbezeichnung: „Schlier"), die in der Gemeinde Neukirchen an der Vöckla (Oberösterreich) als Nebenlager des KZ Mauthausen dienten, die Produktion der „Geldblüten" wiederaufnehmen. „Mit dem Falschgeld", so Richardi, „will die SS auf den Devisenmärkten im neutralen Ausland an harte Währungen herankommen, die es ihr ermöglichen, sich in der Alpenbastion wirtschaftlich über Wasser zu halten; denn Kaltenbrunner ist davon überzeugt, dass es gelingen muss, die Tiroler und die Vorarlberger Alpen zur Verteidigung gegen den Ansturm der Alliierten einzurichten."[139] Das ist aber nur eine Version über den Sinn und Zweck des Falschgeldes. Die andere gleicht einem Kriminalroman.

6. Der geheimnisvolle Schatz vom Toplitzsee

„Der Schatz vom Toplitzsee" ist ein Kriminalfilm von Fritz Antel aus dem Jahr 1959. Der Film handelt von der Suche des Sternreporters Löhde nach den Kisten, welche die Nazis bei Kriegsende im Toplitzsee versenkten.

In der Nachkriegszeit wurden große Mengen dieser Geldscheine aus dem geheimnisvollen Toplitzsee, der jahrelang die Weltöffentlichkeit in Atem hielt, geborgen. Um dorthin zu gelangen, muss man zunächst den Grundlsee aufsuchen. Am gegenüberliegenden Ufer der Anlegestelle zur 3-Seen-Tour Grundlsee – Toplitzsee – Kammersee erblickt man sogleich die weiße Villa Castiglione. Sie beherbergte einst die rund dreißigtausend Bände umfassende Privatbibliothek Hitlers, der sie 1944 aus der Reichshauptstadt hierher bringen ließ. In ihr befanden sich unter anderem auch die Originalpartituren von Richard Wagners Opern „Rheingold" und „Walküre". Sie waren ursprünglich ein persönliches Eigentum des bayerischen Märchenkönigs Ludwig II. und nach seinem mysteriösen Tod im Starnberger See in den Besitz des Wittelsbacher Fonds übergegangen. Vertreter der deutschen Großindustrie schenkten dem Führer und Reichskanzler zu seinem fünfzigsten Geburtstag diese Originalpartituren, die nach dem Zusammenbruch des Dritten Reiches spurlos verschwanden.

Zunächst fährt man mit dem Motorschiff über den sechseinhalb Kilometer langen See nach Gössl, wo am linken Ufer des Grundlsees ebenfalls eine weiße Villa den Blick der Fahrgäste auf sich zieht. Es ist die Villa Roth beziehungsweise Grundlsee, in der Hitlers Propagandaminister Joseph Goebbels seine Familie einquartierte, bevor seine Frau Magda mit ihren Kindern in die eingeschlossene Reichshauptstadt zurückkehrte und sich mit den Kindern vergiftete.

Von Gössl aus erreicht man nach einer kurzen Wanderung den abgelegenen Toplitzsee, der von steilen Felsbergen des Toten Gebirges umschlossen ist. Dort befand sich während des Zweiten Weltkrieges ein Versuchs- und Trainingszentrum der Kriegsmarine, das gegen die Gössler Felswände riesige Geschosse, die jedoch nicht mit Sprengstoff gefüllt waren, von

Unterwasserrampen aus mit einem Treibsatz abfeuerte. Diese Felswände, in denen heute noch die Einschläge sehr gut zu sehen sind, sollten New York darstellen. So wollte man von deutschen U-Booten aus, die bereits im Golf von Mexiko operierten, die Amerikaner mit den neuartigen Unterwasserraketen in die Knie zwingen; aber auch den Affenfelsen von Gibraltar sturmreif schießen, um ihn dann zu erobern. Die Panik wäre in der Millionenstadt am East River sicherlich gewaltig gewesen. Doch es sollte alles ganz anders kommen, denn die Amerikaner holten sich dieses neuartige Waffensystem 1945 und bauten es derart aus, dass sie von ihren U-Booten schließlich auch Atomraketen abfeuern konnten.

„Das Rätsel des Toplitzsees, das in späteren Jahren die Ursache für einen Mord und zwei Tote werden sollte, entstand in den letzten Tagen des Zweiten Weltkrieges. Mitten in der Nacht", erzählte Gaiswinkler dem Buchautor Charles de Jaeger, „wurden zwei Bauern, die seiner Widerstandsgruppe angehörten, von SS-Leuten aus ihren Betten geholt. Es wurde ihnen befohlen, Pferd und Wagen zu holen. Sie fuhren den Karren zu einem Armeelastwagen, der mit Holzkisten in verschiedenen Größen beladen war, und luden einen Teil von dessen Fracht auf ihren Wagen. Dann nahmen sie auf Anweisung der Deutschen einen Weg zum Toplitzsee, der für Lastwagen zu schmal war. Als sie ankamen, wartete bereits ein kleines Boot auf sie. Die Bauern luden die Kisten auf das Boot um. So fuhren sie die ganze Nacht hindurch, bis sie alle Holzkisten zum See gebracht hatten. Im blassen Licht der Morgendämmerung beobachteten sie dann, wie die Kisten vom Boot aus in die Tiefe des Sees gekippt wurden. Sie hatten schon zuviel gesehen. Also entschlossen sie sich auf der Stelle, ihre Bauernhöfe zu verlassen und sich mit den anderen Widerstandskämpfern in den Wäldern zu verstecken, bevor sie von der SS als unliebsame Zeugen erschossen wurden."[140]

Insgesamt wurden im April und Mai 1945 vierzehn Nächte lang schwere Kisten aus den Lastwagen der SS in die Pferde- und Ochsenwagen der Landwirte verladen und auf dem kleinen Forstweg von dem Dorf Gössl zum Toplitzsee gefahren und dort versenkt. Was verbarg sich nun hinter diesem seltsamen Treiben? „Einige Jahre nach dem Krieg entdeckten Fischer auf dem See Banknoten, die auf der Oberfläche trieben. Bei genauer Untersuchung erkannte man Fünf-, Zehn- und Zwanzig-Pfundnoten. Man benachrichtigte die Polizei. Bankbeamte wurden hinzugezogen. Nach sorgfältiger Untersuchung stellten sich die Geldscheine als Fälschungen heraus."[141]

Was aber sollten diese „Blüten", über die der Reichsbankpräsident Dr. Hjalmar Schacht nach dem Kriege sagte, „dass die Herstellung falscher Sterling-Pfunde der Reichsbank nicht bekannt war",[142] bezwecken? „Heydrich hatte Hitler vorgeschlagen, die nicht kriegführenden Länder mit gefälschten englischen Banknoten zu überschwemmen und so den Ruin der britischen Auslandswirtschaft herbeizuführen. Hitler gefiel diese Idee [...] Die besten Fälscher, von denen viele in deutschen Gefängnissen und Konzentrationslagern saßen, wurden ermittelt und unter strenger Bewachung in einem Lager in Ebensee untergebracht. Man kümmerte sich gut um sie und gab ihnen jede nur mögliche Unterstützung für ihre Arbeit."[143]

Der frühere Geheimdienstoffizier und SS-Sturmbannführer Dr. Wilhelm Höttl, der schon Anfang der dreißiger Jahre des letzten Jahrhunderts damit begonnen hatte, den Sicherheitsdienst der in Österreich noch illegalen NSDAP mit aufzubauen und der dann während des Zweiten Weltkrieges als hoher Reichssicherheitshauptamt-Insider unmittelbar mit Heydrich, Eichmann, Kaltenbrunner und anderen Führungskräften des Reichssicherheitshauptamtes zusammengearbeitet hat, beschreibt in seinem spannenden Buch „Hitlers Papier-Krieg“ (Die deutsche Ausgabe erschien 1950 unter dem Pseudonym Walter Hagen mit dem Titel „Die geheime Front“ im Nibelungen-Verlag), wie es den Fälschern gelungen ist, fast fehlerlose Banknoten herzustellen, die nur die Bank von England als „Blüten“ entlarven konnte. „Als die amerikanischen Streitkräfte in diesem Gebiet vorrückten, mussten alle Druckplatten und Beweismittel schnell vernichtet werden, und der nächstgelegene See, der dafür tief genug war, war der Toplitzsee.“[144] Im Laufe der Zeit drang jedoch Wasser in die Holzkisten, die Banknoten quollen auf, die Kisten brachen schließlich auseinander und eines Tages schwammen die „Blüten“ auf der Wasseroberfläche des Sees, sodass schon sehr bald die abenteuerlichsten Gerüchte durch die Weltpresse geisterten und zahlreiche Amateurtaucher in ihren Bann zogen. Einer von ihnen ertrank, als er in den zahlreichen Baumstämmen, die unter Wasser liegen, hängen blieb.

Der rund zwei Kilometer lange, fünfhundert Meter breite und über einhundert Meter tiefe Toplitzsee besitzt einen sogenannten doppelten Boden zwischen der Wasseroberfläche und dem bis zu zwanzig Meter tiefen Schlamm des felsigen Seegrundes. Denn von den umliegenden steilaufragenden Berghängen stürzen jedes Jahr einige Baumstämme in den See und im Frühjahr werden mit der Schneeschmelze große Holzmengen durch die Zuflüsse in das Gewässer geschwemmt.

„Im Lauf der Zeit hat sich das Holz etwa vierzig Meter unter der Wasseroberfläche verschachtelt und zusammengepresst, sodass es eine zusammenhängende Fläche, etwa einem Floß vergleichbar, bildet. [...] Es schwebt gewissermaßen im Wasser, und es hat auch keine starre Struktur. Vielmehr vollziehen sich in dem seltsamen Gebilde ständig Verschiebungen, Spannungen und Entspannungen. [...] Es scheint, dass die Unterwasserholzbarriere des Toplitzsees nirgendwo auf der Welt ein Gegenstück hat.“[145]

Aber nicht nur der geheimnisvolle See selbst sorgte immer wieder für Opfer und sensationelle Schlagzeilen, sondern auch seine nähere Umgebung. Im Kampf um die legendären Kriegskassen, Goldbarren und Kunstschätze kam es zu mysteriösen Todesfällen, wobei einige Tote amtlicherseits nicht als „Morde“, sondern als Opfer von Bergunfällen verzeichnet wurden – wie zum Beispiel die der beiden ehemaligen Mitarbeiter der Marineversuchsstation, der Ingenieure Pichler und Mayer, die am 6. Februar 1946 bei einer Skitour auf eine recht makabre Art ums Leben gekommen sind. Sie sind, so die amtliche Verlautbarung, in ihrem Biwak „erfroren“, ihre Bäuche waren aufgeschlitzt. „Wildfraß“, hieß es. In der Nähe ihres Unterschlupfs war im Mai 1945 mitten im unwegsamen Toten Gebirge ein Flugzeug gelandet.

Ein Jahr später brachen zwei Ingenieure aus Wien mit dem Chauffeur Haslinger zu einer Skitour ins Tote Gebirge auf. Einen Monat später wurden sie tot aufgefunden. In einer Abschrift des verschollenen Gendarmerieberichtes heißt es hierzu:

„Am 8. Februar 1946 gingen Ing. Pichler, geboren am 11. Mai 1920 [...] und Ing. Hermann Mayer [...] geboren am 24. Jänner 1923, auf den Loser und wollten angeblich über die Breuningsalpe-Rauchfang zum Wildenseeappelhaus. Von der Loserhütte begleitete diese beiden der Chauffeur Peter Haslinger aus Ried im Innkreis. [...] Dieser kehrte dann auf der Breuningsalpe wieder um. Wegen des Schneetreibens. Nach zwei Stunden kam er wieder zur Loserhütte. Ing. Pichler und Mayer waren bis zum 31. März 1946 vermisst. Bei der letzten

Markierungspiste vor dem Rauchfang, also auf gleicher Höhe, wo das Flugzeug im Jahre 1945 landete, zirka dreihundert Meter davon, schauten Skispitzen aus dem Schnee.

In dem Biwak fand man die beiden Toten. Mayer hatte den Bauch aufgeschnitten. Lunge, Herz und Leber hatte man ihm in die Hose gesteckt. Der Magen war, vermutlich mit der daneben liegenden Nagelschere, aufgeschnitten worden. Im Biwak herrschte peinliche Ordnung. Es gab noch genügend Lebensmittel und Brennspiritus [...]“

Franz Käls, seinerzeit ein bekannter Ausseer Skifahrer und Mitglied des Bergrettungsdienstes, schilderte „ECHO“ die Bergung folgendermaßen.

„Wir betrachteten die beiden als Touristen. Der Hüttenwirtin Rosina Julian hatten sie eine ganz andere Route angesagt, als sie wirklich gefahren sind. Da sie nicht zurückkamen, haben wir sie auf dieser Route gesucht. Dass wir sie überhaupt fanden war ein ganz großer Zufall. Wir begegneten bei einer Bergstreife eine Skipartie, die uns darauf aufmerksam machte, dass sie zwei Skier gesehen hätten. Einen auf einem zirka vier Meter hohen Felsblock, den anderen in entgegengesetzter Richtung. Wir folgten den Spuren der Skipartie und stießen auf die beiden Skier. Von dem Platz war es ungefähr eine Stunde zur Schutzhütte in der Wildenseealm. Mit den Skiern wären sie natürlich noch viel schneller gewesen. Wir haben die Bergrettung verständigt und sind nächsten Tag dann, acht Mann hoch, angerückt. Stundenlang haben wir mit den Sonden gesucht. Dann fanden wir die beiden. Der Schnee war acht Meter hoch, ich habe mich dafür interessiert wie hoch er damals war als sie dort waren. Zirka vier Meter. Wir haben sie ausgegraben. Der eine lag mit dem Kopf nach Osten, der andere nach Westen. Nebeneinander.

Damals sagte ich zu meinen Kollegen: ‚Aus! Jetzt müssen wir die Gendarmerie verständigen. Wir haben getan was wir können.‘

Die Antwort: ‚Dann müssen wir noch einmal herauffahren, nein, wir graben sie gleich aus.“ (ECHO, 19. Jahrgang, Nr. 10, S. 7)

Zum Transport hatte man die toten Skifahrer wieder angekleidet. Der Gemeindearzt von Altaussee sollte sie dann untersuchen, um die Todesursache festzustellen. Beim Anblick der Toten musste sich Dr. Knapp übergeben und erklärte, er sei nicht imstande, die beiden zu untersuchen. Da keine Obduktion durchgeführt wurde, wurde auch nie geklärt, was die wirkliche Todesursache war.

Ein zweiter mysteriöser Bergunfall ereignete sich am 10. August 1950 in der Nähe des Toplitzsees, als der Hamburger Gert Gerrens von der Reichenstein-Südwand tödlich abstürzte. Er hatte mit dem ebenfalls aus der Hansestadt stammenden Dr. Hans Keller eine Bergtour unternommen. Die Leiche des Verunglückten war nach einem Fall von rund sechshundert Metern bis zur Unkenntlichkeit verstümmelt. Wenig später stellte sich heraus, die beiden Norddeutschen waren ebenfalls bei Kriegsende Angehörige der Marineversuchsstation am Toplitzsee. Mehr noch: Dr. Keller war gar der ehemalige Leiter. Nun „verstummte der Verdacht nicht mehr, dass es bei diesem angeblichen Bergunfall nicht mit rechten Dingen zugegangen sei. Mayer und Pichler, Keller und Gerrens konnten, ja mussten wissen, wo das Material der Marineversuchsstation und wohl auch die Kisten des Bernhard-Transports geblieben waren.“[146]

Was suchten die ehemaligen Mitarbeiter und der Leiter der Marineversuchsstation am Toplitzsee? War es das Geld, Gold oder die Blaupausen der „Unterwasser-Wunderwaffen"? Haben sie aus eigenem Entschluss und Profitstreben gehandelt oder begaben sie sich im Auftrage fremder Mächte zum geheimnisvollen See?

Dr. Wilhelm Höttl war als SD-Spion für Südosteuropa und Italien tätig. Anfang Mai 1945 erschien er plötzlich mit seiner Familie in Bad Aussee. Nach einem brieflichen Vermerk von Dr. Bernhard Krüger, dem Chef des „Unternehmens Bernhard" soll die geschätzte Zahl von sechs Millionen getöteten Juden von dem SS-Obersturmbannführer stammen. Durch seine Aussage als Belastungszeuge der Anklage vor dem Nürnberger Kriegsverbrechertribunal bewahrte er sich nicht nur vor der Auslieferung an das kommunistische Regime in Ungarn und rettete damit sein Leben, sondern er schützte sich damit auch vor einer weiteren politischen Verfolgung.

Das war für Höttl lebenswichtig, denn er wusste nur zu genau, was sich bei Kriegsende am Toplitzsee wirklich abspielte. Die angeblichen verborgenen Schätze, nach denen dort seit Jahrzehnten immer wieder mit spektakulären Tauchaktionen gesucht und dann in reißerischer Aufmachung in den Massenmedien berichtet wird, sind in Wirklichkeit gar nicht im geheimnisumwitterten Gewässer versenkt worden. Das Nazi-Gold sowie Millionen von Reichsmark wurden vielmehr – wie ein dem Autor zugespieltes hochbrisantes Schreiben des ehemaligen Bad Ausseer Sicherheitskommissärs und Gendarmerie-Oberstleutnant Valentin Tarra an seinen Freund Walter Puchwein vom 30. November 1979 enthüllt – zuvor kistenweise beiseite geschafft. Puchwein war als Pionier, der zu der Mannschaft gehörte, die die Stollen im Salzbergwerk von Altaussee sprengen sollten, mehr oder weniger zum Widerstand gezwungen worden. Er wurde als Kurier eingesetzt und vorerst ging alles gut. Weil er aber zuviel wusste, wurde er von den Amerikanern kurzerhand in ein Flugzeug gesetzt und als „Staatenloser" nach Großbritannien abgeschoben.

Tarra – ehemaliger Sicherheitschef im Ausseerland und profunder Kenner der politischen Verhältnisse in der Vor- und Nachkriegszeit des Salzkammergutes, der die jeweiligen politischen Systeme hautnah miterlebte – belastete kurz vor seinem Tod in seinem Schreiben an Puchwein insbesondere den in der Nachkriegszeit Österreichs als leuchtendes Beispiel besonders herausgestellten „Widerstandskämpfer" Albrecht Gaiswinkler, der angeblich nur wegen der mit viereinhalb Millionen Reichsmark aufgefüllten Kriegskasse der 6. Armee mit dem Fallschirm aus einem Flugzeug über dem Aussseerland abgesprungen ist und nicht, wie offiziell stets behauptet wird, um den Widerstand zu organisieren. Faktum ist, dass sowohl die Reichsmarkmillionen der 6. Armee als auch die anderen Geld- und Goldreserven in dunklen Kanälen verschwanden und nie mehr das Tageslicht erblickten, sodass auch alle zukünftigen Tauchaktionen nach dem legendären „Schatz vom Toplitzsee" ergebnislos verlaufen werden.

Valentin Tar[r]a
Gendarmerie-Oberstleutnant I. P.
Sicherheitskommissär A. D.
8990 Bad Aussee
Haslauergasse 21 Telefon 06152/2496

Bad-Aussee, am 30. November 1979

Lieber Freund Puchwein,

Ihr Schreiben von England mit beste[m] Dank erhalten, ich hoffe, das[s] Sie bestimmt Mitte Jänner 1980 zu mir auf Besuch kommen, damit wir auch die Gaunereien von Gaiswinkler und Neumann ausführlich besprechen können.

Schon i[m] Vorhinein sage ich Ihnen[,] das[s] Gaiswinkler 12 Kisten Gold gestohlen und auch die Armeekasse der 6. Naziarmee Generallt. Fabiunke mit 4,5 Millionen Reichsmark sowie am Toplitzsee ein Marine Unterseebotsuchgerät [sic] im Werte von 600.000 Mark und noch weitere Gaunereien begangen hat. De[n] Minister Helmer hatte derselbe Gauner mit 1 Million Schilling bestochen, dieser wollte mich Ende 1949 nach B[u]rgenland versetzen und innerhalb 2 Monaten zum Oberst befördern, scheinbar hätte Helmer und Gais dann den Russen gesagt[,] dass ich engl[.] oder USA-Spion sei[,] natürlich eine Lüge, aber ich wäre für ein paar Jahre nach Sibierien [sic] gekommen, und diese Sache wollten die Beiden errreichen[.]

Nicht Dip.Ingeneur [sic] Wiesen[t]hal hatte Eichmann in Argentinien ausgeforscht, sondern ich beim Juden Hatschek Eternit Gmunden, nur bei der Verteilung der Prämie von den [a]merikanischen Juden[,] damals eine Million Dollar, hatte mier [sic] keinen Groschen gegeben. Manche sagen[,] schreibe ein Buch, aber leider müs[s]te ich die Roten wie auch die Schwarzen angreifen[,] den[n] die Gaunereien von Bischof Rohracher mit den 2 Kisten Gold und den 600 Leintüchern des hiesigen verstorb. Dechant Hütter usw. müsste ich doch wahrheitsget[r]eu schildern und noch weitere Gaunereien, aber mit 84 Jahren denke ich[,] ich schreibe kein Buch[,] ich will noch ein paar Jahre ruhig leben, un[d] nicht einmal dass mein Haus in die Luft fliegt, den[n] auch über 145 kg Morphium usw könnte ich schreiben[.] [D]ieser Gauner hatte sich ober [sic] meine[m] Haus eine Judenvilla gekauft und am Ramg [sic] hat der SS. Oberstantarenfürer [sic] Br. Hötl eine Mittelschule[.] [Meine Nachbarin wollte unser Haus uns nehmen[,] weil ich ihren Mann vor 1938 öfters angeblich pol[itisch] eingesperrt hätte[.] Endlich konnte ich beim Kreisgericht Leoben nachweisen, dass ich diesen Helden nie aus pol. Gründen[,] sondern wegen Verbrechen des Diebstahls verhaftet habe.

Teile Ihnen auch mit[,] dass im Oktober und November 1979 der ehemalige C.I.C. Colonel Peterson bauf [sic] Besuch war.

Aber nun genug[,] ich hoffe bestimmt auf Ihr [K]ommen i[m] Jänner[.]

Herzliche Grüsse [sic] auch [an] Ihre Töchter
(gez.) Tarra

7. Der Reichsbankschatz vom Walchensee

„Der Zweite Weltkrieg war hoffnungslos verloren, trotzdem unternahmen die Nazis einen letzten verzweifelten Versuch, ihre enormen zusammengeraubten Gold- und Silberschätze sowie gewaltige Summen in allen möglichen Währungen vor den Alliierten, die gegen Berlin vorrückten, in Sicherheit zu bringen", hieß es in einer Reportage der Londoner „Sunday Times" am 26. Februar 1984. „Hitler befahl persönlich, diese Reichtümer in den Süden zu schaffen und in den Alpen zu verstecken."

Der Walchensee ist der tiefste und geheimnisvollste aller oberbayerischen Seen. Vielen Schwimmern und Bootsfahrern wurde er schon zum Verhängnis, wenn die unberechenbaren Fallwinde aus den Bergen das Wasser urplötzlich aufwühlen. Ringsum ist der sieben Kilometer lange und fünf Kilometer breite See von einem urwüchsigen Ufer und einem Kranz von stattlichen Gipfeln eingerahmt. Unter ihnen befinden sich so klangvolle Namen wie Benediktenwand oder Herzogstand. Unbekannter ist dagegen der Steinriegl als nördlichster Teil des Klausenkopfes.

In einem Kapitel ihrer Autobiografie „Der Preis der Herrlichkeit" berichtet Henriette von Schirach, die am 18. Januar 1992 verstarb, vom Versteck des Reichsbankgoldes auf dem Steinriegl bei Einsiedl. Außerdem liegt uns über diesen sensationellen Fund die Niederschrift des Widerstandskämpfers Christian Hallig von 1989 vor, der 1945 auf Seiten der Amerikaner stand. Trotz zahlreicher weiterer Publikationen gibt der sogenannte „Reichsbankschatz" immer noch viele Rätsel auf. Er soll im letzten Kriegsjahr im Auftrage des Reichsmarschalls Hermann Göring im Werdenfelser Land an drei Orten vergraben worden sein: bei Garmisch-Partenkirchen und Oberau sowie größtenteils am Walchensee. Doch zunächst einmal der Reihe nach.

Es war im April 1945, als drei Männer Adolf Hitler in seinem Führerbunker in Berlin aufsuchten. Ihre Namen: Walther Funk, Reichswirtschaftsminister und Reichsbankpräsident; Hans-Heinrich Lammers, Staatssekretär der Reichskanzlei; Friedrich Josef Rauch, als SS-Standartenführer Lammers Adjutant, der für die Sicherheit Hitlers im Führerbunker zuständig war. Sie trugen dem Führer eine fixe Idee vor: Die Gold- und Devisenreserven der Reichsbank sollten angesichts des zügigen sowjetischen Vormarsches aus Berlin herausgebracht werden.

Hitler schrie zunächst: „Das ist offener Defätismus." Doch nach langer, nervenaufreibender Diskussion gab er schließlich ermüdet nach und befahl persönlich die Verlegung des Reichsbankschatzes in die „Alpenfestung".[147] Und weiter: Die Untergebenen des Reichsbankpräsidenten und Reichswirtschaftsministers haben den Transport unter strengster Geheimhaltung zu organisieren. So geschah es dann auch.

Als die Fahrzeugkolonne am 14. April 1945 aus der hart umkämpften „Festung Berlin" in Richtung „Kernfestung Alpen" abfuhr, unterlag sie der höchsten Geheimhaltungsstufe. Das hatte einen sehr guten Grund, denn die Fracht bestand aus einem so großen Vermögen, „wie es noch keiner der begleitenden Polizisten zu Gesicht bekommen hat: Acht Beutel mit Devisen, jeder etwa sechzig Zentimeter hoch, und dreihundertfünfundsechzig Säcke mit je einem Goldbarren – darunter angeblich auch Zahngold vergaster Juden, das der SS-Hauptsturmführer Bruno Melmer aus den Konzentrationslagern der Deutschen Reichsbank übergeben hat."[148]

Doch nicht der gesamte Reichsbankschatz landete in der „Alpenfestung", denn Reichsbankpräsident Funk ließ einen Großteil der Goldreserven des Großdeutschen Reiches in das thüringische Kalibergwerk von Merkers bringen. So schrieb der Nazi-Goldexperte Hersch Fischler, „dass die größte Menge bei Merkers entdeckt" worden sei, „sehr viel kleinere Mengen an anderen Stellen, insbesondere im Konzentrationslager Buchenwald und in den Alpen." Bei Kriegsende lagerten im Kalibergwerk vierhundertneunundfünfzig Säcke Gold; das waren nur vierundneunzig Säcke mehr als am Walchensee. „Wo das Gold hinkam und wo es heute ist, lässt sich", so Richardi, „auch jetzt noch nicht sagen."[149]

Nachdem Eisenhower die thüringische Schatzkammer der Nationalsozialisten besichtigt hatte, schrieb er: „In einem der Gewölbe lagerte eine Unzahl von Gemälden und anderen Kunstgegenständen. [...] In einem anderen Gewölbe sahen wir einen Goldschatz, dessen Wert unsere Experten auf etwa zweihundertfünfzig Millionen Dollar schätzten. Es waren meistens Goldbarren in Säcken, immer zwei Barren zu je elf Kilo in einem Sack. Es war auch eine große Menge gemünztes Gold verschiedener europäischer Länder dabei, sogar ein paar Millionen Goldmünzen aus den Vereinigten Staaten. [...] Alle diese Gegenstände hatte man, anscheinend aus Gründen der Platzersparnis, flach gehämmert und wahllos in die Behältnisse geworfen, wahrscheinlich um sie dann später bei passender Gelegenheit zu Barrengold und -silber umzuschmelzen."[150]

Als Goebbels erfuhr, dass die Amerikaner den Goldschatz erbeutet hatten, schäumte er vor Wut, denn er sei immer dagegen gewesen, Gold und Kunstschätze aus Berlin herauszutransportieren und in Thüringen einzulagern. Als sich die US-Truppen Thüringen näherten, war daher zunächst beschlossen worden, das Gold nach Berlin zurückzubringen. „Ich erfahre auf Erkundungen bei der Reichsbahn, dass man etwas laxe Maßnahmen ergriffen hat, um vor allem die Gold- und Kunstschätze aus Thüringen nach Berlin zu transportieren", empörte sich der Reichspropagandaminister.[151]

Verfolgen wir nun die über zweitausend Kilometer lange Goldspur in die „Alpenfestung". Wie der Goldschatz dorthin gelangte, das entnehmen wir einem als „streng vertraulich" eingestuften Dokument, das im Historischen Archiv der Deutschen Bundesbank in Frankfurt am Main verwahrt wird und von der „Süddeutschen Zeitung" erstmals ausgewertet wurde. Verfasst wurde der Bericht am 30. April 1945 in Mittenwald vom Transportführer, dem Reichsbankoberkassierer Netzeband. Über jeden Tag des geheimen Unternehmens legte er detailliert Rechenschaft ab; allerdings verschwieg er das genaue Versteck des Schatzes.

Mit Netzeband reisten nach Richardis hieb- und stichfesten Recherchen der Reichsbankoberinspektor Januschewski und der Reichsbanksekretär Will. Alle drei waren mit „reichsbankeigenen Handfeuerwaffen (Pistolen)" bewaffnet. Die Fracht bestand dem Bericht zufolge zunächst aus „dreihundertfünfundsechzig Beuteln mit Barren-Gold" sowie aus „vierunddreißig Paketen Druckplatten" zur Herstellung von Banknoten und aus „zweihundert Paketen Notenpapier (100.000 Blatt)". Die Devisen kamen erst in München hinzu. Für den Transport wurden drei Lastwagen, zwei Anhänger und ein Personenauto, das innerhalb des Lastzuges als Verbindungswagen dienen sollte, bereitgestellt. Die Ladefähigkeit der Fahrzeuge betrug lediglich zwölf Tonnen, die Ladung wog jedoch siebzehn Tonnen. „Mithin", notierte Netzeband, „hatten die einzelnen Wagen ein Übergewicht von bis zu eineinhalb Tonnen aufzuweisen, was sich während der Fahrt als sehr störend und hindernd herausstellte."

Das „technische Kommando“ bildeten fünf Männer von der Polizeikraftfahrabteilung Schönwalde bei Berlin. Außerdem „wurden folgende Personen mitgenommen: Die Frau des Chauffeurs des Herrn Reichsministers Dr. Funk mit drei kleinen Kindern im Alter von drei bis fünf Jahren und die Frau und Tochter des Polizei-Oberleutnants Krüger sowie Betten, Fahrräder, Kisten, Wirtschaftsgerät usw. Insgesamt bestand der Transport aus fünfzehn Personen.“[152]

Die beiden britischen Autoren Ian Sayer und Douglas Botting haben ebenfalls Zeugen befragt und Dokumente des Geheimdienstes gesichtet. Ihren Nachforschungen zufolge wurde ein Teil des Reichsbankschatzes unter der Leitung des SS-Standartenführers Rauch mit einem Konvoi von Lastwagen der Marke „Opel-Blitz“ nach Bayern transportiert. Laut Inventarliste umfasste die Ladung der Kolonne dreihundertvierundsechzig kleinere Säcke mit siebenhundertachtundzwanzig Goldbarren, fünfundzwanzig Kisten mit hundert Goldbarren und zwanzig Kisten mit Goldmünzen im Wert von fünfzehn Millionen Dollar. Nach Angaben der beiden Briten führten die Lastwagen aber auch eine große Menge unregistrierter Goldmünzen und wahrscheinlich auch riesige Summen an Devisen mit.[153]

Der Goldtransport in die „Alpenfestung“ war voller Dramatik. Am ersten Tag erreichte die Fahrzeugkolonne Dresden, „wo sich bereits Tieffliegerbeschuss bemerkbar machte und wir infolge einer Panne während der Nacht liegen bleiben mussten“, berichtet der Reichsbankoberkassierer Netzeband. Die Tour beschreibt der Chronist als „eine Fahrt auf Leben und Tod. Durch dauernde Tieffliegerangriffe war ein glattes Fahren nur während der Nacht einigermaßen möglich. Die Fahrstraße war überfüllt mit zerschossenen und ausgebrannten Lastwagen, toten Rindern und Pferden. In Bischofsteinitz entschloss ich mich daher, das Notenpapier zurückzulassen, um mit der Wertladung möglichst schnell aus der Gefahrenzone herauszukommen.“ Am 18. April 1945, es war um 02.00 Uhr in der Frühe, überraschte ein so schwerer Bombenangriff den Konvoi, dass Netzeband „mit dem Verlust des ganzen Transportes“ rechnete. In Freising ging der Brennstoff aus, sodass zunächst sechzig Liter Benzin beschafft werden mussten. Am Morgen des 19. April erreichte man endlich München. Dort wurden von der Reichsbank sechs Kisten und achtundneunzig Beutel mit Devisen übernommen.[154]

Ziel des Unternehmens „Reichsbankschatz“ war der oberbayerische Bergwerksort Peißenberg, wo der Transport in einem Schuppen versteckt wurde. Am Führergeburtstag besichtigte Netzeband mit seinen Männern das abgesoffene Kohlebergwerk „und wir stellten übereinstimmend fest, dass es für die Lagerung völlig ungeeignet sei, da es unter Wasser stand“. Daraufhin fuhr er zum Reichsbankdirektor Gollert nach München, um ihm über den Zustand der Schachtanlagen zu berichten. Dann entschloss man sich, nach einem anderen Versteck Ausschau zu halten. Davon wurde der Reichsbankpräsident allerdings nicht in Kenntnis gesetzt, sodass er später als einer der Hauptangeklagten vor dem Nürnberger Militärtribunal mangels neuester Daten und Fakten Peißenberg als Versteck des letzten Nazi-Goldes nannte.

Nachdem man davon abgesehen hatte, das Gold im Bergwerk einzumauern, wurde der sagenumwobene Schatz von Peißenberg nach Mittenwald transportiert. „Nach einem vierzehntägigen Skilehrgang bei Innsbruck gings wieder zurück nach Mittenwald“, erinnerte sich Josef Strobl vom Ersatztruppenteil in der dortigen Jägerkaserne. „In der Karwoche 1945, am Gründonnerstag, mussten wir zum Appell antreten und der ‚Spieß‘ gab mir und einem weiteren Kameraden den Auftrag, mit einem Maschinenwagen nach Hohenpeißenberg zu fahren, um dort Säcke unbekannten Inhalts abzuholen. In einem Stadel waren einhundert

Säcke aufgestapelt, die von einigen Leuten nach einer Liste gezählt und auf unseren Lastwagen und den Anhänger geladen wurden. Ein Leutnant überwachte diese Arbeiten. Kurz vor Huglfing geriet der Fahrer ungeschickterweise in den Straßengraben und konnte sich aus eigener Kraft nicht mehr befreien. Der Leutnant fuhr mit dem Lastwagen los, um Hilfe zu holen. Niemand durfte den Anhänger besteigen. Bei einigen Säcken entdeckte ich Risse und nach vorsichtigem Öffnen konnte ich erkennen, dass sich offensichtlich in jedem Sack drei Stangen Gold von dreißig Zentimeter Länge, fünf Zentimeter dick, befanden. Ich setzte mich auf die Goldsäcke und verbrachte dort eine Nacht. Am nächsten Morgen kam ein Bauer mit einem Traktor und dem Auftrag, die gesamte Ladung abzuholen und nach Huglfing zu bringen. Vor einem dem Bahnhof gegenüberliegendem Haus hielten wir an und stapelten die Säcke im Hausgang. Plötzlich ein dumpfes Krachen und Poltern. Die schweren Säcke hatten den Dielenboden durchbrochen und landeten im darunter liegenden Keller. Die Bäuerin schimpfte über den Schaden und wollte wissen, was sich in den Säcken befände. Als ich erklärte, es seien Goldbarren darin, schüttelte sie ungläubig den Kopf und meinte, dass das doch wohl nicht wahr sei. Nach ein paar Stunden kam der Leutnant mit dem Lastwagen zurück, wir luden die Säcke auf und setzten uns in Richtung Garmisch in Bewegung."[155]

Bestätigt wird die Aussage des Gebirgsjägers vom ehemaligen Präsidenten der bayerischen Landespolizei. Michael Freiherr von Godin hat am 30. Mai 1950 seinen Bericht für den Bayerischen Ministerpräsidenten Hans Ehard (CSU) verfasst.[156] Darin schrieb der ehemalige Polizeioffizier, der den Hitler-Ludendorff-Putsch vom November 1923 an der Feldherrnhalle mit Waffengewalt gestoppt hatte: „Kurz vor Kriegsende sind Goldbestände der Deutschen Reichsbank auf dem Bahnhof Huglfing bei Weilheim ausgeladen worden. Der Transport wurde begleitet von Beamten der Reichsbank und einem höheren SS-Führer namens Rauch." Nach Aussagen eines „maßgeblich beteiligten Zeugen" habe der Schatz aus zahlreichen Jutesäcken mit Goldbarren und Devisen bestanden. Der Gesamtwert des Vermögens sei auf „etwa dreihundert Millionen Reichsmark" veranschlagt worden.[157]

Was dann mit dem Reichsbankschatz geschah, darüber unterrichtet uns Dr. jur. Wolfgang Bernklau, der mit dem Ritterkreuzträger Oberst Franz Pfeiffer jahrzehntelang sehr eng befreundet war. Seine Tätigkeit bestand in den letzten Kriegsmonaten am Standort Murnau darin, die am Alpenrand nach Osten sich zurückziehenden Truppen zu versorgen sowie die lebenswichtigen Verbindungen zwischen den Versorgungseinrichtungen im Wehrkreis VII (München) und im benachbarten Wehrkreis XVIII (Salzburg) aufrechtzuerhalten. „Kein Ende nahmen in diesen Wochen und Tagen die ständigen Vorsprachen eiliger und erregter Truppenführer, hilfesuchender Bürgermeister, Wirtschaftsführer, Politiker u.s.f., die alle in der Vorstellung lebten, eine gut bevorratete und zur Verteidigung eingerichtete ‚Alpenfestung' vorzufinden, in die sie noch rechtzeitig gelangen wollten", berichtet unser Zeitzeuge. „Am Samstag, dem 21. April 1945, vormittags kam eine Dreiergruppe in die Kaserne, die den Abteilungsleiter ‚Nachschub' in höherem Auftrag sprechen wollte. Da sie sich bereits an der Wache ausgewiesen hatten, ließ ich sie vor, zwei Männer in Zivil und ein Offizier der Panzertruppe. Der zivile Wortführer stellte sich als Reichsbankrat Blücher aus Berlin vor, die beiden anderen Namen schrieb ich mir nicht auf. Der Sprecher trug vor, dass er eine Ladung des Reichsbankgoldes in die ‚Alpenfestung' sicher zu verbringen habe und dazu dringend die nötigen K[raftfahrzeuge] für ein bis zwei Tage benötige. Er sei vom Chef V A im O[berkommando des Heeres] – seit 20. Juli 1944 war dies der SS-Obergruppenführer August Frank – in seinem Ausweichquartier am Sudelfeld an mich persönlich verwiesen worden. Dies schien glaubhaft, weil ich schon seit Wochen von dort Aufträge, Weisungen und Befehle erhielt."[158]

Für den Weitertransport des wertvollen Ladegutes in den Raum von Garmisch-Partenkirchen und Mittenwald stellte Bernklau drei Lastkraftwagen vom Typ „Opel Blitz" bereit. „Mit meinem schriftlichen Fahrauftrag an die Fahrbereitschaft in der Kaserne meldeten sich die drei ab."[159]

An dieser Stelle wollen wir die Goldspur zum Walchensee kurz verlassen, um uns einem weiteren mysteriösen Vorgang zuzuwenden. Denn, so unser Gewährsmann Bernklau, „durch Zufall wurde mir erst jetzt ein Zeitzeuge bekannt, der mit guten Gründen vermutet, dass es noch vor der Blücheraktion ‚Sicherstellung Reichsvermögen' ein gleiches Unternehmen gegeben haben muss".[160] In Stichworten war Bernklau zunächst nur soviel zu entlocken: Beim Drahtzieher einer weiteren Goldbarren-Connection handelte es sich um einen vom Chef des Heerespersonalamtes dank ausgezeichneter persönlicher Beziehungen geförderten „Schnellaufsteiger", über den sich innerhalb weniger Tage eine wahre Beförderungswelle ergoss – und zwar am 1. November 1944 als Major Kommandeur des Infanterieregiments 19 der 7. Infanteriedivision im Großraum Danzig und am 9. November desselben Jahres Beförderung zum Oberstleutnant. Als Regimentskommandeur wurde er Anfang 1945 aus dem heißumkämpften Ostpreußen zur „besonderen Verwendung nach Berlin abkommandiert", wo er einen Sonderauftrag „Alpenfestung" erhielt. „In der Nachkriegszeit", so Bernklau, „im gehobenen Mittelstand am Staffelsee lebend sowie Großwildjäger in Asien und Afrika."[161]

In einem Nachtrag zu einer weiteren Gesprächsrunde im Sommer 1995 wurde Bernklau aufgrund hartnäckiger Nachfragen des Autors dann doch noch konkreter, als er den „Wohlstandsbürger, von dem die Rede war",[162] als den Ritterkreuzträger Hugo Schimmel, geboren am 22. November 1914, wohnhaft in Uffing am Staffelsee, enttarnte. Am 6. April 1945 soll dieser bei der Grundnetzvermittlung der Reichspost in Tiegenhof, wo sich auch der Gefechtsstand des Infanterieregiments 19 befand, ein Ferngespräch mit dem Chef des Heerespersonalamtes und Chefadjutanten der Wehrmacht beim Führer, General Burgdorf, geführt haben. Danach erklärte Schimmel seinem Stab, „dass er den Auftrag erhalten habe, neue Sonderaufgaben im Reichsinnern zu übernehmen".[163] Noch am selben Tage begab er sich daraufhin ohne Angabe des befohlenen Ziel- oder Meldeortes auf die Reise. „Sein Sonderauftrag", so Bernklau, „wurde später wie sein Marschweg und seine Reisemittel (Flugzeug, Kfz) nie bekannt. Er beendete den Krieg und seine militärische Laufbahn im bayerischen Oberland als Oberst";[164] eine Laufbahn, die der Ritterkreuzträger in nur fünf Monaten vom Major bis zu seinem letzten Dienstgrad durcheilt hat.

Für Bernklau stand außer Zweifel, dass auch Schimmel eine wichtige Position in der Goldbarren-Connection innehatte. Denn auf welche Art und Weise sonst wäre sein aufwendiger Lebensstil zu finanzieren gewesen? Denn die Pension eines Stabsoffiziers ist da beileibe nicht ergiebig genug. Weitere Recherchen blieben bedauerlicherweise erfolglos, da der Großwildjäger nach kurzer und schwerer Krankheit am 17. Oktober 1998 im Alter von vierundachtzig Jahren plötzlich aus dem Leben geschieden ist. Folgen wir nun wieder der Goldspur des Reichsbankschatzes zum Walchensee. Zunächst führte sie über die „Olympiastraße" nach

Garmisch-Partenkirchen, wo das Edelmetall in den Kellerräumen des dortigen Offizierskasinos von Gebirgsjägern kurz zwischengelagert wurde. Daraufhin nahm der SS-Führer Rauch Verbindung mit dem Kommandeur der Gebirgsjägerschule in Mittenwald auf. Dieser, Oberst Franz Pfeiffer, war ein ganz ausgefuchster Gebirgsjäger, der mit allen Wassern gewaschen war und den Reichsbankschatz unter keinen Umständen mehr aus den Augen verlieren wollte. Für besondere Tapferkeit beim Durchbruch durch die griechische Metaxaslinie wurde ihm als Hauptmann und Chef der 15. Kompanie des Gebirgsjägerregiments 100 (5. Gebirgsdivision) am 13. Juni 1941 das Ritterkreuz des Eisernen Kreuzes verliehen. Nach seiner Beförderung zum Oberstleutnant wurde er zur legendären Division „Brandenburg“ als Kommandeur des 2. Regiments versetzt, wo er bei verschiedenen Geheimkommandos auf dem Balkan im wahrsten Sinne des Wortes „kräftig mitmischte“.[165] Im Februar 1944 zum Oberst befördert, war er vom 23. November 1944 bis zum Kriegsende Kommandeur der Gebirgsjägerschule. „Weitertransport nach Mittenwald“, befahl Pfeiffer daher angesichts des zu erwartenden, unverhofften Goldsegens.

Dort angekommen, ließ er den Reichsbankschatz, der nach seinen eigenen Angaben aus Goldbarren, Banknoten und Edelsteinen bestand und nach Kriegsende zum Wiederaufbau Deutschlands verwendet werden sollte, kurzzeitig in der Kegelbahn des Offizierskasinos einsperren. Doch wie einst die spanischen Konquistadoren im Land der Mayas und Azteken, so waren auch Pfeiffers Mulitreiber vom Goldschatz dermaßen geblendet, dass einige versuchten, Goldbarren am offenen Kamin umzuschmelzen, während andere in ihrem Goldrausch aus Banknoten „Fidibus“-Zigaretten drehten.[166]

„Als endgültiges Versteck machte man den Steinriegl aus“, konstatierte Hallig, „einen tausend Meter hohen, bewaldeten Berg“ am Walchensee. „Ein Kommando von zwölf Offizieren hatte den Transport zu übernehmen, mit Mulis und in Zivil gesteckten Soldaten als Treibern. Am 26. April traf die Kolonne abends ein. Alles wurde in den Stall des Forsthauses gebracht; zwei Goldbarren fehlten – rätselhaft. Nach dem Nachzählen wurden die Mulis wieder beladen, und im Schein von Taschenlampen ging es hoch zu der Grube, die ein Vorkommando bereits ausgehoben hatte. Sie war an den Wänden mit Brettern und Bohlen abgedeckt worden, auch mit wasserdichten Planen. Auch Waffen und Lebensmittel wurden eingelagert, zugeschaufelt und mit Moos und Gestrüpp getarnt. Abstieg. Die zwei Goldbarren fanden sich in der Kegelbahn, wurden Funk ausgehändigt. Jahre später fanden Vernehmungen von Beteiligten durch die Kripo München statt, weil ein Teil der Bestände von den Devisen fehlte. Ergebnis: Niemand wusste etwas.“[167]

Am allerwenigsten, so gab er später zu Protokoll, der Gebirgsjäger-Oberst Franz Pfeiffer. Doch das war nur die halbe Wahrheit; die andere werden wir später erfahren.

Aber auch „noch andere – fast sagenhafte – Geschichten ereigneten sich in den Apriltagen 1945 und wenig später“, schrieb der Eichenlaubträger Pössinger. „Auf die Uranwürfel, die den Amerikanern nicht in die Hände fallen sollten und schließlich in Garmisch landeten, will ich hier gar nicht eingehen [...]“.[168] Es handelte sich hierbei um die Radiumreserve des Dritten Reiches, welche gegen Kriegsende von Hitlers Atomforschern auf der Flucht in die „Alpenfestung“ im Isartal vergraben wurden. Die Uranwürfel waren beim letzten deutschen Uranversuch in Haigerloch 1945 zur Anwendung gekommen. Sie wurden sowohl nach Kriegsende in der Loisach bei Garmisch-Partenkirchen als auch 1983 im Sylvensteinsee gefunden.

„Als die amerikanischen Truppen kurz vor dem Einmarsch in Thüringen standen, veranlasste Himmlers Sicherheitsdienst (SD) überstürzt eine Evakuierung in die ‚Alpenfestung‘ und setzte dazu eine Lastwagenkolonne nach Stadtilm in Marsch“, so Dr. Nagel in einem Zeitungsbericht. „Sie sollte Diebners Gruppe, ihre Dokumente und Ausrüstung sowie weitere in Stadtilm befindliche Wissenschaftler nach Innsbruck in Sicherheit bringen.“[169]

Was jedoch mit den Goldbarren geschah, das lässt sich aus Berichten von Christian Hallig und Henriette von Schirach rekonstruieren; allerdings nicht ganz widerspruchsfrei, da sich die Ehefrau des Reichsjugendführers, die mit der Familie des Reichsbankpräsidenten Walter Funk, eines Hauptangeklagten im Nürnberger Prozess, eng befreundet war, in der Gegend um den Walchensee recht gut auskannte.

„Das ganze Gebiet wird nun streng abgesperrt“, bemerkte sie in ihrem Buch „Der Preis der Herrlichkeit“ und fuhr dann fort: „Volkssturmmänner aus Kochel bewachen das Revier, als sie die Mannschaften des Transportes nach ihren Ausweisen fragen, da sie in den schlechtgekleideten Männern Deserteure vermuten, staunen sie – durch alte Uniformen als einfache Soldaten getarnt, verbergen sich höchste Ränge. Die Muli werden bepackt und hinaufgetrieben, keine Stunde dauert der Weg, seitlich vom Trendelpfad ist eine Waldwiese, sie erscheint wie geschaffen für ihre neue Bestimmung.“[170] Denn „um diese Reichsbanksäcke zu vergraben, braucht man tiefen, weichen Waldboden.“[171] Dann beschreibt Henriette von Schirach, wie drei große Löcher gegraben werden – und zwar das eine für den Goldschatz, das zweite für Sanitätskisten, „die aber mit Brillanten gefüllt waren“, und das dritte für Verpflegung und – „da man ja möglicherweise das Versteck verteidigen musste“ – mit Munition sowie Verbandsmaterial. Hinzu kam noch eine Höhle, die als „Devisenbunker“ bezeichnet wurde, sowie „Unterstände und Heuplätze für die Muli.“[172]

Es war ein Heerlager Wallensteinscher Prägung. „Wachen wurden aufgestellt“, notierte Henriette von Schirach. „So ergab sich eine interessante Beschäftigung für die Männer der Urfelder Genesendenkompanie. Nun ist Tag und Nacht Leben und Bewegung in der Waldschneise, es wird gekocht und gebraten, aber was eigentlich geschehen soll, wenn die Amerikaner wirklich da sind, weiß keiner. Es kommt auch kein Befehl durch, die Schatzbewahrer müssen sich auf ihre eigenen Einfälle verlassen [...]“.[173]

Zwischenzeitlich hatten die Amerikaner das Forsthaus Einsiedl besetzt. Der Förster, der gleichzeitig Ortsgruppenleiter war, wurde verhaftet. Sein Sohn, Hauptmann Hans Neuhauser, hatte zuvor mit dem Hauptmann Carl Rall den Reichsbankschatz auf den Steinriegl transportiert und dort vergraben lassen. Da sich die Wachmannschaften in den letzten Tagen des Zweiten Weltkrieges nicht mehr auf einen Kampf mit den US-Truppen einlassen wollten, setzten sie sich stillschweigend ab. „So verzog sich einer nach dem andern übers Karwendelgebirge, ein letzter Trupp Eingeweihter hielt sich noch eine Zeit in der nahen Almhütte.“[174]

Im Juni 1945 erfuhren die Amerikaner als Besatzungsmacht vom verborgenen NS-Schatz in den Walchenseer Bergen. Schnell fanden sie heraus, dass die Goldspur in das Forsthaus Einsiedl führte, das für kurze Zeit zur „Reichszentralbank“ wurde. Dort, so Henriette von Schirach, kommen sie „mit vorgehaltener Pistole“ zur Sache und fordern die Familie F., „die in einem Nebengebäude des Forsthauses evakuiert ist“, auf, das Versteck preiszugeben.[175]

Daraufhin führt F. „die Amerikaner hinauf zum Steinriegl; wenn er [sich] umschaut, sieht er in die Mündung einer Pistole. Auf dem holprigen Weg kann man noch genau die

Abdrücke der Mulihufe erkennen. Herumliegendes Heu und Tannenzweige bezeichnen das Lager", heißt es dann.[176]

„Die Amerikaner stoßen mit den Füßen die Zweige auseinander, aber zum Vorschein kommen nur Hunderte von Verbandspäckchen", berichtet Henriette von Schirach. „Doch nun gellt ein wilder amerikanischer Freudenschrei durch den Wald: Das Gold ist gefunden, eine phantastische, grandiose Beute. An den Säcken hängen Zettel: Deutsche Reichsbank, Hauptkasse Berlin. Dieser Freudenschrei, den das Echo widergibt, ist das letzte, was man von dem Goldschatz hört."[177]

Nachdem die GIs den NS-Schatz viel leichter als angenommen entdeckt hatten – denn man „traute den Deutschen raffiniertere Verstecke zu"[178] – wurde er abtransportiert. In olivgrüne Armeedecken gehüllt und auf ihre geländegängigen Jeeps verladen, kehrte die wertvolle Beute dann mit den Amerikanern ins Tal zurück.

Als der deutsche Transportführer Netzeband am 3. Juli 1945 im Mittenwalder Hotel „Alpenrose" von den Amerikanern über den Verbleib des Reichsbankschatzes verhört wurde, war auch Christian Hallig anwesend. Denn als Mitglied der Widerstandsgruppe „Turicum", die insbesondere im bayerischen Oberland operierte, stand er in den Diensten der US-Führung. Nach seiner Erinnerung, die allerdings nicht ganz mit der von Henriette von Schirach übereinstimmt, führte ein Hauptmann namens Rupert das Suchkommando der Amerikaner von Einsiedl aus zum Steinriegl.

Am 7. Juni brach das Suchkommando mit Pollak an der Spitze unter der Leitung von Hauptmann Rupert von Einsiedl aus auf, schildert Hallig die Schatzsuche vom Walchensee. „Es waren an die vierzehn Mann, darunter drei Zivilisten aus München; wer, das haben wir nie erfahren. Es ging auf den ‚Steinriegl' [...]"[179]

Es war „ein mittelwarmer Tag, bedeckter Himmel, doch die Konturen des Karwendel konnte man noch gut erkennen. Der Hauptmann ging voran, ihm folgten vier athletisch gebaute farbige GIs. Dann Pollak mit dem Chef. [...] Hauptmann R. hatte Mühe, den Platz zu finden, denn inzwischen war das Grün der Sträucher zu einer Art von Gesamttarnung der Umgebung geworden. Ein Berufsjäger aus Mittenwald war anwesend. [...] Hinter Pollak und dem Chef gingen fünf weiße GIs. Auf halbem Wege bedeutete Pollak dem Chef, zurückzubleiben und zu warten. Von jetzt an ging es sehr viel steiler hoch, ohne Pfad."[180]

Mit von der Partie „war auch Gasteiger mit den Mulis. Auf Anraten des Jägers waren Minensuchgeräte mitgenommen worden, die nun in Tätigkeit traten. Pollak hatte die Kolonne halten lassen. Nur er, Hauptmann Rupert und zwei der weißen GIs suchten den Boden mit den Minensuchgeräten ab. Nach einer Weile ertönte bei dem einen Gerät das charakteristische Summen – der Platz war gefunden. Alle Treiber mussten nun ein Stück zurückgehen, dann begann das Graben. Es dauerte nicht lange, und die Grube war freigelegt. Größe: drei mal vier Meter, zwei Meter tief, mit Holz ausgeschlagen. Beutel für Beutel wurde nach oben gereicht. [...]"[181]

„Gold hat Macht, bedeutet Macht, und so viel Gold auf einmal verwirrt die Sinne", schreibt Hallig. „Die Farbigen begannen einen wahren Freudentanz, feuerten mit den Revolvern blind in die Gegend – Freudenschreie, die sich immer mehr steigerten. Bis Pollak mit Donnerstimme Ruhe befahl. Langsam ebbte der Jubel ab. Viel schwieriger war es, die Beutel mit den Devisen, die umgelagert worden waren, aufzuspüren. Doch auch das gelang. Es war alles noch vollzählig vorhanden. Bis auf einen Beutel mit zwei Goldbarren."[182] Der Schatz vom Walchensee umfasste nach Angaben des Widerstandskämpfers Hallig „dreihundertfünfundsechzig Leinenbeutel mit je zwei Goldbarren im Gewicht von fünfundzwanzig Kilogramm, Druckstöcke und Papier für Reichsmarknoten, kiloweise Edelsteine und Mengen an Devisen sowie das Zahngold, das man den Juden im KZ ausgebrochen hatte. Gesamter Wert: dreihundert Milionen Mark. Und dann stellte sich etwas Merkwürdiges heraus. Es fehlten unten in Einsiedl 305.000 Dollar. Immer wieder wurde verglichen – mit den Notizen, der genauen Bestandsaufnahme, die der Jäger damals beim Vergraben des Schatzes gemacht hatte – und dem jetzigen Bestand. Wo waren sie geblieben?"[183]

Vom Walchensee wurde der Reichsbankschatz dann unter dem Kommando des amerikanischen Colonel Bernard Bernstein vom Obersten Hauptquartier der Alliierten Streitkräfte zum US-Hauptquartier nach Garmisch-Partenkirchen transportiert, wo sich seine Goldspur schon sehr bald verlor. Nach Aussage des Freiherrn von Godin fand unmittelbar nach der Bergung des Reichsbankschatzes vom Walchensee eine „Abschlusskonferenz" zwischen hohen amerikanischen, britischen und französischen Offizieren im Olympiaort statt. „Über das Ergebnis der Beratung wird Stillschweigen bewahrt", schreibt Richardi. „Tatsache ist, dass die deutschen Behörden über den weiteren Verbleib des Goldtransports nicht unterrichtet werden."[184]

Zunächst meldete der Bürgermeister von Kochel „die Goldaffäre schriftlich dem Minister Schäffer, mündlich berichtet er sie dem Regierungspräsidenten Osthelder. Und dann wird es ganz still um den Reichsschatz [...]".[185] Im Juli 1950 stellte der Ministerialrat Fritz Baer in der Bayerischen Staatskanzlei in einer Aktennotiz frustriert fest: „Nachdem die amerikanische Besatzungsmacht sämtliche Bestände an sich genommen hat, dürfte eine Weiterverfolgung der Angelegenheit weder angezeigt erscheinen noch Erfolg versprechen." Dann schloss die Bayerische Staatsregierung die Akten, die später in den Magazinen des Bayerischen Hauptstaatsarchivs in München verstaubten.

So ist der Steinriegl am Walchensee bis auf den heutigen Tag mit einem Geheimnis umwoben. Noch 1956 sah Henriette von Schirach auf dem Berg die „mit Waldorchideen, Knabenkraut und wilder Minze zugewachsenen" mannstiefen Löcher,[186] die an den rätselhaften Reichsbankschatz erinnerten. Jahrzehnte später waren dann auch die allerletzten Spuren rund um den Walchensee verwischt, sodass eine exakte Ortsbestimmung nicht mehr möglich ist.

Davon konnte sich der Autor im Herbst 1992 überzeugen, als er die Gegend mit dem ehemaligen Oberfeldintendanten der „Alpenfestung" genauer unter die Lupe genommen hatte, nachdem Bernklau die Walchenseefahrt höchstpersönlich vorgeschlagen hatte, als er am 5. August 1992 schrieb: „Für diesen Fall könnte ich wochentags am geeigneten Treffpunkt Kochel-Bahnhof um 10.06 oder 12.06 Uhr eintreffen. Dies alles", so der geheimnisvolle Wortlaut, „nur als vorauseilende Überlegung, wenn Gesamtlage überschaubar und Wetter gut."

Zunächst ging es in wetterfester Bergbekleidung zum Forsthaus der nahen Ortschaft Einsiedl, „das man in den Wochen nach dem Zusammenbruch das ‚Goldhaus' nannte. Eine Bezeichnung, die dem Oberförster, der es bewohnte, keinen Spaß machte, sondern nur Schereien eintrug. Aber tatsächlich hat sich noch in keinem Privathaus der Welt so viel an Gold, Diamanten und Banknoten befunden wie in dieser Försterei."[187] Wenn die Exkursion nach jahrelangem Abstimmen auch keine Goldbarren oder andere Schätze mehr zutage brachte, so war sie dennoch alles andere als vergeblich. Denn angesichts des abgelegenen Forsthauses von Einsiedl geriet der spätere Ministerialrat im Bonner Bundesministerium der Verteidigung in einen wahren Redeschwall. Es war, als wollte er sich ein jahrzehntelang in seinem Innersten aufbewahrtes Wissen, das ihn zuweilen zu belasten schien, von der Seele reden. So etwas erlebt man vielfach bei alten Kriegsveteranen. Denn wenn die verantwortlichen Führer von einst in die Jahre kommen, dann fangen sie vielfach an, wie die Kinder aus der Schule zu plaudern, weil sie ihre Emotionen zuweilen nicht mehr im Griff haben. Auch Oberst Pfeiffer, den ich mehrmals in seinem noblen Münchner Heim in Nymphenburg aufsuchte, machte im fortgeschrittenen Alter diesbezüglich keine Ausnahme.

Nachdem Rauch und Pfeiffer das Gold im Steinriegl und das Geld auf dem Klausenkopf vergraben hatten, schlichen sie mit umgehängten Gewehren und Zielfernrohren wie Partisanen durch die Jachenau, bevor sie untertauchten. Doch nicht allzu lange, denn plötzlich sah man sie mit eiligen Schritten durch Garmisch-Partenkirchen hasten und dann in der sogenannten Blücher-Villa verschwinden. Dort lebten zwei Nachfahren des preußischen Feldherrn, der 1815 Napoleon I. bei Waterloo besiegt hatte. Nach den Recherchen der beiden britischen Autoren Ian Sayer und Douglas Botting diskutierte das Quartett anfangs darüber, ob mit dem Reichsbankschatz ein unabhängiger Freistaat Bayern – das war eine von Rauchs Lieblingsideen – gegründet werden könnte. Schließlich, so berichten die Briten, holten Pfeiffer und Rauch in einer Nacht- und Nebelaktion mit ihren Rucksäcken etliche Devisenbestände von den Verstecken am Walchensee in das Loisachtal. In der Blücher-Villa versteckten sie alsbald das Geld zunächst in Kochtöpfen, Krügen, Kannen und Weckgläsern. Dann sollen sie es in den Gemüsebeeten hinter dem Haus und im Heuschober des ehemaligen deutschen Offiziers Klaus Bremme, der in der Nähe der Ortschaft Oberau lebte, vergraben haben.[188]

Als Pfeiffer und Rauch die Situation jedoch zu brenzelig wurde, stellten die beiden sich den Amerikanern. „Kurz darauf rasselte ein US-Panzer in den Vorgarten der Blücher-Villa. Ihm folgte ein Jeep, aus dem Hauptmann Frederick Siegfried Neumann, der Übersetzer des US-Generals Patton, entstieg. Er war deutscher Jude von Geburt und amerikanischer Bürger durch Adoption."[189] Nach dem Bericht der britischen Autoren mussten die Gebrüder Blücher das versteckte Geld wieder ausgraben. Dann übergaben sie Neumann Devisen im Wert von 404.000 Dollar. „Rauch schickten die Amerikaner mit einem Auto allein in die Berge. Er brachte ihnen dreiundzwanzig Säcke mit Geld. Das war den Amerikanern zuwenig. Sie schickten den Deutschen noch einmal, diesmal begleitet von einem Zug Soldaten, los. Von dieser Mission wurden neunundvierzig Geldsäcke und sechs Kisten mit Devisen ausgegraben."[190]

Nach Angaben der beiden britischen Autoren fehlten aber siebzehn Geldsäcke, die einen Wert von eineinviertel Millionen Dollar repräsentierten. Sie deuteten in ihrem Buch an, dass Rauch dieses Geld beiseite geschafft haben könnte. Denn nach seiner Freilassung durch die Amerikaner setzte sich der SS-Standartenführer 1948 nach Argentinien ab, wo er sich an einem metallurgischen Unternehmen beteiligte und zwischen einhundert- und einhundertfünfzigtausend Dollar als Kapital der Gesellschaft beisteuerte. Später übersiedelte er in die steirische Landeshauptstadt. Als die Autoren in Graz völlig überraschend anriefen, antwortete er entsetzt: „Wie haben Sie nur meine Telefonnummer herausgekriegt?" Und weiter: „Ich weiß nichts über dieses Thema. Ich habe nur einen Wunsch: Lassen Sie mich in Ruhe."[191] Und Franz Pfeiffer? Der Oberst lehnte ebenfalls jahrelang hartnäckig jede Stellungnahme zum

Verbleib des Reichsbankschatzes vom Walchensee ab. Das hatte einen guten Grund. Denn er setzte sich nach dem Zweiten Weltkrieg ebenfalls über die sogenannte „Klosterroute“ und „Rattenlinie“ nach Argentinien ab, wo er dann aufgrund seines finanziellen Wohlstandes ein fürstliches Leben führte. Doch darüber erfahren wir an anderer Stelle mehr aufsehenerregende Details.

Reichsoberkassierer Georg Netzeband fertigte dieses Protokoll über den Reichsbankschatz vom Walchensee an.

8. Der Angriff auf die „Kernfestung Alpen“

Nachdem Eisenhower sich für einen Raid in die „Alpenfestung“ entschieden hatte, forcierte er den Vormarsch seiner Armeen, denn er wollte im Wettlauf um die Eingänge zu den Alpentälern die Nase vorne haben, damit sich die Deutschen nicht in den Bergen festsetzen konnten. Die Zeit drängte in der Tat, nachdem die Wehrmacht und Waffen-SS längst damit begonnen hatten, sich auf einen Kampf in den Alpen einzustellen. Nicht umsonst wurde in den USA ein siebenundzwanzig Seiten umfassender „Tatsachenbericht“ für drei US-Dollar zu einem heimlichen Bestseller. Darin stand unter anderem zu lesen: „Vierzig SS-Divisionen in der Alpenburg, insgesamt 200.000 eigens für die Kriegführung im Gebirge ausgebildete Soldaten; alle führenden SS- und Parteiführer würden bis zum letzten Atemzug kämpfen, weil ihnen als Kriegsverbrecher in der Gefangenschaft der Tod drohe; die Festung sei darauf eingerichtet, fünf Jahre lang standzuhalten.“[192]

Die Kampfhandlungen der deutschen Heeresgruppe G und der amerikanischen 6. Armeegruppe waren bekanntlich seit Ende 1944 vom Westwall über den Main, Schwarzwald und die Donau bis zur „Alpenfestung“ verlaufen. Neben den bereits genannten Gebirgsdivisionen und schulischen Einrichtungen der Gebirgstruppe der Wehrmacht und Waffen-SS existierten in den Allgäuer und oberbayerischen Alpen noch folgende Gebirgseinheiten: Das Gebirgsjägerersatz- und Ausbildungsregiment 537 in Garmisch-Partenkirchen mit den drei Gebirgsjägerbataillonen 98 in Garmisch, 99 in Sonthofen und 100 in Berchtesgaden; eine Gebirgsnachrichtenersatz- und Ausbildungskompanie in Füssen; die Gebirgspioniersersatz- und Ausbildungskompanie 54 in Mittenwald sowie der Reserveoffizersbewerberlehrgang VII für Gebirgsjäger in Mittenwald. Sie wurden großteils noch anderen Verbänden zugeführt. Darüber hinaus kam es auch noch während der letzten Kriegstage zu spektakulären Zusammenlegungen oder gar zu Neuaufstellungen.

Über jene turbulente Zeit im April/Mai 1945 liegt uns ein aufschlussreicher Bericht des Gebirgsjägerhauptmanns Robert Boxler vor. Er befand sich 1945 am Standort Sonthofen. Dort wurde am 3. April ein Jägerbataillon aufgestellt, das die Bezeichnung „II. Jägerbataillon des Alpenregiments 2“ erhielt. Die Ausrüstung dieses Bataillons war recht mangelhaft, insbesondere mit schweren Waffen. Das Bataillon wurde bei Ingersheim und Crailsheim eingesetzt. Anfänglich erzielte es auch bemerkenswerte Teilerfolge. Es wurde dann jedoch durch die gegnerische Übermacht regelrecht aufgerieben. Nur kleine Restgruppen kamen nach Sonthofen zurück.

„Auch das Oberkommando der Wehrmacht“, so Boxler, „hätte im April 1945 allmählich wissen können, dass feindliche Panzer auch bei größter Tapferkeit mit Infanteriewaffen nicht zusammengeschossen werden können. Durch die vorgenannten Abgaben bestand das Bataillon in Sonthofen nur noch aus ganz wenigen gvh- [garnisonsverwendungfähige Heimat] und einer Anzahl von kv- [kriegsverwendungsfähigen] Leuten. Durch wirklich ‚großzügige‘ von oben angeordnete Auslegung der Tauglichkeitsbedingungen war inzwischen beinahe jeder gvh-Mann in einen ‚bedingt kv-Mann‘ umgewandelt worden, und wer bedingt kriegsverwendungsfähig war, der war bei der Truppe natürlich uneingeschränkt kriegsverwendungsfähig.

Am 11. April 1945 wurden diese Reste aus der Jäger-(Karpaten)-Kaserne Sonthofen in die Artillerie-(Ritter von Leeb)-Kaserne verlegt und die Jägerkaserne mit einem Feldlazarett belegt. Es waren nun außer diesen wenigen kriegsbeschädigten Kriegern nur noch ungarische Soldaten vorhanden, die im Herbst 1944 auf Befehl ihrer Regierung nach Deutschland kamen und von denen eine Kompanie in der Jägerkaserne untergebracht worden war.

Diese wurden in der Nacht vom 22./23. April alarmiert und unter Führung von Hauptmann Boxler zur Verstärkung des Volkssturms nach Oberstaufen entsandt. Auftrag: Verteidigung von Oberstaufen gegen einen aus Richtung Wangen/Allgäu oder vom Bodensee herkommenden Feind sowie Sprengung des Eisenbahntunnels bei Oberstaufen. [...]

Der Tunnel wurde, da militärisch wertlos, nicht gesprengt, zumal Deutschland fast ganz besetzt war. Der bereits aufgerufene Volkssturm wurde sofort entlassen, da die Männer weder im Besitz von Uniformen noch von Abzeichen oder Ausweisen waren und daher zu erwarten hatten, bei Gefangennahme am nächsten Baum aufgeknüpft zu werden. Ihre Bewaffnung war zudem sehr schlecht.

Am 27. April wurde die Kampfgruppe auf Befehl der 19. Armee der Division Nr. 465 unterstellt und in die Gegend südlich Immenstadt verlegt. [...]

Mit diesen insgesamt zweihundertsechzehn Deutschen und Ungarn und einigen Versprengten sollte der Taleingang nach Sonthofen und die von Oberstaufen, Isny, Kempten, Rettenberg herbeiführenden Straßen abgeriegelt werden. [...]

Am 30. April liefen dann die Ungarn in Richtung Immenstadt davon, nachdem sie ihre Waffen weggeworfen hatten. Von den zwanzig Gebirgsjägern des Panzerfausttrupps liefen ebenfalls fünfzehn kriegsverwendungsfähige Männer davon, da sie, an der Straße Immenstadt – Sonthofen eingesetzt, dort einige Gebirgsjäger nach Richtung Immenstadt marschieren sahen und diese erklärten, das Ersatzbataillon in Sonthofen sei aufgelöst und die kriegsverwundungsfähigen Leute entlassen.

Hauptmann Boxler gab darauf den Befehl an die restlichen sieben oder acht Gebirgsjäger, sich zu verkrümeln.

Auf dem Weg nach Ofterschwang fand er auf der Illerbrücke hinter Sonthofen einen französischen Panzerspähwagen, der wild auf einen nicht vorhandenen Gegner feuerte. Dieser war vom Oberjoch kommend bis zur Illerbrücke durchgestoßen, ohne Widerstand anzutreffen. Bei der Meldung auf der Division erklärte der Kommandeur: ‚Dies ist das Ende!‘

Hauptmann Boxler wurde auf seinen Wunsch hierauf entlassen. Der Divisionsstab wartete auf seine Gefangennahme.“[193]

Der Oberst im Generalstab Joachim Brückner stellte in seinem Buch „Kriegsende in Bayern 1945“ fest, dass die Heeresgruppe G Mitte April 1945 weder über personelle noch materielle Reserven verfügte, sodass die taktischen Maßnahmen vor Ort im wesentlichen den Armeen überlassen bleiben mussten.

Der Autor schildert dann mit großer Genauigkeit die zunehmende Aushöhlung der Ersatztruppenteile durch überstürzte Abgaben und Neubildungen. „Immerhin gab es“, was Brückner deutlich macht, „im Wehrkreis VII diesbezüglich weitreichende Veränderungen, wogegen im benachbarten Wehrkreis XVIII eher Lethargie festzustellen war. Beispielsweise lösten sich auch die aus Kärnten für die Schattendivision ‚Alpen‘ zugeführten Gruppen zum Großteil schon in Salzburg auf, da sie aus einflussreichen unabkömmlich (uk) gestellten Nationalsozialisten bestanden."[194]

Angesichts dieser deprimierenden Lage unternahm der Generalleutnant Greiner schließlich einen Versuch, den Oberbefehlshaber West zur Einstellung der Kampfhandlungen zu bewegen. Aus diesem Grunde fuhr er mit Ritter von Epp am 21. April 1945 in das Hauptquartier des Generalfeldmarschalls Kesselring nach Motzhofen bei Aichach. Dieser lehnte jedoch mit dem Hinweis ab, „er habe den besseren Überblick, und er müsse als Soldat gehorchen. Die verhältnismäßig kurze Unterhaltung, der eine Einladung zum Abendbrot folgte, schloss mit dem Gebot Kesselrings zum Schweigen über das Gespräch, das an die Grenze des Landesverrats gegangen sei."[195]

Das bedeutete im Klartext: „Weiterkämpfen!" Zumal in der Unterredung Kesselrings mit Greiner auch die „Alpenfestung" eine Rolle gespielt hatte. Denn des Generalfeldmarschalls Plan war, „das Alpenmassiv (im Gegensatz zu der legendären ‚Alpenfestung') als Sammelpunkt für die deutschen Heeresgruppen Oberrhein und F, die Heeresgruppe G und Teile der Heeresgruppe Süd zu benutzen. Hatten sie sich erst einmal in dem gebirgigen Terrain festgesetzt, dann konnten sie so lange durchhalten, bis die im Osten eingesetzten Heeresgruppen den Russen entronnen waren, sich in den Machtbereich der westlichen Alliierten abgesetzt und kapituliert hatten."[196]

Doch die leidgeprüfte Bevölkerung hatte mit anderen Sorgen und Schwierigkeiten fertig zu werden. So erfahren wir aus einem Bericht der Gendarmerie-Station Feldkirchen vom 24. März 1945: „Auch eine Freiwilligenmeldung des Geburtsjahrganges 1929 (Wehrhaftmachung) zur Waffen-SS vom 17. auf 18. März 1945 im Volkssturmlager in Neubeuern bei Rosenheim hat zur Verschlechterung der Stimmung bei der Bevölkerung beigetragen. Hierzu wurde Folgendes in Erfahrung gebracht, und eine Frau ist sogar auf dem Posten erschienen und hat weinend von dem Vorfall erzählt. Bei der Ankunft im Lager sind die Jungen mit den Beschimpfungen empfangen worden: ‚Seid Ihr schon da, ihr Bauernkerle, ihr Schweinehunde, Feiglinge, Verräter, Kommunisten' usw. Die Jungen sollen mit ihren Koffern bergauf hüpfen haben müssen und sind so von einem Unteroffizier und einem Feldwebel zusammengeschreckt worden, dass einige in die Hose genässt haben. Einer hat aus dem Mund geblutet. Wenn sie sich zur freiwilligen Unterschrift zur Waffen-SS nicht entschließen wollten, ist ihnen die Pistole vor die Brust gehalten worden unter Beifügung aller erdenklichen Schimpfnamen. Andere wurden aufgestellt und hinter ihnen ein Sprengkörper auf den Boden gelegt und dieser zur Explosion gebracht. Wieder andere mussten sich vor das Führerbild stellen und so lange ‚Heil Hitler' rufen, bis sie sich zur freiwilligen Unterschrift entschlossen haben."

Am 27. April setzte Kesselring, es war um 20.30 Uhr, an die Heeresgruppe G einen Fernspruch mit Vorrang-Blitz ab, der – von der Realität auf dem Kriegsschauplatz bereits überholt – folgenden Wortlaut hatte:

„1. Feinddurchstoß bis Linie Donauwörth – westl[ich] Augsburg – Landsberg – Kaufbeuren – Kempten zwingt zu sofortigen Maßnahmen.
2. Es kommt darauf an, unter allen Umständen zu verhindern, dass der von Westen angreifende Feind über München in unseren Rücken stößt und sich in den Besitz der Gebirgsausgänge des Alpenvorlandes setzt.

3. Hierzu ist es notwendig, 17. SS-Panzergrenadierdivision „Götz von Berlichingen" beschleunigt in den Raum Landsberg am Lech und südl[ich] davon heranzuführen und die ostw[ärts] des Lech bis zur Paar-Mündung kämpfende Front der H[eeresgruppe] G allmählich auf die Linie Paar – Augsburg – Landsberg am Lech – Oberlauf Lech – Lechbruck – südl[ich] Kempten – Ostecke Bodensee zurückzuführen. Der Verlauf der Isar – Amper und Glonn – Ammersee – Schongau ist als rückw[ärtigen] Riegel vorzubereiten.
4. Es kommt besonders darauf an, die Gebirgsausgänge nach Norden zu sperren und zu verteidigen."[197]

Daher verweilte die 2. Gebirgsdivision auch nicht allzu lange im Erdinger Moos, sondern strebte nun auf dem schnellsten Wege der „Alpenfestung" zu. Noch in der Nacht vom 29. auf den 30. April 1945 erreichte sie im motorisierten Marsch Siggenhofen bei Markt Schwaben und in der folgenden Nacht über Ebersberg und Markt Grafing die Ortschaft Traxl. „Im Nu waren die wenigen Häuser durch den Divisionsstab und die Nachrichtenabteilung überfüllt. Wegen des nun zügig nachstoßenden Feindes, dem Panzer und motorisierte Artillerie zur Verfügung standen, gab es in der nächsten Nacht eine wüste Kolonnenfahrt bei dauernder Richtungsänderung, die durch den vorbeistoßenden Feind bedingt war, bis wir in Thalkirchen landeten. In dieser Nacht", so der Divisionsgeistliche Scherer, „verloren wir einen beträchtlichen Teil der Division."[198]

Am 2. Mai ging es dann abends weiter über die Orte Greimharding – Grenzbach – Prien am Chiemsee – Bernau – Marquartstein, das aufgrund der strategischen Lage der Burg zu einer Verteidigungsfestung ausgebaut wurde. Außer der SS war ein Großteil der Bevölkerung jedoch der Meinung, dass es sich nicht mehr lohne, das Leben der Talbewohner aufs Spiel zu setzten. Währenddessen hatte das XIII. SS-Armeekorps für die Nacht vom 2. zum 3. Mai befehlsgemäß eine Rücknahme seiner Verteidigungsstellung auf die Linie Chiemsee – Simssee angeordnet, „um den Anschluss an den rechten Nachbarn (LXXXII. Armeekorps) wiederzugewinnen". Südlich des Simssees verlor die 2. Gebirgsdivision nahezu ihr gesamtes Gebirgsjägerregiment 137, nachdem der Gegner in den frühen Morgenstunden des 3. Mai beiderseits von Rosenheim wieder angegriffen hatte. „Bei Bernau und nördlich von Aschau waren die Reste der Kampfgruppe von Hobe in zwei Abwehrriegeln eingesetzt worden."[199]

Am 4. Mai lagen die Reste des XIII. SS-Armeekorps südlich von Reit im Winkl an der Deutschen Alpenstraße beim Seegatterl sowie südlich von Kössen bei Niederachen, um das enge Gebirgstal nach St. Johann in Tirol zu sperren. Dort lag seit dem 3. Mai der Gefechtsstand des Armeeoberkommandos 1. Das Hauptquartier der Heeresgruppe G wurde von Niederaschau nach Zell am See verlegt.

In Unterwössen kam die Kolonne der 2. Gebirgsdivision am 3. Mai zum Stehen. „Zur Sicherung des Tales wurde eine Offizierskompanie aufgestellt, der es auch gelang, den Gegner bei Marquartstein aufzuhalten."[200]

In der Nacht vom 3. auf den 4. Mai 1945 zog die 2. Gebirgsdivision ausgebrannt und übermüdet nach Reit im Winkl. „Nachmittags erregte ein Panzeralarm leichte Aufregung."[201] Doch schon ging es weiter in den Versammlungsraum Walchsee sowie Kössen in Tirol. „Außerhalb der Ortschaft, bei einer Mühle, verbringen wir den Rest der Nacht und den anderen

Tag auf der Straße in faulem Warten und unruhiger Ungewissheit", berichtet der Divisionsseelsorger.[202]

„Was wird aus uns?", lautete überall die bange Frage. „Da taucht am Nachmittag des 4. Mai 1945 inmitten dieser Stunden des Zweifels und der Ungewissheit ein Kübelwagen auf und heraus steigt – wir trauen unseren Augen nicht! – General von Hengl, unser Divisionskommandeur von der Eismeerfront. Da erinnern wir uns erst, dass General von Hengl zum Befehlshaber der ‚Alpenfestung' ernannt worden ist", heißt es in der Chronik der 2. Gebirgsdivision.[203]

Schon kurz darauf wird „mit den Amerikanern über einen örtlichen Waffenstillstand verhandelt", heißt es dann weiter. „Den Amerikanern ist nichts lieber als das; denn als sie sehen, was sich hier in den Bergen an deutschen Gebirgsjägern noch versammelt hat, sind sie froh, dass sie nicht mehr von uns angegriffen werden. Sie haben eine ungeheure Achtung vor der deutschen Disziplin und machen sich unseren Ordnungsgeist zunutze. So bleibt alles in den gemeldeten Unterkünften. Die bisherige Führung ist auch weiterhin für die Führung der Truppe verantwortlich. Offiziere und Unteroffiziere dürfen ihre Pistolen behalten. General Utz hält eine Ansprache an die Truppe und dankt allen, die bis zum letzten, bitteren Ende mit ihm durchgehalten haben. In den Schreibstuben werden allen, die sich in ihre Heimat durchschlagen wollen, Entlassungsscheine ausgestellt, einerlei, ob es den Amerikanern recht ist oder nicht. Vielen gelingt es noch, über die Berge in ihre Heimat zu kommen und der Gefangenschaft zu entgehen."[204] Während die Masse der 2. Gebirgsdivision bei St. Johann in Tirol von den Amerikanern entwaffnet wurde, erfolgte die Auflösung ihres Gebirgsjägerregiments 137 im Raum Kufstein.

Unterdessen stieß das XX. US-Armeekorps mit dem operativen Ziel Salzkammergut Anfang Mai bis an den Inn vor und erreichte das Gefechtsfeld nördlich von Mühldorf, Neuötting, Marktl, Sambach und Braunau. Am 1. Mai wurden die beiden Innbrücken zwischen Simbach und Braunau gesprengt. Dennoch gelang den Amerikanern der Uferwechsel ohne nennenswerten Widerstand über die heil gebliebenen Brücken in Tittmoning und Burghausen sowie über die unversehrt befahrbaren Staudämme der Innkraftwerke Ering und Obernberg.

Das Ringen um die Kapitulation von Braunau am Inn verlief besonders dramatisch, da einflussreiche Männer der SS und NSDAP eine nachhaltige Verteidigung der „Geburtsstadt des Führers" forderten, während die Bevölkerung für eine kampflose Übergabe an die US-Armee eintrat. „Dass die Amerikaner eine ganze Division gegen Braunau von der bayerischen Seite des Inns her einsetzten und die Übergabe der Stadt unter Androhung ihrer Zerstörung forderten und durchsetzten,"[205] kann einerseits aus dem Mythos Braunaus als Geburtsstadt Adolf Hitlers erklärt werden. Andererseits hängt dies wohl auch mit den erst in seinen letzten Tagen von ihm bekanntgegebenen Plan der „Kernfestung Alpen" zusammen. „Braunau gehörte zu dieser ‚Alpenfestung' und das alte Gutshaus in Osternberg [...] war als Sitz des Reichspropagandaministers Goebbels ausersehen."[206]

Nach der Übergabe und Besetzung der „Geburtsstadt des Führers" kam es am Nachmittag des 2. Mai 1945 noch zu einem blutigen Handstreich, denn der Gauleiter August Eisgruber hatte einer kleinen Kampfgruppe befohlen, mit Waffengewalt in Braunau einzudringen und Hitlers Geburtshaus in die Luft zu sprengen. Das Fahrzeug des Himmelfahrtskommandos wurde jedoch in der Stadt von einem Posten der US-Armee unter Maschinengewehrfeuer genommen. „Der Wagen kehrte um und flüchtete stadtauswärts. Durch den Beschuss waren zwei Mann des Stoßtrupps getötet und einer schwer verletzt worden. Die Überlebenden warfen bei der Straßenkreuzung in Lach die beiden Toten aus dem Wagen und legten den Schwerverwundeten darauf."[207]

Aus dem Erinnerungsbuch der „Thirteenth Armored Division", die sich während ihres Vormarsches in die „Alpenfestung" den Namen „Black Cat Division" gegeben hat, erfahren wir, dass sie unter anderem den Geburtsort von Papst Benedikt XVI. besetzte. „Die Säuberungsaktion der Division zwischen Isar und Inn wurde von den Kampfgruppen durchgeführt, die nebeneinander zur österreichischen Grenze vorrückten und dabei auf leichten Widerstand stießen. Kampfgruppe A [CCA] zog hinter dem Kampfverband Smith nach links und stellte bei ihrem Eintreffen in Simbach fest, dass die Brücke zerstört war. Kampfgruppe R [CCR] musste feststellen, dass die Brücke in Marktl ein Gewirr von verbogenen Streben und Trägern war, konnte aber eine zivile Fähre in Kohlberg beschlagnahmen und mit ihr die 16. Infanteriebrigade [16th Infantry] übersetzen. Kaum drüben angekommen, marschierten die drei Kompanien der 16. [16th] nach Burghausen und Hohenwarth an der Alz [...] Kampfgruppe B [CCB] drehte nach rechts ab, stieß bei Neuötting an den Inn, überquerte den Fluss in Sturmbooten des 124. Pionierregiments [124th Engineers] und eroberte die Stadt.[208]

Die „Lazarettstadt Altötting" wurde nach heftigen gegnerischen Vorstößen in den Morgenstunden des 2. Mai 1945 dem Feind übergeben, heißt es in einem Gefechtsbericht. „Bei Mühldorf erzwingt er einen Übergang" mit seiner 14. US-Panzerdivision, die tags zuvor eine unzerstörte Innbrücke bei Jettenbach, südwestlich von Kraiburg, genommen hatte. Mühldorf am Inn war bereits am 19. März durch ein schweres amerikanisches Bombardement erheblich getroffen worden. Das Hauptaugenmerk der B-24 Liberator Bomber richtete sich an diesem sonnigen Vorfrühlingstag insbesondere gegen den Bahnhof der Kreisstadt.

Wechseln wir nun den Schauplatz des Kriegsgeschehens nach Bayerisch-Schwaben. Dort hatte am 26. April 1945 das amerikanische VI. Armeekorps mit der 44. Infanteriedivision und der 10. Panzerdivision die Linie Memmingen – Mindelheim – Buchloe erreicht und wenig später gar überschritten. Memmingen fiel am Nachmittag des 26. April.

„Die Besatzung des Fliegerhorstes hatte sich nach Sprengung der Horstgebäude, die nach der Verheerung des Platzes durch einen Bombenangriff am 20. April übriggeblieben waren, bereits am 23. April zurückgezogen. Die von der Luftflotte 6 hierhin beorderten Luftwaffenmarschbataillone aus Neubiberg erreichten ihr Ziel nicht mehr."[209]

Nachdem er zum Stab des I. Fliegerkorps, das später in 7. Luftwaffendivision umbenannt wurde, versetzt worden war, trat der Ritterkreuzträger Konrad Knabe am 5. Mai 1945 den Marsch in die „Festung Alpen" an. „Zu dieser Zeit", so der ehemalige Fernaufklärer des Generalobersten Dietl am Polarkreis, „glaubten wir noch immer an eine Wendung zum Guten. Ging doch das Gerücht, Winston Churchill hielte nach dem Tode Adolf Hitlers die Zeit für gekommen, im Verein mit den noch kampfstarken deutschen Armeen die Sowjets wieder aus Mitteleuropa zurückzuwerfen. Eine Bestätigung erhielt das Gerücht durch die Tatsache, dass die auch über den Pyhrnpass bis Liezen vorgestoßenen Vorhuten der Patton-Armee den Kampf gegen uns bereits eingestellt hatten."[210]

Landsberg-West wurde am Abend des 26. April von den Angriffsspitzen der amerikanischen 103. Infanteriedivision erreicht. „Auf dem Ostufer des Lech brauchten die Amerikaner nur geringen Widerstand zu überwinden und konnten einen mehrere Kilometer tiefen Brückenkopf bilden."[211] Angesichts des zügigen alliierten Vormarsches beurteilte der Oberbefehlshaber der 19. Armee die Lage skeptisch. Das einzige Hindernis für die amerikanischen Truppen auf ihrem Weg zu den Taleingängen der „Kernfestung Alpen" seien die „unzähligen Kolonnen, Stäbe, Flakeinheiten, Bodenorganisationen der Luftwaffe, Organisation Todt, selbst Einheiten der Marine, welche auf allen Wegen und Straßen den Alpeneingängen zustrebten und teilweise unentwirrbare Verstopfungen verursachten. Armeeoberkommando 19 versuchte diese unter keinem Befehl stehenden und ohne Kenntnis der Feindlage wahllos nach Süden hastenden Einheiten in besondere Abstellräume zu leiten. Sie hatten Befehl, sich überrollen zu lassen. Diese Absicht gelang bei der Unzahl der zum Teil von der Nordsee wie von der Atlantikküste bis zu den Alpen geflüchteten Formationen und bei der geringen Zahl der Ordnungsdienste nur unvollkommen. 1812 mag der Rückzug der ‚Grande Armée' ähnlich gewesen sein."[212]

Am Nachmittag des 27. April eroberten Panzer der amerikanischen 10. Panzerdivision Kempten, Kaufbeuren und Schongau. Schon am Abend standen sie zusammen mit der 103. Infanteriedivision in Marktoberdorf. Daraufhin befahl die 19. Armee dem LXIV Armeekorps, sofort „mit allen verfügbaren Teilen den Gebirgseingang bei Reutte (südlich Füssen) zu sperren".[213] Zuvor war nördlich von Kempten der Volkssturm an der Straße nach Memmingen erfolgreich gegen die amerikanische 44. Infanteriedivision eingesetzt worden. Während Hitlers letztes Aufgebot den Gegner vier Stunden lang aufhalten konnte, waren „die Reste der Kemptener Garnison, das Grenadierersatz- und Ausbildungsbataillon 91 [...] offenbar abgezogen, einen Stadtkommandanten gab es nicht mehr".[214]

Auch Schongau war von Teilen der amerikanischen 10. Panzerdivision und der 103. US-Infanteriedivision kampflos eingenommen worden. „Die Übergabe erfolgte hier durch einen Leutnant der Flakartillerieschule Altenstadt, der von seinem Kommandeur, Oberst Kretschmann, zur Aufrechterhaltung der Ordnung in der Stadt mit einem Kommando von zwanzig Soldaten abgeordnet worden war. Ohne Widerstand ergab sich auch die Garnison in Altenstadt mit über dreitausend Soldaten. Offenbar hatte Oberst Kretschmann den gerade ergangenen Befehl der Luftflotte 6 zur Auflösung seiner Schule – entsprechend der eingetretenen Lage – sehr weitgehend interpretiert."[215]

Dass es beim Einmarsch der Amerikaner in Altenstadt am 27. April 1945 nicht zu einem sinnlosen Blutvergießen kam, ist auch dem späteren Bayerischen Ministerpräsidenten Franz Josef Strauß zu verdanken. In seinen „Erinnerungen" schreibt er darüber[216]:

„Der Kommandeur der Luftwaffenflakschule, der Kommandeur der Heeresflaklehrgangsgruppe und die jeweiligen Adjutanten – einer von ihnen Franz Josef Strauß – waren sich nach gründlicher Beratung einig geworden, dass es sinnlos, ja verbrecherisch wäre, gegen die anrückenden Amerikaner Widerstand zu leisten, wie es der am 22. Januar 1945 im gesamten Reich ausgelöste Alarmplan ‚Gneisenau' vorsah. Um die Lehrgangsteilnehmer zu bewaffnen, standen lediglich Karabiner zur Verfügung. Die Amerikaner hingegen konnten Artillerie, Panzer und Flugzeuge in Massen aufbieten. Hätte man versucht, entsprechend dem Befehl eine ‚Lechlinie' als Verteidigungsstellung aufzubauen, wäre, abgesehen von der militärischen Sinnlosigkeit einer solchen Aktion, ein Blutbad nicht zu vermeiden gewesen. Außerdem wäre Schongau mit Sicherheit zerstört worden. Die beiden Kommandeure hatten deshalb zugestimmt, bis auf das Personal der Stammabteilungen und eine Alarmbatterie alle Lehrgangsteilnehmer – rund zweitausend von der Luftwaffe und rund fünfhundert von der Heeresflak – aus der Wehrmacht zu entlassen. Jeder erhielt ordnungsgemäß ausgestellte Papiere. Falsch war lediglich der Hinweis auf die in solchen Fällen notwendige Verfügung des Oberkommandos des Heeres (OKH). Aber das konnte einstweilen niemand nachprüfen, am allerwenigsten konnten dies die Amerikaner. Niemand wusste, ob es überhaupt noch ein funktionsfähiges O[berkommando des Heeres] gab."

Während die Amerikaner mit ihren Panzern durch das Haupttor in die Flakkaserne von Altenstadt einmarschierten, flüchtete Strauß als geübter Radsportler mit dem Fahrrad aus dem Nordtor der Kasernenanlage und versteckte sich zunächst beim Pfarrer von Schwabniederhofen. „Zuvor hatte ich mich", so der spätere langjährige CSU-Vorsitzende, „selbst aus der Wehrmacht entlassen. Da ich unsere Personalpapiere verwaltete, trug ich in den Wehrpass den entsprechenden Vermerk ein und als Datum den 20. April 1945. Gekleidet in den einzigen Zivilanzug, der mir geblieben war [...]"[217]

Wenige Tage nach Kriegsende war Strauß dann „Gast" in Schongau, wenn auch nicht ganz freiwillig, da er nach einer Kontrolle in Schwabniederhofen von einer amerikanischen Streife festgenommen und in dem damals noch als Gefängnis genutzten Ballenhaus in Schongau in Arrest genommen wurde. Dieses unerfreuliche Ereignis wurde für ihn jedoch zum Auslöser seiner politischen Karriere, die in Schongau als junger Landrat begann.

In der Nacht vom 27. auf den 28. April 1945 erreichten die Angriffsspitzen der amerikanischen 44. Infanteriedivision und 10. Panzerdivision im Allgäu Pfronten und Roßhaupten bei ihrem Vorstoß auf Füssen und die deutsch-österreichische Grenze. „Füssen selbst war schon am Nachmittag des 27. April von den letzten deutschen Truppen geräumt worden. Am 28. April früh nahmen dann zwei Parlamentärgruppen mit den Amerikanern Fühlung auf, sodass diese gegen 09.00 Uhr ohne Widerstand in die Stadt einrücken konnten."[218] Von Pfronten aus überschritten Einheiten der amerikanischen 44. Infanterie- und 10. Panzerdivision gegen 19.30 Uhr die deutsch-österreichische Grenze bei Steinach. Von dort fuhren sie ohne Feindberührung durch die Tiroler Bergwelt nach Vils.

Mit den US-Truppen hatten auch Teams der „Operation Paperclip" die „Alpenfestung" erreicht. Dort fahndeten sie „nach hochqualifizierten deutschen Forschergruppen, die sich vom Norden nach dem Süden durchgeschlagen haben. Die eine Gruppe hat das Atomforschungsprogramm, die andere die V-Waffenpläne bei sich. [...] Sie stoßen auf Wernher von Braun und seine Forschungsgruppe aus Peenemünde. Das Ziel, sie dem sowjetischen Zugriff zu entziehen, ist erreicht."[219]

Durch ihren zügigen Vormarsch in die „Alpenfestung" war es den Alliierten weitgehend gelungen, ein Abfließen der deutschen Verbände in das Gebirge zu verhindern. Allerdings waren diese Einheiten „zum weitaus größten Teil unbewaffnet" und fielen „für einen Kampfeinsatz aus".[220] Dennoch: „Als die Amerikaner von allen Seiten her in die ‚Alpenfestung' eindrangen, wurden sie in vielen Fällen mehr durch die Probleme eines allzu schnellen motorisierten Vormarsches als durch den Widerstand der Deutschen behindert", weil, so Minott in seinem Tatsachenbericht über die „Alpenfestung", allzu oft „der Kampfwert der deutschen Truppen sehr gering war".[221] Wie kritisch auch die Offiziere der amerikanischen 44. Infanteriedivision ihren Gegner beurteilten, geht aus der Darstellung auf Seite 303 und folgende hervor.[222] In einer Lagebeurteilung bekannte Albert Kesselring: „Das von mir in Südbayern für am wenigsten wahrscheinlich Gehaltene war dem Feind in kürzester Zeit gelungen. Die stärksten Abschnitte waren spielend überrollt. Würden die Alpeneingänge im Streifen Reutte bis Bregenz gehalten werden? Die ausnehmend günstigen Geländeverhältnisse ließen die Erfüllung dieser Aufgabe zu. Würden den Resten der 19. Armee die französischen Kräfte in ihrer Gesamtheit oder nur die für den Gebirgskrieg geeigneten und bewährten Kolonialdivisionen folgen oder würden sie am Nordrand der Alpen die Bewegungen einstellen? Hatte die Propaganda über die ‚Alpenfestung' Wirkung gehabt?" Denn, so der Generalfeldmarschall, „die Möglichkeit, in die Heeresgruppe C (Italien) von rückwärts hineinzustoßen, konnte dazu verführen, den Angriff in die Alpen fortzuführen."[223]

Exkurs 1: Die Wlassow-Armee

Während die amerikanischen Generale ihre Verbände zum letzten Stoß in die „Kernfestung Alpen" formierten, spielten sich sowohl im Böhmischen Kessel als auch im Voralpenland unbeschreibliche Szenen menschlichen Elends ab. Denn zum einen wurden kilometerlange Marschkolonnen von KZ-Häftlingen von Dachau in die „Alpenfestung" getrieben und zum anderen zogen marodierende und plündernde Truppen der Wlassow-Armee am Nordflügel der „Alpenfestung" durch Süddeutschland. Wenden wir uns zunächst der russischen Soldateska in deutscher Uniform zu.

Befehlshaber dieser Verbände war der sowjetische Generalleutnant Andrej Andrejewitsch Wlassow. Er sah, „dass der deutsche Einfall in die Sowjetunion eine einmalige Chance bot, das kommunistische System zu stürzen".[224] Daher hatte er sich im Herbst 1942 voller Zuversicht den Deutschen angeschlossen und schuf aus sowjetischen Kriegsgefangenen eine Freiwilligenarmee. Doch erst am 16. September 1944 wurde die „Russkaja Oswoboditelnaja Armija" (Russische Befreiungsarmee, kurz: ROA) durch ein Abkommen zwischen dem Reichsführer-SS und Wlassow zum „Kampf gegen den Bolschewismus" aufgerufen.

„Am 17. Januar 1945 wurde zwischen dem Auswärtigen Amt und dem Komitet Osvobozdenija Narodov Rossie (Komitee zur Befreiung der Völker Russlands, kurz: KONR) ein Finanzabkommen unterzeichnet, nach dem das Deutsche Reich dem KONR einen nicht limitierten, an keine Bedingungen gebundenen zinslosen Kredit gewährte, der nach der Befreiung Russlands zurückgezahlt werden sollte [...] Von deutscher Seite nahmen Staatssekretär von Steengracht vom Auswärtigen Amt, Staatssekretär Reinhardt vom Finanzministerium [...] teil, von russischer Seite Wlassow [...]"[225]

Nachdem die finanziellen Angelegenheiten im beiderseitigen Einvernehmen geregelt werden konnten, setzte Generalmajor Truchin im Februar 1945 beim SS-Hauptamt die Verlegung des Armeestabes der ROA von Berlin zum Truppenübungsplatz Heuberg durch. Infolgedessen „konnten die Heereskräfte der ROA vorübergehend fast vollständig in räumlicher Nähe zueinander in Württemberg versammelt werden".[226] Seit der Jahreswende 1944/45 wurden auf dem Truppenübungsplatz Münsingen die 1. Division und auf dem Truppenübungsplatz Heuberg die 2. Division der Wlassow-Armee aufgestellt. Darüber hinaus wurde die

Aufstellung einer 3. Division eingeleitet sowie mit dem Aufbau einer Luftwaffe begonnen. An der Spitze der Russischen Befreiungsarmee stand Wlassow, der seit dem 28. Januar 1945 „Oberkommandierender der Streitkräfte der Völker Russlands" war. Ihm unterstanden rund achthunderttausend militärisch organisierte Freiwillige. Die ROA hatte den Status einer „Streitmacht eines Deutschland verbündeten Staates, deren Verbände nur operativ zeitweilig der Deutschen Wehrmacht unterstellt werden konnten".[227]

Im Gegensatz zur 1. Wlassow-Division, die mit rund siebzehntausend Mann an der Ostfront eingesetzt wurde, gelang die Aufstellung der 2. Division nur unvollkommen; „es fehlte zwar nicht an Personal, aber an Bewaffnung. Selbst mit Handfeuerwaffen waren nur fünfzig Prozent der Soldaten ausgerüstet."[228] Am 10. April 1945 befahl das Oberkommando der Wehrmacht die Verlegung aller noch auf den Truppenübungsplätzen Münsingen und Heuberg liegenden Wlassow-Truppen in die Tschechoslowakei. Daraufhin setzte sich am 19. April die 2. Division mit der angegliederten Offiziersschule, einer Reservebrigade und Armeetruppen mit insgesamt rund fünfundzwanzigtausend Mann zu Fuß in Marsch. Dieser konnte insbesondere versorgungsmäßig für Unruhe sorgen, denn der Befehlshaber im Wehrkreis VII, Generalleutnant Greiner, erklärte dem Kommandeur der Aufstellungsstäbe (R), Oberst im Generalstab Herre, am 19. April „aufgeregt und böse", er habe „nicht ein Gramm Brot und nicht einen Tropfen Brennstoff für Ihre Russen".[229]

In dem Bericht schreibt Herre dann weiter: „Auf dem Weg zurück in den Marschraum der Wlassow-Truppen traf ich auf die unglaublichsten Szenen. Die deutsche Kampftruppe befand sich teilweise in voller Auflösung und marschierte ungeordnet in kleinen Trupps oder einzeln auf den von Münsingen nach Osten führenden Straßen. Parallel zu dieser ‚Absetzbewegung' wurden Elendszüge von KZlern durch SS-Leute nach Osten geführt, und wiederum parallel zu diesen marschierten die Wlassow-Leute. So war es kein Wunder, dass es zwischen diesen KZ-Marschkolonnen, in denen sich viele Russen befanden, und den Wlassow-Leuten zu Verbrüderungsszenen kam. Im Umsehen waren die russischen KZler von den Wlassow-Leuten in deutsche Uniformen mit den ROA-Hoheitsabzeichen eingekleidet. Ein undurchdringliches Durcheinander entstand. Die Bewachungs-SS-Leute [...] schössen schließlich dazwischen. Auf eine solche Szene stieß ich hart westlich der Tore von Landsberg",[230] wo es ebenfalls „zu Russenverbrüderungen mit daneben abmarschierenden sowjetischen Kriegsgefangenen und Schießerei kam".[231] Schließlich gelang es Oberst im Generalstab Herre und General Wlassow doch noch, mäßigend auf die Truppe einzuwirken.

„In der letzten Kriegsphase ab März [19]45 hielten die von allen Seiten zurückflutenden deutschen Truppen den bayerischen Wehrkreis VII und davon besonders Oberbayern und Schwaben mit seiner ‚Alpenfestung' als letzte, gut bevorratete Auffangstellung für die erschöpfte Truppe", schildert uns der Armeeintendant Dr. Bernklau die prekäre Lage aus seiner Sicht. „In diesen Tagen trafen Meldungen von den an der Donau gelegenen Standortverwaltungen und Verpflegungsdienststellen ein, dass sich Wlassow-Truppen aus dem Raum Ulm, der Donau entlang auf dem Marsch nach Osten in den Wehrkreis VII hinein bewegten und Verpflegung forderten.

Als ich am Sonntag, dem 22. April 1945, gegen 07.00 Uhr vom Schlafquartier im Murnauer Bahnhotel zum Dienst in die Kaserne kam, lag schon ein Funkspruchvermerk vom

Stabschef Oberst Großer vor, der mich dringend zu einer Besprechung ins Ausweichquartier nach Kempfenhausen bat. Ich ließ mich unverzüglich dorthin bringen. Unterwegs auf der ‚Oympiastraße' heulten im Land überall die Sirenen, was erhöhte Luftgefahr (Bomben und Tieffieger) bedeutete. Großer wollte für seinen täglichen Korpsbefehl mit mir absprechen, wo und wie die auf dem Rückzug in den Wehrkreis hereinströmenden Truppen mit dem elementaren Lebensbedarf versorgt werden können. Danach kam Oberst Müseler (Kavallerist aus dem Wehrkreis X) zu der Besprechung, der vom Befehlshaber des Ersatzheeres-Heimat den Auftrag hatte, soviel wie möglich Vorratsgüter in den vermeintlich sicheren Wehrkreis VII zu bringen. Diese Aktion Müseler konnte jedoch nicht mehr anlaufen.

Mit einer kurzen Betrachtung der aussichtslosen Lage und beiderseits wohl bewusst, dass dies unser letztes persönliches Treffen vor der Kapitulation gewesen sein könnte, wollte ich mich verabschieden, als Großers Stabshelferin Elfriede Kern ins Zimmer kam und einen neuen Besucher meldete, der uns beide sprechen wolle und es eilig habe. Es war der hochqualifizierte Generalstabsoffizier Herre, der die Versorgung der Wlassow-Marschsäule an der Donau geregelt haben wollte. Angesichts der militärischen Lage und der mir bereits bekannten Meldungen aus den Standorten, hielt ich es für notwendig, die marodierenden Wlassow-Haufen möglichst rasch außer Landes in Richtung Passau – Oberösterreich zu bringen. Ich setzte den Verpflegungsempfang für die Standorte Ingolstadt, Straubing und Passau so fest, dass jeweils nur ein Tagessatz empfangen werden durfte, um den Abmarsch zum nächsten Verpflegungsempfang zu beschleunigen und Ansporn zu geben, das nächste Tagesmarschziel rasch zu erreichen.

Mit dieser Regelung waren sowohl Großer wie Herre einverstanden [...] Eine Woche später, als am 29. April [19]45 der Feind alle Orte an der ‚Olympiastraße' eingenommen und besetzt hatte, war die Wlassow-Truppe nicht mehr auf altem Reichsgebiet."[232]

Die 2. Wlassow-Division, die Ersatzbrigade, die Offizierschule und der Wlassow-Armeestab waren am 24./25. April 1945 im Raum Kaufering Fürstenfeldbruck – Landsberg am Lech auf die Bahn verladen und in Richtung „Voralpenstellung" und Linz abtransportiert worden. „Aber vor der Verladung", so Hecht, „ist es in Landsberg zu schweren Zusammenstößen mit deutschen Sicherheitsorganen gekommen [...] Als die Verpflegung aus technischen Gründen einen Tag ausbleibt, organisieren sich die Wlassow-Truppen zu regelrechten Räuberbanden und überfallen ganze Dörfer. Es kommt zu Plünderungen, Vergewaltigungen und Morden, bis deutsche Polizei eingreift und dem Unwesen ein energisches Ende setzt [...] Angesichts dieser wilden Zustände wird in aller Eile Transportraum beschafft und die 2. Wlassow-Division in den Raum Budweis verfrachtet. Für General Wlassow ist das ein böses fait accompli ... Die 2. Division kann er jetzt auf keinen Fall mehr mit in die ‚Alpenfestung' dirigieren. Dieses ganze Projekt mit seinen Möglichkeiten einer ruhigeren Anlehnung an die Amerikaner, soll sich also in Nichts auflösen."[233]

Im April 1945 hatte Wlassow sich wiederholt in der „Alpenfestung" aufgehalten. So kam er unter anderem noch nach Füssen und Bad Reichenhall.[234] Am 27. April traf er in Reit im Winkl ein, wo er zwei Tage mit seiner Familie verlebte. In Ruhpolding hatte er am 27. Juli 1944 die Leiterin des örtlichen Soldaten-Genesungs-Heimes im Gasthof Zell, das vorwiegend den Angehörigen der Waffen-SS offenstand, kennengelernt. Adelheid (Heidi) Bielenberg, die Witwe eines gefallenen SS-Arztes, verkörperte den „Idealtyp der nordischen

Rassentheorie: Groß, blond, blaue Augen und ausgestattet mit einem Ehrgeiz, der sie immer wieder dazu treibt, im Mittelpunkt zu stehen".[235] Als sie den russischen General erblickte, fühlte sie sich in Sekundenschnelle von ihm angezogen und glaubte fest an „Wlassows Sendung". So kam es noch während der ersten Tage zur Verlobung. Nur wenige Tage später fand die Hochzeit zwischen der „germanischen Edelfrau" und dem „slawischen Untermenschen" statt.[236]

Am 1. Mai 1945 tauchte der russische General wieder im Feldquartier der 1. Division in Schuchomasty bei Beraun, das rund fünfzig Kilometer westlich von Prag liegt, auf. Wie seine im böhmischen Kessel liegende Truppe, so hoffte auch er auf die amerikanische Kriegsgefangenschaft. Doch Andrej Andrejewitsch Wlassow war mit seinen Truppen „zu einem verlorenen Haufen von ‚Verrätern' zwischen allen Fronten geworden, die der rächenden Hand ihrer sowjetischen Landsleute nicht mehr entrinnen konnten",[237] denn über ihr Schicksal war auf der Konferenz von Jalta mit der Auslieferung durch die Briten und Amerikaner an Stalin gnadenlos entschieden worden.[238]

„Einzelne Wlassow-Russen haben sich vorsorglich Rasierklingen in die Kleider genäht. Die Klingen gehen von Mann zu Mann, bis aus dem Wagen das Blut trieft. Die Amerikaner kümmern sich nicht darum. Denn die Züge rollen nach Osten. Die politische Instinktlosigkeit der Amerikaner", so Hecht, „hat einen letzten Triumph gefeiert."[239]

Unter den zahlreichen Brückenbauten der Deutschen Alpenstraße waren im Bereich des Sudelfeldes umfangreiche Militärdepots mit Waffen und Kriegsgerät angelegt worden.

9. Der Dachauer „Evakuierungsmarsch" in die „Alpenfestung"

„Möge das Vorbild derer, die hier 1933 bis 1945 wegen ihres Kampfes gegen den Nationalsozialismus ihr Leben ließen, die Lebenden vereinen zur Verteidigung des Friedens und der Freiheit und in Ehrfurcht vor der Würde des Menschen." Diese Inschrift in französischer, englischer, deutscher und russischer Sprache befindet sich an der Westseite des Mahnmals auf dem Appellplatz der Internationalen KZ-Gedenkstätte in Dachau. Dort eröffneten die Nationalsozialisten vor den Toren Münchens am 22. März 1933 das erste Konzentrationslager.

Zu den prominentesten Häftlingen zählten unter anderem Generaloberst Franz Halder, bis 1942 Chef des Generalstabes des Heeres, der nach den ständigen Auseinandersetzungen mit Hitler 1942 seines Amtes enthoben wurde. Im sicheren Hohenaschau harrte er zunächst in seinem „Hauptquartier Halder", wie er sein stattliches altbayerisches Bauernhaus im alpenländischen Stil nannte, aus, bevor er nach dem 20. Juli 1944 mit seiner Familie von der Gestapo verhaftet und in verschiedenen Konzentrationslagern eingesperrt wurde.

Zu den anderen prominenten Häftlingen zählten in Dachau der General der Infanterie Alexander von Falkenhausen, Militärischer Befehlshaber für Belgien und Nordfrankreich; der Reichsbankpräsident und Reichsminister Dr. Hjalmar Schacht; der spätere SPD-Vorsitzende Kurt Schumacher; der Schriftsteller Alfred Andersen; der Münchner Weihbischof Johannes Neuhäusler;[240] der streitbare Theologe Pastor Martin Niemöller; der Hitler-Attentäter Georg Elser sowie der ehemalige österreichische Bundeskanzler Kurt Schuschnigg. Dieser war zunächst am 8. Dezember 1941 in das Konzentrationslager Sachsenhausen eingeliefert worden. „KZ ist nichts anderes", schrieb er in seinem „Requiem in Rot-Weiß-Rot", „als die Umschreibung für zum Schweigen verurteilte menschliche Verzweiflung".[241] Doch seelisch außerordentlich gefestigt, fügte er an anderer Stelle hinzu: „Ich fühle innere Demut – wie kaum jemals früher. Gebrochen? – Nein! Ganz im Gegenteil!"[242]

Am 6. Februar 1945 wurde Schuschnigg von Sachsenhausen in das Konzentrationslager Flossenbürg verlegt. Zu seinen neuen Leidensgenossen zählten: „Dänen, Franzosen, Engländer – alle in strengster Einzelhaft und viele unter ihnen Todeskandidaten! Daneben Dr. Hjalmar Schacht, Generaloberst Halder, General d[er] Inf[anterie] Thomas, Admiral Canaris (später aufgehängt!) und auch sonstiger Generalstab."[243] Aber der Aufenthalt war nicht von allzu langer Dauer. Denn die Alliierten dirigierten ihre Armeen zügig durch Süddeutschland in Richtung „Alpenfestung".

Am 5. April 1945 notierte der ehemalige österreichische Bundeskanzler daher in seinem Tagebuch: „Die Spannung wird fieberhaft; – die Amerikaner vor Nürnberg; – in wenigen Tagen können sie hier sein ..."[244] Nur zwei Tage später heißt es dann; „Wir müssen weg; – mit dem allernötigsten Handgepäck."[245] Tags darauf landete er mit seinen „Schicksalsgenossen" – unter ihnen der General der Infanterie von Falckenhausen und der zweiundzwanzigjährige Fliegerleutnant Wassili K., ein Neffe des sowjetischen Außenministers Molotow – in Dachau. „Gerade für den Oesterreicher ein Alptraum", notierte Schuschnigg am 10. April 1945 in seinem Tagebuch.[246]

Es war am 11. April 1945, als GIs der 80. Infanteriedivision der 3. US-Armee die überlebenden Insassen des Konzentrationslagers Buchenwald befreit hatten. Während diese „weinten und ihren Befreiern zujubelten, verhungerten und erstickten Tausende ihrer Leidensgenossen in Eisenbahnwaggons, die zu dem Lager Dachau unterwegs waren, das erst am 29. April von Truppen der 42. und der 45. Infanteriedivision erobert wurde“, schreibt Minott. „Etwa dreihundert KZ-Bewacher setzten sich zunächst zur Wehr, ergriffen dann aber die Flucht oder ergaben sich. Rund dreißigtausend Häftlinge wurden befreit. Dachau bot den gleichen Anblick wie Buchenwald, Ohrdruf, Landsberg, Belsen und andere Stätten des Grauens. Häftlinge stürmten blindlings gegen die elektrisch geladenen Drahtzäune, um die Freiheit zu erlangen, als die Amerikaner das Lager betraten. Sie verschafften sich Waffen, sie beschossen und steinigten ihre früheren Schergen, die bei den amerikanischen Soldaten Schutz suchten. Beunruhigt feuerten die Amerikaner über die Köpfe der Wütenden, die grauenhafte alte Rechnungen begleichen wollten.“[247]

Am 26. April 1945 registrierte die Lagerleitung von Dachau 30.442 Gefangene im Hauptlager und 37.223 in den zahlreichen Außenlagern. „Jetzt musste man anfangen, daran zu glauben, dass wir in der Tat nicht bloß in unserem Idealismus enttäuscht und falsch geleitet worden waren“, entrüstete sich der Eichenlaubträger Sepp Prentl.[248]

Zuvor war aus Dachau schon ein größerer Teil von Sonderhäftlingen abtransportiert worden. „Man sagt nach Tirol“, notierte Schuschnigg in seinem Tagebuch.[249] Denn mit ihrem Rückzug in die „Alpenfestung“ verknüpften die Nationalsozialisten die Hoffnung, das Schicksal doch noch zu ihren Gunsten zu wenden. Es waren also nicht mehr neue Entscheidungsschlachten, die sie planten, sondern sie spekulierten jetzt einerseits auf die „Wunderwaffen“, die die Führung angeblich noch in unterirdischen Bergstollen der „Alpenfestung“ versteckt hielt, und andererseits sehnten sie den Bruch der gegnerischen Kriegskoalition zwischen der UdSSR und den Westmächten herbei. Um ihren Rückzug in die „Kernfestung Alpen“ zu decken, wurden die Gefangenen aus den Konzentrationslagern als Geiseln in die Berge verschleppt.

So wurde das Lager Dachau am 26. April 1945 von rund siebentausend Häftlingen geräumt, die in den nächsten Tagen in verschiedenen Elendszügen oder „Todesmärschen“ unter entsetzlichen Opfern in Richtung „Alpenfestung“ getrieben wurden, wo sie unter anderem für Rüstungsprojekte oder zu Verteidigungsaufgaben in den unterirdischen Stollen oder im Gebirge herangezogen werden sollten. Ein Ziel der 6.887 Dachauer Gefangenen, die in drei Marschgruppen in Bewegung gesetzt wurden, lautete: Ötztaler Alpen – und zwar zur Baustelle des Großwindkanals.

„Schließlich konnten wir Menschen unterscheiden, erbarmungswürdige Elendsgestalten, die schmutzig-graue Decken umgehängt hatten“, erinnerte sich die Ordensschwester Maria Imma Mack. „Rechts und links von ihnen gingen SS-Wachen mit Peitschen. Die Gefangenen wirkten wie Greise, die am Zerbrechen waren, obwohl sie zumeist jüngeren und mittleren Alters sein mussten. Immer wieder versuchte einer aus dem Zug auszuscheren und sich erschöpft in den Straßengraben fallen zu lassen oder sackte gleich in der Reihe zusammen. Mit roher Gewalt zwangen die SS-Männer diese Armen zum Aufstehen und stießen sie mit Fußtritten und Schlägen in die Reihen zurück. Mit Peitschenhieben trieben sie die ausgemergelten Gestalten vorwärts.“[250]

Nicht weniger als siebzehn Denkmäler erinnern an das Leiden der Häftlinge des Dachauer „Evakuierungs- oder Todesmarsches“ bei Regen und Schnee in die „Alpenfestung“, bei dem rund ein Drittel ums Leben gekommen sein soll. Sie stehen unter anderem in Berg am Starnberger See, in Gauting, Gräfelfing, Krailling, Planegg und Wolfratshausen. Auf all diesen Mahnmalen steht zu lesen:

„HIER FÜHRTE IN DEN LETZTEN KRIEGSTAGEN IM APRIL 1945 DER LEIDENSWEG DER HÄFTLINGE AUS DEM KONZENTRATIONSLAGER DACHAU VORBEI INS UNGEWISSE."

Am 27. April 1945 erfolgte der Abtransport von einhundertsechsunddreißig sogenannten „Sippenhäftlingen" in überfüllten Autobussen oder auf engen Lastwagen unter der Aufsicht eines Lageradjutanten und eines SD-Spezialkommandos zur Liquidierung von KZ-Häftlingen aus Dachau. „Sippenhäftlinge", notierte Schuschnigg in seinem Tagebuch, „das sind die Familien jener unglücklichen Opfer, die zum großen Teil nach dem 20. Juli 1944 zum Tode verurteilt und justifiziert wurden. Auch die Familien von sogenannten SEYDLITZ-Leuten (Stalingrad!) sind darunter. Viele Kinder, oft auch kleine und kleinste, wurden allerdings ihren Müttern genommen und sind gänzlich unbekannten Aufenthalts. [...] Wir werden avisiert, dass wir durch das Lager zu den bereitstehenden Autobussen geführt werden sollen; jeder nimmt sein bisschen Gepäck; vielleicht auch ein Kind an die Hand, und der kleine, traurige Flüchtlingszug von heimatlos Gewordenen setzt sich wieder in Bewegung."[251]

Die sogenannten „Ehrenhäftlinge" betrachtete die NS-Elite und SS als ein ganz besonderes Faustpfand bei anstehenden Verhandlungen mit den Alliierten. Um zu verhindern, dass sie vorzeitig befreit werden, wurden auch sie in die „Alpenfestung", genauer gesagt nach Südtirol verschleppt.

Während eine Marschsäule des Dachauer „Evakuierungsmarsches" sich dem idyllischen Tegernsee entgegenschleppte, zog eine andere durch das Werdenfelser Land in Richtung Tirol. Am 29. April erreichten „Hunderte von KZlern, in den dünnen Drillichanzügen, fast ohne Schuhwerk, verhungert, geschwächt"[252] den weltbekannten Geigenbauort Mittenwald. Über diesen Elendszug liegt uns ein Augenzeugenbericht des „Turicum-Widerstandskämpfers" Christian Hallig vor. Er schreibt:

„Schon war ein Brausen in der Luft, ein Geräusch, noch nie gehört. Ein Gemisch aus Stimmen, aus laut gebrüllten Befehlen. Geklirr von Gasmaskenbüchsen und Seitengewehren, die gegen Koppel und Körper schlugen, von einzelnen, schrillen Schmerzensrufen und Stöhnen. Da bog schon die Spitze des Zuges um die Ecke, in die Hauptstraße hinein. Und zu dem Gestöhn, das dem Zug vorausgeeilt war, kam nun, mit einem Schlag, ein Aufstöhnen derer, die das sahen – ein Ausdruck der Betroffenheit, des Entsetzens und der Ohnmacht, das sehen zu müssen und nicht helfen zu können.

Sie zogen in Fünferreihen dahin, an der Spitze ein SS-Offizier, dann folgten zwei Scharführer. Und dann die Unglücklichen in ihrer dünnen, blau-weiß gestreiften Häftlingskleidung. Die Temperatur betrug zwei Grad über Null, es wehte ein bissiger Nordwind. Mit Papier, Zeitungen, Fetzen von Lumpen hatten die Männer aus dem KZ ihre Beine, den Oberkörper umwickelt. Die Bindfäden begannen sich zu lösen, und so wehte hier und da ein Fetzen nieder in den Schneematsch der Straße. Die entkräfteten Körper schlotterten vor Kälte hin und her.

Schatzsucher des 55th Armored Engeneer Bataillons auf dem Steinrigl oberhalb des Walchensees.

Die Kesselbergstraße mit dem Walchensee und dem Herzogstand.

Foto aus dem von Dr. Bernklau entworfenen Sterbebild für seinen langjährigen Gebirgskameraden Oberst Franz Pfeiffer.

Der Oberfeldintendant Dr. Wolfgang Bernklau stellte in Murnau die Lkws für den Goldtransport zum Walchensee bereit.

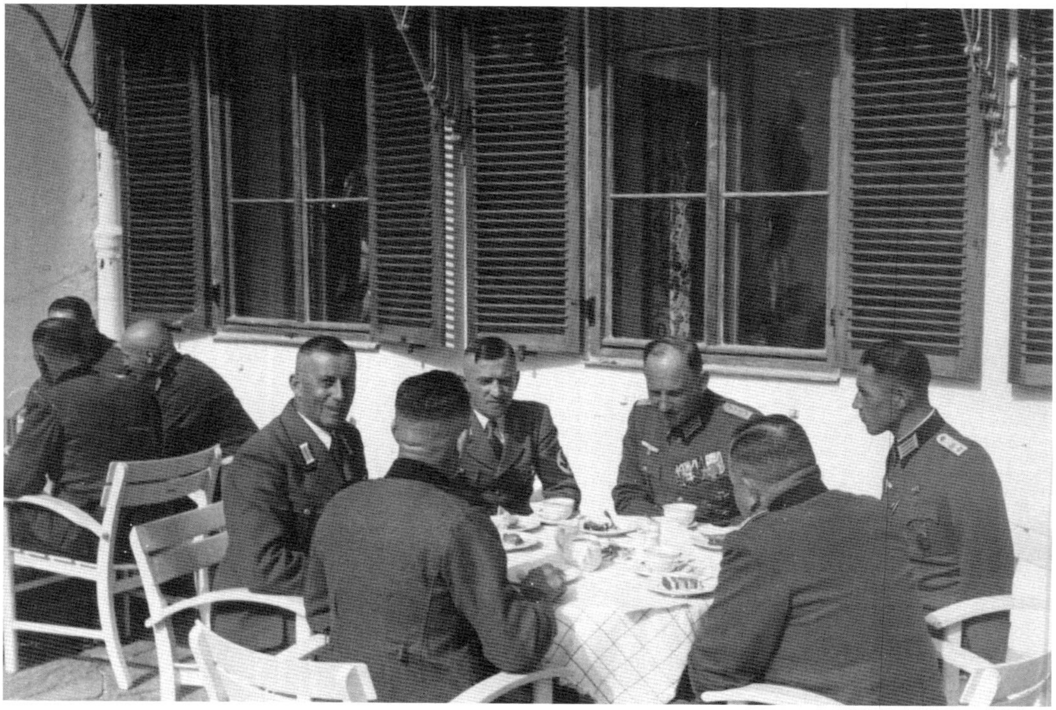

Kaffeerunde auf der Terrasse des Mittenwalder Offizierskasinos.

Das Forsthaus am Walchensee war das Ziel einer im Jahre 1992 durchgeführten sogenannten „Goldbarrenfahrt", die Dr. Bernklau aufgrund seiner Anregung mit dem Autor durchführte.

Fußweg auf den Steinriegl und Klausenkopf oberhalb des Walchensees, wo die Goldbarren des Reichsbankschatzes vergraben waren.

Im Juni 1945 brachten Offiziere der 10th Armored Division 728 Goldbarren des Reichsbankschatzes vom Steinriegl ins Tal, von wo aus sie in die USA verbracht wurden.

Auch Marktl am Inn, der Geburtsort von Josef Ratzinger, dem späteren Papst Benedikt XVI., wurde kurzzeitig Kriegsgebiet.

Der US-General George S. Patton war ein ritterlicher Gegner der Deutschen Wehrmacht.

Im März 1945 zerstörten US-Bomber vom Typ B-24 „Liberator“ den Bahnhof von Mühldorf am Inn.

Generalleutnant Andrej A. Wlassow als Oberbefehlshaber der auf deutscher Seite kämpfenden russischen Befreiungsarmee (POA) bei einer Übung 1944.

Im Hotel „Pragser Wildsee" waren bei Kriegsende zahlreiche prominente Häftlinge aus zweiundzwanzig Nationen aus dem Konzentrationslager Dachau inhaftiert.

Die ausgedehnte Festungsanlage Franzensfeste (Forte di Fortezza) in der engen Eisackschlucht am Eingang des Südtiroler Pustertales. Meterdicke Mauern und Wallanlagen machten die Franzensfeste uneinnehmbar, sodass sie sich als ideales Versteck für den ausgelagerten Goldschatz anbot.

Amerikaner bei der Bergung des Goldschatzes aus der Franzensfeste.

Teilansicht des Konzentrationslagers Dachau, das der Bevölkerung in Süddeutschland allgemein bekannt war.

KZ-Häftlinge in Marschformation auf der Lagerstraße.

Beim Stab der I. Wlassowarmee in Münsingen. Von links nach rechts: Sacharow, Bunjatschenko und Wlassow.

Mahnmal für die KZ-Gefangenen des Dachauer „Evakuierungsmarsches" zwischen Wolfratshausen und Geretsried.

Dachauer KZ-Gefangene auf ihrem Elendszug durch Wolfratshausen in die „Kernfestung Alpen".

General der Gebirgstruppe Valentin Feurstein als Generalinspekteur der Tiroler Standschützen im Gespäch mit Major Karl Walter Lapp.

Generaloberst Heinrich von Vietinghoff-Scheel beaufsichtigt das Scharfschießen der Tiroler Standschützen.

Reichsführer-SS Heinrich Himmler (1) lässt sich von Major Karl Walter Lapp (4) berichten. Rechts von Himmler stehen der Tiroler Gauleiter Franz Hofer (2) und der SS-General Karl Wolff (3).

Truppenbesuch des Oberbehlshabers Südost, Generaloberst von Vietingshoff (1) bei den Südtiroler Standschützen. Dabei der Gauleiter von Tirol Franz Hofer (2) und der Ausbildungsleiter Major Karl Walter Lapp (3).

Gefechtsausbildung der Standschützen in der „Alpenfestung".

Sie gingen kaum noch, es war nur noch ein Taumeln, ein Vorwärtsstolpern. Die Kräftigsten unter ihnen – sofern von Kraft überhaupt noch die Rede sein konnte – stützten diejenigen neben ihnen, die am Ende waren, die sich einfach abwärts gleiten ließen, um auf der Straße zu sterben. Lag einer, sprang einer der Wachen hinzu, riss ihn hoch und stieß ihn, mit dem Kolben des Gewehrs nachhelfend in die Reihe zurück.

Die Häftlinge sahen weder nach rechts noch nach links. Ihre ausgemergelten Gesichter, über deren Backenknochen sich die Haut spannte wie dünnes Seidenpapier, das jeden Augenblick zerreißen konnte, waren ohne jeden Ausdruck. Ihre Blicke hingen am Rücken der Vordermänner, saugten sich dort gleichsam fest in dem Bewusstsein: Wenn der Kamerad vor mir noch gehen, kriechen, sich schleppen kann – dann muss ich es auch schaffen.

Vorbei die Spitze und auch schon die Mitte des Zuges. Wieviele mochten es bisher gewesen sein? Dreihundert, vierhundert bestimmt. Und noch immer bogen sie in die Hauptstraße ein, flankiert von den SS-Wachen, die wie Hunde an der Herde entlangliefen und immer wieder mit dem Gewehrkolben zudroschen."[253]

Am 29. April 1945 vertraute Schuschnigg seinem Tagebuch an: „Am Abend ging es weiter – durch Innsbruck – über den Brenner in langer, endlos scheinender Kolonne. Früh morgens biegen wir ein ... ins Pustertal. Am späten Nachmittag halten wir vor NIEDERNDORF an der Wegkreuzung, die nach ALTPRAGS und zum PRAGSER WILDSEE abzweigt. Es regnet in Strömen. Die ersten Bauern kommen heran; sie bleiben noch in Respektdistanz vor der zum Teil recht unfreundlichen SS-Wache, welche die Autos umstellt hat. Sie grüßen heimlich – da und dort blitzt es auf in den Augen – die Pusterer haben bald heraußen, was los ist ... Es spricht sich herum, dass ein Gestapobefehl gefunden wurde, nach dem für manchen von uns ein letaler Ausgang dieser abenteuerlichen Reise vorgesehen zu sein scheint. Tatsächlich haben wir außer der SS-Bewachung ein eigenes Gestapo-Kommando in unserer Mitte."[254]

Neben zahlreichen prominenten Politikern sowie Generalen und Offizieren der Wehrmacht waren insgesamt mehr als zweihundert Menschen in das Südtiroler Pustertal transportiert worden, die nun „entweder als Geiseln zu verwahren oder aber als Belastungszeugen" umzubringen waren, „falls kein angemessener Preis für sie ausgehandelt werden könnte".[255] Am 1. Mai 1945 notierte Schuschnigg in seinem Tagebuch[256]:

„Nach langem Hin und Her und mit tatkräftiger Unterstützung Tiroler Funktionäre sind wir im Berghotel Pragser-Wildsee gelandet. [...] Draußen ragen stolz und steil wie eh und je die Dolomitenschroffen gegen Himmel, der nun auf einmal wieder voller Sterne grüßt. Rings um das kristallklare Auge des Sees drängt sich der dunkle Bergwald an die Ufer. Wir sind auf tausendsechshundert Meter Höhe; in geschlossenem Ernst und schweigendem Frieden liegt dieses herbe, wundervolle, weiße Winterland. [...]

Die mitgefangenen deutschen Militärs bewiesen vorbildliche Kameradschaft; – sie erreichten – gemeinsam mit den Tiroler Funktionären Ducia und Dr. Thalhammer – die Verbindung mit dem deutschen Heeresgruppenkommando in Bozen und brachten es faktisch zuwege, dass über Befehl des deutschen kommandierenden Generals SS und Gestapo plötzlich von einer Kompagnie [sic] der Deutschen Wehrmacht abgelöst und abgezogen wurden. Das Kommando übernahm nun der deutsche Hauptmann von Alvensleben, ein vorbildlich korrekter und menschlich denkender Offizier, und auch die Mannschaften der deutschen Stabskompagnie [sic] gaben keinerlei Anlass zu irgendwelcher Beschwerde. Der deutsche Hauptmann stellt sich in aller Form vor und erklärt, er sei mit seinen Leuten ausschließlich zu unserem Schutz da … Und dann besteigt Ing[enieur] Ducia – als Beauftragter der Tiroler Landesregierung – ein improvisiertes Podium und sagt:

‚Meine Damen und Herren – Ich bitte Sie im Namen der Tiroler Landesregierung, sich als unsere Gäste zu betrachten …'

Wir schauen uns sprachlos an; haben wohl auch noch Angst, aus irgendeinem schweren Traum zu erwachen – dass das noch möglich ist?

Jawohl – es ist wirklich so! Mein Gott – daheim!"

Unter den einhundertsechsunddreißig prominenten Geiseln aus zweiundzwanzig Nationen, die befreit werden konnten, befanden sich neben dem ehemaligen österreichischen Bundeskanzler Schuschnigg samt Frau und Tochter unter anderem auch der Wiener Bürgermeister Richard Schmitz, der ehemalige französische Ministerpräsident Leon Blum, der Oberbefehlshaber der griechischen Armee Alexander Papagos, der Sohn des ungarischen Reichsverwesers Nikolaus von Horthy, der ehemalige Reichsbankpräsident Hjalmar Schacht, Generaloberst Franz Halder, Pastor Martin Niemöller, der Münchner Weihbischof Johannes Neuhäusler, Prinz Philipp von Hessen, Prinz Friedrich Leopold von Preußen, der Rechtsanwalt und spätere CSU-Gründer Josef Müller, der Großindustrielle Fritz Thyssen sowie je ein Neffe Churchills und Molotows, prominente Griechen, Ungarn und Niederländer, die allesamt an Ort und Stelle liquidiert werden sollten, falls sie nicht als Faustpfand gegenüber den Alliierten eingesetzt werden konnten.

Jetzt verständigte die Tiroler Widerstandsorganisation „Andreas Hofer" die Alliierten, damit diese den Schutz der befreiten „Ehrenhäftlinge" übernehmen sollten. „Eine amerikanische Frontkompagnie übernimmt das Hotel und uns in ihre Obhut. Wir sind befreit!" schrieb Schuschnigg am 4. Mai 1945 erleichtert. „Die amerikanische Truppe macht einen gewaltigen Eindruck. Abgesehen von ihrer für unsere Begriffe einfachhin fantastischen Ausrüstung und Verpflegung. Die Mannschaft ist von vorbildlicher Disziplin, und was vor allem auffällt, zwischen Offizier und Mann herrscht offensichtlich ein ausgesprochen mustergültiges Verhältnis. Sie tun, was sie können für uns: unaufdringlich, hilfsbereit, anteilnehmend, natürlich – mit einem Wort menschlich."[257]

Nun waren die „Ehrenhäftlinge" zwar befreit worden, „in ihre Heimat wurden sie allerdings nicht so schnell entlassen. Sie wurden auf die Insel Capri gebracht, wo sie dann der US-Geheimdienst ausfragte und sich mit ihrer Vergangenheit beschäftigte."[258] Nach Südtirol – einem weiteren Zentrum der „Alpenfestung" – hatten die Nationalsozialisten aber nicht nur Ihre „Ehrenhäftlinge" in Sicherheit gebracht, sondern auch Gold- und Kunstschätze, die unter anderem der SS-Obergruppenführer und General der Waffen-SS Karl Wolff hier versteckt hatte.

„Gleich in den ersten Tagen nach der Waffenstreckung hatte Wolff per Funk seine amerikanischen Partner aus Bern nach Bozen eingeladen", schreibt Jochen Lang. „Gaevernitz landete am 9. Mai auf dem Bozener Flughafen. Er wunderte sich über das fast friedmäßige

Straßenbild, aber am meisten über die SS-Soldaten, die als Wachposten vor Wolffs Palast standen und das Gewehr präsentierten, wenn ein Offizier das Tor passierte. [...] Schließlich fuhr er mit seinem Gast nach St. Leonhard im Passeiertal, nördlich von Meran [...] weil in diesem am Talende liegenden Dorf die Kunstschätze gelagert waren, deren Abtransport aus der Toskana Wolff seinerzeit geleitet hatte."[259]

Die zuständigen Kunstoffiziere der 5. US-Armeedivision benötigten rund zwei Monate, um jene Kunstwerke, die ihnen von den Mitarbeitern des Höchsten Polizeiführers in Italien übergeben worden waren, zu ordnen, zu reinigen und sachgerecht zu verpacken. Im Nürnberger Kriegsverbrecherprozess stellte man fest, „dass die Kunstwerke, die die Deutschen auf ihrem Rückzug aus den italienischen Museen gestohlen hatten, den größten kulturellen Wert unter den Kunstschätzen aller besetzten Länder darstellten."[260] Doch damit nicht genug der sensationellen Enthüllungen in Südtirol...

Befreiung des ehemaligen österreichischen Bundeskanzlers Kurt Schuschnigg. Seine Frau Vera (in der Bildmitte) war ihm freiwillig ins Konzentrationslager gefolgt. Auf dem Arm hält Kurt Schuschnigg seine Tochter Sissy.

10. Das Gold der Franzensfeste

Rund fünfzehn Kilometer nördlich von Brixen liegt der kleine Ort Franzensfeste (= Fortezza). Direkt an einem Stausee der engen Eisackschlucht erhebt sich die gleichnamige ausgedehnte Festungsanlage, die zwischen 1833 und 1838 nach den Plänen des in Verona stationierten österreichischen Heeresingenieurs Franz von Scholl aus härtestem Granit erbaut wurde. Bei ihrer Einweihung zählte sie zu jenen Meisterwerken der k. u. k. Festungsbaukunst, die mit ihren auf verschiedenen Höhenstufen errichteten drei autonomen Forts, den meterdicken Mauern und den zahllosen Schießscharten bis ins Detail perfekt geplant war und mit ihren wirkungsvollen Kanonen und Mörsern jeden Angreifer gezielt unter Feuer nehmen konnte.

Aber als die gewaltige Festung – einst die stärkte und größte Europas – unter einem enormen Arbeitsaufwand von rund viereinhalbtausend Angehörigen der k. u. k. Armee und immensen Baukosten von 2,6 Millionen Gulden endlich fertiggestellt war, hatte sie ihre einstige strategische Bedeutung bereits verloren, denn die Waffentechnik und Kriegsführung hatte sich zwischenzeitlich erheblich geändert. Darüber hinaus gab es seit 1887 keinen Feind mehr, der der österreichisch-ungarischen Doppelmonarchie durch das Etsch- und Eisacktal in den Rücken fallen wollte, da in jenem Jahr der Dreibund zwischen Deutschland, Italien und Österreich-Ungarn abgeschlossen wurde. So schlummerte die nach dem österreichischen Kaiser Franz I. benannte Festung als Depot Jahrzehnte vor sich hin, und zwar bis 1915, als Italien der k. u. k. Monarchie trotz des Bündnisses im Ersten Weltkrieg den Krieg erklärte. Sie wurde nun zum Umschlagplatz für Kriegsmaterial, das für die Südtiroler Dolomitenfront bestimmt war.

Aufgrund des Waffenstillstandes rückten im November 1918 Einheiten des italienischen Heeres durch das Etsch- und Eisacktal bis zum Brenner vor. Daher fiel die Franzensfeste ohne einen einzigen Schuss abgegeben zu haben kampflos an die italienische Militärverwaltung und wurde in Forte di Fortezza umbenannt. Doch das war nicht der einzige Besitzerwechsel. Denn mit dem Einmarsch der Wehrmacht in Oberitalien und der Schaffung der Operationszone „Alpenvorland" im Kriegsjahr 1943 ging auch die Franzensfeste in deutsche Verwaltung über und wurde vom „Gebirgserkundungsstab Italien" als Bollwerk der „Alpenfestung" unter Augenschein genommen. Doch damit nicht genug, denn nun begann auch die abenteuerliche Geschichte des Goldschatzes der Franzensfeste. Vor seinem Sturz als Ministerpräsident hatte Benito Mussolini noch rechtzeitig 127,5 Tonnen Gold der Banca d'Italia und den von Italien geraubten jugoslawischen Goldreserven von Rom nach Mailand transportieren lassen. Da seine Republik von Salò auf Gedeih und Verderb von Hitler abhängig war, gelangten diese Goldreserven in die Hände der deutschen Militärverwaltung. Am 16. Dezember 1943 stoppte ein von Süden anrollender Zug im Bahnhof Franzensfeste. „Er hat längliche Holzkisten geladen, in denen kleine, auffallend schwere Fässer liegen. Bewacht von SS-Soldaten wird die Ladung in die Festung geschleppt und in einem Stollen verstaut, den russische Kriegsgefangene neben der Kapelle unter dem mittleren Fort in den Felsen schlagen mussten."[261]

1944 sollen drei Goldtransporte die Franzensfeste jedoch wieder verlassen haben – und zwar am 29. Februar mit fünfundfünzig Tonnen Gold ins Auswärtige Amt nach Berlin; am 19. April mit dreiundzwanzigeinhalb Tonnen Gold für Schweizer Banken in Richtung Bern;

am 21. Oktober vierundzwanzig Tonnen Gold für die Reichsbank in Richtung Berlin. Als die US-Armee während der letzten Kriegstage die Festung kampflos eroberte, ahnte sie noch nicht, dass sie damit ein kleines Fort Knox eingenommen hatte. Denn als die GIs die schwere Panzertür des in den Felsen vorgetriebenen Stollens öffneten, entdeckten sie die kleinen, auffallend schweren Fässer. Doch von den umfangreichen Goldreserven der italienischen Staatsbank fanden sie nur noch fünfundzwanzig Tonnen vor, die die Amerikaner später den Italienern zurückgaben. Von den insgesamt neunundsiebzig Tonnen Gold, die nach Berlin gebracht worden sein sollen, verlieren sich die Spuren.

„Das Gold liegt noch immer unter der Franzensfeste in Südtirol. Ich habe es damals bewacht", offenbarte Anton W. von der 5. Fallschirm-Flakbatterie. Im August 1944 erhielt er in Bologna den Geheimbefehl: „Sofort nach Südtirol, die Feste gegen Tiefflieger sichern." Der ehemalige Oberfeldwebel erinnert sich: „Überall war SS, das Gelände abgesperrt. Sechzig Mann bezogen Stellung an einer ausgebauten Felsenhöhle, in die Gleise führten. Wir gingen in die Höhle. Hinter einem Vorhang vier Holzwaggons – unbeschriftet. In jedem Wagen lagen fünfzehn Tonnen Gold. Ein Offizier sagte: ‚Zu keinem ein Wort, sonst werden wir erschossen.' Wenige Tage später bombardierten die Amerikaner das Gelände, die Tunneleinfahrt wurde verschüttet. Wir mussten abrücken."[262]

Die italienischen Behörden scheinen also seit dem August 1986 über den Goldschatz informiert gewesen zu sein. Denn der Oberfeldwebel Anton W. soll nach eigenen Angaben im römischen Innenministerium einem Staatssekretär die genaue Lage beschrieben haben. „Ich musste Dokumente unterschreiben, sollte niemand etwas sagen. Die Sache war sehr unheimlich, als wollte man etwas vertuschen."[263] Innenminister war seinerzeit der spätere italienische Staatspräsident Oscar Luigi Scalfaro.

Nicht umsonst gibt es bis auf den heutigen Tag die vielfältigsten Spekulationen um das Gold der Franzensfeste. „Vielleicht", mutmaßen die einen, „liegt ein Teil noch immer irgendwo im gigantischen Höhlensystem versteckt?" – „Vielleicht haben die Transporte die Festung auch nie verlassen?" – „Vielleicht", orakeln die anderen, „kamen auch noch andere Goldtransporte im Bahnhof Franzensfeste an, die dann in der Festung zu neuen Goldbarren umgeschmolzen wurden, um die wahre Herkunft zu verwischen?"

Wie zum Beispiel jener geheimnisvolle Zug, der kurz vor Kriegsende, aus Montenegro kommend, über die Pustertalbahn in das Eisacktal gefahren sein soll. In der im Kriegsjahr 1943 von den Italienern annektierten mittelalterlichen Hafenstadt Kotor – einst mit seinem Kriegshafen eine imposante und wehrhafte k. u. k. Militäranlage, heute ein Weltkulturerbe der UNESCO – hatten die Eroberer sechzig Tonnen Gold in Barren, Münzen und Schmuckstücken sowie mehrere Millionen US-Dollar und Pfund Sterling gehortet, die der junge Agent Licio Gelli, der sowohl für die Deutschen als auch für die Italiener spionierte, bewachte. Er „wird als Kopf der Freimaurerloge P 2 eine der schillerndsten Figuren in der Nachkriegsgeschichte Italiens. Nach Kriegsende sind von dem Schatz in Kotor angeblich zwanzig Tonnen Gold sowie je eine Million Dollar und eine Million Pfund verschwunden. Sie könnten sich, so eine der vielen abenteuerlichen Thesen, in dem Zug nach Franzensfeste befunden haben, wo Gelli nach dem Krieg mehrmals auftauchte."[264]

Nachdem die Amerikaner die Franzensfeste den Italienern übergeben hatten, wurde sie wieder in Forte di Fortezza umbenannt und in ein strengstens bewachtes militärisches Sperrgebiet umgewandelt, in dessen Bunkern der italienische NATO-Partner jahrzehntelang angeblich nicht nur hochexplosive Granaten und anderes brisantes Kriegsmaterial hortete. Als die italienische Armee diese magische Wehr- und Militäranlage, aus der nichts nach außen drang, 2003 räumte und 2005 für die Besucher grob gereinigt wurde, fand man eine leere Gussform, die exakt jene Größe hat, wie man sie zum Schmelzen von Goldbarren verwendet. Angesichts dieses nicht alltäglichen Fundes ist es nicht verwunderlich, dass das legendäre Gold der Franzensfeste immer wieder Schatzsucher anlockt, die mehr oder weniger heimlich Suchaktionen durchführen.

Zeitgenössisches Bild der Franzensfeste kurz nach ihrer Fertigstellung.

11. Die Retter von Garmisch-Partenkirchen

Im April 1945 erhielt Oberst Franz Pfeiffer den Befehl, die Kommandogewalt sowohl über das Gebiet zwischen Bad Tölz und dem Tegernsee als auch im Raum von Oberau, dem Ammertal, Garmisch-Partenkirchen und Mittenwald zu übernehmen. Hierzu wurden ihm unter anderem auch seine Gebirgsjägerkameraden Oberst Ludwig Hörl und Major Michael Pössinger unterstellt, die gesundheitlich derart angeschlagen waren bzw. so schwere Kriegsverletzungen davongetragen hatten, dass sie deshalb von der eisenhaltigen Ostfront in das friedliche Werdenfelser Land verlegt werden mussten. Wenden wir uns zunächst der Causa Hörl zu.

Nach dem Fall der Dnjestr-Schleife bei Koschniza erstattete der Kommandeur der 4. Gebirgsdivision, Generalleutnant Julius Braun, am 15. Mai 1944 gegen seinen Regimentskommandeur Hörl eine Anzeige beim Kriegsgericht der „Enzian"-Division wegen Ungehorsam und Dienstverletzung im Felde, weil dieser seinen Gefechtsstand bei Koschniza eigenmächtig weiter nach hinten verlegt hatte, worauf er am 12. Juli 1944 vom Kriegsgericht im Sinne der Anklage zu zwei Jahren Festungshaft verurteilt wurde. Kurz darauf beantragte sein alter Reichswehrkamerad Ferdinand Schörner als Oberbefehlshaber der Heeresgruppe Südukraine am 23. Juli jedoch die Aussetzung der Strafe. Vom 6. September 1944 bis zum 15. Februar 1945 hielt sich der Begnadigte zur Wiederherstellung seiner Gesundheit im Lazarett auf. Ab 22. Februar war er Kommandeur der Lehrgänge für genesende Offiziere des Wehrkreises VII in Prien am Chiemsee. Dort versammelten sich – wie in Ainring und Salzburg – während der letzten Kriegstage die noch vorhandenen und einsatzfähigen Flugzeuge der Luftwaffe. Dann wurde Hörl mit Wirkung vom 17. März 1945 Kommandeur des Gebirgsjägerersatzregiments 537 in Garmisch-Partenkirchen sowie Standortbereichsführer von Garmisch.

Angesichts der immer weiter in Richtung „Kernfestung Alpen" vorrückenden amerikanischen Verbände erhielt Pfeiffer einen Funkspruch von „oben", wie er sich ausdrückte. In dem „Führerauftrag" wurde er aufgefordert, „die Festung Alpen zu verteidigen." Mehr noch: Das Ende des Funkspruchs lautete ganz unmissverständlich: „Das Schicksal der Festung liegt in Ihrer Hand."[265]

Daraufhin rief der Kommandeur der Mittenwalder Gebirgsjägerschule umgehend die Offiziere in Garmisch-Partenkirchen zusammen, denn er wollte unter allen Umständen ein Blutvergießen vermeiden. Dabei sagte er zu seinem alten Kriegskameraden:

„Hörl, Du bist zwar älter als ich, aber hier ist der Befehl. Für uns beide ist der Krieg zu Ende. Aus diesem Grunde werden wir auch keinen Widerstand leisten, wenn die Lazarettstadt Garmisch-Partenkirchen von den vorrückenden Amerikanern angegriffen wird. Das heißt für uns: Übergabe ohne Blutvergießen aufgrund der ausweglosen Lage."[266]

Als „Retter von Garmisch-Partenkirchen" ließ sich auch gerne der Generalfeldmarschall Wilhelm List feiern. Als im Sommer 1942 durch den exzentrischen Kräfteansatz auf Stalingrad und den Kaukasus die Schlagkraft an beiden Fronten nicht ausreichte, kam es wegen des Einsatzes der Gebirgstruppe zu derart harten Auseinandersetzungen zwischen Hitler und dem Oberbefehlshaber der Heeresgruppe A, dass List schließlich seiner Stellung enthoben wurde, „Im Bewusstsein, sein Bestes getan zu haben, zog er sich ohne Groll in das heimatliche Partenkirchen zurück", heißt es im Mitteilungsblatt der ehemaligen Gebirgstruppe.

„Das Schicksal wollte es, dass er, dank seiner Autorität, bei Kriegsende die Stadt vor nutzloser Verteidigung und damit wahrscheinlicher Zerstörung bewahren konnte."[267]

Doch wie sah die Wirklichkeit aus? „Noch am 26. April strömten hohe Stäbe und Teile von Ministerien nach Werdenfels ein; ein Durcheinander von Kompetenzen, Befehlen, gegenseitigen Absetzungen. Dazwischen wird von den Standortoffizieren eine Proklamation an die Bevölkerung vorbereitet. Landrat Dr. Wisent ist einverstanden, Kreisleiter Schiede macht Schwierigkeiten, will den Aufruf verwässern."[268] Garmisch-Partenkirchen machte den Eindruck eines Heerlagers Wallensteinischer Prägung. Im Stabsgebäude der 1. Gebirgsdivision wurde zwischen den Standortoffizieren und den wechselnden „Sonderbeauftragten des Führers" bzw. den Kommandeuren der „Alpenfestung" bis zum letzten Augenblick erbittert zwischen totaler Verteidigung und kampfloser Übergabe gerungen. Den Etappenfürsten kam dabei zu Ohren, dass die Bevölkerung gegen Resttruppen, die sich bis zur letzten Patrone verteidigen wollten, eine feindselige Haltung einnimmt.

„Nach einem kurzen Lazarettaufenthalt in Mauer-Öhling traf ich in der Nacht vom 20. auf den 21. April 1945 in der Jägerkaserne in Garmisch ein", schildert Gebirgsjäger Hans Gauert die Lage im Olympiaort. „Am. 23. April war um 05.00 Uhr Wecken. Die Kompanie sollte sich fertig machen. Man erkannte die Kaserne kaum wieder: Soldaten aller Truppengattungen liefen herum, an der Krankensammelstelle war lebhafter Betrieb. Es ging zu wie in einem Ameisenhaufen. Außerhalb der Kaserne ‚türmten' die Soldaten mit Frauen und allerlei ‚Graffel'. Am 28. April stand ich um 04.00 Uhr Posten. Wieder flüchteten Soldaten, die Offiziere hatten die Soldaten heimgeschickt. Der Kommandeur war kopflos und vollkommen fertig. Die Kammern waren ausgeräumt. Wir, die letzte bewaffnete und geschlossene Kompanie in ganz Garmisch, wurden ausgelacht. Die Papiere und Wehrpässe wurde verbrannt. Wir zogen zur Exerzierhalle. Keiner wusste, was los war."[269]

Es war Pfeiffer, der angesichts des zügigen Vormarsches der Amerikaner und unklarer deutscher Abwehrmaßnahmen den wendigen Oberst Hörl in Marsch gesetzt hatte, um eine Sperre bei Oberau zu erkunden. „Defätismus und Opportunismus zersetzten auch weiterhin die Hierarchie der angeblich so fanatisch loyalen SS", konstatierte Minott in seinem Buch über „Hitlers ‚Alpenfestung'", aber auch der Wehrmacht, „die nach Ansicht der Amerikaner den Kern des gewaltigen Abwehrsystems in den Alpen bilden sollte."[270]

Aufgrund der mangelhaften deutschen Verteidigungsstellungen und der Aussicht, den Krieg noch unversehrt zu beenden, lief Hörl nach Pfeiffers Aussage in Oberau „zu den Amis über". Doch damit nicht genug. Seine Fahnenflucht münzte er später geschickt in eine Befreiungsaktion um, sodass er sich nach dem betagten Generalfeldmarschall Wilhelm List nach Kriegsende von seinem Traditionsverband ebenfalls als „Retter von Garmisch-Partenkirchen" feiern ließ. Im Mitteilungsblatt der ehemaligen Gebirgstruppe steht nämlich schwarz auf weiß: „Seiner Besonnenheit ist es zu verdanken, dass es dort zu keinen größeren Kampfhandlungen und Zerstörungen kam. Am 29. April 1945 übergab er den Amerikanern kampflos das Werdenfelser Land."[271]

In Wahrheit hatte die Standortkommandantur von Garmisch-Partenkirchen in einer Lautsprecherdurchsage an die Bevölkerung zu Ruhe und Disziplin aufgerufen und das Standrecht verhängt. „Es geht dabei auch um die ‚Lazarett-Stadt' Garmisch-Partenkirchen, denn", so der Lokalredakteur Wolfgang Kaiser, „hier liegen im Standortlazarett und in den Hotels zwischen zehntausend oder noch mehr Verwundete! Das Standortlazarett versorgt bis zuletzt die übrigen Plätze aus einer Zentralapotheke mit Medikamenten und Material, es wird noch unentwegt operiert. Noch um 17.00 Uhr kommt aus Mittenwald ein Befehl, [...] den Raum Garmisch-Partenkirchen bei Farchant zu verteidigen."[272] Dazu kommt es allerdings nicht mehr, denn um 18.45 Uhr rasselten schwere amerikanische Panzer in einer langen Kolonne im Olympiaort unter der Zugspitze ein.

Nachdem die amerikanische 10. Panzerdivision Schongau eingenommen hatte, war es für sie auf ihrem weiteren Vormarsch nach Oberammergau und Ettal wichtig, die Echelsbacher Brücke über das tief eingeschnittene Ammertal handstreichartig zu erobern. „Das gelang auch einem Stoßtrupp ihrer Aufklärungsabteilung, der am 29. April, 03.00 Uhr, die schlafende Brückenbesatzung überwältigen konnte. So war es der amerikanischen 10. Panzerdivision zusammen mit der 103. Infanteriedivision auf dem linken Flügel des VI. Armeekorps möglich, schon am 29. April vormittags bis Oberammergau vorzudringen."[273]

Dort war „die Stimmung der Bevölkerung im Postenbereich Oberammergau [...] sehr gedrückt und hoffnungslos", heißt es in einem Bericht der örtlichen Gendarmeriestation. „Allgemein wird angenommen, dass wir einer der schwersten Zeiten entgegengehen, die je Deutschland erleben musste."[274]

Was sich bei Kriegsende im weltbekannten Passionsspielort und seiner Umgebung ereignet hat, darüber berichtet uns nun Oberstleutnant außer Dienst Michael Pössinger, den die Unit History der 10. Panzerdivision als „stiff-necked", also „halsstarrig" bezeichnete. Dolmetscher war der Kunstmaler Gisbert Palmie, der in den Lazaretten als Truppenbetreuer wirkte.

„Es hatte sich herumgesprochen", so der Eichenlaubträger, „dass wir kampflos übergeben wollen, und es war ein SS-Regiment hierher beordert, um das zu verhindern. Ein Vorkommando war schon da. Wir brachten es fertig, durch einen von mir gefälschten Kesselring-Befehl, dass die SS Richtung Tölz abzog.

Am 29. April sagten wir uns: Wir müssen den Amerikanern entgegenfahren, um zu verhindern, dass ihre Panzer auf die Sperren aufbrummen und sie mit Flugzeugen den Widerstand, brechen. An der Bärenhöhle bei Oberammergau waren schwere Baumsperren, die Aufklärung hatte sie schon festgestellt [...]

Wir gingen nun bis zur ersten Panzersperre vor, hinter der wir unsere Fahrzeuge hatten. Die Sperre wurde von Pionierräumfahrzeugen beseitigt. Auf der Fahrt von Garmisch-Partenkirchen nach Oberammergau hatten wir schon vorher unsere Mittelsmänner verständigt, sodass am Ortseingang von Ettal schon Bürgermeister Berchtold und Pater Johannes bereitstanden, um die Übergabebereitschaft zu bestätigen.

Am Ettaler Berg erwartete uns eine angetretene Kompanie mit ordentlich abgelegten Waffen und meldete mir die Übergabe. Der US-Major meldete auch dies zurück.

Licht und ich wurden nun vor die Rohre der Spitzenpanzer gebunden, und so ging's den Ettaler Berg hinunter.

Am Oberauer Straßendreieck standen ebenfalls die dort eingesetzten Soldaten, wie vorher verabredet, übergabebereit. Wir fuhren weiter nach Garmisch und trafen gegen 17[.00] Uhr vor dem Rathaus ein. Herr Schütte, Werneck und verschiedene greifbare Gemeinderäte wurden ins Rathaus geholt. Die ganze Nacht über wurde verhandelt. US-Major Snapp, erster

Standortkommandant in Garmisch-Partenkirchen [...] benahm sich sehr anständig und sachlich."[275]

Wie Generalfeldmarschall List und Oberst Hörl, so ließ sich auch der spätere Oberstleutnant der Bundeswehr nach Kriegsende als „Retter von Garmisch-Partenkirchen" gebührend feiern.[276] Pössinger hatte nach seiner siebten schweren Verwundung die Führung des Grenadierregiments 1124[277] im März 1945 im hart bedrängten Ostpreußen abgeben müssen, um im April 1945 mit dem Lazarettschiff nach Swinemünde abtransportiert zu werden und von dort ausgerechnet in das Lazarett von Garmisch. Dort gelang es ihm nach eigenen Angaben „unter Einsatz seines Lebens, die Vernichtung des Landkreises durch Bomber zu verhindern und Garmisch-Partenkirchen unversehrt den einrückenden Amerikanern zu übergeben".[278] Zum Dank dafür wurde er bereits am 12. Mai 1945 aus der amerikanischen Gefangenschaft entlassen. Pössingers Vorgesetzter war bekanntlich Pfeiffer. Von diesem und niemand anderem hatte der „Showman mit der weißen Fahne auf dem Amipanzer" den ausdrücklichen Befehl des „Nicht-Schießens" erhalten.[279] Nach Pfeiffer spielte sich sein Untergebener zu Unrecht als „Retter von Garmisch-Partenkirchen" auf, denn er hatte ihn in das Ammertal geschickt, um zu erkunden, wo die Amerikaner stehen. Pössinger, als Verwundeter zwischen den Fronten hin- und herlaufend, meldete ihm, diese würden nach Ettal schießen.[280]

Am Nachmittag des 30. April 1945 hatte die amerikanische 36. Infanteriedivision als rechter Flügel des XXI. Armeekorps Penzberg erreicht. Zuvor hatte sich in der oberbayerischen Bergbaustadt noch eine Tragödie abgespielt: Die sogenannte „Penzberger Mordnacht", in die auch der deutsch-nationale Schriftsteller Hans Zöberlein als Volkssturmführer derart tief verstrickt war, dass er, der in seinem rund eintausend Seiten starken Roman „Der Befehl des Gewissens" die Entstehungsgeschichte der nationalsozialistischen Bewegung schildert, dafür mit einer längeren Haftzeit büßen musste. „Das Entsetzliche begann um 18.00 Uhr des 28. April 1945", schreibt Gerhard Lehmann. „Oberstleutnant Ohm ließ sieben der im Rathaus festgehaltenen Penzberger Bürger nahe der Stadt Penzberg erschießen. Damit nicht genug. Weitere acht Einwohner der Stadt Penzberg wurden noch am Abend des gleichen Tages erhängt, an einem Balkon nahe dem Rathaus und an einem Baum in der Gustavstraße."[281]

Kampflos wurde auch Murnau am Staffelsee, wo in der dortigen Panzerjägerkaserne viertausendzweihundert polnische Offiziere seit 1939 inhaftiert waren, am 30. April 1945 von der amerikanischen 36. Infanteriedivision eingenommen. Zuvor hatte die amerikanische 7. Armee am 28./29. April bei ihrem Vorstoß zur deutsch-österreichischen Grenze mit den unerwarteten Schwierigkeiten des Gebirgskrieges Bekanntschaft gemacht. „Zudem war es kalt und regnerisch. Immer wieder wurden die Panzer durch Straßensperren aufgehalten, Infanterie musste nachgezogen werden, um Widerstandsnester an den Berghängen niederzukämpfen. Der Kommandierende General des amerikanischen VI. Armeekorps musste daher feststellen, dass seine Divisionen am 29. April vergleichsweise nur langsam vorangekommen waren. Bei der 44. Infanteriedivision hatte es außerdem an Treibstoff gemangelt."[282]

Mit welch gemischten Gefühlen die Amerikaner in die „Kernfestung Alpen" eingedrungen waren und wie vorsichtig sie sich in den engen Gebirgstälern vorwärts tasteten, darüber informiert uns Christian Hallig, der hinsichtlich der „Alpenfestung" und ihrer Truppenstärke von einem US-Colonel wie folgt befragt wurde: „Wie viele Truppen in Mittenwald und anderen Standorten des Alpenraumes liegen würden, welche Bewaffnung vorhanden sei, wie man die Stimmung unter den Soldaten und Offizieren beurteilen müsse. Ob größere Mengen Verpflegung und Munition jeder Art in den Alpenraum gebracht worden seien in letzter Zeit. Wie sich die Partei, ihre Funktionäre, verhielten, und was die Bevölkerung zu dem unaufhaltsamen Vorrücken der Alliierten an allen Fronten sage – vor allem, ob stärkere SS-Verbände da seien. Die Fragen kamen so rasch hintereinander, und ich versuchte, sie so präzise wie möglich zu beantworten. Und klarzumachen, dass in Mittenwald keineswegs Kampfbereitschaft herrsche. Weder bei den Zivilisten noch bei den Soldaten. Dass die letzte Entscheidung beim Standortkommandanten von Mittenwald liege, dem Oberst und Ritterkreuzträger Pfeiffer. [...]"[283]

Und weiter bohrte der amerikanische Oberst: „Hören Sie zu. Garmisch ist Lazarettstadt, deshalb konnten wir den Ort ohne Kampf nehmen. Und hier erst, in Richtung Mittenwald, beginnt die Festung Alpen. Neue Truppen, die Fähnriche, sind angekommen. Vielleicht sind sie heute schon bestens bewaffnet. Aber was ist dann mit Seefeld, Innsbruck, dem gesamten Alpenraum?"[284]

Die unerwartete Kapitulation von Garmisch-Partenkirchen durch Offiziere der Gebirgstruppe hatte das wichtige Werdenfelser Eingangstor in die „Kernfestung Alpen" ganz weit aufgestoßen. Da nun die Gefahr eines amerikanischen Durchbruchs auf Innsbruck nicht mehr von der Hand zu weisen war, befahl der Oberbefehlshaber West in der Nacht zum 30. April 1945 eine Grenzverschiebung zwischen der 1. und 19. Armee nach Osten, wobei der Abschnitt Garmisch-Partenkirchen nun von der 19. Armee übernommen werden musste. „A[rmeeoberkommando] 19 meldete, dass es über keinerlei Kräfte verfüge, um diesen Abschnitt zu übernehmen", notierte der Oberbefehlshaber. „Da der Befehl aufrechterhalten blieb, konnte sich die Abwehr nur auf die bisher nördlich von Garmisch eingesetzte Gebirgsjägerschule Mittenwald stützen, welche durch den Angriff der amerikanischen 10. Panzerdivision geworfen war und deren Reste bei Kaltenbrunn stehen sollten [...] Zu den bisherigen zwei Hauptverbindungslinien [nach Bregenz und Reutte] war durch diesen Befehl des O[berbefehlshaber] West nunmehr eine dritte: Garmisch – Zirler Pass – Innsbruck – Brenner – Italien dazugekommen [...] Eine Schwerpunktverlagerung der Abwehr an diese Linie", so General Brandenberger, „war A[rmeeoberkommando] 19 jedoch völlig unmöglich."[285]

Doch die Mittenwalder Gebirgsjägerschule war zu diesem Zeitpunkt alles andere als ein kampfkräftiger Verband. „Sie bestand aus einigen Hundert aktiven Offizier- und Reserveoffiziersbewerbern der Gebirgstruppe. Schwere Waffen waren nicht vorhanden."[286] Dennoch hatten diese Gebirgseinheiten in ihrem unerschütterlichen Glauben an die „Alpenfestung" am 28./29. April 1945 bei Kaltenbrunn und am Kesselberg zwischen dem Walchen- und Kochelsee einen Sperrriegel besetzt.

„Da war sie wieder, die ‚Festung Alpen' das Phantom, der Mythos, der sich um dieses Phantom gebildet hatte", schrieb Hallig. „Oder gab es sie doch, wenn auch nur in Ansätzen? Hatte ich zu hoch gegriffen mit meiner Behauptung, sie existiere nicht? Ich sollte es erst später erfahren. Wovor ich [...] gewarnt hatte, war eingetreten. Die Fanatiker, die das Reich nicht untergehen lassen wollten, suchten den letzten Kampf aus ihrer Sicht. Bereits bei Kaltenbrunn, dem Ort nach Garmisch, bestand eine Panzersperre, die jedoch leicht zu beseitigen gewesen war. Ernster wurde es kurz vor Klais. Dort waren in den letzten Tagen noch in aller Eile eine Art von Schützengräben im hügligen Gelände ausgehoben worden. Eine in die Straße ragende Felsnase hatte man gesprengt."[287]

Bei Kaltenbrunn hatte die amerikanische 103. Infanteriedivision am 30. April 1945 die nur schwache Widerstandlinie der Deutschen also rasch durchbrochen. Dagegen blieb der Sperrriegel der Stellung am Kesselberg unangegriffen. „Die hier eingesetzte Gebirgsjägereinheit löste sich nach Ausgabe von Entlassungsscheinen in der Nacht vom 3. zum 4. Mai selbst auf, wie auch kurz darauf der Stab der Gebirgsjägerschule, der in die Jachenau verlegt hatte. Die bei Kaltenbrunn abgedrängten Gebirgsjäger zogen sich dagegen mit Resten bis nach Scharnitz zurück, wo sie erneut zur Abwehr eingesetzt wurden."[288]

Dort schlummern seit Jahrhunderten die Ruinen der römischen Befestigungsanlage Porta Claudia vor sich hin. Heutzutage spricht man meist von der Scharnitzer Klause, wo die Berge des Wetterstein- und Karwendelgebirges mit ihren Felsabstürzen ganz nahe, ja fast bedrohlich, an die Straße Mittenwald – Innsbruck heranrücken. In diesem idealen Deckungsgelände wie auch an den anderen Passstraßen, die nach Tirol führen, wurden nun die letzten noch verfügbaren Kräfte der 19. Armee trotz einer schier ausweglosen Lage zum letzten Gefecht eingesetzt.

Exkurs 2: Die Tiroler Standschützenbataillone

Es war Anfang März 1945, als General der Gebirgstruppe Valentin Feurstein das Kommando über das LI. Gebirgsarmeekorps, das er in den Abruzzen und in den Schlachten bei Monte Cassino mit sicherer Hand geführt hatte, abgab und nun zum Generalinspekteur der Tiroler Standschützen (= Volkssturm) sowie zum Kommandierenden der Alpenfront ernannt wurde. Diese Maßnahme stand jedoch nicht am Anfang, sondern vielmehr nahezu am Ende einer Aufstellungs- und Ausbildungsphase, die nochmals die allerletzten Reserven der Tiroler und Vorarlberger mobilisieren sollten. Wie war es zur Aufstellung der Standschützenbataillone gekommen? Was waren ihre Vorläufer?

„Mit der Errichtung des ‚Tiroler Standesschützenverbandes' am 1. Oktober 1938 machte Gauleiter Hofer von Tirol-Vorarlberg schon sehr bald seine Absichten deutlich. Ihm ging es darum, eine Verbindungslinie vom Tiroler Brauchtum zum Nationalsozialismus zu schaffen, um so die traditionsbewusste und der NSDAP zum Teil abgeneigten Bevölkerung anzusprechen und wenn möglich zu ideologisieren. Der Arbeitsbereich der Wehrhaftigkeit, neben Brauchtumspflege und weltanschaulicher Schulung zentraler Punkt des Schützenverbandes, wurde dabei durch die jährlich durchgeführten, als großes Volksfest angelegten Landesschießen in Innsbruck gepflegt. An diesen propagandistischen Veranstaltungen nahmen auch Ost- und Südtiroler Schützenverbände verstärkt teil."[289]

Am 23. August 1944 wurde der Oberste Kommissar der Operationszone „Alpenvorland" und Gauleiter von Tirol-Vorarlberg, mit einer Verfügung des Führungsstabes des Oberkommandos der Wehrmacht, gebeten, die Aufstellung der Standschützen in der Operationszone und in seinem Gau vorzunehmen. Hierzu verpflichtete sich das Oberkommando der Wehrmacht, die Bewaffnung, Ausrüstung und das Ausbildungspersonal zur Verfügung zu stellen. Die Stellvertretenden Generalkommandos VII (München), XVII (Wien) und XVIII (Salzburg) erhielten den Befehl, hierzu aus Führerreserven und den Ersatzeinheiten je eine bestimmte Anzahl von Offizieren, Unteroffizieren und Mannschaften als Ausbilder abzustellen, die dem Obersten Kommissar der Operationszone „Alpenvorland" in Bozen unterstellt wurden. Die personelle und disziplinare Betreuung all dieser Ausbilder oblag dem Verbindungsoffizier der Wehrmacht beim Obersten Kommissar.

Nachdem all diese Entscheidungen auf höchster militärischer Ebene gefallen waren, rief der Tiroler Gauleiter Franz Hofer die Standschützen in seinem Gau zu den Waffen. Sie wurden in nicht weniger als sechzehn Standschützenbataillonen, die durch ein Ärmelabzeichen mit dem Aufdruck ihres jeweiligen Standortes besonders gekennzeichnet waren, zusammengefasst:

1. In Nordtirol sieben Standschützenbataillone mit den Standorten Innsbruck, Imst, Landeck, Kitzbühel, Kufstein, Reutte und Schwaz.
2. In Südtirol sechs Standschützenbataillone in den Standorten Bozen, Brixen, Bruneck, Innichen, Meran und Schlanders.
3. In Osttirol ein Standschützenbataillon im Standort Lienz.
4. In Vorarlberg zwei Standschützenbataillone in den Standorten Bregenz und Dornbirn.

Noch im September 1944 machte der Gauleiter von Tirol-Vorarlberg bei einem Besuch in Fiss darauf aufmerksam, „wie es Völkern ergehe, die dem Kampf aus dem Weg gingen und sich den Henkern auslieferten. Er erläuterte, dass der Bolschewismus für das Bauerntum den Untergang bedeuten würde und stellte dar, was der Nationalsozialismus für die Bauern geleistet habe und welche noch viel größeren Leistungen nach dem Sieg zu erwarten seien. Man stehe", so Hofer, „gegenwärtig in der größten Epoche des deutschen Volkes, in der jeder bereit sein müsse, das Großdeutsche Reich, das deutsche Volk, die Heimat, das Leben von Frau und Kindern, Hab und Gut, Haus und Hof zu schützen."[290]

Diesen Schutz sollten nun im Reich der Volkssturm und in Tirol und Vorarlberg die Standschützenbataillone übernehmen. Vor den Führern und Unterführern betonte Hofer im Oktober 1944, „dass der wehrhafte Geist, der seit Jahrhunderten in den Menschen dieses Landes lebe, hier seine schönste Vollendung finde. Niemals habe man kapituliert, auch diesmal würde man nicht kapitulieren."[291] Der Reichsverteidigungskommissar und Gauleiter erinnerte dann „an die Sicherung der Alpenübergänge für die deutschen Kaiser zur Zeit der Romzüge, an die Waffentaten des heimatlichen Aufgebots zur Zeit Maximilians, den revolutionären Kampf Michael Gaismairs und seiner Gefolgsleute um Freiheit und Recht, an das Heldenzeitalter Andreas Hofers und an die Ruhmestaten 1915–1918",[292] als Tiroler Standschützen zunächst im Kriegsjahr 1915 als letztes Aufgebot die entblößte Südtiroler Front gegenüber einer vielfach überlegenen italienischen Streitmacht unter hochalpinen Verhältnissen so lange erfolgreich verteidigten, bis ihnen das neu aufgestellte Deutsche Alpenkorps zur Hilfe eilte. Auch jetzt, 1944, sei der Kampf den Tirolern „von außen aufgezwungen worden, der Vernichtungswille der Feinde absolut. Notwendig sei da eine Haltung, die befähige, nötigenfalls jeden Hügel und jedes Haus der Heimat verbissen zu verteidigen und sich eher mit den Angreifern unter Trümmern begraben zu lassen als vor dem Feind zu weichen. Über den Südwall Großdeutschlands komme kein Feind hinweg."[293]

Anfang November 1944 erläuterte zum Beispiel der Kreisstabsamtsleiter Venier, „die Ausgestaltung der Standschützenbataillone als Teil des Deutschen Volkssturms. Im Kreis

Landeck hätten sich zahlreiche Männer der ältesten und jüngsten Jahrgänge außerhalb der festgesetzten Altersgrenzen freiwillig zum Dienst in den Standschützenbataillonen gemeldet."[294] Zuvor hatte er Ende Oktober bei einer öffentlichen Versammlung der NSDAP in Fließ einen historischen Vergleich herangezogen: „1703 und 1809 hätten bei den Gefechten an der Pontlatzbrücke die freiwilligen Schützen die Reichsfeinde trotz gewaltiger Übermacht besiegt und aus dem Land gejagt. Mit dem gleichen Fanatismus, derselben Tapferkeit und Heimatliebe", so Venier, „müssen wir nötigenfalls uns auch heute einsetzen, um den anderen Grenzdeutschen im Schicksalskampf unseres Volkes in nichts nachzustehen."[295]

Für die Grundausbildung der Tiroler Standschützen war in den Südtiroler Alpini-Kasernen von Gossensaß im Eisacktal sowie in Schlanders und Mals im Vinschgau ab Herbst 1944 der Major Karl Walter Lapp verantwortlich. Nach seinen tollkühnen Einsätzen auf dem finnischen Kriegsschauplatz wurde er als Kommandeur des Skibataillons 82 mit dem Ritterkreuz des Eisernen Kreuzes ausgezeichnet. Aufgrund seiner jahrelangen alpinen Erfahrungen in Fels und Eis war er daher der ideale Ausbilder für diese Männer, denen er als begeisterter Alpinist und Skiläufer schon immer sehr nahestand. Zunächst erhielt er den Auftrag, in den zuvor genannten Standorten geeignete Soldaten mit Fronterfahrungen herauszufiltern. Rund einhundertfünfzig Mann wurden daraufhin als Ausbilder in die drei Standorte abkommandiert. Bis Mitte Oktober 1944 waren dann die Waffen, Munition, Ausrüstungsgegenstände, Verpflegung und Geräte sowie das Sanitätsgerät und etliche Fahrzeuge vorhanden, sodass die Einberufungen der Standschützen erfolgen konnten.

Wie für die Wehrmacht und Waffen-SS, so wurde auch für die Standschützen das sogenannte „Volksopfer" aufgebracht. „Gesammelt wurden Altspinnstoffe, Wäsche, Kleidung, Schuhwerk und Ausrüstungsgegenstände."[296] Die Bekleidung der Standschützen unterschied sich gegenüber derjenigen des Volkssturms einerseits durch ihre nahezu komplette Uniform und andererseits durch das rautenförmige Stoffabzeichen auf dem linken Oberarm der Feldbluse. Der dreizeilige Text des Standschützenabzeichens war bis auf die letzte Zeile für alle Standschützenbataillone der gleiche. Er lautete zum Beispiel für den Einberufungskreis Kufstein:

STANDSCHÜTZENBATAILLON KUFSTEIN.

Während in den Südtiroler Standorten Schlanders und Mals für die vierwöchige Ausbildung Mannschaften heranstanden, wurden in Gossensaß insbesondere Standschützen mit bereits vorhandenen Erfahrungen und soldatischen Kenntnissen einberufen. Sie sollten später als Unterführer eingesetzt werden. Darüber hinaus wurden in Zürs (Vorarlberg) Lehrgänge für Unteroffiziere und in Madonna di Campiglio (Trentino) Kurse für den Einsatz im Hochgebirge abgehalten. Weitere Ausbildungsstätten gab es vorübergehend auch in Nord- und Osttirol. Die Kursleiter entstammten überwiegend aus den Reihen der deutschen Gebirgstruppe. Bei der Ausbildung wurden die Schwerpunkte vorwiegend auf die allgemeinen Grundsätze der verschiedenen Kampfweisen im Gelände, auf Gebirgsmärsche und das Schießen gelegt. Berufsstände wie Beamte, Lehrer, Ärzte, Ingenieure und Förster sowie altgediente Offiziere und Wissenschaftler wurden in besonderen Ausbildungseinheiten zusammengefasst, um ihr Wissen und ihre Erfahrungen zu fördern. Der Gauleiter von Tirol-Vorarlberg war nicht nur sehr stolz auf seine heimatverbundenen Standschützenbataillone, sondern er betrachtete sie offensichtlich auch als eine Art „Privatarmee" alten Ursprungs. Daher lud er wiederholt hohe und höchste militärische und politische Persönlichkeiten zu seinen Standschützen ein, um ihre, und damit auch seine eigene Macht zu bestärken und zur Schau zu stellen. Für derartige Truppenbesuche wurde insbesondere der Südtiroler Standort Gossensaß mit seinen Übungsplätzen bevorzugt.

Am 18. Oktober 1944 wurden die Standschützen in Anwesenheit des Tiroler Gauleiters und dem Generalmajor der Polizei Josef Albert vereidigt. Am 5. November begleitete Hofer den Generalobersten Heinrich von Vietinghoff als Vertreter des Oberbefehlshabers Südwest zu einer Feldübung in das Pflerschtal, das bei Gossensaß in die Stubaier Alpen abzweigt; am 9. November den Reichsorganisationsleiter Dr. Robert Ley; am 23. November den Reichsjugendführer der NSDAP Baldur von Schirach und am 22. November den Stabschef der SA Wilhelm Schepmann. Am 17. November 1944 fand der Besuch des Reichsführers-SS Heinrich Himmler, des SS-Obergruppenführers und Generals der Waffen-SS Karl Wolff und des Gauleiters Hofer bei einer Feldübung der Standschützen im Pflerschtal statt." Mein Eindruck [vom Reichsführer-SS] war ein besserer als man ihn gemeinhin beurteilt", notierte Lapp in seinem Tagebuch. „Beim Geländedienst interessierte ihn mehr die Stimmung und Haltung der Standschützen als die Ausbildung."[297] Am 12. Dezember besichtigte Hofer mit dem Kärntner Gauleiter Dr. Friedrich Rainer die Standschützen. Am 18. Januar 1945 leitete Major Lapp eine Geländeübung in Wolfenboden bei Gossensaß. Außer dem Gauleiter nahmen daran unter anderem die Generale der Gebirgstruppe Valentin Feurstein und Julius Ringel sowie der Generaloberst von Vietinghoff teil. Am 20. April 1945 – die Feier wurde ganz bewusst an Hitlers Geburtstag veranstaltet – erfolgte in Gossensaß die letzte Vereidigung der Standschützen in Anwesenheit des Gauleiters von Tirol-Vorarlberg.[298]

Die innere Einstellung und Pflichterfüllung der Standschützen beurteilte Lapp im Winter 1944/45 als ausgesprochen positiv. Sie zeigten auch bei ihren alpinen Einsätzen in Höhen bis zu dreitausend Metern bei Sturm und Kälte erstaunliche Leistungen, ein ausgeprägtes Heimatgefühl und waren von dem eisernen Willen beseelt, ihre Berge zu verteidigen. Wenn auch ihr Kampfwert recht unterschiedlich bewertet wurde, so war man sich doch darin einig, „dass mit den Standschützen gegenüber Italien ein längerer Widerstand hätte bewerkstelligt werden können, denn dort war ja der ‚Erbfeind'. Nach Norden zu kämpfen ergab für die Standschützen keinen Sinn."[299]

Dennoch kam es sowohl in Vorarlberg als auch in Nordtirol zwischen den Standschützen und französischen sowie amerikanischen Einheiten zu örtlichen Gefechten, die jedoch keine großen militärischen Auswirkungen hatten. Dass der Reichsführer-SS den Tiroler Gauleiter – jedoch vergeblich – bat, einige Einheiten der Standschützen statt in der „Alpenfestung" zur Verteidigung der „Festung Breslau" heranzuziehen, ist nur mehr von geringem Interesse.

„Der Krieg ging seiner Endphase entgegen", schreibt der Südtiroler Johann Salzburger. „Im Gasthof Pircher in Trens war eine Baukompanie stationiert, welche einem deutschen Hauptmann unterstand, der in der Villa Rößler wohnte. Es war ein ausgesprochener Obernazi, aber ein sehr strammer Offizier. Bei seiner aus circa sechzig Mann bestehenden Einheit bestand eine staunenswerte Disziplin. Der Rückzug der Deutschen Wehrmacht ging mit Riesenschritten weiter. Am 30. April wurde um neun Uhr abends gemeldet, die amerikanischen Panzer stünden bereits am Brenner und die Südfront sei bereits in Franzensfeste, sodass voraussichtlich am 1. Mai sich die beiden Fronten in Trens begegnen und vereinigen würden. Trotz solcher Aussichten, die ja auch der Hauptmann erfahren haben musste, gedachte dieser Widerstand zu leisten mit seinem kleinen Häuflein, so wacker diese sonst waren. Mit ihnen begann er rasch Stellungen auszubauen z[um] B[eispiel] am sogenannten Wasleggile, Guggeregg, Fraxenkofl usw. Es wurden Maschinengewehrnester eingebaut, Handgranaten und Granatwerfer bereit gerichtet, kurz, die ganze Sache wurde sehr brenzlig und höchst gefährlich auch für die dortige Gegend und deren Bewohner."[300]

Uniformabzeichen des Tiroler Standschützenbataillons aus Landeck.

Abschied der einhundert Mann starken Schweizer Grenzwache am 10. Mai 1945 nach der Eroberung der „Alpenfestung" durch die Alliierten.

Die Grenze zwischen dem Fürstentum Liechtenstein und dem Bundesland Voralberg im Westen der „Kernfestung Alpen".

Liechtensteiner Männer beim Errichten einer von der fürstlichen Regierung angeordneten Grenzbarrikade von fünf Metern Tiefe.

Kinder und Jugendliche beteiligten sich bis zuletzt an den Kämpfen in der „Kernfestung Alpen". In Schönwies, Bezirk Landeck, ergaben sich diese „Kämpfer" den Soldaten der amerikanischen 44. Infanteriedivision.

Nach der Einnahme von Innsbruck stießen die Verbände der amerikanischen 103. Infanteriedivision bis zum Brenner vor. Ein Sherman-Panzer sichert eine Ortsdurchfahrt.

Ein Sherman-A4-Panzer der französischen 5. Panzerdivision beim Vormarsch in Vorarlberg Anfang Mai 1945. Es waren vor allem Kinder, die den ersten Kontakt zu den fremden Soldaten herstellten.

Im Kleinen Walsertal begrüßte ein österreichisches Befreiungskomitee die vorrückenden alliierten Truppen mit diesem Schild.

Hilters „Prominentengefängnis" Schloss Itter lag im Befehlsbereich des Generals der Gebirgstruppe Georg Ritter von Hengl.

Der Truppenübungsplatz Wattener Lizum.

Die Heereshochgebirgsschule in Flupmes/Tirol entstand im enteigneten Bonifazinstitut der Salesianer.

Zeitgenössische Postkarte der Hochgebirgsschule.

Oberst Hans Buchner war Kommandeur der gleichnamigen Kampfgruppe in der „Alpenfestung". In der Bundeswehr wurde er der erste Kommandeur der neuen 1. Gebirgsdivision.

General der Gebirgstruppe Georg Ritter von Hengl war der Befehlshaber der Alpenfront Nordwest.

Der Heldenfriedhof von Seefeld/Tirol für die Gefallenen in der „Kernfestung Alpen".

Auch der bekannte Münchner Hochalpinist und Himalayabergsteiger Paul Bauer kam bei Kriegsende als Major der Reserve in der „Alpenfestung" zum Einsatz.

Gebirgsjäger am Eingang eines Lawinentunnels in der Wattener Lizum.

Zwei Gebirgsjäger im windfesten Anorak.

Ein General erkundigt sich über die Verteidigungsmaßnahmen in der „Kernfestung Alpen".

Besichtigung eines 2-cm-Flakgeschützes bei Scharnitz.

Der deutsche Zolloffizier trägt das Edelweiß im Gegensatz zu der Gebirgstruppe auf dem linken Oberarm.

Ein Offizier der Gebirgstruppe auf Skipatrouille im Spitzingseegebiet.

Angehörige des deutschen Zoll-Grenzschutzes während eines Grenzeinsatzes in Tirol-Vorarlberg.

Am 4. Mai 1945 rollte der erste Sherman-Panzer der amerikanischen 42. Rainbow-Division in die Festungsstadt Kufstein ein.

US-Soldaten der 7. US-Armee tragen Beutestücke aus dem Schloss Neuschwanstein bei Füssen.

Gedenkstein am Waldesrand zwischen Bruckmühl und dem Irschenberg.

Deutsche Soldaten marschieren in langen Kolonnen auf der Autobahn München-Salzburg in die Gefangenschaft.

In diesen drei Häusern in Wörnsmühl/Leizachtal war bei Kriegsende der Stab der Kampfgruppe „Buddenbrock" untergebracht.

Zwischen dem Zahmen Kaiser und Kiefersfelden sollte das Inntal durch ein Stellungssystem gesperrt werden. Für seine Verteidigung waren neben den Tiroler Standschützen auch Soldaten des Gebirgsjägerersatzbataillons 100 und das SS-Bataillon „Glasenbach" vorgesehen.

Diese Kriegsvotivtafel in der Oberaudorfer Pfarrkirche zeigt den Angriff der Alliierten auf den oberbayerischen Luftkurort.

12. Die Kämpfe zwischen Bodensee und Arlberg

Mit der Entscheidung Kesselrings „auf weiteren Kampf"[301] wurde der Krieg weiter in die „Kernfestung Alpen" hineingetragen. So wurde auch der NS-Gau Tirol-Vorarlberg in der Endphase des Zweiten Weltkrieges noch zum Kriegsschauplatz.[302] Nun entstanden mit Hilfe der Organisation Todt „Verteidigungsbauten bei Thiersee und Kufstein, dem Pass Strub und", so General Feurstein, „Sperren bei Kössen und Reit im Winkl",[303] sowie nördlich von Reutte, am Fernpass und in der Scharnitzer Klause. Was die Luftverteidigung anbetraf, so „waren die im Gau Tirol-Vorarlberg stationierten Flakkräfte im Vergleich mit jenen im Osten Österreichs ziemlich unbedeutend",[304] Nordtirol und Vorarlberg gehörten zum Luftgau VII (Kommando in München), die übrigen Teile der Ostmark – und somit auch Kärnten und Osttirol – gehörten zum Luftgau XVII (Befehlszentrum Wien).[305] In Nordtirol – wie auch in Osttirol, das im Dritten Reich als Kreis dem Gau Kärnten angegliedert wurde – hatte die NSDAP „auf regionaler und lokaler Ebene die eindeutige Vormachtstellung inne. Allerdings musste sie den Einfluss der SS-Kräfte anerkennen, die durch Terror und Kontrolle entscheidend zur Herrschaftssicherung beitrugen."[306]

Beginnen wir bei unserer Abhandlung zunächst mit den Kampfhandlungen zwischen dem Bodensee und dem Arlberg. An ihnen waren insbesondere französische Truppen, die mit einem nördlichen Flankenstoß in die „Alpenfestung" eindrangen, beteiligt. „Sie standen", so der Oberbefehlshaber West, „bereits am 27. April am Nordrand der Alpen und hatten bis 30. April auf breiter Front den Eintritt in die Alpen, erkämpft."[307] Nachdem es der 1. französischen Armee gelungen war, am 30. März 1945 zwischen Speyer und Germersheim den Rhein zu überschreiten, wurde den verantwortlichen Politikern und Militärs in Vorarlberg mit einem Male klar, dass ihr Land doch noch zu einem Schauplatz von Gefechten werden könnte. Daher wurde von der politischen Führung zwar eine „hartnäckige Verteidigung durch Truppe und Zivilbevölkerung" befohlen, doch die realen Voraussetzungen waren dafür nicht mehr vorhanden.

Es war am 22. Dezember 1944, als Heinrich Himmler dem Armeeoberkommando 24 den Ausbau der „Alemannenstellung" befohlen hatte, die an die „Grenzstellung" in Vorarlberg beziehungsweise „an den ganzen Komplex der Alpen- und Voralpenstellungen anschließen sollte".[308] Doch erst Anfang 1945 wurde „mit beschränkten Kräften und Mitteln mit dem Stellungs- und Sperrenbau begonnen, weil ein alliierter Stoß durch die neutrale Schweiz oder eine Luftlandung im Rheintal befürchtet wurden".[309]

Die Befehlsgewalt hatte im „Festungsabschnitt Nordtirol – Vorarlberg" der gebürtige Bregenzer General Feurstein mit seinem Sitz in Innsbruck und einem „Abschnittskommando Vorarlberg" in seiner Geburtsstadt. Für die Verteidigung seiner alpenländischen Heimat standen ihm an regulären Truppen lediglich die Kraftfahrersatz- und Ausbildungsabteilung 18 in Bregenz, die Gebirgsnachrichtenersatz- und Ausbildungsabteilung 18 in Bludenz, zwei Rekruten- und Genesendeneinheiten sowie ab Mitte April 1945 noch zwei Rekrutenkompanien des Reservegebirgsjägerregiments 137 aus Landeck und die bereits erwähnten Standschützenbataillone zur Verfügung. Am 22. April 1945 löste Hofer als Reichsverteidigungskommissar für Tirol-Vorarlberg nach dem Stichwort „Gneisenau" Alarm aus. Daraufhin wurde die Gaugrenze hermetisch abgeriegelt sowie an der Bregenzer Klause die Sperren ausgebaut. Schon eilten Soldaten aller Waffengattungen, die mit Gewehren und Panzerfäusten, vereinzelten schweren Waffen und zwei 8,8-cm-Fliegerabwehrgeschützen ausgerüstet waren, in die Klause und auf den Hang des Bregenzer Hausberges, den exponierten 1.065 Meter hohen Pfänder.

Die Garnison Bludenz verlegte ihre Soldaten nach Rankweil und Feldkirch. Die Spreng- und Zündmittel wurden nach Lochau, ins Wirtatobel, an die Frutz und nach Dören transportiert. An die Nordgrenze Vorarlbergs rückten Einheiten der Standschützen und Waffen-SS, um die nordwestliche Flanke der „Kernfestung Alpen" zu schützen. Das Standschützenbataillon Bregenz ging an der Achrain- und Schwarzachtobelstraße in Stellung, während das Standschützenbataillon Dornbirn mit einer HJ-Abteilung und einigen Fliegerabwehrkanonen unter dem Kommando der SS im Raum Krumbach – Hittisau Stellung bezog. Als „Verteidigungskommandant Bregenzer Wald" trat nun ausgerechnet Generalleutnant Ludwig Merker, der vom 26. März bis zum 5. April 1945 „Kampfkommandant von Wien" war, mit einer Stabswache von rund einhundert Männern der SS in Erscheinung. Verfolgen wir nun die kommenden Ereignisse an Hand der aufschlussreichen Aufzeichnungen des Generals Feurstein[310]:

„24. April
Der Arlbergpass war noch schneeverweht. Wir mussten unseren Wagen in St. Anton durch den Tunnel schleusen lassen. Auf der Gegenseite des Berges wartete das Generalkommando Stuttgart (General Felsmann), um in der ‚Alpenfestung' Zuflucht zu suchen.

Wenn es nach Hofers Plänen gegangen wäre, hätte man den Arlbergtunnel durch zwei ineinander gefahrene Lastzüge unpassierbar machen sollen. [...]
26. April
Die Tage waren zu kurz für alles, was dringend geschehen musste. Wir hatten unser Domizil ins Hotel Mariabrunn auf der Hungerburg verlegt. Zuerst Besprechung mit den Kampfkommandanten meines Abschnittes. Am Fernpass stand Oberst Golle, in Scharnitz Major Schneeberger, am Strubpass Major Jakob. Dann traf Tarabocchia ein.

Seine Mission galt den Lazarettstädten Bregenz und Feldkirch, die von Tausenden Schwerverwundeter nicht mehr geräumt werden konnten. Er bat, die beiden Ortschaften als offene Städte zu erklären. Ich nahm Verbindung mit Hofer auf, bekam aber den gewundenen Bescheid: ‚Da komme ich in einen Gewissenskonflikt.' Also nicht ja und nicht nein. Daraufhin gab ich das Ansuchen der Heeresgruppe weiter mit der dringenden Bitte um raschen Entscheid.

Bei der nächtlichen Besprechung im Hoferschen Kreise fielen trotz der sehr gedrückten Stimmung immer noch große Worte über den Kampf bis zum ‚letzten Blutstropfen'. Auch Anschuldigungen der Wehrmacht gegenüber wurden laut. Es waren nutzlose, peinliche lange Stunden."

Am 28. April trafen Teile der 24. Armee in Bregenz ein. Diese „Armee" war jedoch nicht viel mehr als eine Attrappe, die kurz vor Kriegsende als Rahmenverband im baden-württembergischen Raum aufgestellt wurde und ursprünglich „Erkundungsstab Donau-Eschingen" geheißen hatte. Befehligt wurde diese „Geisterarmee" von General der Infanterie Hans Schmidt, der nun in Vorarlberg das Kommando übernahm. Der Gefechtsstand des Armeeoberkommandos lag zunächst in Haselstauden bei Dornbirn und wurde später nach Satteins verlegt. Die einzige schlagkräftige Truppe war die 405. Volksgrenadierdivision mit fünf Kompanien der Wehrmacht und vier Kompanien der Waffen-SS unter Generalleutnant Karl Paulenbach. An sie erging am 1. Mai 1945 der Befehl, „in hinhaltendem Widerstand jeden ernsteren Kampf zu vermeiden und sich auf ein schnelles Absetzen in den Raum Landeck einzustellen".[311] Damit gelang es dem Verband in der Tat, während der kommenden Tage „alle entbehrlichen Teile durch den Arlbergtunnel nach Osten durchzuschleusen und damit den amerikanischen Abschnitt zu erreichen."[312] Am 29. April erreichte die französische 1. Armee nach einem zügigen Vormarsch mit der 5. Panzerdivision rechts und der 1. Panzerdivision links, denen sogenannte Kolonialtruppen folgten, die Linie Friedrichshafen – Wangen – Isny. Tags darauf wurde Lindau im Bodensee eingenommen. Am Abend desselben Tages stand die französische 5. Panzerdivision des Generals Schlesser an der österreichischen Grenze, die allerdings erst tags darauf „offiziell" von der französischen Fremdenlegion überschritten wurde.

Und das hatte einen historischen Hintergrund, denn für sie ist der letzte Tag im April eine Art Ehrentag. „Alle Fahnen und Standarten der Fremdenlegion tragen die Inschrift ‚Camerone 1863', mit der die Erinnerung an ein Gefecht im Mexikanischen Krieg und das Datum 30. April 1863 wachgehalten werden soll [...] Gab es", so Rauchensteiner, „eine prachtvollere Geste, als Österreich gerade an einem Gedenktag für ein Gefecht zu betreten, das Teil eines Krieges war, in dem französische und österreichische Soldaten gemeinsam gekämpft hatten?"[313]

Nachdem Immenstadt am 30. April nach mehrstündigem Kampf um 18.00 Uhr verlorengegangen und zwei Stunden später Sonthofen erobert worden war, erreichten Teile der französischen 5. Panzerdivision nach einem schnellen Vormarsch über Oberstaufen bei Aach die deutsch-österreichische Grenze. „Der Riegel des A[rmeeoberkommandos] 24 zwischen Immenstadt und Bodensee war damit aufgesprengt, nur Restgruppen der hier eingesetzten Truppenteile konnten sich in das Gebirge zurückziehen. Auch ihr Schicksal musste bald besiegelt sein, wenn es dem Gegner gelang, in den Rücken des A[rmeeoberkommandos] 24 bei Landeck vorzudringen."[314] Nur wenige Monate zuvor hatte der Landecker Bürgermeister Bursian in einem Brief geschrieben:

„Unsere schöne Kreisstadt Landeck hat wohl gerade in den letzten Monaten sehr oft Fliegeralarm gehabt, ist auch mehrfach überflogen worden, es hat in der Nähe mehrere Male gekracht, doch wir sind ohne jeden Schaden davongekommen. Das Leben ist allerdings immer kriegsmäßiger geworden. Wir haben viele Bombenflüchtlinge aus unserem Gau und anderen Reichsgebieten aufgenommen, die Einberufungen zum Wehrdienst und zum Volkssturm haben es mit sich gebracht, dass immer weniger deutsche Männer hier sind, dafür aber für die Leistung kriegswichtiger Arbeiten immer mehr Ausländer. Ich selbst habe in den Monaten Oktober und November sowie Jänner meine Ausbildung bei den Standschützen, der hiesigen Organisation des Deutschen Volkssturms, beendet, bin mit dabei, die Einheiten aufzustellen, auszurichten und auszurüsten, um zur gegebenen Zeit mit den noch in der Heimat befindlichen Männern unseren Feinden im Süden unseres Lebensraumes erfolgreich ein energisches Halt zu bieten."[315]

Ende April waren im Bezirk Landeck „starke SS-Verbände und das 19. sowie 24. Armeekorps mit rund zwanzigtausend Mann zusammengezogen worden, man befürchtete in der Bevölkerung, dass diese Truppen Widerstand bis zum Äußersten leisten könnten."[316] Unterdessen war es der 1. Russischen Nationalarmee unter dem Kommando des Generalmajors Arthur Holmston, alias Boris Graf Smyslowsky, doch noch gelungen, in Stärke eines Bataillons den Franzosen zu entkommen. „Diese meist aus sowjetischen Kriegsgefangenen bestehende, von ehemaligen zaristischen Offizieren geführte Truppe stand abseits der Wlassow-Bewegung. Holmston hatte sich daher auch geweigert, nach Böhmen zu marschieren. Sein Instinkt ließ ihn mit seinen Soldaten die Richtung zur Schweiz einschlagen. Am 26. April in Memmingen eingetroffen, fasste er aber den Entschluss, Liechtenstein zu erreichen. Im Wettlauf mit den nach Süden vorstoßenden Franzosen entgingen diese russischen Soldaten am 29. April bei Oberstaufen gerade noch den Einheiten der 2. marokkanischen Infanteriedivision. In strömendem Regen erreichten sie in einem Eilmarsch von sechzig Kilometern über Aach und Krumbach am 30. April die Gegend Feldkirch und retteten sich in der Nacht vom 2. auf den 3. Mai bei Nofeis auf liechtensteinisches Gebiet."[317]

Da sich die Schlinge der Westalliierten und der sowjetischen Häscher immer enger zog, richtete Holmston-Smyslowsky am 10. Mai 1945 „ein Gesuch an den Fürsten Franz Josef II. von Liechtenstein und bat, ihm und seinen Leuten aus humanitären Gründen das traditionelle Asylrecht zu gewähren",[318] da er wusste, dass das kleine Fürstentum standhaft auf seiner Neutralität beharrte, denn, so sein Credo: „Ein kleiner Staat muss heute eine moralische Macht sein, wenn er das Recht zum Fortbestand besitzen will."[319]

Um diese zu schützen, hatte sich der Zwergstaat an den Grenzen zu Österreich beziehungsweise Deutschland regelrecht eingeigelt. „Stacheldrahtverhaue, Spanische Reiter, entlang der Grenze patrouillierende liechtensteinische Hilfspolizisten und Schweizer Grenzwächter sowie riesige auf Pfähle montierte Holztafeln mit Blickrichtung Himmel als Kennzeichnung des neutralen Liechtensteins für verirrte alliierte Bomber kennzeichneten die Situation schon äußerlich."[320]

Als einziger westeuropäischer Staat widerstand das stolze Fürstentum allen Repressalien der mächtigen Sowjetunion und lieferte die fünfhundert internierten Russen nicht aus. So entkamen sie Stalins rachsüchtigen Folterknechten und Henkern. Allerdings, so die berechtigte Frage von Nikolai Graf Tolstoy: „Was wäre geschehen, wenn die Sowjets, die Alliierten oder die Schweiz Druck auf Liechtenstein ausgeübt hätten, dem es nicht hätte widerstehen können?"[321]

Am 28. April 1945 notierte General Feurstein[322]:
„Fahrt nach Lermoos.
Die 19. Armee (General Brandenberger) flutete von Bayern herein. Ein trauriges Bild des Rückzuges.

Der Train hatte die Straßen zum Teil blockiert, und es war nicht leicht, für meinen Wagen eine Furt gegen den Strom zu finden. Ich lege mit Brandenberger die Neueinteilung der Abschnittsgrenzen fest, da Vorarlberg und Fernpass nun zur 19. Armee gehören sollten. [...] Nach Mariabrunn zurückgekehrt, erwartete mich ein Anruf Hofers. Auch er versuchte, das ungezügelte Kriegsorchester mit rauen Tönen zu durchdringen und erkundigte sich barsch nach verschiedenen Verteidigungsmaßnahmen. Ich machte ihn darauf aufmerksam, dass militärische Entscheidungen meine Angelegenheiten seien und sagte ihm einen Besuch für 22[.00] Uhr an, um das Telefongespräch nach einer Beruhigungspause persönlich zu Ende zu führen. Hierbei schilderte ich ihm dann den Zustand der nahezu aufgelösten 19. Armee, die wohl Stäbe und Trosse, aber keine nennenswerte Truppe mehr aufweise. Dass sie die feindliche Lawine aufzuhalten vermöge, sei kaum mehr zu erwarten, ebensowenig wie unsere paar Standschützenkompanien, die auch keine Wunder wirken könnten."

Das Zerwürfnis zwischen dem Gauleiter von Tirol-Vorarlberg und dem General der Gebirgstruppe hatte Folgen. Nachdem es Feurstein mit Zustimmung des Generalobersten von Vietinghoff noch gelungen war, am 28. April Maßnahmen einzuleiten, um die „offene Stadt Bregenz" militärisch zu räumen, erhielt General Schmidt durch den Generalfeldmarschall Kesselring am 29. April den Befehl, den ganzen Raum neuerlich zu besetzen und zu verteidigen. „Nach eindringlicher Vorstellung ziviler Kreise erklärte sich Schmidt aber dann doch noch bereit, nur an der Klause zu kämpfen."[323] Sein Festungskommando verlegte er nach Klaus. General Feurstein wurde kaltgestellt.

Währenddessen hatte der Befehlshaber der 1. französischen Armee den ursprünglichen Vormarschplan abgeändert. „Wir müssen so schnell wie möglich die Festung Vorarlberg durch Umfassung öffnen, nach Landeck vorstoßen, um von dort durch das Oberinntal, Nauders und das Etschtal nach Bozen zu gelangen", entschied General Lattre de Tassigny. „Dem 2. Korps werden Säuberung und Besetzung des rückwärtigen Gebiets überlassen, während das 1. Korps den Operationsplan mit folgenden Schwerpunkten ausführt: Hauptstoß entlang der Schweizer Grenze über Bregenz – Feldkirch zum Arlberg [...]"[324]

Infolgedessen überschritt die 5. französische Panzerdivision als Speerspitze des 1. französischen Armeekorps unter General Béthouart am Abend des 29. April bei Hohenweiler die alte Vorarlberger Landesgrenze. Tags darauf „stießen nach einem kurzen Feuerwechsel bei Hohenweiler Teile der 4. französischen Panzerdivision gegen Lochau vor. Entlang der Straße und am Waldrand erreichten zwei Kolonnen die Ortschaft Lochau, als ihnen um 13.00 Uhr vom Pfänderhang Abwehrfeuer entgegenschlug", schreibt Hauptmann Fritz. „Die Franzosen drangen nach zweieinhalbstündigem Kampf in Lochau ein. Über die Sperren an der Klause und am Berg wurden die französischen Panzerbesatzungen von Einheimischen informiert. Der Ernst der Lage und das Bewusstsein unmittelbar bevorstehender Kampfhandlungen wurden schlagartig durch die vom französischen Oberst Lecoq, Kommandant des Combat Command 4, am 30. April gestellten ultimativen Forderungen an Bregenz vor Augen geführt."[325]

Darin hieß es: „Entweder werden bis 1. Mai, [0]3.00 Uhr, die Sperren an der Klause geräumt, oder Bregenz wird mit Artillerie beschossen und von Flugzeugen aus bombardiert."

Um Zeit zu gewinnen, blieb dieses Ultimatum unbeantwortet. Infolgedessen begannen die Franzosen am 1. Mai 1945, Punkt [0]4.25 Uhr, mit der Beschießung der Vorarlberger Landeshauptstadt. „Dabei", so Fritz, „gab es mehrere Verletzte und Tote, etwa achtzig Gebäude wurden völlig zerstört. Das französische Artilleriefeuer auf die Stadt sowie auf die Pfänderlehne dauerte noch bis zum Vormittag an. Die am Nordhang des Pfänders ab [0]4.00 Uhr vorgehende französische Infanterie fand keinen nennenswerten Widerstand vor und machte etwa zweihundert Gefangene. Von Einheimischen über die Pfänderhänge zur Stadt geführte französische kampfkräftige Spähtrupps stellten gegen 12.30 Uhr fest, dass alle noch einsatzfähigen deutschen Kräfte bereits über die Bregenzer Ache zurückgegangen waren."[326] Daraufhin marschierten Einheiten der 4. marokkanischen Gebirgsdivision in Bregenz ein und nahmen an die tausend versprengte Angehörige der Deutschen Wehrmacht gefangen. Gegen 13.00 Uhr rollten Panzer der 1. französischen Armee aus Hörbranz – Lochau kommend unter dem Kommandanten Voitte in die Stadt unter dem Pfänder ein. Damit waren alle deutschen und österreichischen Städte am Ufer des Bodensees fest in französischer Hand. Die französische 1. Panzerdivision wurde nach der Beseitigung der Betonsperre an der Bregenzer Klause nachgezogen. Gegen 17.00 Uhr wurde der Gipfel des Pfänder besetzt, nachdem sich die dort eingesetzten Soldaten ergeben hatten.

„Die Standschützenverbände lösten sich entweder selbst auf, oder die Volkssturmleute wurden von den Kommandanten nach Hause geschickt, wobei lokal auch eine Einflussnahme von Widerstandskreisen erfolgte“, erfahren wir von Hauptmann Fritz. „Meist bestand bei den zusammengewürfelten Einheiten kein Wille mehr zur Fortsetzung des aussichtslosen Kampfes. Allgemein wurde versucht, möglichst lange einer Gefangenschaft zu entgehen und in der Heimatgemeinde unterzutauchen.“[327]

Am 2. Mai verlegte General Schmidt, das Festungskommando vom Adler in Klaus nach Göfis bei Feldkirch. Und das war gut so, denn am Morgen desselben Tages stieß die 5. französische Panzerdivision von Bregenz aus in südlicher Richtung vor. Um die Mittagszeit wurde Dornbirn ohne nennenswerten Widerstand und am frühen Nachmittag Lustenau, deren Feldbefestigungen nicht besetzt waren, erreicht. „Der Widerstand südlich von Dornbirn und von Hohenems wurde durch Artillerieeinsatz schnell gebrochen. Bei Götzis wurde aufgrund des verteidigungsgünstigen Geländes versucht, hartnäckig Widerstand zu leisten. Gegen 22.00 Uhr wurde Götzis von den Franzosen aus Lustenau mit Artillerie beschossen, weil die vorgehenden französischen Truppen an einer Straßensperre nördlich von Götzis im Abwehrfeuer lagen.“[328]

In den Schlusstagen des Zweiten Weltkrieges kam es noch zu einer Neutralitätsverletzung, da die französischen Geschosse über Schweizer Staatsgebiet flogen. Ein Hauptmann der Eidgenossen gab daher den erfolgreichen Befehl zur Feuereinstellung. Der Einsatz von Einheiten der 5. französischen Panzerdivision zwischen dem Rheinufer und Kummenberg in südlicher Richtung führte im Raum Diepoldsau zu Grenzzwischenfällen. Da den Franzosen der exakte Verlauf der österreichischen und Schweizer Demarkationslinie am Rhein nicht ganz geläufig war, wurden Schweizer Grenzsicherungen beschossen. Am 3. Mai rückten die französischen Panzer in Götzis ein; Feldkirch wurde kampflos übergeben. „Die Sprengung der Straßenbrücke nach Frastanz erfolgte im letzten Augenblick und brachte für die abziehenden Truppen nur einen geringen Zeitgewinn. Französische Panzer nahmen den Umweg über Tisis und Frastanz in den Walgau. Durch die Räumung der Sperren an der Straße von Rankweil nach Satteins war der Weg auch von dort in den Walgau offen.“[329]

Nach dem schnellen Vormarsch der französischen Verbände löste Oberstleutnant Knobloch das Festungskommando in Lorüns am Abend des 3. Mai 1945 auf. General Schmidt nahm in Vorarlberg seine ihm noch verbliebenen Truppen hinter Bludenz zurück. Die Feldstellungen bei Nüziders wurden am 4. Mai kampflos geräumt, während schwache Kräfte der Waffen-SS mit einem Geschütz und einigen Maschinengewehren die überlegenen französischen Panzer noch mit dem Mut der Verzweiflung aufzuhalten versuchten. „Nachdem die Straße in Unterbings gesperrt war, setzte der General an den Berghängen Infanterie und im Tal schwere Waffen ein, um den Rückzug der Trosse über den Arlberg zu decken. Die ersten bei Bings um 16.00 Uhr auftauchenden französischen Panzer wurden von starkem Abwehrfeuer empfangen.

Der deutsche Widerstand konnte vor Anbruch der Dunkelheit nicht gebrochen werden. In der Nacht wurde von der französischen Infanterie eine Umfassung der Sperrstellung bei Bings eingeleitet."[330]

Als die Franzosen am Morgen des 5. Mai 1945 die deutschen Stellungen unter Feuer nahmen, waren diese bereits geräumt. Der französische General Lattre de Tassigny sprach in seinen Erinnerungen von „einem Hinterhalt, der den französischen Panzern gelegt wurde." Dennoch setzten die Franzosen ihren Vormarsch am selben Tage durch das enge Klostertal zum Arlberg fort. Jedoch nicht allzu lange. Denn General Schmidt hatte westlich von Dalaas eine neue Sperrlinie errichten lassen. Trotz mehrstündiger Bemühungen gelang es den französischen Panzern nicht, die deutschen Stellungen zu überrennen. „Es mussten neuerlich Infanteristen zu langwierigen Umfassungen angesetzt werden. Wegen der Zerstörung der Straßenbrücken konnten die französischen Panzer nur auf Nebenwegen nachgezogen werden."[331]

Unterdessen stieg am 5. Mai 1945 eine Kompaniekampfgruppe der 2. marokkanischen Infanteriedivision mit einem Skiaufklärungszug, der von einheimischen Bergbewohnern angeführt wurde, aus dem Kleinen Walsertal durch meterhohen Neuschnee der Allgäuer Alpen nach Hochkrumbach auf. Gegen 15.00 Uhr erreichten sie das Schutzhaus, in dem sich zweihundert deutsche Soldaten kampflos ergaben.

Noch am selben Tag gab General Hans Schmidt um 18.00 Uhr bekannt, dass eine Waffenruhe ausgehandelt wurde. Da die Franzosen sich jedoch nicht daran hielten, wurde vorerst weitergekämpft. Marokkaner nahmen daraufhin um 20.00 Uhr Dalaas, das jedoch sofort von deutschen Geschützen aus Richtung Wald beschossen wurde. Doch der gegnerische Vormarsch ließ sich bei bestem Willen nicht mehr länger aufhalten. Daher besetzten die Franzosen nach einem kurzen Artilleriefeuer die Ortschaften Klösterle und Langen. „Nachdem am 6. Mai, 07.00 Uhr, die Eisenbahnbrücke vor dem Tunnelwestportal gesprengt und die Tunneleinfahrt gesperrt war, kamen auf der lawinengesperrten Straße die deutschen Soldaten nicht mehr durch und wurden gefangengenommen. Die von Hochkrumbach über Zürs und Stuben vorgehende französische Alpinieinheit erreichte den Arlbergpass um 17.00 Uhr. Damit", so Hauptmann Fritz abschließend, „war der Kampf zwischen Bodensee und Arlberg zu Ende gegangen."[332]

13. Der Endkampf um Oberbayern und Tirol

Wie wir bereits an anderer Stelle erfahren haben, lagen an den Nordausgängen der Allgäuer und Bayerischen Alpen ausgedehnte Kasernenanlagen zum Schutz der Alpentäler. Aus diesem Grunde hatte man sehr lange darauf verzichtet, in Tirol wirksame, das heißt nach Norden ausgerichtete Verteidigungsstellungssysteme anzulegen. Erst als sich die alliierten Truppen auf die „Kernfestung Alpen" zu bewegten, wurde auch die Tiroler Nordgrenze zur Verteidigung vorbereitet; jedoch nicht umfassend ausgebaut. Da man die wuchtigen Nördlichen Kalkalpen ohnehin als die natürliche Verteidigungslinie betrachtete, beschränkte man den Ausbau der Verteidigungsstellungen in Tirol lediglich auf das breitere Unterinntal sowie auf stark benutzte Übergänge. Im Zuge dieser Verteidigungsmaßnahmen wurden einige Panzersperren errichtet und zwar bei Reutte in Tirol, am Fernpass, am Zirler Berg und in der Scharnitzer Klause sowie bei Unken und Kufstein.

Damit wurde die „Perle Tirols" zum fünften Male in ihrer bewegten Geschichte zum Schauplatz kriegerischer Auseinandersetzungen. Denn ihre weitläufige Festung beherrscht seit Jahrhunderten das Unterinntal mit seinem überaus wichtigen Verkehrsweg in Richtung Brennerpass.

So war es nicht verwunderlich, dass die deutschen Güterzüge mit ihrem kriegswichtigen Nachschub für die Italienfront des Generalfeldmarschalls Kesselring zwischen 1943 und 1945 pausenlos über Rosenheim und Kufstein durch das Inntal zum Brenner rollten. Mit ihnen verstärkten sich von Monat zu Monat aber auch die schweren alliierten Bombardements. Diese richteten sich gegen Rosenheim und die Güterbahnhöfe von Wörgl und Brixlegg sowie auf die dortige Innbrücke und andere militärische Objekte des Inntales.

Zunächst war die Tiroler Festungsstadt Kufstein 1504 im bayerisch-pfälzischen Erbfolgekrieg, dann 1703 im spanischen Erbfolgekrieg, 1805 im dritten Koalitionskrieg und schließlich 1809 während des Tiroler Freiheitskampfes heiß umkämpft. Später diente die Festung als Kaserne sowie als gefürchtetes Staatsgefängnis, dessen berühmtester Insasse der ungarische Räuberhauptmann Rozsa Sandor (1859–1865) gewesen war. Jetzt, gegen Ende des Zweiten Weltkrieges, wurde auch die wehrhafte Festung in die nördliche Verteidigungslinie der „Kernfestung Alpen" einbezogen, denn hier war zunächst die Führerreserve des Oberkommandos des Heeres bzw. der Wehrmacht untergezogen, zumal die alliierten Luftangriffe zwar den Bahnhof und den Ortsteil Zell schwer getroffen hatten, die Altstadt samt Festung jedoch unversehrt geblieben war.

Aber halten wir uns zunächst an den chronologischen Ablauf der kriegerischen Auseinandersetzungen im strategischen Vorfeld der Nördlichen Kalkalpen, also im bayerischen und Tiroler Grenzgebiet. Ohne Anschluss an seine Nachbarn – darüber hinaus in seinen beiden Flanken bedroht – hatte sich das XIII. Armeekorps der Wehrmacht, dessen Gefechtsstand in Kreuth lag, vom Isarabschnitt bei Wolfratshausen nach Südosten zurückgezogen. Mit der fast völlig zerschlagenen Kampfgruppe „von Buddenbrook" stand es nun am Schliersee; mit der 17. SS-Panzergrenadierdivision „Götz von Berlichingen" nach dem Rückzug von Bad Tölz bei Lenggries und am Tegernsee. Das taktisch wichtige Straßenkreuz mit der Isarbrücke Bad Tölz sollte nach Brückner zunächst von der 17. SS-Panzergrenadierdivision „Götz von

Berlichingen" und Resten der SS-Junkerschule Bad Tölz verteidigt werden. General der Infanterie Hahn, Kommandierender General des XIII. Armeekorps der Wehrmacht, der mit der Sperrung der Gebirgseingänge zum Achenpass beauftragt war, wollte trotz energischer Bürgerproteste die oberbayerische Kurstadt nicht aufgeben. Am 30. April gelang es, „den Gauleiter Giesler [...] fernmündlich für eine Schonung der Stadt zu interessieren. Auch der sich in Bad Tölz privat aufhaltende Generalfeldmarschall [von] Rundstedt wurde eingeschaltet."[333] Schließlich sprengte die SS am Abend des 1. Mai 1945 die Isarbrücke; allerdings nur unvollständig. Die Truppe zog sich daraufhin zurück und ein Polizeioffizier übergab am 2. Mai die Stadt an die 36. US-Infanteriedivision, die binnen kurzer Zeit die Brücke über die Isar wieder provisorisch instandsetzte.[334]

Unterdessen waren die dezimierten Verbände der 19. Armee von den Alliierten auf die Alpenübergänge nach Tirol bei Scharnitz und Lermoos abgedrängt worden. Dort ging es jetzt um alles oder nichts. Denn wer diese Schlüsselstellungen besaß, der hatte die „Zugänge zum Inntal und nach Innsbruck" in der Hand. „In der Tat war nach dem Fall von Garmisch und Mittenwald dem Gegner auf dem Vormarsch nach Innsbruck nicht mehr viel entgegenzusetzen und damit für diesen die Verbindung zu seiner Italienarmee in greifbare Nähe gerückt."[335]

Am 1.209 Meter hohen Fernpass, dem Übergang von Füssen bzw. Garmisch-Partenkirchen über Landeck bzw. Innsbruck nach Meran und Bozen, versuchte das Generalkommando des LXIV. Armeekorps allerdings nochmals eine Abwehr aufzubauen. An der gewundenen Fernpassstraße wurden die Reste der 47. Volksgrenadierdivision eingesetzt, die zusammen mit einem schwachen Jägerersatzbataillon, zwei Marinekompanien des Generaladmirals Marschall vom Marineoberkommando West und fünf Feldhaubitzen die wichtige Nord-Süd-Trasse verteidigen sollten.[336] Am 26. April 1945 bildete Oberst Golle als Kommandeur des Gebirgsjägerersatzbataillons 137 die „Kampfgruppe Fernpass". Über das letzte Gefecht an der Tiroler Grenze liegt uns ein lesenswerter Bericht von J. Wechselberger vor:

„Mitte April 1945 wurde die Hälfte der Mannschaft von der Landesschützenkompanie 1034 in der Klosterkaserne zu Innsbruck nach Landeck dem Gebirgsjägerersatzbataillon 137 zugeteilt. Die meisten Angehörigen der 3. Kompanie waren Süd- und Nordtiroler, hauptsächlich beim 1. Zug, während beim 2. meist Bayern und Schwaben waren. Gerade während eines Kameradschaftsabends war plötzlich Alarm. Noch in der Nacht wurden Waffen und Munition verteilt und alles auf den Abmarsch aus Landeck vorbereitet. Früh um 04.00 Uhr verließen wir ganz still die ‚Pontlatzkaserne', wurden am Bahnhof verladen und nach Imst befördert. Von dort ging es zu Fuß mit voller Ausrüstung über den Fernpass nach Reutte im Außerfern. [...]

Gegen Morgen hörten wir Raupengeräusche der Panzer aus der Gegend von Pfronten. Gegen Mittag sahen wir, dass am Kirchturm von Vils eine weiße Fahne herausgesteckt wurde, und schon nach kurzer Zeit fuhren die ersten amerikanischen Panzer in die Stadt ein. Nach kurzem Halt fuhren sie an der Straße nach Reutte weiter. Da die Ulrichsbrücke bereits gesprengt war und sie vom 2. Zug mit heftigem Abwehrfeuer empfangen wurden, kehrten die Panzer wieder um und versuchten nun über das Ranzental durchzubrechen. Voraus fuhren zwei Panzer, die gegen den Beschuss von Panzerfäusten dicht mit kleinen Sandsäckchen behängt waren, gegen unsere Stellungen vor. Da sie kein Feuer erhielten, fuhren sie weiter. Einer wurde in den rückwärtigen Stellungen von den Standschützen abgeschossen, worauf der andere wieder kehrtmachte. Darauf setzte sich die Masse der Panzer in Bewegung. Obwohl wir nun versuchten, sie aufzuhalten, gelang es den Amerikanern doch durchzubrechen. Zudem wurden wir noch von einem Feindflieger mit Bordwaffen beschossen. Die Panzer überrollten uns, und wer nicht rechtzeitig aus der Stellung in den nahen Wald flüchten konnte, wurde gefangengenommen. Einige Panzer wurden durch hochgehende Minen außer Gefecht gesetzt, die anderen waren alsbald außer Sicht. Als es ruhiger geworden war, wurden Verwundete und Gefangene von den Amerikanern gesammelt und ins Gasthaus am Bahnhof von Vils gebracht. [...]

Der Rest der Kompanie wurde noch am Fernpass in Rückzugskämpfe verwickelt."[337]

Dort hielt der „verlorene Haufen" dem massierten Ansturm amerikanischer Truppen noch drei Tage lang stand. Die Verteidiger des Fernpasses lieferten nach Rauchensteiner „damit ein Musterbeispiel dafür, wie sich mitten in den Bergen durch geschickte Improvisation militärische Operationen verlangsamen lassen".[338] Wie es um die Moral und den Kampfwert der deutschen Verbände in der „Kernfestung Alpen" wirklich bestellt war, das veranschaulicht uns nun ein Tagesbericht der 44. US-Infanteriedivision, wo es heißt:

„Während des 28. April wurde die vollständige Demoralisierung des Feindes zunehmend bemerkbar. Es wurden so viele Kriegsgefangene gemacht, dass es unmöglich wurde, genügend Wachen abzustellen, um sie zurückzuführen. Sie marschierten meist gebrochen und vollständig demoralisiert die Straßen entlang nach hinten, in geschlossenen Kolonnen, die von ihren eigenen Offizieren und Unteroffizieren geführt wurden. Ebenso überfluteten wahre Ströme von Flüchtlingen die Straßen, unter ihnen Frauen und Kinder sowie viele Männer, die noch die gestreiften Anzüge der Konzentrationslager trugen. Aber trotz der Demoralisierung des Feindes wurden die Brückensprengungen fortgesetzt und Straßensperren gebildet, die in diesem Gelände mit seinen hohen Bergen und tiefen Schluchten zeitraubende Hindernisse darstellten. Um diese Hindernisse zu beseitigen, musste das 63. Pionierbataillon mehr leisten denn je zuvor."[339]

Am 29. April 1945 notierte General Feurstein in seinem Tagebuch[340]: „Meine Fahrt zum Walchensee war zwecklos. Kesselring erschien nicht. Ich hinterließ Bescheid, dass ich morgen wiederkommen würde. Am Kesselberg erwarteten fünfhundert Offiziersschüler aus Mittenwald mit Fatalismus den Feind. Bei Scharnitz traf ich neben Generalmajor Böhaimb und Major Schneeberger auch den Kreisleiter Dr. Primbs, der sich in militärische Angelegenheiten einmischte.

Um 16.00 Uhr rief mich Hofer an, um mir mitzuteilen, dass ein neu ernannter Verteidigungskommandant für Nordtirol, General Jaschke, bereits bei ihm vor Ort sei, um mich abzulösen.

Das Blitzgespräch hatte anscheinend blitzartig funktioniert. Eine Stunde später traf Jaschke mit zwei Offizieren ein. Er orientierte mich, dass das O[berkommando der Wehrmacht] meine Enthebung angeordnet habe, fuhr dann aber nach Mittenwald weiter. Meine militärische Laufbahn verlängerte sich daher um einige Stunden.

Kesselring gab mir durch General Brandenberger in Imst die Weisung, General Hilgemann (Pionierreferent bei Vietinghoff) zu verhaften. Er soll bei seiner Abfahrt aus Landeck nach

Süden die Bemerkung gemacht haben, er fahre jetzt zu den Amerikanern. Ich konnte Brandenberger davon überzeugen, dass jemand, der die Absicht habe, zu desertieren, dies nicht an die große Glocke hängen würde.

Eine Psychose des Verrates war anscheinend auch bei militärischen Dienststellen lebendig, ein immer wiederkehrender Zustand bei Zusammenbrüchen und seelischen Erschütterungen. Das Leben der Mitmenschen wog oft, aus Sorge um das eigene Bestehen, nicht gerade viel, und zur Aufstellung eines Kriegsgerichtes bedurfte es nur eines Wortes."

Nachdem die Nordfront der „Kernfestung Alpen" unter den massiven Schlägen der Alliierten sehr rasch zusammengebrochen war, lagen die Nerven der Deutschen blank. „Die Lage im Bereich der Heeresgruppe G war wirklich hoffnungslos", stellte Brückner fest. „Das galt nicht nur für die militärische Situation. Auch die Ernährungslage der Zivilbevölkerung im süddeutschen Raum musste zu äußerster Besorgnis Anlass geben, hatte doch der Bevollmächtigte General der Heeresversorgung B nach einer Besprechung mit süddeutschen Gauleitern am 28. April gemeldet, dass die vorhandenen Bestände an Brot bzw. Brotgetreide im Gau Südbayern noch für drei Wochen, in den Gauen Tirol-Vorarlberg und Salzburg nur noch für zwei Wochen ausreichen würden. Der Inhaber der vollziehenden Gewalt, Generalfeldmarschall Kesselring, musste auch das in seine Lagebeurteilung einbeziehen."[341]

Über den Zustand der Truppe heißt es in einem freimütigem Bericht des XIII. SS-Armeekorps: „Kleinere Stoßtrupps, von ihren Offizieren geführt, wie Nachtruppen kämpfend, mussten nun die neue Korpsfront darstellen. Kleine Reststäbe der Kampfgruppen führten diese Stoßtrupps."[342]

Nicht viel anders beschrieb die amerikanische 7. Armee ihren Gegner: „Ab 1. Mai standen der Armee in weitem Bogen zwischen Innsbruck Salzburg nur noch unzusammenhängende, durcheinandergewürfelte Truppenteile gegenüber. General Foertschs 1. Armee hatte jeden Anschein von Organisation verloren."[343]

„Ich ordnete inzwischen meine Angelegenheiten beim Kommando und wurde um circa 23.00 Uhr von Jaschke aus der Innkaserne angerufen", schildert General Feurstein die angespannte Lage. „Er glaubte, mir Vorwürfe machen zu müssen, dass für die Verteidigung Tirols zu wenig geschehen sei. Es wären weder Straßen noch Brückensprengungen vorbereitet, die Panzergräben seien zu wenig tief und breit und jede Verminung fehle. Meine Erwiderung fiel ebenso wenig höflich wie seine Anschuldigungen aus, nämlich dass ich in den vier Tagen alles unternommen habe, was in der kurzen Frist möglich gewesen wäre. Weitere Erörterungen beendete ich mit der Unterbrechung der Verbindung. Jaschkes Wirken als Kommandant der Alpennordfront war übrigens noch zeitbegrenzter als das meine. Er wurde nach vierundzwanzig Stunden durch General Hengl ersetzt, dem allerdings nur noch die Machtlosigkeit beim Zusammenbruch der Alpenfeste übrigblieb."[344]

Am 30. April 1945 vertraute Feurstein seinem Tagebuch an: „Um 10.00 Uhr übergab ich Generalmajor Böhaimb, dem Stellvertreter Jaschkes, mein Amt. Um 13.00 Uhr war mein Leben als Soldat beendet, zehn Minuten später saß ich daheim und dankte meinem Schicksal, das mir den ‚Marsch nach Hause' so kurz und leicht gemacht und mich vor den demütigenden Stunden der Kapitulation bewahrt hatte. Mir war das Glück zuteil geworden, meiner Familie in den folgenden aufregenden Tagen Beschützer sein zu können. Um ihretwillen habe ich auch jeden Gedanken an Selbstmord immer von mir gewiesen, so trostlos und bedrohlich meine Lage auch manchmal aussah."[345]

Für den 1. und 2. Mai 1945 befahl die amerikanische 7. Armee: „VI. Armeekorps nimmt Landeck und blockiert den Reschenpass. Nach der Einnahme von Innsbruck ist unverzüglich zum Brennerpass mit kampfkräftiger Aufklärung vorzugehen. XXI. Armeekorps stößt über Bad Tölz nach Kufstein in das Inntal vor, stellt dort Verbindung zum VI. Armeekorps her. Im Angriff nach Osten ist Berchtesgaden einzunehmen. XV. Armeekorps, beiderseits des Chiemsees vorgehend, nimmt Salzburg."[346]

Befehlsgemäß griff nun die amerikanische 6. Armeegruppe Anfang Mai mit dem französischen 1. Armeekorps sowie dem amerikanischen VI. und XXI. Armeekorps zwischen Bregenz und Kufstein in südlicher Richtung durch das Herzstück der „Kernfestung Alpen" mit Stoßrichtung Brenner- und Reschenpass an. Mit dem amerikanischen XV. Armeekorps wurde ostwärts beiderseits des Chiemsees in Richtung Salzburg vorgestoßen. Diesen starken alliierten Verbänden standen am 1. Mai nur mehr die stark gelichteten Reihen der Wehrmacht und Waffen-SS gegenüber – und zwar: In Vorarlberg die restlichen Truppenteile des Armeeoberkommandos 24. Zwischen Lermoos und Scharnitz zusammengewürfelte Einheiten der 47. und 257. Volksgrenadierdivision, die mit einer „Divisionsgruppe Innsbruck-Nord" dem LXIV. Armeekorps der 19. Armee unterstanden. Im Raum Schliersee – Lenggries – Jachenau das XIII. Armeekorps des Heeres (Gefechtsstand in Kreuth), nachdem es sich vom Isarabschnitt Wolfratshausen nach Südosten zurückgezogen hatte.

Bereits Ende April 1945 war das LXXXII. Armeekorps nördlich von Wasserburg auf Verteidigungslinien zurückgenommen worden. Die Masse der 416. Infanteriedivision war daraufhin am Vormittag des 30. April in Richtung Innabschnitt Mühldorf – Wasserburg in Marsch gesetzt worden. Im Raum beiderseits von Mühldorf, wo das Grenadierersatz- und Ausbildungsbataillon 199 stationiert war, lag Anfang Mai das LXXXI. Armeekorps, am Inn zwischen Wasserburg und Rosenheim das XIII. SS-Armeekorps.

Zunächst sollte Wasserburg am Inn durch die 86. US-Infanteriedivision genommen werden. Kurz vor dem Ziel wurde sie jedoch nach Haag zurückbeordert. Stattdessen wurde nun die 20. US-Panzerdivision auf die Innstadt angesetzt. Ihre unblutige Kapitulation verdankte sie am Morgen des 3. Mai dem Altkommunisten und Korbmacher Estermann, der die GIs wegen der gesprengten Innbrücke über die Staustufe der Innkraftwerke in den mittelalterlichen Stadtkern führte. Bald darauf wurde er Bürgermeister und später sogar Landrat, nachdem er Ende 1945 aus der Kommunistischen Partei Deutschlands ausgeschlossen worden war.

In den Raum um Wasserburg hatten sich auch Reste der 38. SS-Grenadierdivision „Nibelungen" mit unterstellten Teilen der französischen 33. Waffengrenadierdivision der SS „Charlemagne" (= Karl der Große) zurückgezogen. Es waren ehemalige Schüler von Adolf-Hitler-Schulen und andere blutjunge Soldaten, die in den Kämpfen um den Donauübergang das 261. US-Infanterieregiment bei Kapfelberg durch ihren erbitterten Widerstand derart lange aufgehalten hatten, dass den deutschen Truppen in Regensburg genügend Zeit blieb, um die Stadt zu räumen und deren Zerstörung zu verhindern. Was sich auf dem Marschweg der „Nibelungen" in Richtung „Alpenfestung" ereignete, darüber weiß Josef Sonner zu berichten:

„Auf unserem Weg (teilweise alleine, teilweise in Gruppen) über Dorfen, Haag, Wasserburg, Endorf und Prien wurden wir in einem großen Durcheinander mehrfach von der

Feldgendarmerie aufgegriffen und zu neuen Gruppen von zwanzig bis vierzig Mann zusammengestellt. Doch die Soldaten weigerten sich und verschwanden meistens wieder in der Umgebung. Da die Amerikaner bereits auf den Straßen vorgefahren waren, musste ich etwa ein Drittel der gesamten Absetzbewegung neben den Straßen, im Feld oder im Wald zubringen. Ende April, kurz hinter Prien, waren wir wieder mit einer Gruppe von c[irca] acht Mann mit MG, Panzerfaust und Gewehren auf dem Weg in die Alpen. Als ich am Morgen des 1. Mai die Berge sehen konnte, löste ich mich unter einem Vorwand von unserer Gruppe und flüchtete alleine in Richtung Rosenheim. Auf der Straße sah ich den ersten US-Jeep, dem ich mich mit aufgeknöpfter Uniform und erhobenen Händen ergeben habe. Der US-Trupp nahm mich mit nach Rosenheim in Gefangenschaft. Dort wurde ich mit mehreren hundert Soldaten in einer Viehhalle gesammelt. Die anderen Gefangenen waren entsetzt, als sie meine blutigen Füße sahen. Zu diesem Zeitpunkt trug ich meine Schuhe bereits seit zwei Monaten. Kurz darauf wurden wir in einer riesigen Kolonne (Tausende von Soldaten) im Fußmarsch zum Flughafen Bad Aibling gebracht. Nach drei Tagen wurden wir auf Laster verladen und über Ulm nach Heilbronn transportiert."[347]

Nun ging es auch an den anderen Kampfabschnitten Schlag auf Schlag. Am 2. Mai ging der Fernpass verloren, wo sich die 47. Volksgrenadierdivision mit ihren stark gelichteten Einheiten bis zuletzt ihrer Haut erwehrt hatte. In Innsbruck übernahm die „Tiroler Freiheitsinitiative", die ein weiteres sinnloses Blutvergießen verhindern wollte, die Führung. Als durch die vorzeitige Kapitulation der in Oberitalien eingesetzten Heeresgruppe die 19. Armee auch noch ihre südliche Rückendeckung verlor, hielt ihr Oberbefehlshaber „eine Fortführung des Kampfes für unverantwortlich".[348] Daher fasste General der Panzertruppen Brandenberger alles andere als leichten Herzens den Entschluss, mit dem VI. US-Armeekorps Waffenstillstandsverhandlungen einzuleiten. Das „A[rmeeoberkommando] 24 erhielt den gleichen Auftrag für seine der 1. französischen Armee gegenüberstehende Front".[349]

Das Schicksal der Tiroler Landeshauptstadt entschied sich im Befehlsbereich des LXIV. Armeekorps am gefürchteten Zirler Berg. Die 257. Volksgrenadierdivision hatte am 2. Mai mit insgesamt rund fünfhundert Versprengten sowie Männern vom Reichsarbeitsdienst und der Flak die Sicherung im oberen Inntal zwischen Zirl und Landeck übernommen. Rechts davon – beiderseits und nördlich von Innsbruck – sicherte die „Divisiongruppe Innsbruck-Nord", die von Generalmajor Johannes Böhaimb, dem Wehrmachtskommandanten von Innsbruck, geführt wurde. Sie unterstand dem General der Gebirgstruppe Georg Ritter von Hengl, der ja die Befehlsgewalt über die Alpenfront Nordwest ausübte. Die Innsbrucker Divisionsgruppe hatte am 30. April einen Befehl erhalten, der besagte, dass der Raum zwischen Mittenwald und der Tiroler Landeshauptstadt zu verteidigen sei. Daraufhin entsandte Böhaimb Einheiten, die die Stellungen in der Scharnitzer Klause und im Leutaschtal bezogen. „Pioniere, SS und HJ standen hier neben letzten Gruppen der Gebirgsjägerschule Mittenwald. Trotz des schlechten Wetters in den ersten Maitagen griff die amerikanische 103. Infanteriedivision hier an, um den Weg nach Innsbruck zu öffnen."[350]

Um das zu verhindern, wurden unter anderem auch vierzig HJ-Fronthelfer im Alter zwischen vierzehn und sechzehn Jahren vom Bannführer Innsbruck-Stadt in Lastwagen nach Scharnitz gebracht und dort in vier Zehnergruppen im Bereich der Porta Claudia eingesetzt. Am 1./2. Mai 1945 griffen die Amerikaner an und konnten trotz ihrer personellen und materiellen Überlegenheit zwei Stunden lang aufgehalten werden, sodass bei Scharnitz eine Verteidigungslinie aufgebaut werden konnte. Diese Stellungen wurden dann eine Zeitlang durch Einheiten der „Divisionsgruppe Innsbruck-Nord“ gehalten.

„Die jugendlichen Standschützen (HJ-Fronthelfer) schossen zwei Panzer von der 103. US-Division ab, bevor diese sowohl Flieger- als auch Artillerieunterstützung anforderte“, berichtet Alfred Borth.[351] Die überlebenden „Kindersoldaten“ wurden bei der Gefangennahme mit Fußtritten traktiert. Achtundzwanzig von ihnen starben während der Kampfhandlungen. Am 1. Mai 1945 war unter anderem auch der Hauptmann Hermann Pedrotti in der Leutasch gefallen, als er die von Gauleiter Hofer an die Front befohlenen Hitlerjungen abziehen wollte.[352] Doch damit nicht genug. „Laut hier vorliegendem Gendarmeriebericht“, so der Universitätsprofessor Dr. Steinegger in seiner Eigenschaft als Leiter des Tiroler Landesarchivs, „sind bei den Kampfhandlungen am 1. Mai 1945 in Scharnitz sechzehn deutsche und neun amerikanische Soldaten gefallen sowie zehn jüdische KZ-Häftlinge wegen totaler Erschöpfung gestorben.“[353]

Am 2. Mai 1945 fiel südlich von Seefeld die Ortschaft Reith, die oberhalb des Zirler Berges liegt. Dann stießen die Alliierten auf Zirl zu, „die letzte Ortschaft vor dem steil ins Inntal abfallenden Zirler Berg, der mehr als dreiundzwanzig Prozent Gefälle hat“, berichtet der Widerstandskämpfer Hallig. „Ich machte den Oberst darauf aufmerksam. Durch Handzeichen im Stehen befahl er: Tempo drosseln! Da sprang plötzlich ein Zivilist auf die Straße, aus der Deckung am Wegrand heraus und schwenkte eine weiße Fahne in der Hand. Am rechten Arm trug er eine Binde mit dem Aufdruck ‚Tiroler Freiheitsbewegung‘. Ehe er sich an uns wenden konnte, kamen von hinten zwei CIC-Männer gerannt, die deutsch sprachen und mit ihm verhandelten. Also war CIC [Counter Intelligence Corps, deutsch: Spionageabwehr] auch dabei. Der Mann beteuerte, dass Innsbruck sich selbst befreit habe; alle Nazis seien entweder getürmt oder von der Bewegung festgesetzt worden. Vorsicht hier am Zirler Berg – der sei am Beginn der Haarnadelkurve, keine fünfzig Meter voraus, vermint worden. Wie an der Brücke von Scharnitz, so gingen auch jetzt Pioniere mit den Minensuchgeräten vorsichtig zu Werke und wurden auch fündig.“[354]

Bis Innsbruck war es dann nur mehr ein Katzensprung. „Schon in den Vororten standen die Menschen am Wegrand, winkten und schwenkten rot-weiß-rote Fähnchen. Dichter gedrängt noch an der Brücke über den Inn. Dort, an deren Beginn“, so Hallig, „stand ein Kübelwagen der Wehrmacht mit drei Mann Besatzung in Zivil und den Armbinden. Sie winkten, setzten das Fahrzeug vor uns über die Brücke, um zu beweisen, dass die Straße nicht vermint war. [...] Ab und zu ein Transparent an einem Fenster, als wir jetzt die Hauptstraße, die Maria-Theresien-Straße, erreichten: Wir grüßen unsere Befreier. Doch da waren auch welche, stumm und verbissen. In ihren Gesichtern spiegelte sich die Enttäuschung, die Abscheu. Befreier? Für sie nicht. Der Oberst stand auf und sah sich die Pestsäule an, die wir eben passierten, wandte den Blick zu der mächtigen Nordkette, die wie eine unüberschreitbare Barriere himmelhoch aufragte. ‚Festung Alpen‘, sagte er, ‚ich kann verstehen, dass dieser gigantische Wall aus Fels, Eis und Schnee zu einer Art Mythos geworden ist. Da braucht nicht viel zu sein an Verteidigung.‘“[355]

Am Abend des 3. Mai 1945 meldete Radio Innsbruck, dass die Tiroler Landeshauptstadt von den Amerikanern besetzt wurde. „Nachdem der Zirl- und Fernpass gefallen waren, genehmigte ich die Kapitulation der 19. Armee“, notierte Kesselring. „In diese Periode fielen wenig schöne Vorkommnisse im Alpengebiet. Die Haltung des Gauleiters Hofer war undurchsichtig; er schaltete sich in bedenkenerregender Weise in die militärische Führung ein, was mich sogar zu dem Funkbefehl veranlasste, dass die Anordnungen des Gauleiters (Innsbruck) in militärischen Angelegenheiten nicht zu befolgen wären. Er spielte auch sonst nicht mit offenen Karten. Die unangenehme Folge war, dass halbe Maßnahmen mit unzureichenden Kräften angeordnet und durchgeführt, dass Befehle nicht oder sinnwidrig ausgeführt wurden und tapfer kämpfende Truppen durch zwiespältiges Spiel oder Verrat vermeidbare Verluste hatten."[356]

Nun hatten die Amerikaner ein leichtes Spiel mit ihrem Gegner. Fast übungsmäßig war ihr weiterer Vormarsch in das Herz der „Kernfestung Alpen", sodass sie bis zum 4. Mai mit ihren Panzern im Rücken der 19. Armee sogar bis zum Reschenpass vordrangen. Um die Mittagsstunde desselben Tages vereinigten sich amerikanische GIs aus südlicher und nördlicher Richtung auf dem Alpenhauptkamm. „Österreichische Partisanen halfen Kampfgruppen der 7. Armee, den Brenner zu erreichen und die Verbindung mit Einheiten der von Italien aus operierenden 5. Armee herzustellen. Die zurückweichenden deutschen Truppen beklagten sich, dass die Zivilbevölkerung den siegreichen Amerikanern gastfreundlicher und herzlicher entgegenkäme als ihnen. Außerdem wiesen hohe Offiziere der in Auflösung begriffenen Wehrmacht jeden Gedanken an einen Kleinkrieg in der ‚Alpenfestung' mit der Begründung zurück, derlei Aktionen seien militärisch aussichtslos und würden Repressalien seitens der Alliierten gegenüber der Zivilbevölkerung nach sich ziehen."[357]

Währenddessen dachten die Soldaten der Waffen-SS weiterhin nicht daran, zu kapitulieren. Stattdessen behielten sie „ihre Waffen und vergnügten sich in Bozen mit ihren Freundinnen, fuhren mit ihren Militärautos kreuz und quer durch die Gegend. [...] Die SS hielt Straßensperren besetzt, ihre Feldgendarmerie tat auch weiterhin Dienst. Ein SS-Führer ließ sogar seine Einheit antreten und verlieh Auszeichnungen."[358]

In Pfunds lag noch der Gefechtsstand des Armeeoberkommandos 19. Dort, ungefähr zwanzig Kilometer von der Passhöhe des Reschen entfernt, traf in der Nacht vom 4. auf den 5. Mai 1945 die Meldung des zurückgekehrten Parlamentärs ein, dass „das amerikanische Oberkommando zum Abschluss eines Waffenstillstandes grundsätzlich bereit sei und dass das Eintreffen des O[berbefehlshabers] der 19. Armee am 5. [Mai] in Innsbruck zum Abschluss der Verhandlungen erwartet werde".[359] Daraufhin wurden noch am Nachmittag des 5. Mai die Kapitulationsdokumente unterzeichnet – und zwar von der amerikanischen Seite durch den Kommandierenden General des VI. Armeekorps, Generalmajor Brooks, in Vertretung des Oberbefehlshabers der 6. Armeegruppe und des Oberbefehlshabers der 7. Armee; von französischer Seite durch den Obersten Demetz als Vertreter des Oberbefehlshabers der französischen 1. Armee; von deutscher Seite durch den General der Panzertruppen Brandenberger, Oberbefehlshaber der 19. Armee.[360]

Ab 18.00 Uhr herrschte an allen Fronten im Operationsbereich der 19. Armee Waffenruhe. Die Armee hatte zu diesem Zeitpunkt ohnehin nur mehr eine Gefechtsstärke von rund sieben schwachen Infanteriebataillonen, sechs Geschützen und zehn Flak. „Die Gesamtzahl der im Raum der 19. Armee zusammengeflossenen Wehrmachtsangehörigen der verschiedensten Einheiten und Stäbe, für welche die Übergabe Gültigkeit hatte, bezifferte sich", so Brückner, „auf rund achtzehntausend Mann. Die Gefechtsstärke des A[rmeeoberkommandos] 24 – in der erwähnten Endstärke der 19. Armee mit enthalten – betrug bei der Waffenniederlegung vier schwache Bataillone und eine Spähkompanie im Raum Landeck. Nur wenige der dem A[rmeeoberkommando] 24 unterstellten Einheiten, die noch westlich des Arlberges standen, waren infolge der Grenzziehung zwischen französischer 1. und amerikanischer 7. Armee in französische Gefangenschaft geraten."[361]

Die Franzosen sahen sich in ihrer militärischen Ehre gekränkt. „Dies führte zu schweren Vorwürfen von Seiten des Generals de Lattre de Tassigny, der die Truppenteile des A[rmeeoberkommandos] 24 als nicht zur 19. Armee gehörig betrachtete – sie waren auch in der Kapitulationsurkunde von Innsbruck nicht expressis verbis erwähnt worden. So hatte die Masse der ‚24. Armee', wie der französische Oberbefehlshaber sie nannte, nicht vor den Franzosen kapituliert. Für dieses unterstellte ‚Ausweichmanöver' (dérobade) rächte sich General de Lattre wenig später, indem er beim Oberbefehlshaber der amerikanischen 6. Armeegruppe durchsetzte, dass ihm General Brandenberger vorgeführt wurde."[362] In einer scharfen Unterredung warf der französische General dem deutschen vor, „was er als Soldat von seiner Haltung und den unfairen Handlungen seines Kollegen Schmidt (Oberbefehlshaber A[rmeeoberkommando] 24) halte".[363] Der Oberbefehlshaber der 19. Armee wurde von den Franzosen derart attackiert, dass er das Gefühl hatte, als Kriegsverbrecher abgeurteilt zu werden, „denn die Offiziere, die Brandenberger begleiteten, mussten ihn stützen, um ihn, totenbleich, zu seinem Fahrzeug zurückzubringen."[364]

Ziehen wir an dieser Stelle mit Oberst Brückner eine kurze Bilanz, um ein „Gefechtsbild" aus den Schlusstagen des Zweiten Weltkrieges in der „Alpenfestung" aufzuzeichnen, denn „angesichts der voraussehbaren baldigen Einstellung der Kampfhandlungen wollte möglichst keine Seite mehr das Blut ihrer Soldaten vergießen. Organisierte Verteidigungs- oder Angriffshandlungen größeren Stils bildeten nun die Ausnahme. Die sich zurückziehenden deutschen Einheiten versuchten zwar im Gebirge durch Hangabsprengungen den Gegner am Vordringen zu hindern, hatten aber wegen des zahllosen schweren Pioniergeräts der Amerikaner nur geringen Erfolg. Auch die häufigen Brückensprengungen erwiesen sich letztlich als unnütz. Angesichts der schwachen Kampfkraft der deutschen Truppen – vor allem an schweren Waffen – dienten die militärischen Operationen der Alliierten mehr und mehr der Besetzung gewonnenen Geländes."[365]

Verfolgen wir nun abschließend noch die letzten Kampfhandlungen der 1. Armee bis zur Kapitulation der Heeresgruppe G. Auch sie hat, wie Generalfeldmarschall Kesselring schreibt, „in den letzten Tagen ihre Pflicht in vorbildlicher Weise erfüllt. Sicher – unangenehme Pannen, wie zum Beispiel bei Dillingen und Wasserburg – Mühldorf, waren eingetreten. Man muss aber besonders anerkennen, wie die 1. Armee mit ihren nachgeordneten Führungsstellen immer wieder Aushilfen fand und die Truppen rühmen, die den ständigen Umfassungen immer erneut Widerstand leisteten. Ich führe nur an Stelle vieler Beispiele General Ritter von Hengl an, der mit einer Handvoll Leute in der Gegend von Wörgl mit Front nach Norden, dann nach Süden und schließlich nach Westen kämpfte und damit bezeugte, dass gute deutsche disziplinierte Truppen auch in aussichtslosester Lage eine bewundernswerte Haltung bewahrten."[366]

Wie bereits kurz angeschnitten, wurde das XIII. Armeekorps auf dem linken Flügel der 1. Armee nach dem Verlust von Bad Tölz auf die Linie Schliersee – Jachenau zurückgeworfen. Die Kampfgruppe „Buddenbrock" wurde dabei völlig zerschlagen; die 17. SS-Panzergrenadierdivision „Götz von Berlichingen" stark geschwächt. „Trotzdem befahlen etliche SS-Kommandeure ihren Leuten, Taleingänge und Berghänge zu verteidigen, um die Amerikaner und Franzosen aufzuhalten."[367] So leistete die Waffen-SS beispielsweise bei Lenggries noch kurzen Widerstand.

„Da die SS während des Winters und im Vorfrühling erbittert gekämpft hatte und ihre Führer als Fanatiker galten, erschien es logisch, dass dieses Elitekorps in der ‚Alpenfestung' standhalten würde."[368] Doch schon am Abend des 3. Mai gab die Waffen-SS den Gebirgsstandort im oberen Isartal auf und zog sich daraufhin nach Fall zurück. „Auf den Kampf im Raum des nördl[ichen] Kochel-Sees hatte das [XIII. Armee]Korps [Heer] keinen Einfluss. [. .] Es gelang den dort angreifenden amerik[anischen] Kräften in den Rücken des Korps vorzustoßen. Dieser Gefahr [...] wurde durch Einsatz der Aufklärungsabt[eilung] der 17. SS-Div[ision] in Gegend nördl[ich] Jenbach [am Achensee] begegnet."[369]

Am Tag des Waffenstillstandes lag das XIII. Armeekorps, das seinen Gefechtsstand am Achensee (dort befand sich im Achensee-Tunnel das Flugzeugwerk Heinkel) aufgeschlagen hatte, mit den Resten der 17. SS-Panzergrenadierdivision „Götz von Berlichingen" westlich von Wildbad Kreuth, nördlich von Fall sowie zwischen dem Achensee und Jenbach. Dort kamen die Männer mit dem Totenkopf nur sehr widerwillig der Kapitulation nach. Noch am 9. Mai 1945 mussten die Soldaten der Waffen-SS durch eine strenge Anweisung des Generalfeldmarschalls Kesselring daran erinnert werden, dass die „Waffenstillstandsbedingungen auch für die Truppen der Waffen-SS verbindlich sind."

Die Kampfgruppe „Buddenbrook", die noch am 2. Mai mit ihrem Gefechtsstand in Wörnsmühl/Leitzach lag, dürfte nach Brückner am 3. Mai aus dem Raum Miesbach, wo die Sanitätsersatz- und Ausbildungsabteilung 7 stationiert war, und Schliersee über Neuhaus und Aurach entlang der Deutschen Alpenstraße in südöstlicher Richtung ausgewichen sein. Infolgedessen wurde Bayrischzell tags darauf von der amerikanischen 36. Infanteriedivision kampflos besetzt. Die unter den mächtigen Brückenbögen der Deutschen Alpenstraße am Sudelfeld deponierten Waffen und Geräte kamen dabei nicht mehr zum Einsatz, sondern wurden ebenso eine reichhaltige Beute der Alliierten wie die zahlreichen Verpflegungsdepots.

Südlich von Bayrischzell führt eine schmale Gebirgsstraße über den achthundertfünfzig Meter hohen Ursprungpass in das tirolerische „Landl". In diesem verträumten Gebiet waren unter anderem auch Restteile der 16. Volksgrenadierdivision eingerückt. „Sie hatten", so Brückner, „über Scharnitz, Innsbruck marschierend, auf Befehl des Oberbefehlshabers West bei Kufstein eingesetzt werden sollen",[370] denn General von Hengl versuchte mit aller Macht, „das Inntal nördlich von Kufstein zu sperren."[371]

In der Tat wurde dann Einheiten des Heeres und der Waffen-SS die Sperrung der Straßen von Rosenheim nach Kufstein beiderseits des Inns sowie die Sperrung der Straße vom Schliersee über den Ursprungpass in die Festungsstadt befohlen.

Daher hatten die Tiroler Standschützen als „letztes Aufgebot" bereits eifrig mit Schanzarbeiten – unter anderem unterhalb der Hochwacht – begonnen und einige Panzersperren errichtet sowie die Festung mit ihrem weithin sichtbaren Kaiserturm und den ausgedehnten Kasematten reaktiviert, weil die Grenzstadt, vom Gelände her außerordentlich begünstigt, mit ihrem spezifischen Sperrwert an einem der wichtigsten Verkehrswege der Alpen liegt. An der Kufsteiner Innbrücke „steht die Feldgendarmerie und kontrolliert die Papiere und das Soldbuch", erinnert sich Hans Meixner. „Viele haben Pistolen, die im Soldbuch nicht eingetragen sind, die werden alle abgenommen."[372]

Das hatte seinen guten Grund. Denn gegen Ende April 1945 wimmelte die Gegend von der Unteren Schranne hinein bis Kufstein, insbesondere jedoch von Wörgl bis Kitzbühel, von deutschem Militär und dessen Trossen sowie von Stäben höherer Kommandostellen, die sich von der Südfront abgesetzt hatten, oder die, von den Sowjets bedrängt, aus östlicher Richtung zurückfluteten.

In jenen Tagen schrieben sogar Tiroler Blätter von der „Deutschen ‚Alpenfestung' Tirol". Man war nämlich fest davon überzeugt, dass in den Tiroler Bergen noch ein erfolgreicher Widerstand gegen die vorrückenden alliierten Truppen in dieser Bergfestung geleistet werden könnte.

Kurz vor Kriegsende entging Kufstein nur um Haaresbreite größeren Zerstörungen durch amerikanischen Artilleriebeschuss bzw. durch eine gezielte Bombardierung. Entzündet hatte sich die kritische Lage durch Schüsse von Kufsteiner Standschützen aus einigen Verteidigungsnestern am Sparchenbach, wo noch Mitte April in aller Eile einige Panzergräben ausgehoben worden waren, auf die anrückende 42. US-Division. Postwendend feuerte die sogenannte „Regenbogen-Division" einige Granaten in den Stadtkern. Daraufhin zogen sich die geschockten Standschützen in das wildromantische Kaisergebirge – die „Dolomiten Nordtirols" – zurück.

Nachdem die Amerikaner damit gedroht hatten, auch die „Perle Tirols" – wie das benachbarte Wörgl – unter schwersten Beschuss zu nehmen, flatterte alsbald eine weiße Fahne vom Kaiserturm der Festung. Am 4. Mai 1945, es war ein Freitag, erreichten die ersten US-Panzer mit schwarzen GIs das „Weichbild der Stadt". Zwei Monate später wurden diese auf Grund der vier Besatzungszonen Österreichs von den Franzosen abgelöst, die dann bis zum Abschluss des Österreichischen Staatsvertrages im Jahre 1955 als Besatzungsmacht in Tirol und Vorarlberg blieben.

Währenddessen durchsuchte ein Jagdzug das Gebiet um den Thierberg mit seiner Einsiedelei sowie den Thiersee nach Deserteuren, die sich hier versteckt hatten. Da die Festungsstadt plötzlich geräumt wurde, verlegte man die restlichen Einheiten der 16. Volksgrenadierdivision ins „Landl", wo sie nach Verhandlungen mit der amerikanischen 36. Infanteriedivision am 5. Mai 1945 kapitulierten.

In der Frontmitte der 1. Armee stand das XIII. SS-Armeekorps. Es hatte sich am 1. Mai mit schwachen Kräften hinter den Inn zurückgezogen, „der noch einmal ein Hindernis im feindlichen Vormarsch darstellen und gehalten werden sollte".[373] Die „Innstellung" war nach Kesselring ein „geradezu idealer Brückenkopf zum Schutz des Gebirgseintritts bei Reichenhall und Salzburg".[374]

Doch aufgrund der erdrückenden materiellen und personellen Überlegenheit des alliierten Gegners hielt auch sie bei Weitem nicht das, was man sich von ihr versprochen hatte. So wurden unter anderem Restteile der 198. Infanteriedivision über Rosenheim, dem Standort der Pionierschule 2, und Kufstein bis tief nach Tirol hinein zurückgetrieben.

Auflösungserscheinungen machten sich bei den Truppen, die per pedes, pferdebespannt oder motorisiert in die Alpen strömten, immer häufiger bemerkbar. Vielfach herrschte eine panikartige Stimmung vor, zumal sich nicht wenige der Vorgesetzten gezielt von der Truppe absetzten.

Denn in den Wirren der letzten Kriegstage versuchten auch einige Generale und höhere Offiziere sich in Sicherheit zu bringen. So musste es für manche Soldaten geradezu erschütternd wirken, seinen ehemals geachteten Kommandeur auf der Flucht wiederzuerkennen, statt ihn hinter sich in alter Frontstelllung gegen den Feind zu wissen.

Während die Landser, die gnadenlosen Kriegsrichter vor Augen und im Rücken, bis zuletzt auch auf verlorenem Posten auszuharren hatten, um den Rückzug zu decken, verspürten die „Herren der weißen Krägen" nur mehr wenig Lust, kurz vor Ende der Kampfhandlungen noch einen möglichen Heldentod für Führer, Volk und Vaterland zu sterben.

„Sind die Gebirgsstraßen zu schmal und zu steil, so werden die Fahrzeuge gegen ein Butterbrot oder einen alten Zivilanzug beim nächstbesten Bauern eingetauscht oder in die Gebirgsschluchten hinabgestürzt," steht in einem Bericht über die 198. Infanteriedivision zu lesen.

Am Vormittag des 3. Mai beschoss amerikanische Artillerie die Ortschaften Nieder- und Oberaudorf. Acht Tote waren zu beklagen. „Am frühen Abend erfolgen innerhalb weniger Minuten zwei Tieffliegerangriffe, ausgeführt von jeweils vier Jagdbombern des Typs Thunderbolt – fünf Anwesen, alle an der Hauptstraße gelegen, werden ein Raub der Flammen – ein Toter", heißt es in einer Niederschrift. All diese Kampfhandlungen und Verluste ereigneten sich nur mehr wenige Stunden vor dem Ende des Krieges im oberbayerischen Inntal.

Festgehalten wurde dieser unheilvolle Tag in einer eindrucksvollen Votivtafel. Es ist ein Ölgemälde in einem kunstvoll geschnitztem barockisiertem Lindenholzrahmen, das im Frühjahr 1945 von der feinsinnigen Gusti Fritz gemalt wurde und seitdem im Innern der Oberaudorfer Pfarrkirche „Zu unserer Lieben Frau" unmittelbar neben dem linken Seiteneingang zu bewundern ist.

Nach den örtlichen deutschen Rückzügen war es für das amerikanische XXI. Armeekorps ein Leichtes, mit seinem rechten Flügel das deutsche XIII. Armeekorps auf die Gebirgseingänge zurückzuwerfen. Mit ihrer 12. Panzerdivision und der 3. Infanteriedivision brachen die Amerikaner nach Rosenheim durch. „Es ist ein glücklicher Zufall, dass gerade der bekannt schöne Innfluss, [...] dazu berufen war, aus seinen Uferstädten Braunau und Rosenheim unsere beiden größten und führenden Männer Großdeutschlands – unsern Führer Adolf Hitler und Reichsmarschall Hermann Göring – hervorgehen zu lassen", hieß es noch voller Siegeszuversicht in einer Schrift.[375]

Dort war neben den Verbänden des Heeres unter anderem auch der Reichsarbeitsdienst (RAD) mit der Gruppe 303 Rosenheim stationiert. Diese geriet im Frühjahr 1945 immer mehr in eine militärische Rolle. Zunächst waren die unbewaffneten RAD-Einheiten nur für Absperraufgaben vorgesehen. Der Befehlshaber im Münchner Wehrkreis VII bemerkte später: „RAD arbeitet zum Teil an Sperren, unterstand der Wehrmacht nicht und wurde allmählich nach Süden zusammengezogen", wo die Männer dann zu rein militärischen Einsätzen herangezogen wurden. So versuchte der Reichsarbeitsdienstführer Hierl, der gegen Kriegsende sein Quartier in Sillein/Tirol aufgeschlagen hatte, mit Teilen der Rosenheimer RAD-Gruppe 303 noch Anfang Mai unter dem Befehl des Armeeoberkommandos 1 die Alpenpässe mit Schwerpunkt bei Kufstein zu verteidigen.

Währenddessen wurde die ehemalige Salinenstadt am Inn ohne Blutvergießen von den Amerikanern eingenommen. Über die Initiativen Rosenheimer Bürger und von Angehörigen der Wehrmacht, die Stadt vor einem amerikanischen Angriff zu bewahren, informiert der

53. Jahrgang der Zeitschrift „Das bayerische Inn-Oberland“ des Historischen Vereins Rosenheim.

Am Nachmittag des 2. Mai 1945 nahmen die Alliierten die wichtige Autobahnbrücke bei Pfraundorf, die sie mit ihren Spähtrupps bereits tags zuvor ausgekundschaftet hatten, nachdem die Sprengung der Autobahnbrücke über das tiefeingeschnittene Mangfalltal den amerikanischen Vormarsch nur kurz aufgehalten hatte.

Die Mangfallbrücke war aufgrund des „Nerobefehls“ vom 19. März 1945, nach dem die Zerstörung aller militärischen Objekte einschließlich der Verkehrs- und Nachrichtenanlagen rechtzeitig zu erfolgen hatte, in die Luft geflogen. Während die Brücken über die Salzach und den Inn von Freilassing bis Schärding ebenso zur nachhaltigen Zerstörung vorzubereiten waren, wurden dagegen die Brücken im Glonn-Amper-Isar-Abschnitt von jeglicher Sprengvorbereitung ausgenommen.

Nun stand den US-Verbänden auf ihrem weiteren Vormarsch entlang der Chiemgauer Alpen, die einen Teil der nördlichen Flanke der „Kernfestung Alpen“ bildeten, mit ihrer Stoßrichtung Berchtesgadener Land und Salzburg nichts mehr im Wege. Dennoch brauchten die GIs eine Zeitlang, um diese Strecke zu überwinden, weil sie sich nur ganz langsam und vorsichtig vorwärts bewegten. Denn in den Köpfen ihrer Strategen spukte nach wie vor die unüberwindliche „Alpenfestung“.

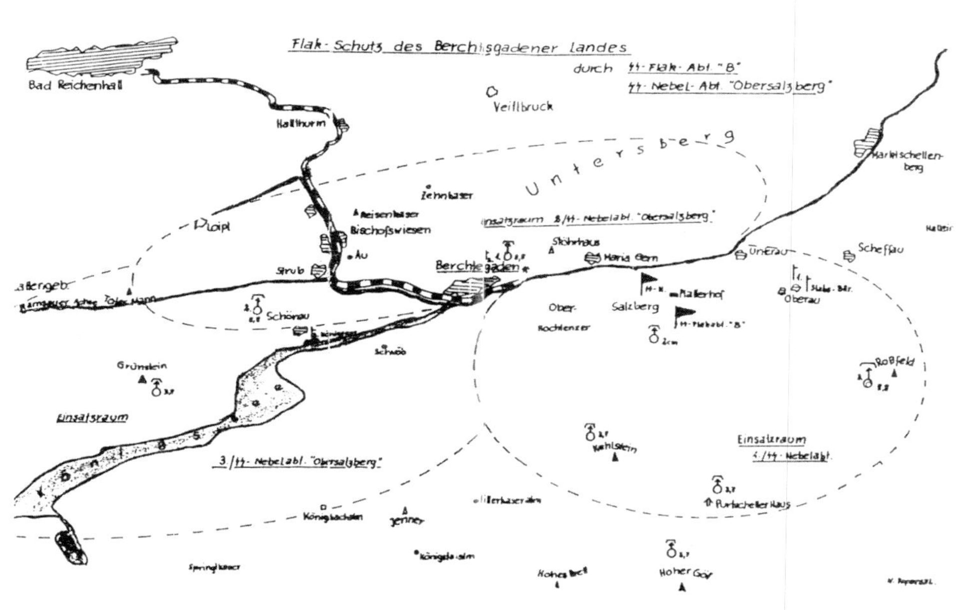

Die Karte zeigt die Standorte des Flakschutzes im Berchtesgadener Land durch die SS-Flakabteilung „B“ und die SS-Nebelabteilung „Obersalzberg“.

14. Das Kriegsende im Berchtesgadener Land

Es war am 23. April 1945. Um 03.00 Uhr früh startete der General der Flieger Karl Koller in einem Kampfflugzeug von Berlin in Richtung München. In seinen Tagebuchaufzeichnungen notierte der ehemalige Chef des Generalstabes der deutschen Luftwaffe unter Hermann Göring und dessen Nachfolger Robert Ritter von Greim:

„Auf der Flugleitung in Neubiberg sitzt der dicke Morell, Hitlers Leibarzt. Er ist mit der Führerkuriermaschine aus Berlin gekommen, mit ihm acht Frauen und sieben Kinder; die Babys schreien im Nebenraum. Morell will nach München, er habe dort einen wichtigen Auftrag Hitlers zu erledigen. [...] inzwischen telefoniere ich mit dem Vorkommando des O[berkommando der Luftwaffe] in Berchtesgaden, Oberst von Greif. Dann fahre ich mit dem Holzgaser los nach Glonn. Dort finde ich meinen eigenen Kraftwagen vor, und da ich keine Zeit zu einem Aufenthalt habe, nehme ich meine Frau, die in Glonn ist, nach Berchtesgaden mit. [...] In Berchtesgaden lade ich meine Frau im Haus Geiger, wo auch mein Gefechtsstand ist, ab und fahre zum Reichsmarschall auf den Berg. Ich bin gegen 12.00 Uhr da.“[376]

Zwei Tage später näherten sich um 10.00 Uhr nicht weniger als dreihundertachtzehn Bomber vom Typ „Lancaster“ Berchtesgaden. Ihr operatives Ziel war jedoch nicht die Stadt im Talkessel, sondern ausschließlich der benachbarte Obersalzberg, den die Maschinen des britischen „Bomber Command“ in zwei Angriffswellen über eine Stunde lang bombardierten. Ihre tödliche Fracht von mehr als tausendzweihundert Tonnen galt vor allem Hitlers „Eagles Nest“ auf dem Gipfel des Kehlsteins sowie dem Haus „Wachenfeld at the village of Obersalzberg“, also dem sogenannten „Berghof“, Hitlers Alpenhauptquartier, das er sich seit den zwanziger Jahren zu einem zweiten Amtssitz ausbauen ließ. Mit ihrem vernichtenden Schlag wollten die .Alliierten verhindern, dass sich die NS-Führung noch auf dem Obersalzberg, wo sie die Befehlszentrale der „Alpenfestung“ vermuteten, festsetzen konnte. Denn das Städtedreieck Berchtesgaden, Bad Reichenhall und Salzburg sowie die Region um den sagenumwobenen Untersberg galt für die Angloamerikaner als das Zentrum der „Alpenfestung“. „Von mindestens dreieinhalbtausend Arbeitern und Einwohnern, die den Angriff in den Bunkeranlagen miterlebten, gab es nur sechs Tote.“[377]

Die oberirdischen Bauten wurden stark zerstört, während das Stollensystem intakt blieb. Neben Hitlers Anwesen wurden bei dem schweren Bombardement auch die Landhäuser von Martin Bormann und Hermann Göring in Schutt und Asche gelegt. Darüber hinaus wurden bis auf wenige Ausnahmen sämtliche oberirdischen Gebäude auf dem „Berg“, wie man den Sperrbezirk der NS-Größen ehrfurchtsvoll nannte, stark beschädigt. Dass von den über dreitausendfünfhundert Einwohnern und Arbeitern des „mythischen Bezirks“ nur sechs getötet wurden, hatten sie einzig und allein den gewaltigen Bunkeranlagen, in die sie sich rechtzeitig zurückgezogen hatten, zu verdanken.

„Das schwere Bombardement von Berchtesgaden und die Hauptvormarschrichtungen der amerikanischen Armeen in Bayern lassen auf die Absicht der alliierten Strategen schließen, sich wirksam und schnellstens mit dem sogenannten deutschen Reduit als letzte ausgebaute Befestigungsanlage des Reiches zu befassen“, hieß es am 26. April 1945 in einer Bostoner Zeitung. „Es wird nämlich erwartet, dass der Kampf um diese bayerische Festung der letzte

Akt des festorganisierten deutschen Widerstandes innerhalb des Reiches selbst sein wird. Sonst wäre nämlich kaum anzunehmen, dass es gestern eine so schwere Massierung schwerer Bomber auf dieses kleine Gebiet gegeben hätte. [...]“[378]

An jenem schicksalhaften 25. April heulten aber auch in Bad Reichenhall die Sirenen. Um 11.00 Uhr bombardierten dort an die vierzig viermotorige US-Bomber die Lazarettstadt an der Saalach, in der fast alle größeren Pensionen und Hotels mit Verwundeten aller Waffengattungen belegt waren. Rund dreihundert Spreng- und viertausend Stabbrandbomben verließen die Bombenschächte. Einhundertachtundneunzig Männer, Frauen und Kinder fanden den Tod. Tausend Menschen wurden obdachlos; einhundertfünf Gebäude mit zweihundertfünfundachtzig Wohnungen wurden zerstört. Die Kasernenanlagen, die nicht bombardiert wurden, waren seit 1943 mit Ersatztruppenteilen der Infanterie belegt. Später zogen zunächst die Amerikaner bis 1946 ein. Dann folgten polnische Zivilisten und ehemalige Gefangene. Nach dem Abtransport der Polen wurden die Kasernen mit jüdischen KZ-Häftlingen belegt. Schließlich folgten Flüchtlinge und Heimatvertriebene.

Am 26. April 1945 erhielt General Koller um 17.30 Uhr von General Winter den folgenden Befehl Hitlers zur Kenntnisnahme[379]:

1. O[berkommando der Wehrmacht] ist mir für die Fortführung der Gesamtoperationen verantwortlich.
2. Es führt nach meinen Weisungen, die ich durch den bei mir befindlichen Chef des Generalstabes des Heeres übermitteln lasse:
   a) Im Südraum, mit Hilfe Führ[ungsstab] B (Winter), die Heeresgruppen Süd und Mitte, den Ob[erbefehlshaber] Süd-West und den Ob[erbefehlshaber] West.
   b) Im Nordraum unmittelbar den W[ehrmacht] B[efehlshaber]. Norwegen, Dänemark, den Ob[erbefehlshaber] Nordwest, die 12. Armee, die Heeresgruppe Weichsel mit 9. Armee, die Armee in Ostpreußen und Kurland.
3. Die Führungsaufgabe des Führungsstabes A unter Großadmiral Dönitz tritt vorläufig nicht in Kraft.
4. Hauptaufgabe O[berkommando der Wehrmacht]: Durch Angriff mit allen Kräften und Mitteln und unter größter Beschleunigung von Nordwesten, Südwesten und Süden her eine breite Verbindung mit Berlin wieder herzustellen und damit die Schlacht von Berlin siegreich zu entscheiden.
5. ... Befehl für Führung und Luftwaffe folgt.

Für die Richtigkeit gez. Jodl.

Aus diesem Befehl konnte Koller entnehmen, dass Hitler zwar „die oberste Führung wieder an sich genommen“ hatte, doch, so seine Eintragung im Tagebuch, „der Inhalt der Ziffer 4 seines Befehls lässt jede nüchterne Beurteilung der Lageberücksichtigung von Zeit und Raum, über die zahlenmäßige und materielle Überlegenheit der Gegner und den Zustand unserer Kräfte vermissen.“[380]

Das Hauptquartier des Oberkommandos der Luftwaffe hatte sich nach einigen unschönen Auseinandersetzungen, Eifersüchteleien und gar Verleumdungsaktionen schließlich in

Berchtesgaden niedergelassen, „Nachdem ich größere Abteilungen des O[berkommandos der Luftwaffe] in Gabersee untergebracht hatte, schaltete sich Bormann ein und verlangte das Quartier für die Parteikanzlei", beklagte sich General Koller. „Ich verweigerte das, woraufhin Bormann zu Göring ging, der in völliger Unkenntnis der Zusammenhänge willfahrte und zusagte, wir würden wieder räumen. Das fiel mir gar nicht ein und konnte auch nicht geschehen, wenn meine Dienststellen dadurch nicht arbeitsunfähig werden sollten."[381]

Auflösungserscheinungen mehrten sich bei der Truppe. Wer konnte, der machte sich selbstständig. Hellmut Schöner gab seinen Landsleuten folgende Ratschläge: „Auf keinen Fall Berchtesgaden von Reichenhall her angreifen, bevor alliierte Truppen im Salzachtal den Pass Lueg und im Saalachtal Oberweißbach erreichten, um für Kriegsverbrecher die Fluchtwege über den Eckersattel, das Torrener Joch und den Hirschbichl von hinten her abzuschneiden. Ich entwarf ein Flugblatt, das die Bevölkerung aufforderte, den berüchtigten Kreisleiter Stredele unschädlich zu machen, und an die Gebirgsjäger in der Strub appellierte, die Obersalzberg-SS in Schach zu halten. Ich wusste, dass es sogar schon zu Schlägereien zwischen SS und Gebirgsjägern im Weinhaus Hofschaffer gekommen war und hielt es nach den Beobachtungen, die ich zuletzt im Oktober 1944 zu Hause gemacht hatte, für möglich, die SS-feindliche Stimmung bei einer Umzingelung Berchtesgadens durch alliierte Truppen zu entschlossenen Aktionen aufzuheizen."[382]

Die Furcht vor Denunziationen und die Angst vor der ungewissen Zukunft spiegelt auch eine Meldung des Gendarmeriepostens von Marktschellenberg im Berchtesgadener Land vom 24. März 1945 wider: „Es wurde vor dem Kriegerdenkmal [...] eine Gedenkfeier abgehalten, zu der die hier stationierte Einheit der Wehrmacht, der Volkssturm sowie Hitlerjugend aufmarschiert waren. Als der Führer der Wehrmachtseinheit am Schlusse seiner zu der Feier gehaltenen Rede ein ‚Sieg-Heil' auf den Führer ausbrachte, wurde es weder von der angetretenen Wehrmacht, dem Volkssturm noch von der als Zuschauer erschienenen Zivilbevölkerung erwidert. Dieses Schweigen [...] wirkte geradezu drückend und spiegelt wohl am besten die tatsächliche Einstellung des Volkes."[383]

Der 1. Mai 1945 war in den Bergen alles andere als der so oft besungene Wonnemonat. Stattdessen erlebte man in der „Alpenfestung" einen erneuten Wintereinbruch. „Schnee ist auf die blühenden Obstbäume gefallen", notierte ein weiblicher Leutnant der französischen 2. Panzerdivision, „die Härte der Natur verbindet sich mit der Grausamkeit der Menschen."[384] Als sich an jenem ersten Mai des letzten Kriegsjahres die Nachricht vom Tod des Führers verbreitete, „setzte in allem sofort eine Wende ein, die kaum zu beschreiben ist", erinnerte sich Hitlers Sekretärin. „Am Obersalzberg brach das Chaos aus. Der Gutshof wurde von den Berchtesgadnern gestürmt und ausgeraubt. [...] Aus Speers Haus und aus dem Bechsteinhaus, das als Gästehaus für Staatsbesuche gedient hatte, holten sich Einheimische nicht nur leicht zu transportierende Gegenstände, sondern auch die Möbel [...] In den Kavernen des Berghof-Bunkers, wo wir jetzt wohnten, erschienen mir unbekannte Frauen, vermutlich Freundinnen der Kriminalbeamten, die prall gefüllte Behältnisse wegschleppten [...] alle waren plötzlich in ihrem Benehmen nicht mehr wiederzuerkennen. [...] Inzwischen zerstörten die Kriminalbeamten in den Kavernen des Bunkers, was nur irgendwie zu zerstören war."[385]

Da General Eisenhower nach wie vor fürchtete, dass doch noch starke deutsche Kräfte der 1. Armee in die „Alpenfestung" entkommen könnten, änderte die amerikanische 6. Armeegruppe am 1. Mai ihre operative Planung: Salzburg und das Berchtesgadener Land wurden nun durch eine Grenzänderung zwischen der 3. und 7. Armee, deren Soldaten „bis zuletzt durch die ‚Alpenfestung' hypnotisiert waren",[386] der 7. US-Armee als Angriffsziel zugewiesen. General Patton, dessen 3. Armee bisher auf die Mozartstadt angesetzt war, musste sich dieser Befehlsgebung beugen.

Aber auch die Deutschen nahmen in der letzten Kriegsphase im Berchtesgadener Land eine generelle Änderung der Führung vor.

Dabei wurde am 2. Mai eine „Gliederung der Einsatzkräfte so vorgenommen, dass mangels schwerer Waffen das Gebiet mit Kampfgruppen belegt wurde, die in gegenseitiger Anlehnung gefechtsmäßig selbstständig handeln konnten. Dabei wurde berücksichtigt, dass an Schwerpunkten solche Offiziere und Unteroffiziere eingesetzt wurden, welche die Gewähr zur Durchführung des geheimen Vorhabens [...] boten."[387] Und diese lief auf die kampflose Übergabe von Bad Reichenhall hinaus[388]:

1. Kampfgruppe Surheim-Saaldorf-Freilassing:
1 Abt[eilung] SS Truppe – ca. 600 Mann.
Führer: Sturmbannführer Schm.
Bewaffnung: 3 Panzer, Maschinengewehr, Handwaffen, Panzerfaust.

2. Kampfgruppe Freilassing-Ainring-Straß:
Stärke c[irca] 400 Mann und Personal Flugplatz Ainring.
Führer: Hauptmann Schr., P[anzeraufklärungslehrabteilung]
Bewaffnung: 4 Panzer, Granatwerfer, Maschinengewehr, Handwaffen, Panzerfaust.

3. Kampfgruppe Högl-West:
3 Kompanien c[irca] 300 Mann.
Führer: Rittmeister Sem., P[anzeraufklärungsabteilung]
Bewaffnung: 3 Panzer, Granatwerfer, Maschinengewehr, Handwaffen, Panzerfaust.

4. Kampftruppe Anger:
Stärke c[irca] 150 Mann
Führer: Hauptmann Ha., P[anzeraufklärungsabteilung]
Bewaffnung: 1 Panzer, Maschinengewehr, Handwaffen, Panzerfaust

5. Kampfgruppe Mauthausen-Kirchholz:
Stärke c[irca] 100 Mann.
Führer: Hauptmann Schu., P[anzeraufklärungsabteilung]
Bewaffnung: Maschinengewehr, Handwaffen, Panzerfaust.

6. Kampfgruppe Marzoll:
Stärke c[irca] 100 Mann.
Führer. Ob[erleutnant] Me., P[anzeraufklärungsabteilung]
Bewaffnung: Maschinengewehr, Handwaffen, Panzerfaust.

7. Kampfgruppe Groß Gmain u. Alpenstraße:
Stärke c[irca] 200 Mann Geb[irgsj]äger.
Führer: Ältester Offizier.
Bewaffnung: Maschinengewehr, Handwaffen, Panzerfaust.

8. Kampfgruppe Wartberg-Käfernheim:
Stärke c[irca] 200 Mann.
Führer: Hauptmann Pe., P[anzeraufklärungsabteilung]
Bewaffnung: 2 Vierlingsflak, Maschinengewehr, Handwaffen, Panzerfaust.

9. Kampfgruppe Wals-Siezenheim-Liefering:
Stärke c[irca] 300 Mann – Luftwaffe.
Führer: Major der Luftwaffe Va.
Bewaffnung: Flak, Maschinengewehr, Handwaffen, Panzerfaust.

Der zügige Vormarsch der Amerikaner am Nordrand der „Alpenfestung" von Rosenheim nach Salzburg hatte am 3. Mai die 36. Volksgrenadierdivision und die 416. Infanteriedivision vom Führungsstab des LXXXII. Armeekorps abgeschnitten. „Die Aufgabe, starke Teile der unterstellten Divisionen in die sogenannte ‚Festung Alpen' zu bringen, ist somit dem Gen[eralkommando] nicht gelungen."[389] Nur kleineren Einheiten des Grenadierregiments 713 – ehemals Kampfgruppe „Regensburg" – entkamen der Gefangenschaft und erreichten schließlich über Laufen, Berchtesgaden und Schneizlreuth die Pinzgauer Ortschaft Lofer im Schatten der mächtigen Loferer Steinberge. Währenddessen zog sich der Stab des LXXXII. Armeekorps am 3. Mai über Inzell in die „Kernfestung Alpen" zurück, wo er auf den Stab sowie Reste der 352. Volksgrenadierdivision stieß. Dort führte er den letzten Auftrag der 1. Armee gegen französische Vorstöße aus – und zwar durch das Sperren der Straße nach Bad Reichenhall bei Unterjettenberg, nach Traunstein bei Weißbach und nach Berchtesgaden bei Hirschbichl.[390]

Darüber hinaus wurde mit diesen Einheiten noch der Versuch unternommen, zwischen dem Stein- und Kniepass eine Widerstandslinie aufzubauen. Infolgedessen kam es in der Umgebung von Unken, wo General Tolsdorff das Stabsquartier des LXXXII. Armeekorps aufgeschlagen hatte, bei Kriegsende noch zu verlustreichen Kampfhandlungen. Denn die alte Festung am Kniepass, die während des Dreißigjährigen Krieges zwischen 1621 und 1648 durch den weitsichtigen Salzburger Erzbischof Paris Lodron erbaut wurde, war nach wie vor ein wehrhaftes Bollwerk gegen jeden anstürmenden Gegner. Unterdessen „strömten erneut zersprengte Einheiten und Flüchtlinge in die ‚Alpenfestung'."[391]

Am 3. Mai 1945 notierte der General Koller in seinem Tagebuch: „Es ist nun Nacht. Die Amerikaner sind am Ostrand von Reichenhall. Der Flugplatz Ainring aber ist noch nicht feindbesetzt, der Gegner ist nördlich und südlich daran vorbeigegangen. Ich telefoniere laufend mit dem Kommandanten des Flugplatzes, der mir seine Beobachtungen mitteilt. Rings um ihn steht der Feind, aber auf dem Gelände selbst hat sich noch niemand blicken lassen. Auf dem Flugplatz herrscht völlige Ruhe, es ist alles zur Übergabe vorbereitet. Um 04.00 Uhr funktioniert die Verbindung mit dem Flugplatz Ainring nicht mehr. Entweder ist der Feind jetzt dort eingedrungen, oder es wurde irgendwo die Leitung zerschnitten."[392]

Tags darauf übergaben der Major Otto Eidt, Bürgermeister Karl Weiß, der Hotelier Karl Prosinger, der Bankdirektor Mehlkopf und Franz Gugg Bad Reichenhall an das einrückende 7. US-Infanterieregiment, eines der ältesten der US-Armee. „In letzter Minute wollte ein Offizier der Waffen-SS vom Kirchholz aus die Übergabe verhindern. Aber er sah ein, dass Tausende von Verwundeten dadurch unweigerlich in ernste Gefahr geraten würden. Auch die Besatzungen der am oberen Ende der Stadt noch befindlichen Widerstandsnester konnten durch Offiziere der Gebirgsjäger zum Abzug gestimmt werden."[393]

Aufgrund der zahlreichen örtlichen Kampfeinstellungen und Übergabeverhandlungen im Berchtesgadener Land, traf am Abend des 4. Mai 1945 „von der 1. Armee Befehl ein, mit dem Feind in Kapitulationsverhandlungen zu treten".[394] Diese wurden dann einen Tag später um 16.00 Uhr zwischen dem Generalleutnant Tolsdorff und dem Artilleriekommandeur der 101. US-Luftlandedivision geführt. Dabei wurde die Waffenruhe für den 6. Mai, 12.00 Uhr, vereinbart. Die Gesamtstärke des LXXXII. Armeekorps betrug zum Zeitpunkt der Kapitulation nur mehr „eintausendfünfhundert Offiziere, Unteroffiziere und Mannschaften mit leichten Waffen und nur zwei Geschützen".[395]

Unterdessen setzte die amerikanische 101. Luftlandedivision mit der ihr unterstellten Kampfgruppe der französischen 2. Panzerdivision alles daran, um von Siegsdorf aus auf der Deutschen Alpenstraße über Inzell die Ortschaften Schneizlreuth und Unterjettenberg auf Berchtesgaden vorzustoßen. Doch gesprengte Brücken, vereinzelte Widerstandsnester und Straßensperren sowie widrige Wetterbedingungen und die Neuschneelage verzögerten den alliierten Vormarsch. „Diese Schwierigkeiten hatte offenbar der Oberbefehlshaber der amerikanischen 7. Armee vorhergesehen, denn bereits in der Nacht vom 3. auf den 4. Mai war dem XV. Armeekorps der Befehl gegeben worden, nicht nur Salzburg mit der 3. Infanteriedivision, sondern gleichzeitig Berchtesgaden zu nehmen", schreibt Brückner. „Wenn diese Division nun zwar in den Gefechtsstreifen des XXI. Armeekorps einrücken würde, so war doch damit die sofortige Einnahme von Hitlers Berghof gesichert, ‚dem letzten Tempel des Nazismus', wie MacDonald sich ausdrückte. Es ist aber auch nicht auszuschließen, dass der Oberbefehlshaber der 7. Armee, Generalleutnant Patch, mit dieser neuen Weisung die Einnahme Berchtesgadens durch die Amerikaner vor den Franzosen sicherstellen wollte. War doch im Laufe dieses letzten Kriegsabschnittes seit der Einnahme von Stuttgart immer ein stiller Kampf zwischen den beiden Alliierten um den Vorrang bei der Erreichung der Operationsziele zu beobachten gewesen."[396]

Die Idee von General Patch, die 3. Infanteriedivision auf Berchtesgaden anzusetzen, sollte eine Art Anerkennung dafür sein, weil dieser Verband während seines Einsatzes in Europa zu jenen Truppenteilen zählte, die die höchsten Verluste zu beklagen hatten. Von Bad Reichenhall stießen kampfkräftige Spähtrupps auf der Deutschen Alpenstraße nach Berchtesgaden vor. Gegen 17.00 Uhr erreichte das I. Bataillon des 7. Infanterieregiments den Obersalzberg, während Berchtesgaden durch den Landrat Jacob übergeben wurde, der den Amerikanern mit dem Kreissyndikus Dr. Müller und einer weißen Fahne entgegengefahren war.

Damit war der gesamte Landkreis Berchtesgaden am 4. Mai 1945 von amerikanischen Truppen, unter denen sich auch französische Widerstandskämpfer befanden, besetzt worden. „Da zu befürchten war, dass das Gebiet des Obersalzbergs verteidigt würde, begannen schon frühzeitig Bemühungen von Landrat Jacob für eine kampflose Übergabe. [...] Mit dem

Bad Reichenhall kampflos übergeben.

Die Stadt Bad Reichenhall wurde heute Vormittag kampflos den Amerikanern übergeben. Die Bevölkerung zeigte weiße Flaggen. Repressalien wurden nicht gefordert. Die Amerikaner entwaffnen die noch dort befindlichen deutschen Truppen. Die Gemeinde Piding ist nicht, wie behauptet, niedergebrannt worden.

Eine allgemeine Verkehrssperre von heute Abend 9 Uhr bis morgen früh 5 Uhr wurde verhängt.

Ich habe dem amerikanischem Befehlshaber in Bad Reichenhall mitgeteilt, daß die Bevölkerung der im Anmarschwege liegenden Gemeinden Bischofswiesen und die Marktgemeinde Berchtesgaden keinerlei Widerstand leisten werden. Dabei habe ich betont, daß mir eine Einflußnahme auf die eingesetzten Truppen nicht möglich ist. Ich bin überzeugt, daß es uns in letzter Minute gelingen wird, schweres Unglück von unseren Frauen und Kindern und unserer geliebten Heimat fernzuhalten.

Berchtesgaden, 4. Mai

Der Landrat

gez. Jacob

Flugblatt des Bad Reichenhaller Landrats vom 4. Mai 1945, welches die Bevölkerung über die kampflose Übergabe der Stadt an die Amerikaner informiert.

Heranrücken amerikanischer Truppen an die Landkreisgrenze sah auch der Kreisleiter der NSDAP, Stredele, der bis dahin mit fanatischer Entschlossenheit zum Widerstand aufforderte, die Aussichtslosigkeit ein. Er übertrug am 3. Mai 1945 gegen Mittag alle Zuständigkeiten an den Landrat. Tage zuvor begannen die NS-Dienststellen und der Reichssicherheitsdienst damit, sämtliche Akten zu verbrennen. [...] Zum gleichen Zeitpunkt löste der Landrat den Volkssturm auf und veröffentlichte ein Flugblatt, in dem die Bevölkerung zum Hissen weißer Flaggen und zu Ruhe und Besonnenheit aufgefordert wurde."[397]

Das, was nach dem Bombenangriff vom 25. April 1945 noch von Hitlers Haus stehengeblieben war, versuchten kurz vor ihrem Abzug noch Einheiten der SS in Schutt und Asche zu legen, „aber wie bei den meisten Gebäuden auf dem Obersalzberg blieb eine ansehnliche Ruine stehen. Endlich beschlossen die amerikanischen Militärbehörden und die bayerische Regierung, alle Gebäude völlig zu beseitigen, die vielleicht einmal zu nationalsozialistischen Wallfahrtstätten werden könnten, ehe der Obersalzberg wieder der Öffentlichkeit zugänglich gemacht wurde. So wurde der Rest des ‚Berghofes' am 30. April 1952 mit Dynamit in die Luft gejagt und der übrigbleibende Schutt entfernt. Nur noch die Betonfundamente mit etwas Tarnmaterial aus Draht und Plastikstreifen sind zu sehen. Die Häuser Görings und Bormanns wurden von ähnlichen Schicksalen ereilt. Aber die unterirdischen ‚Bunker' sind alle noch da. Die meisten sind zugemauert, doch ein Teil kann besichtigt werden. Der Eingang ist am Haus ‚Zum Türken', vormals RSD-Hauptquartier [Reichssicherheitsdienststelle], jetzt wieder Gasthaus."[398]

Nach der 3. US-Infanteriedivision rückten nun auch die 101. US-Luftlandedivision sowie Teile der französischen 2. Panzerdivision in Berchtesgaden ein. Und schon sehr schnell suchten diesen „Ort politischer Attraktion" auch „Jedermann und sein Bruder" auf.[399] Unter den Neugierigen befand sich auch ein weiblicher Leutnant namens Suzanne Massu. „Die Jagd nach Andenken beginnt", schrieb sie. „Was mich betrifft, so ergattere ich Hitlers persönliches Briefpapier, auf dem ich nun in den folgenden Tagen all meine persönlichen Briefe schreibe [...] Auch eine Waage von Frau Göring nehme ich mit."[400]

Das war die mehr heitere Seite des Kriegsendes im Berchtesgadener Land. Doch es gab auch eine ganze Reihe von tragischen Begebenheiten, die noch einen unnötigen Blutzoll forderten. „Die Saalachbrücke in Schneizlreuth flog in die Luft und begrub den Bürgermeister des Ortes unter sich; Gehöfte gingen in Flammen auf, Vieh verbrannte; Soldaten beider Seiten fielen in Erfüllung ihrer Pflicht."[401] Das waren die unbekannten Opfer am Vorabend der Kapitulation der „Alpenfestung".

Viel spektakulärer war dagegen die Füsilierung von elf Franzosen in Karlstein, die der 33. Waffengrenadierdivision der SS „Charlemagne" (= Karl der Große) mit der französischen Nr. 1 angehörten und auf Befehl des Generals Jacques Leclerc – eigentlich Jacques Philippe de Haute-Locque – ohne Gerichtsverfahren am 8. Mai 1945, gegen 17.00 Uhr, erschossen wurden.[402] In seinem informativen Heimatbuch „Die Schreckensjahre von Bad Reichenhall" hat der langjährige Stadtheimatpfleger Fritz Hofmann den heimtückischen Mord dokumentarisch festgehalten.[403]

Nachdem am 29. April 1945 die Reste der 38. SS-Grenadierdivision „Nibelungen" versuchten, den amerikanischen Verbänden den Übergang über die Amper- und Isarbrücke bei Moosburg zu versperren, wurde ein Teil des dieser Division zugeteilten Sturmbataillons der französischen 33. Waffengrenadierdivision „Charlemagne“, die einst an deutscher Seite gegen die Sowjetunion gekämpft hatte, versprengt. Die elf ermordeten Franzosen von Karlstein gehörten diesem Verband an. Später gab der ehemalige Divisionsgeistliche der 2. gaullistischen Panzerdivision, Pater Fouquet, folgende zusammengefasste Erklärung ab:

„Der Erschießungsbefehl wurde im Divisionsstab erteilt, und zwar von einem Offizier, dessen Namen ich nicht kenne, im Anschluss an ein Telefongespräch mit General Leclerc. Die französischen SS-Angehörigen hatten eine besonders arrogante Haltung. Sie hatten einem gaullistischen Offizier, der ihnen vorgeworfen hatte, sie hätten die Uniform der ‚Boches‘ angezogen, geantwortet, ‚dass er sich in der Uniform der Amerikaner wohl auch ganz wohlfühle.‘

Nach diesen weiteren Erkundigungen befanden sich unter den elf Gefangenen auch solche, die aus dem Lazarett kamen. Eine fotografische Aufnahme lässt den Verwundetenschein erkennen, der wehrmachtsgerecht am Knopfloch befestigt war. Ferner befand sich unter ihnen ein junger Freiwilliger von siebzehn Jahren. Sie hatten sich den Amerikanern kampflos ergeben, die sie zusammen mit anderen deutschen Kriegsgefangenen in die Kaserne der Gebirgsjäger in Bad Reichenhall einsperrten. Auf die Nachricht, dass ihre Bewacher von gaullistischen Truppen abgelöst werden sollen, beschlossen sie die Flucht. Es gelang ihnen auch, durch die Umzäunungen der Kaserne in ein nahe gelegenes Wäldchen zu entkommen. Aber die Flucht wurde entdeckt und sie wurden kurz darauf von zwei gaullistischen Kompanien umzingelt und unter starker Bewachung zurückgebracht. Am Nachmittag des 8. Mai wurden sie auf einen Lkw nach Karlstein an die Straße nach Kugelbach gebracht. Eines der Opfer hatte Durst, aber man verweigerte ihm jeden Schluck Wasser. Als man sich anschickte, den Männern in den Rücken zu schießen, protestierten sie heftig, worauf sie das Recht erhielten, sich frontal zu stellen. Die Erschießung erfolgte am 8. Mai gegen 17.00 Uhr, also einige Stunden vor dem Inkrafttreten des Gesamtwaffenstillstandes.“[404]

Am 2. Juni 1949 wurden die elf Leichen der Franzosen auf der Waldlichtung von Karlstein exhumiert, im Reichenhaller Gemeindefriedhof St. Zeno beigesetzt und von einem katholischen Pfarrer eingesegnet. Das gemeinsame Grab befindet sich heute noch an Ort und Stelle – und zwar in der Gruppe 11, Reihe 3, Nr. 81 und 82.

15. Die Rettung von Salzburg

Wie die Rettung von Garmisch-Partenkirchen, so hat auch die der altehrwürdigen Mozartstadt viele Väter. Am 28. November 1941 druckte die „Salzburger Landeszeitung" unter der Schlagzeile: „Neue Gauleiter in Salzburg und Kärnten" die Meldung, dass der Reichsorganisationsleiter Dr. Ley die Verabschiedung des bisherigen Gauleiters Dr. Rainer und tags darauf die Amtseinführung des neuen Gauleiters Dr. Gustav Adolf Scheel vornehmen werde. In seiner Antrittsrede führte Scheel unter anderem aus: „Dieser Gau, der zu den schönsten des Reiches gehört, den ich jetzt zu führen die Ehre habe, hat eine bedeutungsvolle kulturelle Aufgabe zu allen Zeiten gehabt und wird diese auch in Zukunft fortführen und lösen. Salzburg wird nach dem Beispiel Dr. Rainers für die nationalsozialistische Kulturauffassung und Kulturgestaltung vorbildlich sein und bleiben müssen."[405]

Wegen ihrer kulturellen Bedeutung blieb Salzburg bis wenige Monate vor Kriegsende von den alliierten Bombenangriffen verschont. Wenn die „silbernen Vögel" mit ihren kilometerlangen Kondensstreifen den Himmel über der Festungsstadt bedeckten, dann waren sie auf dem Weg zu Zielen in Deutschland. Doch am 16. Oktober 1944 öffneten sie ihre Bombenschächte auch über der Festspielstadt und luden ihre Tod und Vernichtung bringende Fracht tonnenweise ab. Insgesamt kamen bei sechzehn Bombenangriffen auf die Landeshauptstadt fünfhundertdreizehn Menschen ums Leben. Fast die Hälfte dieser grauenhaften Bilanz entfiel auf den ersten Angriff, bei dem zweihundertvierunddreißig Salzburger im Bombenhagel starben.

Aus dem Salzburger Land liegen kaum genaue Zahlen vor. In Bischofshofen starben bei einem Fliegerangriff mindestens achtundvierzig Personen, die sich in die Unterführung des heftig bombardierten Bahnhofes geflüchtet hatten. In Sulzau bei Werfen wurde ein Personenzug von Bomben getroffen, wobei fünfzehn Menschen getötet und über zwanzig verletzt wurden. Bei Tieffliegerangriffen auf Züge, aber auch auf Bauern, die die Felder bestellt hatten, wurden ebenfalls zahlreiche Personen verletzt oder getötet.[406]

Wie Manfried Rauchensteiner in seinem Buch „Krieg in Österreich 1945" herausstellt, hatten die Amerikaner die Bombenangriffe hauptsächlich zur Unterstützung der sowjetischen Kriegsführung aufgenommen. Sie sollten nämlich Nachschublinien zerstören und Rüstungswerke ausschalten. Da es im Gau Salzburg kaum eine Rüstungsindustrie gab, konzentrierten sich die amerikanischen Angriffe vorwiegend auf die strategischen Bahnlinien, die das Land Salzburg durchqueren. Das erklärt auch, warum insbesondere die Landeshauptstadt, Hallein, Werfen, Bischofshofen und Radstadt von den Bombengeschwadern angeflogen wurden, während der südliche Lungau verschont blieb. So wurden in Salzburg insgesamt über dreitausend von siebentausend Häusern beschädigt oder zerstört, in Hallein rund vierhundertsechzig und in Bischofshofen rund dreihundert. Am 19. April 1945 griffen dort siebenunddreißig B-24-Bomber den Bahnhof an und warfen 87.500 Kilo Bomben ab. Um sich eine Vorstellung davon zu machen, welche Bombenmengen auf die leidgeprüfte Mozartstadt fielen, sollen einige Zahlen von Rauchensteiner wiedergegeben werden: Beim letzten Angriff auf Salzburg am 1. Mai 1945 flog die 15. US-Luftflotte mit siebenundzwanzig Maschinen ihren letzten strategischen Angriff. Ziel war der Hauptbahnhof, den die Bomberschützen wegen der dichten Wolkendecke allerdings nicht ausmachen konnten. Dennoch warfen sie rund achtzigtausend Kilo Bomben ab. Sechzehn Menschen starben. Beim Angriff am 5. Februar belegten sechsundachtzig amerikanische Maschinen das Gebiet um den Bahnhof mit 165.000 Kilo ihrer tödlichen Last.[407]

Fast täglich gab es Fliegeralarm in der Landeshauptstadt und die Menschen hasteten dann mit einem kleinen Köfferchen, das die wichtigsten Dokumente und vielleicht ein paar Wertsachen enthielt, in die zahlreichen Luftschutzstollen. Da Salzburg mit den Stadtbergen und den dortigen Stollen einen viel besseren Schutz für seine Zivilbevölkerung als die meisten anderen Städte hatte, waren die Opfer unter der Bevölkerung relativ gering.[408]

Angesichts des alliierten Vormarsches wurde am 8. April 1945 die Dienststelle „Kampfkommandant Salzburg" („KS") eingerichtet. Grundsätzlich war von Anfang an befohlen worden, dass die Stadt gegebenenfalls nur gegen Osten zu verteidigen sei, da man Anfang April 1945 der festen Überzeugung war, dass eventuell die sowjetischen Streitkräfte vor den Amerikanern die Stadt erreichen würden. Als sich jedoch die GIs in den letzten Kriegstagen mit großer Schnelligkeit über München und Rosenheim der Landeshauptstadt näherten, stand nach menschlichem Ermessen fest, dass die Sowjets nicht mehr vor den Amerikanern in Salzburg eintreffen werden. Die Dienststelle „KS" versuchte nun in vorsichtiger Fühlungsnahme zwischen dem General der Gebirgstruppe Julius Ringel bzw. dem Chef des Stabes des Stellvertretenden XVIII. Gebirgsarmeekorps, Generalmajor Anton Glasl, einen eindeutigen Befehl zu erwirken, dass Salzburg als Lazarettstadt zur offenen Stadt erklärt werde. Als Teilerfolg konnte verbucht werden, dass alle nach Salzburg strömenden Truppen die Stadt nicht mehr betreten durften, sondern dass sie die alte Festungsstadt zu umgehen und sich dann in Richtung Pass Lueg und die wehrhafte Burg Hohenwerfen in das Herz der „Kernfestung Alpen" abzusetzen haben.[409]

In den letzten Apriltagen 1945 wurde Scheel mit einigen anderen Gauleitern des Alpenraumes gebeten bei Generalfeldmarschall Kesselring zu erscheinen, wo sie sich verpflichten mussten, sich zur weiteren Verteidigung gegen die Alliierten in die „Kernfestung Alpen" zurückzuziehen. Daraufhin zog sich der Gauleiter von Salzburg am 3. Mai 1945 hinter den Pass Lueg in die Pongauer Ortschaft Goldegg zurück.[410]

Wechseln wir an dieser Stelle kurz in das Lager der Alliierten. Am 16. April 1945 hatte die 3. US-Armee der 12. Armeegruppe des Generals Bradley den Befehl erhalten, durch das Donautal in Richtung Linz vorzustoßen, während die 7. US-Armee der 6. Armeegruppe des Generals Devers in Richtung „Alpenfestung" vorgehen sollte. Dass gerade Salzburg bei der Einnahme der „Alpenfestung" durch die Amerikaner eine große operative Bedeutung erlangte, war nach Lackenbauer „sicher auch durch seine geographische Lage als letzte größere Stadt in der bayerischen Ebene am Eingang zum Gebirge bedingt".[411]

Aus diesen Erwägungen wurden zwei amerikanische Armeekorps auf den Raum beiderseits von Salzburg angesetzt – und zwar rechts das XXI. Armeekorps mit der 12. Panzerdivision, der eine Kampfgruppe der französischen 2. Panzerdivision unterstellt war, und der amerikanischen 101. Luftlandedivision; links das XV. Armeekorps mit der 3., 42. und 86. Infanteriedivision, der 20. Panzerdivision und deren Panzeraufklärungsabteilung sowie der 106. Cavalry Group.[412] Die strategische Planung der Alliierten sah für die ersten Maitage noch einen „totalen" Angriff auf die Zentrale der „Alpenfestung" vor, die die Amerikaner im Raum Salzburg – Berchtesgaden vermuteten. Die in die „Kernfestung Alpen" verlegten deutschen Kommandobehörden sollten durch Bombenabwürfe auf Hitlers „Berghof“ und den Obersalzberg sowie auf die Festung Hohensalzburg, Schloss Hellbrunn, Kleßheim, Leopoldskron und Glanegg ausgeschaltet werden.

Zwischen Rosenheim und Salzburg, dem Sitz des Stellvertretenden Kommandierenden Generals des XVIII. Gebirgsarmeekorps und Befehlshabers im Wehrkreis XVIII, setzten die Deutschen den Alliierten keinen nennenswerten Widerstand mehr entgegen.

Nur bei Siegsdorf wurde in den Vormittagsstunden des 3. Mai 1945 ein „letztes Gefecht auf bayerischem Boden“ ausgetragen,[413] das die Amerikaner sehr schnell für sich entscheiden konnten. Unverzüglich errichtete die 3. US-Infanteriedivision daraufhin ihr Stabsquartier in Sichtweite des Hochfelln. Fast zeitgleich wurde Traunstein von der 3. amerikanischen Infanteriedivision besetzt, ohne dass irgendein „Feindalarm“ gegeben worden war. „Bei uns“, erinnerte sich Walter Held, „wurde unser einsam am Waldrand gelegenes Haus zum x-ten Male nach Waffen durchsucht, für mich als Einjähriger jedesmal ein Erlebnis, sah ich dabei doch zum ersten Mal in meinem Leben Neger, einen feuerroten Iren und sogar einen Indianer!“[414] Kurz nach 13.00 Uhr standen Spähtrupps der amerikanischen 12. Panzerdivision bereits an der österreichischen Grenze bei Salzburg.

In der einst so heiteren Festspielstadt war die Nervenanspannung sowohl bei den verantwortlichen Männern der Partei und Wehrmacht als auch bei der verängstigten Bevölkerung zum Zerreißen. Einem amtlichen Bericht des neuernannten Kampfkommandanten Oberst Hans Lepperdinger, in dem die Übergabe der Stadt Salzburg an die Amerikaner geschildert wird, entnehmen wir die folgenden aufschlussreichen Details:

„Es war klar, dass Salzburg ausschließlich von Nordwesten her bedroht war. Gegen diese Gefährdung schien es sinnlos, etwas zu unternehmen. Die ungeheure Kräfte- und Materialmassierung der Amerikaner machte jede Verteidigung aussichtslos. Als die Panzerspitzen Rosenheim und Chiemsee erreicht hatten, wurde von Oberst Guempel befohlen, dass in der Hauptkampflinie nur so lange Widerstand geleistet werden sollte, bis stärkere Kräfte der Amerikaner zum Angriff bereit waren. Dann sollte in hinhaltendem Widerstand in die Gebirgseingänge ausgewichen werden. Ich gab“, so erklärt Oberst Lepperdinger, „Oberst Guempel meinen Standpunkt bekannt, dass die Stadt Salzburg unter allen Umständen geschont und die Stadtbrücken keineswegs zerstört werden sollten. Ich wusste mich darin einig mit dem mittlerweile zum Polizeidirektor ernannten Dr. Daspelgruber und führenden Offizieren der Polizei und des eigenen Stabes.

3. Mai: Die amerikanischen Truppen hatten die Gegend von Teisendorf erreicht und setzten zum Stoß gegen Salzburg an. Die Dienststellen, vor allem der Partei und der Gestapo, bereiteten fieberhaft ihre Flucht nach Süden vor. [...]

Um 22.00 Uhr erfolgt der erste Artilleriebeschuss mit mittlerem Kaliber.

Um 22.15 Uhr besetzt Wehrmacht den Salzburger Sender. Durch Rundfunk wird die Bevölkerung aufgefordert, nicht die Stollen, sondern die Keller aufzusuchen.

Um 22.30 Uhr wird der Befehl zum Entladen der Stadtbrücken gegeben. [...]

4. Mai: Um 01.30 Uhr: Obwohl kurz vorher der General mündlich den Verteidigungsbefehl wiederholen ließ, entschließt sich Oberst Lepperdinger, die Stadt an die amerikanischen Truppen zu übergeben und sie dadurch vor der Vernichtung zu retten. Besprechungen mit

Offizieren des Stabes und der Polizei schließen sich an. Sie billigen einmütig seinen Entschluss. Um 04.00 Uhr wird dem SS-Bataillon (Glasenbach), das in der Hauptkampflinie eingesetzt war, der Befehl übergeben, sich nach rückwärts abzusetzen."[415]

Vor der Übergabe Salzburgs sprach Lepperdinger um 06.00 Uhr morgens im Radio zu den Salzburgern. In seiner Rede teilte er der Bevölkerung mit, dass er die Stadt dem Feinde kampflos übergeben werde: „Vor einigen Wochen habe ich das Amt des Kampfkommandanten in Salzburg übernommen [...] Mein ganzes Bestreben ging dahin, alle zuständigen Stellen von der Sinnlosigkeit einer Verteidigung zu überzeugen. Noch gestern Nachmittag hatte ich die volle Zustimmung von General Ringel und des Gauleiters, die Stadt unter allen Umständen vor Feindeinwirkung zu schützen."[416]

Dieser Schritt war um so bewundernswürdiger, weil das Oberkommando der Wehrmacht noch im April 1945 bekanntgegeben hatte: „Städte liegen an wichtigen Verkehrsknotenpunkten. Sie müssen daher bis zum Äußersten verteidigt und gehalten werden ohne Rücksicht auf Versprechungen und Drohungen, die durch Parlamentäre oder feindliche Rundfunksendungen überbracht werden. Für die Befolgung dieses Befehls sind die in jeder Stadt ernannten Kampfkommandanten persönlich verantwortlich. Handeln sie dieser soldatischen Pflicht zuwider, so werden sie wie alle zivilen Amtspersonen, die den Kampfkommandanten von dieser Pflicht abspenstig zu machen versuchen oder gar ihn bei der Erfüllung seiner Aufgabe behindern, zum Tode verurteilt."[417]

Trotz dieses rigorosen Durchhaltebefehls der NS-Führung war Lepperdinger zur kampflosen Übergabe der Stadt entschlossen. Durch wiederholte Verlautbarungen seines Aufrufes und durch Parlamentäre erfuhren die Amerikaner von der Absicht, Salzburg kampflos zu übergeben. Doch damit nicht genug. Um 06.30 Uhr fuhren Parlamentäre ab, die an der Freilassinger Brücke mit den Amerikanern Verbindung aufnehmen sollten. Zwei Stunden später kehrten sie mit einem amerikanischen Hauptmann zurück. Sämtliche SS-Angehörigen wurden durch den Rundfunk aufgefordert, die Stadt in Richtung Hallein, wo der Reichsführer-SS im Grill-Stollen unterkommen sollte, zu verlassen.

Unterdessen waren am Morgen des 4. Mai 1945 Einheiten der amerikanischen 3. Infanteriedivision von Westen her in Salzburg eingedrungen. „Es war das II. Bataillon des 7. Infanterieregiments, das in der Nacht in Sturmbooten die Saalach überquert hatte. Der Infanterie folgten bald die Panzer der 106. Cavalry Group, mit denen der Stellvertretende Kommandeur der 3. Infanteriedivision in Salzburg einfuhr und die Übergabe der Stadt entgegennahm."[418] Das war um 09.30 Uhr. Der deutsche Vorschlag, sämtliche Posten auf ihren Plätzen zu belassen, wurde von den Amerikanern abgelehnt. Stattdessen wurde befohlen, dass alle deutschen Soldaten sich in der Riedenburg-Kaserne zu versammeln hätten.

Wie es zur kampflosen Übergabe von Salzburg gekommen ist, das werden wir jetzt erfahren. Denn der Erfolg hat bekanntlich viele Väter. Zwar hatte Oberst Lepperdinger als Kommandant dieser strategisch wichtigen Stadt letztlich den Kopf für seine Entscheidung hingehalten, aber ganz ohne Rückversicherung bzw. Hilfen auf den verschiedenen politischen, militärischen, ja sogar kirchlichen Ebenen geschah das nach den neuesten Forschungsergebnissen zweifellos nicht. Sein damaliger Ordonnanzoffizier, Dr. Norbert Nürnberger, deutete später in einem Brief an den Salzburger Erzbischof Rohracher sogar einen gewissen Druck auf

Lepperdinger an, bevor es zu dessen „Gesinnungswechsel" gekommen sei. Er beschwor, dass bei dem entscheidenden Sechs-Augen-Gespräch mit Gauleiter Gustav Adolf Scheel dieser den Oberst mindestens aufgefordert habe, „er möge alles tun, diese Stadt zu erhalten". Zuvor hatte der Gauleiter versprochen, alles für die Wiederinstandsetzung des Salzburger Domes zu unternehmen, nachdem dieser beim ersten Luftangriff auf die Mozartstadt schwer getroffen worden war. Scheel selbst münzte nachträglich im Jahre 1967 diese Ermunterung gar zu einem „Befehl" um. Es war derselbe Gauleiter, der noch am 17. April 1945 das Standgericht verkündet hatte, indem er unbarmherzig forderte: „Feiglinge, die für ihre Heimat, ihre Frauen und Kinder nicht kämpfen wollten, [...] müssen ihr Leben verlieren."[419]

Die Historikerin Ilse Lackenbauer hat in ihrer Studie über „Das Kriegsende in der Stadt Salzburg im Mai 1945" die teilweise widersprüchlichen Erinnerungen der einzelnen Beteiligten sehr glaubhaft gewichtet. Ihrem Interview mit Erzbischof Rohracher tritt nun eine neu aufgefundene Gesprächsnotiz vom 30. April 1945 zur Seite. Demnach soll Rohracher persönlich diese Unterredung seit Tagen gesucht haben. Später hatte er allerdings ergänzt, dass es erst einer mehrmaligen Aufforderung durch Scheel bedurfte, weil ihm angeblich von einer Geiselliste der SS mit seinem Namen berichtet worden war. An jenem 30. April kam also der Salzburger Erzbischof Dr. Rohracher um 15.00 Uhr in die Residenz. In einem „Gedächtnisprotokoll", das noch am selben Tage angefertigt wurde, heißt es über den Verlauf dieser Unterredung[420]:

„Einleitend dankte ich ihm für seine letzten Radioansprachen, in denen er klar andeutete, dass Salzburg nicht verteidigt werden sollte. Diese Ansprachen hätten die Bevölkerung sehr beruhigt. Ich unterstützte seine Stellungnahme durch den Hinweis auf die Aussichtslosigkeit einer Verteidigung und die nie mehr gutzumachenden Schäden, die in der Stadt angerichtet werden könnten. Der Gauleiter informierte dann, dass die Abwehrlinie fünfzehn bis zwanzig Kilometer vor die Stadt vorverlegt sei und er sich bemühe, diese Linie noch weiter von der Stadt weg zu verlegen. Die Stadt selber werde nicht verteidigt, die bereits geladenen Brücken desarmiert, das Militär werde Salzburg soweit als möglich verlassen, sodass für Kämpfe in Salzburg kein Grund mehr vorhanden sei. Er selbst habe diese Maßnahmen in Erkenntnis der Lage Salzburgs getroffen und dem zuständigen General Ringel die Zustimmung dazu abgerungen. Er selbst werde Salzburg verlassen und sich mit den kämpfenden Truppen hinter den Pass Lueg zurückzuziehen. Zur Übergabe der Regierung habe er Regierungsdirektor Hausner beauftragt."[421]

Um ebenfalls als „Retter von Salzburg" in die Annalen einzugehen, hatte sich unmittelbar vor dem Einrücken der Amerikaner auch noch der Gauleiter und Reichsverteidigungskommissar Dr. Gustav Adolf Scheel mit folgender Ansprache an „Meine Salzburger und Salzburgerinnen" gewandt: „In schwerer Stunde erhalte ich die Gelegenheit, mich an Euch zu wenden. Im Verlauf der Kampfhandlungen wurde unsere Gauhauptstadt besetzt. So hart die Besetzung für jedes Land ist, so sind wir doch dem Schicksal dankbar, dass schwere Schäden und Menschenverluste vermieden werden konnten. Ich bin glücklich darüber, in diesem Sinne meine ganze Kraft eingesetzt zu haben. Mit den übrigen Teilen des Gaues herrscht nunmehr Waffenruhe, sodass angenommen werden kann, dass von unseren Tälern und Bergen die härtesten Schrecken des Krieges ferngehalten werden."[422]

Es war am 4. Mai 1945, als um 13.30 Uhr der amerikanische General Young im „Österreichischen Hof" eintraf. Was er den Salzburgern vortrug, glich einem Horrorszenario. Denn

Vormarsch der US-Streitkräfte im Berchtesgadener Land.

Am 25. April 1945 wurde Bad Reichenhall von der amerikanischen Luftwaffe schwer bombardiert.

Luftbild mit Lagebezeichnungen des Obersalzbergs. Beim Luftangriff am 25. April 1945 wurde Hitlers „Berghof“ schwer beschädigt.

Nach der Eroberung des Berghofs durch die alliierten Truppen „verewigten“ sich US-Soldaten und später auch andere schaulustige Besucher durch Einritzungen in die rußgeschwärzten Mauerreste.

Dicht an dicht parken amerikanische Militärfahrzeuge auf dem Obersalzberg. Das Foto entstand im Mai 1945.

US-Soldaten feiern ihren Sieg mit erbeuteten Sektbeständen auf der Terrasse von Hitlers Berghof.

Der Salzburger Gauleiter Gustav Adolf Scheel trägt das Ärmelband „Alpenland".

Zwei Wehrmachtsangehörige auf der Festung Hohensalzburg.

Am 5. Mai 1945 wurde Berchtesgaden an die US-Steitkräfte übergeben.

Die Bunkeranlagen auf dem Obersalzberg sind heute teilweise als Museum zu besichtigen.

Eine Detailaufnahme in der Bunkeranlage auf dem Obersalzberg.

Der Salzburger Erzbischof Dr. Rohracher sorgte nach der Kapitulation Salzburgs für ein gutes Klima mit den US-Besatzern. Auf dem Bild sieht man ihn mit dem US-General Woodland.

Generalfeldmarschall Ferdinand Schörner wird nach seiner Gefangennahme durch die amerikanische Militärpolizei in Zivilkleidern zum Verhör gebracht.

Zwei Offiziere der Waffen-SS mit verbundenen Augen der Divisionsgruppe „Hassenstein" auf dem Weg in das Hauptquartier der 3. US-Armee zu Kapitulationsverhandlungen. Solche Teilkapitulationen kamen mehrfach vor.

In Innsbruck unterzeichnete am 5. Mai 1945 der General der Panzertruppe Erich Brandenberger als Oberbefehlshaber der 19. Armee die Kapitulation in seinem Befehlsbereich.

Am 4. Mai 1945 siedelte das Oberkommando der Wehrmacht nach Niedersill im Pinzgau.
„Die Generäle standen bei der Friedhofsmauer …" heißt es in einem Augenzeugenbericht …

„… und die Offiziere gingen durch die Dorfstraße
von Niedernsill".

Das Thorak-Atelier in Baldham bei München. Wo vorher monumentale Skulpturen im NS-Stil entstanden, wurde die Kapitulationsurkunde der Heeresgruppe G für die „Alpenfestung“ unterzeichnet.

Die deutsche Waffenstillstandsdelegation mit General Foertsch (vorne rechts im Bild) verlässt am Nachmittag des 5. Mai 1945 nach der Kapitulation der Heeresgruppe G das Thorak-Atelier. Nur ein Paar Tage später kapitulierte die ganze Deutsche Wehrmacht vor den Alliierten.

Das beschauliche Maria Alm am Steinernen Meer diente seit dem 20. April 1945 dem Generalfeldmarschall Kesselring als Hauptquartier der Heeresgruppe Süd.

Das Gasthaus „Moserwirt" spielte mit seiner Hausbank bei der Kapitulation der „Alpenfestung" im Mai 1945 eine zentrale Rolle.

Auf dem Soldatenfriedhof von Unken liegen die Gefallenen der Kämpfe um den Kniepass nördlich von Lofer.

Der Fliegerhorst Bad Aibling diente den US-Besatzern als Kriegsgefangenenlager. Dort war auch Josef Ratzinger, der spätere Papst Benedikt XVI. interniert.

Französischer Posten an einem Bodenseeschiff. Das nasse Dreieck Vorarlberg, Schweiz und der „Landkreisstaat“ in Lindau am Bodensee war die Drehscheibe und Ausgangspunkt der sogenannten „Rattenlinie“.

von amerikanischer Seite sollte mit vielfacher Überlegenheit ein konzentrischer Angriff gegen die Festungsstadt geführt werden. Massiertes Artilleriefeuer war schon bereitgestellt; zweihundert viermotorige Bomber zu ihrem tödlichen Einsatz vorbereitet. Die erste Angriffswelle sollte um 06.15 Uhr, die letzte um 10.45 Uhr Salzburg in Schutt und Asche verwandeln. Durch die Übergabe wurde jedoch diese Katastrophe im letzten Augenblick verhindert. Mehr noch: Im Rahmen der Operation „Doldrums" (= Windstille, Trübsinn) sollte nicht nur Salzburg und seine Festung, sondern auch die meisten Schlösser der Umgebung dem Erdboden gleichgemacht werden, da die Alliierten dort Befehlsstellen der „Alpenfestung" vermuteten.

„Die Planung ging davon aus, dass sich im Raum Salzburg – Berchtesgaden einige Objekte befanden, die als Unterkünfte für die deutsche Reichsregierung und die militärischen Oberkommanden in Frage kamen oder als das erkannt worden waren", schreibt Rauchensteiner.

„Acht davon glaubte die 15. US-Luftflotte mit Hilfe der strategischen Bomber und durch Präzisionsangriffe von Jabos bekämpfen und zerstören zu können, und zwar: Berchtesgaden – Salzburg-Hauptbahnhof und Hotel Europa – Festung Hohensalzburg – Schloss Leopoldskron – Schloss Hellbrunn – Schloss Kleßheim – Schloss Aigen – Schloss Glanegg. [...]

Die Amerikaner setzten voraus, dass sich in den Kellern und unterirdischen Räumen der genannten Schlösser die höchsten politischen und militärischen Führer Deutschlands aufhalten würden, um von hier aus den Kampf in der ‚Alpenfestung' zu führen. Die unterirdischen Anlagen würden mit den zur Verfügung stehenden Bomben nicht zu zerstören sein. Doch alles, was über der Erde stand, sollte mit 500-Pfund-Bomben, die Festung Hohensalzburg mit 1000-Pfund-Bomben belegt werden."[423]

Am 7. Mai 1945 eilte der ehemalige Salzburger Gauleiter zu seiner Familie, die in St. Veit im Pongau weilte. „Von hier aus sendet er einen Boten zum amerikanischen Kommandanten nach St. Johann mit der Angabe seiner Adresse und der Meldung, dass er zu seiner Verfügung stehe."[424] Am 15. Mai erfolgte dann Scheels Verhaftung sowie Internierung im Salzburger Gefängnis, bevor er nach zahlreichen Lager- und Gefängnisaufenthalten 1946 im Nürnberger Justizgefängnis von der Obersten Anklagebehörde der Alliierten ohne Anklage auf freien Fuß gesetzt wurde.

16. Schörners Flug in die „Alpenfestung“

Es war am Abend des 24. April 1945, als der Führer und Oberste Befehlshaber der Wehrmacht den Generalfeldmarschall Ferdinand Schörner aus dem böhmischen Hexenkessel in seinen Berliner Bunker befahl „Obwohl Hitler erst vor wenigen Tagen erklärt hatte, alles sei verloren, und scheinbar gewillt gewesen war, abzudanken, übte er am 24. April wieder die volle Befehlsgewalt aus. Schörner“, so der Militärhistoriker Minott, „wurde an diesem Abend einer besonderen Ehre teilhaftig. Hitler übertrug ihm durch einen sogenannten Führerbefehl das taktische Oberkommando über die ‚Alpenfestung‘. Schörners Aufgabe bestand durchaus nicht darin, eine Alpenfront aufzubauen. Er sollte erst einmal mit seiner Heeresgruppe in Böhmen weiterkämpfen, sich aber langsam in die ‚Alpenfestung‘ zurückziehen, dort seine Verbände intakt erhalten und seine Kräfte sparen, bis der unvermeidliche Konflikt zwischen den Westmächten und Russland ausbrach. Dann würden die seinem Befehl unterstellten Truppen mit den westlichen Alliierten gemeinsame Sache gegen die Bolschewisten machen.“ Für Hitlers Feldmarschall der letzten Stunde „war der mündliche Befehl genauso verbindlich, als sei er schriftlich erteilt worden“.[425]

In der Nacht vom 8. auf den 9. Mai 1945 trug Schörner zum letzten Male den Waffenrock eines Generalfeldmarschalls. Die roten Generalsstreifen signalisierten nach wie vor seine ungebrochene Autorität. Seine Stimme und Tonlage zeichneten noch immer seinen unverwechselbaren Führungsstil aus, wenn er Anordnungen erließ oder Befehl erteilte. Um den Hals trug er wie seit den Tagen der Verleihung den heißbegehrten preußischen Orden Pour le Mérite zur Erinnerung an seinen kampfentscheidenden Einsatz während der 12. Isonzo-Schlacht im Kriegsjahr 1917. Nun war auch noch das Ritterkreuz zum Eisernen Kreuz mit dem Eichenlaub, den Schwertern und den Brillanten hinzugekommen, das ihm für seine erfolgreiche Haltetaktik an der Bernsteinküste und in Kurland verliehen worden war, womit er Tausende und Abertausende vor dem sicheren Zugriff der Roten Armee gerettet hatte. Das Goldene Parteiabzeichen der NSDAP glänzte an seiner linken Brusttasche.

Zwischenzeitlich hatte das Wehrmachtsoberkommando am 8. Mai 1945, um 20.00 Uhr, durch den Rundfunk bekanntgegeben: „Ab 9. Mai, 00.00 Uhr, sind auf allen Kriegsschauplätzen, von allen Wehrmachtteilen und von allen bewaffneten Organisationen oder Einzelpersonen die Feindseligkeiten gegen alle bisherigen Gegner einzustellen.“[426] Daraufhin legte die Wehrmacht ihre Waffen nieder und das Oberkommando gab seinen letzten Wehrmachtbericht, in dem Schörner nochmals namentlich genannt wurde, heraus. Nun waren ihm seine Hände gebunden, denn seine Pläne, die Heeresgruppe Mitte in einem letzten Kraftakt aus Böhmen doch noch hinter die amerikanischen Linien zu führen, waren jetzt nur mehr Makulatur. Mit der bedingungslosen Kapitulation hatte er doch noch das Rennen mit dem Stundenzeiger und damit auch die Befehlsgewalt über seine Heeresgruppe und ihre Armeen mit einem Schlag verloren, nachdem es ihm zuvor noch gelungen war, die Rote Armee im Mittelabschnitt der Ostfront so lange aufzuhalten, „dass sie die befohlene Besitznahme von Böhmen und Schlesien und die Überflutung von Bayern und Oberösterreich – Salzburg nicht mehr oder sehr verspätet durchführen konnte“.[427] Schörner war ohnmächtig vor Wut. Denn tags zuvor war der Oberst im Gerneralstab Meyer-Detring als Vertreter des Wehrmachtführungsstabes mit vier amerikanischen Offizieren zehn Kilometer westlich von Josephstadt in Schörners Hauptquartier im Hauptgebäude des Sanatoriums eingetroffen und hatte ihm im Auftrage von Generaloberst Alfred Jodl mitgeteilt: „Die Truppen im Erzgebirge (unter Generaloberst Hoth) sollten noch eine gewisse Zeit Widerstand leisten, um den Abfluss der ostwärtigen Teile der Heeresgruppe nach Westen zu ermöglichen. Er hatte den Feldmarschall weiterhin darüber zu unterrichten, dass Jodl ihm ausdrücklich aufgetragen hätte, weder der Stab der Heeresgruppe noch der Feldmarschall selbst dürften bei etwaigem Widerstand im Erzgebirge, über den Kapitulationstermin hinaus, in Erscheinung treten.“[428]

Damit war ihm nicht nur durch die bedingungslose Kapitulation, sondern auch noch durch diese „Sonderanweisung“ jede weitere Führungsbefugnis über die Heeresgruppe Mitte nach dem 8. Mai 1945 entzogen worden. Nun gab es für Schörner nur mehr einen einzigen Auftrag – und zwar in seiner, von Hitler noch testamentarisch verfügten Eigenschaft als Oberbefehlshaber des Heeres bei Generalfeldmarschall Kesselring zu erkunden, wie es denn nun wirklich um die legendäre „Alpenfestung“ stand.[429] Die Situation war beklemmend und gespenstisch zugleich, als sich Hitlers „Feldmarschall der letzten Stunde“ in soldatisch einwandfreier Form in Podersam in Gegenwart seines Generalstabschefs beim Oberbefehlshaber der Luftflotte, dem General der Flieger Seidemann, und dessen Stab verabschiedete. Bei dieser Gelegenheit bat er Seidemann in Anwesenheit des Generalleutnants Oldwig von Natzmer, der Schörner in der Nachkriegszeit wider besseren Wissens schwer belastete,[430] um die Überlassung eines Fieseler Storches,[431] da er noch einen hochbrisanten Funkspruch erhalten habe, der am 6. Mai, um 23.43 Uhr, vom Luftwaffenkommando 4 an das Luftflottenkommando 6 übermittelt worden war. Dieser war dort am 7. Mai, um 01.30 Uhr, eingetroffen. Schörner quittierte ihn am 7. Mai, um 14.00 Uhr. In ihm hieß es: „Bitte feststellen, ob Oberbefehlshaber Mitte Befehl zur Besprechung, Flugplatz Zeltweg, erhalten. Kann Oberbefehlshaber oder Chef am 7. Mai früh in Zeltweg südwestlich Vouben oder mittags in Graz sein? Bitte sofort Benachrichtigung für Feldmarschall Kesselring.“[432]

Als Schörner am 9. Mai 1945, es war gegen 03.00 Uhr früh, also erst nach dem Inkrafttreten der bedingungslosen Kapitulation, das bereitstehende Flugzeug bestieg, überkam ihn ein beklemmendes Gefühl. Zwar war er von der schweren Bürde des Oberbefehlshabers Mitte, der seine Heeresgruppe noch mit allen Mitteln über die abgeriegelte Demarkationslinie nach Bayern zurückführen wollte, befreit, aber nun meldete sich sein soldatisches Gewissen um so mehr, denn er erahnte sehr wohl, dass man ihm eines Tages das Verlassen der ihm unterstellten Armeen und Divisionen als eine gemeine Flucht auslegen könnte. Gerade er, der „eiserne Ferdinand“, der gegenüber seinen Untergebenen stets eine besondere Härte an den Tag gelegt und auf eine absolute Einhaltung von Disziplin und Ordnung gepocht hatte, würde sich, so erahnte er, das Argument seiner unzähligen Feinde und Neider, in der verzweifelten Situation, in der sich seine Männer in Böhmen befanden, klammheimlich aus dem Staub machen, um der drohenden sowjetischen Kriegsgefangenschaft in buchstäblich letzter Sekunde zu entkommen. Schörner hätte damals besser gehandelt, so sein unbarmherziger Kritiker General Konrad, wenn er direkt zum nächsten alliierten Oberkommando geflogen wäre, „um den Rückmarsch seiner Truppen durch die amerikanischen Sperrlinien auf deutsches Gebiet zu sichern und ihnen soweit nur möglich, die sowjetische Gefangenschaft zu ersparen. Ich“, so der Erste Vorsitzende des Münchner Kameradenkreises der ehemaligen Gebirgstruppe, der den Generalfeldmarschall jahrelang denunzierte, „bedauere es, dass ihm dieser Gedanke verschlossen blieb.“[433]

Diesen besserwisserischen Ratschlägen seines ehemaligen Generalskameraden, den Schörner wiederholt geringschätzig als „Chamäleon“, „kleinen Gernegroß“ oder „greisenhaft“ verspottete,[434] muss die Entscheidung der Bundesdisziplinarkammer IV im Disziplinarverfahren gegen den Generalfeldmarschall entgegengehalten werden, in der es unter anderem heißt:

„Nach den Kapitulationsbedingungen war mit dem Inkrafttreten des Waffenstillstandes am 8. Mai 1945, 24.00 Uhr, dem Beschuldigten wie den anderen Befehlshabern jede Führungstätigkeit untersagt. Die Truppe hatte an den Orten zu verbleiben, wo sie sich am 9. Mai 1945, 00.00 Uhr, befand und dort in Gefangenschaft zu gehen. Die erforderlichen Befehle und Freiheiten, sich der Gefangennahme durch die Russen gegenüber diesen Bedingungen zu entziehen, hatte der Beschuldigte noch am 8. Mai 1945 durch seinen Generalstabschef, dem Zeugen von Natzmer, gegeben. Eine Führungsmöglichkeit bestand am 9. Mai 1945 für den Heeresgruppenstab, der nicht einmal mehr über eine Funkverbindung verfügte, auch tatsächlich nicht mehr. Die Soldaten der Heeresgruppe versuchten vielmehr, soweit sie eine Möglichkeit hierzu sahen, nicht in Gefangenschaft zu geraten oder wenigstens über die festgelegte Demarkationslinie zu den Amerikanern zu gelangen. Für dieses Unterfangen bestand für die Heeresgruppe in der allgemeinen Auflösung nicht die geringste Aussicht einer Führung und Steuerung. Auch der vom Beschuldigten benützte Storch bot dazu nach Lage der Verhältnisse keine Möglichkeit. [...] Insgesamt ist die Kammer daher davon ausgegangen, dass in den dem Beschuldigten in der Anschuldigungsschrift zur Last gelegten Fällen eine Disziplinarverletzung nicht nachweisbar war.“[435]

Wie sich später herausstellte, war Schörners beklemmendes Gefühl beim Abflug aus Böhmen nicht unbegründet, denn die Masse der Offiziere, Unteroffiziere und Mannschaften wusste wenig oder überhaupt nichts von der großen militärpolitischen Lage im Herzen Europas. Und am allerwenigsten war bekannt, dass Schörner sich „auf dem schnellsten Weg in den Alpenraum begeben und dort den Oberbefehl über die Alpenfront übernehmen“ sollte,[436] um sie „als ausgesprochene Wartestellung zu organisieren“.[437] Das bedeutete im Klartext, er „musste seine Truppen im Augenblick ihrer größten Bedrängnis verlassen“.[438]

In einem Verfahren, in dem die „Alpenfestung“ eine Rolle spielte, sagte Schörners Adjutant und IIa unter anderem aus: „Als ich zur Empfangnahme des Verlegungsbefehls (nach Saaz) mich beim F[eldmarschall] meldete, waren wir allein in seinem Zimmer. Bei dieser Gelegenheit sagte er mir, dass meine Auffassung von der Lage, die ich als hoffnungslos bezeichnete, nicht zutreffend sei. Nach seiner Auffassung würde sich eine völlig andere Beurteilung ergeben, sobald der Bolschewismus weiter nach Westen vordringe und es dann zu einer Auseinandersetzung mit dem Westen käme. Damit rechne er, und dann würde sich auch ergeben, dass unser Kampf nicht vergeblich gewesen sei. Er sagte mir, dass er hierüber vertrauliche Nachrichten habe, ohne mir jedoch die Quellen anzugeben. [...] In dem anschließenden Gespräch hatte ich zum Ausdruck gebracht, dass ich bis zum Schluss mit ihm zusammenbleiben möchte. Er erwiderte jedoch, dass dies nicht möglich sei, da er noch einen Auftrag ausführen wolle oder solle.“[439]

Dass Adolf Hitler beim letzten Besuch Schörners im Führerbunker der Reichskanzlei am 24. April 1945 ausgerechnet ihm den Oberbefehl über die „Alpenfestung“ übertragen hatte, war kein Zufall, sondern ein fester Bestandteil seines „Weltanschauungskrieges" gegen die UdSSR. Denn nach wie vor hoffte der Führer auf ein Zerwürfnis seiner Kriegsgegner, um dann von der sicheren Alpenbastion aus nochmals an der Seite der Angloamerikaner zum zweiten Feldzug gegen den Bolschewismus anzutreten. Und hierfür war der einzige Generalfeldmarschall mit dem Edelweiß gerade der richtige Mann, der neben seinen Führungsqualitäten auch noch für die weltanschauliche Ausrichtung der Truppe im Sinne des Nationalsozialismus sorgte. Denn „dem Idealtyp des nationalsozialistischen Offiziers [...] entsprach [...] nur eine Minderheit."[440]

Zu ihr zählte zweifellos der „eiserne Ferdinand", der bereits am 6. März 1942 in einem Sonderbefehl als Kommandierender General des Gebirgskorps Norwegen bekannt hatte: „Eine Teilung in militärische und geistige Führung gibt es nicht [...] Der Soldat des Heeres von heute siegt mit der Waffe und mit der Weltanschauung."[441] In die gleiche Richtung zielte auch sein psychologisch geschickt abgefasster Sonderbefehl Nr. 10 über die „Forderung des Tages" vom 1. Februar 1943. In ihm forderte Schörner unter anderem: „Der ‚Glaube' sei die stärkste Lebensmacht."[442]

Nachdem es um Schörners weitere militärische Verwendung im Herbst 1943 und im Winter 1943/44 einige Irritationen gegeben hatte, stand am 1. Februar 1944 endgültig fest: „General der Gebirgstruppe Schörner wird zum Chef des NS-Führungsstabes (Heer) ernannt", notierte General Schmundt im „Tätigkeitsbericht des Chefs des Heerespersonalamtes".[443] Schörner war ein Denker – und je länger der Krieg dauerte, gewiss auch ein ideologischer. Deshalb hatte Hitler ihm das Amt des Nationalsozialistischen Führungsoffiziers (NSFO) übertragen. Für ihn war die Arbeit jedoch erledigt, nachdem er gesehen hatte, dass seine richtungweisenden Ideen und Richtlinien vom Offizierskorps begierig aufgenommen und schnellstens in die Tat umgesetzt wurden. Nun sollte ein anderer die Arbeit fortsetzen. Überdies stand schon ein viel strammerer Nationalsozialist als er Gewehr bei Fuß, um ihn durch einen Führerbefehl vom 28. Mai 1944 abzulösen. Sein Name ist uns bereits bestens bekannt: Georg Ritter von Hengl.

Dieser General der Gebirgstruppe, der aufgrund seiner guten Beziehungen zu Heinrich Himmler kurz nach seinem Eintritt in die SS-Verfügungstruppe sehr schnell zum Kommandeur des I. Bataillons der SS-Standarte „Deutschland" ernannt und innerhalb eines Jahres gleich zweimal befördert wurde, war wegen seiner ausgeprägten nationalsozialistischen Gesinnung Hitlers neuer Mann. So hielt er anlässlich einer Sonthofener Tagung vor dem 20. Juli 1944 vor den anwesenden Generalen und Generalstabsoffizieren einen derart glühenden Vortrag, dass der neue Befehlshaber des Ersatzheeres in einem Befehl vom 21. Juli 1944 „die darin entwickelten Gedanken als bindend für die weitere NS-Führung des Ersatzheeres vorschrieb".[444] Er „wollte die ‚seelischen Kräfte des Willens' mobilisieren und ‚auf breitester Grundlage zum Einsatz bringen'". Denn, so sein Credo: „Wer nicht glaube, werde nicht siegen. Das wichtigste sei der Glaube, dann komme das Bekenntnis, und aus dem Bekenntnis entstehe das Vorbild als wirksamstes Erziehungsmittel."[445]

Wie Rauchensteiner in seinem Buch „Der Krieg in Österreich 1945" zu Recht bemerkt, war die Ernennung Schörners zum Oberbefehlshaber der gesamten „Alpenfestung" und die des Ritters von Hengl zum Befehlshaber der Alpenfront Nordwest nicht rein zufällig, „sondern bildete den logischen Abschluss nationalsozialistischer Kriegsführung"[446] in Hitlers letztem

Bollwerk. Mehr noch: Auch die Ernennung des Generals der Gebirgstruppe Julius Ringel zum Befehlshaber der Alpenfront Nordost war kein Zufall. Wie Schörner und Hengl war auch er bis zur letzten Minute des untergehenden Dritten Reiches ein durch und durch überzeugter Nationalsozialist. Nicht umsonst war ihm als einen der ganz wenigen Generale am 30. Januar 1943 – also auf den Tag genau zehn Jahre nach der Machtergreifung Hitlers! – zusammen mit Schörner das „Goldene Ehrenzeichen der NSDAP" durch den Führer verliehen worden.

Aufgrund der Ernennung Schörners zum Oberbefehlshaber der „Alpenfestung" ist die Behauptung des ehemaligen NS-Propagandisten Jürgen Thorwald, alias Heinz Bongartz, er, Schörner, „hatte nicht nur seine Soldaten im Stich gelassen. Er hatte auch alle jene Deutschen im Stich gelassen, die am 6. und 7. und 8. Mai in Prag und im ganzen tschechischen und sudetendeutschen Gebiet noch darauf hofften, seine nach Westen zurückgehenden Truppen würden sie schützen oder befreien und ihnen ebenfalls den Weg nach Bayern oder ins amerikanisch besetzte Gebiet öffnen",[447] eine bösartige Unterstellung.[448]

Erleichtert schrieb Schörner am 7. Mai 1959 aus der Landsberger Haftanstalt: „Es gibt auch freudige Nachrichten, nämlich die Bundesdisziplinarkammer hat mit 23. [April 19]59 folgenden Beschluss im bekannten Disziplinarverfahren erlassen: ‚... (nach längeren Begründungen) Bei der auf die Beschwerde des Beschuldigten (dies bin natürlich ‚immer ich') hin vorgenommenen Prüfung hat die Kammer jedoch auch in den Fällen der Anschuldigungsschrift kein Dienstvergehen als erwiesen angesehen ...!' Kosten trägt der Bund usw. Mit diesem starken, freilich längst erwarteten Erfolg", so Schörner kämpferisch, „sind also die besonders perfiden Verleumdungen von meiner ‚Flucht' vor der Kapitulation, das sogenannte ‚Märchen vom Storch' usw. auf ihre tatsächliche Substanz zurückgeführt: Ganz gemeine Lügen, die allerdings nur von Idioten oder gehässigen Neidern geglaubt wurden."[449]

Schörner war beileibe nicht der einzige, der sich in dem „Bollwerk der Kernfestung Alpen"[450] einzufinden hatte, um hier einen geordneten Widerstand bzw. Abwehrkampf gegen die Alliierten zu organisieren. Franz Hofer, der Gauleiter von Tirol-Vorarlberg, war bekanntlich ebenso als Befehlshaber in dieser Festung aus Fels und Eis vorgesehen wie der Kärntner Gauleiter Dr. Friedrich Rainer, der seit seiner Ernennung zum Obersten Kommissar in der Operationszone „Adriatisches Küstenland" mit dem Ausbau der „Alpenfestung" an ihrer südöstlichen Flanke beschäftigt war, und der Oberbefehlshaber Südwest, Generalfeldmarschall Albert Kesselring, der bereits im Herbst 1944 im Schloss Miramare die verantwortlichen Kommandeure und Kampfkommandanten „von der vorgesehenen ‚Alpenfestung' ins Bild setzte".[451]

Schörner war bereit, sich dem Sturm der Alliierten in die „Alpenfestung" in den Weg zu stellen. Denn er war nach wie vor voller Energie, Tatendrang und Siegeszuversicht! Als er mit seinem „Storch" aus dem böhmischen Hexenkessel in Richtung „Alpenfestung" flog, beging er jedoch einen verhängnisvollen Fehler. Er hatte nämlich die Feldmarschalluniform gegen einen dunklen Zivilanzug ausgewechselt und den Pour le Mérite vom Isonzo sowie das Ritterkreuz mit den Brillanten von der Bernsteinküste in der Hosentasche verstaut, um bei einem etwaigen Zwischenfall nicht auf der Stelle erkannt und festgenommen zu werden. Denn es gab dafür aus seiner Sicht auch eine einleuchtende Erklärung: Aufgrund der militärpolitischen Lage im Herzen Europas und im Hinblick auf die Brisanz seines letzten Auftrages wäre es seiner Meinung nach grob fahrlässig gewesen, wenn Hitlers letzter Oberbefehlshaber des Heeres bei seinem Flug in die „Alpenfestung" seine Feldmarschalluniform samt seinen Tapferkeitsauszeichnungen anbehalten hätte, weil das Gebiet, das er zu überfliegen hatte, sich seit Tagen in Aufruhr befand.

Nachdem Schörner dem tschechischen Hexensabbat unerkannt entkommen war, lauerte bereits eine neue Gefahr auf ihn. Nun musste er jenes österreichische Gebiet überfliegen, das bereits seit Wochen von der Widerstandsbewegung „Rot-Weiß-Rot" immer stärker kontrolliert wurde. So musste man jederzeit damit rechnen, zur Notlandung gezwungen zu werden. Daher war „es als Sicherheitsmaßnahme zweckmäßig, den Flug [...] in Zivil durchzuführen, um sich notfalls durchschlagen zu können".[452]

„Auf der Fahrt über den Pass Thum gibt es durch die Schneelage Stockungen", notierte Alfred Richter am 3. Mai 1945 in seinem Kriegstagebuch. „Es ist bitter kalt. In Stuhlfelden wird genächtigt. [...] Wir gehen in die von Verwundeten voll belegte Stube eines Gasthauses. Bald darauf werden die Verwundeten zur Pinzgauer Bahn gebracht. [...] Offenbar ist ein höherer Kommandostab im Begriff, sich hier festzusetzen und der Oberst darum besorgt, das Haus und Gelände rundum von verdächtigen Personen freizubekommen. Damit erkläre ich mir, warum hier Fernsprechleitungen gelegt und Gräben ausgehoben werden und Panzersperren vorbereitet sind." Und am 9. Mai heißt es dann: „Wir begegnen ganzen Kolonnen von Landsern: Von einem Leutnant geführt, eine Gruppe noch in voller Ausrüstung und bewaffnet, die geschlossen ihre Heimat erreichen will. Andere wiederum haben Rangabzeichen und Auszeichnungen von sich geworfen und schleichen, halb Soldaten, halb Zivilisten, in sogenanntem Räuberzivil durch den Wald."[453]

Man setzte sich also allenthalben ab oder übergab den herannahenden Amerikanern kampflos das Feld, um sich in Sicherheit zu bringen. Dabei kam es zu regelrechten Wettläufen um den ersten GI, dem man die weiße Fahne als Zeichen der Kapitulation entgegenhielt – und zwar teilweise unter grober Verletzung jeglicher militärischer Befehlsgewalt. So kam es beispielsweise im babylonischen Durcheinander des Werdenfelser Landes zu Verbrüderungsszenen zwischen ordensgeschmückten Ritterkreuzträgern und schwarzen GIs, die nicht recht wussten, wie ihnen geschah. Einige Ortsübergaben nahmen derart groteske Züge an, dass es sogar zu Eifersüchteleien gekommen ist, die in der Nachkriegszeit weiterlebten.

Nachdem Schörners „Storch" am 9. Mai 1945 oberhalb von Mittersill unbehelligt aufgesetzt hatte, erfuhr er vom Bauern des angrenzenden Hofes, dass die Amerikaner sogar schon bis hierher vorgestoßen waren und den Generalobersten Heinz Guderian mit Teilen der Panzertruppenschule und des Oberkommandos des Heeres gefangengenommen hatten. „Dies war eine völlige Überraschung für Schörner, der sich daraufhin entschloss, zunächst in der Gegend zu bleiben."[454] Um unerkannt zu bleiben, beschaffte er sich im österreichischen Pinzgau – und nicht schon in Böhmen! – einen Trachtenanzug[455] und klärte an Ort und Stelle die Lage auf. Er ließ sich zu diesem Zweck sogar einen Sonderausweis von einer dort liegenden Kampfwagenschule ausstellen.[456] Es war in St. Johann in Tirol, wo Oberst Buchner als Kommandeur der nach ihm benannten Kampfgruppe das letzte Mal mit dem Generalfeldmarschall, der zur Trachtenjacke eine kurze Lederhose trug, zusammentraf.[457]

Die Lage, die Schörner vor Ort im Pinzgau vorfand, und das Bild, das sich ihm auf den Straßen bot, war alles andere als hoffnungsfroh. Daher flog er bis zum Dorf Maria Alm bei

Saalfelden, wohin das bisherige Oberkommando West verlegt hatte und jetzt der Befehlszug des Generalfeldmarschalls Kesselring stand. Dort soll es nach Schörners Anwalt Aschenauer aber in der Hektik dieser Tage zwischen den beiden Feldmarschällen zu keiner Begegnung mehr gekommen sein.[458] Der General der Kavallerie Siegfried Westphal, zunächst Rommels und später von Rundstedts und Kesselrings Generalstabschef, schildert diese entscheidende Begegnung in seinen „Erinnerungen" wie folgt:

„Mitte Mai rief mich der Oberbefehlshaber der 1. Armee an und meldete ein ‚besonderes Vorkommnis', wie das in der Dienstsprache heißt. General Foertsch begann mit den Worten: ‚Bei uns pflegen nach Einbruch der Dunkelheit Feldmarschälle einzutreffen.' Auf meine erstaunte Frage erwiderte Foertsch, soeben sei Feldmarschall Schörner angekommen und wolle mich sprechen. Ich fragte Schörner, auf welchem Wege er aus der Tschechoslowakei nach Österreich gelangt sei und was er hier wolle. Antwort: Mit einem Storch und mit Anhalter. Ich fragte weiter: ‚Was macht die Heeresgruppe Mitte, wer führt sie jetzt?' Die Antwort war vieldeutig, Schörner meinte dann, er sei hierhergekommen, weil er glaube, man könne noch Widerstand leisten. Er habe sich aber vom Gegenteil überzeugen müssen. Man müsse auf bessere Zeiten hoffen. Da sei er nun, in ‚kurzer Wichs' und von der langen Reise stark übermüdet. Ich bedeutete ihm, wir müssten seine Ankunft leider gleich den Amerikanern melden. Das sah Schörner ein und bat nur, ihn ausschlafen zu lassen. Ich sicherte ihm zu, mich bei der 7. US-Army dafür einzusetzen. Ich wüsste aber nicht, ob man dort darauf eingehen würde. So war es auch, der Feldmarschall wurde noch in der gleichen Nacht abgeholt [...]"[459]

Hitlers „Feldmarschall der letzten Stunde", für den in einer Regierung Dönitz sogar noch das Amt des Reichskriegsministers vorgesehen war,[460] war nach seinen eigenen Erfahrungen und Eindrücken, die er an Ort und Stelle im Alpenraum gesammelt hatte, und aus den Erzählungen und Berichten von zahlreichen Bergbewohnern und heimgekehrten Gebirgsjägern zu der Überzeugung gekommen, dass der Zweite Weltkrieg, in dem er vom Oberst bis zum Generalfeldmarschall aufgestiegen war, tatsächlich verloren und die „Alpenfestung" letztendlich nicht das wehrhafte, waffenstarrende Bollwerk gewesen war, als das sie von den Alliierten betrachtet wurde, sodass sie dem Gegner derart viel Angst und Schrecken eingejagt hatte, dass er sich nur zögernd, teilweise gar widerwillig der „Kernfestung A" näherte.

Für den Fall Schörner ist es jedoch von Bedeutung, dass der Generalfeldmarschall aus seiner Sicht und Lage heraus, den Auftrag, „den er bei seinem letzten Besuch im F[ührerhauptquartier] zu Berlin am 24. April 1945 empfing, nämlich die Alpenfront zu übernehmen und zu organisieren, für begründet und sinnvoll" hielt.[461] In Ausführung dieses Befehls hatte er sich einen Tag nach der Kapitulation (seiner Befehlsbefugnis im bisherigen Rahmen enthoben und ohne die Tätigkeit als Oberbefehlshaber der Heeresgruppe Mitte ausüben zu können) in den Alpenraum begeben. Nicht umsonst stellte der Militärschriftsteller E. A. Nohn unter anderem fest: „Die Ernennung der militärischen Kommandanten für die Gesamtfestung – Generalfeldmarschall Schörner – und für die einzelnen Verteidigungsabschnitte – z. B. General der Gebirgstruppen Ritter von Hengl – sowie die Befehlsgebung an die Truppe – drei Armeen des Feldheeres, Verbände der Luftwaffe, rückwärtige Dienste – ist offenbar erst erfolgt, nachdem der Entschluss Hitlers, das Schicksal der Reichshauptstadt zu teilen, bereits feststand."[462]

Am 15. Mai 1945 bereitete der Generalfeldmarschall dem ganzen Spuk ein Ende, „nachdem er sich von der Sinnlosigkeit seines Auftrages vor Ort überzeugt hatte. Aber im Gegensatz zu Hitler und Goebbels, zu Göring und dem Ritter von Greim, zu Himmler und anderen SS-Führern; aber auch zu Rommel und von Kluge, zu Model und weiteren Armeeführern der Wehrmacht, die keinen anderen Ausweg mehr sahen, schied der von den Alliierten wie eine Stecknadel gesuchte Schörner nicht freiwillig aus dem Leben, sondern stellte sich den Amerikanern.“[463]

Aber schon sehr schnell lieferten diese Hitlers letzten Oberbefehlshaber des Heeres via Salzburg an die in den nordöstlichen Bundesländern Österreichs stehenden Sowjets aus. Bei der ersten Vernehmung spielte die „Alpenfestung“ eine Schlüsselrolle. Nicht umsonst stellte ein Offizier des berühmt-berüchtigten KGB Anfang Juli 1945 in der Moskauer Lubjanka fest: „Wir wissen, dass Sie keinen Spazierflug in die Alpen unternommen haben. Sie waren O[berbefehlshaber] der ‚Alpenfestung‘; das ist der Punkt, der uns sehr interessiert.“[464]

Deutsche Soldaten!

Alle Soldaten, die sich der Erfassung in die Wehrmachtssammellager durch Flucht in die Berge entzogen haben, werden aufgefordert, sich sofort bei der in

Sammellager Bad Reichenhall
Jägerkaserne

befindlichen deutschen Ortskommandantur zu melden, da sie sonst von den amerikanischen Militärbehörden als Fahnenflüchtige behandelt werden und strengste Bestrafungen zu erwarten haben.

Nur wer in den Sammellagern erfaßt ist, kann mit ordnungsgemäßer Betreuung — Verpflegung — Unterkunft und Abtransport rechnen.

Wer aber versucht, seine Heimat ohne Genehmigung zu erreichen, gefährdet sein eigenes Schicksal und das der Gemeinschaft in den Sammellagern.

Der Armeeoberbefehlshaber

Aufruf an die deutschen Soldaten, sich in der Jägerkaserne in Bad Reichenhall zu melden.

17. Die Kapitulation der „Alpenfestung“

In dem bekannten Pinzgauer Wallfahrtsort Maria Alm soll einst der Vikar Martin Weißbacher, der hier von 1734 bis 1742 als Seelsorger wirkte, prophezeit haben: „Wenn der grün gestrichene Kirchturm verblasst ist, wird ein großer Krieg sein und der Friede auf der Hausbank des Moserwirtes geschlossen werden.“

Zu den hohen Herren, die bei Kriegsende auf der Hausbank des Moserwirtes Platz genommen hatten, zählte kein geringerer als der Generalfeldmarschall Albert Kesselring, der am 20. April 1945 sein Hauptquartier von Motzhofen nach Maria Alm verlegte. „Auf einmal war Alm von Soldaten überfüllt“, berichtet der Augenzeuge Johann Niederreiter. „Marschall Kesselring, General Westphal (Stabschef), General Zimmermann und noch andere hohe Offiziere kamen in mein Gasthaus (Moserwirt) und richteten darin das Hauptquartier ein. In der hinteren Gaststube war das Schreibzimmer, in einem Nebenraum die Fernsprechzentrale und in der großen Gaststube das Karten- und Beratungszimmer. Eine Funkstation war in der Schule und auf der Au. Als Flugplatz diente das Liendlfeld von Saalfelden, auf dem drei Fieseler Störche stationiert waren.“[465]

Überrascht stellten die Amerikaner im Pinzgau fest: „Deutsche Soldaten waren überall. Zell am See war so weit südlich, wie sich die Wehrmacht zurückziehen konnte [...] Alle Pässe waren noch durch Schnee unpassierbar. Wie sich herausstellte, waren etwa fünfundzwanzigtausend bewaffnete deutsche Soldaten in dem Gebiet [...]“[466] Hierher, ins Pinzgau sowie in das benachbarte Pongau waren zahlreiche politische und militärische Führungsstäbe des Dritten Reiches in das Gebirge und die Täler ausgewichen.

„Aber auch eine große Zahl Verwundeter und Flüchtlinge sowie Versprengte verschiedenster Wehrmachtsverbände. So gab es unter anderem in Lend, Saalfelden und Zell am See größere Lazarette und an der Bahnstrecke zwischen Bruck und Leogang waren Züge mit mehr als viertausend Heimatvertriebenen und Flüchtlingen abgestellt. Noch kurz vor Kriegsende“, so Hinterstoisser, „erfolgten von deutscher Seite verschiedene Umgliederungen. Mit 1. Mai 1945 wurde aus dem Luftwaffenkommando West die Luftwaffendivision Nordalpen gebildet, die mit der Führung sämtlicher im Bereich der ‚Alpenfestung‘ eingesetzten Luftwaffenverbände betraut wurde.

Der Stab dieser Division befand sich bei Kriegsende in Lofer, das Luftwaffenkommando 4 mit dem Stab der 8. Jagddivision in Lend, der Stab der 7. Jagddivision lag in Zell am See (Flugplatz). Am 3. Mai 1945 hatten großangelegte weitere Verlegungen begonnen. Das Oberkommando der Deutschen Luftwaffe wurde nach Thumersbach (Hotel Bellevue), das Oberkommando Süd der Deutschen Wehrmacht nach Zell am See und mit Teilen (Führungsstab B) nach Mittersill, der Stab des Oberbefehlshabers West [...] nach Maria Alm verlegt, aus dessen Befehlsbereich sich sogar noch Reste der 65. Infanteriedivision, von Norditalien kommend, bis in den Pinzgau durchgeschlagen hatten. Dazwischen gelangten auch diverse politische Funktionäre und einzelne militärische Führer in ‚Eigeninitiative‘ in den als relativ sicher empfundenen Pinzgau.

Fahrzeugkolonnen und Trosse der ins Gebirge zurückflutenden Wehrmachtsverbände, Flüchtlingstrecks und mehr oder weniger ziellos herumirrende Transporte verstopften die

Straßen. Dazu kamen vermehrt Soldaten, die versuchten, auf eigene Faust die Heimat zu erreichen."[467]

In den Gebirgstälern des Pinzgaus und der Hohen Tauern wurden Waffen und Lebensmittel gehortet. Die höchsten Stabsoffiziere wohnten in Maria Alm beim Ilgen, beim Moserwirt und im Pfarrhof. Der deutsche Nachrichtendienst war beim Ilgen einquartiert, wo auch Kesselring wohnte. Sein Feldschlafwagen stand beim Waldhaus. Alles lief unter strengster Geheimhaltung. Doch die Amerikaner hatten das operative Gehirn der „Alpenfestung" sehr schnell ausgekundschaftet. Daher erschienen sie auch bald mit einer größeren Anzahl von Jagdflugzeugen, um Maria Alm zu bombardieren. Das bedeutete höchste Gefahr für das Gebirgsdorf zwischen dem Steinernen Meer und dem Hochkönig. Daher teilte Kesselring dem amerikanischen Armeekommando mit, dass die Kapitulationsverhandlungen bereits eingeleitet seien. So blieb Maria Alm vom alliierten Bombenhagel verschont.[468]

„Zu größeren Kampfhandlungen ist es im Pinzgau glücklicherweise nicht mehr gekommen", schrieb Hermann Hinterstoisser. „Zwar hatte man deutscherseits in den Pinzgauer Hohlwegen noch schnell provisorische Auffangstellungen zu errichten versucht und auch Lahnsteiner berichtet, dass man dasselbe im Räume Taxenbach versuchte. Junge Burschen von sechzehn Jahren und alte Männer sollten noch zum ‚Volkssturm' eingezogen werden, um den Amerikanern entgegenzutreten. Angesichts der Sinnlosigkeit dieses Unterfangens unterblieb der Einsatz dieses ‚letzten Aufgebotes' aber glücklicherweise."[469]

Zuvor waren über das ganze Tal Schützenlöcher ausgehoben sowie eine Panzersperre errichtet worden, und zwar „in Abständen von hundert Metern, Schlitze von zwei Meter Länge und ein Meter Breite", wie es in der Ortschronik der Gemeinde Niedernsill heißt, „sodass ein Mann darin stehen konnte. Dabei kam es zu einem Zwischenfall: Ein Spaßvogel, der entlang des Zaunes beim Erbacher Vogelbeerbäume setzte, pflanzte einen auch in ein Schützenloch. Zwei ältere Volkssturmmänner, die diese Stellungen im Trapp inspizierten, belustigten sich darüber und meldeten ihren Vorgesetzten: ‚Viel zu wenig Übung, in den Löchern wachsen schon Bäume!' Diese verstanden aber keinen Spaß, vermuteten Sabotage und die Sache hätte bald ein übles Nachspiel zur Folge gehabt. [...] Vor dem Einmarsch der Amerikaner wurde die sofortige Abtragung der Sperre verlangt. Nun wurde fieberhaft gearbeitet. So war die Sperre des Volkssturms in kurzer Zeit verschwunden und die Bauern schaufelten ihre Schützenlöcher wieder zu."[470]

Am 28. April 1945 verlegten Teile des Oberkommandos der Wehrmacht mit Generalfeldmarschall Keitel und Generaloberst Jodl, nach Niedernsill. Der fünfundfünfzig Jahre alte Chef des Wehrmachtführungsstabes im Oberkommando der Wehrmacht, der einst zur engsten Umgebung Hitlers gehörte und nach Kriegsende wie Keitel in Nürnberg angeklagt und durch den Strang hingerichtet wurde, „schien verbraucht", konstatierte Scheurig. „Sein Kopf, inzwischen nahezu kahl, war ergraut; die Augen hatten aufgehört zu leuchten. Seine blasse Haut durchzogen tiefe Falten. Um den strichförmigen Mund lag Gram. Auch die gewölbte Kinnpartie ließ kaum noch an Energien glauben. Der verhangene Blick des Erschöpften spiegelte die herannahende Katastrophe. All das hatte man bei seiner Einsilbigkeit stumm abzulesen. Bewusst verschloss er, was ihn bewegte, fugendicht vor anderen."[471]

Am 1. Mai traf eine Abteilung des Pferdedepots aus Graz mit siebzig Pferden und einhundertfünfzig Mann in Niedernsill ein, heißt es in der Ortschronik. „Die Offiziere wurden bei Hilzensauer (Oberwirt) und Hutter (Bachler) einquartiert, die Mannschaften in der Schule, im

Maidenlager. Nächsten Tag rückte die Abteilung nach Wagrain ab, ihr folgte weiteres Militär, meist SS-Einheiten. Im Schulhaus wurde zu ebener Erde eine Funk- und Fernsprechanlage aufgebaut. Am 4. Mai übersiedelte das Oberkommando der Wehrmacht nach Niedernsill. Und so kam es, dass an diesem Tage acht Generale in Niedernsill weilten, unter ihnen der Chef des Oberkommandos der Wehrmacht [...]"[472]

„Die Generäle standen bei der Friedhofsmauer", erinnerte sich Walter Hilzensauer. „Kesselring und Jodl saßen in der Sonne, beugten sich über Karten, beratschlagten und fuhren wieder weg."[473] Zurück blieben im Pinzgau das RAD-Lager in Lengdorf mit einhundert Mann sowie einige Offiziere in der Lengdorfer Au, die „in den letzten eineinhalb Wochen Zufluchtsort für das sich auflösende Heer"[474] waren. Doch damit nicht genug, denn hier „wurden auch die Pläne verbrannt, nach denen verschiedene Brücken im Land Salzburg gesprengt werden sollten (Salzachbrücken, Brücken im Ennstal und Angertalbrücke)".[475]

Am 1. Mai 1945 hatte Großadmiral Karl Dönitz als neues Staatsoberhaupt in einem Tagesbefehl an die Deutsche Wehrmacht gegen 23.00 Uhr seine Zielvorstellungen bekanntgegeben: „Ich übernehme den Oberbefehl über alle Teile der Deutschen Wehrmacht mit dem Willen, den Kampf gegen die Bolschewisten so lange fortzusetzen, bis die kämpfende Truppe und die Hunderttausende von Familien des deutschen Ostraumes vor der Versklavung oder Vernichtung gerettet sind."[476]

Das bedeutete: Weiter kämpfen; jedoch mit der Tendenz „Aufnahme von Verhandlungen mit den westlichen Alliierten unter Rettung noch möglichst vieler deutscher Menschen vor dem Zugriff der Sowjets."[477]

„Durchhalten", lautete die Devise des Oberbefehlshabers West. Denn, so Kesselring, „wir mussten kämpfen, um den Ostarmeen Zeit zum Ausweichen in die englisch-amerikanische Zone zu geben [...] Aus diesem und allein aus diesem Grund war die Fortsetzung des Kampfes bis zum bitteren Ende notwendig."[478] Nachdem er am 3. Mai mit dem Kommando über alle im Südraum stehenden Heeresgruppen betraut worden war, leitete Kesselring als Oberbefehlshaber Süd durch einen Funkspruch an General Eisenhower die Kapitulation aller gegen die Amerikaner in Süddeutschland und der „Alpenfestung" im Kampf stehenden Verbände ein.[479]

Zuvor hatte der Generalfeldmarschall am 1. Mai 1945 eine Weisung an die Gauleiter in seinem Befehlsbereich erlassen, in der es hieß: „Ich verfüge hiermit als der mit der Verteidigung des Alpenraumes beauftragte Oberbefehlshaber: Sämtliche Behörden jeder Art des Deutschen Reiches haben von nun an an ihren, derzeitigen Aufenthaltsort zu verbleiben ohne Rücksicht auf eine etwaige feindliche Besetzung."[480] Tags darauf wurden auch die Befehlshaber der Alpenfront Nordwest und Nordost vom Oberkommando der Wehrmacht/Führungsstab B angewiesen, an einer Sperrlinie „den Zuzug aller Personen, Dienststellen, Stäbe und Einheiten in die Alpen zu verhindern, die weder die Kampfkraft stärken noch kampfentscheidende Führungs- oder Versorgungsaufgaben" übernehmen könnten.[481]

Am 3. Mai bestimmte Kesselring den Oberbefehlshaber der 1. Armee zum Unterhändler für die Kapitulation der Heeresgruppe G und wies ihn noch am selben Tage in seinem Hauptquartier Maria Alm in seine Aufgabe ein. „Am. 4. Mai fand die erbetene Verhandlung in Salzburg statt, von der General Foertsch außerordentlich bedrückt zurückkam", schrieb der Generalfeldmarschall in seinen Erinnerungen. „Selbst unsere an sich sehr geringen Hoffnungen wurden noch enttäuscht; man kann diese Verhandlung nur einen Befehlsempfang nennen."[482] Noch am selben Tage fuhr die deutsche Verhandlungsdelegation, der mehrere Generalstabsoffiziere aus dem Stab des Oberbefehlshabers West angehörten, zum Stabsquartier der 3. US-Infanteriedivision in das oberbayerische Siegsdorf, wo sie als „Gäste" wider Erwarten „kameradschaftlich aufgenommen" wurden.[483]

Am 4. Mai 1945, als das Oberkommando der Wehrmacht für kurze Zeit in Niedernsill eintraf, notierte General der Flieger Koller in seinem Tagebuch: „In Thumersbach ist das O[berkommando der Luftwaffe] in einzelnen Villen und Gasthöfen untergebracht. Für mich wurde am Nordrand des Zeller See ein Quartier besorgt, ein mittelalterliches, kleines Schlösschen mit Wehrtürmen und schwer vergitterten Fenstern. Bei der Einfahrt denke ich: nun fehlen bloß noch feindliche Posten, dann ist das Gefängnis fertig. [...] Man erwägt inzwischen beim O[berkommando der Wehrmacht] – Stab Süd – wieder ein weiteres Ausweichen, entweder ostwärts nach Admont oder etwa nach Hofgastein. Ich finde das überflüssig. Ein wenig mehr oder mindere Entfernung spielt keine Rolle mehr und bringt keinen Gewinn. Ich lehne ab!"[484]

Nachdem die amerikanischen Truppen am 4. Mai bis nach Salzburg vorgestoßen waren, übersiedelte Kesselring für einen Tag in einen herrenlosen Zug des Reichsführers-SS, der in Saalfelden auf einem Abstellgleis stand. Mit dem SS-Obergruppenführer und General der Waffen-SS Hausser führte er Verhandlungen, wie die Waffen-SS sich im Alpenraum zu verhalten habe. Insbesondere hatte das sinnlose Zerstören der Brücken zu unterbleiben. Dann leitete er durch einen Funkspruch die Verhandlungen mit den Amerikanern in die Wege. Dabei kam Kesselring sehr zustatten, dass er seit den Unterredungen des SS-Obergruppenführers Wolff in der Schweiz mit den Amerikanern lose Verbindungen zu den Westmächten unterhalten hatte. Nun konnte er einen direkten Funkverkehr zu General Eisenhower aufnehmen. Dieser verlangte einen Verhandlungspartner, der für die gesamte Deutsche Wehrmacht zuständig sei. Generaloberst Jodl war dafür der richtige Mann.

Unterdessen wurden am 5. Mai 1945 die Kapitulationsverhandlungen beim XV. US-Armeekorps in einem ehemaligen Heim der Hitlerjugend in Haar bei München vorbereitet. „Die US-Delegation war erst nach dem Eintreffen der Deutschen vom Hauptquartier des XV. Korps in Haar nach Baldham gefahren und trug bereits einen Entwurf der Kapitulationsbedingungen bei sich. Unverzüglich übergeben die Amerikaner Foertsch eine Kopie der Bedingungen"[485] – und zwar im ehemaligen Atelier des genialen Künstlers Josef Thorak, dessen aus der Nazizeit stammende Kunstwerke nach Kriegsende zum großen Teil vernichtet und er geächtet wurde. Auf amerikanischer Seite hatte der Oberbefehlshaber der 6. Armeegruppe, General Devers, den Vorsitz. Um 12.30 Uhr erschienen außer ihm noch folgende US-Generale, erinnerte sich das deutsche Delegationsmitglied Rolf Schöningh: General Haislip, Kommandierender General des XV. Armeekorps; Generalleutnant Alexander M. Patch, Oberbefehlshaber der 7. US-Armee; Generalmajor John O'Daniel, Kommandeur der 3. Infanteriedivision; Brigadegeneral Pearson Menoher vom XV. Armeekorps sowie General Jenkins von der Operation Section der US-Heeresgruppe 6.[486] „Die Atmosphäre war eisig [...] Das ändert sich aber sogar hier im Laufe der ‚Zusammenarbeit', wenn auch nur um Grade", erinnerte sich später der deutsche Dolmetscheroffizier. Der amerikanische Verhandlungsführer betonte, „dass es sich bei diesen Verhandlungen nicht um ‚Waffenstillstand' sondern um bedingungslose Kapitulation handele", notierte ein amerikanischer Beobachter. Gegen 14.30 Uhr war das Dokument über „unconditional surrender" der Heeresgruppe G, das der deutschen Verhandlungsdelegation vorgelegt worden war, durchgesprochen. Eine Stunde später wurde es von den Generalen Devers und Foertsch sowie dem Oberbefehlshaber der 7. US-Armee und dem Kommandierenden General des XV. US-Armeekorps unterzeichnet.[487]

Demzufolge waren von seiten der Heeresgruppe G alle Feindseligkeiten bedingungslos einzustellen sowie alle ihr unterstellten Offiziere, Unteroffiziere und Mannschaften Kriegsgefangene der Alliierten. „General Foertsch nahm das alles mit Würde entgegen", notierte der deutsche Dolmetscher. „Seine Haltung beeindruckte auch die Amerikaner [...], seine Kenntnisse und seine Art flößten ihnen sogar Hochachtung ein." Die Amerikaner erkannten sehr schnell, dass es der deutschen Seite bei den Kapitulationsverhandlungen im Wesentlichen darauf ankam, „möglichst große Teile ihrer Streitkräfte in den Tagen bis zur allgemeinen Kapitulation nach Westen zu führen, um sie einer Waffenniederlegung vor der Roten Armee zu entziehen."[488]

Die Zone, für die die „vorläufigen Waffenstillstandsbedingungen" bindend sein sollte, „umschloss im Osten in einem großen Bogen das Gebiet um Salzburg bis zum Plöckenpass und wurde im Süden begrenzt von der italienischen und schweizerischen Grenze, im Westen vom Rhein und im Norden von der derzeitigen alliierten vordersten Linie".[489] Dann wurde in den Waffenstillstandsbedingungen festgeschrieben: „Alle deutschen militärischen und militärähnlichen Kräfte in diesem Gebiet unterstehen dem Befehl des Generals Schulz. Alle diese Kräfte einschließlich General Schulz sind an dieses Dokument gebunden." Die deutschen Verbände „hatten sich unverzüglich zu entwaffnen und bis auf weiteres in ihren derzeitigen Gebieten zu verbleiben. Zur Aufrechterhaltung von Sicherheit und Ordnung durften jedoch alle Offiziere und einhundert Mann je Division ihre leichten Waffen behalten."[490]

Zwar waren nun alle Feindseligkeiten von den Verbänden der Heeresgruppe G bedingungslos einzustellen, doch die in der Kapitulationsurkunde von Haar bzw. Baldham festgelegten Bestimmungen, die am 6. Mai 1945, Punkt 12.00 Uhr, in Kraft treten sollten, erwiesen sich in der praktischen Durchführung zunächst schwieriger, als angenommen worden war. So geriet der General der Infanterie Hermann Foertsch mit der amerikanischen Begleitung auf dem Rückweg vom Verhandlungsort nach Zell, am See am Vormittag des 6. Mai in eine Straßensprengung bei Abtenau am Tennengebirge, weil insbesondere einzelne Verbände der Waffen-SS den Kampf auf eigene Faust durch Straßen- und Brückensprengungen fortsetzen wollten. „Eine Sprengladung zerstörte die Straße hinter der Kolonne und von der Steilwand polterte eine Panzersperre aus Baumstämmen den Berg herab. Bei den Amerikanern verbreitete sich Angst und Unruhe. Sie fürchteten einen Hinterhalt. Umso misstrauischer wurden sie, als General Foertsch davoneilte, um noch rechtzeitig zu F[eldmarschall] Kesselring zu gelangen."[491] Doch „der Großteil seines Verhandlungsstabes einschließlich des diesem zugeteilten amerikanischen Verbindungskommandos traf erst am 7. Mai in Zell ein, um mit der Durchführung der Waffenstillstandsbedingungen zu beginnen".[492]

Tags zuvor hatte Kesselring einen Funkspruch erhalten, mit dem ihm ein Unterhändler angemeldet wurde. Der Almer Gastwirt Johann Niederreiter, der dem Generalfeldmarschall zeitweilig als Dolmetscher diente, berichtet darüber: „Ein junger amerikanischer Oberleutnant trat in die Gaststube, Kesselring rauchte eine Zigarre. Der Amerikaner verlangte diese und jene

Auskunft. Kesselring rauchte weiter und schwieg. Er schwieg auch immer noch, obwohl der Offizier bereits eine Pistole in Anschlag gebracht hatte." – „Der junge Gentleman weiß wohl nicht, dass die Genfer Konvention noch immer gilt", ließ der Generalfeldmarschall schließlich dem US-Offizier mitteilen. Der verstand jetzt, was gemeint war. „Erst als er gegrüßt hatte", so der Gastwirt, „wurde die Verhandlung eröffnet."[493]

Wie ein führender Widerstandskämpfer berichtet, wollte man Kesselring samt seinem Stab wegen seiner schleppenden Kapitulationsverhandlungen in Maria Alm „ausheben". Doch der Plan wurde sehr schnell wieder fallengelassen. Beim Oberbefehlshaber erschien stattdessen ein Major der 101. US-Luftlandedivision und forderte ihn zu einem Quartierwechsel in den „Berchtesgadener Hof" auf. General Taylor erwartete den Generalfeldmarschall dort zu weiteren Verhandlungen und „zur schnelleren Erledigung auftauchender Fragen".[494] Da Kesselring wusste, dass seine Soldaten, die Fremdarbeiter und die Bevölkerung diszipliniert waren, verabschiedete er sich von seinem Stab, bestieg seinen Wagen und verließ mit militärischen Ehren Maria Alm. Taylor, der spätere US-Militärkommandant von Berlin, wies Kesselring in Berchtesgaden ein Zimmer zu und behandelte ihn militärisch korrekt. So konnte er mit Foertsch noch Kontakt halten, der am 7. Mai in Hallein kapitulierte. Außerdem durfte er auch noch Verbindungen mit seinen Heeresgruppen in Zeltweg und Graz herstellen.

Am 8. Mai 1945 vertraute der Fliegergeneral Koller seinem Tagebuch an: „Greim erscheint noch vor 08.00 Uhr morgens; sein Anblick erschüttert mich. Er geht an zwei Krücken, und wir bringen ihn kaum aus dem Wagen. Das verletzte Bein bereitet ihm Schmerzen, sein Gesicht ist eingefallen und ganz gelb. Er wird von zwei Offizieren und Hanna Reitsch begleitet. [...] ‚Ich bin bei Schörner gewesen, wir haben uns verabredet, dass eine Kapitulation gar nicht in Frage kommt. Schörner wird das nie mitmachen, er wird weiterkämpfen'."[495]

Aber nicht der Oberbefehlshaber der Luftwaffe. Denn der Generalfeldmarschall Robert Ritter von Greim war „innerlich völlig zusammengebrochen".[496] Daher setzte er wenig später, es war am 24. Mai 1945, seinem Leben im amerikanischen Kriegsgefangenenlazarett von Salzburg ein Ende. Zuvor hatte der Chef des Generalstabes der Luftwaffe in sein Tagebuch geschrieben: „Unterdessen bekomme ich eine Meldung bezüglich Greims. Er hat die Kraftwagen südlich St. Johann halten lassen und wollte seine Begleitung fortschicken. Der ihm von mir zugeteilte Offizier hat aber geantwortet, er habe Auftrag von General Koller, den Feldmarschall nach Kitzbühel zu geleiten, und er werde das daher ausführen. Darauf habe es eine Auseinandersetzung gegeben. Greim wolle nicht mehr weiter, er sitze auf einer Wiese südlich St. Johann und ziehe sich mit Hilfe von Hanna Reitsch Zivil an. Dann wolle er in die Berge."[497]

Es war am 10. Mai 1945, als die ersten amerikanischen Jeeps der 101. US-Luftlandedivision im Pinzgau eintrafen. „Die Amerikaner sind eingerückt", notierte Koller, „bei mir hat sich aber noch niemand gezeigt. Keine Zwischenfälle bisher. In Zell am See wird eine Kommandantur eingerichtet. Ich entsende Oberst Wolter zur Verbindungsaufnahme und lasse die Anwesenheit des O[berkommandos der Luftwaffe] in Thumersbach, Stärke und Quartierverteilung übermitteln."[498] Die deutschen Offiziere und Soldaten, die sich in Maria Alm aufhielten, wurden interniert und mussten sämtliche Waffen und Fahrzeuge abliefern.

Ihre größte „Beute" machten die Amerikaner jedoch am 20. Mai 1945 im Pinzgau, als sie auf der Kallbrunnalm auf einen Schlag nicht weniger als zwölf Generale sowie den angeblichen Mussolinibefreier Otto Skorzeny gefangennahmen. Es waren Männer, so der spätere Universitätsprofessor Dr. med. Ernst Kern, „die noch vor kürzester Zeit die höchsten Ehren genossen, die in ihren selbstherrlichen Händen die Schicksale von Hunderttausenden gehalten hatten. Freilich war das Gold dieser Achselstücke und Kragenspiegel seines Glanzes beraubt, den es nur durch die Befehlsgewalt und den Prunk der Paraden besessen hatte; es war ein ironischer Akzent, dass man ihnen diesen Flitter gelassen hatte, dieses von Adolf Hitler verliehene Lametta, dessen Bedeutung doch mit ihm dahingegangen war. Ganz verschieden trugen diese Männer ihr Schicksal: Manche, von der Tradition aufrecht gehalten, trugen die hochmütige Generalsmiene auch hier noch zur Schau, sie stolzierten umher, als seien ihnen immer noch Armeen Untertan. Andere wirkten völlig gebrochen, mit der Macht über andere Menschen hatten sie auch die Gewalt über sich selbst verloren, und mit dem Verlust ihrer Offiziersburschen zeigten sie sich selbst ganz und gar verwahrlost."[499]

Insgesamt sah man diesen Herrschaften, die einst Zeter und Mordio geschrien haben, an, „dass es im Leben eines Offiziers keine dunklere Stunde geben konnte als die der bedingungslosen Kapitulation, [zumal] es selbst hohe Offiziere der Wehrmacht in der Schlussphase des Krieges durchaus für möglich hielten, dass der Krieg doch noch entweder durch den Einsatz von ‚Wunderwaffen' oder durch plötzlich eintretende Veränderungen der politischen Lage zu einem erträglichen Ende gebracht werden könnte."[500]

Am 12. Mai 1945 notierte Koller in seinem Tagebuch: „Wir sind im Umzug nach der Sportschule Strub, der ehemaligen Unterkunft des Luftwaffenführungsstabes."[501] Zwei Tage später schrieb der Fliegergeneral voller böser Vorahnung: „Kesselring ist angeblich zu General Eisenhower berufen. Mir schwant, dass er nicht zurückkehren wird."[502]

So war es in der Tat. Denn am 15. Mai 1945 wurde er von den Amerikanern nach Augsburg überstellt. Dort wurden ihm die Orden und der Marschallstab abgenommen. Einen Tag später wurde Kesselrings Stab aus Maria Alm abgeholt, während die letzte deutsche Kompanie dort erst am 23. Mai in völliger Ordnung in amerikanische Gefangenschaft marschierte. Damit hatten die furchtbaren Kämpfe des Zweiten Weltkrieges auch im Pinzgau ihr Ende gefunden – und zwar so, wie es in der Weissagung prophezeit worden war. Denn Generalfeldmarschall Albert Kesselring hatte tatsächlich auf der Hausbank des Moserwirtes von Maria Alm gesessen und mit seinen Offizieren die Modalitäten für die Kapitulation der „Alpenfestung" abgestimmt. Der Moserwirt Johann Niederreiter, der zeitweilig als Dolmetscher der Gemeinde wertvolle Dienste erweisen konnte, wurde Bürgermeister. Als Andenken an die turbulenten letzten Kriegstage im Schatten des wuchtigen Steinernen Meeres hatte Generalmajor Karl Zimmermann, als Abteilungschef im Oberkommando des Heeres die rechte Hand Kesselrings, dem Besitzer des Gasthofes Moser in einem symbolträchtigen Akt seinen Säbel, der jetzt wie ein Kleinod von seinem Sohn Johann Niederreiter verwahrt wird, zurückgelassen.

Trotz der Kapitulation der „Alpenfestung" war die Zentralkette der Alpen bis weit in den Monat Mai hinein noch fest in deutscher Hand. Denn „Gruppen der Wehrmacht und SS hatten sich, voll bewaffnet, auf hochgelegene Höfe und die Alpenvereinshütten zurückgezogen."[503] Anfang Mai hatte starker Schneefall eingesetzt, der den sonnenverwöhnten GIs aus dem warmen Texas und Arizona jegliches Interesse an irgendwelchen Gefechten in dem gefährlichen, ja unheimlichen Hochgebirge nahm. Überdies betrachteten sie die Gesamtlage als ausgesprochen positiv und sagten sich zu Recht: „They will come down, sooner or later ...".

So war es dann in der Tat und das war gut so – jedenfalls für den Alpenraum. Denn hätten sich die Kämpfe in den Felsenburgen der „Alpenfestung“ noch einige Monate hingezogen, so wäre denkbar, dass die beiden Atombomben von Hiroshima und Nagasaki mit ihrer Zerstörungskraft von apokalyptischen Ausmaßen im Nordraum auf Hamburg und im Süden über der „Alpenfestung“ eingesetzt worden wären.

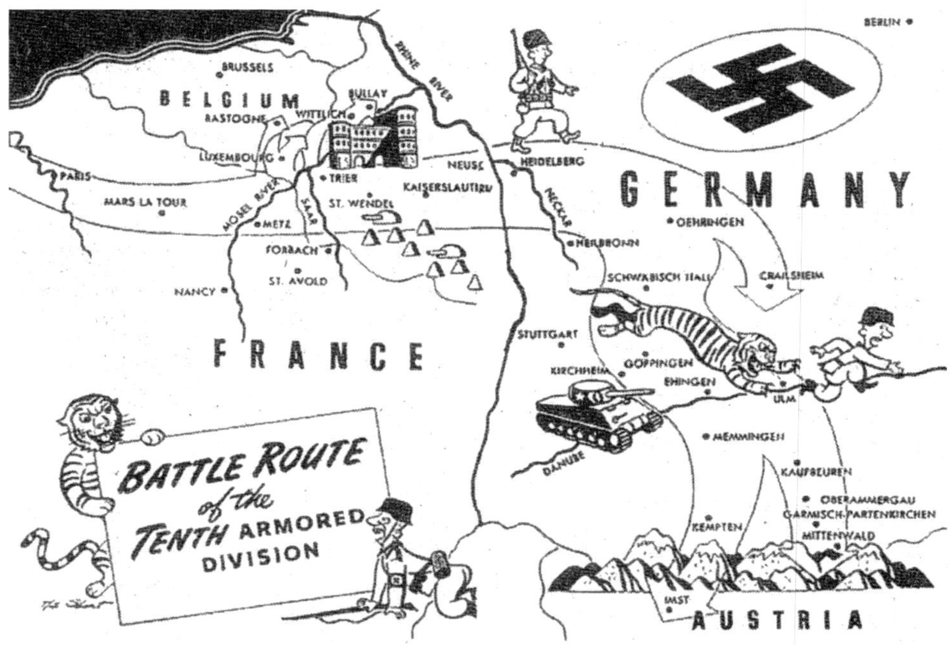

Der Vormarschweg der „10th Armored Division“ der US-Armee von der Normandie in die „Alpenfestung“.

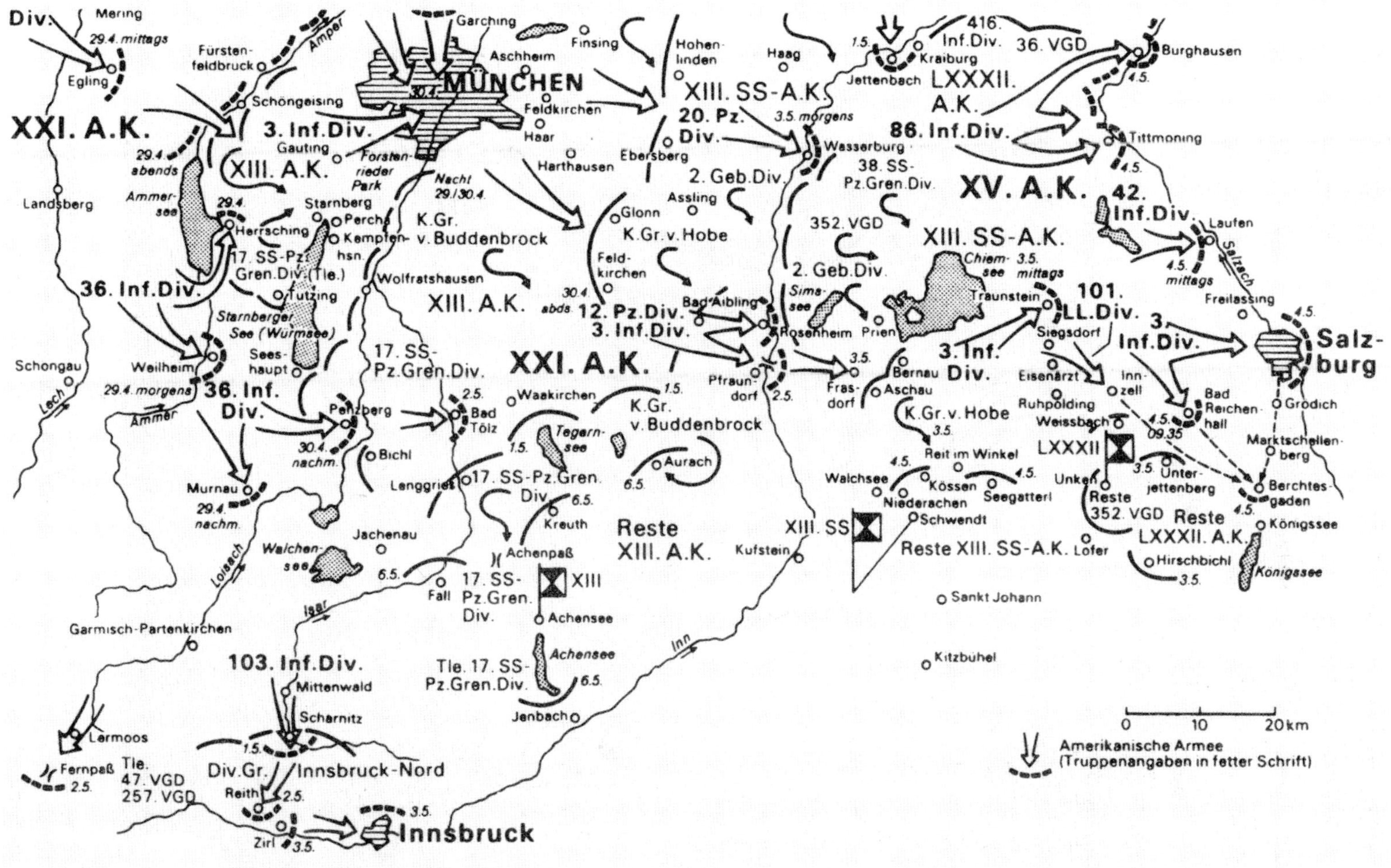

Die Karte zeigt die Standorte und Zuständigkeitsbereiche deutscher Truppenverbände in den Bereichen südlich von München, Oberbayern und Nordtirol.

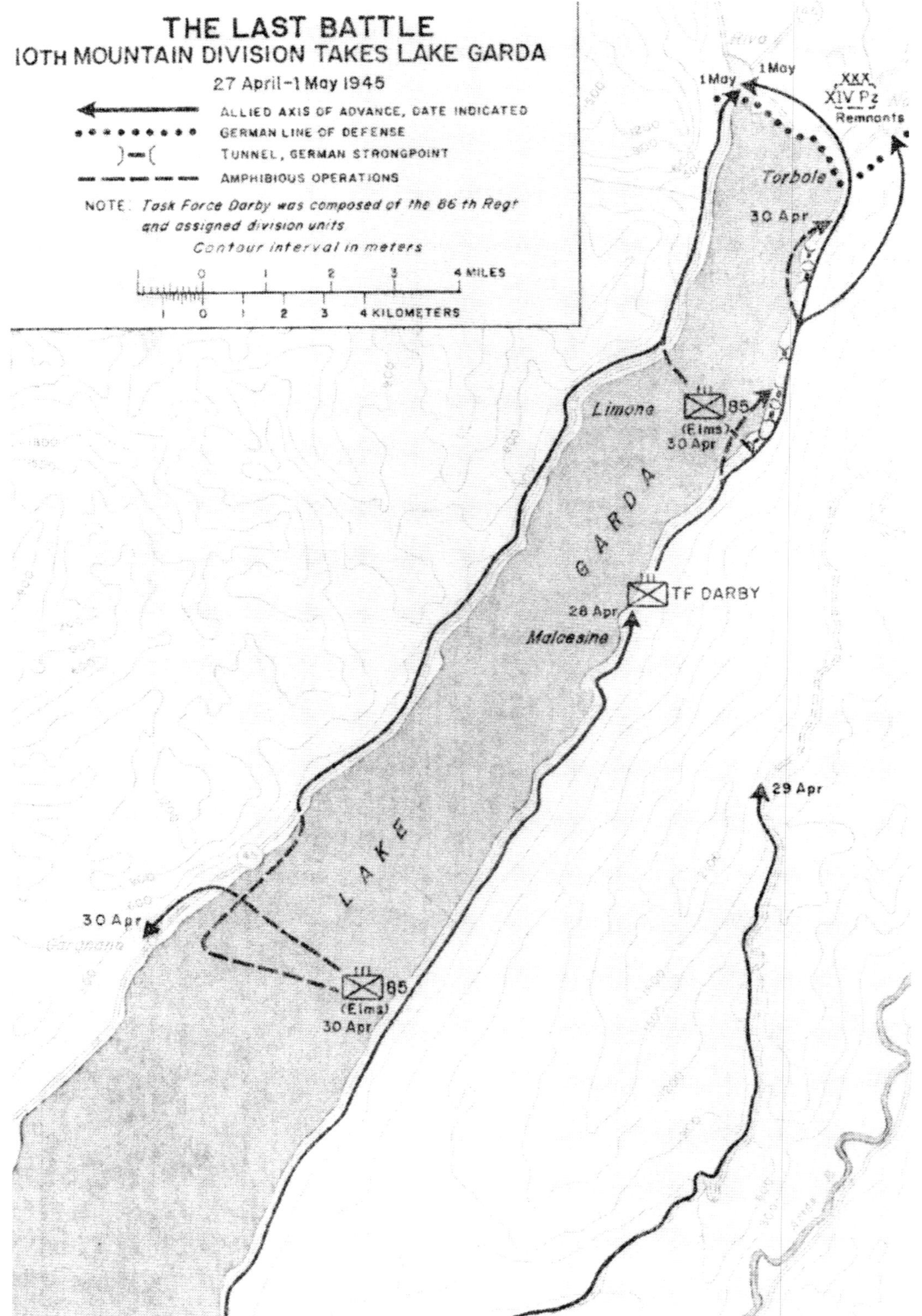

Die 10. US-Gebirgsdivision stand in den Kämpfen am Gardasee vom 27. April bis 1. Mai 1945 der 8. Gebirgsdivision gegenüber.

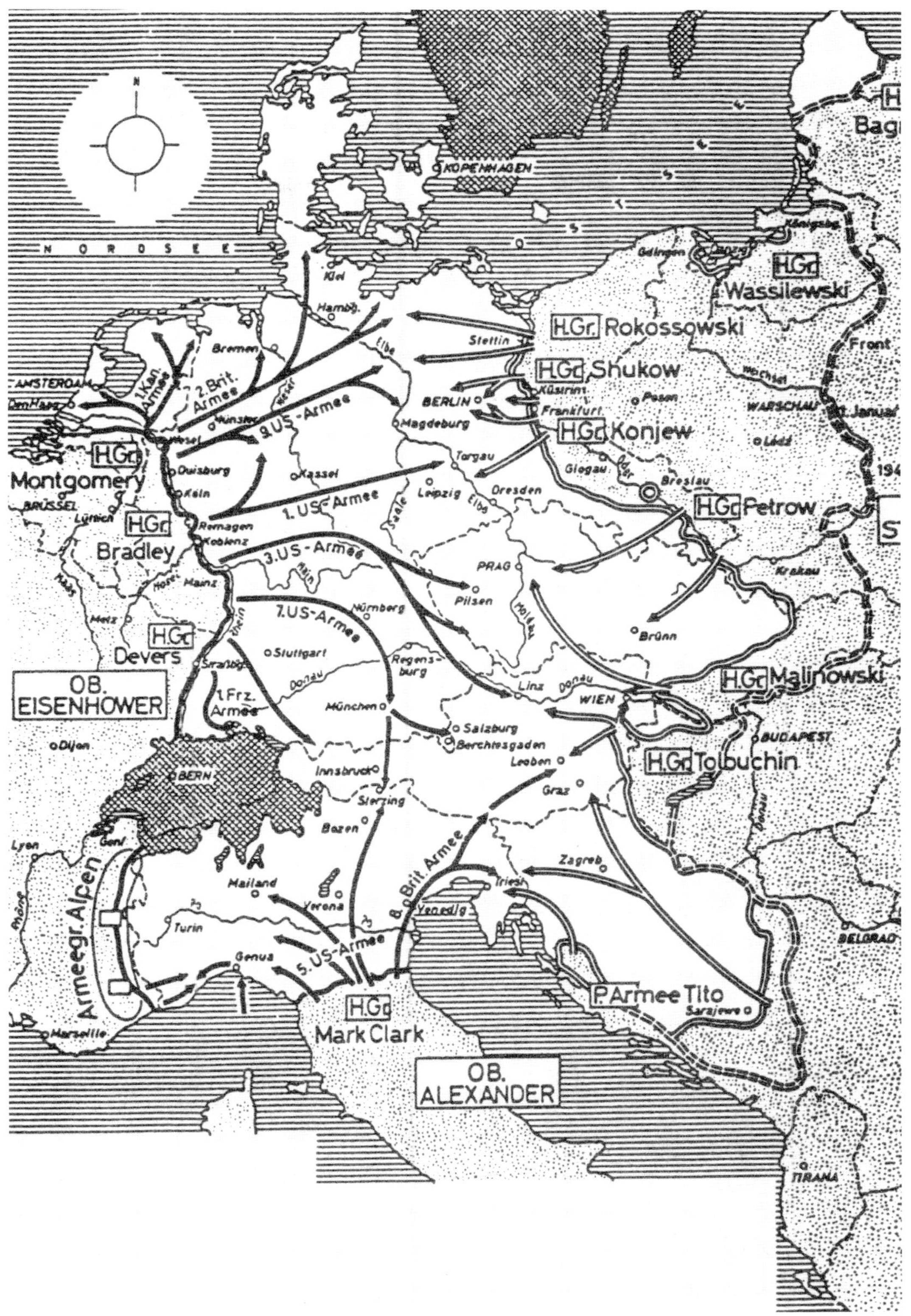

Lage am 24. März 1945 mit den Vormarschrichtungen
der alliierten Truppen von Ost und West.

LAGE AM 4.5.1945
(sogen. „ALPENFESTUNG")

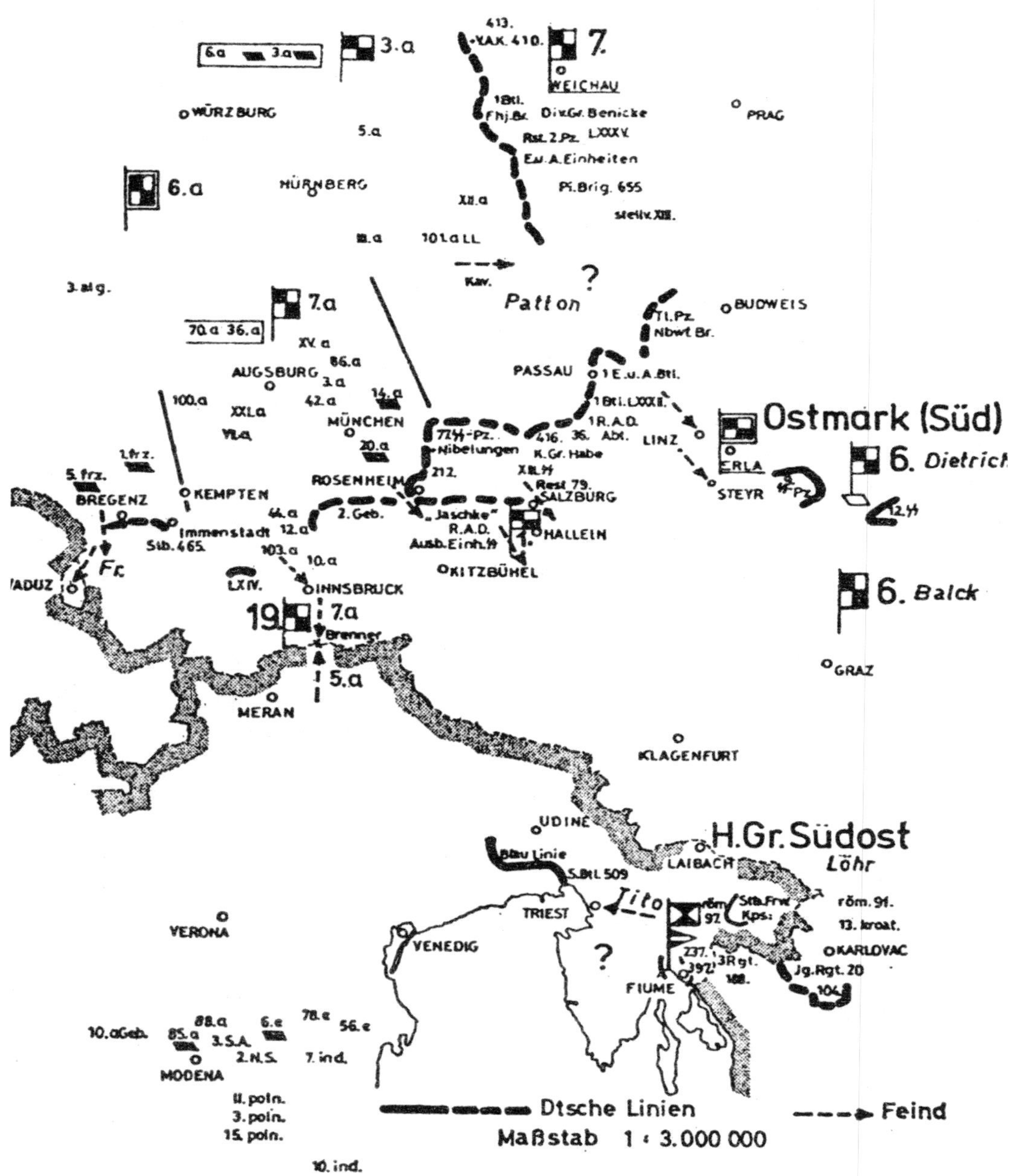

*Die militärische Lage am 4. Mai 1945
in der „Alpenfestung".*

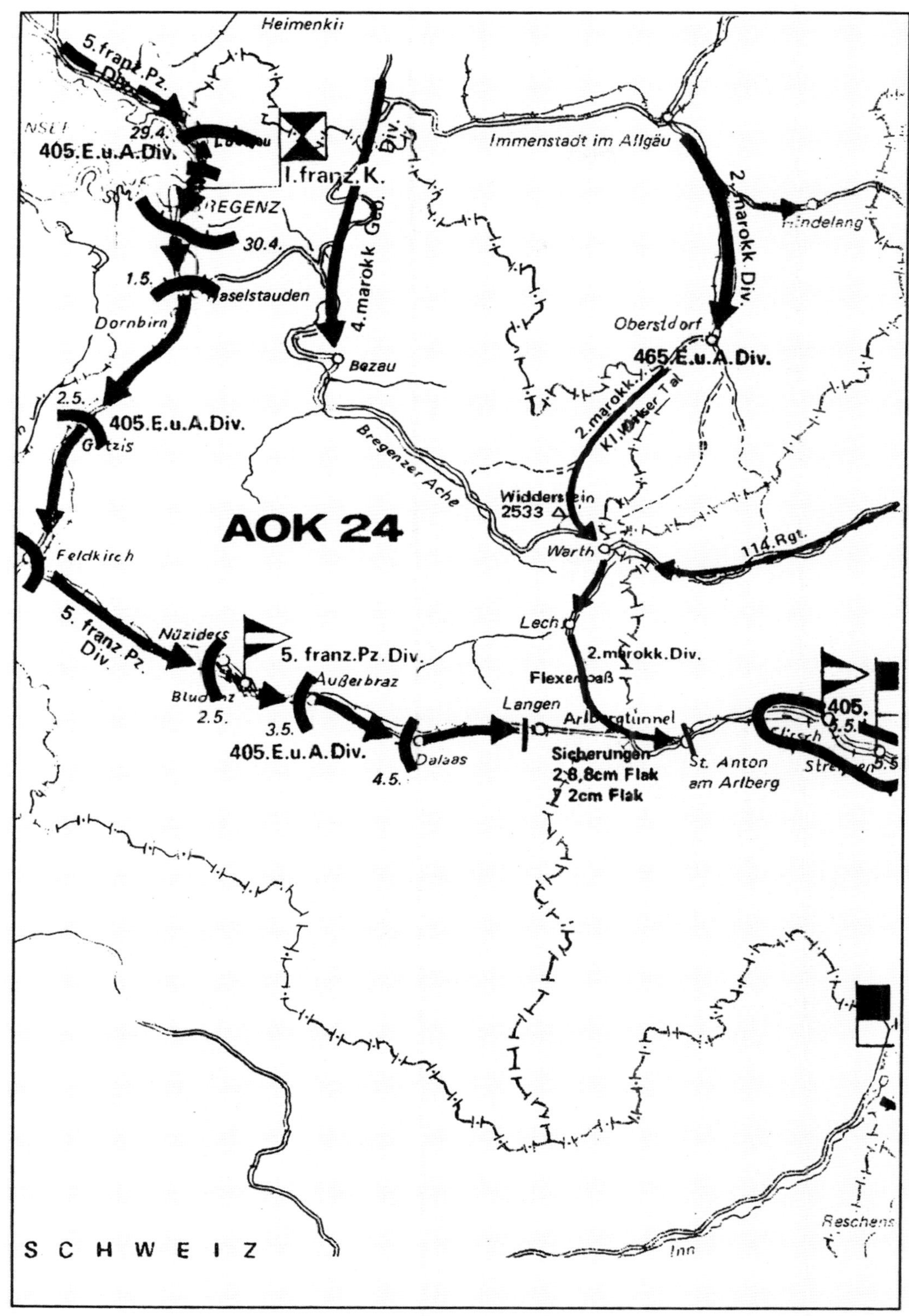

Die Karte zeigt den Vormarschweg der französischen Truppen 1945 durch Vorarlberg.

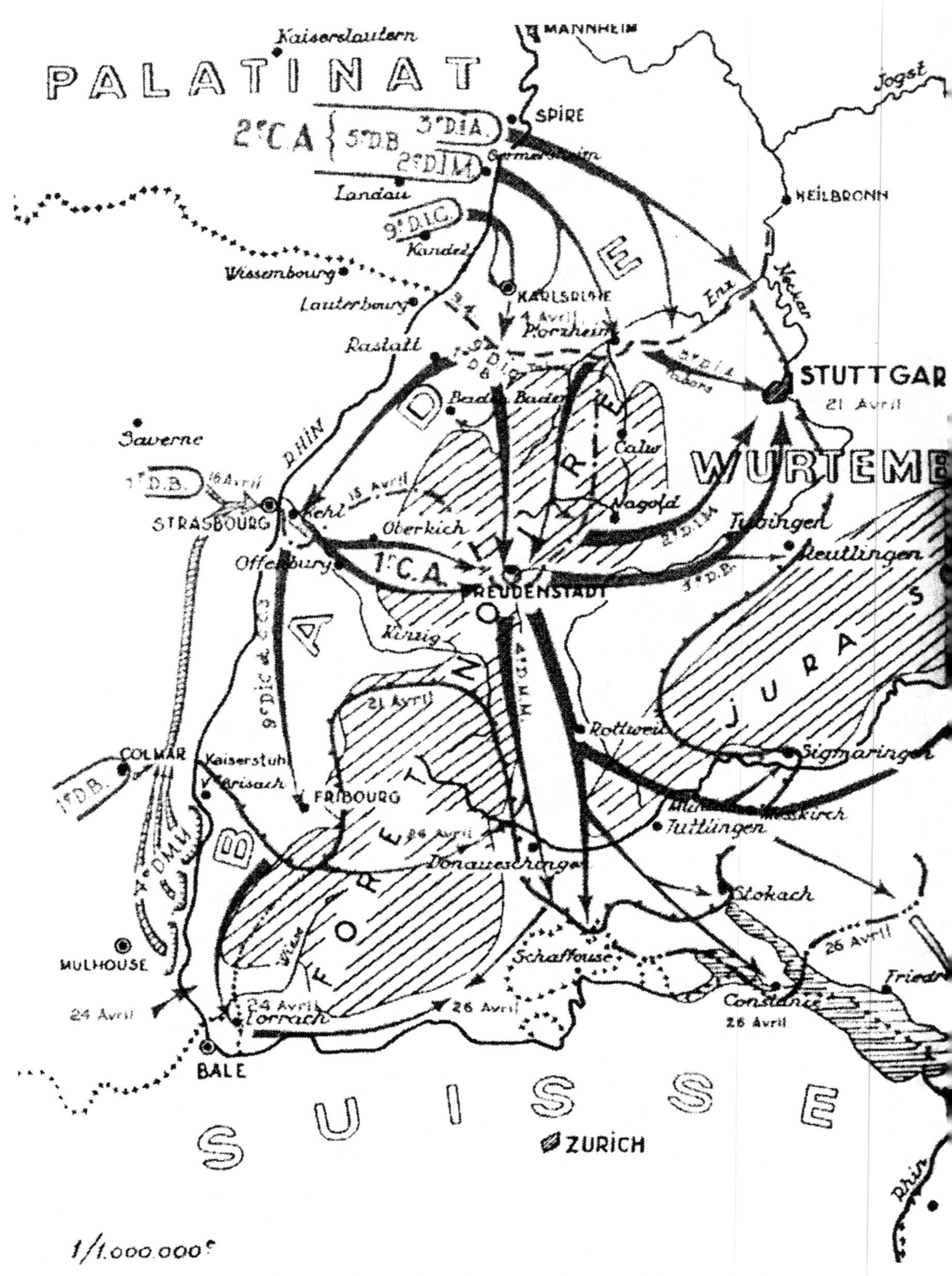

Französische Karte mit den Stoßrichtungen der 1. französischen Armee vom Rhein und der Pfalz (Palatinat) in den Schwarzwald (Forêt Noire) und über den Schwäbischen Jura (Jura Souabe) …

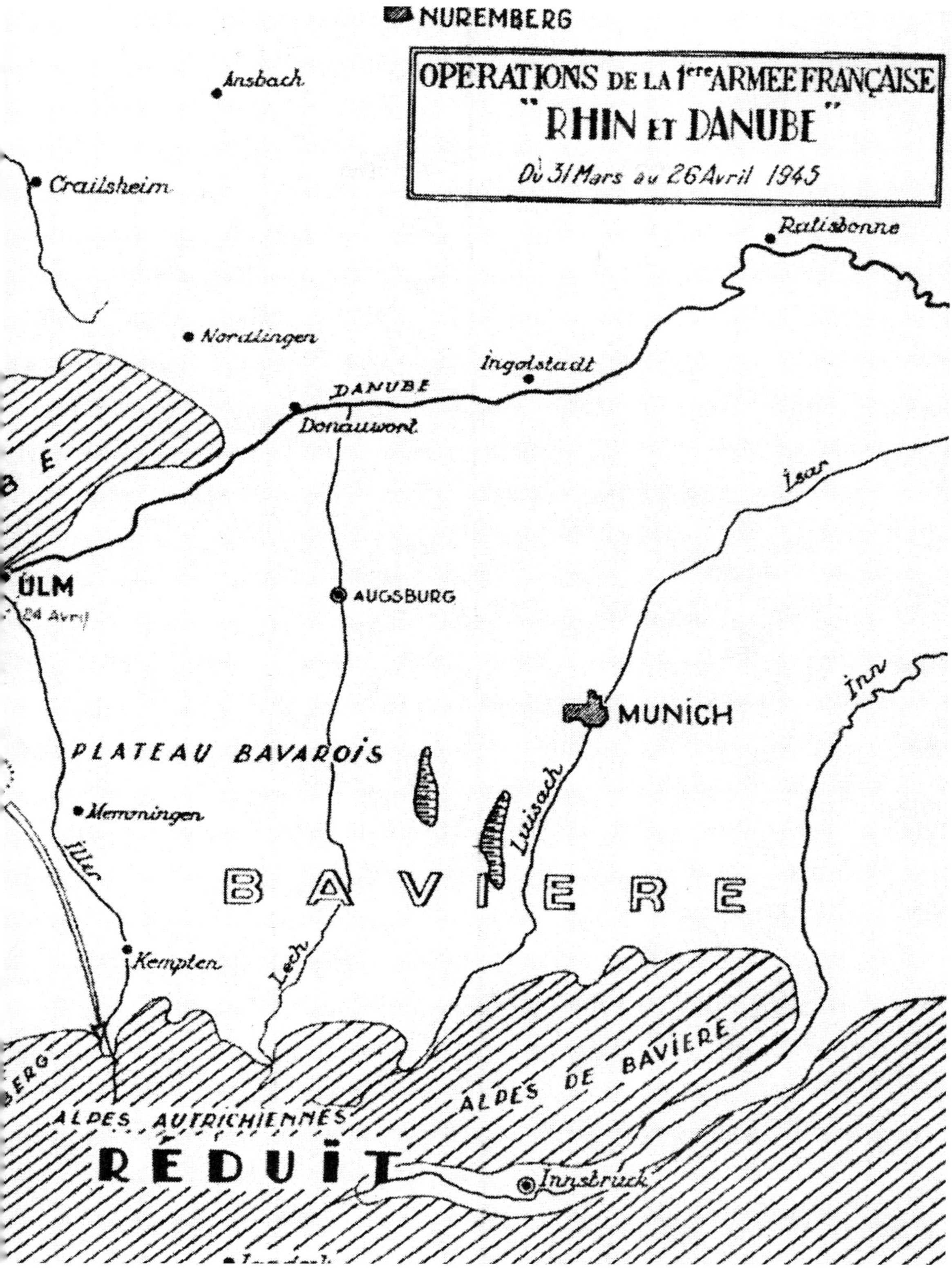

NUREMBERG

OPERATIONS DE LA 1ère ARMEE FRANÇAISE
"RHIN ET DANUBE"
Du 31 Mars au 26 Avril 1945

Ansbach
Crailsheim
Ratisbonne
Nordlingen
Ingolstadt
DANUBE
Donauwort
Isar
ULM
24 Avril
AUGSBURG
Inn
MUNICH
PLATEAU BAVAROIS
Memmingen
Iller
Luisach
BAVIERE
Kempten
Lech
ALPES DE BAVIERE
ALPES AUTRICHIENNES
RÉDUIT
Innsbruck

… zum Bodensee und in die „Alpenfestung" (Réduit). Das Réduit in den Alpen (Alpes Autrichiennes sowie Alpes de Bavière) zeigt die Vorstellung, die man sich auf französischer Seite von der „Alpenfestung" gemacht hat.

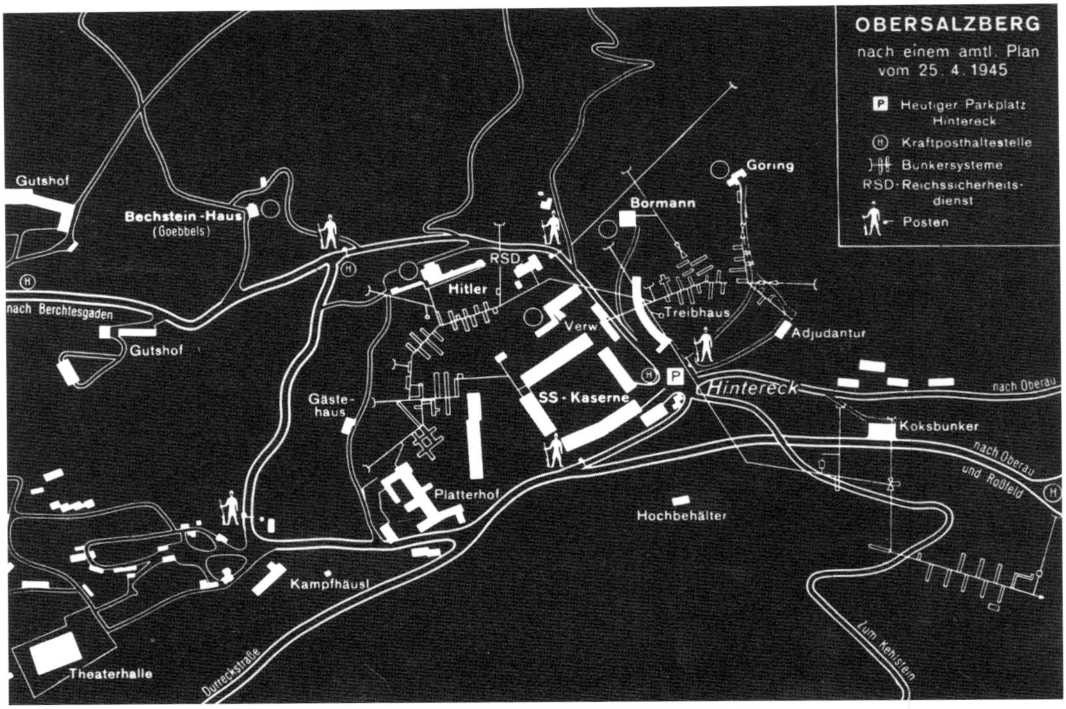

Der Obersalzberg und seine Gebäude nach einem amtlichen Plan vom 25. April 1945.

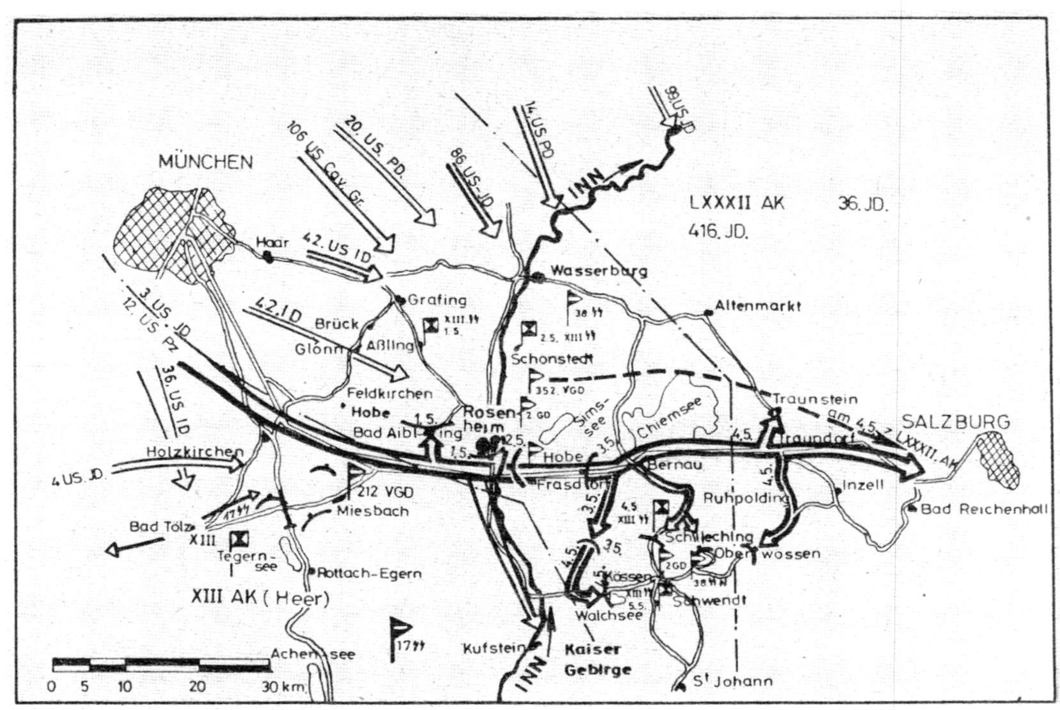

Die Karte zeigt den Frontverlauf durch Oberbayern während der letzten Kriegstage vom 1. Mai 1945 bis 6. Mai 1945.

Dieses Luftbild, aufgenommen von einem amerikanischen Aufklärungsflugzeug, zeigt das Bahnhofsgelände in Wörgl/Tirol im Oktober 1944.

Wörgler Bahnhofsgelände mit verschiedenen Bombenkratern nach einem Tieffliegerangriff durch die 14. Fighter Group am 20. April 1945.

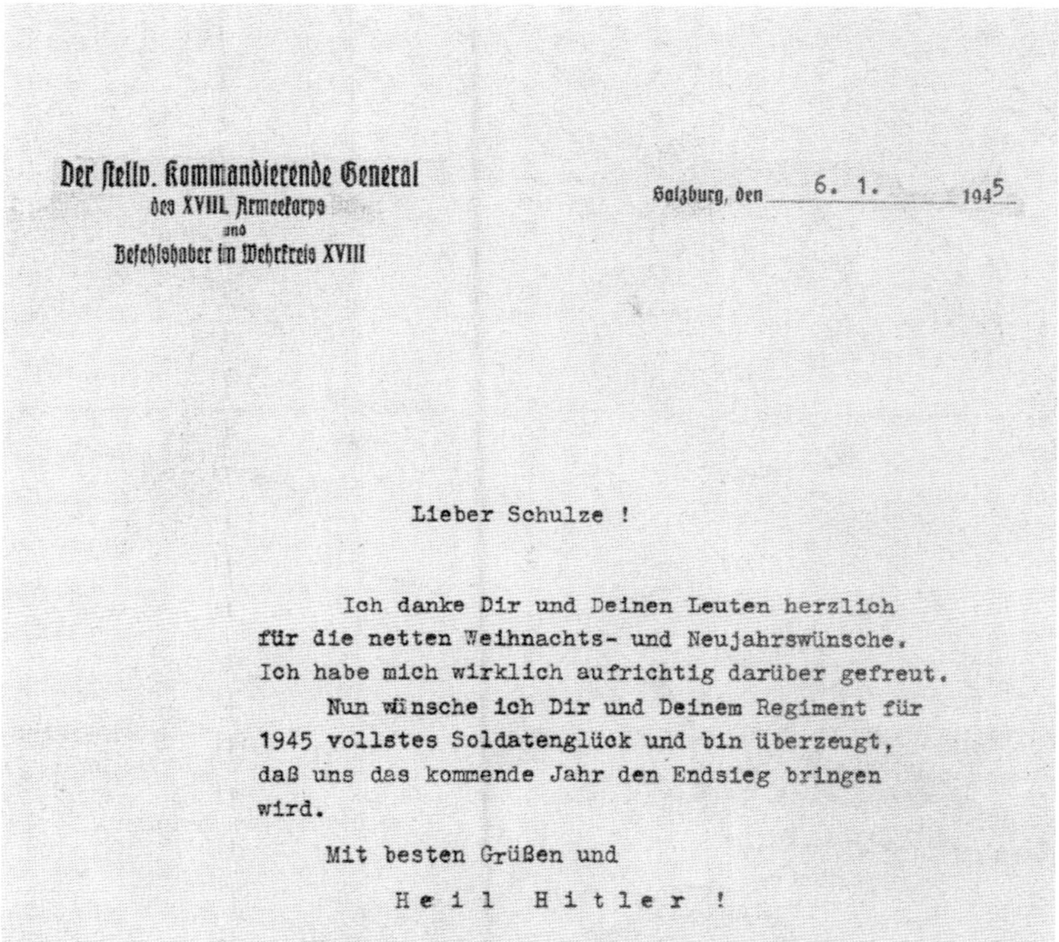

Der stellv. Kommandierende General
des XVIII. Armeekorps
und
Befehlshaber im Wehrkreis XVIII

Salzburg, den 6. 1. 1945

Lieber Schulze !

Ich danke Dir und Deinen Leuten herzlich für die netten Weihnachts- und Neujahrswünsche. Ich habe mich wirklich aufrichtig darüber gefreut.

Nun wünsche ich Dir und Deinem Regiment für 1945 vollstes Soldatenglück und bin überzeugt, daß uns das kommende Jahr den Endsieg bringen wird.

Mit besten Grüßen und

H e i l H i t l e r !

Dein

Ringel

General der Gebirgstruppe Julius Ringel war bei Kriegsende nicht nur der stellvertretende Kommandierende General des XVIII. Armeekorps und Befehlshaber im Wehrkreis XVIII, sondern auch Befehlshaber der Alpenfront Nordost.

OBERBAYERISCHE FORSCHUNGSANSTALT OBERAMMERGAU

TELEFON: 626, 721-785
TELEGRAMM: FORSCHUNG OBERAMMERGAU
FERNSCHREIBER: MÜNCHEN 877
BANK: KREISSPARKASSE OBERAMMERGAU

Geheim

Herrn
Oberleutnant P e t e r s
Flugplatz B r a n d i s
(10) bei L e i p z i g

OBERAMMERGAU, den 21. November 1944

Ihre Zeichen — Ihre Nachricht vom — Unsere Zeichen BF-B/H/119/44 g.
Bei der Antwort bitte angeben

Betrifft: Prämienvergütung.

Wir nehmen Bezug auf die Prämienvergütungsordnung vom 8.2.43 und unser heutiges Schreiben in gleicher Angelegnheit.

Für die von Ihnen durchgeführten Flüge mit Me 163 und Me 163 mit Marschofen werden wir als Vorschuß auf die Ihnen zustehenden Prämien den Betrag von

RM. 9.000,--,

vorbehaltlich der Genehmigung des Reichstreuhänders der Arbeit, an Sie zur Auszahlungbbringen.

Diese Summe setzt sich wie folgt zusammen:

Me 163 B Haubenabwürfe, 7 Stück (Erpr. abgeschlossen)
3 gelungene à RM. 500.-- ....RM. 1.500,--

Festigkeitenachweis (gefordert n 6 g)
durchgeführt 7,å g bei 650 km/H
7,5 g bei 890 km/h ....RM. 6.000,--

Me 163 Marschofen

Erprobung eines Marschofentriebwerkes mit erhöhter Leistung und veränderter Zellen-Heckausbildung
(erster Flug - erster Vollastflug) ....RM. 1.500,--

Mit Dank für Ihre wertvolle Mitarbeit begrüssen wir Sie

Obb. Forschungsanstalt Oberammergau

Prämienvergütung des Oberleutnant Peters für verschiedene Testflüge, welche dieser zur Erprobung von neuen Flugzeugkonzepten durchgeführt hat.

Berchtesgadener Anzeiger

Amtsblatt für den Landkreis Berchtesgaden

Verlag und Druckerei: Vonderthann'sche Buchdruckerei, Berchtesgaden – Geschäftsstelle und Schriftleitung: Griesstätterstraße 6
Erscheint 6mal in der Woche nachmittags. – Bezugspreis durch Trägerinnen frei ins Haus RM 2.–, bei Abholung RM 1.70, durch die Post RM 1.70 zuzüglich Zustellgebühr
Postscheckkonto: München 36480 Fernruf 2807

♦ ♦ ♦ Das Heimatblatt für das Berchtesgadener Land ♦ ♦ ♦

Nummer 51 Donnerstag, 1. März 1945 63. Jahrgang

Dr. Goebbels sprach über den Großdeutschen Rundfunk:

„Es gibt nur Tod oder Sieg für uns!"

Am Mittwoch abend sprach Reichsminister Dr. Goebbels über den Großdeutschen Rundfunk zum kämpfenden und leidenden deutschen Volk, um ihm in der Zeit der härtesten Bewährungsprobe einen Ueberblick über die augenblickliche militärische und politische Kriegslage zu geben. Der Reichspropagandaleiter der Nationalsozialistischen Deutschen Arbeiterpartei hob eingangs seiner einstündigen umfassenden Rede hervor, daß es im gegenwärtigen Moment, in dem die Ereignisse eine für uns betrübliche Entwicklung genommen haben, notwendig sei, ohne an einen besonderen aktuellen Anlaß anknüpfen zu wollen, eine Gesamtschau aus gehörigem Abstande von den Ereignissen zu geben, wobei er betonte, daß er keinen Augenblick daran zweifle, daß das deutsche Volk die Probe jeder Krise bestehe. (Den Wortlaut der Ansprache veröffentlichen wir in der nächsten Ausgabe.)

Gesamtschau

WD. In einer aufs Höchste bewegten Zeit, in der sich im Ablaufe einer Woche oft historische Ereignisse abspielen, die sonst in der Geschichte über den Raum von einem Jahr oder gar einem Jahrzehnt verteilt waren, besteht die Gefahr, daß der für den einzelnen erdrückende Sturm des Geschehens allzu leicht Ursache und Wirkung nicht mehr trennen, Wunschtraum und Wirklichkeit nicht unterscheiden, Krise und Katastrophe miteinander verwechseln läßt und damit den in den Wirbel der gewaltigen Auseinandersetzung geworfenen Einzelnen den Ausweg aus einem Irrgarten seelischer und geistiger Verwirrung nicht mehr finden läßt. Unsere Lage hat sich auf das stärkste gespannt und wir vergessen nur zu leicht darüber, in welch schweren, ja lebensgefährlichen Krisen sich auch unsere Gegner in diesem Kriege schon befanden. England mußte sich im Spätsommer 1940 in einer Situation sehen, die ihm hoffnungslos erscheinen mußte, als es sich unvorbereitet den siegreichen sprungbereiten deutschen Heeren an der französischen Kanalküste gegenüber fand. Auch für Rußland schien die Lage hoffnungslos, als die deutschen Armeen mit einem bisher in der Geschichte noch nie dagewesenen schwungvollen Sturm bis vor die Tore Moskaus und tief in die Weite des Ostens vorgestoßen waren. Die Beispiele aus der Geschichte sind zahllos, soweit sich diese zurückverfolgen läßt, daß Völker, vor allem aber das um sein Lebensrecht ständig ringende deutsche Volk von der Sturmflut seiner Feinde überrannt, keine Hoffnung mehr zu haben schienen, aus einer verzweifelten Lage. Und doch: waren seine Söhne nur tapfer, treu, mutig und beharrlich genug, sie überwanden mit ihren Tugenden auch das widrigste Geschick und wendeten nachher ihr Schicksal zum Guten.

Die eigene Lage

Wenn wir die gegenwärtige militärische Lage überblicken, so ergibt sich die Feststellung, daß die Rückschläge, die wir jetzt erleiden müssen, ihre Ursache vor allem in dem Umstand haben, daß der anglo-amerikanisch-plutokratische Partner unserer Feinde uns im Westen die Hände fesselte und damit den Ansturm des kulturfeindlichen Ostens unterstützte. Es gibt auch in der Geschichte der Antike kein Beispiel von gleich ergreifender Größe, als das des gegenwärtigen Heldenkampfes des deutschen Volkes, das stumm und ohne falsches Pathos den Kräften der Finsternis einen Widerstand leistet, wie diesen. Die Leistungen des deutschen Volkes an der Front der gewaltigsten Materialschlachten der Weltgeschichte, wie der deutschen Heimat unter den grauenhaften Schlägen des Luftterrors allein schon liefern den Beweis, daß alle Krisen zu meistern sind. Deutschland kämpft um sein Dasein und läßt nicht von seinem gerechten Anspruch auf sein Leben, die Freiheit seines Volkes und seine Zukunft. Es kämpft, muß es jetzt auch feststellen, daß Mißgeschick und Unglück über es hereingebrochen sind, wo sich ihm nur eine Gelegenheit bietet, mit einem fanatischen Lebenswillen und eisernem Willen zum Durchhalten.

Es sind nicht die Schlechtesten unseres Volkes, die angesichts der gewaltigen Uebermacht unserer Feinde in dem Wissen um die starken Einbußen, die wir in unserem Rüstungs- und Ernährungspotential erleiden mußten, die Frage nach dem „Wie" für den Ausweg aus der augenblicklichen Lage stellen. Reichsminister Dr. Goebbels hat sie mit den folgenden Argumenten in seiner gestrigen Rede beantwortet:

Die erlittenen Einbußen auf diesen Sektoren sind nicht so groß, daß sie nicht auf eine begrenzte Dauer ertragen werden könnten. Die Reichsführung wird sie durch Methoden der Rüstungsvereinfachung, durch noch größere Ausschöpfung des Menschenpotentials ausgleichen. Wie sie es bisher tat, wird sie dabei die mit Erfolg unter Beweis gestellte Kunst des Improvisierens handhaben. Der Luftkrieg hat gezeigt, bis zu welch erstaunlichem Ausmaße die deutsche Organisationsbegabung fähig ist, auch die ausweglosesten Lagen zu meistern. Vor allem aber steht der ohne Vergleich angewachsenen Härte des Krieges mit ihrem kaum mehr erträglich schweren Luftterror die Lage, in der sich der Feind befindet, entgegen: Sie ist gekennzeichnet durch die allgemeine Kriegsmüdigkeit.

Die Lage bei unseren Gegnern

Die Sowjetunion hat der gegenwärtige Krieg bisher den Totalverlust von 15 Millionen Mann gekostet. Nur weil sie sich kurz vor dem Kriegsende glaubt, gelingt es ihr, ihre denkbar kriegsmüden Soldaten auf der Grenze der Leistungsmöglichkeit zu halten. Was die Vereinigten Staaten von Nordamerika betrifft, deren Mutterland von den direkten Folgen der militärischen Ereignisse unberührt ist, so ist festzustellen, daß die ungeheuren Blutopfer, die ständig von den Truppen Roosevelts an allen Fronten dieser Auseinandersetzung gefordert werden, vor allem aber die zunehmende Erkenntnis der Tatsache, daß für das amerikanische Volk nicht die leiseste Absicht besteht, die Früchte eines Sieges genießen zu können, auch dort die Forderung nach rascher Beendigung des Krieges immer dringender erheben lassen. Dies umso mehr, als die Erkenntnis in immer weitere Kreise dringt, daß ein sich abzeichnender dritter Weltkrieg zwischen Plutokratie und Bolschewismus die gesamte Welt in eine „Weltverzweiflungsstimmung" versetzen muß. Die unrettbare Lage Englands zu beleuchten, so hob Reichsminister Dr. Goebbels hervor, das unter der amokläuferischen Politik Churchills im Begriffe ist, sein ehemaliges Empire an seine Freunde zu verlieren, verlohne sich kaum mehr. Die Insel liegt unter dem vernichtenden Beschuß der V-Waffen, der wiederauflebende Unterseebootkrieg macht die Tonnagelage äußerst angespannt. Der größeren Zahl unserer Gegner steht unsererseits der höhere Wert unserer Menschen und unseres Materials gegenüber. Deutschlands Volk ist ein wachsendes Volk. Es muß grotesk klingen, daß gerade aus England, das, wenn seine Bevölkerungsstatistik in den bisherigen Kurven weiterläuft, im Jahre 2000 nur mehr 20 Millionen Einwohner zählen wird, Stimmen tönen, die von einer Besetzung Deutschlands bis zum Jahre 2000 wissen wollen.

Das Bild der neuen Friedensordnung

Ohne Zweifel muß der für den europäischen Kontinent durch die deutschen Waffen zu erringende Frieden teuer erkauft werden. Die Erzwingung der inneren Einigung dieses Kontinents – die zu verhindern stets das Ziel der englischen Politik war –, die aber zur Lösung des Problems des Staates des 20. Jahrhunderts unumgänglich ist, muß nun, wenn sie schon nicht mit England möglich ist, gegen England erfolgen. Von ihrem Gelingen hängt das Glück des Friedens für das angebrochene neue Jahrtausend ab, in dem für die überlebten und falschen Grundsätze einer verlogenen Demokratie kein Platz mehr sein wird. Das Bild der neuen Ordnung in der kommenden Welt müssen die Begriffe Klarheit, Sauberkeit, Realität beherrschen. Für diese kämpft das junge Deutschland gegen den abgrundtiefen Haß einer unnatürlichen und ungesunden Koalition in dem festen Glauben an den Sieg seiner gerechten Sache und in dem Wissen, daß, würden die Mächte des Bösen ihr Ziel erreichen, das Leid der Welt so groß werden würde, daß die Führung des Reiches einen ehrenvollen Tod dem dann ausbrechenden Schicksal vorziehen müßte.

Ein Volk aber, das in seiner härtesten Entscheidungsprobe solche Beweise von Heldenhaftigkeit abgelegt hat, wie das deutsche in der Jetztzeit, ein Volk, in dem die leidende und arbeitende Heimat der tapfer kämpfenden Front so würdig geworden ist, wie umgekehrt diese jener und ein Volk, das sich an der großen Figur eines Genies der Standhaftigkeit, wie es das seines Führers ist, aufrichten kann, darf von der Gerechtigkeit der Geschichte die Zuteilung des verdienten Preises seiner übermenschlichen Leistungen und Mühen erwarten, wenn es sich an die Worte eines seiner historischen Großen, Friedrichs des Einzigen erinnert, die dieser in dem Krisenjahr 1757 an seine Schwester Amalie aus einer verzweifelten Lage heraus schrieb und die in den Sätzen gipfelten: „Stellen Sie sich, ich beschwöre Sie, über alle Ereignisse. Denken Sie an das Vaterland und erinnern Sie sich, daß seine Verteidigung unsere erste Pflicht ist. Es gibt nur Tod oder Sieg für uns in Epochen, die über alles entscheiden und das Gesicht Europas verändern."

Bedeutende Panzerverluste der Engländer und Amerikaner

Aus dem Führerhauptquartier, 28. Februar 1945. Das Oberkommando der Wehrmacht gibt bekannt:

Während der gestrige Tag zwischen Drau und Donau ruhig verlief, versuchte der Feind in der Slowakei mit starken Kräften in das Tal von Altsohl einzudringen. Diese Absicht scheiterte unter schweren Verlusten für den Gegner. Südlich Schwarzwasser beseitigten unsere Grenadiere in schwungvollem Angriff einen vorspringenden Frontbogen der Bolschewisten und zerschlugen feindliche Gegenangriffe. Beiderseits Zapten, sowie im Raum von Goldberg und Lauban wurden die wiederholten Durchbruchsversuche sowjetischer Infanterie- und Panzerverbände in zäher Abwehr vereitelt. Gegen unsere Neiße-Brückenköpfe von Forst und Guben setzten die Bolschewisten ihre erfolglosen Angriffe fort. An der Oderfront gelang es dem Feind mit starker Artillerieunterstützung seine kleinen Brückenköpfe südlich Küstrin geringfügig zu erweitern. Südlich Stargard brachen Fesselungsangriffe der Sowjets vor unseren Stellungen zusammen. In Ostpommern stießen feindliche Panzerkräfte mit starker Schlachtfliegerunterstützung westlich Rummelsburg weit nach Norden vor. Rasch herangeführte Abteilungen fingen einen Teil der den Panzern folgenden sowjetischen Infanterie auf und verhinderten eine bedrohliche Ausweitung der Einbruchslücke. In der Tucheler Heide und westlich der unteren Weichsel brachen zahlreiche, zum Teil von Panzern unterstützte, Angriffe der Bolschewisten im Abwehrfeuer zusammen. Unsere Divisionen in Ostpreußen errangen westlich Kreuzberg gegen starke feindliche Angriffe erneut einen vollen Abwehrerfolg. An der Kurlandfront hat der sowjetische Großangriff südöstlich Libau an Wucht und Geschlossenheit verloren. Die trotzdem noch mit überlegenen Kräften geführten Angriffe des Feindes wurden auch gestern ohne größeren Geländeverlust zerschlagen. Vor Polanden versenkten deutsche Schlachtflieger ein sowjetisches Schnellboot.

Im niederrheinischen Kampfraum blieben die südöstlich Kalkar und östlich Goch angreifenden Verbände der 1. kanadischen Armee unter hohen blutigen Verlusten bei geringem Geländegewinn in unserem Hauptkampffeld liegen. 63 englische Panzer wurden dabei vernichtet. In die Schlacht an der Roer hat der Feind weitere Reserven geworfen. Die mit allen ihren Kräften angreifende 9. amerikanische Armee konnte unsere Verbände, die sich überall erbittert zur Wehr setzten, zurückdrängen. Trotz des gewaltigen feindlichen Einsatzes auf der Erde wie in der Luft, wurden jedoch die Durchbruchsversuche des Gegners zum Teil auch in schweren Panzerkämpfen verhindert und dabei über 100 amerikanische Panzer abgeschossen. Eigene Panzergruppen stießen in die Flanken der feindlichen Angriffsteile und zerschlugen Bereitstellungen und Kolonnen. Südlich von Schleiden und an der Prüm kam es zu örtlichen Kämpfen gegen den an mehreren Stellen angreifenden Gegner, ohne daß sich die Lage wesentlich verändert hat. Im zusammengefaßten Abwehrfeuer blieben erneute feindliche Angriffe auf Pittsburg liegen. Im Brückenkopf an der unteren Saar gelang es den Amerikanern in schweren Kämpfen nach Norden weiter Raum zu gewinnen.

In Italien scheiterten zahlreiche britische Aufklärungsvorstöße gegen unsere Stellungen am Senio.

Auf der Südspitze der dalmatinischen Insel Rab vor

Der Berchtesgadener Anzeiger vom 1. März 1945 bringt letzte Durchhalteparolen.

Berchtesgadener Anzeiger

Amtsblatt für den Landkreis Berchtesgaden

Verlag und Druckerei: Vonderthann'sche Buchdruckerei, Berchtesgaden – Geschäftsstelle und Schriftleitung: Griesstätterstraße 6
Erscheint 6 mal in der Woche nachmittags. – Bezugspreis durch Trägerinnen frei ins Haus RM 2.–, bei Abholung RM 1.70, durch die Post RM 1.70 zuzüglich Zustellgebühr
Postscheckkonto: München 36480 — Fernruf 2807

◆ ◆ ◆ Das Heimatblatt für das Berchtesgadener Land ◆ ◆ ◆

Nummer 102 — Mittwoch, 2. Mai 1945 — 63. Jahrgang

Der Führer gefallen

Großadmiral Dönitz Nachfolger

Tagesbefehl an die deutsche Wehrmacht

Großadmiral Dönitz hat den folgenden Tagesbefehl an die Deutsche Wehrmacht erlassen:

Der Führer ist gefallen. Getreu seiner großen Idee, die Völker Europas vor dem Bolschewismus zu bewahren, hat er sein Leben eingesetzt und den Heldentod gefunden. Mit ihm ist einer der größten Helden deutscher Geschichte dahingegangen. In stolzer Ehrfurcht und Trauer senken wir vor ihm die Fahnen. Der Führer hat mich zu seinem Nachfolger als Staatsoberhaupt und als Obersten Befehlshaber der Wehrmacht bestimmt. Ich übernehme den Oberbefehl über alle Teile der deutschen Wehrmacht mit dem Willen, den Kampf gegen den Bolschewismus so lange fortzusetzen, bis durch die kämpfenden Truppen hunderttausende von Familien des deutschen Volksraumes vor der Versklavung oder Vernichtung gerettet sind. Gegen Engländer und Amerikaner muß ich den Kampf so weit und so lange fortsetzen, wie sie mich an der Durchführung des Kampfes gegen die Bolschewisten hindern. Die Lage erfordert von Euch, die Ihr so große geschichtliche Taten vollbracht habt und die Ihr das Ende des Krieges herbeisehnt, weiteren bedingungslosen Einsatz. Ich verlange Disziplin und Gehorsam. Nur durch vorbehaltslose Ausführung meiner Befehle wird Chaos und Untergang vermieden. Ein Feigling und Verräter ist, der sich gerade jetzt seiner Pflicht entzieht und dabei deutschen Frauen und Kindern Tod und Versklavung bringt. Der dem Führer von Euch geleistete Treue-Eid gilt nunmehr für jeden Einzelnen von Euch ohne weiteres mir als dem vom Führer eingesetzten Nachfolger.

Deutsche Soldaten, tut Eure Pflicht, es gilt das Leben unseres Volkes.

Aus dem Berchtesgadener Land

Sonderzuteilungen

Nur auf Anordnug des Ernährungsamtes!

Alle an die Bevölkerung des Landkreises Berchtesgaden zur Ausgabe gelangenden Sonderzuteilungen von Lebensmitteln finden einzig und allein auf Anordnung der Ernährungsämter Berchtesgaden und Bad Reichenhall statt. Letztverteiler, die ohne ausdrückliche Anordnung dieser Ernährungsämter oder gar eigenmächtig solche Sonderzuteilungen vornehmen, werden nach den gesetzlichen Bestimmungen als Plünderer behandelt.

Plünderer werden erschossen!

Wer sich an Hab und Gut der Allgemeinheit vergreift, auch wenn es sich um Gegenstände von geringem Wert handelt, schließt sich selbst aus der Gemeinschaft unseres Volkes aus und hat keine Schonung zu erwarten.

Plünderer haben ihr Leben verwirkt!

Oberbergdirektor Hörburger bei einem Terrorangriff auf München gefallen. Als Opfer des Terrorangriffes vom 25. April 1945 wurde Oberbergdirektor Josef Hörburger, Vorstandsmitglied der Bayer. Berg-, Hütten- und Salzwerke AG., mit seiner gleichzeitig ums Leben gekommenen Sekretärin Berta Haug zu Grabe getragen. Oberbergdirektor Hörburger war mit Bad Reichenhall und Berchtesgaden besonders eng verbunden, da sein hervorragendes fachmännisches Können die Salzgewinnung und Salzerzeugung in besonderem Maße förderte und einen großen Teil seiner Lebensarbeit bildete. Vom Jahre 1917 bis 1920 war er Vorstand der Saline Reichenhall und leitete anschließend als Vorstandsmitglied der Bayer. Berg-, Hütten- und Salzwerke A.G. u. a. auch das Salzwesen Bayerns. Mit Berchtesgaden fühlte sich der auf so tragische Weise aus dem Leben Gegangene besonders verbunden. Ein Bergfest der Knappschaft des Salzbergwerkes Berchtesgaden ohne Oberbergdirektor Hörburger als Gast war seit Jahrzehnten nicht mehr gut vorstellbar. Auch für die Beibehaltung der schönen, vielbewunderten Knappschaftsuniform hatte er sich stets mit aller Energie eingesetzt. Vorstand und Gefolgschaft der staatlichen Werke verlieren in Oberbergdirektor Hörburger, der vor kurzem den 70. Geburtstag in voller Frische feiern konnte, nicht nur einen hervorragenden Fachmann und gereiften Wirtschaftsführer, sondern auch einen gütigen, für das Wohl seiner Gefolgschaft rastlos tätigen Führer des Betriebes. Oberbergdirektor Hörburger wird auch in Berchtesgaden und vor allem in den Herzen seiner Knappen unvergessen bleiben.

70. Geburtstag. Frau Monika Schwaiger, geborene Eder, feiert heute ihren 70. Geburtstag. 32 Jahre wohnt sie im Storchenlehen in Schönau. Ihr Geburtstagswunsch, daß ihr Enkel Johann gesund vom Felde zurückkehrt, möge bald in Erfüllung gehen!

Unser Untersberg in der Literatur

Wohl kein Berg der deutschen Alpen erscheint so frühzeitig, so häufig und auf so verschiedenen, vielseitigen Gebieten menschlicher Betätigung, Dichtens und Forschens in der Literatur wie der Untersberg. Bedingt ist diese Tatsache durch seine Lage zwischen den drei Kulturstätten mit reicher geschichtlicher, über 1000jähriger Vergangenheit und Fremdenverkehrszentren Salzburg, Reichenhall und Berchtesgaden, teils durch seine aussichtsreiche, vorgeschobene Lage gegen die Ebene, seinen Reichtum an Höhlen und Grotten — 40 wurden bisher erforscht — mit phantastischen Eisbildungen, glitzernden Tropfsteinen, blendendweißer „Bergmilch" (Salpeterablagerungen), unterirdischen Wasser- und Windgeräuschen, die der Phantasie des Volkes immer neuen Stoff zu Legenden und Sagen gaben, teils durch seine undurchdringlichen Wälder, Latschenbestände, Klüfte, Schluchten und Dolinen, die jede Orientierung erschwerten, endlich durch seinen interessanten geologischen Aufbau, seine außergewöhnlich reichhaltige Flora und seine mächtigen Marmorbrüche.

Schon um 1700 erschien ein mit Aquarell-Malerei versehenes handschriftliches Sagenbüchlein „Ausfierliche Beschreibung von den Welt beriehmten Underperg und wahrhafte Geschichten, so sich im Jahre 1522 begeben und zugetragen haben". 1782 erschien diese Lazarus Gitschner Sage erstmals in Druck und erlebte mehrere Neuauflagen. Von da ab entstanden eine große Zahl von Sagenbüchern, die sich ausschließlich oder größtenteils mit dem Untersberger Sagenkreis (Wotan-, Kaiser Karl-, Friedrich Barbarossa-, Untersberger Manndl-, Riesen-, Wildfrauen-, Schatzgräber-, Drachenloch-, Walser-Birnbaum und Walserfeld-Sagen) befassen. Es ist unmöglich, hier diese gesamte Sagenliteratur einzeln anzuführen. Ich nenne nur die Sagenbücher von Fr. Huber, Maßmann, Aurbacher, G. Jaquets, Wallmann, Englert, Bechstein, Panzer, Gebrüder Grimm, Schöppner, Storch, Andree Eysen, Barnol, Herzog, Adrian, Zillner, Söltl, Liedelbauer, v. Theißauf, von Koch-Sternfeld zwischen 1787 und 1900, dann bis heute Nik. Huber, Eichelmann, Angerer, Haumeier, Gehring, Kamm, Erben, Steinberger, K. Fritz und als Letzterscheinungen M. v. Ribbentrop „Um den Untersberg" und Ramstedt: „Die Reichssage". Außerdem waren seit 1920 in der „Bergheimat" (Beilage zum Berchtesgadener Anzeiger) und in den „Heimatblättern" (Beilage zum Reichenhaller Grenzboten) und im Heimatbuch des Rupertiwinkels zahlreiche Untersbergsagen veröffentlicht.

1805 schrieb Graf v. Spaur eine Ritterballade vom Untersberg. 1815 bzw. 1817 erschien in Castellis Taschenbuch „Selam" und in A. Weißenbachs „Aigen, Beschreibung und Dichtung" die Ballade vom Untersberg. Toni Blum schrieb 1876 das Poem „Ein Sang vom Untersberg". König Ludwig I. von Bayern verfaßte ein Gedicht „An den Untersberg", Ad. Chamisso sein „Lied vom Walserbaum", E. Geibel sein Gedicht „Kaiser Friedrichs Auszug aus dem Untersberg". In Romanform erschien 1910 bei L. Vonderthann & Sohn, Berchtesgaden „Der Jäger von Plainburg", eine Geschichte vom Untersberg.

Musikalisch wurde die Untersbergsage bearbeitet von Frhr. v. Poisl, der 1829 eine „Romantische Oper" „Der Untersberg" schrieb, die am 3. X. 1829 in München uraufgeführt wurde. O. Rüdiger vertonte 1928 Taiglmayers „Berchtesgadener Sagenspiel" bezw. dessen 3. Bild „Kaiser Karl im Untersberg".

Schon verhältnismäßig früh erschienen wissenschaftliche Arbeiten über die Versteinerungen und Mineralien am Untersberg, so 1831 von A. Sedgwick und R. J. Murchixor, 1832 von H. G. Bronn, 1851 von Dr. Schafhäutl, 1859 von Dr. L. Köchel, 1878 von E. Fugger. Es folgten, teils in der Alpenvereinszeitschrift, teils bei der K. K. geol. Reichsanstalt Wien, teils in den Mitteilungen für Salzburger Landeskunde von 1882 bis 1907 weitere Arbeiten über die Geologie des Untersbergs von E. Fugger, C. Kastner, A. Bittner, J. Blaas. Die letzte Arbeit „Karsthydrographische Beobachtungen am Untersberg" schrieb H. Seefeldner 1937. Dazu erschienen mehrere geologische Karten von E. Fugger und J. Blaas.

Es ist begreiflich, daß der Höhlenreichtum unseres Berges schon frühzeitig zu Forschungsarbeiten führte. Seit der Studie von A. Posselt Czorich über Rosittental Höhlen in Amthors „Alpenfreund" von 1874 finden wir zahlreiche Veröffentlichungen über Eishöhlen, Windröhren und Trockenhöhlen von E. Richter, E. Fugger, M. Lohmann, Fr.

Das Titelblatt des Berchtesgadener Anzeigers vom 2. Mai 1945 mit der Schlagzeile über den Tod Adolf Hitlers.

Epilog:
„Es ist etwas faul im Staate Lindau“

Am 25. März 1946 wurde Dr. Wolfgang Christoph Bernklau zum Landrat ernannt. Der am 17. Februar 1909 in Leutkirch geborene Jurist sollte hier noch für einigen Ärger sorgen. Schon im Dezember 1949 suchte Dr. Bernklau beim Kreispräsidenten um Entbindung von seinen Geschäften, als Landrat nach.[1]

Am 24. Dezember [1949] wird die Beurlaubung des Landrates Dr. Bernklau durch Kreispräsident Zwisler bekannt gegeben. Er wird nicht mehr auf seinen Posten zurückkehren. Diese Sache hat ein längeres Vorspiel. [...] Wahrscheinlich von Bernklau inspiriert war ein Artikel der Süddeutschen Zeitung vom 17. Dezember mit Angriffen auf Zwisler [...].[2]

1. Lindaus staatsrechtliche Sonderstellung als „Landkreisstaat“

Mitte April 1945 wurde auf Befehl des Generalfeldmarschalls Kesselring in Lindau die Kampfgruppe „Feldherrnhalle“ gebildet. Sie bestand aus rund dreihundert Mann von militärisch ausgerüsteten und ausgebildeten SA-Einheiten, die in der Lindauer Bramskaserne („Maxhof“) stationiert waren, sowie aus weiteren dreihundert Soldaten eines Genesenden-Marschbataillons der 4. Gebirgsdivision, die während der Schlussphase des Zweiten Weltkrieges im böhmischen Hexenkessel unter Generalfeldmarschall Schörner operierte.

Die Aufstellung dieser Kampfgruppe hatte einen handfesten Grund, denn das deutsch-österreichische Gebiet am Bodensee war seinerzeit noch vollgestopft von Rüstungsbetrieben, die für den Endkampf am westlichen Eckpfeiler der „Alpenfestung“ besonders wichtig waren; wie zum Beispiel die Flugzeugwerke in Friedrichshafen. So produzierten unter anderem noch das unzerstörte Dornierwerk in Rickenbach „Leitwerksteile für die Do 335. Wankel in Lindau-Wesen Flugzeugmotorenteile und Ein-Mann-Torpedo-U-Boote, Escher-Wyss in Lindau Kühlaggregate für Geschütze [...]“[3] – und zwar solange, bis die französischen Truppen im Rahmen des alliierten Vormarsches in Baden und Württemberg zunächst bis zum Bodensee und wenig später durch Vorarlberg bis zum Arlberg vorstießen.

Der Landkreis Lindau wurde aufgrund der Ordonnance Nr. 149 des Befehlshabers der französischen Kampftruppen in den letzten Apriltagen des Jahres 1945 von Streitkräften der französischen 1. Armee besetzt. Am Morgen des 30. April 1945 rückten die französischen Truppen in Lindau ein. „Von den Kirchtürmen wehten weiße Fahnen.“[4]

In den von den Franzosen eroberten Gebieten übernahm zunächst General de Lattre de Tassigny nach der bedingungslosen Kapitulation der Deutschen Wehrmacht für elf Wochen sowohl den militärischen Oberbefehl als auch die zivile Regierungsgewalt. „In seinem Hauptquartier in Lindau herrschte er im Stile eines orientalischen Potentaten, was ihm den Spitznamen „le roi Jean“ eintrug. Um die vorwiegend nordafrikanisehen Soldaten seiner 1. Armee auszuzeichnen, empfing er den Sultan von Marokko und den Bey von Tunis mit Zeremonien, die eines Staatsoberhauptes würdig gewesen wären. [...] Sein selbstherrliches Auftreten brachte ihm zahlreiche Kritik in Paris ein, er wurde gar mit Wallenstein verglichen.“[5] Daher ließ seine Abberufung nicht mehr allzu lange auf sich warten. Bereits am 27. Juli 1945 wurde er kaltgestellt und nach einer „Wartezeit“ im November zum Inspekteur des Heeres (= inspecteur général de l’armee de terre) ernannt.

Das Hauptquartier der französischen Truppen wurde nun in den Schwarzwald nach Baden-Baden verlegt. Dennoch nahm Lindau während der Besatzungszeit von 1945 bis 1955 als sogenannter „Landkreisstaat“ wie im Dreißigjährigen Krieg, als es aufgrund seiner Insellage im Bodensee von den schwedischen Truppen verschont blieb, eine einzigartige Sonderstellung ein. Und das kam so: Als nach dem Zweiten Weltkrieg das deutsche Reichsgebiet von den Alliierten besetzt und in vier Besatzungszonen aufgeteilt wurde, fiel Bayern an die amerikanische Besatzungszone. Doch „gleich nach der Besetzung des Kreises Lindau durch französische Truppen und der dadurch bedingten Abschnürung des Kreises von der bayerischen Verwaltung in der Mittel- und Oberinstanz ergaben sich in Lindau notwendig Schwierigkeiten, die von Monat zu Monat größer wurden. Insbesondere traten Stockungen in der Versorgung der Bevölkerung ein, weil Lindau bis zur Besetzung zum bayerischen Versorgungsgebiet gehört hatte [...].“[6] Überdies beanspruchten die Franzosen die Stadt und den Landkreis Lindau als einen freien Durchgangskorridor. Das hatte einen realen militärpolitischen Grund, denn dieses Territorium bildete das strategische Bindeglied zwischen der französischen Besatzungszone in Deutschland, die aus den Ländern Rheinland-Pfalz, (Süd-)Baden und Württemberg-Hohenzollern sowie dem seinerzeit einem Sonderstatus unterliegenden Saargebiet beziehungsweise Saarland bestand, und den ebenfalls von den Franzosen besetzten westlichen Bundesländern Österreichs, Vorarlberg und Tirol.

Nach entsprechenden Verhandlungen hatten die Vereinigten Staaten schließlich zugesagt, vom amerikanisch besetzten Bayern einen schmalen Streifen am Bodensee als direkten Zugang zwischen den französischen Besatzungszonen in Süddeutschland und Westösterreich an Frankreich abzutreten. „Besatzungsrechtlich wurde der Kreis Lindau durch die Generalverwaltungsverfügung Nummer 10 vom 26. September 1945 der Befehlsgewalt der Délégation supérieure pour le Gouvernement Militaire du Wurtemberg unterstellt.“[7]

So kam Lindau aufgrund seiner besonderen Lage bis 1956 zu einer einzigartigen wirtschaftlichen und verwaltungsmäßigen sowie verfassungs- und staatsrechtlichen Sonderstellung mit besonderen Vollmachten, die sowohl den jeweiligen Kreispräsidenten als auch den Landräten von der französischen Militärregierung übertragen wurden. „Grundlegend ist festzuhalten, dass die eigenstaatliche Entwicklung eine Frucht des Zufalles ist, die Lindau in den Schoß fiel da die Franzosen, wie zur Zeit Napoleons mehr oder minder willkürlich die Zonen- und Ländergrenzen Süddeutschlands festlegten.“[8]

Da der „Landkreisstaat“ mit seiner völkerrechtlichen Sonderstellung sehr rasch zu einer Drehscheibe des grenzüberschreitenden Verkehrs zwischen den südlichen deutschen Besatzungszonen, dem westösterreichischen Vorarlberg und Tirol sowie der neutralen Schweiz wurde, übertrugen die französischen Militärbehörden unter anderem auch die Ausgabe der begehrten Passierscheine (= Laissez-passer) dem Lindauer Kreispräsidenten bzw. Landrat, der seine diesbezüglichen Befugnisse dann in eigener Regie weiter delegieren konnte. Verschiedenen Amtsblättern aus den Jahren von 1945 bis 1948 ist zu entnehmen, dass zum Beispiel die Passierscheinanträge von jedem Bürgermeister entgegenzunehmen sind, um den Menschen aufgrund der Verkehrsverhältnisse den weiten Weg zum Landratsamt zu ersparen.[9] So heißt es unter anderem im Sommer 1945 im „Amtsblatt für den Landkreis Lindau“ unter den „Bekanntmachungen des Landrats“:

„1. Für Reisen innerhalb der amerikanischen Besatzungszone ist Passierschein mit schwarzem oder grünem Aufdruck gültig.
2. Für Reisen von der amerikanischen in die französische Besatzungszone ist Vorlage eines zur Reise berechtigenden Passierscheines mit schwarzem Aufdruck erforderlich. [...]
Auf meinen Antrag hin hat nämlich gestern der Herr Gouverneur entschieden, dass mit Rücksicht auf die Grenznähe zu Oesterreich der Passierscheinzwang zu Reisen mit der Eisenbahn im Landkreis Lindau bis auf weiteres bestehen bleiben müsse.“[10]

Nach dem Einmarsch der Franzosen wurde zunächst der honorige Rechtsanwalt Dr. Franz Eberth als Bürgermeister von Lindau sowie als Landrat des Landkreises eingesetzt. „Besondere

Verdienste erwarb [er] sich in dieser schweren Zeit, als im Mai 1945 auf französischen Befehl hin die Insel innerhalb weniger Stunden geräumt werden musste. Zusammen mit den beiden Lindauer Geistlichen gelang ihm jedoch die baldige Aufhebung jenes unglückseligen Befehls. Verbunden damit war – und das fällt hier so ins Gewicht – seine persönliche Bürgschaft, die er dafür übernahm."[11]

Doch dann geschah etwas ganz Ungeheuerliches. Denn am 10. Januar 1946 wurde Eberth, „wahrscheinlich auf irgendeine Denunziation hin"[12], während einer Sitzung von der französischen Polizei verhaftet. Als sich die erhobenen Anschuldigungen als völlig haltlos erwiesen, wurde er schließlich wieder auf freien Fuß gesetzt. Doch „lehnte er eine Weiterführung des Amtes als Landrat ab",[13] weil er den Verleumdungen, Intrigen und Seilschaften, die sich hinter seinem Rücken bildeten, machtlos gegenüber stand.

Als neuer Landrat wurde von den Franzosen nun aber kein Politiker, sondern stattdessen ein leidenschaftlicher Berufssoldat vom Jahrgang 1909 eingesetzt, der in Wehrmacht eine atemberaubende militärische Karriere durchlaufen hatte – und zwar 1935/36 als Batterieoffizier Truppendienst bei der Artillerie, 1936 Brigadeintendant im Aufstellungsstab der Gebirgsbrigade unter dem Bauherrn der deutschen Gebirgstruppe Ludwig Kübler, 1938 Divisionsintendant im Stab der 1. Gebirgsdivision, 1941 Korpsintendant des neuaufgestellten XXXXIX. Gebirgsarmeekorps und nur ein Jahr später Armeeintendant beim Oberquartiermeister (OQu) in Rom für die Heeresgruppe Afrika. Sein Name ist uns bereits im Zusammenhang mit dem Reichsbankschatz vom Walchensee bestens bekannt: Dr. jur. Wolfgang Bernklau. Als ehemaliger „Kampfkommandant von Murnau"[14] und Oberstintendant in der „Alpenfestung" tauchte er am Bodensee plötzlich auf, wo er für einigen Ärger sorgte.

Nicht nur während der unzähligen Gesprächsrunden, sondern auch in zahlreichen Briefen äußerte sich Bernklau aufgrund seines besonders großen Mitteilungsbedürfnisses über Interna aus der oberen Führungsebene zwecks späterer Veröffentlichung überaus kritisch gegenüber seinen alten Kameraden und ehemaligen Vorgesetzten aus der Wehrmacht.

Zielscheibe seiner öffentlichen Missbilligung war unter anderem der Begründer der deutschen Gebirgstruppe. Den „launischen und kratzbürstigen Kommandeur Kübler" beurteilte er in mehreren „Streiflichtern" überaus negativ.[15] Den ehemaligen Präsidenten Engl von der Münchner Wehrbereichsverwaltung VI – dort war Bernklau Vizepräsident! – qualifizierte er sowohl in mündlicher als auch in schriftlicher Form ab, denn, so der Untergebene: „Er war über den ganzen Krieg in der Heimat und als Regierungsrat Leiter eines Entbindungsheims für schwangere Luftwaffenhelferinnen (sog. Drahtamseln)."[16] Den ersten Präsidenten der Bayerischen Landespolizei Remold beschimpfte er als „verblichenen Märchenerzähler"[17]

Dietls Witwe bezeichnete der ehemalige Lindauer Landrat als der „stalinistischen Ideologie zugewandt". Ebenso den vorletzten Kommandeur der 5. Gebirgsdivision. Über den „linksextrem abgewanderten" Generalleutnant Max Schrank plauderte er allzu gerne aus dem Nähkästchen.[18]

Handelte es sich bei der Bestellung dieses permanenten „Enthüllers" zum Landrat von Lindau um ein gezieltes Komplott „Alter Kameraden" und Seilschaften? Wurde Bernklau gar, wie nicht wenige hinter vorgehaltener Hand munkelten, von seinem alten Wehrmachtskameraden Pfeiffer für den Posten als Landrat von Lindau den Franzosen persönlich empfohlen? Einen schriftlichen Beweis gibt es dafür nicht, aber durchaus ein Motiv. Schließlich besaß der

„Goldbarren-Oberst“ vom Walchensee ausgezeichnete Verbindungen zu den französischen Streitkräften. Denn er trainierte nach Kriegsende unter anderem französische Soldaten im Gebirgskampf. Dazu war er als Heeresbergführer der Wehrmacht und ehemaliger Kommandeur der Mittenwalder Gebirgsjägerschule in besonderer Weise qualifiziert.

Als Landrat von Lindau hatte Bernklau umfassende Vollmachten, sodass er im Bedarfsfalle sowohl bei der Vergabe von Passier- und „Persil“-Scheinen als auch bei sonstigen Sonderzuwendungen äußerst großzügig verfahren konnte.[19]

So bedankte sich Wilhelm Hof noch Anfang 1948 bei dem „Herrn Landrat Dr. Bernklau“ unter anderem für „einige, der uns durch Sie gütigst gewährten Vergünstigungen [...] weil die Aufzählung der übrigen zu viel Platz beanspruchen würde. Unter anderem bedachten Sie uns [...] mit einem monatlichen Benzinkontingent. Das ebenso, wie auch die uns gewährte Lebensmittelzulage, dankbar begrüßt wurde. Und am Ende des eben verflossenen Jahres beglückten Sie eine Anzahl [...] mit einem [...] für unsere wirtschaftlichen Verhältnisse beachtlichen Geldbetrag. Darüber hinaus suchten Sie unsere Brennmaterialsorgen mittels Sonderzuweisung von je zwei Zentner Briketts, zu mildern.“[20]

Bernklau übte seine Amtsgeschäfte nach Meinung seines Vorgängers Eberth zuweilen derart willkürlich und eigenmächtig aus, dass er schon sehr bald in die Schusslinie von untadeligen Persönlichkeiten geriet und im Landkreis Lindau für einen handfesten Skandal sorgte. Seine Verfehlungen waren im „Staate Lindau“ derart gravierend, dass Eberth ihn in seitenlangen Enthüllungen scharf angriff. Schlimmer noch: Am 4. Mai 1949 erhob der ehemalige Bürgermeister und Landrat auf Grund seiner Insiderkenntnisse und der schweren Verfehlungen seines Nachfolgers gar eine Dienstaufsichtsbeschwerde gegen Bernklau. Um einem dienstlichen Disziplinarverfahren zu entgehen, verließ dieser dann fluchtartig das Lindauer Landratsamt und nahm nun einen ungeliebten, subalternen Dienstposten in Bayreuth an, um im „Landkreisstaat“ endlich aus den negativen Schlagzeilen zu geraten. Und diese lauteten unter anderem wie folgt:[21]

Es ist etwas faul im Staate Lindau

Dr. Eberth beschuldigt Landrat Dr. Bernklau

In einem Schreiben an den Bürgermeister der Stadt Lindenberg, an die Bürgermeister der siebenundzwanzig Gemeinden des Landkreises Lindau sowie an die Kreistagsfraktionen der CDP, SPD und FDP, der Freien Wählerliste und der Bayernpartei nahm Rechtsanwalt Dr. Eberth eingehend zum „Fall Dr. Bernklau“ Stellung. Das Schreiben wurde ferner dem Kreispräsidenten, dem Bayerischen Staatsministerium des Innern sowie Oberregierungsrat Dr. Bernklau selbst zur Kenntnisnahme zugeleitet

Einleitend nimmt Dr. Eberth darauf Bezug, dass die im März erfolgten Veröffentlichungen in den Lindauer Zeitungen den Eindruck erweckt hätten, als wäre Dr. Bernklau lediglich wegen des Beitritts des Landkreises Lindau zum Bayerischen Landesverband beurlaubt worden und als sei ihm dabei Unrecht geschehen. Die öffentliche Meinung sei längere Zeit hindurch teils bewusst, teils unbewusst irregeführt worden über das, was Dr. Bernklau zur Last gelegt werden müsse.

In sechs Punkten legt der Rechtsanwalt Dr. Eberth dar, dass sich Dr. Bernklau in seiner Amtsführung so verhalten habe, dass eine weitere Zusammenarbeit mit dem Kreispräsidium und ein Verbleiben in seiner Lindauer Dienststelle unmöglich geworden sei. Da ist zunächst die Angelegenheit Professor Parade. Professor Parade habe sich darauf berufen können, dass ihm vom Landrat wiederholt eine Anstellung zu den gleichen Bedingungen wie Dr. Kamprath, unter anderem bis zur Vollendung des 65. Lebensjahres zugesichert worden sei. Dr. Bernklau dagegen habe dies bestritten und darauf hingewiesen, dass auch die Protokolle nichts dergleichen enthielten. Tatsache sei jedoch, dass im Protokoll über die Kreisausschusssitzung vom 30. April 1947 die Bestimmung enthalten ist: „Der Kreisausschuss kam sodann noch überein, dass Professor Parade unter den gleichen Bedingungen angestellt sei wie Herr Dr. Kamprath." Rechtsanwalt Dr. Eberth erklärt in diesem Zusammenhang, Dr. Bernklau habe diese Bestimmung bewusst verschwiegen, beziehungsweise abgestritten, um glaubhaft zu machen, dass eine Abmachung mit Professor Parade über seine Anstellung nicht erfolgt sei. Unter Hinweis auf das Verhalten Dr. Bernklaus im Arbeitsgerichtsprozess, in dem der Landrat versuchte durch Zeugen zu beweisen, dass es sich bei der Fassung des Protokolls um einen Schreib- oder Hörfehler des Protokollführers handle, deutet Rechtsanwalt Dr. Eberth an, dass sich Dr. Bernklau hier möglicherweise in unzulässiger, eventuell strafbarer Weise einer Zeugenbeeinflussung schuldig gemacht habe. Dr. Eberth verlangt, dass einwandfrei geklärt werde, welche Rolle Dr. Bernklau in der ganzen Kreiskrankenhausangelegenheit gespielt habe. Bei Feststellung des Verschuldens von Dr. Bernklau dürfte der Kreis Lindau nicht auf Regressansprüche verzichten. Es könne nicht gebilligt werden, dass erhebliche Aufwendungen aus öffentlichen Mitteln wegen pflichtwidrigen Verhaltens eines Beamten gemacht würden, ohne dass der betreffende Beamte zur Verantwortung gezogen werde. Die Entschädigung für Professor Parade – sie kommt nach Dr. Eberths Auffassung ausschließlich auf das Schuldkonto Dr. Bernklaus – betrug bekanntlich 25.000 DM. Die Gesamtsumme des dem Landkreis in dieser Angelegenheit durch Dr. Bernklau entstandenen Schadens dürfte jedoch noch höher sein. (Professor Parade selbst erklärt noch zu dieser Angelegenheit, er habe sich erboten, im Kreiskrankenhaus ohne Gehalt zu arbeiten, solange der Landkreis in einer so schlechten finanziellen Lage sei, dass er ihm sein Gehalt nicht zahlen könne. Dieses Angebot habe aber beim Landrat keine weitere Beachtung gefunden. Anm. d. Red.) Bereits am 4. Mai 1949 habe Dr. Eberth in einer Dienstaufsichtsbeschwerde die dienststrafrechtliche Würdigung des Verhaltens von Dr. Bernklau beantragt und zwar nicht nur im Fall Professor Parade, sondern auch bezüglich einer Reihe von anderen Vorgängen. So werde gegen Dr. Bernklau von verschiedener Seite der Vorwurf erhoben, er habe bewirtschaftetes Holz für seine Zwecke verwendet und weiterhin Holz, das der Kreis Lindau von München angefordert habe, der Verwendung außerhalb des Kreises Lindau zugeführt.

Dr. Bernklau habe sich ferner geweigert, den aus Kriegsgefangenschaft zurückgekehrten Regierungsrat Dr. Kleiner, dem beim Landratsamt Lindau eine Planstelle zustand, aufzunehmen. Dr. Bernklau habe Dr. Kleiner bei der Militärregierung zu denunzieren versucht, um auf diese Weise zu erreichen, dass Dr. Kleiner seinen Dienst beim Landratsamt nicht wieder antreten könne. Der Landkreis Lindau sei dadurch erheblich geschädigt worden, dass an Dr. Kleiner mehrere Monate Gehalt bezahlt werden musste, ohne dass er Dienst leisten konnte.

Dr. Bernklau habe außerdem einen Scheck über mehr als 100.000 Reichsmark, durch den aus Mitteln des Kreises eine angebliche Entschädigung für Besatzungsschäden ausbezahlt wurde, unterschrieben, ohne zu prüfen, ob die Anzahlung zu Recht erfolge, und hat seine Unterschrift in diesem Zusammenhang als „symbolisch" bezeichnet. Dr. Bernklau soll außerdem gegen eine Firma des Landkreises Anzeige erstattet haben, ohne die sachliche Berechtigung für die Anzeige vorher zu überprüfen. Im Zusammenhang mit der Anzeigenerstattung habe er völlig unwahre Angaben gemacht. In einer Sitzung der Kreisversammlung habe er, um Auskunft über die hohen Reisespesen des Landratsamtes ersucht, bewusst wahrheitswidrige Angaben gemacht. Dr. Bernklau habe selbst ständig unnötige Dienstreisen nach München unternommen und hohe Spesen verursacht. Auch in der Frage des Beitritts des Kreises Lindau zum Bayerischen Landkreisverband habe Dr. Bernklau mehrfach bewusst unwahre Angaben gemacht. Schließlich habe er sich geweigert, den ihm zur Verfügung stehenden Dienstwagen des Landkreises zurückzugeben und versucht, diesen sich widerrechtlich anzueignen und dadurch den Kreis zu schädigen. (Er hat sich darauf berufen, dass er bei seinem Dienstantritt in Lindau einen Wagen eingebracht habe. Dieser soll ihm jedoch bezahlt worden sein, erklärt Dr. Eberth. Anm. d. Red.)

Dr. Eberth schließt sein Schreiben mit dem Hinweis ab, dass er bereits am 4. Mai 1949 gegen Dr. Bernklau Dienstaufsichtsbeschwerde erhoben habe. Weiter habe er am 26. September 1949 und am 13. Januar dieses Jahres beim Kreispräsidenten die Durchführung eines Dienststrafverfahrens beantragt und darauf hingewiesen, dass er, Dr. Eberth, entschlossen sei, dieses Verfahren eventuell durch Anrufung des Verwaltungsgerichtes zu erzwingen. Er halte es für untragbar, dass die Schädigung des Ansehens der öffentlichen Verwaltung und die materielle Schädigung des Landkreises Lindau durch die Pflichtwidrigkeiten Dr. Bernklaus stillschweigend übergangen würden, ohne dass Dr. Bernklau zur Verantwortung gezogen werde. Besonders bemerkenswert ist der Schlussabsatz des Schreibens Dr. Eberths, der wie folgt lautet:

„Nachdem leider im bayerischen Kreis Lindau das Dienststrafverfahren gegen Dr. Bernklau weder eingeleitet noch durchgeführt wurde, und nachdem es den Anschein hat, als wäre auch in München die Rücksichtnahme auf den „Mann mit den guten Beziehungen" stärker als der Mut zur Sauberkeit in der öffentlichen Verwaltung, halte ich es für erforderlich, wenigstens die Kreise, die glaubten, sich noch für Dr. Bernklau einsetzen zu sollen, über dessen tatsächliches Verhalten zu unterrichten. Ich nehme an, dass Dr. Bernklau selbst auf Grund meines gegenwärtigen Rundschreibens Veranlassung nehmen wird, eine gerichtliche Klärung herbeizuführen, die ja, wenn sein Verhalten so einwandfrei ist, wie er es hinzustellen beliebt, in seinem Interesse gelegen sein muss. Ich habe bereits in meiner Eingabe an den Kreispräsidenten vom 30. Juni 1949 Dr. Bernklau nahegelegt, gegen mich Klage zu erheben, wenn er glaubt, dass eine der von mir aufgestellten Behauptungen nicht der Richtigkeit entspricht. Dr. Bernklau, der vom Kreispräsidenten zur Stellungnahme zu meinen Ausführungen vom 30. Juni 1949 aufgefordert wurde, hat es seither vorgezogen, dazu zu schweigen."

2. Passierscheine, „Rattenlinie" und Kriegsgewinnler

Aber nicht nur den ehemaligen Oberfeldintendanten der „Alpenfestung", sondern auch den „Goldbarren-Oberst" vom Walchensee hatte es nach Kriegsende mit magischer Kraft in das Dreiländereck Lindau im Bodensee – Vorarlberg – Schweiz gezogen.

Pfeiffer kehrte zunächst im Sommer 1945 in seine Wohnung in Bad Reichenhall zurück. Die „Amerikaner und Franzosen wandten sich an mich, die Aufgabe zu übernehmen, die noch in großer Zahl im Gebirge befindlichen versprengten Soldaten zur Aufgabe ihres Verhaltens zu bewegen."[22] Pfeiffer musste über dermaßen viel Geld- oder Goldreserven verfügt haben, dass er zur Bedingung machte: „Keine Bezahlung für mich und meine Offiziere, die ich dafür einsetzen musste, aber Unterstützung durch Kraftwagen und Lebensmittelkarten; für alle ohne Unterschied sofortige Entlassung in die Heimat ohne Lager."[23]

Diese bindende Zusage wurde nach Pfeiffers Angaben „kurz darauf von den Amerikanern gebrochen, ohne dass allerdings ein Nachteil für die Betreffenden eintrat; die noch gewarnt werden konnten. Die Folge dieses Wortbruchs war eine scharfe Auseinandersetzung mit den Amerikanern und mein Absetzen nach Tirol wegen der Gefahr, dafür eingesperrt zu werden."[24]

Das Oberkommando der französischen Besatzungszone gewährte dem deutschen Oberst das begehrte Asyl. Generaloberst Bethourt erfüllte das Abkommen ohne Einschränkung. „Auf diese Art und Weise", so Pfeiffer, „konnte im Laufe der Zeit ein an sich sehr gefährliches Unternehmen erfolgreich abgewickelt werden und die Gefahr, dass die im Gebirge Befindlichen von Marokkanern gejagd [sic] würden, wie angedroht war [...] konnte gebannt werden. Insgesamt wurden so rund sechstausend Mann unverzüglich in die Heimat entlassen."[25]

Im Winter 1946/47 ging Pfeiffer auf Ersuchen der französischen Armee für drei Monate nach Chamonix an die französische Hochgebirgsschule – École de Haut Montagne –, um dort den französischen Alpenjägern Erfahrungen und Führungsgrundsätze der deutschen Gebirgstruppe im Zweiten Weltkrieg zu vermitteln. „Ausdrücklich ist dabei hervorzuheben, dass ich freiwillig ging und die mir angebotene Bezahlung ablehnte."[26] Es war das zweite Mal, dass der „Goldbarren-Oberst" unentgeltlich über Monate hinweg in fremden Diensten stand. Woher bezog er die Einkünfte, um seinen Lebensunterhalt – und den seiner Familie – zu bestreiten? Für nicht wenige führt die Suche nach der Geldquelle vor allem zum Walchensee.

„Abschließend zu diesem Thema und dieser Zeit stelle ich fest", so Pfeiffer höchstpersönlich, „dass ich zu keiner Zeit in französischen Diensten war und niemals eine Bezahlung erhielt. Meine gesamte Tätigkeit in dieser Richtung war freiwillig."[27]

Zur gleichen Zeit bereitete der clevere Oberst seit 1946/47 seine Auswanderung nach Argentinien vor, die er dann im Herbst 1950 in die Tat umsetzte, denn, so seine Begründung in seiner Vita, entscheidend waren in „Argentinien wohnhafte Bekannte, [...] die mir ihre sämtlichen Beziehungen zur Verfügung stellten."[28] Dort erhielt „Francisco Pfeiffer", so die Anschrift, unmittelbar nach seiner Ankunft einen Brief des Generalobersten Heinz Guderian mit der Bitte: „... grüßen Sie die alten Kameraden dort drüben [...]"[29] Ferner erhielt er umgehend einen argentinischen Fremdenpass.

Der war Gold wert. Denn „die Auswanderung aus Deutschland nach Lateinamerika war in der Nachkriegszeit nicht nur durch alliierte Bestimmungen erschwert, auch viele lateinamerikanische Staaten hatten Vorschriften erlassen, die die Einwanderung von Deutschen behinderten. [...] Den amerikanischen Staaten war empfohlen worden, Kriegsverbrechern keine Zuflucht zu gewähren und Personen, die Kriegsverbrechen angeklagt waren, an die Alliierten auszuliefern. [...] Im Widerspruch zu ihren interamerikanischen Verpflichtungen aber waren die Regierungen der lateinamerikanischen Staaten aus vielfältigen Motiven gleichzeitig an deutschen Einwanderern interessiert."[30]

Das galt vor allem für Argentinien. Ein besonderes Interesse an den Deutschen zeigte dort kein geringerer als der charismatische Juan Domingo Perón. Seine Deutschfreundlichkeit hatte einen tiefen, weitgehend unbekannten Grund. Die Berliner Kriegsakademie bildete Hauptleute, die die „Wehrkreisprüfung" bestanden hatten, für den Generalstabsdienst aus. Ausländer konnten zugelassen werden – wie zum Beispiel der argentinische Offizier und spätere Kriegsminister und Präsident Perón. Seine glänzende militärische Laufbahn ist seit dem Eintritt in die Militärakademie 1913 ebenso dokumentiert wie seine Intelligenz, seine Vorliebe für das Fechten und hübsche jugendliche Frauen. Berühmt sind sein unbestreitbares Organisationstalent, seine Fähigkeit, Freunde zu gewinnen, zu behalten und – wenn es ihm von Vorteil erschien – auch auszunutzen. Gefürchtet war seine Gabe, Feinde zu demütigen, sie mit der Waffe des Spotts zu schädigen und notfalls brutal zu vernichten.

Letzter Kommandeur der Kriegsakademie war bis 1945 der Generalleutnant zur Verfügung Günther Niedenführ. Danach kurzzeitig in München ansässig, lernte der ehemalige Luftattaché in Rio de Janeiro unter anderem auch Oberst Franz Pfeiffer kennen. Mit ihm gelangte er über das geheimnisvolle Dreiländereck Vorarlberg – Lindau im Bodensee – Schweiz und die sogenannte „Klosterroute" und „Rattenlinie" nach Argentinien, wo er zeitweilig bei seinem Kriegsschüler Perón Zuflucht fand. Dort blieb Pfeiffer rund fünfzehn Jahre, die jedoch alle zwei Jahre von kostspieligen Europaaufenthalten unterbrochen wurden.

„Peróns eigene politische Vorstellungen waren von seinem Werdegang in der argentinischen Armee und seinen in Europa gewonnenen Erfahrungen geprägt. Wie viele Offiziere der argentinischen Streitkräfte hing er nationalistischen Ideen an",[31] konstatierte der Historiker Matthias Schönwald. Er „ist in vielen journalistischen und auch wissenschaftlichen Veröffentlichungen als ‚Nazifreund' beschrieben worden, der in Zusammenarbeit mit nach Argentinien geflohenen Nationalsozialisten ein Abbild des Hitler-Regimes in Argentinien zu errichten trachtete."[32] Seine Deutschfreundlichkeit „war im argentinischen Heer in den vierziger Jahren weit verbreitet und beruhte auf den positiven Erfahrungen mit den deutschen Ausbildern und Lehrinhalten in der ‚Escuela Superior de Guerra', der argentinischen Kriegsakademie."[33] Aber auch auf denen der deutschen Kriegsakademie!

Mit südamerikanischer, insbesondere jedoch mit argentinischer Hilfe glückte zahlreichen Kriegsverbrechern und Kriegsgewinnlern die Flucht aus der „Alpenfestung" in das rettende Ausland. „Ihnen kommt zugute, was bereits am 10. August 1944 auf einer Sitzung von führenden Vertretern der deutschen Rüstungsindustrie im Hotel ‚Maison Rouge' in Straßburg besprochen worden ist."[34] Damals beschloss man, „einen Teil des Vermögens des Dritten Reiches ins Ausland zu schaffen, um es", wie Simon Wiesenthal berichtet, „nicht in alliierte Hände fallen zu lassen." Dieser raffinierte Plan wurde sogleich in die Tat umgesetzt, sodass amerikanische Fahnder nach Kriegsende siebenhundertfünfzig Firmen in zahlreichen Ländern, insbesondere aber in der Schweiz, in Spanien, Portugal und der Türkei sowie in Argentinien und in vielen kleineren mittelamerikanischen Staaten registrierten. Nach Wiesenthals Ausführungen liegt die „Vermutung nahe", dass sie über einheimische Strohmänner „mit Hilfe des deutschen Fluchtkapitals gegründet oder aufgekauft worden waren."[35]

Diese Länder waren nun das Ziel jener Nationalsozialisten, Geld-, Gold- oder Waffenschieber, denen der Boden in der eroberten „Alpenfestung" oder an anderen Orten, wo sie während der letzten Kriegstage untergetaucht waren, zu heiß wurde. Sie flüchteten über die Alpen auf der bereits genannten „Rattenlinie", wie die Amerikaner die heimlichen, von der Katholischen Kirche organisierten Fluchtwege nannten, via Schweiz sowie Südtirol und Italien nach Spanien, Lateinamerika oder in den Nahen Osten.

Zu den katholischen Fluchthelfern und Schwärmern für einen „christlichen Nationalsozialismus" zählte auch der österreichische Titularbischof und NS-Sympathisant Alois C. Hudal. Er „sah in einer geistigen und politischen Verbindung von Nationalsozialismus, Sozialismus und Christentum das einzige Bollwerk gegen den Bolschewismus."[36] Als Rektor des Deutschen Priesterkollegs mit Sitz in Rom organisierte er in dieser „Schaltstelle der christlichen Fluchthilfe-Connection" zunächst die „Rattenlinie", die „bei den Beteiligten ‚Klosterroute' genannt wurde",[37] da zahlreiche Konvente aus strategischen Überlegungen mit einbezogen waren.

Später, als der Mohr seine Schuldigkeit getan hatte, fiel der Bischof kirchlichen und politischen Rankünen nicht zuletzt auch deshalb zum Opfer, weil er sich allzu sehr damit brüstete, seine „ganze karitative Arbeit in erster Linie besonders den sogenannten ‚Kriegsverbrechern'" gewidmet und nicht wenigen von ihnen die „Flucht in glücklichere Länder" ermöglicht zu haben. Wo es nur irgendwie möglich und machbar war, erfüllte er NS-Verbrechern und Wehrmachtsangehörigen, die etwas auf dem Kerbholz hatten, daher den vitalen Wunsch, nach „Argentinien zu Verwandten" auszuwandern.[38]

Bereits 1937 hatte Hudal Hitler, dem „Siegfried deutscher Größe", sein Buch über „Die Grundlagen des Nationalsozialismus" gewidmet. Als ranghöchster deutscher Würdenträger in Rom avancierte er sehr schnell zum „Engel der Nazi-Internierten".[39] Seine „Helfershelfer waren in den meisten Fällen katholische Geistliche. Priester und Bischöfe in Italien versteckten die Flüchtlinge und verhalfen ihnen, mit geistlichem Segen und Pässen vom Internationalen Roten Kreuz versehen, zu einer neuen Identität."[40]

Viele von ihnen, so Richardi, „brechen im freiwilligen Exil nicht mit ihrer Vergangenheit, sondern glauben fest daran, was im Hotel ‚Maison Rouge' in Straßburg beschlossen wurde, als die Spitzen des Dritten Reiches Mittel und Wege suchten, um die Nachkriegsperiode zu überstehen." Dann wollten sie ein „Viertes Reich" schaffen. Denn, so schworen sie: „Wir kommen wieder!"[41]

Angesichts der großen Geldmengen und einiger Goldbarren, die Pfeiffer über die „Klosterroute" und „Rattenlinie" nach Argentinien gebracht hatte, verstärkten sich die schizophrenen Schübe seiner Frau rapide. Auf einem seiner zahlreichen Europaflüge in den fünfziger Jahren des 20. Jahrhunderts nahm er sie daher wieder mit nach Deutschland. In München wurde sie in ein Pflegeheim eingewiesen, das sie nicht mehr verlassen sollte. Da die Ehe kinderlos geblieben war, adoptierte der „Goldbarren-Oberst" kurzerhand seine beiden unehelichen Kinder, die aus einer intimen Beziehung mit einer Ingenieursgattin hervorgegangen waren. Einen Adoptivsohn ließ er sinnigerweise als Goldschmied ausbilden. Als Startkapital hatte er, wie Pfeiffers verwirrte Frau nach Bernklaus Aussage unachtsam verlauten ließ, zunächst Goldbarren umzuschmelzen und dann zu verarbeiten.[42]

Pfeiffer musste dermaßen viel Geld und Gold nach Argentinien mitgenommen haben, dass es ihm dort finanziell nicht schwer gefallen war, eine ansehnliche Rinderherde zu erwerben und den Beruf eines Kaufmannes auszuüben. „Diese Tätigkeit", so der Ritterkreuzträger, „konnte ich im Laufe der Jahre trotz erheblicher Schwierigkeiten aller Art ausbauen, die in der Gründung einer eigenen Handelsfirma gipfelte,"[43] um in das gewinnträchtige Fleischgeschäft einzusteigen; denn „die Briten verpflichteten sich, Argentinien bei Fleischkäufen den gleichen Status wie den Dominions einzuräumen."[44]

Für seine Fleischexporte von Argentinien nach Deutschland und Großbritannien benötigte Pfeiffer jedoch eine Unbedenklichkeitsbescheinigung. Diese stellte ihm unter anderem ein ehemaliger Kamerad aus den Reihen der deutschen Gebirgstruppe aus. Sein Name: Dr. vet. Reinhold Klebe. Der Major war nicht nur als hochnäsig und arrogant verschrien, sondern er konnte auch, wie man in Bayern so schön zu sagen pflegt, kräftig hinlangen und vor Schienbeine treten – „Gebirgsjägertugenden", wie später der Münchner Kameradenkreis frohlockte.[45] Während des Zweiten Weltkrieges unter anderem, wie Pfeiffer, auf dem Balkan eingesetzt und darüber hinaus an verbrecherischen Kampfhandlungen auf der griechischen Insel Kefalonia im Herbst 1943 beteiligt,[46] zog es ihn nach dem Krieg und dem entsprechenden Studium als Tierarzt nach Argentinien, bevor er 1956 wieder Soldat in der neu aufgestellten 1. Gebirgsdivision der Bundeswehr wurde. Sein Sohn Thilo eröffnete „aus dem Stand eine lukrative Großtierpraxis."[47]

Die „Alten Kameraden" und Seilschaften überstanden alle Sturmfluten des Lebens. Ja, sie währten auch über den Tod hinaus. Als Franz Pfeiffer am 20. November 1994 im Alter von siebenundachtzig Jahren starb, beauftragte seine geistig umnachtete Witwe die Familie Bernklau, die komfortable Nymphenburger Eigentumswohnung „auszuräumen", denn, so Bernklaus Frau, sie „braucht und will nichts mehr davon. Über seine persönlichen Dinge – Militaria, Bücher – hat er selbst noch verfügt."[48] Die äußerst enge Verbindung zwischen den Familien Bernklau und Pfeiffer kam auch darin zum Ausdruck, dass das Sterbebild für den verstorbenen „Goldbarren-Oberst" nicht von seinen Angehörigen, sondern ausgerechnet vom ehemaligen Lindauer Landrat höchstpersönlich entworfen wurde.

Doch damit nicht genug. Bernklaus Sohn Reiner-Christoph Karl Joseph fungierte sogar als Testamentsvollstrecker des Ritterkreuzträgers. Dabei kam unter anderem folgendes ans Tageslicht. In einem notariellen Erbvertrag hatte der „Goldbarren-Oberst" nach seiner Rückkehr aus Argentinien für den Fall seines Ablebens einige Tausend Deutsche Mark Geldspenden vermacht – und zwar neben der Großnichte seiner Ehefrau und zahlreichen Verwandten an den Bund gegen Missbrauch der Tiere, die Korean-Relief-Hilfsorganisation für koreanische Waisenkinder, den Hermann-Gmeiner-Fonds für Deutschland, SOS-Kinderdörfer sowie an das Hilfswerk Ritterkreuz e. V. Mehr noch: Von einer bis dato unbekannten Frau aus Südamerika, die gut Deutsch sprach, kam ein Anruf, in dem sie als Unterstützung die nächsten fünftausend Mark forderte.[49]

Die südamerikanische Señora entpuppte sich später als jene junge Jugoslawin Vera de Costra, die die Wachmannschaften des Goldschatzes vom Walchensee seinerzeit, „regelmäßig mit Lebensmitteln und sicher auch noch mit etwas mehr versorgte. Dass bei diesen

Gelegenheiten ein gewisses Vertrauensverhältnis [...] entstanden ist, darf als sicher gelten. Zwangsläufig dürften sich ihre Gespräche dabei auch um das Gold und die Schätze gedreht haben, was nichts anderes bedeutet, als dass Vera de Costra eine weitere Mitwisserin des Geheimnisses um den Schatz war."[50]

Ihre „Rolle in dem Spiel um Gold und Reichtum ist ebenfalls etwas undurchsichtig", konstatierte der deutsche Schatzsucher Reinhold Ostler. „So soll sie sich nach Aussage eines Chronisten die Emigration nach Argentinien mit Diamanten versüßt haben, die im Futter ihres Mantels eingenäht waren. Argentinien schien überhaupt einen besonderen Reiz auf die Beteiligten der ‚Goldkarawane' ausgeübt zu haben: Friedrich Josef Rauch zog es ebenso wie sein ehemaliger Kamerad Pfeiffer vor, in südamerikanische Firmen zu investieren. Der Spross jener Adelsfamilie in Garmisch, bei der sich Rauch und Pfeiffer versteckten, fand ebenfalls Gefallen an Argentinien. [...] Die Sehnsucht nach seinen Freunden trieb auch ihn nach Buenos Aires. Da selbst die billigste Pauschalreise nach Mallorca heutzutage etwas Taschengeld erfordert, darf spekuliert werden, aus welcher Reisekasse alle diese Südamerika-Touristen ihren Aufenthalt speisten."[51]

Bleibt noch anzumerken, dass ein derart aufwendiger Lebensstil allein von der Pension eines Obristen, auf die Pfeiffer nach eigenen Angaben neben der Kriegsversehrtenrente ebenfalls jahrelang verzichtet hat,[52] nicht im Entferntesten zu bestreiten ist, zumal sich die Pflegekosten für Pfeiffers Frau nach Bernklaus Informationen pro Monat auch noch auf rund viertausend Mark belaufen haben sollen. Demzufolge verfügte der Ritterkreuzträger über stattliche Geldquellen und Goldreserven, die ihm in der Nachkriegszeit ein fürstliches Leben ermöglichten.

Nicht umsonst stellte die Generalstaatsanwaltschaft München am 16. Januar 1953 fest: „Der ehemalige Kommandeur der Gebirgsjägerschule Mittenwald, Oberst Franz Pfeiffer, ferner der ehemalige Adjutant des Reichsministers Lammers, SS-Sturmbannführer Friedrich Josef Rauch, sowie die Gebrüder von Blücher haben Devisen unterschlagen oder gestohlen. Es ist wahrscheinlich, dass Franz Pfeiffer und Friedrich Josef Rauch ihre Auswanderung nach Argentinien [...] mit einem Teil dieser Devisen finanzierten."[53] Damit dürfte das Rätsel der fehlenden Goldbarren und Geldbeträge des Reichsbankschatzes vom Walchensee weitgehend gelöst sein.

Abschließend sei auf einen weiteren reichlich mysteriösen Vorgang hingewiesen, der sich während der letzten Kriegsphase in der „Alpenfestung" zugetragen hat. Denn nur teilweise konnte bis dato von Oberstleutnant im Generalstab Gerhard Rüddenklau, der sich seit Jahrzehnten mit den Heeresfeldabzeichen der Wehrmacht befasst, der Verbleib von Fahnen der Gebirgstruppe aus dem Münchner Wehrkreis VII geklärt werden.

Mit einem Erlass vom 16. März 1935 hatte der Führer und Oberste Befehlshaber der Wehrmacht Truppenfahnen gestiftet. Nach einem Entwurf des Berliner Gebrauchsgraphikers Paul Casberg wurden diese daraufhin gefertigt und von Hitler zum ersten Male auf dem Reichsparteitag in Nürnberg am 14. September 1936 an Einheiten des Heeres übergeben. Neu aufgestellte Truppenteile erhielten während des Krieges keine Fahnen mehr. Die endgültige Zuteilung sollte nach Kriegsende geregelt werden. Die Fahnen aus dem Münchner Wehrkreis wurden im November/Dezember 1944 entgegen einem Befehl vom 16. September 1944 nur unvollständig an das Grenadierersatz- und Ausbildungsbataillon 63 in Ingolstadt abgegeben.

Für die Rettungsaktion und Sicherung der über zweihundert Feldzeichen des Heeres aus den Wehrkreisen V, VII, XII und XIII sowie zusätzlicher Feldzeichen der alten Armee war bei Kriegsende wiederum kein geringerer zuständig als der „Goldbarren-Oberst", der sich freilich in dieser Frage jahrzehntelang genauso bedeckt gehalten hat wie in Sachen Aufklärung des verschwundenen Reichsbankschatzes vom Walchensee.

Nach Aussage seines langjährigen Kameraden in Krieg und Frieden, Dr. Wolfgang Bernklau, wurden die Feldzeichen in Kisten verpackt und auf einen Lastkraftwagen verladen, der dann mit der begehrten Fracht von der Mittenwalder Gebirgsjägerschule über Innsbruck zum Arlberg fuhr. Zum Begleitkommando zählten neben einem Fahrer der Waffen-SS der Ritterkreuzträger Pfeiffer als Beifahrer, der Major im Generalstab der Schweizer Armee Paul Schaufelberger sowie später ein Schweizer Zollbeamter.

Nachdem man gerade noch alliierten Einheiten hatte entkommen können, fuhr der Lastwagen mit abgeblendeten Scheinwerfern durch das verträumte Klostertal nach Bludenz und von dort über Feldkirch und Dornbirn an den Bodensee. Um die Kriegsbeute dem Zugriff der Franzosen zu entziehen, wurde sie teilweise auf dem Wasserwege in die neutrale Schweiz transportiert, wo sie mit Wissen und Billigung eines Oberstdivisionärs jahrelang im Luzerner Hotel von Schaufelbergers Frau verwahrt wurde. Als Geschenk erhielt der Generalstabsoffizier einen Säbel und eine Fahne. Jahre später wurden diese Feldzeichen des Heeres dann wieder nach Deutschland gebracht.

Bei dieser Aktion verschwanden einige Heeresfeldzeichen über dunkle Wege, wurden dann als Privatbesitz betrachtet und später gar für 12.500 Mark pro Fahnentuch im Münchner Auktionshaus Hermann Historica OHG versilbert. „Leider gibt es noch mehr solcher Beispiele, die", so Rüddenklau, „einst von Oberst Pfeiffer gerettete Feldzeichenteile betreffen."[54] Aus diesem Grunde ist nicht der gesamte Bestand der Heeresfeldzeichen der Wehrmacht in den Besitz des Bayerischen Armeemuseums nach Ingolstadt oder in das Wehrgeschichtliche Museum der Bundeswehr nach Rastatt überführt worden.

Hierzu teilte Rüddenklau dem Autor ergänzend mit: „Von den Wehrmachtsfahnen (-tüchern) dürfte Dr. Bernklau auch Kenntnis gehabt haben, denn er hat 1956 acht Fahnentücher zur Aufbewahrung erhalten, die jedoch heute verschwunden sind. Der Sohn Bernklau behauptete 1995, Oberst Pfeiffer habe den Koffer mit diesen Tüchern eines Tages abgeholt."[55] Kurz vor dieser Aussage war Pfeiffer am 20. November 1994 verstorben, sodass der Wahrheitsgehalt dieser Aussage nicht mehr überprüft werden konnte. Demzufolge hätten sich also die betreffenden Fahnen im Nachlass des Ritterkreuzträgers befinden müssen! Doch damit nicht genug der „Nebelkerzen". Denn der Testamentsvollstrecker Reiner Bernklau unterrichtete Rüddenklau „im Januar 1996 in einem Ferngespräch, dass Oberst a[ußer Dienst] Pfeiffer weder schriftliche Verfügungen über seinen Nachlass getroffen habe, noch nach seinem Tode in seiner Wohnung Fahnentücher und Bezeichnungsringe vorhanden gewesen seien."[56]

Damit unterstellt Bernklau Junior dem „Goldbarren-Oberst" eine Veruntreuung der wertvollen Fahnen; obwohl dieser wiederholt „versicherte, er habe Vorsorge getroffen, dass auch die in seiner Obhut befindlichen Gebirgsjägerfahnenteile nach seinem Tode in das Ingolstädter Museum gelangen würden."[57]

Zum anderen verschwieg der Testamentvollstrecker im Telefonat Pfeiffers Erbvertrag. So muss man davon ausgehen, dass es sich bei den Fahnentüchern um einen weiteren handfesten

Skandal handelt. Da es hierbei um Militaria von einem erheblichen Wert geht, sollte die Spur unbedingt verfolgt werden, zumal nach dem Tode des Ritterkreuzträgers nichts aus seinem Nachlass in Ingolstadt gelandet ist.

Stattdessen bot das Auktionshaus Andreas Thies in seiner 43. Auktion am 10. Dezember 2010 eine Standarte der Gebirgsjägerregimenter der Deutschen Wehrmacht für sage und schreibe 28.500 Euro an. „Die der Stange zugewandten, fransenfreien Seiten des Tuches", so die Beschreibung, sind „komplett vorhanden mit Spuren der Originalvernagelung." Dies wäre ein Indiz, das auf den ehemaligen Bestand des Oberst außer Dienst Franz Pfeiffer hindeuten könnte.

Fotografie eines Fahnentuchs der Wehrmacht, wie es der Oberst Franz Pfeiffer veruntreut haben könnte.

Das Kriegsende in der „Alpenfestung" nutzten viele Deutsche und Österreicher unter dem Vorwand des Widerstandes, um sich einerseits an ihren Peinigern zu revanchieren oder um sich andererseits mit unzulässig angeeignetem Staats- und Parteivermögen zu bereichern. „Zahlreiche Würdenträger des Dritten Reiches, aber auch führende Repräsentanten verbündeter Regime und versprengte Einheiten östlicher Freiwilligenheere [...] führten Fluchtgeld, Kriegskassen sowie Beutegold mit sich. Und sie alle versuchten, kurz vor dem Eintreffen der Alliierten diese Schätze sicher zu verbergen oder zumindest nicht in die Hände des Feindes fallen zu lassen."[58] Oft waren es sehr niedrige Motive, die die Menschen zum Mitmachen getrieben haben: Profit- und Habgier, Korruption und Karrierestreben sowie Neid und Missgunst, Hass und Gehässigkeit. Zahlreiche ehemals brave und anständige Bürger gingen über Nacht „organisieren". Die vielen Wehrmachtsdepots, Fabriken und Lagerhallen waren nun ihr Ziel. Einige hatten allerdings nur kurze Zeit Freude mit ihrem neuen Reichtum, denn die Amerikaner waren teilweise überaus korrekt und durchsuchten viele Häuser nach geplündertem Diebesgut. Die anständig gebliebene Bevölkerung hat jedoch nichts von alledem vergessen, und jeder Täter, Mauschler und Schieber, Organisierer und Kriegsgewinnler bekam daher seinen passenden Spitznamen – wie zum Beispiel der „Schmuggler-Alwin" und „Goldbarren-Oberst", der „Schnaps-Sepp" und „Eisen-Michl", der „Waffenschieber-Toni" und „Fuhrpark-Ludwig" sowie der „Militaria"- und „Fahnen-Klau", der „Lebensmittel"- und „Zigarren-Intendant", der „Baulöwe" und „Immobilienhai" und wie die ehrenwerten Herrschaften und durchtriebenen Spitzbuben alle genannt wurden, die sich plötzlich mit blondierten „Partygirls" und neureichen Lebedamen, mit ausländischen Orden und käuflich erworbenen Konsul- und Doktortiteln schmückten.

Auch die Familie Neuhauser vom Forsthaus Einsiedl „soll nach Meinung vieler Einheimischer nach dem Krieg zu mehr als Wohlstand gekommen sein und Förster Neuhauser wird im Volksmund um den Walchensee immer noch ‚Goldhansel' genannt."[59]

Bibliografie

1. Das Schrifttum

Da war zunächst das Memorandum des Tiroler Gauleiters vom November 1944 über die „Alpenstellung – Alpenfestung", in dem sich Franz Hofer für eine rasche Befestigung der Alpen ausgesprochen hatte. 1945 erschien in New York von Joachim Joesten der „European Report, Hitler's Alpine Redoubt". Im Mai 1946 hatte der Bericht des SS-Generals Otto Hoffmann über „The Alpine Fortress" für Aufsehen gesorgt.

Noch aufschlussreicher waren allerdings die Vernehmungsprotokolle vom General der Gebirgstruppe Georg Ritter von Hengl: „Report on the Alpine Fortress"; vom Generalmajor August Marcinkiewicz: „Report on the Alpenfestung" sowie vom General der Pioniere Alfred Jacob: „Report Concerning the German Alpine Redoubt", die allesamt im Jahre 1946 fertiggestellt wurden. Diese drei Schriftstücke sind nach den Worten des amerikanischen Wissenschaftlers Minott „äußerst wertvoll, weil die betreffenden Offiziere nicht nur intelligent, sondern auch auf ihren Fachgebieten sehr sachverständig waren."[1] Während Jacob und Marcinkiewicz der Pioniertruppe angehörten, war Hengl als begeisterter Alpinist und Skiläufer in den Alpen zuhause.

Die oben angeführten Archivalien befinden sich im Original in den USA in den Archiven des OCMH. Zwei weitere Quellen befinden sich im Hoover-Institut zur Erforschung von Krieg, Revolution und Frieden an der Standford University. „Die eine ist ‚Trial of Major War Criminals Before the International Military Tribunal' (Nürnberg 1948) und die zweite von der OSS, Research and Analysis Branch, R and A No. 232: ‚South Germany: An Analysis of the Political and Social Organization, the Communications, Economic Controls, Agriculture and Food Supply, Mineral Resources, Manufacturing and Transportation Facilities of South Germany' (Washington 1944)."[2]

Unter Auswertung des bis dato angeführten Schrifttums und nach Auswertung zahlreicher militärhistorischer Werke, Biografien und Archivalien hat Rodney Glisan Minott im Jahre 1964 sein Buch „The Fortress That Never Was" veröffentlicht. Die deutsche Ausgabe erschien 1967 unter dem Titel „Top Secret. Hitlers Alpenfestung". „Bei der Zusammenstellung des Material für dieses Buch ergab sich für den Verfasser ein besonderes Problem: Ein Teil der Informationen stammt aus Quellen, die nach wie vor geheim sind, und für wörtliche Zitate musste das Manuskript verschiedenen Dienststellen der amerikanischen Armee zur Genehmigung vorgelegt werden. Außerdem mussten alle Notizen im Nationalarchiv der World War II-Abteilung in Alexandria, Virginia, hinterlegt werden [...] Ferner bestand die Gefahr, dass ein anonymer Zensor aus nur ihm bekannten Gründen die Genehmigung verweigerte."[3]

2. Monografien und Sammelwerke

- Akten zur deutschen auswärtigen Politik. 1918–1945. Aus dem Archiv des deutschen Auswärtigen Amtes. Bd. 1ff. Baden-Baden 1950ff.
- Alexander of Tunis: The Italian Campaign. 12th Dec. 1944 – 2nd May 1945. A report to the Combined Chiefs of Staff by the Supreme Allied Commander Mediterranean. London 1951.
- Alexander of Tunis: Memoirs 1940–1945. Ed. by John North. London 1962.
- Ambrose, Stephen E.: Band of Brothers. E Company, 506th Regiment, 101st Airborne. From Normandy to Hitler's Eagle's Nest. New York, London o. J.
- Aschenauer, Rudolf: Der Fall Schörner. Eine Dokumentation. München o. J.
- Assmann, Kurt: Deutsche Schicksalsjahre. Historische Bilder aus dem Zweiten Weltkrieg und seiner Vorgeschichte. 2. Aufl. Wiesbaden 1951.
- Bader, Josef: Michl Pössinger. Lebensbilder eines Gebirgsjägers. Garmisch-Partenkirchen, Grainau 1997.
- Badoglio, Pietro: Italien im Zweiten Weltkrieg. Erinnerungen und Dokumente. München, Leipzig 1947.
- Bahnsen, Uwe/James P. O'Donell: Die Katakombe. Das Ende der Reichskanzlei. Augsburg 1997.
- Balck, Hermann: Ordnung im Chaos. Erinnerungen 1893–1948. 2. durchgesehene u. vermehrte Aufl. Osnabrück 1981. (= Soldatenschicksale des 20. Jahrhunderts als Geschichtsquelle. Bd. 1.)
- Banny, Leopold: Dröhnender Himmel – brennendes Land. Der Einsatz der Luftwaffenhelfer in Österreich 1943–1945. Unter Mitarbeit von Othmar Tuider. Lackenbach 1994.
- Banny, Leopold: Krieg im Burgenland. Bd. 1: Warten auf den Feuersturm. Lackenbach. Eisenstadt 1983.
- Banny, Leopold: Schild im Osten. Der Südostwall zwischen Donau und Untersteiermark 1944/45. Lackenbach o. J.
- Bartov, Omer: Hitlers Wehrmacht. Soldaten, Fanatismus und die Brutalisierung des Krieges. Reinbek bei Hamburg 1995.
- Baum, Walter u. Eberhard Weichold: Der Krieg der „Achsenmächte“ im Mittelmeerraum. Die „Strategie“ der Diktatoren. Göttingen, Zürich, Frankfurt/M. 1973. (= Studien u. Dokumente zur Geschichte des Zweiten Weltkrieges. Bd. 14.)
- Baur, Hans: Mit Mächtigen zwischen Himmel und Erde. 8. Aufl. Preußisch Oldendorf 1987.
- Bavendamm, Dirk: Roosevelts Krieg. Amerikanische Politik und Strategie 1937–1945. 2. erw. Aufl. München, Berlin 1998.
- Bayern in der NS-Zeit. Bd. 1: Soziale Lage und politisches Verhalten der Bevölkerung im Spiegel vertraulicher Berichte. Bd. 4: Herrschaft und Gesellschaft im Konflikt. Hrsg. von Martin Broszat, Elke Fröhlich u. a. München, Wien 1977–1981.
- Becker, Fritz: Im Kampf um Europa. Stalins Schachzüge gegen Deutschland und den Westen. Graz, Stuttgart 1991.

- Beer, Siegfried/Stefan Karner: Krieg aus der Luft. Kärnten und Steiermark 1941–1945. Gnas 1999.
- Below, Nikolaus von: Als Hitlers Adjutant 1937–1945. Mainz 1980.
- Béraud, Henri: Album Memorial le Front des Alpes. 1940–1944–1945. Bayeux 1987.
- Die Berichte des Oberkommandos der Wehrmacht. 1939–1945. Bd. 1-5. München 1982ff.
- Berliner Illustrirte Zeitung. Zeitbild, Chronik, Moritat für Jedermann 1892–1945. Zusammengestellt und herausgegeben von Christian Ferber. Frankfurt/M., Berlin 1982.
- Bethell, Nicholas: Das letzte Geheimnis. Die Auslieferung russischer Flüchtlinge an die Sowjets durch die Alliierten 1944–47. Frankfurt/M., Berlin o. J.
- Béthouart, Emile-Maria: Die Schlacht um Österreich. Wien 1967.
- Biasi, Franz: Kufstein. 600 Jahre Stadt. 1393–1993. Hrsg. von der Stadtgemeinde Kufstein. Innsbruck, Wien 1992.
- Bilanz des Zweiten Weltkrieges. Erkenntnisse und Verpflichtungen für die Zukunft. Oldenburg (Oldb.), Hamburg 1953.
- Binder, Gerhart: Epoche der Entscheidungen. Deutsche Geschichte des 20. Jahrhunderts mit Dokumenten im Text und Bild. 15. Aufl. Stuttgart-Degerloch 1972.
- Birn, Ruth Bettina: Die Höheren SS- und Polizeiführer. Himmlers Vertreter im Reich und in den besetzten Gebieten. Düsseldorf 1986.
- Black, Peter: Ernst Kaltenbrunner. Vasall Himmlers: Eine SS-Karriere. Paderborn 1991.
- Böddeker, Günther: Der Untergang des Dritten Reiches. Mit den Berichten des Oberkommandos der Wehrmacht vom 6. Januar – 9. Mai 1945 und einer Bilddokumentation. München, Berlin 1985.
- Bölkow, Ludwig: Erinnerungen. München, Berlin 1994.
- Boldt, Gerhard: Hitler. Die letzten zehn Tage in der Reichskanzlei. München 1976.
- Bomben auf Salzburg. Die „Gauhauptstadt" im „Totalen Krieg". Mit Beiträgen von Reinhard Rudolf Heinisch [u. a.] unter Mitarbeit von Margaret Shannon [u. a.] Hrsg. Erich Marx. Salzburg 1995. (= Schriftenreihe des Archivs der Stadt Salzburg. Nr. 6.)
- Borzaga, Ludwig: Mit Roß und Wagen vor 50 Jahren. Erzählung aus der Geburtsstadt Rosenheim unseres Reichsmarschall Hermann Göring. Altötting o. J.
- Bradley, Omar N.: A Soldier's Story. New York 1951.
- Die braune Elite. Hrsg. Ronald Smelser, Rainer Zitelmann [u. a.] Bd. 1-2. Darmstadt 1989–1993.
- Breit, Gotthard: Das Staats- und Gesellschaftsbild deutscher Generale beider Weltkriege im Spiegel ihrer Memoiren. Boppard/Rhein 1973. (= Wehrwissenschaftliche Forschungen. Abteilung: Militärgeschichtliche Studien. Bd. 17.)
- Bretschneider, Heike: Der Widerstand gegen den Nationalsozialismus in München 1933 bis 1945. München 1968. (= Miscellanea Bavarica Monacensia. H. 4.)
- Brettner, Friedrich: Die letzten Kämpfe des II. Weltkrieges im südlichen Niederösterreich. Kriegsschule Wiener Neustadt – Kampfgruppe Keitel – 356. Infanteriedivision. Gloggnitz 1999.
- Brettner, Friedrich: Die letzten Kämpfe um das Semmering-Gebiet. Überarb. u. ergänzte Aufl. Gloggnitz 1995.

- Brockdorff, Werner [d. i. Alfred Jarschel]: Geheimkommandos des Zweiten Weltkrieges. Geschichte und Einsätze der Brandenburger [...] Eltville am Rhein 1983.
- Brockdorff, Werner: Kollaboration oder Widerstand. Wels 1968.
- Brückner, Joachim: Kriegsende in Bayern 1945. Der Wehrkreis VII und die Kämpfe zwischen Donau und Alpen. Freiburg i. Br. 1987. (= Einzelschriften zur militärischen Geschichte des Zweiten Weltkrieges. Bd. 30.)
- Bühler, Johannes: Vom Bismarck-Reich zum geteilten Deutschland. Deutsche Geschichte seit 1871. Berlin 1960.
- Bullock, Alan: Hitler. Eine Studie über Tyrannei. Vollständig überarbeitete Neuausgabe. 76.-87. Tsd. Düsseldorf 1969.
- Butcher, Harry C.: Drei Jahre mit Eisenhower. Bern 1946.
- Cartier, Raymond: Der Zweite Weltkrieg. In zwei Bänden. München, Zürich 1977.
- Charmley, John: Churchill. Das Ende einer Legende. Berlin, Frankfurt/M. 1995.
- Chaussy, Ulrich: Nachbar Hitler. Führerkult und Heimatzerstörung am Obersalzberg. Mit aktuellen Fotos von Christoph Püschner. 2., aktualisierte Aufl. Berlin 1997.
- Chronologie. Deutsche Geschichte im 20. Jahrhundert geprägt durch Ersten Weltkrieg, Nationalsozialismus, Zweiten Weltkrieg. Hrsg. von Waldemar Schütz. Bearb. von Nikolaus von Preradovich. Rosenheim 1990. (= Kultur- und Zeitgeschichte. Archiv der Zeit.)
- Churchill, Winston S.: Der Zweite Weltkrieg. Mit einem Epilog über die Nachkriegsjahre. Bern, Stuttgart 1954.
- Ciano, Galeazzo: Tagebücher 1939–1943. Bd. 1-3. Bern 1947.
- Clark, Mark: Mein Weg von Algier nach Wien. Wien 1954.
- Collier, Richard: Der Duce. Aufstieg und Fall des Benito Mussolini. München 1974.
- Cornia, Carlo: Monterosa. Storia della Divisione Alpina Monterosa delia R.S.I. Udine 1971.
- Cornwell, John: Pius XII. Der Papst, der geschwiegen hat. München 1999.
- Daheim im Landkreis Lindau. Hrsg. von Werner Dobras und Andreas Kurz. Konstanz 1994.
- Dahms, Hellmuth Günther: Die Geschichte des Zweiten Weltkriegs, München, Berlin 1983.
- Deakin, Frederick William Dampier: Die brutale Freundschaft. Hitler, Mussolini und der Untergang des italienischen Faschismus. Berlin, Köln 1964.
- Delaney, John P.: The Blue Devils in Italy – A History of the 88th Infantry Division in World War II. Hrsg. v. Infantry Journal Press. Washington 1947.
- Deutsche Geschichte seit dem Ersten Weltkrieg. Bd. 1-3. Stuttgart 1971–1973. (= Veröffentlichungen des Instituts für Zeitgeschichte.)
- Das Deutsche Reich und der Zweite Weitkrieg. Hrsg. vom Militärgeschichtlichen Forschungsamt. Bd. 1 ff. Stuttgart 1979ff.
- Dönitz, Karl: Zehn Jahre und zwanzig Tage. Bonn 1958.
- Domarus, Max: Hitler. Reden und Proklamationen. 1932–1945. Bd. 1-2. Wiesbaden 1973.
- Douglas-Home, Charles: Rommel. München 1974.

- Dreyfus, Paul: Die Résistance. Geschichte des französischen Widerstandes. München 1979.
- Das Dritte Reich. Seine Geschichte in Texten, Bildern und Dokumenten. Hrsg. von Heinz Huber und Artur Müller. Bd. 1-6. München, Wien, Basel 1969.
- Duffy, Christopher: Red Storm on the Reich. The Soviet March on Germany. 1945. New York 1991.
- Dulles, Allen/Gaevernitz, Gero von: Unternehmen „Sunrise". Die geheime Geschichte des Kriegsendes in Italien. Düsseldorf, Wien 1967.
- Dulles, Allen: Verschwörung in Deutschland. Zürich 1948.
- Eisenhower, Dwight D.: Kreuzzug in Europa. Amsterdam 1948.
- Eitner, Hans-Jürgen: „Der Führer". Hitlers Persönlichkeit und Charakter. München, Wien 1981.
- Eitner, Hans-Jürgen: Hitlers Deutsche. Das Ende eines Tabus. Gernsbach 1990.
- Elste, Alfred: Kärntens braune Elite. Mit einem Beitrag von Siegfried Pucher. Klagenfurt, Ljubljana, Wien 1997.
- Erber, Heinz: Der Bayerische Kreis Lindau in der Zeit der Besetzung Deutschlands von 1945 bis 1955. Eine Untersuchung der staatsrechtlichen Stellung des Kreises Lindau während der Besatzungszeit unter besonderer Berücksichtigung des Besatzungsrechts. München 1958.
- Etschmann, Wolfgang: Die Kämpfe um den Fernpaß Ende April/Anfang Mai 1945. Wien 1985. (= Militärhistorische Schriftenreihe. Bd. 53.)
- Fest, Joachim C.: Hitler. Eine Biographie. Frankfurt/M., Berlin, Wien 1973.
- Feuersenger, Marianne: Im Vorzimmer der Macht. Aufzeichnungen aus dem Wehrmachtführungsstab und Führerhauptquartier 1940–1945. 2. durchgesehene Neuaufl. München 1999.
- Feurstein, Valentin: Irrwege der Pflicht. 1938–1945. München, Wels 1963.
- Fischer, Hans: Jahre die wir nie vergessen. Das Buch der Gebirgsjäger. Wels, München 1958.
- Fisher, Ernest F.: Cassino to the Alps. Washington 1977. (= United States Army in World War II: The Mediterranean Theater of Operations.)
- Forward, Lucky: The Story of Patton's Third U. S. Army. New York 1947.
- Frankel, Andrew: Das Kehlsteinhaus. Von Adolf Hitler bis heute. Neuausgabe. Berchtesgaden 1983.
- Franz-Willing, Georg: „Bin ich schuldig?". Leben und Wirken des Reichsstudentenführers und Gauleiters Dr. Gustav Scheel 1907–1979. Eine Biographie. Leoni am Starnberger See 1987.
- Die Franzenfeste. Geschichte eines imposanten Bauwerks. Hrsg. Autonome Provinz Bozen-Südtirol. Bozen 2008.
- Fraschka, Günter: Mit Schwertern und Brillanten. Leben und Taten der 27 höchstdekorierten deutschen Soldaten des Zweiten Weitkriegs. 4. u. 7., gänzlich neu bearb. Aufl. Wiesbaden, München 1961 u. 1977.
- Frederik, Hans: Gezeichnet vom Zwielicht seiner Zeit. 11. Aufl. München 1972.
- Fricke, Hans: Der Toplitzsee. Eine Zeitreise. Wien 2009.

- Fröhlich, Sergej: General Wlassow. Russen und Deutsche zwischen Hitler und Stalin. Bearb. und hrsg. von Edel von Freier. Köln 1987.
- Das Führerhauptquartier 1939–1945. Zusammengestellt u. hrsg. von Gerhard Buck. Starnberg o. J.
- Fuller, James-Frederik Charles: Die entartete Kunst, Krieg zu führen. 1789–1961. Köln 1964.
- Fuller, James-Frederik Charles: Der Zweite Weltkrieg 1939–1945. Eine Darstellung seiner Strategie und Taktik. Wien, Stuttgart 1950.
- Galland, Adolf: Die Ersten und die Letzten. Jagdflieger im Zweiten Weltkrieg. Flechsig Verlag. Würzburg 2013.
- Gautschi, Willi: General Henri Guisan. Die schweizerische Armeeführung im Zweiten Weltkrieg. Zürich 1989.
- Die geheimen Tagesberichte der Deutschen Wehrmachtführung im Zweiten Weltkrieg 1939–1945. Hrsg. von Kurt Mehner. Bd. 1 ff. Osnabrück 1982ff.
- Gehlen, Reinhard: Der Dienst. Erinnerungen 1942–1971. Mainz, Wiesbaden 1971.
- Geiss, Josef: Obersalzberg. Die Geschichte eines Berges. Von Judith Platter bis heute. 7. erw. Aufl. Berchtesgarden 1963.
- Gerngroß, Rupprecht: FAB – So war das damals 1945. München 1970.
- Geschichte des Zweiten Weltkrieges. 2., erw. Aufl. Würzburg 1960.
- Giefer, Rena/Thomas Giefer: Die Rattenlinie. Fluchtwege der Nazis. Frankfurt am Main 1991.
- Gilbert, Martin: Geschichte des 20. Jahrhunderts. Bd. 1-6. München 1997 ff.
- Goebbels, Joseph: Tagebücher. 1945. Die letzten Aufzeichnungen. Hamburg o. J.
- Görlitz, Walter: Der deutsche Generalstab. Geschichte und Gestalt. 1657–1945. Frankfurt a. M. 1950.
- Görlitz, Walter: Der Zweite Weltkrieg 1939–1945. Frankfurt a. M. 1957.
- Gosztony, Peter: Endkampf an der Donau 1944/45. Wien, München, Zürich 1969.
- Graham, Dominick u. Shelford Bidwell: Tug of War. The Battle for Italy 1943–45. New York 1986.
- Greiner, Heinz: Kampf um Rom – Inferno am Po. Der Weg der 362. Infanterie-Division 1944–1945. Neckargemünd 1968. (= Die Wehrmacht im Kampf. Bd. 44.)
- Grestenberger, Erwin Anton: K. u. k. Befestigungsanlagen in Tirol und Kärnten 1860–1918. Wien 2000.
- Grunwald, Horst: Gebirgsjäger der Waffen-SS im Kampf um den Semmering. Bericht über die letzten Gefechte des SS-Geb.Jg.Ausb.- u. Ers.Btl. 13 Leoben/Steiermark im April/Mai 1945. Heidelberg 1978.
- Guderian, Heinz: Erinnerungen eines Soldaten. 15. Aufl. Stuttgart 1996.
- La guerre et la montagne. Krieg und Gebirge. Mountains and Warfare. XVII. Kongress der Internationalen Kommission für Militärgeschichte. Bd. 1-2. Bern 1993.
- Härtle, Heinrich: Amerikas Krieg gegen Deutschland. Wilson gegen Wilhelm II. – Roosevelt gegen Hitler. Göttingen 1968.
- Hagen, Walter [d. i. Wilhelm Höttl]: Die geheime Front. Organisation, Personen und Aktionen des deutschen Geheimdienstes. Zürich 1950.

- Hagen, Walter [d. i. Wilhelm Höttl]: Unternehmen Bernhard. Ein historischer Tatsachenbericht über die größte Geldfälscheraktion aller Zeiten. Welsermühl, Starnberg 1955.
- Hagspiel, Hermann: Die Ostmark. Österreich im Großdeutschen Reich 1938 bis 1945. Wien 1995.
- Halder, Franz: Hitler als Feldherr. München 1949.
- Hallig, Christian: Festung Alpen – Hitlers letzter Wahn. Wie es wirklich war. Ein Erlebnisbericht. Freiburg i. Br. 1989.
- Harder, Hans-Joachim: Militärgeschichtliches Handbuch Baden-Württemberg. Hrsg. vom Militärgeschichtlichen Forschungsamt. Stuttgart, Berlin, Köln, Mainz 1987.
- Hart, Basil Henry Lidell: s. Lidell Hart, Basil Henry.
- Hartmann, Christian/Johannes Hürter: Die letzten 100 Tage des Zweiten Weltkriegs. Unter Mitarbeit von Jens Brandt u. a. München 2005.
- Hartmann, Peter Claus: Bayerns Weg in die Gegenwart. Vom Stammesherzogtum zum Freistaat heute. Regensburg 1989.
- Haupt, Werner: Heeresgruppe Mitte. 1941–1945. Dornheim 1968.
- Haupt, Werner: Kriegsschauplatz Italien. 1943–1945. Stuttgart 1977.
- Hausser, Paul: Waffen-SS im Einsatz. 7. Aufl. Preuß. Oldendorf 1953.
- Hecht, Günther: General Wlassow. Millionen Russen vertrauten ihm. Limburg/Lahn, Kreuzweingarten/Rhld. 1961.
- Heil! Beil! Flugblattpropaganda im Zweiten Weltkrieg. Dokumentation und Analyse. Hrsg. von Ortwin Buchbender und Horst Schuh. Stuttgart 1974.
- Heiss, Caroline M.: Der Pragser Wildsee. Smaragd der Dolomiten. Bozen o. J.
- Henke, Klaus-Dietmar: Die amerikanische Besetzung Deutschlands. München 1995.
- Herzfeld, Hans: Die moderne Welt. 1789–1945. II. Teil: Weltmächte und Weltkriege. Die Geschichte unserer Epoche 1890–1945. 5. erg. Aufl. Braunschweig 1976. (= Geschichte der Neuzeit.)
- Heuer, Gerd E: Die deutschen Generalfeldmarschälle und Großadmirale 1933–1945. Rastatt 1988. (= Dokumentationen zur Geschichte der Kriege. 1910–1945.)
- Hillgruber, Andreas: Der Zweite Weltkrieg 1939–1945. Kriegsziele und Strategien der großen Mächte. 3. Aufl. Stuttgart 1983.
- Hillgruber, Andreas und Gerhard Hümmelchen: Chronik des Zweiten Weltkrieges. Hrsg. vom Arbeitskreis für Wehrforschung. Frankfurt a. M. 1966.
- Hitler, Adolf: Monologe im Führerhauptquartier 1941–1944. Die Aufzeichnungen Heinrich Heims. Hrsg. von Werner Jochmann. Hamburg 1980.
- Hitlers Weisungen für die Kriegsführung 1939–1945. Dokumente des Oberkommandos der Wehrmacht. Hrsg. von Walther Hubatsch. Frankfurt a. M. 1962.
- Hnilicka, Karl: Das Ende auf dem Balkan 1944/45. Die militärische Räumung Jugoslawiens und die Deutsche Wehrmacht. Göttingen 1970. (= Studien und Dokumente zur Geschichte des Zweiten Weltkrieges. Bd. 13.)
- Hobe, Cord von: Mit Menschen erlebt, dem Enkel erzählt. 2. Aufl. Rendsburg 1977.
- Höffkes, Karl: Hitlers politische Generale. Die Gauleiter des Dritten Reiches. Ein biographisches Nachschlagewerk. Tübingen 1986. (= Veröffentlichungen des Instituts für deutsche Nachkriegsgeschichte. Bd. 12.)

- Höttl, Wilhelm [Pseud. Walter Hagen]: Einsatz für das Reich. Im Auslandsgeheimdienst des Dritten Reiches. Erinnerungen. Koblenz 1999.
- Hofbauer, Ekkehard – Erwin Weiskirchner: Unser Bezirk Kufstein. Kufstein 1985.
- Hoffmann, Joachim: Die Geschichte der Wlassow-Armee. Freiburg i. Br. 1984. (= Einzelschriften zur militärischen Geschichte des Zweiten Weltkrieges. Bd. 27.)
- Hoffmann, Joachim: Stalins Vernichtungskrieg 1941–1945. 3., durchgesehene Aufl. München 1996.
- Hoffmann, Peter: Die Sicherheit des Diktators. Hitlers Leibwachen, Schutzmaßnahmen, Hauptquartiere. München, Zürich 1975.
- Hofmann, Fritz: Geschichte der Garnison Bad Reichenhall. Heimat der Gebirgsjäger. Bad Reichenhall, Mitterfelden 1983.
- Hofmann, Fritz: Die Schreckensjahre von Bad Reichenhall. Bad Reichenhall 1979.
- Hoppe, Harry: Die 278. Infanterie-Division in Italien 1944/45. Bad Nauheim 1953.
- Horwath, Maritta/Horst Schreiber: Von der Schulbank ans Geschütz. Die Luftwaffenhelfer in Tirol und Vorarlberg 1943–1945. Innsbruck, Wien o. J.
- Hudal, Alois C.: Römische Tagebücher. Lebensbeichte eines alten Bischofs. Graz 1976.
- „Im gleichen Schritt und Tritt". Dokumentation der 16. SS-Panzergrenadierdivision „Reichsführer-SS". Hrsg. Truppenkameradschaft. München 1997.
- Ingenhaeff, Wolfgang – Martin Reiter: Kufstein und Umgebung. Schwaz 1993.
- Irving, David: Krieg zwischen den Generalen. Das Alliierte Oberkommando und die Invasion 1944. Hamburg 1983.
- Irving, David: Rommel. Eine Biographie. Augsburg 1990.
- Jackson, William G. F.: The Battle for Italy. London 1967.
- Jacobsen, Hans-Adolf: Der Zweite Weltkrieg in Chronik und Dokumenten 1939/1945. Darmstadt 1961.
- Jäger verlorener Schätze. Hrsg. Wolfgang Ebert. Hamburg 2001.
- Jaeger, Charles de: Das Führermuseum. Sonderauftrag Linz. Esslingen, München 1988.
- Jars, Robert: La campagne d'Italie 1943–1945. Préface du Maréchal A. Juin. Paris 1954.
- Joachimsthaler, Anton: Hitlers Ende. Legenden und Dokumente. Augsburg 1999.
- Jodl, Luise: Jenseits des Endes. Der Weg des Generaloberst Alfred Jodl. Erw. u. überarb. Neuauflage. München, Wien 1987.
- Kaltenegger, Roland: Das Deutsche Alpenkorps im Ersten Weltkrieg. Von den Dolomiten nach Verdun, von den Karpaten zum Isonzo. Graz, Stuttgart 1995.
- Kaltenegger, Roland: Deutsche Gebirgsjäger im Zweiten Weltkrieg. Stuttgart 1977. (3. Aufl. 1998)
- Kaltenegger, Roland: Die deutsche Gebirgstruppe 1935–1945. München 1989. (2. Neuausgabe 1999)
- Kaltenegger, Roland: Gebirgsartillerie auf allen Kriegsschauplätzen. Der Kampf der deutschen und österreichischen Gebirgs-Artillerie-Regimenter im Zweiten Weltkrieg. München 1998.
- Kaltenegger, Roland: Gebirgsjäger 1939–1945. Die große Bildchronik. Stuttgart 2002.
- Kaltenegger, Roland: Gebirgssoldaten unter dem Zeichen des „Enzian". Schicksalsweg und Kampf der 4. Gebirgs-Division 1940–1945. Graz, Stuttgart 1983.

- Kaltenegger, Roland: Die Gebirgstruppe der Waffen-SS 1941–1945. Wölfersheim-Berstadt 1994. (Nachaufl. 1997)
- Kaltenegger, Roland: Generaloberst Dietl. Der Held von Narvik. Eine Biographie. München 1990.
- Kaltenegger, Roland: Die Geschichte der deutschen Gebirgstruppe 1915 bis heute. Vom Deutschen Alpenkorps des Ersten Weltkrieges zur 1. Gebirgsdivision der Bundeswehr. Stuttgart 1980.
- Kaltenegger, Roland: Kampf der Gebirgsjäger um die Westalpen und den Semmering. Die Kriegschroniken der 8. und 9. Gebirgs-Division („Kampfgruppe Semmering"). Graz, Stuttgart 1987.
- Kaltenegger, Roland: Ludwig Kübler. General der Gebirgstruppe. Stuttgart 1998.
- Kaltenegger, Roland: Operation „Alpenfestung". Mythos und Wirklichkeit. München 2000.
- Kaltenegger, Roland: Operation „Alpenfestung". Das letzte Geheimnis des „Dritten Reiches". Völlig überarbeitete und stark erw. Neuaufl. München 2005.
- Kaltenegger, Roland: Operationszone „Adriatisches Küstenland". Der Kampf um Triest, Istrien und Fiume 1944/45. Graz, Stuttgart 1993.
- Kaltenegger, Roland: Schörner. Feldmarschall der letzten Stunde. Biographie. München, Berlin 1994. (4. Aufl. 2002)
- Kaltenegger, Roland: Spezialverbände der Gebirgstruppe 1939–1945. Stuttgart 2004.
- Kaltenegger, Roland: Die Stammdivision der deutschen Gebirgstruppe. Weg und Kampf der 1. Gebirgs-Division 1935–1945. Graz, Stuttgart 1981.
- Kaltenegger, Roland: Totenkopf & Edelweiß. General Artur Phleps und die südosteuropäischen Gebirgsverbände der Waffen-SS im Partisanenkampf auf dem Balkan 1942–1945. Graz 2008.
- Karner, Stefan: Die Steiermark im Dritten Reich 1938–1945. Aspekte ihrer politischen, wirtschaftlich-sozialen und kulturellen Entwicklung. Graz, Wien 1986.
- Keilig, Wolf: Das deutsche Heer 1939–1945. Gliederung, Einsatz, Stellenbesetzung. Bd. 1-3. Bad Nauheim 1956.
- Keppler, Kurt: Tod über Deutschland. Der Morgenthauplan. Vorgeschichte, Geschichte, Wesen, Hintergründe. Tübingen 1971. (= Veröffentlichungen des Instituts für deutsche Nachkriegsgeschichte. Bd. VI.)
- Kern, Erich [d. i. Erich Kernmayr]: Die letzte Schlacht. Kampf in der Pußta zwischen Budapest und Plattensee. Verb. Neuaufl. Pr. Oldendorf o. J.
- Kern, Ernst: Soldat an der Ostfront. 1941–1945. Ein Bericht. Zürich 1999.
- Kesselring, Albert: Gedanken zum Zweiten Weltkrieg. Bonn 1955.
- Kesselring, Albert: Soldat bis zum letzten Tag. Bonn 1953.
- Kimche, John: General Guisans Zweifrontenkrieg – Die Schweiz zwischen 1939 und 1949. Berlin 1962.
- Klee, Ernst: Persilscheine und falsche Pässe. (= Fischer-TB. 10956.)
- Kleine, Egon/ Kühn, Volkmar: Tiger. Die Geschichte einer legendären Waffe 1942–45. Stuttgart 1976.
- Kleist, Peter: Aufbruch und Sturz des 3. Reiches. Auch Du warst dabei. Göttingen 1968.

- Klietmann, Kurt-Gerhard: Die Waffen-SS. Eine Dokumentation. Osnabrück 1965.
- Knabe, Konrad: Das Auge Dietls. Fernaufklärung am Polarkreis. Leoni am Starnberger See 1978.
- Knopp, Guido: Hitlers Helfer. In Zusammenarbeit mit Peter Adler [u. a.] 2. Aufl. München 1996.
- Knopp, Guido: Hitlers Helfer. Die Täter. München 1997.
- Knopp, Guido: Hitlers Krieger. München 1998.
- Köfler, Gretl: Widerstand und Verfolgung 1938–1945. Katalog zur Ausstellung „Tirol 1938". Innsbruck 1988.
- Kofler, Martin: Osttirol im Dritten Reich. 1938–1945. Innsbruck, Wien 1996.
- Koller, Karl: Der letzte Monat. Die Tagebuchaufzeichnungen des ehemaligen Chefs des Generalstabes der deutschen Luftwaffe vom 14. April bis zum 27. Mai 1945. Mannheim 1949.
- Konstantin von Bayern: Der Papst. Ein Lebensbild. 30.-32. Tsd. München 1952.
- Konzentrationslager Dachau. 1933–1945. Hrsg. Comité International de Dachau. 10. Aufl. München 1978.
- Kopacka, Werner: Enthülltes Geheimnis Toplitzsee. Wolfsberg 2001.
- Kopacka, Werner: Reichsgold. München 2000.
- Kordt, Erich: Wahn und Wirklichkeit. Hrsg. unter Mitwirkung von Karl Heinz Abshagen. 26.-50. Tsd. Stuttgart 1948.
- Kräutler, Mathias und Karl Springenschmid: Es war ein Edelweiß. Schicksal und Weg der zweiten Gebirgs-Division. Ein Gedenkbuch. 4. Aufl. Graz, Stuttgart 1962.
- Der Krieg in Italien und im Heimatkriegsgebiet vom 1. Januar – 31. März 1944. Zusammengestellt und erläutert von Donald S. Detwiler. Nachtrag zum Kriegstagebuch des Oberkommandos der Wehrmacht (Wehrmachtführungsstab). München 1979.
- Krieg, Rüstung und Militär in Lindau. Eine Dokumentation. Hrsg. Ressort Geschichte und Lokalredaktion Lindau/B. der Südschwäbischen Nachrichten. Ravensburg o. J.
- Kriegstagebuch. 17. SS-Panzergrenadierdivision „Götz von Berlichingen". Auswahl von Dokumenten vom 30. Oktober 1943 bis 6. Mai 1945. Hrsg. M. Wind u. H. Günther. 2. Aufl. München 1998.
- Kriegstagebuch des Oberkommandos der Wehrmacht (Wehrmachtführungsstab) 1940–1945. Geführt von Helmuth Greiner und Percy Ernst Schramm. Im Auftrage des Arbeitskreises für Wehrforschung. Hrsg. von Percy Ernst Schramm. Bd. 1-4. Frankfurt a. M. 1963–1969.
- Kube, Alfred: Pour le Mérite und Hakenkreuz. Hermann Göring im Dritten Reich. München 1986. (= Quellen und Darstellungen zur Zeitgeschichte. Bd. 24.)
- Kuby, Erich: Das Ende des Schreckens. Januar bis Mai 1945. Hamburg 1984.
- Kuby, Erich: Verrat auf deutsch. Wie das Dritte Reich Italien ruinierte. Hamburg 1982.
- Kurowski, Franz: Endkampf um das Reich 1944–1945. Hitlers letzte Bastionen. Friedberg/H. 1987.
- Kurowski, Franz: Heimatfront. Die Tragödie der Daheimgebliebenen und Verfolgten. München 1982.
- Kurowski, Franz: Die Schlacht um Deutschland. München 1981.

- Lackenbauer, Ilse: Das Kriegsende in der Stadt Salzburg im Mai 1945. 2. Aufl. Wien 1985. (= Militärhistorische Schriftenreihe. H. 35.)
- Lang, Jochen von: Der Adjutant. Karl Wolff: Der Mann zwischen Hitler und Himmler. Unter Mitarbeit von Claus Sibyll. München, Berlin 1985.
- Lang, Jochen von: Der Sekretär. Martin Bormann: Der Mann, der Hitler beherrschte. Berlin 1990.
- Langoth, Franz: Kampf um Österreich. Erinnerungen eines Politikers. Wels 1951.
- Lanz, Hubert: Gebirgsjäger. Die 1. Gebirgsdivision 1935–1945. Unter Mitarbeit von Max [Josef] Pemsel [u. a.]. Bad Nauheim 1954.
- Lanz, Hubert: Gebirgs-Jäger-Regiment 100. Kurzgeschichte. München 1963.
- Lattre de Tassigny, Jean de: The History of the French First Army. London 1952.
- Legenden, Lügen, Vorurteile. Ein Lexikon zur Zeitgeschichte. Hrsg. Wolfgang Benz. München o. J.
- Lewin, Ronald: Rommel. 2. Aufl. Stuttgart, Berlin, Köln, Mainz 1970.
- Liddell Hart, Basil Henry: Deutsche Generale des Zweiten Weltkrieges. Aussagen, Aufzeichnungen und Gespräche. München 1965.
- Liddell Hart, Basil Henry: Geschichte des Zweiten Weltkrieges. Wiesbaden 1970.
- Liddell Hart, Basil Henry: Jetzt dürfen sie reden. Hitlers Generale berichten. Stuttgart, Hamburg 1950.
- Lindau – Bodensee 1945–1963. Hrsg. Stadt Lindau. Lindau o. J.
- Lindau 1945–1955. Begleitheft zur Ausstellung. Stadt. Kunstsammlung im „Haus zum Cavazzen." Lindau/Bodensee 1986.
- Loßberg, Bernhard von: Im Wehrmachtführungsstab. Bericht eines Generalstabsoffiziers. 2. Aufl. Hamburg 1950.
- MacDonald, Charles B.: The Last Offensive. Washington 1973. (= United States Army in World War II. The European Theater of Operations.)
- Mack, Maria Imma: Warum ich Azaleen liebe. Erinnerungen an meine Fahrten zur Plantage des Konzentrationslagers Dachau von Mai 1944 bis April 1945. 7. Aufl. St. Ottilien 1997.
- Magenheimer, Heinz: Kriegswenden in Europa 1939–1945. Führungsentschlüsse, Hintergründe, Alternativen. München, Landsberg/Lech 1995.
- Maier, Georg: Drama zwischen Budapest und Wien. Der Endkampf der 6. Panzerarmee 1945. Osnabrück 1985.
- Mammach, Klaus: Der Volkssturm. Das letzte Aufgebot 1944/45. Köln 1981.
- Mann, Golo: Deutsche Geschichte des 19. und 20. Jahrhunderts. 13. Aufl. Frankfurt a. M. 1979.
- Manz: Bewaffnete Alpenheimat. Ein Buch vom Ersatzheer im Alpenraum. Im Auftrage des Stellvertretenden Generalkommandos XVIII. Armeekorps. Hrsg. Innsbruck o. J.
- Maser, Werner: Adolf Hitler. Biographie. 7., vom Autor mit Bilddokumentation ergänzte Aufl. München, Berlin 1978.
- Maser, Werner: Adolf Hitler. Das Ende der Führer-Legende. Düsseldorf, Wien 1980.
- Maser, Werner: Adolf Hitler. Legende – Mythos – Wirklichkeit. 12. überarb. Neuaufl. München 1989.

- Maser, Werner: Deutschland. Traum oder Trauma. Kein Requiem. München 1984.
- Masson, Philippe: Die deutsche Armee. Geschichte der Wehrmacht 1935–1945. Vorwort und Anmerkungen von Johann Adolf Graf Kielmansegg. München 1996.
- Massu, Suzanne: Quand j'étais Rochambelle. Paris 1969.
- Meding, Holger M.: Flucht vor Nürnberg? Deutsche und österreichische Einwanderung in Argentinien 1945–1955. Köln, Weimar, Wien 1994.
- Mennel, Rainer: Der nordafrikanisch-italienische Kampfraum 1943–1945. Eine wehrgeographische Studie. Osnabrück 1983.
- Messerschmidt, Manfred: Die Wehrmacht im NS-Staat. Zeit der Indoktrination. Hamburg 1969. (= Truppe und Verwaltung. Bd. 16.)
- Metzenthin, Peter: Der Kreis Lindau (Bodensee). Eine wirtschaftswissenschaftliche Studie unter besonderer Berücksichtigung der sich aus der staatsrechtlichen Sonderstellung ergebenden wirtschafts- und finanzpolitischen Probleme. Lindau 1948. (= Tübinger Dissertation.)
- Die Militärelite des Dritten Reiches. 27 biographische Skizzen. Hrsg. von Ronald Smelser/Enrico Syring. Berlin, Frankfurt a. M. 1995.
- Minott, Rodney G.: Top Secret. Hitlers Alpenfestung. Tatsachenbericht über einen Mythos. Reinbek b. Hamburg 1967.
- Mittermaier, Karl: Mussolinis Ende. Die Republik von Saló 1943–1945. München 1995.
- Montgomery, Bernard Law: Memoiren. München 1956.
- Mosley, Leonhard: Göring. Eine Biographie. München 1975.
- Müller, Rolf-Dieter/Gerd R. Ueberschär: Kriegsende 1945. Die Zerstörung des Deutschen Reiches. 9.-12. Tausend Frankfurt am Main 1995. (= Die Zeit des Nationalsozialismus.)
- Murawski, Erich: Der deutsche Wehrmachtsbericht 1939–1945. Boppard/Rhein 1962.
- Neubacher, Hermann: Sonderauftrag Südost. 1940–1945. Bericht eines fliegenden Diplomaten. 3. Aufl. Seeheim (Bergstraße) 1966.
- Neul, Josef: Adolf Hitler und der Obersalzberg. Eine Dokumentation in Wort und Bild. Preußisch Oldendorf 1997.
- Neuien, Hans Werner: An deutscher Seite. Internationale Freiwillige von Wehrmacht
- und Waffen-SS. 2. Aufl. München 1992,
- Neulen, Hans Werner: Europa und das 3. Reich. Einigungsbestrebungen im deutschen Machtbereich 1939–45. München 1987.
- Oberhäuser: 300 Jahre alpenländisches Soldatentum. Traditionsgeschichte der alpenländischen Regimenter. Im amtlichen Auftrag hrsg. von Manz. Innsbruck 1941.
- Das Oberkommando der Wehrmacht gibt bekannt. Der deutsche Wehrmachtbericht. Vollständige Ausgabe der 1939–1945 durch Presse und Rundfunk veröffentlichten Texte [...] Bd. 1-3. Osnabrück 1982.
- Obersalzberg. Bilddokumentation bis 1933, 1933–1945, 1945 – heute. Berchtesgaden 1978.
- Obersalzberg vor und nach der Zerstörung. Hrsg. von Ernst Baumann und Erwin Fabritius. Berchtesgaden o. J.
- Occupation. United States Forces European Theater. O. O. 1946. (= AGPS-3946-4-46.)

- Die Operationszone Alpenvorland im Zweiten Weltkrieg. Hrsg. Von Andrea Di Michele und Rodolfo Taiani. Bozen 2009. (= Veröffentlichungen des Südtiroler Landesarchivs. Bd. 29.)
- Ostler, Reinhold: Auf Schatzsuche in Deutschland. Schätze, die noch zu finden sind. 2. Aufl. Stuttgart 1999.
- Oven, Wilfred von: Wer war Goebbels? Biographie aus der Nähe. 2., verbesserte Aufl. München, Berlin 1987.
- Patton, George S.: Krieg, wie ich ihn erlebte. Bern 1950.
- Paul, Wolfgang: Der Endkampf um Deutschland 1945. Esslingen am Neckar 1976.
- Paul, Wolfgang: Der Heimatkrieg. 1939–1945. Esslingen 1981.
- Paul, Wolfgang: Wer war Hermann Göring? Biographie. Esslingen 1983.
- Picker, Henry: Hitlers Tischgespräche im Führerhauptquartier. Vollständig überarb. und erweiterte Neuausgabe [...] 3. Aufl. Stuttgart 1976.
- Piekalkiewicz, Janusz: Die Schweiz am Rande des Krieges. Überarb. u. ergänzte Neuaufl. des 1978 unter „Schweiz 39–45, Krieg in einem neutralen Land“ erschienenen Titels. München, Berlin 1997.
- Piekalkiewicz, Janusz: Spione, Agenten, Soldaten. Geheime Kommandos im Zweiten Weltkrieg. 3. Aufl. München, Berlin 1988.
- Plehwe, Friedrich-Karl von: Als die Achse zerbrach. Das Ende des deutsch-italienischen Bündnisses im Zweiten Weitkrieg. München 1980.
- Ploetz, Karl: Auszug aus der Geschichte. 25. Aufl. Bd. 1-2. Würzburg 1956.
- Poliakov, Leon/Josef Wulf: Das Dritte Reich und seine Diener. Dokumente. Berlin Grunewald 1956.
- Posch, Fritz: Geschichte des Verwaltungsbezirkes Hartberg. Erster, allgemeiner Teil. 2. Teilband – Von 1848 bis zur Gegenwart. Graz, Hartberg 1978. (= Große geschichtliche Landeskunde der Steiermark. Bd. 1 /II.)
- Preis, Kurt: München unterm Hakenkreuz. 1933–1945. München 1989.
- Prentl, Sepp: Flak-Kampfgruppe Prentl. Ein Erlebnisbericht. München 1978.
- Puntigam, Josef Paul: Vom Plattensee bis zur Mur. Die Kämpfe 1945 im Dreiländereck. 2. Aufl. Feldbach 1993.
- Raggenbass, Otto: Trotz Stacheldraht. 1939–1945. Grenzland am Bodensee und Hochrhein in schwerer Zeit. Konstanz 1964.
- Ratzinger, Joseph [d. i. Bededikt XVI.]: Gott und die Welt. Glauben und Leben in unserer Zeit. Ein Gespräch mit Peter Seewald. München 2005.
- Rauchensteiner, Manfried: Der Krieg in Österreich 1945. 2., neu bearb. und erw. Aufl. Wien 1984. (= Schriften des Heeresgeschichtlichen Museums in Wien. Bd. 5.)
- Rauchensteiner, Manfried: Der Sonderfall. Die Besatzungszeit in Österreich 1945 bis 1955. Graz, Wien, Köln 1979.
- Rauchensteiner, Manfried: Vom Limes zum „Ostwall“. Wien 1972. (= Militärhistorische Schriftenreihe. H. 21.)
- Rauh, Manfred: Geschichte des Zweiten Weltkriegs. Bd. 1 bis 3. Berlin 1991–1995.
- Reggimento Alpini „Tagliamento“. 1943–1945. Hrsg. Associazione Reduci Rgt. Alpini „Tagliamento“. Spilimbergo o. J.

- Reitsch, Hanna: Fliegen – mein Leben. 4. Aufl. München 2001.
- Rendulic, Lothar: Soldat in stürzenden Reichen. München 1965.
- Rettenbacher, August und Barbara: Chronik von Niedernsill. Hrsg. von der Gemeinde Niedernsill. Niedernsill im Pinzgau 1978.
- Richardi, Hans-Günter: SS-Geiseln in der „Alpenfestung". Die Verschleppung prominenter KZ-Häftlinge aus Deutschland nach Südtirol. Bozen 2005.
- Riedmann, Josef: Das Bundesland Tirol 1918–1970. Bozen, Innsbruck, Wien 1988. (= Geschichte des Landes Tirol. Bd. 4/II.)
- Ringel, Julius: Hurra, die Gams! Ein Gedenkbuch für die Soldaten der 5. Gebirgsdivision. Bearb. von Fritz Weber. 8. Aufl. Graz, Stuttgart o. J.
- Rintelen, Enno von: Mussolini als Bundesgenosse. Erinnerungen des deutschen Militärattachés in Rom 1936–1943. Tübingen, Stuttgart 1951.
- Ritgen, Helmut: Westfront 1944. Stuttgart 1998.
- Rossiwall, Theodor: Die letzten Tage. Die militärische Besetzung Österreichs 1945. Wien 1969.
- Rudel, Hans-Ulrich: Zwischen Deutschland und Argentinien. Fünf Jahre in Übersee. Göttingen 1953.
- Rüddenklau, Gerhard/Guenther, Heinz: Die Fahnen und Standarten des deutschen Heeres 1936–1944. Eine heereskundliche Dokumentation. Berg am Starnberger See o. J.
- Salzburg 1945–1955. Zerstörung und Wiederaufbau. Begleitbuch zur gleichnamigen Ausstellung des Salzburger Museums Carolino Augusteum [...] Jahresschrift [...] 1994/95. Salzburg 1995.
- Salzburger, Johann: „Der Mensch". Erinnerungen aus dem Leben. Brixen o. J.
- Sayer, Ian and Douglas Botting with the Sunday Times: Nazi Gold. The Story of the World's Greatest Robbery – and its Aftermath. London 1984.
- Schäfer, Stefan: Hitler und die Schweiz. Deutsche militärische Planungen 1939–43 und die „Raubgold"-Frage.
- Schärer, Friedrich: Erinnerungen und Anekdoten. Lörrach 1999.
- Schaffing, Ferdinand: Der Obersalzberg. Brennpunkt der Zeitgeschichte. Aus den Archiven von Ernst Baumann und Heinrich Hoffmann. 2. überarb. u. ergänzte Aufl. München 1992.
- Schernthaler, Peter: Andreas Rohracher. Erzbischof von Salzburg im Dritten Reich. Salzburg 1994.
- Scheurig, Bodo: Alfred Jodl. Gehorsam und Verhängnis. Biographie. Berlin, Frankfurt a. M. 1991.
- Schirach, Henriette von: Der Preis der Herrlichkeit. Erfahrene Zeitgeschichte. München, Berlin 1979.
- Schmidt, Paul: Statist auf diplomatischer Bühne. 1923 bis 1945. Erlebnisse des Chefdolmetschers im Auswärtigen Amt mit den Staatsmännern Europas. 2. Auflage. Bonn 1950.
- Schmidt-Richberg, Erich: Der Endkampf auf dem Balkan. Die Operationen der Heeresgruppe E von Griechenland bis zu den Alpen. Heidelberg 1955. (= Die Wehrmacht im Kampf. Bd. 5.)

- Schmundt, Rudolf: Tätigkeitsbericht des Chefs des Heerespersonalamtes General der Infanterie Rudolf Schmundt, fortgeführt von General der Infanterie Wilhelm Burgdorf. 1. Oktober 1942 bis 29. Oktober 1944. Hrsg. von Dermot Bradley und Richard Schulze-Kossens. Osnabrück 1984.
- Schneider, Klaus: Spuren der Nibelungen 1945. Eine Dokumentation über Soldaten der 38. Grenadier-Division „Nibelungen" der Waffen-SS. Berg am Starnberger See, Potsdam 1999.
- Schönhuber, Franz: Ich war dabei. 4. Aufl. München, Wien 1982.
- Schönwald, Matthias: Deutschland und Argentinien nach dem Zweiten Weltkrieg. Politische und wirtschaftliche Beziehungen und deutsche Auswanderung 1945–1955. Paderborn, München, Wien, Zürich 1998. (= Sammlung Schöningh zur Geschichte und Gegenwart.)
- Schramm, Wilhelm von: Der Geheimdienst in Europa 1937–1945. 2. durchges. u. erw. Aufl. München, Wien 1974.
- Schreiber, Gerhard: Die italienischen Militärinternierten im deutschen Machtbereich 1943–1945. Verraten – verachtet – vergessen. München 1990. (= Beiträge zur Militärgeschichte. Bd. 28.)
- Schröder, Josef: Italiens Kriegsaustritt 1943. Die deutschen Gegenmaßnahmen im italienischen Raum: Fall „Alarich" und „Achse". Göttingen, Zürich, Frankfurt 1969. (= Studien und Dokumente zur Geschichte des Zweiten Weltkrieges. Bd. 10.)
- Schroeder, Christa: Er war mein Chef. Aus dem Nachlaß der Sekretärin von Adolf Hitler. Hrsg. von Anton Joachimsthaler. 5. Aufl. München 1992.
- Schroeder, Karl: „Dort, wo der Adler haust". Geschichte des Hochgebirgsjäger-Bataillons 4. Eine Chronik aus den Jahren 1943–1945. Siegen o. J.
- Schröter, Heinz: Geheime Reichssache 330. Klagenfurt 1970.
- Schukow, Georgi K.: Erinnerungen und Gedanken. 5. überarbeitete und erw. Aufl. Bd. 1-2. Berlin, Stuttgart 1969–1976.
- Schultz-Naumann, Joachim: Die letzten dreißig Tage. Das Kriegstagebuch des OKW April bis Mai 1945. Die Schlacht um Berlin. Dokumente. München 1980.
- Schulze-Kossens, Richard: Militärischer Führernachwuchs der Waffen-SS. Die Junkerschulen. 2. erw. Aufl. Osnabrück 1987.
- Schuschnigg, Kurt: Ein Requiem in Rot-Weiß-Rot. Wien 1978.
- Die Schweiz und der Zweite Weltkrieg. La Suisse et la Seconde Guerre mondiale. Hrsg. von Georg Kreis/Bertram Müller. Basel 1998.
- Schweizer, Karl: Der NS-Faschismus in Lindau. Lindau 1983.
- Schwierz, Israel: Steinerne Zeugnisse jüdischen Lebens in Bayern. Eine Dokumentation. 2. Aufl. München 1992. (= Bayerische Landeszentrale für polit. Bildungsarbeit. H. A 85.)
- Seidl, Ulf: Wehrraum Alpenland. Das Gelände des deutschen Alpenraumes und die Geschichte seiner Kriege und Fehden. Im Auftrage des Generalkommandos XVIII. A. K. bearb. u. zusammengestellt. Innsbruck 1943.
- Seidler, Franz W.: „Deutscher Volkssturm". Das letzte Aufgebot 1944/45. Augsburg.
- Seidler, Franz W.: Fahnenflucht. Der Soldat zwischen Eid und Gewissen. München, Berlin 1993.

- Seidler, Franz W.: Fritz Todt. Baumeister des Dritten Reiches. Frankfurt/M., Berlin 1988.
- Seidler, Franz W./Dieter Zeigert: Die Führerhauptquartiere. Anlagen und Planungen im Zweiten Weltkrieg. München 2000.
- Seidler, Franz W: Die Kollaboration. 1939–1945. München, Berlin 1995.
- Seidler, Franz W.: Die Organisation Todt. Bauen für Staat und Wehrmacht 1933–1945. Hrsg. mit Unterstützung des Arbeitskreises für Wehrforschung. Koblenz 1987.
- Seidler, Franz W.: Phantom „Alpenfestung"? Die geheimen Baupläne der Organisation Todt. Selent 2000.
- Sethe, Paul: Das machte Geschichte. Panoramen aus einem Jahrhundert. Frankfurt a. M. 1969.
- Shirer, William Lawrence: Aufstieg und Fall des Dritten Reiches. Herrsching 1978.
- Skorzeny, Otto: Meine Kommandounternehmen. Krieg ohne Fronten. Hrsg. von Herbert Greuél. Wiesbaden, München 1976.
- Slapnicka, Harry: Oberösterreich – als es „Oberdonau" hieß. (1938–1945). Linz 1978. (= Beiträge zur Zeitgeschichte Oberösterreichs. H. 5.)
- Smith, Arthur: Churchills deutsche Armee. Die Anfänge des kalten Krieges. 1943–1947. Bergisch Gladbach 1978.
- Smith, Arthur L: Hitler's Gold. The Story of the Nazi War Loot. Oxford 1989.
- Smith, Bradley F. u. Elena Agarossi: Unternehmen „Sonnenaufgang". Das Kriegsende in Italien. Köln 1981.
- Smith, Walter Bedell: General Eisenhowers sechs große Entscheidungen. Bern 1956.
- Speer, Albert: Erinnerungen. 6. Aufl. Frankfurt/M., Berlin 1970.
- Speich, Sebastian/David, Fred/Elam, Shraga/Ladner, Anton: „Die Schweiz am Pranger". Banken, Bosse und die Nazis. Wien 1997.
- Spiss, Roman: Landeck 1918–1945. Eine bisher nicht geschriebene Geschichte. Innsbruck 1998. (= Sehlern-Schriften. Bd. 307.)
- Spiwoks, Erich und Hans Stöber: Endkampf zwischen Mosel und Inn. XIII. SS-Armeekorps. Osnabrück 1976.
- Starr, Chester: From Salerno to the Alps. Washington 1948.
- Steenberg, Sven: General Wlassow. Der Führer der russischen Befreiungsarmee – Verräter oder Patriot. Rastatt 1986.
- Stein, George H.: Geschichte der Waffen-SS. Düsseldorf 1978.
- Steinacher, Gerhard: Nazis auf der Flucht. Wie Kriegsverbrecher über Italien nach Übersee entkamen. Studienverl. 2008.
- Stöber, Hans: Die eiserne Faust. Bildband und Chronik der 17. SS-Panzer-Grenadier-Division „Götz von Berlichingen". Neckargemünd 1966.
- Stoves, Rolf O. G.: 1. Panzer-Division. 1935–1945. Chronik einer der drei Stammdivisionen der deutschen Panzerwaffe. Bad Nauheim 1961.
- Strauß, Franz Josef: Die Erinnerungen. 2. Aufl. Berlin 1989.
- Stuhlpfarrer, Karl: Die Operationszonen „Alpenvorland" und „Adriatisches Küstenland" 1943–1945. Wien 1969. (= Publikationen des österreichischen Instituts für Zeitgeschichte und des Instituts für Zeitgeschichte der Universität Wien. Bd. 7.)
- Szokoll, Carl: Die Rettung Wiens 1945. Wien 2001.

- Tessin, Georg: Verbände und Truppen der Deutschen Wehrmacht und Waffen-SS im Zweiten Weltkrieg 1939–1945. Bd. 1-13. Frankfurt/M., Osnabrück 1966–1977.
- Theil, Edmund: Kampf um Italien. Von Sizilien bis Tirol 1943–1945. München, Wien 1983.
- The Thirteen Armored Division. A history of the Black Cats from Texas to France, Germany and Austria and back to California. O. O. 1945.
- Thorwald, Jürgen [d. i. Tom Bongratz]: Das Ende an der Elbe. 36.-41. Tsd. München, Zürich 1972.
- Thorwald, Jürgen [d. i. Tom Bongratz]: Die große Flucht. München, Zürich 1981.
- Thorwald, Jürgen [d. i. Tom Bongratz]: Die Illusion. Rotarmisten in Hitlers Heeren. Zürich 1974.
- Tieke, Wilhelm: Vom Plattensee bis Österreich. Heeresgruppe Süd 1945. o. O. [um 1975].
- Toland, John: Adolf Hitler. Bergisch Gladbach 1977.
- Toland, John: Das Finale. Die letzten hundert Tage. München 1968.
- Tolstoy, Nikolai: Die Verratenen von Jalta. Die Schuld der Alliierten vor der Geschichte. München 1981.
- Tompkins, Peter: Verrat auf Italienisch. Italiens Austritt aus dem Zweiten Weltkrieg. Wien, München 1967.
- Truman, Harry S.: Memoiren. Bd. 1-2. Stuttgart 1955–1956.
- Tuider, Othmar: Die Kämpfe im Vorgelände der Fischbacher Alpen 1945. 2. Aufl. Wien 1978. (= Militärhistorische Schriftenreihe. H. 17.)
- Tuider, Othmar: Die Wehrkreise XVII und XVIII 1938–1945. Wien 1975. (= Militärhistorische Schriftenreihe. H. 30.)
- Turner, J. F. und R. Jackson: Destination Berchtesgaden. The story of the United States Seventh Army in World War II. London 1975.
- Ulfkotte, Udo: Verschlußsache BND. München 1998.
- Ungváry, Krisztián: Die Schlacht um Budapest. Stalingrad an der Donau 1944/45. München 1999.
- Urner, Klaus: „Die Schweiz muss noch geschluckt werden!". Hitlers Aktionspläne gegen die Schweiz. Zwei Studien zur Bedrohungslage der Schweiz im Zweiten Weltkrieg. Paderborn 1991.
- Veeh, Helmut: Die Kriegsfurie über Franken 1945 und das Ende in den Alpen.
- Verheimlichte Dokumente. Was den Deutschen verschwiegen wird. Hrsg. Bernhard Steidle. Bd. 2. München 1995.
- Die verhinderte „Alpenfestung". Berchtesgaden 1945. Dokumente und Berichte. Hrsg. v. Hellmut Schöner. Berchtesgaden 1971. (= Berchtesgadener Schriftenreihe. Nr. 8.)
- Die verhinderte „Alpenfestung". Das Ende des Zweiten Weltkrieges im Raum Berchtesgaden – Bad Reichenhall – Salzburg. Dokumentation von Hellmut Schöner [u. a.] Berchtesgaden 1996.
- Vierlinger, Rudolf: Das Jahr 1945 an Inn und Rott. Eine Dokumentation der Ereignisse in unserer Heimat. Zusammengestellt nach authentischen Berichten von beteiligten Personen [...] Simbach am Inn 1995.

- Vogelsang, Henning von: Kriegsende – in Liechtenstein. Das Schicksal der Ersten Russischen Nationalarmee der Deutschen Wehrmacht. Freiburg i. Br. 1985.
- Vom Reich zu Österreich. Erinnerungen an Kriegsende und Nachkriegszeit. München 1985.
- Vor fünfzig Jahren. Ein Tagebuch. Hrsg. Peter Carstens, Eckhard Fuhr. Frankfurt am Main 1995.
- Wadl, Wilhelm: Das Jahr 1945 in Kärnten. Ein Überblick. Klagenfurt 1985.
- Wagener, Carl: Heeresgruppe Süd. Der Kampf im Süden der Ostfront 1941–1945. Bad Nauheim, Dornbirn o. J.
- Wagner, Dieter: München '45 zwischen Ende und Anfang. München 1970.
- Wagner, Ernst K./Franco Cortigiano: Im Schatten der Vergangenheit. Deutsche Soldaten in der Propaganda der italienischen Kommunisten. Köln 1969.
- Wahl, Karl: „... es ist das deutsche Herz". Erlebnisse und Erkenntnisse eines ehemaligen Gauleiters. Augsburg 1954.
- Wahl, Karl: Patrioten oder Verbrecher. Aus fünfzigjähriger Praxis, davon 17 Jahre als Gauleiter. 3. Aufl. Heusenstamm 1975.
- Waibel, Max: 1945 Kapitulation in Norditalien. Basel, Frankfurt/M. 1981.
- Wallace, Brenton G.: Patton and his Third Army. 5. Aufl. Harrisburg Pa. 1951.
- Walzl, August: „Als erster Gau ...". Entwicklungen und Strukturen des Nationalsozialismus in Kärnten. Klagenfurt 1992.
- Walzl, August: Kärnten 1945. Vom NS-Regime zur Besatzungsherrschaft im Alpen-Adria-Raum. Klagenfurt 1985.
- Warlimont, Walter: Im Hauptquartier der Deutschen Wehrmacht 1939 bis 1945. Grundlagen, Formen, Gestalten. Bd. 1-2. Augsburg o. J.
- Wegner, Bernd: Hitlers politische Soldaten. Die Waffen-SS 1933–1945. 3. Aufl. Paderborn 1982.
- Die Wehrmachtsberichte 1939–1945, Bd. 1-3. München 1985.
- Weibel-Altmeyer, Heinz: Hitlers „Alpenfestung". Dokumentarbericht 1944/45. München 1971.
- Weltkrieg 1939–1945. Ehrenbuch der Deutschen Wehrmacht. Stuttgart 1954.
- Westphal, Siegfried: Erinnerungen. Mainz 1975.
- Westphal, Siegfried: Heer in Fesseln. Aus den Papieren des Stabschefs von Rommel, Kesselring und Rundstedt. Bonn 1950.
- Wichterich, Richard: Benito, Mussolini. Aufstieg, Größe, Niedergang. Stuttgart 1952.
- Wilhelmsmeyer, Helmut: Der Krieg in Italien 1943–1945. Graz, Stuttgart 1995.
- Wilmot, Chester: Der Kampf um Europa. Frankfurt a. M., Berlin 1954.
- Winter, Franz: Operation Rheingold. Wien 2011.
- Wittmann, Walter: Die Schweiz. Ende eines Mythos. München 1998.
- Wuermeling, Henric L.: Tage des Überlebens. Ein dokumentarisches Szenarium der letzten Kriegstage. Manuskript zur Sendereihe des Bayerischen Rundfunks. München 1995.
- Young, Desmond: Rommel 71.-80. Tsd. Wiesbaden 1952.
- Zauner, Gerhard: Verschollene Schätze im Salzkammergut. Die Suche nach dem geheimnisumwitterten NAZI-Gold. Graz, Stuttgart 2003.

- Zentner, Kurt: Illustrierte Geschichte des Zweiten Weltkrieges. 8. Aufl. München 1973.
- Ziegler, Jean: Die Schweiz, das Gold und die Toten. München 1997.
- Zöllner, Erich: Geschichte Österreichs. 4. Aufl. Wien 1970.
- Zorn, Wolfgang; Bayerns Geschichte im 20. Jahrhundert. Von der Monarchie zum Bundesland. München 1986.
- Der Zweite Weltkrieg. Analysen, Grundzüge, Forschungsbilanz. Im Auftrag des Militärgeschichtlichen Forschungsamtes. Hrsg. von Wolfgang Michalka, München, Zürich 1989.
- Der Zweite Weltkrieg. Bilder, Daten, Dokumente. Gütersloh 1968.
- Der Zweite Weltkrieg in Bildern und Dokumenten. Hrsg. von Hans-Adolf Jacobsen und Hans Dollinger. Bd. 1-3. Wiesbaden 1963.
- Der Zweite Weltkrieg in Wort und Bild. Bd. 1-10. München 1977.

Postskriptum:
2012 erschien vom „ZDF-Frontmann" Guido Knopp und seinen Zuarbeitern das Buch „Geheimnisse des Zweiten Weltkrieges" mit einem Kapitel über den „Mythos ‚Alpenfestung'" auf den Seiten 259 bis 313. Als Vorlage diente ganz offensichtlich das im Literaturverzeichnis angegebene Buch „Roland Kaltenegger: Operation ‚Alpenfestung' – Das letzte Geheimnis des ‚Dritten Reiches'". München 2005. Die Kapitelüberschriften lauten dann ohne jede weitere Quellenangabe oder Anmerkungen: „Wie eine fixe Idee entsteht", „Ein Gerücht bekommt Flügel", „Neue Ziele: Berge statt Berlin", „Ein letztes Bollwerk fanatischen Widerstands", „Die Flucht der ‚Goldfasane'", „Rette sich, wer kann" oder „Auf der Suche nach dem Nazi-Gold". So kann man es auch machen, ums ich umfangreiche Vorarbeiten und detaillierte Recherchen zu ersparen.

3. Periodika

- Allgemeine Schweizerische Militärzeitschrift. 1959ff.
- Augsburger Zeitung. 1970ff.
- Berchtesgadener Anzeiger. 1945.
- Berliner Illustrirte Zeitung. 1944f.
- Das bayerische Inn-Oberland. 1996.
- Buchjournal. 1994.
- Chiemgau-Blätter. 1965.
- Chiemgau-Zeitung. 2000ff.
- Die Deutsche Wehrmacht. 1939ff.
- Deutscher Soldatenkalender. 1953ff.
- Deutsches Soldatenjahrbuch. 1963ff.
- Europäische Wehrkunde. 1976ff.
- Garmisch-Partenkirchner Tagblatt 1975ff.
- Die Gebirgstruppe. 1952ff.
- Historische Zeitschrift. 1969ff.
- Historisches Jahrbuch der Stadt Linz. Sonderdruck 1965.
- Jahrbuch der Kameradschaften. 1995ff.
- Jahrbuch des Landkreises Lindau. 1994ff.
- Journal. 1985.
- Junge Freiheit. Sonderbeilage zum 8. Mai 1945. 1995.
- Die Kameradschaft. 1953ff.
- Der Kraxler. 1944–1945.
- Landsberger Zeitung. 1965.
- Mangfall-Bote. 2000ff.
- Militärgeschichtliche Mitteilungen. 1967ff.
- Military affairs. 1971ff
- Military Review. 1976ff.
- Mitteilungen für das Offizierskorps. 1942ff.
- Mitteilungen für die Truppe. 1942ff.
- Monterosa. 1986ff
- Mühldorfer Anzeiger. 2000ff.
- Münchner Merkur. 1990ff.
- Münchner Stadtanzeiger. 1985.
- Nachrichten des Oberkommandos der Wehrmacht. 1943ff.
- Neue Linzer Zeitung. 1995.
- Neue Zürcher Zeitung. 1944ff.
- Neumarkter Anzeiger. 2000ff.
- Oberbayerisches Volksblatt. 2000ff.
- Österreichische Militärische Zeitschrift. 1962ff.
- Österreichischer Kameradschaftsbund. Kalender 1992ff.

- Pallasch. 2002ff.
- Pinzgauer Journal. 1984.
- Pinzgauer Nachrichten. 1985.
- Politisches Jahrbuch der Schweizerischen Eidgenossenschaft.
- Rot-Weiß-Rot. Nachrichten für Österreich. 1945.
- Ruhpoldinger Gemeindeanzeiger. 2001.
- Salzburger Nachrichten. 1965ff.
- Der Scheinwerfer. 1989.
- Schifferstadter Tagblatt. 1995.
- Schriften des Vereins für Geschichte des Bodensees u. seiner Umgebung. 111. H.
- Der Spiegel. 1998.
- Süddeutsche Zeitung. 1995ff.
- Die Tagespost. 2001.
- Tiroler Grenzbote, seit 1940 Tiroler Volksblatt.
- Tölzer Kurier. 2000.
- Truppendienst. 1973ff.
- Truppenpraxis. 1957ff.
- Vierteljahrshefte für Zeitgeschichte. 1969ff.
- Wasserburger Zeitung 2000ff.
- Wehrkunde. 1953ff.
- Wehrwissenschaftliche Rundschau. 1963ff.
- Welt am Sonntag. 1984.
- 13er Post. 1980ff.

4. Militär- und Gebirgstruppenarchiv Kaltenegger

- „Alpenfestung“: Besprechungsnotizen, Befragungen, Aktenvermerke, An- und Rückfragen des GFM Schörner. [i. Ms.]
- Aschenauer, Rudolf: Eine offene Erwiderung an die Redaktion der Wochenzeitschrift „Quick“. München 1966.
- Auszug aus der Klosterchronik des Klosters Maria Schutz am Semmering.
- Bacher, Karl: Kriegsende 1945. Geschichtliches aus Maria Alm.
- Bernklau-Archivalien: Aufsätze, Skripten und Briefe sowie Prozessakten aus den Verhandlungen vor dem Landgericht München I aus den Jahren 2001 bis 2003.
- Bernklau, Wolfgang: Aktenvermerk. Militärhistorisches Gespräch am 21. Juni 1995 in Holzkirchen. [i. Ms.]
- Bernklau, Wolfgang: Aufzeichnungen und Kalendernotizen aus 1944/45. [i. Ms.]
- Bernklau, Wolfgang: Bevorratung der „Alpenfestung“ mit Verpflegung. [i. Ms.]
- Bernklau, Wolfgang: Erlebtes Kriegsgeschehen 1941/45. [i. Ms.]
- Bernklau, Wolfgang: Nachtrag zum Gespräch Sommeranfang 1995. [i. Ms.]
- Blähser, Hermann: Briefwechsel und Nachlass des Hauptmanns Pedrotti.
- Brandl, Josef: Aufzeichnungen über Operationszone „Adriatisches Küstenland“. [i.Ms.]
- Buchner, Hans: Aufzeichnungen über GFM Schörner und die „Alpenfestung“. [i. Ms.]
- Bundesdisziplinarkammer IV, München: Beschluss in dem Disziplinarverfahren gegen den GFM Ferdinand Schörner vom 23. April 1959.
- Butterfaß, Th.: Südfrankreich und Westalpen. Teil 1-2. [i. Ms.]
- Chronik von Lindau. 1945–1957.
- Combat History of the 10th Mountain Division. (= Geschichte der 10. US Gebirgs-Division.)
- Dittrich, Karl: Einsatz in Oesterreich 1945.
- Dittrich, Karl: Private Aufzeichnungen. [i. Ms.]
- Dvorak-Stocker, Ilse: Steiermark 1945. [i. Ms.]
- Ein kurzer Überblick über die Geschichte Alms.
- Ernst, Richard: Meine Kriegstagebücher. VIII. Buch, I. Teil: Kommandeur Gebirgsjägerregiment 100 in Italien.
- Falconi, Falco: Die Gebirgsdivision „Monterosa“. [i. Ms.]
- Falkenhorst, Nikolaus von: Charakteristik einiger Offiziere. [i. Ms.]
- Festschrift aus Anlaß der Errichtung eines Tragtierdenkmals in Mittenwald. Hrsg. Alois Steffel [u. a.] München 1978.
- Füger, Karl: Gebirgs-Artillerie-Regiment 118. Stab und Stabsbatterie (6. Gebirgsdivision). [i. Ms.]
- Gemeinde Maria Alm. Aus der Geschichte. [i. Ms.]
- Geschichtlicher Hintergrund vom Gasthof Moserwirt. Die Hausbank des Moserwirts spielte bei Kriegsende 1945 eine zentrale Rolle.
- Groth, Heinz: Briefwechsel mit Generalleutnant a. D. August Wittmann aus der Nachkriegszeit über die personelle und materielle Lage der 1. Gebirgsdivision.

- Groth, Heinz: Die Rückzugskämpfe des Gebirgs-Jäger-Regiments 99 im Verband der 1. Gebirgsdivision im Raume Raab, Pinka, Lafnitz, Hochwechsel, Feistritz. Vom 8. März 1945 bis 9. Mai 1945. [i. Ms.]
- Häßner, Kurt: Von der NSKK Transportabteilung zur Wehrmacht. Gera o. J.
- Hengl, Georg Ritter von: Aufzeichnungen und Briefwechsel.
- Hengstler, Friedrich: Lebenslauf.
- Heselberger, Wolfgang: Pickel und Propeller. Heribert Raithel. Vom Gebirgsartilleristen zum Führer der 9. Geb.Division.
- Huber, Christian: Das letzte Geheimnis der Nazis. Historiker Roland Kaltenegger enträtselt in seinem neuen Buch den Mythos „Alpenfestung". In: Oberbayerisches Volksblatt. 21./22. Oktober 2000. S. 15.
- Iannuzzi, Amerigo: Standschützen/Volkssturm. [i. Ms.]
- Johanson, Paul: Aufzeichnungen über die Alpenfront. [i. Ms.]
- Kaltenegger, Roland: General der Gebirgstruppe Julius Ringel. In: Die Gebirgstruppe. 1986. H. 1, S. 12ff.
- Kaltenegger Roland: Das letzte Aufgebot der „Alpenfestung". Die Tiroler Standschützen von 1944/45. In: Pallasch. 2002. H. 12, S. 117ff
- Kaltenegger, Roland: Schreie in der Nacht. Das Schloss in Itter war Adolf Hitlers Prominentengefängnis. In: Wörgler & Kufsteiner Rundschau. 2001. Nr. 45, S. 24f.
- Kaltenegger, Roland: 1945 – Dem Untergang entgegen. Zwölfteilige OVB-Serie zum Kriegsende vor 60 Jahren im Voralpenland. In: Oberbayerisches Volksblatt 31. Dezember 2004/ 1. und 2. Januar 2005ff.
- Kameradenkreis der Gebirgstruppe: In eigener Sache. 16. August 1995.
- Karpf, Heinz: Die Kampfhandlungen in der Steiermark.
- Kern, Ernst: Kriegstagebuch 1941–1945. Ein Bericht. Würzburg 1991.
- Klebe-Archivalien: Aufsätze, Skripte und Briefe sowie Prozessakten aus den Verhandlungen vor dem Landgericht München I und der Berufungsklage vor dem Oberlandesgericht München aus den Jahren 2001 bis 2002.
- Kögler, Johann: Schriftliche Aufzeichnungen.
- Konrad, Rudolf: Briefwechsel des Generals der Gebirgstruppe aus den 60er Jahren mit Carl Schulze.
- Konrad, Rudolf: Versammlung/Diskussionspunkte: Zur Frage Schörner. 18. November 1960.
- Korte, Hans: Zum „Fall Schörner". [i. Ms.]
- Kreppel, Hans: Bericht über den Einsatz der 117. Jäger-Division im steirisch-niederösterreichischen Raum im April/Mai 1945. Militärwissenschaftliches Institut Wien. 1945/13-0.
- Kreppel, Hans: Kriegstagebuch. Teil VIII.
- Lapp, Karl Walter: Ausbildung von Nord- und Südtiroler Standschützen von den bestehenden Kasernen der Alpini in Gossensass, Schlanders und Mals aus im Herbst 1944. [i. Ms.]
- Lapp, Karl Walter: Standschützen-Ausbildung von Nord- und Südtirolern, speziell in Gossensass. [i. Ms.]

- Lapp, Karl Walter: Tagebuch. Bd. 6, 26. Juni 1944 bis 31. März 1945.
- Maser, Emil: Aufzeichnungen und Gefechtsberichte aus Südostfrankreich und den Westalpen 1944/45. [i. Ms.]
- Maser, Emil: Kampf u. Weg der 1. Kompanie I. Batl. 157. Reserve-Division, später 157. Gebirgsdivision. [i. Ms.]
- Meixner, Hans: Jugendzeit eines 1928 Geborenen. [i. Ms.]
- Moser, Franz: Plädoyer für Feldmarschall Ferdinand Schörner vor dem Schwurgericht München. 7. Oktober 1957. München 1957.
- Ortschronik Niedernsill: Unternehmen „Alpenfestung". Dok 45.
- Pfeiffer, Franz: Aktenvermerk über die „Alpenfestung", den Fall von Koschniza und den Balkan. [i. Ms.]
- Pfeiffer, Franz: Bericht über die Entlassungsaktion für versprengte Angehörige der Deutschen Wehrmacht im Jahre 1945 in Tirol und Vorarlberg. [i. Ms.]
- Pfeiffer, Franz: Lebenslauf.
- Pölzl, Karl: Semmering 1945. Skizzen aus den ersten und letzten Tagen der 9. Gebirgsdivision. [i. Ms.]
- Pössinger, Michael: Lebenslauf.
- Pössinger, Michael: Rückblick und Geschichte der 6. Kompanie Gebirgsjägerregiment 98. [i.Ms.]
- Polivka-Treuensee, Adolf: Einsatz auf dem Semmering. [i. Ms.]
- Polivka-Treuensee, Adolf: Familien-Archivalien.
- Quarz, Karl Heinz: Texte aus dem Kriegstagebuch. [i. Ms.]
- Raithel, Heribert: Aufzeichnungen des Kampfgruppen-Kommandeurs vom Semmering.
- Reggimento Alpini „Tagliamento". (= Kurzfassung der Regimentsgeschichte.)
- Reinhardt-Archivalien: Aufsätze, Skripten und Schriften des NS-Gauleiters und Staatssekretärs Fritz Reinhardt.
- Remd, Hellmuth: Persönliche Aufzeichnungen aus dem Zweiten Weltkrieg. [i. Ms.]
- Richter, Alfred: Kriegstagebuch. Mit Fotoalben.
- Rohr, Hans: Tagebuch eines Gebirgsjägers im Zweiten Weltkrieg. Vom 28. August 1939 – 2. Oktober 1945.
- Roth, Josef: Persönliche Erlebnisse aus der Kriegszeit. [i. Ms.]
- Rüddenklau, Gerhard: Gebirgsjägerfahnen im Wehrkreis VII München. [i. Ms.]
- Rüddenklau, Gerhard: Übergabe der Heeresfeldzeichen der Wehrmacht. Wehrkreis XVIII Salzburg. [i. Ms.]
- Samauns, Otto: „Alpenfestung". [i. Ms.]
- Schörner, Ferdinand: Briefe und Aufzeichnungen aus der Nachkriegszeit und Inhaftierung.
- Schlott, Heinz: Erlebnisse und Eindrücke meines letzten Fronteinsatzes 1945 im Semmeringgebiet. [i. Ms.]
- Schricker, Paul: Bericht über die Verwendung der 157. Gebirgs-Division vom 8. September bis 15. September 1944. [i. Ms.]
- Schricker, Paul: Berichtigungen zu den Arbeitsunterlagen von der „Apenninstellung" zur „Postellung". [i.Ms.]

- Schricker, Paul: Erfahrungen im Gebirgskrieg. [i. Ms.]
- Schricker, Paul: Geschichte der 8. Gebirgsdivision (157. Gebirgsdivision). [i. Ms.]
- Schricker, Paul: Unterlagen über 8. Gebirgsdivision. [i. Ms.]
- Schulze, Carl: Kriegstagebuch. Bd. VI/1-4.
- Schulze, Carl: Nachlass aus dem Zweiten Weltkrieg mit Fotoalben und Bildern.
- Sonner, Josef: Meine Kriegserlebnisse. [i. Ms.]
- Steinacher, Hans: Pressemitteilung des österreichischen Generalkonsuls in Mailand zugunsten GFM Schörner. Mailand, 21. Oktober 1957.
- Stift Vorau. Hrsg. Chorherrenstift Vorau. Vorau o. J.
- Stotz, Gerhard: Der Weg der Divisione Alpina „Monte Rosa." 1944–1945. [i. Ms.]
- Stoves, Rolf O. G.: Zeittafel für Kämpfe PzRgt. 1/1. PzDiv. (Heer). West-Ungarn/Plattensee – Burgenland/Steiermark – März/Mai 1945. [i. Ms.]
- Suldinger, Ludwig: Nachträglicher Bericht zum Geschehen am 16. April 1945 in der damaligen Gemeinde Freilassing. Tötung eines US-Jagdfliegerpiloten. [i. Ms.]
- Voth, Berthold: Der Endkampf der deutschen Heeresgruppe Südwest (Heeresgruppe C) und ihr Rückzug über den Schicksalsfluss Po. Ein Beitrag zur Geschichte des Zweiten Weltkrieges. Lahnstein 1997.
- Walder, Josef: Aufzeichnungen über die Operationszonen „Adriatisches Küstenland" und „Alpenvorland". 1-4. Teil. [i. Ms.]
- Wittmann, August: Kriegstagebuch. 1941–1945.
- Wittmann, August: Nachlass des Generals mit Militärbibliothek, Fotoalben sowie Niederschriften und Briefwechsel.
- 2./Gebirgs-Nachrichten-Abteilung 54. Geschichte einer Gebirgs-Fernsprech-Kompanie. Hrsg. von Heinrich Haag. Grainau 1993.
- 117. Jäger-Division. Erinnerungen und Berichte. Hrsg. Josef Tischler. Kameradschaft ehem. 117er Jäger in Deutschland e. V. München o. J.

5. Zeitgeschichtliche Biografien

Im Verlagshaus Würzburg erschienen bisher folgende Zeitgeschichtliche Biografien des Autors Roland Kaltenegger über Ritterkreuzträger der deutschen Gebirgstruppe, die in verschiedenen Kampfabschnitten der „Alpenfestung“ eingesetzt wurden:

- Feldwebel der Reserve Georg Audenrieth. Vom „Bulgarenschreck“ zum Ritterkreuz. Würzburg 2014.
- Feldwebel Peter Grübl. Vom Reichsarbeitsdienst zu Säuberungsaktionen auf dem südfranzösischen Plateau von Vercors. Würzburg 2015.
- General der Gebirgstruppe Georg Ritter von Hengl. Vom Militär-Max-Joseph-Ritter im Ersten Weltkrieg zum Ritterkreuzträger im Zweiten Weltkrieg. Würzburg 2012.
- Oberst Ludwig Hörl. Als Gebirgsjäger an den Brennpunkten der Front in Ost und West. Würzburg 2013.
- Major Karl Walter Lapp. Vom Karelienkämpfer zum Ausbildungsleiter der Tiroler Standschützen. Würzburg 2011.
- Generalleutnant Max Josef Pemsel. Vom Armeechef während der alliierten Invasion zum Kommandierenden General in der Bundeswehr. Würzburg 2014.
- Oberst Franz Pfeiffer. Vom Komandoführer der „Brandenburger“ zum Geheimnisträger des Reichbankschatzes. Würzburg 2014.
- Generalleutnant Egbert Picker. Vom Gebirgsjägeroffizier der Wehrmacht zum Kommandeur des deutschen Verbindungskommandos bei Mussolini. Würzburg 2013.
- Oberst Heribert Raithel. Vom jüngsten Artillerieoberst der Wehrmacht zum Führer der „Kampfgruppe Semmering“. Würzburg 2012.
- Hauptmann Carl Rall. Vom Deutsch-Südwestafrikaner zum Ritterkreuzträger. Würzburg 2015.
- Oberst Ludwig Stautner. Von der Dolomitenfront im Ersten Weltkrieg zur Westalpenfront im Zweiten Weltkrieg. Würzburg 2015.
- Generalleutnant August Wittmann. Vom Gebirgsartilleristen zum Kommandeur der 1. Volksgebirgsdivision. Würzburg 2015.

Anmerkungen

1. Prolog

1 Hallig: Festung Alpen. S. 80.
2 Rauchensteiner: Die „Alpenfestung". In: Truppenpraxis. 1973. H. 3, S. 238.
3 Magenheimer: Kriegswenden in Europa 1939–1945. S. 145.
4 Rauchensteiner: Die „Alpenfestung". A. a. O., S. 238.
5 Kordt: Wahn und Wirklichkeit. S. 382.
6 Kriegstagebuch des Oberkommandos der Wehrmacht Bd. IV/1, S. 10.
7 Magenheimer: Kriegswenden in Europa 1939–1945. S. 134.
8 Ebenda, S. 149.
9 Masson: Die deutsche Armee. S. 280.
10 Sakkers, H./Pieper, H. E.: Die Landungen in der Normandie, die Invasion der Festung Europa. Der 6. Juni 1944 anhand authentischer dokumentarischer Unterlagen u. a. von deutschen KTB. Osnabrück 1998.
11 Mann: Deutsche Geschichte 1919–1945. S. 235.
Mann: Deutsche Geschichte des 19. und 20. Jahrhunderts. S. 958.
12 Schroeder: Er war mein Chef. S. 150.
13 Ritgen: Westfront 1944. S. 255.
14 Westphal: Erinnerungen. S. 315.
15 Füller: Der Zweite Weltkrieg. S. 416.
16 Bahnsen/O'Donnell: Die Katakombe. S. 398.
17 Shirer: Aufstieg und Fall des Dritten Reiches.
18 Bullock: Hitler. S. 772.
19 Halder: Hitler als Feldherr.
20 Die Militärelite des Dritten Reiches. S. 275.
21 Kesselring: Soldat bis zum letzten Tag.
22 Kesselring: Gedanken zum Zweiten Weltkrieg. S. 156.
23 Lewin: Entschied ULTRA den Krieg? Alliierte Funkaufklärung im 2. Weltkrieg.
24 Richardi: Phantom „Alpenfestung". Dem letzten Wahntraum der Nazis auf der Spur. In: Süddeutsche Zeitung. SZ am Wochenende. 1995. Nr. 83, S. 1.
25 Ebenda, S. 1.
26 Böddeken: Der Untergang des Dritten Reiches. S. 149.
27 Legenden, Lügen, Vorurteile. S, 16f.
28 Ebenda, S. 17.
29 Stuhlpfarrer: Die Operationszonen „Alpenvorland" und „Adriatisches Küstenland" 1943–1945. S. 159ff.
30 Ebenda, S. 162ff.
31 Bahnsen/O'Donnell: Die Katakombe. S. 79.
32 Minott: Top Secret. S. 33.
33 Ebenda, S. 33.
34 Böddeker: Der Untergang des Dritten Reiches. S. 149.
35 Minott: Top Secret. S. 23.

36 Schramm: Der Geheimdienst in Europa.
37 Ebenda.
38 Hallig: Festung Alpen. S. 182.
39 Ebenda, S. 182.
40 Schramm: Der Geheimdienst in Europa.
41 Richardi: Phantom „Alpenfestung". S. 1.
42 Feurstein: Irrwege der Pflicht. S. 298.
43 Ebenda, S. 298.
44 Ebenda, S. 298.
45 Ebenda, S. 298.
46 Halder: Hitler als Feldherr.
47 Biographisches Wörterbuch zur deutschen Geschichte, Wörterbuch zur deutschen Militärgeschichte.
48 Minott: Top Secret. S. 23.
49 Ebenda, S. 24.
50 Ebenda, S. 25.
51 Duffy, Christopher: Friedrich der Große. Ein Soldatenleben. Augsburg 1995. S. 8f.

2. Von der Operationszone „Alpenvorland" zur „Voralpenstellung"

1 Churchill: Der Zweite Weltkrieg.
2 Kesselring: Soldat bis zum letzten Tag. S. 412.
3 Kaltenegger: Krieg am Eismeer. Gebirgsjäger im Kampf um Narvik, Murmansk und die Murmanbahn. Graz, Stuttgart 1999. S. 143ff.
4 Feurstein: Irrwege der Pflicht. S. 166.
5 Ebenda, S. 166f.
6 Ebenda, S. 167.
7 Minott: Top Secret. S. 19.
8 Nußstein, Wilhelm: Militärgeschichtlicher Führer: Gardasee.
9 Kriegstagebuch des Oberkommandos der Wehrmacht. Bd. IV/2, S. 1721.
10 Kesselring: Gedanken zum Zweiten Weltkrieg. S. 101.
11 Rohr: Kriegstagebuch. S. 259.
12 Ebenda, S. 259.
13 Schröder: Italiens Kriegsaustritt 1943. S. 219.
14 Ebenda, S. 220.
15 Ebenda, S. 220.
16 Warlimont: Im Hauptquartier der Deutschen Wehrmacht 1939 bis 1945. Bd. 2, S.383.
17 Lewin: Rommel. S. 258.
18 Ebenda, S. 258.
19 Schröder: Italiens Kriegsaustritt 1943. S. 220.
20 Feurstein: Irrwege der Pflicht. S. 170f.
21 Rohr: Kriegstagebuch. S. 260ff.
22 Stuhlpfarrer: Die Operationszonen „Alpenvorland" und „Adriatisches Küstenland" 1943–1945. S. 19.
23 Ebenda, S. 19.
24 Rohr: Kriegstagebuch. S. 265ff.
25 Irving: Rommel. S. 404f.
26 Stuhlpfarrer: Die Operationszonen „Alpenvorland" u. „Adriatisches Küstenland" 1943–1945. S. 20.
27 Ebenda, S. 20.
28 Rohr: Kriegstagebuch. S. 268.
29 Schröder: Italiens Kriegsaustritt 1943. S. 240.
30 Ebenda, S. 244.
31 Kriegstagebuch Gen.Kdo. Witthöft, Anl. 4, T-501/332/11; Befehlsübernahme unter der Bezeichnung „Befh. d. Sich.Trp.-GenKdo. Witthöft", a. a. O., T-501/332/15.
32 Rohr: Kriegstagebuch. S. 269.
33 Baur: Mit Mächtigen zwischen Himmel und Erde. S. 246.
34 Rintelen: Mussolini als Bundesgenosse. S. 225.
35 Herzfeld: Die moderne Welt. S. 392.
36 Schröder: Italiens Kriegsaustritt 1943. S. 244.
37 Ebenda, S. 281.

38 Schreiber: Die italienischen Militärinternierten im deutschen Machtbereich 1943 bis 1945. S. 102.
39 Rommel Papers vom 10.9.1943. S. 445.
40 Westphal: Heer in Fesseln. S. 258.
41 Plehwe: Als die Achse zerbrach. S. 145ff.
42 Mittermaier: Mussolinis Ende.
43 Stuhlpfarrer: Die Operationszonen „Alpenvorland" und „Adriatisches Küstenland" 1943–1945. S. 137ff.
44 Rohr: Kriegstagebuch. S. 270.
45 Ebenda, S. 270f.
46 Ebenda, S. 271ff.
47 Deutsche Geschichte seit dem Ersten Weltkrieg. Bd. II, S. 157.
48 Bullock: Hitler. S. 701.
49 Kriegstagebuch des Oberkommandos der Wehrmacht. Der Krieg in Italien und im Heimatkriegsgebiet. S. 65.
50 Rohr: Kriegstagebuch. S. 301.
51 Ebenda, S. 301.
52 Hitlers Weisungen für die Kriegsführung 1939–1945. S. 267f.
53 Ebenda, S. 268f.
54 Rauchensteiner: Die „Alpenfestung". In: Truppenpraxis. 1973. H. 3, S. 240.
55 Kaltenegger: Operationszone „Adriatisches Küstenland". S. 126.
56 Schulze-Brief vom 31. Mai 1959.
57 Schulze-Brief vom 18. September 1959 an Generalfeldmarschall Schörner.
58 Hitlers Weisungen für die Kriegsführung 1939–1945. S. 269ff.
59 Kesselring: Gedanken zum Zweiten Weltkrieg. S. 101.
60 Kesselring: Soldat bis zum letzten Tag.
61 Schulze: Kriegstagebuch. Bd. VI/3.
62 Ernst: Meine Kriegstagebücher. VIII. Buch, I. T., S. 287.
63 Seidler: Die Organisation Todt. S. 112f.
64 Ebenda, S. 110f.
65 Ebenda, S. 111.
66 Kriegstagebuch des Oberkommandos der Wehrmacht. Der Krieg in Italien und im Heimatkriegsgebiet. S. 65.
67 Loßberg: Im Wehrmachtführungsstab. S. 102f.
68 Neulen: An deutscher Seite. S. 181.
69 Urner: „Die Schweiz muss noch geschluckt werden!" S. 27.
70 Piekalkiewicz: Die Schweiz am Rande des Krieges.
71 Gautschi, Willi: General Henri Guisan. Die schweizerische Armeeführung im Zweiten Weltkrieg.
72 Minott: Top Secret. S. 19.
73 Kimche: General Guisans Zweifrontenkrieg – Die Schweiz zwischen 1939 und 1949.
74 Der Spiegel. 1998. Nr. 5, S. 124.
75 Mark: Die schweizerische Gebirgstruppe. In: Die Gebirgstruppe. 1961. H. 5, S.57.
76 Loßberg: Im Wehrmachtführungsstab. S. 103.

77 Gautschi: General Henri Guisan. S. 142f.

78 Ziegler, Jean: Die Schweiz, das Gold und die Toten. München 1997; Smith, Arthur L.: Hitler's Gold. The Story of the Nazi War Loot. Oxford 1989.

79 Sartorius: Verrenkungen vor dem Hakenkreuz. Schmutziges Gold: Schweizer Vergangenheit in der Nachbarschaft des Bösen. In: Süddeutsche Zeitung. SZ am Wochenende. 1997. Nr. 56, S. 1.

80 Schreiber: Die italienischen Militärinternierten im deutschen Machtbereich 1943 bis 1945. S. 134f.

81 Ebenda, S. 135.

82 Schulze: Fahrt zur 157. Reserve-Division nach Frankreich. In: Persönliches Kriegstagebuch. N 520/48.

83 Stotz: Der Weg der Divisione Alpina „Monte Rosa" 1944–1945. S. 7.

84 Ebenda, S. 7.

85 Deutsche Geschichte seit dem Ersten Weltkrieg. Bd. II, S. 157.

86 Stotz: Der Weg der Divisione Alpina „Monte Rosa" 1944–1945. S. 9.

87 Mittermaier: Mussolinis Ende. S. 106.

88 Stotz: Der Weg der Divisione Alpina „Monte Rosa" 1944–1945. S. 12.

89 Kriegstagebuch des Oberkommandos der Wehrmacht. III/2, S. 67.

90 Haupt: Kriegsschauplatz Italien. S. 176.

91 Kuby: Verrat auf deutsch. S. 305.

92 Schraml: Der Truppenübungsplatz Münsingen. In: Deutsches Soldatenjahrbuch. 1990. S. 218.

93 Stotz: Der Weg der Divisione Alpina „Monte Rosa" 1944–1945. S. 15.

94 Ebenda, S. 15.

95 Falconi: Die Gebirgsdivision „Monterosa". S. 1f.

96 Ebenda, S. 1.

97 Feurstein: Irrwege der Pflicht. S. 274.

98 Haupt: Kriegsschauplatz Italien. S. 177.

99 Feurstein: Irrwege der Pflicht. S. 274.

100 Stotz: Der Weg der Divisione Alpina „Monte Rosa" 1944–1945. S. 19.

101 Kriegstagebuch des Oberkommandos der Wehrmacht. Bd. IV/1, S. 587.

102 Ebenda, Bd. IV/2, S. 1397.

103 Ebenda, S. 1275.

104 Ebenda, Bd. IV/1, S. 547ff.

105 Schricker: Bericht über die Verwendung der 157. Gebirgs-Division vom 8. September bis 15. September 1944. S. 2.

106 Kesselring: Soldat bis zum letzten Tag. S. 303.

107 Schricker: Bericht über die Verwendung der 157. Gebirgs-Division vom 8. September bis 15. September 1944. S. 24ff.

108 Kriegstagebuch des Oberkommandos der Wehrmacht. Bd. IV/1, S. 548f.

109 Schroeder: „Dort, wo der Adler haust". S. 129.

110 Kaltenegger: Die deutsche Gebirgstruppe 1935–1945. S. 92.

111 Schroeder: „Dort, wo der Adler haust". S. 141.

112 Kriegstagebuch des Oberkommandos der Wehrmacht. Bd. IV/1, S. 567f.

113 Ringel: Hurra, die Gams! S. 323.

114 Deutsches Soldatenjahrbuch. 1978. S. 86.

115 Ebenda, S. 87.
116 Wagner/Cortigiano: Im Schatten der Vergangenheit. S. 73.
117 Kesselring: Soldat bis zum letzten Tag. S. 323ff.
118 Falconi: Die Gebirgsdivision „Monterosa". S. 4f.
119 Ebenda, S. 5.
120 Steets: Die 5. Gebirgsdivision in den letzten Kriegsmonaten. In: Deutsches Soldatenjahrbuch. 1979. S. 415.
121 Ebenda, 1980. S. 92.
122 Ebenda, 1981. S. 258.
123 Kriegstagebuch des Oberkommandos der Wehrmacht. Bd. IV/2, S. 1399.
124 Deutsches Soldatenjahrbuch. 1982. S. 141.
125 Kriegstagebuch des Oberkommandos der Wehrmacht. Bd. IV/2, S. 1256f.
126 Heil Beil! Flugblattpropaganda im Zweiten Weltkrieg. S. 180.
127 Ebenda, S. 17.
128 Greiner: Kampf um Rom – Inferno am Po. S. 150f.
129 Hoppe: Die 278. Infanterie-Division in Italien 1944/45. S. 80.
130 Ebenda, S.91.
131 Ebenda, S. 92.
132 Kesselring: Soldat bis zum letzten Tag. S. 311.
133 Lidell Hart: Geschichte des Zweiten Weltkrieges. S. 833.
134 Haupt: Kriegsschauplatz Italien. S. 216ff.
135 Butterfaß-Brief vom 6.2.1994 an den Verfasser. S. 2.
136 Ebenda, S. 5f.
137 Kriegstagebuch des Oberkommandos der Wehrmacht. Bd. IV/2, S. 1269.
138 Ebenda, S. 1270.
139 Greiner: Kampf um Rom – Inferno am Po. S. 152.
140 Schricker: Berichtigungen zu den Arbeitsunterlagen von der „Apennin-" zur „Postellung". S. 7.
141 Die Gebirgstruppe. 1957. H. 2-4, S. 57.
142 Cartier: Der Zweite Weltkrieg. S. 1004.
143 Wilhelmsmeyer: Der Krieg in Italien 1943–1945. S. 361.
144 Fisher: Cassino to the Alps. S. 499f.
145 Nach dem Rücktransport in die USA wurde die „10th Mountain Division" im Herbst 1945 aufgelöst. In ihrem nur vier Monate dauernden Kampfeinsatz verlor sie 992 Tote und 4.135 Verwundete. Auf deutscher Seite genoss sie den Ruf eines besonders kampfstarken Verbandes und eines fairen Gegners. Die über alle amerikanischen Bundesstaaten verstreuten Angehörigen der 10. US-Gebirgsdivision haben sich nach dem Kriege in einem Traditionsverband zusammengeschlossen. Das Ehrenmal für die fast tausend Gefallenen steht auf dem 3.400 Meter hohen Tennesseepass nördlich von Leadville in den Rocky Mountains im US-Bundesstaat Colorado.
146 Schricker: Unterlagen über 8. Gebirgsdivision. S. 13f.
147 Jackman: Ein erfolgreiches Experiment – Die 10. Gebirgsdivision, U.S. Army. In: Die Gebirgstruppe. 1994. H. 3, S. 17.
148 Schricker: Unterlagen über 8. Gebirgsdivision. S. 15f.
149 Ebenda, S. 16.
150 Fraschka: Mit Schwertern und Brillanten. S. 175.

151 Lang: Der Adjutant. S. 259.
152 Knopp: Hitlers Helfer. S. 184.
153 Lang: Der Adjutant. S. 256.
154 Ebenda, S. 256.
155 Die Geheimdienstpapiere wurden von der größten italienische Tageszeitung „Il Corriere della Sera" am 4. September 2001 veröffentlicht. Auszugsweiser Abdruck in der deutschen Zeitung „Die Tagespost" am 8. September 2001 unter der Rubrik „Kirche Aktuell", S. 5.
156 Cornwell: Pius XII. S. 366.
157 Ebenda, S. 367f.
158 Konstantin von Bayern: Der Papst. S. 312f.
159 Ebenda, S. 313ff.
160 Lang: Der Adjutant. S. 264.
161 Frederik: Gezeichnet vom Zwielicht seiner Zeit. S. 179.
162 Die verhinderte „Alpenfestung". Berchtesgaden 1945. S. 14.
163 Charmley: Churchill. S. 675.
164 Lang: Der Adjutant. S. 255.
165 Ebenda, S. 255f.
166 Ebenda, a. a. O.
167 Der Zweite Weltkrieg. Bilder – Daten – Dokumente. S. 493.
168 Kimche: General Guisans Zweifrontenkrieg – Die Schweiz zwischen 1939 und 1949.
169 Dulles: „Unternehmen Sunrise".
170 Mittermaier: Mussolinis Ende. S. 221.
171 Nach Kriegsende Mitglied des militärischen Expertenausschusses für die Aufstellung eines deutschen Kontingents im Rahmen einer internationalen Streitmacht zur Verteidigung Westeuropas.
172 Nach Kriegsende ebenfalls Mitglied des militärischen Expertenausschusses sowie von 1957 bis 1960 als Generalleutnant erster Inspekteur des Heeres der Bundeswehr.
173 Kesselring: Soldat bis zum letzten Tag. S. 410.
174 Von 1966 bis 1968 als Generalleutnant Heeresinspekteur der Bundeswehr.
175 Kriegstagebuch des Oberkommandos der Wehrmacht. Bd. IV/2, S. 1273.
176 Ebenda, S. 1274.
177 Lang: Der Adjutant. S. 261.
178 Die verhinderte „Alpenfestung". Berchtesgaden 1945. S. 10.
179 Neubacher: Sonderauftrag Südost. S. 194.
180 Butterfaß-Brief vom 6.2.1994 an den Verfasser. S. 2.
181 Lang: Der Adjutant. S. 275f.
182 Liddell Hart: Geschichte des Zweiten Weltkrieges. S. 669.
183 Hnilicka: Das Ende auf dem Balkan 1944/45. S. 137.
184 Schmidt-Richberg: Der Endkampf auf dem Balkan. S. 117.
185 Weltkrieg 1939–1945. S. 105.
186 Rauchensteiner. Der Krieg in Österreich 1945. S. 359.
187 Schmidt-Richberg: Der Endkampf auf dem Balkan. S. 156.
188 Der steinerne Herzogstuhl steht an der Straße von Klagenfurt nach St. Veit an der Glan als einzigartiges Rechtsdenkmal inmitten des Zollfeldes.

189 Walzl: Kapitulationskonzepte im Alpen-Adria-Raum 1945. In: Militärgeschichtliche Mitteilungen. 1986. H. 2, S. 77.
190 Ebenda, S. 81.
191 Ebenda, S. 81.
192 Kofler: Osttirol im Dritten Reich. S. 239.
193 Ebenda, S. 256.
194 Tolstoy: Die Verratenen von Jalta.
195 Posch: Geschichte des Verwaltungsbezirkes Hartberg. 1. T., 2. Bd., S. 78.
196 Hitlers Weisungen für die Kriegsführung 1939–1945. S. 290ff.
197 Kriegstagebuch des Oberkommandos der Wehrmacht. Bd. IV/I, S. 595.
198 Rauchensteiner: Vom Limes zum „Ostwall". S. 26.
199 Kriegstagebuch des Oberkommandos der Wehrmacht. Bd. IV/1, S. 595.
200 Rauchensteiner: Der Krieg in Österreich 1945. S. 81.
201 Samans: „Alpenfestung". S. 1f.
202 Posch: Geschichte des Verwaltungsbezirkes Hartberg. S. 79.
203 Ebenda, S. 79f.
204 Meixner: Jugendzeit eines 1928 geborenen. S. 6.
205 Banny: Krieg im Burgenland. S. 255.
206 Posch: Geschichte des Verwaltungsbezirkes Hartberg. S. 80.
207 Ebenda, S. 80.
208 Banny: Krieg im Burgenland. S. 236.
209 Die Volksgrenadierdivisionen gab es seit September 1944. Sie sollten ausnahmslos aus politischen Offizieren und Soldaten bestehen und dafür eine besonders gute und moderne Waffenausstattung erhalten. In der Praxis unterscheiden sie sich jedoch nicht wesentlich von den anderen Infanteriedivisionen.
210 Posch: Geschichte des Verwaltungsbezirkes Hartberg. S. 82.
211 Tuider: Die Kämpfe im Vorgelände der Fischbacher Alpen 1945. S. 3.
212 Ebenda, S. 3f.
213 Groth: Die Rückzugskämpfe des Gebirgsjägerregiments 99 im Verband der 1. Gebirgsdivision. S. 1f.
214 Posch: Geschichte des Verwaltungsbezirkes Hartberg. S. 81.
215 Groth: Die Rückzugskämpfe des Gebirgsjägerregiments 99 im Verband der 1. Gebirgsdivision. S. 2.
216 Ebenda, S. 2f.
217 Ebenda, S. 3.
218 Balck: Ordnung im Chaos. S. 629.
219 Groth: Die Rückzugskämpfe des Gebirgsjägerregiments 99 [...]. S. 4f.
220 Ebenda, S. 5.
221 Ebenda, S. 5.
222 Ebenda, S. 5f.
223 Ebenda, S. 7.
224 Ebenda, S. 7.
225 Ebenda, S. 8.
226 Ebenda, S. 11.
227 Ebenda, S. 11.

228 Ebenda, S. 13f.
229 Tuider: Die Kämpfe im Vorgelände der Fischbacher Alpen 1945. S. 6.
230 Groth: Die Rückzugskämpfe des Gebirgsjägerregiments 99 [...]. S. 15f.
231 Hitlers Weisungen für die Kriegsführung 1939–1945. S. 310f.
232 Posch: Geschichte des Verwaltungsbezirkes Hartberg. S. 90.
233 Rauchensteiner: Der Krieg in Österreich 1945. S. 190.
234 Redulic: Soldat in stürzenden Reichen. S. 404.
235 Balck: Ordnung im Chaos. S. 631.
236 Oberstleutnant Lang verblieb mit seinem Stab und dem Stabsnachrichtenzug allerdings nur bis zum Eintreffen von Oberst Raithel und dessen Stab auf dem Semmering.
237 Polilvka von Treuensee: Einsatz auf dem Semmering. S. 2.
238 Heselberger: Pickel und Propeller. S. 43.
239 Raithel: Aufzeichnungen vom Semmering.
240 Rauchensteiner: Der Krieg in Österreich 1945. S. 219f.
241 Ebenda, S. 220f.
242 Posch: Geschichte des Verwaltungsbezirkes Hartberg. S. 83.
243 Man beachte im Folgenden die verschiedenen Bezeichnungen der „Kampfgruppe Semmering" bzw. „Kampfgruppe Raithel" im „Kriegstagebuch des Oberkommandos der Wehrmacht" – und zwar: 8. April 1945: Korpsgruppe Semmering; 9.-13. April 1945: Gruppe Semmering; 14. April 1945: K.Gr. Oberst Raithel; 15.-19. April 1945: K.Gr. Semmering.
244 Tagesmeldungen aus dem Bestand des Bundesarchivs/Militärarchivs. Zusammengefasst bei Rauchensteiner: Der Krieg in Österreich 1945. S. 449ff.
245 Tuider: Die Kämpfe im Vorgelände der Fischbacher Alpen 1945. S. 6.
246 Pölzl: Semmering 1945. S. 2.
247 Rauchensteiner: Der Krieg in Österreich 1945. S. 468.
248 Ebenda, S. 469.
249 Diettrich: Einsatz in Österreich 1945. S. 5f.
250 Stift Vorau. S. 10.
251 Stoves: Zeittafel für Kämpfe PzRgt. 1/1. PzDiv. (Heer). S. 22.
252 Tuider: Die Kämpfe im Vorgelände der Fischbacher Alpen 1945. S. 7.
253 Rauchensteiner: Der Krieg in Österreich 1945. S. 475.
254 Rendulic: Soldat in stürzenden Reichen. S. 405.
255 Kreppel: Kriegstagebuch. T. VIII. 15.4.45.
256 Tuider: Die Kämpfe im Vorgelände der Fischbacher Alpen 1945. S. 9.
257 Ebenda, S. 8.
258 Ebenda, S. 9.
259 Ebenda, S. 10.
260 Groth: Die Rückzugskämpfe des Gebirgsjägerregiments 99 [...]. S. 19.
261 Rauchensteiner: Der Krieg in Österreich 1945. S. 480f.
262 Tuider: Die Kämpfe im Vorgelände der Fischbacher Alpen 1945. S. 12f.
263 Kriegstagebuch des Oberkommandos der Wehrmacht. Bd. IV/2, S. 1253.
264 Pölzl: Semmering 1945. S. 4.
265 Ebenda, S. 4.

266 Tuider: Die Kämpfe im Vorgelände der Fischbacher Alpen 1945. S. 21.
267 Groth: Die Rückzugskämpfe des Gebirgsjägerregiments 99 [...]. S. 21.
268 Wittmann: Kriegstagebuch 1941–1945.
269 Schlott: Erlebnisse und Eindrücke meines letzten Fronteinsatzes 1945 im Semmeringgebiet. S. 8.
270 Seidler: Fahnenflucht. S. 329.
271 Groth: Die Rückzugskämpfe des Gebirgsjägerregiments 99 [...]. S. 27.
272 Groth-Brief vom 2. Juni 1955 an General Wittmann. S. 3.
273 Groth: Die Rückzugskämpfe des Gebirgsjägerregiments 99 [...]. S. 27.
274 Ebenda, S. 28.
275 In der schematischen Kriegsgliederung vom 30.4.1945 erscheint die Heeresgruppe Ostmark noch unter dem Namen Heeresgruppe Süd. Vgl. Tessin: Verbände und Truppen der Deutschen Wehrmacht und Waffen-SS im Zweiten Weltkrieg 1939–1945. Bd. 14, S. 187.
276 Rossiwall: Die letzten Tage. S. 265.
277 Thorwald: Die große Flucht. S. 121.
278 Görlitz: Der deutsche Generalstab. S. 688.
279 Smith: Churchills deutsche Armee. S. 63.
280 Groth: Die Rückzugskämpfe des Gebirgsjägerregiments 99 [...]. S. 28.
281 Ebenda, S. 29.
282 Hesselberger: Pickel und Propeller. S. 46.
283 Ebenda, S. 47.
284 Rendulic: Soldat in stürzenden Reichen. S. 406.
285 Groth: Die Rückzugskämpfe des Gebirgsjägerregiments 99 [...]. S. 31f.
286 Ebenda, S. 32.
287 Festschrift aus Anlaß der Errichtung eines Tragtierdenkmals in Mittenwald. S. 31f.
288 Puntigam: Vom Plattensee bis zur Mur. S. 260f.
289 Rauchensteiner: Der Krieg in Österreich 1945. S. 342.
290 Ebenda, S. 343.
291 Ebenda, S. 341.
292 Ebenda, S. 344.
293 Ebenda, S. 346.
294 Patton: Krieg wie ich ihn erlebte. S. 213.
295 Rauchensteiner: Der Krieg in Österreich 1945. S. 347.
296 Die Amerikaner tauften am 4. August 1945 als Besatzungsmacht die „Hermann-Göring-Werke" in „Vereinigte Österreichische Eisen- und Stahlwerke AG" (=VOEST) um.
297 Hagen: Unternehmen Bernhard. S. 254.
298 Danzer, Franz: Die ersten Maitage des Jahres 1945 in Linz. In: Historisches Jahrbuch der Stadt Linz. Sonderdruck 1965. S. 464.
299 Ebenda, S. 466.
300 Neue Linzer Zeitung. 1995. S. 25.

3. Entscheidungen von welthistorischer Tragweite

1 Eisenhower. In: Report by the Supreme Commander. A. a. O. Minott: Top Secret. S. 100.
2 Minott: Top Secret. S. 79.
3 Eitner: „Der Führer". S. 222.
4 Ungváry: Die Schlacht um Budapest. S. 468
5 Assmann: Deutsche Schicksalsjahre. S. 522.
6 Boldt: Hitler. S. 76.
7 Wilmot: Der Kampf um Europa. S. 672.
8 Kordt: Wahn und Wirklichkeit. S. 398.
9 Wilmot: Der Kampf um Europa. S. 757.
10 Minott: Top Secret. S. 23.
11 Stein: Geschichte der Waffen-SS. S. 214.
12 Fest: Hitler. S. 1004.
13 Die verhinderte „Alpenfestung". Berchtesgaden 1945. S. 7f.
14 Die Militärelite des Dritten Reiches. S. 265.
15 Oven: Wer war Goebbels? S. 291.
16 Knopp: Hitlers Helfer. S. 326.
17 Kaltenegger: Schörner. S. 290.
18 Der Zweite Weltkrieg. Bilder, Daten, Dokumente. S. 493.
19 Stellrecht: Adolf Hitler. S. 62.
20 Binder: Epoche der Entscheidungen. S. 391.
21 Schukow: Erinnerungen und Gedanken. Bd. 2, S. 344.
22 Fuller: Der Zweite Weltkrieg. S. 423.
23 Bradley galt als einer der größten Feldherren des Zweiten Weltkrieges, der seine Schlachten durch eine überlegene Strategie und Taktik mit einem Minimum an eigenen Verlusten gewann.
24 Minott: Top Secret, S. 11.
25 Ebenda, S. 44.
26 Müller/Ueberschär: Kriegsende 1945. S. 72.
27 Schirer: Aufstieg und Fall des Dritten Reiches.
28 Ebenda
29 Ebenda
30 Ebenda
31 Böddeker: Der Untergang des Dritten Reiches. S. 147f.
32 Hillgruber/Hümmelchen: Chronik des Zweiten Weltkrieges. S. 150.
33 Kesselring: Gedanken zum Zweiten Weltkrieg. S. 155.
34 Böddeker: Der Untergang des Dritten Reiches. S. 148.
35 Irving: Krieg zwischen den Generalen. Das Alliierte Oberkommando und die Invasion 1944.
36 Sethe: Das machte Geschichte. S. 286.
37 Böddeker: Der Untergang des Dritten Reiches. S. 148.
38 Dahms: Die Geschichte des Zweiten Weltkriegs. S. 586.
39 Böddeker: Der Untergang des Dritten Reiches. S. 148.

40 Kimche: General Guisans Zweifrontenkrieg.

41 Böddeker: Der Untergang des Dritten Reiches. S. 148.

42 Minott: Top Secret. S. 57.

43 Lackenbauer: Das Kriegsende in der Stadt Salzburg im Mai 1945. In: Die verhinderte „Alpenfestung". S. 188.

44 Minott: Top Secret. S. 81.

45 Ebenda, S. 80.

46 Brückner: Kriegsende in Bayern 1945. S. 89.

47 Böddeker: Der Untergang des Dritten Reiches. S. 149.

48 Minott: Top Secret. S. 30.

49 Müller/Ueberschär: Kriegsende 1945. S. 48.

50 Bilanz des Zweiten Weltkrieges. S. 427.

51 Banny: Krieg im Burgenland. S. 399.

4. Von der „Alpenfestung“ zur „Kernfestung Alpen“

1 Eisenhower; Kreuzzug in Europa.
2 Minott: Top Secret. S. 80f.
3 Brückner: Kriegsende in Bayern 1945. S. 92.
4 Schreiber: Kampf unter dem Nordlicht. Deutsch-finnische Waffenbrüderschaft am Polarkreis. Osnabrück 1969. S. 345ff.
5 Boldt: Hitler. S. 91.
6 Scherer: Aus den letzten Tagen der 2. G. D. In: Die Gebirgstruppe. 1960. H. 2, S. 50.
7 Brückner: Kriegsende in Bayern 1945. S. 15.
8 Ebenda, S. 92.
9 Ebenda, S. 92f.
10 Ebenda, S. 93.
11 Ebenda, S. 95.
12 Ebenda, S. 95ff.
13 Ebenda, S. 98.
14 Ebenda, S. 85ff.
15 Ebenda, S. 87.
16 Kriegstagebuch. 17. SS-Panzergrenadierdivision „Götz von Berlichingen“.
17 Brückner: Kriegsende in Bayern 1945. S. 93.
18 Ebenda, S. 94.
19 Hobe: Mit Menschen erlebt. S. 51.
20 Brückner: Kriegsende in Bayern 1945. S. 184.
21 Preis: München unterm Hakenkreuz. S. 202.
22 Ebenda, S. 202.
23 Brückner: Kriegsende in Bayern 1945. S. 177.
24 Ebenda, S. 177.
25 Ebenda, S. 180.
26 Während des Krieges war Augsburg das Ziel schwerer alliierter Bombenangriffe.
27 Wahl: „... es ist das deutsche Herz“. S. 417.
28 Brückner: Kriegsende in Bayern 1945. S. 181.
29 Kesselring: Soldat bis zum letzten Tag. S. 402.
30 Kriegstagebuch des Oberkommandos der Wehrmacht. Bd. IV, S. 1446.
31 Brückner: Kriegsende in Bayern 1945, S. 183.
32 Preis: München unterm Hakenkreuz. S. 207.
33 Brückner: Kriegsende in Bayern 1945. S. 201.
34 Preis: München unterm Hakenkreuz. S. 207.
35 Der ehemalige Gauleiter leitete von 1958 bis 1968 die Bibliothek des Rüstungskonzerns MBB in München-Ottobrunn.
36 Wahl: „... es ist das deutsche Herz“. S. 421.
37 Höffkes: Hitlers politische Generale. S. 89.

38 Preis: München unterm Hakenkreuz. S. 208.
39 Ebenda, S. 209.
40 Ebenda, S. 210.
41 Ebenda, S. 211.
42 Ebenda, S. 212.
43 Münchner Merkur. 1985. Nr. 99.
44 Seidl: Wehrraum Alpen. S. 9f.
45 Kaltenegger: Das Deutsche Alpenkorps im Ersten Weltkrieg; Die Geschichte der deutschen Gebirgstruppe 1915 bis heute.
46 Aschenauer: Der Fall Schörner. S. 106.
47 Hallig: Festung Alpen. S, 61.
48 Seidl: Wehrraum Alpen. S. 20.
49 Bölkow: Erinnerungen. S. 104f.
50 Richardi: „Alpenfestung". T. 3. In: Süddeutsche Zeitung. 22./23. April 1995.
51 Ebenda, a. a. O.
52 2./Gebirgs-Nachrichten-Abteilung 54.
53 Hallig: Festung Alpen. S. 61f.
54 Kaltenegger: Die deutsche Gebirgstruppe 1935–1945. S. 99.
55 Ende April 1945 verlegte die Kriegsakademie als Führerreserve des Oberbefehlshabers West beim AOK 1 größtenteils in den Kitzbüheler Raum.
56 Masson: Die deutsche Armee. S. 476f.
57 Schulze-Kossens: Militärischer Führernachwuchs der Waffen-SS. S. 367.
58 Hallig: Festung Alpen. S, 187.
59 Feuersenger: Im Vorzimmer der Macht. S. 207.
60 Hallig: Festung Alpen. S. 64.
61 Hoffmann: Die Sicherheit des Diktators. S. 196.
62 Hallig: Festung Alpen. S. 187.
63 Rauchensteiner: Der Krieg in Österreich 1945. S. 291.
64 Ebenda, S. 331.
65 Brückner: Kriegsende in Bayern 1945. S, 240.
66 Rauchensteiner: Der Krieg in Österreich 1945. S. 316.
67 Buchner-Brief vom 16. März 1986 an den Verfasser.
68 Bernklau: Die Bevorratung der „Alpenfestung" mit Verpflegung. S. 1ff.
69 Minott: Top Seeret S. 47.
70 Verheimlichte Dokumente. Bd. 2, S. 503.
71 Schulze-Kossens: Militärischer Führernachwuchs der Waffen-SS. S. 340.
72 Richter: Kriegstagebuch. S. 336.
73 Brückner: Kriegsende in Bayern 1945. S. 34.
74 Jodl: Jenseits des Endes. S. 88.
75 Buchner-Brief vom 29. Juli 1986 an den Verfasser.
76 Richardi: „Alpenfestung". T. 2. In: Süddeutsche Zeitung. 15./16. April 1995.
77 Koller: Der letzte Monat. S. 37.
78 Ebenda, S. 40.

79 Ebenda, S. 69.
80 Görlitz: Der deutsche Generalstab. S. 700.
81 Ulfkotte: Verschlußsache BND. S. 134.
82 Richardi: „Alpenfestung“. T. 2. In: Süddeutsche Zeitung, 15./16. April 1995.
83 Gehlen: Der Dienst. S. 125.
84 Ebenda, S. 128.
85 Ebenda, S. 132.
86 Richardi: „Alpenfestung“. T. 2. In: Süddeutsche Zeitung. 15./16. April 1995.
87 Meixner-Brief vom 28. Februar 1997 an den Verfasser. S. 3.
88 Guderian: Erinnerungen eines Soldaten. S. 409.
89 Eitner: Hitlers Deutsche. S, 163.
90 Pausch: Fritz Reinhardt als Mahnung. In: Der Steuerberater. 38. Jg. H. 11, S. 356.
91 Ebenda, S. 358.
92 Ebenda, S. 360.
93 Reinhardt-Schreiben zum Jahreswechsel 1994/95 an den Verfasser.
94 Höffkes: Hitlers politische Generale. S. 58f.
95 Elste: Kärntens braune Elite. S. 180.
96 Ebenda, S. 7.
97 Höffkes: Hitlers politische Generale. S. 94.
98 Ebenda, S. 128ff.
99 Ebenda, S. 131ff.
100 Ebenda, S. 166f.
101 Ebenda, S. 214ff.
102 Ebenda, S. 239ff.
103 Ebenda, S. 250ff.
104 Elste: Kärntens braune Elite. S. 125ff.
105 Ebenda, S. 137.
106 Höffkes: Hitlers politische Generale. S. 261.
107 Ebenda, S. 300f.
108 Ebenda, S. 318ff.
109 Eitner: Hitlers Deutsche. S. 377.
110 Wistrich: Wer war wer im Dritten Reich. S. 347f.
111 Höffkes: Hitlers politische Generale. S. 334.
112 Seidler: Die Kollaboration.
113 Ebenda, S. 107.
114 Ebenda, S. 126.
115 Ebenda, S. 133.
116 Ebenda, S. 165f.
117 Ebenda, S. 502.
118 Ebenda, S. 529.
119 Ebenda, S. 546.
120 Brockdorff: Geheimkommandos des Zweiten Weltkrieges. S. 415.
121 Meixner-Brief vom 28. Februar 1997 an den Verfasser. S. 2.

122 Brockdorff: Geheimkommandos des Zweiten Weltkrieges. S. 417.
123 Neubacher: Sonderauftrag Südost. S. 193.
124 Höffkes: Hitlers politische Generale. S. 90.
125 Ebenda, S. 90.
126 Minott: Top Secret. S. 67.
127 Schweinöster: Schicksal des Sprößlings eines Nazibonzen. In: Pinzgauer Nachrichten. 15. September 1988. S. 3.
128 Ebenda, S. 3.
129 Jaeger: Das Führermuseum. S. 206f.
130 Richardi: „Alpenfestung". T. 3. In: Süddeutsche Zeitung. SZ am Wochenende. 22./23. April 1995.
131 Ebenda, a. a. O.
132 Ebenda, a. a. O.
133 Ebenda, a. a. O.
134 Ebenda, a. a. O.
135 Ebenda, a. a. O.
136 Der Sieger nimmt sich, was er will. In: Buchjournal. 1994. H. 4, S. 92.
137 Jaeger: Das Führermuseum. S. 203.
138 Ebenda, S. 209.
139 Richardi: „Alpenfestung". T. 3.
140 Jaeger: Das Führermuseum. S. 217f.
141 Ebenda, S. 221.
142 Skorzeny: Meine Kommandounternehmen. S. 205.
143 Jaeger: Das Führermuseum. S. 221.
144 Ebenda, S. 222.
145 Hagen: Unternehmen Bernhard. S. 257f.
146 Ebenda, S. 259.
147 Das Gold im Steinriegl, das Geld im Klausenkopf. In: Welt am Sonntag. 1984. Nr. 11, S. 6.
148 Richardi: Der Schatz vom Walchensee. In: Süddeutsche Zeitung. 1998. Nr. 213, S. 11.
149 Ebenda, S. 11.
150 Böddeker: Der Untergang des Dritten Reiches. S. 173.
151 Ebenda, S. 173.
152 Richardi: Der Schatz vom Walchensee. A. a. O., S. 11.
153 Das Gold im Steinrigl, das Geld im Klausenkopf. A. a. O., S. 6.
154 Richardi: Der Schatz vom Walchensee. A. a. O., S. 11.
155 Strobl: Sagenumwobener Goldtransport: In: Die Gebirgstruppe. 1996. H. 2, S. 40f.
156 Das eine Dokument befindet sich im Bayerischen Hauptstaatsarchiv in München – und zwar mit der Signatur „StK 114908" („StK" = „Staatskanzlei").
157 Richardi: Der Schatz vom Walchensee. A. a. 0.; S. 11.
158 Bernklau: Aufzeichnungen und Kalendernotizen aus 1944/45. S. 1f.
159 Ebenda, S. 2.
160 Ebenda, S. 2.
161 Ebenda, S. 2.
162 Bernklau: Nachtrag zum Gespräch Sommeranfang 1995.

163 Ebenda, a. a. O.

164 Ebenda, a. a. O.

165 Brockdorff: Geheimkommandos des Zweiten Weltkrieges. S. 312ff.

166 Pfeiffer: Aktenvermerk vom 25.5.1992. S. 3.

167 Hallig: Festung Alpen. S. 149.

168 Bader: Michl Pössinger. S. 169.

169 Münchner Merkur/Tölzer Kurier. 4./5. März 2000.

170 Schirach: Der Preis der Herrlichkeit. S. 112.

171 Ebenda, S. 111.

172 Ebenda, S. 112.

173 Ebenda, S. 112.

174 Ebenda, S. 113.

175 Ebenda, S. 113.

176 Ebenda, S. 113.

177 Ebenda, S. 113.

178 Ebenda, S. 114.

179 Hallig: Festung Alpen. S. 144ff.

180 Ebenda, S. 144ff.

181 Ebenda, S. 144ff.

182 Ebenda, S. 144ff.

183 Ebenda, S. 144ff.

184 Richardi: Der Schatz vom Walchensee. A. a. O., S. 11.

185 Schirach: Der Preis der Herrlichkeit. S. 114.

186 Ebenda, S. 112.

187 Ebenda, S. 107.

188 Sayer and Botting: Nazi Gold. A. a. O.

189 Ebenda, S. 6.

190 Ebenda, S. 6.

191 Ebenda, S. 6.

192 Minott: Top Secret S. 69.

193 Boxler: Die Ereignisse zum Kriegsende im Mai 1945. In: 13er Post. 1996. H. 1, S. 25ff.

194 Militärgeschichtliche Mitteilungen. 1988. H. 2, S. 226.

195 Brückner: Kriegsende in Bayern 1945. S. 88.

196 Minott: Top Secret. S. 69.

197 Befehl des Oberbefehlshabers West la, Nr. 4457/45 geh. Kdos. vom 27. April 1945. (Bundesarchiv/Militärarchiv RL 7/546)

198 Scherer: Aus den letzten Tagen der 2. Geb. Div. In: Die Gebirgstruppe. 1970. H 3, S. 12.

199 Brückner: Kriegsende in Bayern 1945. S. 255.

200 Scherer: Aus den letzten Tagen der 2. Geb. Div. A. a. O., S. 12.

201 Ebenda, S. 13.

202 Ebenda, S. 13.

203 Kräutler/Springenschmid: Es war ein Edelweiß. S. 472.

204 Ebenda, S. 473.

205 Vierlinger: Das Jahr 1945 an Inn und Rott. S. 117.

206 Ebenda, S. 117.

207 Ebenda, S. 127.

208 The Thirteenth Armored Division. A. a. O.

209 Brückner: Kriegsende in Bayern 1945. S. 166.

210 Knabe: Das Auge Dietls. S. 178f.

211 Brückner: Kriegsende in Bayern 1945. S, 167.

212 Studie Brandenberger. S. 132f.
(Militärgeschichtliches Forschungsamt B-745)

213 Ebenda, S. 134.

214 Brückner: Kriegsende in Bayern 1945. S. 169.

215 Ebenda, S. 169.

216 Strauß: Die Erinnerungen. S. 55.

217 Ebenda S. 57.

218 Brückner: Kriegsende in Bayern 1945. S. 169f.

219 Wuermeling: Tage des Überlebens. S. 8.

220 Studie Friebe. S. 14. (Militärgeschichtliches Forschungsamt B-191)

221 Minott: Top Secret. S. 84.

222 After Action Report 44. Infanterie-Division. Vgl. Rauchensteiner: Der Krieg in Österreich 1945. S. 319.

223 Kesselring: Soldat bis zum letzten Tag. S. 413.

224 Bethell: Das letzte Geheimnis. S. 107.

225 Steenberg: General Wlassow. S. 193.

226 Hoffmann: Die Geschichte der Wlassow-Armee. S. 250.

227 Ebenda, S 32.

228 Brückner: Kriegsende in Bayern 1945. S. 37.

229 Bericht Herre. In: Brückner, a. a. O., S. 37.

230 Ebenda, S. 37f.

231 Zorn: Bayerns Geschichte im 20. Jahrhundert. S. 512.

232 Bernklau: Erlebtes Kriegsgeschehen 1941/45. S. 8f.

233 Hecht: General Wlassow. S. 99.

234 Zorn: Bayerns Geschichte im 20. Jahrhundert. S. 512.

235 Hecht: General Wlassow. S. 67f.

236 Ebenda, S. 68.

237 Deutsche Geschichte seit dem Ersten Weltkrieg. Bd. II, S. 339.

238 Am 12. August 1946 wurde vor dem Obersten Gerichtshof der UdSSR in Moskau das Urteil gegen die Führer der nationalrussischen Armee im Krieg gegen Stalin und den Bolschewismus gefällt. Alle Angeklagten wurden des Landesverrats und der terroristischen Tätigkeit gegen die UdSSR für schuldig befunden, zum Tode durch den Strang verurteilt und noch am selben Tage hingerichtet.

239 Hecht: General Wlassow. S. 116.

240 In seinen 1946,1964 und 1967 erschienenen Dokumentar- und Erinnerungsbüchern „Kreuz und Hakenkreuz“, „Saat des Bösen“ und „Amboß und Hammer“ hat Neuhäusler sachlich und überzeugend das Wissen um den Kirchenkampf nach der Machtergreifung über München und Bayern hinaus im In- und Ausland, nicht zuletzt auch im Vatikan, bekanntgemacht.

241 Schuschnigg: Ein Requiem in Rot-Weiß-Rot. S. 404.
242 Ebenda, S. 405f.
243 Ebenda, S. 482.
244 Ebenda, S. 486.
245 Ebenda, S. 486.
246 Ebenda, S. 487.
247 Minott: Top Secret S. 86.
248 Prentl: Flak-Kampfgruppe Prentl. S. 221.
249 Schuschnigg: Ein Requiem in Rot-Weiß-Rot. S. 498.
250 Mack: Warum ich Azaleen liebe. S. 115.
251 Schuschnigg: Ein Requiem in Rot-Weiß-Rot. S. 499.
252 Hallig: Festung Alpen. S. 23.
253 Ebenda, S. 26ff.
254 Schuschnigg: Ein Requiem in Rot-Weiß-Rot. S. 501.
255 Lang: Der Adjutant. S. 293.
256 Schuschnigg: Ein Requiem in Rot-Weiß-Rot. S. 502f.
257 Ebenda, S. 503.
258 Lang: Der Adjutant. S. 294.
259 Ebenda, S. 298.
260 Jaeger: Das Führermuseum. S. 201.
261 Die Franzenfeste. S. 39.
262 Ich bewachte den Nazi-Schatz. In: Bild-Zeitung. 18. September 1996. S. 20.
263 Nazi-Gold. In: Bild-Zeitung. 20. September 1996. S. 9.
264 Die Franzenfeste. S. 42.
265 Hallig: Festung Alpen. 43f.
266 Pfeiffer: Aktenvermerk vom 25. Mai 1992. S. 1.
267 Die Gebirgstruppe. 1970. H. 2, S. 36.
268 Kaiser: Werdenfels am Kriegsende. In: Garmisch-Partenkirchner Tagblatt. 1985. Nr. 99, S. 5.
269 Die Gebirgstruppe. 1996. H. 2, S. 43f.
270 Minott: Top Secret. S. 47f.
271 Die Gebirgstruppe. 1993. H. 2, S. 28.
272 Kaiser: Werdenfels am Kriegsende. A. a. O., S. 5. Vgl. Bader: Michl Pössinger. S. 151ff.
273 Brückner: Kriegsende in Bayern 1945. S. 171.
274 Bayern in der NS-Zeit. Bd. 1, S. 682.
275 Kaiser: Werdenfels am Kriegsende. A. a. O., S. 5.
276 Die Gebirgstruppe. 1989. H. 1, S. 48.
277 Pössinger: Lebenslauf.
278 Ebenda, a. a. O.
279 Pfeiffer: Aktenvermerk vom 25.5.1992. S. 3.
280 Ebenda, S. 2f.
281 Lehmann: Auch die Penzberger Mordnacht ist schon verdrängt. In: Süddeutsche Zeitung. 1997. Nr. 56, S. 14.

282 Brückner: Kriegsende in Bayern 1945. S. 172.

283 Hallig: Festung Alpen. S. 46ff.

284 Ebenda, S. 55.

285 Studie Brandenberger. S. 142f. (Militärgeschichtliches Forschungsamt B-745)

286 Brückner: Kriegsende in Bayern 1945. S. 173.

287 Hallig: Festung Alpen. S. 98f.

288 Brückner: Kriegsende in Bayern 1945. S. 173.

289 Kofler: Osttirol im Dritten Reich. S. 222.

290 Spiss: Landeck 1918–1945. S. 358.

291 Ebenda, S. 359.

292 Ebenda, S. 359.

293 Ebenda, S. 259.

294 Ebenda, S. 359.

295 Ebenda, S. 359.

296 Ebenda, S. 360.

297 Lapp: Tagebuch. Bd. 6, S. 105.

298 Weitere hochkarätige Truppenbesuche fanden u. a. noch am 11. November 1944 in Innsbruck in Anwesenheit des Generals der Gebirgstruppe Ringel sowie in Südtirol in Anwesenheit des Generals der Gebirgstruppe Feurstein statt.

299 Rauchensteiner: Der Krieg in Österreich 1945. S. 314.

300 Salzburger: „Der Mensch". S. 151f.

301 Studie Brandenberger. S. 143. (Militärgeschichtliches Forschungsamt B-745)

302 In diesem Kapitel wird ganz bewusst nur der Erdkampf abgehandelt. Den Luftkrieg in Tirol-Vorarlberg hat nämlich Leopold Banny in seinem Buch „Dröhnender Himmel, brennendes Land" sehr anschaulich beschrieben.

303 Feurstein: Irrwege der Pflicht. S. 299.

304 Banny: Dröhnender Himmel, brennendes Land. S. 268.

305 Beer/Karner: Der Krieg aus der Luft. Kärnten und Steiermark 1941–1945.

306 Kofler: Osttirol im Dritten Reich. S. 104.

307 Kesselring: Soldat bis zum letzten Tag. S. 413.

308 Rauchensteiner: Der Krieg in Österreich 1945. S. 305.

309 Fritz: 1945 zwischen Bodensee und Arlberg. In: Jahrbuch der Kameradschaften. 1995. S. 66.

310 Feurstein: Irrwege der Pflicht. S. 304f.

311 Studie Brandenberger. S. 149. (Militärgeschichtliches Forschungsamt B-745)

312 Brückner: Kriegsende in Bayern 1945. S. 249.

313 Rauchensteiner: Der Krieg in Österreich 1945. S. 310f.

314 Studie Brandenberger. S. 146. (Militärgeschichtliches Forschungsamt B-745)

315 Spiss: Landeck 1918–1945. S. 357.

316 Ebenda, S. 362.

317 Brückner: Kriegsende in Bayern 1945. S. 174f.

318 Tolstoy: Die Verratenen von Jalta. S. 547.

319 Vogelsang: Kriegsende – in Liechtenstein. S. 7.

320 Ebenda, S. 21f.

321 Tolstoy: Die Verratenen von Jalta. S. 549.
322 Feurstein: Irrwege der Pflicht. S. 305f.
323 Fritz: 1945 zwischen Bodensee und Arlberg. A. a. O., S. 68.
324 Ebenda, S. 68f.
325 Ebenda, S. 70.
326 Ebenda, S. 70.
327 Ebenda, S. 71.
328 Ebenda, S. 72.
329 Ebenda, S. 72.
330 Ebenda, S. 72f.
331 Ebenda, S. 73.
332 Ebenda, S. 73.
333 Brückner: Kriegsende in Bayern 1945. S. 235f.
324 Ebenda, S. 236.
335 Ebenda, S. 236.
336 Ebenda, S. 236.
337 Wechselberger: Das letzte Gefecht an der Grenze Tirols. In: Die Gebirgstruppe. 1962. H. 3-4, S. 90f.
338 Rauchensteiner: Der Krieg in Österreich 1945. S. 322.
339 Ebenda, S.319.
340 Feurstein: Irrwege der Pflicht. S. 307.
341 Brückner: Kriegsende in Bayern 1945. S. 237.
342 Studie Albert. S. 52. (Militärgeschichtliches Forschungsamt B-737)
343 After Action Report 7. Armee. S. 839. (Institut für Zeitgeschichte)
344 Feurstein: Irrwege der Pflicht. S. 310.
345 Ebenda, S. 310.
346 Brückner: Kriegsende in Bayern 1945. S. 248.
347 Sonner: Meine Kriegserlebnisse. S. 2.
348 Brückner: Kriegsende in Bayern 1945. S. 249.
349 Studie Brandenberger. S. 149. (Militärgeschichtliches Forschungsamt B-745)
350 Brückner: Kriegsende in Bayern 1945. S. 250.
351 Borth: Was geschah 1945 bei Scharnitz? In: Die Kameradschaft. 1986. Nr. 4, S. 6.
352 Blähser-Brief vom 15. Oktober 1996 an den Verfasser.
353 Borth: Was geschah 1945 bei Scharnitz? A. a. O., S. 6.
354 Hallig: Festung Alpen. S. 112.
355 Ebenda, S. 113.
356 Kesselring: Soldat bis zum letzten Tag. S. 413.
357 Minott: Top Secret, S. 86.
358 Ebenda, S. 17.
359 Studie Brandenberger. S. 152. (Militärgeschichtliches Forschungsamt B-745)
360 Brückner: Kriegsende in Bayern 1945. S. 250.
361 Ebenda, S. 250f.
362 Ebenda, S. 251.

363 Ebenda, S. 251.
364 Ebenda, S. 251.
365 Ebenda, S. 251f.
366 Kesselring: Soldat bis zum letzten Tag. S. 413.
367 Minott: Top Secret. S. 91.
368 Ebenda, S. 112.
369 Zitiert bei Brückner: Kriegsende in Bayern 1945. S. 253.
370 Ebenda, S. 254.
371 Rauchensteiner: Der Krieg in Österreich 1945. S. 320.
372 Meixner: Jugendzeit eines 1928 Geborenen. S. 21.
373 Studie Albert. S. 52. (Militärgeschichtliches Forschungsamt B-737)
374 Studie Kesselring. T. III, S. 614. (MGFA T-123/III)
375 Borzaga: Mit Roß und Wagen vor 50 Jahren. S. 2.
376 Koller: Der letzte Monat. S. 35.
377 Obersalzberg. Bilddokumentation.
378 Die verhinderte „Alpenfestung“. Berchtesgaden 1945. S. 21.
379 Koller: Der letzte Monat. S. 53.
380 Ebenda, S. 53.
381 Ebenda, S. 68f.
382 Die verhinderte „Alpenfestung“. Berchtesgaden 1945. S. 20.
383 Maser: Deutschland. Traum oder Trauma. S. 448.
384 Brückner: Kriegsende in Bayern 1945, S. 246.
385 Schroeder: Er war mein Chef. S. 214ff.
386 Minott: Top Secret. S. 91.
387 Die verhinderte „Alpenfestung“. S. 151.
388 Ebenda, S. 151f.
389 Brückner: Kriegsende in Bayern 1945. S. 257.
390 Ebenda, S. 257.
391 Die verhinderte „Alpenfestung“. S. 154.
392 Koller: Der letzte Monat. S. 84.
393 Die verhinderte „Alpenfestung“. S. 171.
394 Studie von Ingelheim. S. 47. (Militärgeschichtliches Forschungsamt B-183)
395 Ebenda, a. a. O.
396 Brückner: Kriegsende in Bayern 1945. S. 259.
397 Frankel: Das Kehlsteinhaus. S. 59.
398 Hoffmann: Die Sicherheit des Diktators. S. 204.
399 MacDonald: The Last Offensive. S. 442.
400 Massu: Quand j’étais Rochambelle. S. 252.
401 Brückner: Kriegsende in Bayern 1945. S. 261.
402 Am 9. Mai 1945, eine Minute nach Null Uhr, trat der Waffenstillstand in Europa in Kraft. Dieses Kriegsverbrechen wäre dann auch offiziell ein gemeiner Mord gewesen. General Leclerc wurde dafür nie zur Rechenschaft gezogen. Im Gegenteil: Er blieb im Dienst, und als er 1947 bei einem Flugzeugabsturz ums Leben kam, wurde er postum zum Marschall von Frankreich ernannt.

403 Hofmann: Die Schreckensjahre von Bad Reichenhall.
404 Die verhinderte „Alpenfestung“. S. 177f.
405 Franz-Willing: „Bin ich schuldig?“. S. 49.
406 „Silberne Vögel“ brachten Tod und Verderben über das Land Salzburg. In: Journal. 19. April 1985.
407 Rauchensteiner: Der Krieg in Österreich 1945. S. 73ff.
408 Journal. 19. April 1985.
409 Salzburger Nachrichten. 4. Mai 1965.
410 Höffkes: Hitlers politische Generale. S. 289.
411 Lackenbauer: Das Kriegsende in der Stadt Salzburg im Mai 1945. In: Die verhinderte „Alpenfestung“. S. 188.
412 Brückner: Kriegsende in Bayern 1945. S. 258.
413 Ebenda, S. 258.
414 Junge Freiheit. Sonderbeilage zum 8. Mai 1945, 1995. S. 16.
415 Wie Salzburg übergeben wurde. In: Salzburger Nachrichten. 7. Juni 1945. S. 24.
416 Die verhinderte „Alpenfestung“. S. 200f.
417 Lackenbauer: Das Kriegsende in der Stadt Salzburg im Mai 1945. A. a. O., S. 187.
418 Brückner: Kriegsende in Bayern 1945. S. 259.
419 Spatzenegger: Die Rettung der Stadt Salzburg hat viele Väter. Neue Erkenntnisse aus den Tagen um den 5. Mai 1945.
420 Ebenda, a. a. O.
421 Ebenda, a. a.O.
422 Franz-Willing: „Bin ich schuldig?“. S. 60f.
423 Rauchensteiner: Der Krieg in Österreich 1945. S. 76f.
424 Höffkes: Hitlers politische Generale. S. 289.
425 Minott: Top Secret. S. 78.
426 Kriegstagebuch des Oberkommandos der Wehrmacht. Bd. IV/2, S. 1484f.
427 Generalkonsul Hans Steinacher. Pressemitteilung. Mailand. 21. Oktober 1957. S. 3.
428 Aschenauer: Der Fall Schörner. S. 85.
429 Ebenda, S. 90f.
430 Schörner sprach daraufhin dann nur mehr verächtlich vom „Lügner v. Natzmer“ (Schörner-Brief vom 26. Januar 1961 an Schulze).
431 Hierzu liegt dem Verfasser folgende Niederschrift von Aschenauer/Schörner vor: „Natzmer hat behauptet, dass F[eldmarschall] Sch[örner] vor der Kapitulation geflohen sei. Natzmer hat vollkommen zurückgezogen (Beweise liegen vor). Wirklichkeit ist, dass zwischen Kapitulation und Flucht (= Storch) vierundzwanzig Stunden gelegen haben, Sch[örner] bis zur Kapitulation bei der Truppe verblieben sei und sich dann auf nachgewiesenen Befehl zur Übernahme der „Alpenfestung“ abgesetzt habe. Das Gericht habe sich bei seiner Urteilsfällung auf die falschen Aussagen Natzmer[s] gestützt, dessen Angaben über die Kapitulation falsch gewesen seien.“
432 Aschenauer: Der Fall Schörner. S. 91.
433 Konrad: Versammlung/Diskussionspunkte: Zur Frage Schörner. S. 2.
434 Kaltenegger: Schörner. S. 345.
435 Bundesdisziplinarkammer IV München. 23. April 1959.

436 Aschenauer: Der Fall Schörner. S. 93.
437 Ebenda, S. 80.
438 Boldt: Hitler. S. 148.
439 Aschenauer: Der Fall Schörner. S. 80.
440 Messerschmidt: Die Wehrmacht im NS-Staat. S. 334.
441 Kaltenegger: Schörner. S. 207.
442 Messerschmidt: Die Wehrmacht im NS-Staat. S. 445.
443 Schmundt: Tätigkeitsbericht des Chefs des Heerespersonalamtes General der Infanterie Rudolf Schmundt. S. 127.
444 Messerschmidt: Die Wehrmacht im NS-Staat. S. 460.
445 Ebenda, S. 460f.
446 Rauchensteiner: Der Krieg in Österreich 1945. S. 315.
447 Thorwald: Das Ende an der Elbe. S. 304.
448 In Thorwalds Büchern „Die große Flucht", „Es begann an der Weichsel" und „Das Ende an der Elbe" sind vielfach Dichtung und Wahrheit miteinander verwoben. Vgl. hierzu auch von Aschenauer: Der Fall Schörner. S. 95f.
449 Schörner-Brief vom 7. Mai 1959 an Schulze.
450 Warlimont: Im Hauptquartier der Deutschen Wehrmacht 1939 bis 1945. S. 537.
451 Schulze-Brief vom 18. September 1959 an Schörner. S. 2.
452 Aschenauer: Der Fall Schörner. S. 80.
453 Richter: Kriegstagebuch. S. 340ff.
454 Aschenauer: Der Fall Schörner. S. 91.
455 Das Schörner-Bild in „Seppl-Hose", das die Amerikaner aus Gründen der Propaganda von ihm gemacht hatten, ist so sinnentstellend.
456 Aschenauer: Der Fall Schörner. S. 91.
457 Buchner-Brief vom 16. März 1986 an den Verfasser.
458 Aschenauer: Der Fall Schörner. S. 91.
459 Westphal: Erinnerungen. S. 349.
460 Die wichtigsten Ämter dieser neuen Regierung waren wie folgt zu besetzen: Reichspräsident Großadmiral Dönitz, Reichskanzler Dr. Goebbels, Außenminister Reichsleiter Bormann, Innenminister Seyß-Inquart, Kriegsminister Generalfeldmarschall Schörner. Durch wen die anderen Regierungsstellen besetzt werden sollten, ist umstritten.
461 Aschenauer: Der Fall Schörner. S. 101f.
462 Ebenda, S. 105.
463 Kaltenegger: Schörner. S. 315.
464 Aschenauer: Der Fall Schörner. S. 103.
465 Radauer: „Alpenfestung" kapitulierte in Alm. In: Salzburger Nachrichten. 8. Mai 1965.
466 Ambrose: Band of Brothers. S. 282.
467 Salzburg 1945–1955. Zerstörung und Wiederaufbau. S. 41f.
468 Bacher: Kriegsende 1945. Geschichtliches aus Maria Alm.
469 Hinterstoisser: Die Amerikaner im Pinzgau. In: Pinzgau Journal. 19. April 1984. S. 12.
470 Ortschronik Niedernsill: Unternehmen „Alpenfestung". Dok 45.
471 Scheurig: Alfred Jodl. S. 312.

472 Rettenbacher: Chronik von Niedernsill. S. 75.
473 Ebenda, S. 75.
474 Ortschronik Niedernsill: Unternehmen „Alpenfestung“. Dok 45.
475 Ebenda, a. a. O.
476 Brückner: Kriegsende in Bayern 1945. S. 245.
477 Ebenda, S. 245.
478 Kesselring: Soldat bis zum letzten Tag. S. 409f.
479 Brückner: Kriegsende in Bayern 1945. S. 245.
480 Bundesarchiv/Militärarchiv: RW 44 II/3, fol. 12.
481 Rauchensteiner: Der Krieg in Österreich 1945. S. 329.
482 Kesselring: Soldat bis zum letzten Tag. S. 420.
483 Brückner: Kriegsende in Bayern 1945. S. 264.
484 Koller: Der letzte Monat. S. 86.
485 Hauser: Das Ende der Heeresgruppe G (Nordalpen).
In: Deutsches Soldatenjahrbuch. 1995. S. 430.
486 Schöningh: „Unconditional Surrender“. In: Schifferstadter Tagblatt. Nr. 107 vom 9. Mai 1995.
487 Brückner: Kriegsende in Bayern 1945. S. 264.
488 Ebenda, S. 265.
489 Ebenda, S. 265.
490 Ebenda, S. 265.
491 Hauser: Das Ende der Heeresgruppe G (Nordalpen). A. a. O., S. 433.
492 Brückner: Kriegsende in Bayern 1945. S. 266.
493 Radauer: „Alpenfestung“ kapitulierte in Alm.
494 Koller: Der letzte Monat. S. 116.
495 Ebenda, S. 92f.
496 Ebenda, S. 97.
497 Ebenda, S. 98.
498 Ebenda, S. 100.
499 Kern: Kriegstagebuch 1941–1945. S. 186 f. sowie Kern: Soldat der Ostfront. S. 177.
500 Breit: Das Staats- und Gesellschaftsbild deutscher Generale beider Weltkriege im Spiegel ihrer Memoiren, S. 213f.
501 Koller: Der letzte Monat. S. 116.
502 Ebenda, S. 118.
503 Götz-Brief vom 2. Januar 2001 an den Verfasser. S. 3.

5. Epilog

1 Lindau 1945–1955. S. 14.
2 Chronik von Lindau. S. 199f.
3 Jahrbuch des Landkreises Lindau. 1995. S. 15.
4 Lindau – Bodensee 1945–1963. S. 11.
5 Harder: Militärgeschichtliches Handbuch Baden-Württemberg. S. 147.
6 Der Bayerische Kreis Lindau in der Zeit der Besetzung Deutschlands von 1945 bis 1955. S. 9.
7 Jahrbuch des Landkreises Lindau. 1994. S. 12.
8 Metzenthin: Der Kreis Lindau (Bodensee). S. 171.
9 Sämtliche Anordnungen bezüglich der Passierscheine wurden stets von den jeweiligen Landräten unterzeichnet.
10 Amtsblatt für den Landkreis Lindau. 1945. Nr. 3, S. 1.
11 Lindau 1945–1955. S. 13.
12 Ebenda, S. 13.
13 Ebenda, S. 13.
14 Bernklau-Brief vom 30. Januar 2001 an die Buchverlage Langen Müller Herbig.
15 Kaltenegger: Ludwig Kübler. S. 8, 23, 125, 270, 277, 304ff.
16 Bernklau-Brief vom 22. September 1994 an den Verfasser.
17 Bernklau-Brief vom 15. August 1995 an den Verfasser.
18 Bernklau-Brief vom 17. Februar 1995 an den Verfasser.
19 Klee: Persilscheine und falsche Pässe.
20 Hof-Brief vom 2. Januar 1948 an Bernklau.
21 Schwäbische Zeitung. 15. April 1950.
22 Pfeiffer: Lebenslauf. S. 3.
23 Ebenda, S. 3.
24 Ebenda, S. 3.
25 Ebenda, S. 3f.
26 Ebenda, S. 4.
27 Ebenda, S. 5.
28 Ebenda, S. 5.
29 Guderian-Brief vom 14. Februar 1951 an Pfeiffer.
30 Schönwald: Deutschland und Argentinien nach dem Zweiten Weltkrieg. S. 329f.
31 Ebenda, S. 53.
32 Ebenda, S. 255.
33 Ebenda, S. 255f.
34 Richardi: „Alpenfestung“. T. 3. A. a. O.
35 Ebenda, a. a. O.
36 Hudal: Römische Tagebücher. Schutzumschlag-Rückseite.
37 Schröm: Stille Hilfe für braune Kameraden. S. 44.
38 Der Spiegel. 1992. H. 7, S. 90.
39 Klee: Persilscheine und falsche Pässe. S. 36.

40 Der Spiegel 1992. H. 7, S. 89.
41 Richardi: „Alpenfestung". T. 3. A. a. O.
42 Kaltenegger: Oberst Franz Pfeiffer. Vom Kommandoführer der „Brandenburger" zum Geheimnisträger des Reichsbankschatzes. Würzburg 2014.
43 Pfeiffer: Lebenslauf. S. 5.
44 Schönwald: Deutschland und Argentinien nach dem Zweiten Weltkrieg. S. 23.
45 Kameradenkreis der Gebirgstruppe. In eigener Sache. 16. August 1995. S. 2.
46 Kaltenegger: Die deutsche Gebirgstruppe 1935–1945. S. 418ff.
47 Klebe-Brief vom 23. Dezember 1989 an den Verfasser. S. 3.
48 Bernklau-Brief vom 4. März 1995 an den Verfasser.
49 Aktenvermerk des Gesprächs mit Bernklau am 21. Juni 1995.
50 Ostler: Auf Schatzsuche in Deutschland. S. 31f.
51 Ebenda, S. 32f.
52 Pfeiffer: Lebenslauf. S. 5.
53 Jäger verlorener Schätze. S. 312f.
54 Rüddenklau-Brief vom 25. Juli 1997 an den Verfasser.
55 Rüddenklau-Brief vom 18. Januar 2001 an den Verfasser. S. 2.
56 Rüddenklau: Gebirgsjägerfahnen im Wehrkreis VII München. S. 2.
57 Rüddenklau-Brief vom 20. März 2001 an den Verfasser. S. 2.
58 Zauner: Verschollene Schätze im Salzkammergut. S. 10.
59 Ostler: Auf Schatzsuche in Deutschland. S. 32.

6. Bibliografie

1 Minott: Top Secret. S. 124.

2 Ebenda, S. 124

3 Ebenda, S. 123.

LEGENDE
FESTUNGEN (geplant) SPERREN (aktiviert)
„ALPENFESTUNG"
STELLUNGEN, SPERRLINIEN
(geplant und teilweise ausgebaut)
REICHSSCHUTZSTELLUNG
0
50
100
km
DEUTSCHLAND
Tegernsee
Berchtesgaden
Füssen
Murnau
Bregenz
Kufstein
SALZBU
Dornbirn
Feldkirch
VORARLBERG
Innsbruck
TIROL
Arlberg
1793
Kernfestu
Grenzstlg.
Nauders
Lienz
SCHWEIZ
Grenz
Kreuzberg
Grenz Stlg.
Bozen
SÜD-
Stilfser Joch
2757
ORTLER
3899
Pordoi-J.
Cortina d'Ampezzo
Fucine
TIROL
Tonale P.
ADAMELLO
3554
Fiera di Primiero
Trient
Feltre
Riva
ITALIEN